普通高等教育"十一五"国家级规划教材
普通高等教育土建学科专业"十一五"规划教材

工程建设法规教程

何佰洲　编著

中国建筑工业出版社

图书在版编目（CIP）数据

工程建设法规教程/何佰洲编著. —北京：中国建筑工业出版社，2009
普通高等教育"十一五"国家级规划教材
普通高等教育土建学科专业"十一五"规划教材
ISBN 978-7-112-10910-4

Ⅰ.工… Ⅱ.何… Ⅲ.建筑法-中国-高等学校-教材 Ⅳ.D922.297

中国版本图书馆 CIP 数据核字（2009）第 055295 号

本书结合最新立法、司法动态，力求全面系统地反映建设工程全生命周期各阶段相关法律制度。使读者能够在学习理论知识的同时，掌握《物权法》、《城乡规划法》、《劳动合同法》、最高人民法院《关于审理建设工程施工合同纠纷案件适用法律问题的解释》等新近颁布实施的法律、司法解释对我国工程建设的影响。本书突出特色为采用大量翔实缜密的工程案例，真正做到了理论联系实际，增强了本书的应用性。同时，考虑到高校教学需要和建筑业企业经营管理的实际工作需求，本书附录部分列出了大量实用的工程建设法律法规，查阅起来更加方便。这些内容丰富和完善了全书的体系结构，使其更具有实践指导意义。

本书可作高校工程管理专业的教学用书，还可作为工程建设管理人员的培训用书。

* * *

责任编辑：牛　松　张　晶
责任设计：赵明霞
责任校对：陈晶晶　孟　楠

普通高等教育"十一五"国家级规划教材
普通高等教育土建学科专业"十一五"规划教材
工程建设法规教程
何佰洲　编著

*

中国建筑工业出版社出版、发行（北京西郊百万庄）
各地新华书店、建筑书店经销
北京红光制版公司制版
北京京华铭诚工贸有限公司印刷

*

开本：787×1092毫米　1/16　印张：27¼　字数：680千字
2009年7月第一版　2019年2月第十三次印刷
定价：42.00元
ISBN 978-7-112-10910-4
（18154）

版权所有　翻印必究
如有印装质量问题，可寄本社退换
（邮政编码　100037）

前　言

随着我国建筑产业国民经济支柱性地位的不断加强和巩固，建设工程领域的立法进程不断加快，立法技术也日臻完善和成熟。特别是近几年来，国家修订、颁布了包括《城乡规划法》、《物权法》等在内的一大批与工程建设相关的法律法规。鉴于此，作者在多年科研、教学实践及以往教材编写经验的基础上，编写了这本《工程建设法规教程》。蒙广大读者和同行专家学者的关心与厚爱，本书被教育部及住房和城乡建设部先后评为普通高等教育"十一五"国家级规划教材和普通高等教育土建学科专业"十一五"规划教材。

本书在内容上涵盖了工程建设领域涉及的主要法律法规，以期能够全面反映我国建设工程领域最新的立法情况，满足教学和实务工作者的需求。同时，对近年颁布的法律法规着重加以介绍，主要包括：最高人民法院《关于审理建设工程施工合同纠纷案件适用法律问题的解释》，新近颁布、修订实施的《城乡规划法》、《物权法》、《城市房地产管理法》、《公司法》、《合伙企业法》、《企业所得税法》、《劳动合同法》、《固体废物污染环境防治法》等相关法律法规。

为增强本书的适用性，作者在每章后面都收集和整理了部分典型案例，并给出了深入分析，使得读者可以了解相关法规在实务工作中的应用情况。同时，作者在附录部分对建设工程领域相关法律法规、部门规章、示范文本进行了归纳，为读者全面便捷地检索查阅提供了便利。

在本书的编写过程中，得到了住房和城乡建设部工程质量安全监督与行业发展司、政策法规司、人事司，中国建筑业协会，北京德恒律师事务所，建纬律师事务所，中建一大成建筑有限责任公司的鼎力支持，在此向这些协助单位表示衷心感谢！另外，宿辉同志在本书编写过程中协助作者做了大量工作，付出了辛勤的劳动，在此一并感谢！

由于本人水平所限，在成书过程中虽经反复推敲，不妥之处也在所难免，诚望广大读者提出宝贵意见。

何佰洲
2009 年 2 月于北京建筑工程学院
hebaizhou@bucea.edu.cn

目 录

第一章	工程建设法律基础	1
第一节	工程建设法律概述	1
第二节	工程建设法律关系	4
第三节	工程建设基本民事法律制度	10
第四节	工程建设基本法律制度案例	17
第二章	工程建设从业资格制度	22
第一节	从业资格制度概述	22
第二节	从业单位资质管理	23
第三节	专业人员执业资格管理	28
第四节	注册建造师执业资格制度	36
第三章	城乡规划法律制度	43
第一节	城乡规划管理概述	43
第二节	城乡规划的制定	50
第三节	城乡规划的实施	59
第四节	城乡规划的修改	75
第五节	城乡规划法律制度案例	79
第四章	工程招标投标法律制度	84
第一节	招标投标法概述	84
第二节	工程建设项目招标	86
第三节	工程建设项目投标	92
第四节	开标、评标、中标	94
第五节	工程招标投标法律制度案例	97
第五章	建设工程合同法律制度	102
第一节	合同法概述	102
第二节	建设工程合同法律规范	114
第三节	国际工程承包合同	121
第四节	建设工程施工合同纠纷司法解释	127
第五节	建设工程合同法律制度案例	134
第六章	工程建设勘察设计法律制度	147
第一节	工程建设勘察设计概述	147
第二节	设计文件的编制	148
第三节	施工图设计文件审查	151

第四节　工程勘察设计法律制度案例…………………………………… 153
第七章　建筑法律制度………………………………………………………… 157
　　第一节　建筑法概述………………………………………………………… 157
　　第二节　建筑工程许可……………………………………………………… 159
　　第三节　建设工程监理……………………………………………………… 161
　　第四节　建筑法律制度案例………………………………………………… 165
第八章　工程质量法律制度…………………………………………………… 177
　　第一节　工程质量法概述…………………………………………………… 177
　　第二节　工程质量管理法律规范…………………………………………… 180
　　第三节　工程质量管理责任和义务………………………………………… 185
　　第四节　工程质量监督管理………………………………………………… 192
　　第五节　工程质量法律制度案例…………………………………………… 196
第九章　工程安全法律制度…………………………………………………… 205
　　第一节　工程安全管理概述………………………………………………… 205
　　第二节　工程安全责任……………………………………………………… 208
　　第三节　工程安全生产的行政监督管理…………………………………… 214
　　第四节　建设工程重大安全事故的处理…………………………………… 217
　　第五节　工程安全法律制度案例…………………………………………… 221
第十章　工程建设标准化法律制度…………………………………………… 228
　　第一节　概述………………………………………………………………… 228
　　第二节　工程建设标准的实施与监督……………………………………… 238
　　第三节　工程建设强制性标准……………………………………………… 241
　　第四节　工程建设标准化法律制度案例…………………………………… 250
第十一章　工程建设风险防范制度…………………………………………… 254
　　第一节　工程建设保险制度………………………………………………… 254
　　第二节　工程建设担保制度………………………………………………… 266
　　第三节　工程建设风险防范法律制度案例………………………………… 275
第十二章　工程建设环境　保护法律制度…………………………………… 278
　　第一节　工程建设环境保护法概述………………………………………… 278
　　第二节　我国的环境保护基本法及专项法………………………………… 281
　　第三节　建设项目环境保护制度…………………………………………… 286
　　第四节　工程建设环境保护法律制度案例………………………………… 289
第十三章　企业法律制度……………………………………………………… 294
　　第一节　全民所有制工业企业法…………………………………………… 294
　　第二节　集体所有制企业法………………………………………………… 297
　　第三节　合伙企业法………………………………………………………… 299
　　第四节　个人独资企业法…………………………………………………… 303
　　第五节　公司法……………………………………………………………… 304

	第六节	企业法律制度案例	316
第十四章		**劳动法律制度**	**318**
	第一节	劳动法概述	318
	第二节	劳动合同	320
	第三节	劳动保护	327
	第四节	劳动纪律	328
	第五节	劳动法律制度案例	330
第十五章		**工程建设其他法律制度**	**333**
	第一节	税收法律制度	333
	第二节	反不正当竞争法律制度	339
	第三节	消费者权益保护法律制度	342
	第四节	城市房地产管理法	346
	第五节	工程建设其他法律制度案例	348
第十六章		**工程建设争议解决制度**	**352**
	第一节	主张权利的基本制度	352
	第二节	工程建设主张权利适用的基本程序法	361
	第三节	工程建设活动中的证据	380
	第四节	工程建设争议解决制度案例	385
第十七章		**建设法律责任**	**389**
	第一节	法律责任概述	389
	第二节	工程建设常见法律责任	391
	第三节	工程建设法律责任的认定与处理	400
	第四节	行政处罚程序	410
	第五节	建设法律责任案例	417
附录			**422**
主要参考文献			**428**

第一章 工程建设法律基础

第一节 工程建设法律概述

一、工程建设法的概念

工程建设法是法律体系的重要组成部分，它直接体现国家组织、管理、协调城市建设、乡村建设、工程建设、建筑业、房地产业、市政公用事业等各项建设活动的方针、政策和基本原则。

工程建设法是调整国家管理机关、企业、事业单位、经济组织、社会团体，以及公民在工程建设活动中所发生的社会关系的法律规范的总称。工程建设法的调整范围主要体现在三个方面：一是工程建设管理关系，即国家机关正式授权的有关机构对工程建设的组织、监督、协调等职能活动；二是工程建设协作关系，即从事工程建设活动的平等主体之间发生的往来、协作关系，如发包人与承包人签订工程建设合同等；三是从事工程建设活动的主体内部劳动关系，如订立劳动合同、规范劳动纪律等。

二、工程建设法的基本原则

工程建设活动通常具有周期长、涉及面广、人员流动性大、技术要求高等特点，因此在建设活动的整个过程中，必须贯彻以下基本原则，才能保证建设活动的顺利进行：

（一）工程建设活动应确保工程建设质量与安全原则

工程建设质量与安全是整个工程建设活动的核心，是关系到人民生命、财产安全的重大问题。工程建设质量是指国家规定和合同约定的对工程建设的适用、安全、经济、美观等一系列指标的要求。工程建设活动确保工程建设质量就是确保工程建设符合有关适用、安全、经济、美观等各项指标的要求。工程建设的安全是指工程建设对人身的安全和财产的安全。确保工程建设的安全就是确保工程建设不能引起人身伤亡和财产损失。

（二）工程建设活动应当符合国家的工程建设安全标准原则

国家的建设安全标准是指国家标准和行业标准。国家标准是指由国务院行政主管部门制定的在全国范围内适用的统一的技术要求。行业标准是指由国务院有关行政主管部门制定并报国务院标准化行政主管部门备案的，没有国家标准而又需要在全国范围内适用的统一技术要求。工程建设安全标准是对工程建设的设计、施工方法和安全所作的统一要求。工程建设活动符合工程建设安全标准对保证技术进步，提高工程建设质量与安全，发挥社会效益与经济效益，维护国家利益和人民利益具有重要作用。

（三）从事工程建设活动应当遵守法律、法规原则

社会主义市场经济是法制经济，工程建设活动应当依法行事。法律是全国人大及其常委会审议通过并发布，在全国有效的规范性文件；行政法规是国务院制定与发布，在全国有效的规范性文件；地方法规是由地方人大及其常委会制定与发布，在本区域有效的规范性文件。作为工程建设活动的参与者，从事工程建设勘察、设计的单位、个人，从事工程

建设监理的单位、个人,从事工程建设施工的单位、个人,从事建设活动监督和管理的单位、个人,以及建设单位等,都必须遵守法律、法规的强制性规定。

（四）不得损害社会公共利益和他人的合法权益原则

社会公共利益是全体社会成员的整体利益,保护社会公共利益是法律的基本出发点,从事工程建设活动不得损害社会公共利益也是维护建设市场秩序的保障。

（五）合法权利受法律保护原则

宪法和法律保护每一个市场主体的合法权益不受侵犯,任何单位和个人都不得妨碍和阻挠依法进行的建设活动,这也是维护建设市场秩序的必然要求。

三、工程建设法的特征及作用

（一）工程建设法的特征

工程建设法作为调整工程建设管理和协作所发生的社会关系的法律规范,除具备一般法律基本特征外,还具有不同于其他法律的特征。

1. 行政隶属性

这是工程建设法的主要特征,也是区别于其他法律的主要特征。这一特征决定了工程建设法必然要采用直接体现行政命令的调整方法,即以行政指令为主的方法调整工程建设法律关系。调整方式包括：

（1）授权。国家通过工程建设法律规范,授予国家工程建设管理机关某种管理权限,或具体的权利,对工程建设进行监督管理。如规定设计文件的审批权限、工程建设质量监督、工程建设合同的鉴证等。

（2）命令。国家通过工程建设法律规范赋予工程建设法律关系主体某种作为的义务。如限期拆迁房屋,进行企业资质认定,领取开工许可证等。

（3）禁止。国家通过工程建设法律规范赋予工程建设法律关系主体某种不作为的义务,即禁止主体某种行为。如严禁利用工程建设承发包索贿受贿,严禁无证设计、无证施工,严禁工程建设转包、肢解发包、挂靠等行为。

（4）许可。国家通过工程建设法律规范,允许特别的主体在法律允许范围内有某种作为的权利。如房屋建筑工程施工总承包企业资质等级,特级企业可承担各类房屋建筑工程的施工；一级企业可承担40层以下、各类跨度的房屋建筑工程的施工；二级企业可承担30层以下、单跨跨度36m以下的房屋建筑工程的施工；三级企业可承担14层以下、单跨跨度24m以下的房屋建筑工程的施工。

（5）免除。国家通过工程建设法律规范,对主体依法应履行的义务在特定情况下予以免除。如用炉渣、粉煤灰等废渣作为主要原料生产建筑材料的可享有减、免税的优惠等。

（6）确认。国家通过工程建设法律规范,授权工程建设管理机关依法对争议的法律事实和法律关系进行认定,并确定其是否存在,是否有效。如各级工程建设质量监督站检查受监工程的勘察、设计、施工单位和建筑构件厂的资质等级和营业范围,监督勘察、设计、施工单位和建筑构件厂是否严格执行技术标准,并检查其工程（产品）质量等。

（7）计划。国家通过工程建设法律规范,对工程建设进行计划调节。计划可分为两种：一种是指令性计划,一种是指导性计划。指令性计划具有法律约束力,具有强制性。当事人必须严格执行,违反指令性计划的行为,要承担法律责任。指令性计划本身就是行政管理。指导性计划一般不具有约束力，是可以变动的，但是在条件可能的情况下也是应该遵守的。工程建设必须执行国家的固定资产投资计划。

（8）撤销。国家通过工程建设法律规范，授予工程建设行政管理机关，运用行政权力对某些权利能力或法律资格予以撤销或消灭。如没有落实工程建设投资计划的项目必须停建、缓建。对无证设计、无证施工、转包和挂靠予以坚决取缔等。

2. 经济性

工程建设法是经济法的重要组成部分。经济性是工程建设法的又一重要特征。工程建设活动直接为社会创造财富，为国家增加积累。工程建设法的经济性既包括财产性，也包括其与生产、分配、交换、消费的联系性。如工程建设勘察设计、施工安装等都直接为社会创造财富，随着工程建设的发展，其在国民经济中的地位日益突出。邓小平同志早在1980年4月曾明确指出：建筑业是可以为国家增加积累的一个重要产业部门。许多国家把建筑业看作是国民经济的强大支柱之一，不是没有道理的。可见，作为调整建筑等行业的工程建设法的经济性是非常明显的。

3. 政策性

工程建设法律规范体现着国家的工程建设政策。它一方面是实现国家工程建设政策的工具，另一方面也把国家工程建设政策规范化。国家工程建设形势总是处于不断发展变化之中，工程建设法要随着工程建设政策的变化而变化，灵活而机敏地适应变化了的工程建设形势的客观需要。如国家人力、财力、物力紧张时，基建投资就要压缩，通过法律规范加以限制。国力储备充足时，就可以适当增加基建投资，同时，以法律规范予以扶植、鼓励。可见工程建设法的政策性比较强，相对比较灵活。

4. 技术性

技术性是工程建设法律规范一个十分重要的特征。工程建设的发展与人类的生存、进步息息相关。工程建设产品的质量与人民的生命财产紧紧连在一起。为保证工程建设产品的质量和人民生命财产的安全，大量的工程建设法规是以技术规范形式出现的，直接、具体、严密、系统，便于广大工程技术人员及管理机构遵守和执行。如各种设计规范、施工规范、验收规范、产品质量监测规范等。有些非技术规范的工程建设法律规范中也带有技术性的规定。如城市规划法就含有计量、质量、规划技术、规划编制内容等技术性规范。

（二）工程建设法的作用

工程建设业是与社会进步、国家强盛、民族兴衰紧密相连的一个行业。它所从事的生产活动，不仅为人类自身的生存发展提供一个最基本的物质环境，而且反映各个历史时期的社会面貌，反映各个地区、各个民族科学技术、社会经济和文化艺术的综合发展水平。工程建设产品是人类精神文明发展史的一个重要标志。工程建设管理是自然科学与社会科学交叉的一个独立学科，它由工程技术、经济、管理、法律四条腿支撑。工程建设法律、法规是工程建设管理的依据。

在国民经济中，工程建设业是一个重要的物质生产部门，工程建设法的作用就是保护、巩固和发展社会主义的经济基础，最大限度地满足人们日益增长的物质和文化生活的需要，保障工程建设业健康有序的发展。

国家要发展，人类要生存，国家建设必不可少。工程建设业要最大限度地满足各行各业最基本的环境，为人们创造良好的工作环境、生活环境、教学研究环境和生产环境。为此，工程建设法通过各种法律规范规定工程建设业的基本任务、基本原则、基本方针，加强工程建设业的管理，充分发挥其效能，为国民经济各部门提供必需的物质基础，为国家增加积累，为社会创造财富，推动社会主义各项事业的发展，促进社会主义现代化建设。

第二节　工程建设法律关系

一、工程建设法律关系的概念

（一）法律关系的概念

法律关系是指由法律规范调整一定社会关系而形成的权利与义务关系。一定的法律关系是以一定的法律规范为前提的，是一定法律规范调整一定社会关系的结果。

（二）工程建设法律关系的概念

工程建设法律关系是法律关系的一种，是指由工程建设法律规范所确认和调整的，在建设管理和建设协作过程中所产生的权利、义务关系。

工程建设法律关系是工程建设法律规范在社会主义市场经济活动中实施的结果，只有当社会组织按照工程建设法律规范进行建设活动，形成具体的权利和义务关系时才构成工程建设法律关系。

二、工程建设法律关系的特征

不同的法律关系有着不同的特征，构成其特征的条件是不同的法律关系的主体及其所依据的法律规范。建设业活动面广，内容繁杂，法律关系主体广泛，所依据的法律规范多样，由此决定工程建设法律关系具有如下特征：

（一）综合性

和工程建设法律规范相应，工程建设法律关系不是单一的，而是带有明显的综合性。工程建设法律规范是由工程建设行政法律、工程建设民事法律和工程建设技术法规构成的。这三种法律规范在调整工程建设活动中是相互作用、综合运用的。如国家建设主管部门行使组织、管理、监督的职权，依据工程建设程序、工程建设计划，组织、指导、协调、检查建设单位和勘察、设计、施工、安装等企业工程建设活动，就一定要导致某种法律关系的发生。这种法律关系是以指令服从、组织管理为特征的工程建设行政法律关系。与建设行政法律关系交叉相互作用的则是民事法律关系。这主要是建设单位和银行、勘察、设计、施工、安装等企业之间产生的权利义务关系。如资金借贷关系、工程承包关系、设备和材料承包供应关系等等。这些关系往往表现为平等、自愿、公平的合同关系。而建设单位与勘察、设计、施工、安装等企业完成工程建设任务的标准及评价依据是设计规范、施工规范和验收规范。可见，调整工程建设活动是建设行政法律、工程建设民事法律和工程建设技术法规的综合运用。由此而产生了工程建设法律关系。

（二）复杂性

工程建设法律关系是一种涉及面广、内容复杂的权利义务关系。工程建设活动，关系到国民经济和人民生活的方方面面。如建设单位要进行工程建设，则必须使自己的建设项目获得批准，列入国家计划，由此而产生了它与业务主管机关、计划批准机关的关系。建设计划被批准后，又需进行筹备资金、购置材料、招投标，进一步组织设计、施工、安装，以便将建设计划付诸实施，这样又产生建设单位与银行、物资供应部门、勘察、设计、施工、安装等企业的关系、项目管理关系等。这些关系中有纵向的关系，横向的关系，也有纵横交错的关系。

（三）协同性

工程建设行政法律关系决定、制约、影响着工程建设协作关系。工程建设活动的法律调整是以行政管理法律规范为主的，工程建设行政法规与工程建设民事法规保持着高度协调一致性，具有与其同步平行发展的特征。

三、工程建设法律关系的构成要素

任何法律关系都是由法律关系主体、法律关系客体和法律关系内容三个要素构成，缺少其中一个要素就不能构成法律关系。由于三要素的内涵不同，则组成不同的法律关系，诸如民事法律关系、行政法律关系、劳动法律关系、经济法律关系等等。同样，变更其中一个要素就不再是原来的法律关系。

工程建设法律关系则是由工程建设法律关系主体、工程建设法律关系客体和工程建设法律关系内容构成的。

（一）工程建设法律关系主体

工程建设法律关系主体是指参加建设业活动，受工程建设法律规范调整，在法律上享有权利、承担义务的人。

1. 自然人

自然人是基于出生而依法成为民事法律关系主体的人。在我国的民法通则中，公民与自然人在法律地位上是一样的。但实际上，自然人的范围要比公民的范围广。公民是指具有本国国籍，依法享有宪法和法律所赋予的权利并承担宪法和法律所规定的义务的人。在我国，公民是社会中具有我国国籍的一切成员，包括成年人、未成年人和儿童。自然人则既包括公民，又包括外国人和无国籍的人。各国的法律一般对自然人都没有条件限制。

自然人在工程建设活动中也可以成为工程建设法律关系的主体。如施工企业工作人员（建筑工人、专业技术人员、注册执业人员等）同企业签订劳动合同时，即成为工程建设法律关系主体。

2. 法人

法人与自然人相对，法人是具有民事权利能力和民事行为能力，依法独立享有民事权利和承担民事义务的组织。法人的存在必须具备如下几个条件：依法成立；有必要的财产或者经费；有自己的名称、组织机构和场所；能够独立承担民事责任。

我国的民法通则依据法人是否具有营利性，把法人分为如下两大类、四种具体类型：

（1）企业法人

企业法人是指以从事生产、流通、科技等活动为内容，以获取利润和增加积累、创造社会财富为目的的营利性的社会经济组织。在我国的各类法人中，最基本的、最典型的、为数众多的、在社会经济生活中活动最频繁的，就是企业法人。从我国实际社会经济生活来看，企业法人有：国有企业法人、集体企业法人、私营企业法人、联营企业法人、中外合资企业法人、中外合作企业法人、外资企业法人、股份有限公司法人和有限责任公司法人等。工程建设活动中，企业法人的表现形式：

1）勘察设计单位

勘察设计单位是指从事工程勘察设计工作的各类设计院、所等。我国有勘察设计合一的机构，也有分立的勘察和设计机构。

根据 2001 年 7 月 25 日建设部令第 93 号发布的《建设工程勘察设计企业资质管理规定》，国家对工程勘察、设计企业的资质等级及业务范围的规定如下：

①工程勘察企业。工程勘察企业资质分为工程勘察综合资质、工程勘察专业资质、工程勘察劳务资质。工程勘察综合资质只设甲级，取得工程勘察综合资质的企业，承接工程勘察业务范围不受限制。工程勘察专业资质原则上设甲、乙两个级别，取得工程勘察专业资质的企业，可以承接同级别相应专业的工程勘察业务。工程勘察劳务资质不分级别，取得工程勘察劳务资质的企业，可以承接岩土工程治理、工程钻探、凿井、工程勘察劳务工作。

②工程设计企业。工程设计企业资质分为工程设计综合资质、工程设计行业资质、工程设计专项资质。工程设计综合资质只设甲级，取得工程设计综合资质的企业，其承接工程设计业务范围不受限制。工程设计行业资质设甲、乙、丙三个级别，取得工程设计行业资质的企业，可以承接同级别相应行业的工程设计业务。工程设计专项资质根据工程性质和技术特点设立类别和级别，取得工程设计专项资质的企业，可以承接同级别相应的专项工程设计业务。

2）城市规划编制单位

城市规划编制单位的任务是进行城镇建设总体规划、详细规划及建设项目选址、可行性研究等。根据 2001 年 1 月 23 日建设部令第 84 号发布的《城市规划编制单位资质管理规定》，国家根据城市规划编制单位的技术条件和资历将其分为甲、乙、丙三级，授予等级证书，并规定取得不同等级证书的编制单位的业务范围，城市规划编制单位必须严格执行。

3）建筑业企业

建筑业企业，是指从事土木工程、建筑工程、线路管道设备安装工程、装修工程的新建、扩建、改建活动的企业。

关于建筑业企业的资质，建设部第 159 号令《建筑业企业资质管理规定》已于 2007 年 6 月 26 日发布，自 2007 年 9 月 1 日起开始实施。新资质将施工企业资质分为施工总承包、专业承包和劳务分包三个序列：施工总承包序列企业资质设特级、一、二、三共四个等级，分为 12 个资质类别；专业承包序列企业资质设二至三个等级，60 个资质类别；劳务分包序列企业资质设一至二个等级，13 个资质类别。

4）房地产开发企业

房地产开发企业是指依法设立、具有企业法人资格的、专营城市综合开发建设、经营商品房等房地产开发项目的经济实体。根据 2000 年 3 月 29 日建设部令第 77 号发布的《房地产开发企业资质管理规定》，房地产开发企业按资质条件划分为一、二、三、四共四个等级。国家严格规定了不同等级的业务范围，房地产开发企业必须严格遵照执行。

(2) 非企业法人

非企业法人是为了实现国家对社会的管理及其他公益目的而设立的国家机关、事业单位或者社会团体。包括：

1）机关法人

也称为国家机关法人，是指依照法律或者行政命令组建的、行使国家某项专门职能、拥有独立预算经费的社会组织，包括国家权力机关、行政机关、审判机关、检察机关、军事机关、政党机关等。

①国家权力机关。国家权力机关是指全国人民代表大会及其常务委员会和地方各级人民代表大会及其常务委员会。

国家权力机关参加工程建设法律关系的职能是审查批准国家建设计划和国家预决算，制定和颁布工程建设法律，监督检查国家各项工程建设法律的执行。

②行政机关。行政机关是依照国家宪法和法律设立的依法行使国家行政职权、组织管理国家行政事务的机关。它包括国务院及其所属各部委、地方各级人民政府及其职能部门。

国家机关还有审判机关和检察机关。但作为国家机关组成部分的审判机关和检察机关不以管理者身份成为工程建设法律关系的主体，而是工程建设法律关系监督与保护的重要机关。

2）事业单位法人

是指从事社会各项公益事业，并以谋求社会公益为宗旨的各类法人。如从事文化、教育、卫生、体育、科学、新闻、广播、电视等事业的单位法人。

3）社会团体法人

是指自然人或者法人自愿组成的从事社会公益、文学艺术、学术研究、宗教等活动，依法不能从事以营利为目的的经营性活动的各类法人。我国境内的各种协会、学会、联合会、研究会、基金会、联谊会、促进会、教会、商会等，凡是具备法人条件并经核准登记，都可以成为社会团体法人。我国的各类工会，也都具有社会团体法人资格。

3. 其他组织

这里的其他组织是指依法或者依据有关政策成立、有一定的组织机构和财产、但又不具备法人资格的各类组织。这些组织在我国社会的政治、经济、文化、教育、卫生等方面具有重要作用。赋予这些组织以合同主体的资格，有利于保护其合法权益，规范其外部行为，维护正常的社会经济秩序，促进我国各项事业的健康发展。

在现实生活中，这些组织也被称为非法人组织，包括非法人企业，如不具备法人资格的劳务承包企业、合伙企业、非法人私营企业、非法人集体企业、非法人外商投资企业、企业集团、个体工商户、农村承包经营户等；非法人机关、事业单位和社会团体，如附属性医院、学校等事业单位和一些不完全具备法人条件的协会、学会、研究会、俱乐部等社会团体。

（二）工程建设法律关系客体

工程建设法律关系客体是指参加工程建设法律关系的主体享有的权利和承担的义务所共同指向的事物。在通常情况下，建设主体都是为了某一客体，彼此才设立一定的权利、义务，从而产生工程建设法律关系，这里的权利、义务所指向的事物，便是工程建设法律关系的客体。

法学理论上，一般客体分为财、物、行为和非物质财富。工程建设法律关系客体也不外乎四类：

1. 表现为财的客体

财一般指资金及各种有价证券。在工程建设法律关系中表现为财的客体主要是建设资金，如基本建设贷款合同的标的，即一定数量的货币。

2. 表现为物的客体

法律意义上的物是指可为人们控制的并具有经济价值的生产资料和消费资料。在工程建设法律关系中表现为物的客体主要是建筑材料，如钢材、木材、水泥等，及其构成的建筑物，还有建筑机械等设备。某个具体基本建设项目即是工程建设法律关系中的客体。

3. 表现为行为的客体

法律意义上的行为是指人的有意识的活动。在工程建设法律关系中，行为多表现为完成一定的工作，如勘察设计、施工安装、检查验收等活动。工程建设勘察设计合同的标的，即完成一定的勘察设计任务；工程建设施工合同的标的，即按期完成一定质量要求的施工行为。

4. 表现为非物质财富的客体

法律意义上的非物质财富是指人们脑力劳动的成果或智力方面的创作，也称智力成果。在工程建设法律关系中，如果设计单位提供的具有创造性的设计图纸，该设计单位依法可以享有专有权，使用单位未经允许不能无偿使用。

（三）工程建设法律关系的内容

工程建设法律关系的内容即建设权利和建设义务。工程建设法律关系的内容是建设主体的具体要求，决定着工程建设法律关系的性质，它是联结主体的纽带。

1. 建设权利

建设权利是指工程建设法律关系主体在法定范围内，根据国家建设管理要求和自己企业活动的需要有权进行各种建设活动。权利主体可要求其他主体作出一定的行为或抑制一定行为，以实现自己的建设权利，因其他主体的行为而使建设权利不能实现时有权要求国家机关加以保护并予以制裁。

2. 建设义务

建设义务是指工程建设法律关系主体必须按法律规定或约定承担应负的责任。建设义务和建设权利是相互对应的，相应主体应自觉履行建设义务，义务主体如果不履行或不适当履行，就要受到法律制裁。

四、工程建设法律关系的产生、变更和消灭

（一）工程建设法律关系的产生、变更和消灭的概念

1. 工程建设法律关系的产生

工程建设法律关系的产生是指工程建设法律关系的主体之间形成了一定的权利和义务关系。某建设单位与施工单位签订了工程建设承包合同，主体双方产生了相应的权利和义务。此时，受工程建设法律规范调整的工程建设法律关系即告产生。

2. 工程建设法律关系的变更

工程建设法律关系的变更是指工程建设法律关系的三个要素发生变化。

（1）主体变更。主体变更是指工程建设法律关系主体数目增多或减少，也可以是主体改变。在建设合同中，客体不变，相应权利义务也不变，此时主体改变也称为合同转让。

（2）客体变更。客体变更是指工程建设法律关系中权利义务所指向的事物发生变化。客体变更可以是其范围变更，也可以是其性质变更。

工程建设法律关系主体与客体的变更，必然导致相应的权利和义务，即内容的变更。

3. 工程建设法律关系的消灭

工程建设法律关系的消灭是指工程建设法律关系主体之间的权利义务不复存在，彼此丧失了约束力。

（1）自然消灭。工程建设法律关系自然消灭是指某类工程建设法律关系所规范的权利义务顺利得到履行，取得了各自的利益，从而使该法律关系达到完结。

（2）协议消灭。工程建设法律关系协议消灭是指工程建设法律关系主体之间协商解除某类工程建设法律关系规范的权利义务，致使该法律关系归于消灭。

（3）违约消灭。工程建设法律关系违约消灭是指工程建设法律关系主体一方违约，或发生不可抗力，致使某类工程建设法律关系规范的权利不能实现。

（二）工程建设法律关系产生、变更和消灭的原因

工程建设法律关系并不是由工程建设法律规范本身产生的，工程建设法律规范并不直接产生法律关系。工程建设法律关系只有在一定的情况下才能产生，而这种法律关系的变更和消灭也由一定情况决定的。这种引起工程建设法律关系产生、变更和消灭的情况，即是人们通常称之为的法律事实。法律事实即是工程建设法律关系产生、变更和消灭的原因。

1. 法律事实

法律事实是指能够引起工程建设法律关系产生、变更和消灭的客观现象和事实。工程建设法律关系不会自然而然的产生，不是任何客观现象都可以作为法律事实，也不能仅凭工程建设法律规范规定，就可在当事人之间发生具体的工程建设法律关系。只有通过一定的法律事实，才能在当事人之间产生一定的法律关系，或者使原来的法律关系变更或消灭。不是任何事实都可成为工程建设法律事实，只有当工程建设法规把某种客观情况同一定的法律后果联系起来时，这种事实才被认为是工程建设法律事实，成为产生工程建设法律关系的原因，从而和法律后果形成因果关系。

2. 工程建设法律事实的分类

工程建设法律事实按是否包含当事人的意志分为两类。

（1）事件。事件是指不以当事人意志为转移而产生的自然现象。

当工程建设法律规范规定把某种自然现象和建设权利义务关系联系在一起的时候，这种现象就成为法律事实的一种，即事件。这就是工程建设法律关系的产生、变更或消灭的原因之一。如洪水灾害导致工程施工延期，致使某建筑安装合同不能履行。事件产生大致有三种情况：

1）自然事件。自然现象引起的，如地震、台风、水灾、火灾等。

2）社会事件。社会现象引起的，如战争、暴乱、政府禁令等。

3）意外事件。即突发事故，如失火、爆炸、触礁等。

（2）行为。行为是指人的有意识的活动。包括积极的作为或消极的不作为，都能引起工程建设法律关系的产生、变更或消灭。行为通常表现为以下几种：

1）民事法律行为。民事法律行为是指基于法律规定或有法律依据，受法律保护的行为。如根据设计任务书进行的初步设计的行为、依法签订工程建设承包合同的行为。

2）违法行为。违法行为是指受法律禁止的侵犯其他主体的建设权利和建设义务的行为。如违反法律规定或因过错不履行工程建设合同；没有国家批准的建设、擅自动工建设等行为。

3) 行政行为。行政行为是指国家授权机关依法行使对建设业管理权而发生法律后果的行为。如国家建设管理机关下达基本建设计划、监督执行工程项目建设程序的行为。

4) 立法行为。立法行为是指国家机关在法定权限内通过规定的程序，制定、修改、废止工程建设法律的活动。如国家制定、颁布工程建设法律、法规、条例等行为。

5) 司法行为。司法行为是指国家司法机关的法定职能活动。它包括各级检察机构所实施的法律监督，各级审判机构的审判、调解活动等。如人民法院对工程建设纠纷案件作出判决的行为。

第三节 工程建设基本民事法律制度

一、法律制度的含义

法律制度有多种含义，从广义上讲，法律制度是指一个国家法律规范的总和；从狭义上讲，法律制度是指调整某一类特定关系，规范某一类特定行为的法律规范的总和。在本书中我们所要了解的是狭义的法律制度。

法律制度按照划分方式不同，可以作出不同的分类，但多数都以法律部门为依据来建立法律制度，如企业法律制度、民事法律制度、诉讼法律制度等等。在一个部门法中，还有许许多多不同的具体法律制度，如在宪法制度中包含有政党制度、议会制度、经济制度等；在诉讼法制度中有回避制度、两审终审制度等；在工程建设法律制度中有质量责任制度、安全生产制度、招标投标制度、许可证制度等等。

由于本书把工程建设管理作为重点，所以我们在此只阐述了工程建设所涉及的相关法律制度。本节中，我们重点要介绍与工程建设有关的基本民事法律制度。

二、法人制度

（一）法人概述

1. 法人的概念

依照《中华人民共和国民法通则》（以下简称《民法通则》）第36条规定，"法人是具有民事权利能力和民事行为能力，依法独立享有民事权利和承担民事义务的组织"。

法人是与自然人相对应的一个法律概念，是指在法律上与自然人（或称公民）相对应的"人"。

2. 法人成立的条件

（1）依法成立。这里要求，一是法人的设立目的和方式必须符合法律法规的具体规定和要求；二是设立法人必须经过有关国家机关的批准；三是设立法人必须经过主管机关的批准或核准登记。

（2）有必要的财产或经费。这是法人进行民事活动的物质基础，它要求法人的财产或经费必须与法人的经营范围和设立目的相适应，否则不能被批准设立或核准登记。

（3）有自己的名称、组织机构和经营场所。法人的名称或字号是法人之间相互区别的标志和法人进行民事活动时使用的名称；法人的组织机构是指对内管理法人事务、对外代表法人进行民事活动的常设机构或机关，包括法人的决策机构、执行机构和监督机构以及内部业务活动机构；法人的经营场所是法人进行业务活动的所在地。

（4）能够独立承担民事责任。即法人能够以自己所拥有的财产或经费承担其在民事活动中的债务，以及法人在民事活动中给他人造成损失时的赔偿责任。

（二）法定代表人

法人的法定代表人是指能够代表法人行使民事权利、承担民事义务的主要负责人。法人作为一个组织是不能直接实施行为的，而必须通过法定代表人的行为，或其依照职权和法律要求而授权他人的行为才能完成。所以，法定代表人是法人实施行为的第一载体。

在了解法定代表人时需要注意以下几个问题：

1. 法定代表人不一定是法人的最高领导人

一方面，成为法定代表人往往要受到一定条件的限制，如法定代表人的户籍所在地应当与法人的注册地相一致；另一方面，法定代表人是代表法人实施行为的载体，其作用是对外代表本单位，与内部管理往往没有直接关系。所以，作为法定代表人首先要注意的是在代表法人实施有关民事法律行为时，必须贯彻法人的决策意志，不可一意孤行。

2. 法定代表人享有的权利和承担的义务具有特殊性

由于法定代表人对外代表着法人整体，所以，他具有特殊的权利和义务范围。在权利方面，法定代表人享有授权代理权、诉讼权、签约权、指令职工实施法人权限之内行为的权利等；在义务方面，法定代表人相应地也要承担一些特殊的法律责任。

3. 法定代表人的变更并非意味着法人的变更

尽管法人的行为都是通过法定代表人或其法定代理人实施的，但归根结底还应当是法人的行为。因此，法人更换法定代表人不影响法人所实施行为的法律效力。

三、代理制度

（一）代理的概念

代理是代理人在代理权限内，以被代理人的名义实施民事法律行为。被代理人对代理人的代理行为承担民事责任。由此可见，在代理关系中，通常涉及三个人，即被代理人、代理人和第三人。如某甲委托某乙去某丙处为自己购买机床一台，在这个代理关系中，某甲为被代理人，某乙为代理人，某丙为第三人。

（二）代理的种类

代理有委托代理、法定代理和指定代理三种形式。

1. 委托代理

委托代理是指根据被代理人的委托而产生的代理。如公民委托律师代理诉讼即属于委托代理。委托代理可采用口头形式委托，也可采用书面形式委托，如果法律明确规定必须采用书面形式委托的，必须采用书面形式，如代签工程建设合同就必须采用书面形式。

在实际生活中，委托代理应注意下列问题：

（1）被代理人应慎重选择代理人。因为代理活动要由代理人来实施，且实施结果要由被代理人承受，因此，如果代理人不能胜任工作，将会给被代理人带来不利的后果，甚至还会损害被代理人的利益。

（2）委托授权的范围要明确。由于委托代理是基于被代理人的委托授权而产生的，所以，被代理人的授权范围一定要明确。如果由于授权不明确而给第三人造成损失的，则被代理人要向第三人承担责任，代理人承担连带责任。

（3）委托代理的事项必须合法。被代理人自己不能亲自进行违法活动，也不能委托他人进行违法活动；同时，代理人也不能接受此类的委托，否则，被代理人、代理人要承担连带责任。

2. 法定代理

法定代理是基于法律的直接规定而产生的代理。如父母代理未成年人进行民事活动就是属于法定代理。法定代理是为了保护无行为能力的人或限制行为能力的人的合法权益而设立的一种代理形式，适用范围比较窄。

3. 指定代理

指定代理是指根据主管机关或人民法院的指定而产生的代理。这种代理也主要是为无行为能力的人和限制行为能力的人而设立的。如人民法院指定一名律师作为离婚诉讼中丧失行为能力而又无其他法定代理人的一方当事人的代理人，就属于指定代理。

（三）代理人在代理活动中应注意的几个问题

1. 代理人应在代理权限范围内进行代理活动

如果代理人没有代理权、超越代理权限范围或代理权终止后进行活动，即属于无权代理，倘若被代理人不予以追认的话，则由行为人承担法律责任。

2. 代理人应亲自进行代理活动

代理关系中的委托授权，是基于对代理人的信任，委托代理就是建立在这种人身信任的基础上的，因此，代理人必须亲自进行代理活动，完成代理任务。

3. 代理人应认真履行职责

代理人接受了委托，就有义务尽职尽责地完成代理工作。如果不履行或不认真履行代理职责而给被代理人造成损害的，代理人应承担赔偿责任。

4. 不得滥用代理权

滥用代理权表现为：

（1）以被代理人的名义同自己实施法律行为。如果以被代理人的名义同自己订立合同，就属于此种情形。

（2）代理双方当事人实施同一个法律行为。例如，在同一诉讼中，律师既代理原告，又代理被告，这就很可能损害合同一方当事人的利益，因此，此种情形为法律所禁止。

（3）代理人与第三人恶意串通损害被代理人的利益。例如，代理人与第三人相互勾结，在订立合同时给第三人以种种优惠，而损害了被代理人的利益，对此，代理人、第三人要承担连带责任。

（四）代理权的终止

由于代理的种类不同，代理关系终止的原因也不尽相同。

1. 委托代理的终止

（1）代理期限届满或代理事务完成。

（2）被代理人取消委托或代理人辞去委托。

（3）代理人死亡或丧失民事行为能力。

（4）作为被代理人或代理人的法人组织终止。

2. 法定代理或指定代理的终止

（1）被代理人或代理人死亡。

（2）代理人丧失行为能力。

（3）被代理人取得或恢复民事行为能力。

(4) 指定代理的人民法院或指定单位取消指定。

(5) 由于其他原因引起的被代理人和代理人之间的监护关系消灭。

四、诉讼时效制度

(一) 时效的概念

时效是指一定事实状态在法律规定期间内的持续存在，从而产生与该事实状态相适应的法律效力。时效一般可分为取得时效和消灭时效。

关于时效，《中华人民共和国民法通则》作了专章规定。在我国只承认消灭时效制度，不承认取得时效制度。消灭时效就是我们所说的诉讼时效。

(二) 诉讼时效

1. 诉讼时效的概念

诉讼时效是指权利人在法定期间内，未向人民法院提起诉讼请求保护其权利时，法律规定消灭其胜诉权的制度。

2. 诉讼时效的种类

(1) 普通诉讼时效。我国《民法通则》135条规定，向人民法院请求保护民事权利的诉讼时效为两年，法律另有规定的除外。由此可见，普通诉讼时效期间通常为2年。

(2) 短期诉讼时效。我国《民法通则》136条规定，下列诉讼时效期间为1年：

①身体受到伤害要求赔偿的；

②延付或拒付租金的；

③出售质量不合格的商品未声明的；

④寄存财物被丢失或损毁的。

(3) 特殊诉讼时效。《民法通则》141条规定，法律对诉讼时效另有规定的，依照法律规定。如《中华人民共和国合同法》129条规定，因国际货物买卖合同和技术进出口争议提起诉讼或者申请仲裁的期限为4年。

(4) 权利的最长保护期限。《民法通则》137条规定，诉讼时效期间从知道或应当知道权利被侵害时起计算。但是，从权利被侵害之日起超过20年的，人民法院不予保护。这就是说，权利人不知道或不能知道权利已被侵害，自权利被侵害之日起经过20年的，其权利也失去法律的强制性保护。

3. 诉讼时效的起算

诉讼时效的起算，也即诉讼时效期间的开始，它是从权利人知道或应当知道其权利受到侵害之日起开始计算，即从权利人能行使请求权之日开始算起。但是，从权利被侵害之日起超过20年的，人民法院不予保护。

4. 诉讼时效的中止

诉讼时效的中止是指在时效进行中，因一定法定事由的出现，阻碍权利人提起诉讼，法律规定暂时终止诉讼时效期间的计算，待阻碍诉讼时效的法定事由消失后，诉讼时效继续进行，累计计算。我国《民法通则》139条规定，在诉讼时效期间的最后六个月，因不可抗力或者其他障碍不能行使请求权的，诉讼时效中止。从中止诉讼时效的原因消除之日起，诉讼时效期间继续计算。

5. 诉讼时效的中断

诉讼时效的中断是指在时效进行中，因一定法定事由的发生，阻碍时效的进行，致使以前经过的诉讼时效期间统归无效，待中断事由消除后，其诉讼时效期间重新计算。我国《民法通则》140 条规定，诉讼时效因提起诉讼、当事人一方提出要求或者同意履行义务而中断。从中断时起，诉讼时效期间重新计算。

五、物权制度

（一）物权的概念

物权是每个国家经济发展的基础，是交换的前提，是人生存发展的物质保障。第十届全国人民代表大会第五次会议于 2007 年 3 月 16 日通过的《中华人民共和国物权法》（以下简称《物权法》），自 2007 年 10 月 1 日起施行。物权法是规范财产关系的民事基本法律，调整因物的归属和利用而产生的民事关系，包括明确国家、集体、私人和其他权利人的物权以及对物权的保护。

根据《物权法》第二条规定："本法所称物权，是指权利人依法对特定的物享有直接支配和排他的权利，包括所有权、用益物权和担保物权"。

（二）物权的种类

依据传统民法理论，对于物权有多种分类：如以对标的物的支配范围为标准，分为所有权与定限物权；以标的物的种类为标准，分为动产物权、不动产物权与权利物权；以物权是否具有独立性为标准，分为主物权与从物权等。我国《物权法》遵循物权法定原则，第五条规定："物权的种类和内容，由法律规定。"

1. 所有权

所有权就是权利人全面支配标的物，并排除他人干涉的权利。所谓"全面支配"，即表现为所有权的权利内容具体包括对标的物的占有、使用、收益和处分，不仅包括对标的物使用价值的支配，还包括对标的物交换价值的支配。

《物权法》确定的所有权形式包括国家所有权、集体所有权和私人所有权。同时，随着现代城市的兴起以及人类建筑技术的高度发展，"建筑物区分所有权"成为一种较为特殊的不动产所有权形态。《物权法》采取设专章共计 14 个条文的形式，对建筑物区分所有权制度的宗旨及功能予以了明晰，首次通过法律层面上的对建筑物区分所有权制度基本原则和部分内容的规制设计，初步建立起我国建筑物区分所有权制度。

2. 用益物权

用益物权就是非所有人对他人所有的不动产或者动产依法所享有的占有、使用和收益的权利。《物权法》第十一章到第十四章明确规定了土地承包经营权、建设用地使用权、宅基地使用权和地役权这四种用益物权。第一百二十二条和一百二十三条规定了海域使用权、探矿权、采矿权、取水权和使用水域、滩涂从事养殖、捕捞的权利。对于海域使用权等权利，有人称之为特许物权，也有人称之为准物权。

3. 担保物权

担保物权就是以担保债务的清偿为目的，而以债务人或第三人的特定物或权利设定的定限物权。《物权法》第一百七十条规定："担保物权人在债务人不履行到期债务或者发生当事人约定的实现担保物权的情形，依法享有就担保财产优先受偿的权利，但法律另有规定的除外。"所谓"法律另有规定"，综观我国现有法律，主要有以下四种情况：

(1) 在担保物权设定人欠税的情况下，国家的税收权优于担保物权。

(2) 特定情形下未清偿职工债权将优于担保权。

(3) 承租人的优先购买权优于担保权。
(4) 建筑工程承包人的优先受偿权优于抵押权。
《物权法》第十六章到第十八章规定了抵押权、质权、留置权三种担保物权。
（三）物权的保护方法
物权的保护方法有刑法、民法、行政法之分，这里仅介绍民法的保护方法。
1. 请求确认物权
当物权归属不明或是发生争执时，当事人可以向法院提起诉讼，请求确认物权。请求确认物权包括请求确认所有权和请求确认他物权。
2. 请求排除妨碍
当他人的行为非法妨碍物权人行使物权时，物权人可以请求妨碍人排除妨碍，也可请求法院责令妨碍人排除妨碍。排除妨碍的请求，所有权人、用益物权人都可行使。
3. 请求恢复原状
当物权的标的物因他人的侵权行为而遭受损坏时，如果能够修复，物权人可以请求侵权行为人加以修理以恢复物之原状。恢复原状的请求，所有人、合法使用人都可以行使。
4. 请求返还原物
当所有人的财产被他人非法占有时，财产所有人或合法占有人，可以依照有关规定请求不法占有人返还原物，或请求法院责令不法占有人返还原物。
在请求返还原物时，应注意以下问题：
(1) 只能向非法占有者要求返还。凡没有合法根据的占有都属于非法占有，不管主观上是否有过错，均可要求返还。
(2) 原物必须存在。如原物不存在，则只能请求赔偿。
(3) 如物权已被转让，则情况较为复杂。一般认为原则上要保护所有人的合法权益，也要顾及善意占有的第三人的正当利益。即以第三人在取得物权时有无过错，或是否有偿取得来确定。如果第三人在取得物权时并无过错，并支付了合理的价金，所有人则无法向第三人主张权利，只能向非法转让人要求赔偿。如第三人在取得物权时有过错，则所有人有权请求返还占有。如第三人是无偿取得物权，则不论第三人主观上是否有过错，均应返还物权。
5. 请求损失赔偿
当他人侵害物权的行为造成物权人的经济损失时，物权人可以直接请求侵害人赔偿损失，也可请求法院责令侵害人赔偿损失。

六、债权制度
（一）债的概念
债是按照合同约定或依照法律规定，在当事人之间产生的特定的权利和义务关系。
（二）债与物权的区别
债与物权都是与财产有密切联系的法律关系，但它们却有着明显的不同。
1. 债与物权的主体不同
债权的权利主体和义务主体都是特定的，是对人权；物权的权利主体是特定的，义务主体则为不特定的，是对世权。
2. 债与物权的内容不同

债权的实现需要义务主体积极行为的协助，是相对权；物权的实现则不需要他人的协助，是绝对权。

3. 债与物权的客体不同

债权的客体可以是物、行为和智力成果；物权的客体则只能是物。

（三）债的发生根据

根据我国《民法通则》以及相关的法律规范的规定，能够引起债的发生的法律事实，即债的发生根据，主要有：

1. 合同

合同是指民事主体之间关于设立、变更和终止民事关系的协议。合同是引起债权债务关系发生的最主要、最普遍的根据。

2. 侵权行为

侵权行为是指行为人不法侵害他人的财产权或人身权的行为。因侵权行为而产生的债，在我国习惯上也称之为"致人损害之债"。

3. 不当得利

不当得利是指没有法律或合同根据，有损于他人而取得的利益。它可能表现为得利人财产的增加，致使他人不应减少的财产减少了；也可能表现为得利人应支付的费用没有支付，致使他人应当增加的财产没有增加。不当得利一旦发生，不当得利人负有返还的义务。因而，这是一种债权债务关系。

4. 无因管理

无因管理是指既未受人之托，也不负有法律规定的义务，而是自觉为他人管理事务的行为。

无因管理行为一经发生，便会在管理人和其事务被管理人之间产生债权债务关系，其事务被管理者负有赔偿管理者在管理过程中所支付的合理的费用及直接损失的义务。

5. 债的其他发生根据

债的发生根据除前述几种外，遗赠、扶养、发现埋藏物等，也是债的发生根据。

（四）债的消灭

债因一定的法律事实的出现而使既存的债权债务关系在客观上不复存在，叫做债的消灭。债因以下事实而消灭：

1. 债因履行而消灭

债务人履行了债务，债权人的利益得到了实现，当事人间设立债的目的已达到，债的关系也就自然消灭了。

2. 债因抵消而消灭

抵消是指同类已到履行期限的对等债务，因当事人相互抵充其债务而同时消灭。用抵消方法消灭债务应符合下列的条件：

（1）必须是对等债务；

（2）必须是同一种类的给付之债；

（3）同类的对等之债都已到履行期限。

3. 债因提存而消灭

提存是指债权人无正当理由拒绝接受履行或其下落不明，或数人就同一债权主张权利，债权人一时无法确定，致使债务人一时难以履行债务，经公证机关证明或人民法院的裁决，债务人可以将履行的标的物提交有关部门保存的行为。

提存是债务履行的一种方式。如果超过法律规定的期限，债权人仍不领取提存标的物的，应收归国库所有。

4. 债因混同而消灭

混同是指某一具体之债的债权人和债务人合为一体。如两个相互订有合同的企业合并，则产生混同的法律效果。

5. 债因免除而消灭

免除是指债权人放弃债权，从而解除债务人所承担的义务。债务人的债务一经债权人解除，债的关系自行解除。

6. 债因当事人死亡而解除

债因当事人死亡而解除仅指具有人身性质的合同之债，因为人身关系是不可继承和转让的，所以，凡属委托合同的受托人、出版合同的约稿人等死亡时，其所签订的合同也随之终止。

第四节　工程建设基本法律制度案例

案例 1

原告：××房地产开发有限公司（以下简称甲方）
被告：××建筑集团第六分公司（以下简称乙方）

一、基本案情

1998年4月，甲方与自称是××建筑集团第六分公司的乙方签订《建设工程施工合同》，约定：经甲方同意，技措费及赶工费用按实际发生进入结算价款。1999年1月双方又签订《终止协议》，该协议约定："技措费及赶工费另行协商，如不能达成协议，此纠纷交由某仲裁委员会仲裁。"2001年5月乙方根据《终止协议》中的仲裁条款就技措费、赶工费问题向协议约定的仲裁委员会申请仲裁。甲方则在仲裁庭首次开庭前向法院申请确认该仲裁条款无效。甲方认为：乙方在签订《建设工程施工合同》及《终止协议》时并未依法注册成立，因此根本不具有签订仲裁条款的主体资格。乙方辩称：1999年9月某建筑集团申请成立了第六分公司；而且早在1994年，某建筑集团就为乙方出具了授权其在该地区承揽工程的委托书，因此上述《建设工程施工合同》及《终止协议》有效，仲裁条款当然有效。

二、案件处理

法院认为，仲裁条款应由具有民事行为能力的民事主体签订。乙方与甲方签订仲裁条款时，尚未取得工商管理部门的工商登记，无缔约的民事行为能力，故法院裁定乙方与甲方签订的仲裁条款应属无效。

三、案例评析

本案的争议焦点为，未依法注册登记的公司分支机构签订的仲裁条款是否产生法律效力。根据《仲裁法》第17条的规定，无民事行为能力人或限制民事行为能力人订立的仲裁协议无效。在本案中，被告在签订《建设工程施工合同》及《终止协议》时尚未依法注册登记。根据《公司登记管理条例》第 40 条的规定："公司设立分公司的，应当向分公司所在地的市、县公司登记机关申请登记；核准登记的，发给营业执照。"因此，依法办理工商登记是公司分支机构取得民事主体资格的必要条件；未注册登记的公司分支机构，不具有合法的民事主体资格，即不具有民事权利能力及民事行为能力，其签订的仲裁条款当属无效。

此外，尽管某建筑集团曾为乙方出具授权委托书，但由于当时被告并未注册登记，不具有民事主体资格，因此这种代理行为不具有法律效力。

案例 2

原告：香港××投资有限公司（以下简称香港公司）

被告：广州××有限公司（以下简称广州公司）

一、基本案情

1994 年 6 月 10 日，香港公司与广州公司在深圳签订了一份《土地使用权转让合同书》，约定广州公司将其拥有的位于广州市××工业区的一块面积为 20000m^2 的工业用地转让给香港公司，转让款共 500 万元。该合同签订后，香港公司即依约将转让款 500 万元支付给广州公司。广州公司收款后却迟迟没有办理有关转让手续。至 1996 年 12 月，香港公司从有关部门了解到，广州公司所转让的土地根本不能依法办理过户手续。为此香港公司要求广州公司返还转让金，并于 1998 年 8 月 12 日向法院提起诉讼，要求依法解除双方签订的土地使用权转让合同，依法判决广州公司返还香港公司土地转让费人民币 500 万元及利息，并赔偿经济损失港币 28 万元。而广州公司辩称，香港公司与广州公司于 1994 年 6 月 10 日签订了土地使用权转让合同后，该合同已于 1994 年履行完毕。此后，双方从未对上述合同的履行有过任何争议或补充协议，香港公司的起诉已超过了诉讼时效，请求依法驳回香港公司的诉讼请求。

二、案件处理

法院经审理认为，香港公司的起诉已超过了法定的诉讼时效，且未能举证证实诉讼时效有中止或中断的情况，其诉讼请求依法应予驳回，根据《中华人民共和国民法通则》第 135 条的规定，判决驳回香港公司的诉讼请求，本案受理费港币 41000 元由香港公司负担。

三、案例评析

本案中香港公司败诉关键在于其起诉已超过诉讼时效，而且又不能举证证实诉讼时效有中止或中断的情况。《民法通则》第 135 条规定："向人民法院请求保护民事权利的诉讼时效期间为二年"，第 137 条规定："诉讼时效期间从知道或者应当知道权利遭受侵害时起计算。"本案中，原告与被告签订的合同约定：在合同签订后三个月内，香港公司付清余款的同时，广州公司应完善用地手续，即出具有效的土地使用权证书。因此，诉讼时效期间从合同签订之日后三个月开始计算，即从 1994 年 9 月 10 日起至 1996 年 9 月 10 日止。《民法通则》第 139 条、140 条分别规定了诉讼中止和中断的情形。但是，本案中香港公司虽称其曾于 1995 年 5 月 2 日、1997 年 1 月 5 日两次函告广州公司，但未举证证实其主张，所以未获法院采纳。因此，为了使诉讼时效延长，一定要留下证实诉讼时效中断的证据。例如，本案中香港公司致函给广州公司，应亲自送广州公司签收，留下回执，或通过邮局挂号邮寄，这样才能保证民事权利在被侵害时得到法律的保护。

案例 3

原告：上海某房地产开发有限公司（以下简称房产公司）

被告：上海某投资集团有限公司（以下简称投资公司）

一、基本案情

原告房产公司与被告投资公司于 2000 年 4 月 25 日就某写字楼项目签订协议书一份。约定：投资公司投资人民币 2500 万元参建，根据工程进度和房产公司的申请分批投入，直至帮助房产公司获得该项目的政府批准文件；房产公司保证在两年内归还投资公司的所有参建资金并承担银行利息及提供参建总额 20％的投资回报；投资公司将参建资金 2500 万元全部投入后，房产公司应将部分项目权证抵押给投资公司至归还参建资金；房产公司在两年内不能归还参建资金并提供约定回报，将承担违约责任并赔偿参建总额 10％；投资公司不按约定投入参建资金，则向房产公司支付违约金 250 万元。

协议签订后投资公司向银行申请项目贷款并获批准。2000 年 6 月投资公司从银行贷款 4500 万元。然而投资公司却将所有借款用于他处，始终未用于参建项目。2001 年 1 月，房产公司提起诉讼，请求法院判令投资公司赔偿违约金 250 万元。投资公司辩称：双方签订的参建协议实质是企业间拆借协议，不受法律保护，同时提起反诉，要求确认该协议无效。

二、案件审理

一审法院经审理后认为：原被告之间的两份协议是双方真实意思表示，且无法律明文禁止的内容，应合法有效，双方均应承担义务。投资公司在接受了银行贷款后，未依约将参建资金到位，应承担协议约定的违约责任，其主张双方协议为借贷协议，无充分证据证实，不予采信。据此判决项目合作协议有效，被告应于判决生效之日起十五日内支付原告上海某房地产开发有限公司违约金人民币 250 万元。

一审判决后投资公司不服，以同样理由提起上诉。二审法院审理后认为：房产公司与投资公司订立的参建协议，无任何参建的实质内容，双方签订参建协议其实质在于双方假借参建名义进行企业间的融资借贷。故该协议系名为参建、实为企业间的借贷协议，该协议与企业间未经许可不得贷款的规定相悖，系无效协议。据此作出终审判决：撤销一审法院判决，项目合作协议无效；房产公司要求投资公司支付违约金人民币 250 万元的诉讼请求不予支持。

三、案例评析

《民法通则》第 58 条第 7 款规定："以合法形式掩盖非法目的行为无效。"本案中，房产公司与投资公司的协议形式上是参建，但其实质是企业之间的资金拆借，违反了国家金融管理规定，是自始无效的。因此，二审法院的判决是正确的。

案例 4

原告：赵某

被告：钱某

被告：××室内装饰装修设计工程有限公司（以下简称设计公司）

一、基本案情

1999年10月,原告赵某与被告设计公司订立一份《聘用合同》,进入设计公司从事装饰设计工作。2000年3月,设计公司与深圳市××投资发展有限公司(以下简称"投资公司")订立合同一份,约定由设计公司为投资公司装修某住宅小区样板间一套。合同成立后,投资公司向设计公司提供了样板间的建筑结构图,设计公司为履行合同义务,分配赵某设计样板间。2000年4月赵某为完成设计公司交给的任务,利用工作时间和设计公司提供的物质技术条件,完成了样板间的室内设计施工图,其中编号为M的有5张图纸,编号为N的有18张图纸,每一张图纸的设计一栏均有原告的署名,审核一栏有钱某的署名。施工图中具体标明了每个部分应当使用的原材料及其尺寸或者规格,以及部分家具和内饰的位置和材质。施工图完成后,设计公司遂依据施工图进行施工,在施工过程中,为配合施工需要,实际工程曾对施工图的设计进行修改,一些修改是在赵某指导下进行,一些修改是在钱某指导下进行。施工图未做设计的家具、灯饰、装饰品和装饰物,由钱某设计、选购和配置。样板间完成后,设计公司针对样板间的不同角度,摄制了许多照片。2000年,该省举行室内装修设计大赛,钱某和设计公司持样板间拍摄的效果图片参赛,获得优胜奖。奖杯上无获奖者或者设计者的署名,未发给获奖证书或者奖金。2000年设计公司持上述效果图片参加市家居装饰设计作品展,获得一等奖,获奖证书上载明获奖单位为设计公司,设计师为钱某。2001年2月后,被告在一系列媒体上通过报道和广告等形式,运用图片和文字方式,宣传样板间的设计者是钱某,只字未提到原告。原告遂以被告的上述行为构成著作权侵权为由向市中级人民法院提起诉讼。

二、案件审理

市中级人民法院经审理认为,样板间有三种表现形式,一是设计施工图(平面),二是依据设计施工图施工而形成的实物(立体),三是对样板间实物拍照而形成的照片。样板间设计施工图属于《著作权法》第三条第(6)项所规定的工程设计图作品形式,是原告为完成设计公司的工作任务,利用设计公司的物质技术条件创作,并由法人承担责任的作品,著作权由法人所有。从样板间的设计施工图看,在设计一栏中有原告的署名,并且施工图完成时原告正受聘于设计公司,任设计师职务,应认定本案样板间设计施工图是原告的职务作品,原告对施工设计图享有署名权。

设计公司依据本案样板间的设计施工图(平面)进行施工,形成立体实物样板间,平面与实物之间确有本源与结果的关系,但是《著作权法》第52条规定,著作权法所称的复制是指以印刷、复印、临摹、拓印、录音、录像、翻录、翻拍等方式将作品制作一份或者多份的行为;按照工程设计、产品设计图纸及其说明进行施工、生产工业品,不属于复制。因此,被告依据样板间的设计施工图施工形成实物样板间不属于著作权法意义上的复制。双方当事人虽然都主张实物样板间也属于作品,不过著作权法未规定类似本案实物样板间属于著作权法意义上的作品。被告将本案实物样板间拍成照片,就所拍的照片而言,应当认定以实物样板间为反映内容的照片又形成新的摄影作品,赵某在本案中未主张其对摄影作品享有著作权,案件中也无证据证明赵某是摄影作品的著作权人,法院不认定原告是上述摄影作品的著作权人。原告主张其应当对本案实物样板间享有署名权,进而要求被告更换获奖的设计者名字,返还奖杯等,没有直接的法律支持和证据佐证,不予采纳。依据《中华人民共和国民事诉讼法》第64条、《中华人民共和国著作权法》第52条规定,判决驳回原告赵某的诉讼请求。

三、案例评析

本案涉及著作权的一个重要问题即职务作品著作权归属。2001年10月27日修正前的原《著作权法》第16条规定,"公民为完成法人或者非法人单位工作任务所创作的作品是职务作品,除本条第二款的规定除外,著作权由作者享有,但法人或者非法人单位有权在其业务范围内优先使用。作品完成两年内,未经单位同意,作者不得许可第三人以与单位使用的相同的方式使用该作品。有下列情形之一的职务作品,作者享有署名权,著作权的其他权利由法人或者非法人单位享有,法人或者非法人单位可以给予作者奖励:(一)主要是利用法人或者非法人单位的物质技术条件创作,并由法人或者非法人单位承担责任的工程设计、产品设计图纸及其说明、计算机软件、地图等职务作品……"

据此,职务作品的著作权一般由作者享有,其所在单位在业务范围内有优先使用权;但职务作品如果是作者主要利用其所在单位的物质技术条件创作,并由该单位承担责任的工程设计图、产品设计图、地图、计算机软件等,则作者只享有署名权,著作权的其他权利由其所在单位享有。本案中的原告赵某为完成被告设计公司的工作任务,利用该公司的物质技术条件创作并由该公司承担责任的样板间设计施工图,应当属于前面所述情形,原告赵某享有署名权,著作权的其他权利由被告设计公司享有。

本案争议的另一焦点在于著作权中的复制权。复制权是著作权的一项基本权利,即将作品制成有形的复制品的权利。修改前的《著作权法》规定按照工程设计、产品设计图纸及其说明进行施工、生产工业品,不属于复制。因此本案应驳回原告赵某的诉讼请求。

第二章 工程建设从业资格制度

第一节 从业资格制度概述

一、建立从业资格制度的意义

建筑工程种类很多，不同的建筑工程，其建设规模和技术要求的复杂程度可能有很大的差别。而从事建筑活动的施工企业、勘察单位、设计单位和工程监理单位的情况也各有不同，有的资本雄厚，专业技术人员较多，有关技术装备齐全，有较强的经济和技术实力，而有的经济和技术实力则比较薄弱。为此，我国在对建筑活动的监督管理中，将从事建筑活动的单位按其具有的不同经济、技术条件，划分为不同的资质等级，并对不同的资质等级的单位所能从事的建筑活动范围做出了明确的规定。《建筑法》第13条明确规定："从事建筑活动的建筑施工企业、勘察单位、设计单位和工程监理单位，按照其拥有的注册资本、专业技术人员、技术装备和已完成的建筑工程业绩等资质条件，划分不同的资质等级，经资质审查合格，取得相应等级资质证书后，方可在其资质等级许可证的范围内从事建筑活动。"这在法律上确定了我国从业资格许可制度。实践证明，从业资格制度是建立和维护建筑市场的正常秩序，保证建筑工程质量的一项有效措施。

国家按照有利于经济发展、社会公认、国际可比、事关公共利益的原则，在涉及国家、人民生命财产安全的专业技术工作领域，实行专业技术人员职业资格制度。它包括注册建筑师、注册结构师、注册监理师、注册造价师、注册估价师和注册建造师等。

开展职业技能鉴定，推行职业资格证书制度，是落实党中央、国务院提出的"科教兴国"战略方针的重要举措，也是我国人力资源开发的一项战略措施。这对于提高劳动者素质，促进劳动力市场的建设以及深化国有企业改革，促进经济发展都具有重要意义。

二、专业技术人员职业资格分类

专业技术人员职业资格是对从事某一职业所必备的学识、技术和能力的基本要求，职业资格包括从业资格和执业资格。

从业资格是政府规定专业技术人员从事某种专业技术性工作的学识、技术和能力的起点标准；执业资格是政府对某些责任较大、社会通用性强、关系公共利益的专业技术工作实行的准入控制，是专业技术人员依法独立开业或独立从事某种专业技术工作学识、技术和能力的必备标准。

三、职业资格证书制度

（一）职业资格证书制度概述

职业资格证书制度是劳动就业制度的一项重要内容，也是一种特殊形式的国家考试制度。它是指按照国家制定的职业技能标准或任职资格条件，通过政府认定的考核鉴定机构，对劳动者的技能水平或职业资格进行客观公正、科学规范的评价和鉴定，对合格者授予相应的国家职业资格证书。

(二) 职业资格证书作用

职业资格证书是表明劳动者具有从事某一职业所必备的学识和技能的证明。它是劳动者求职、任职、开业的资格凭证，是用人单位招聘、录用劳动者的主要依据，也是境外就业、对外劳务合作人员办理技能水平公证的有效证件。

(三) 实施职业资格证书制度的法律依据

《劳动法》第八章第 69 条规定："国家确定职业分类，对规定的职业制定职业技能标准，实行职业资格证书制度，由经过政府批准的考核鉴定机构负责对劳动者实施职业技能考核鉴定。"《职业教育法》第一章第 8 条明确指出："实施职业教育应当根据实际需要，同国家制定的职业分类和职业等级标准相适应，实行学历文凭、培训证书和职业资格证书制度。"这些法规确定了国家推行职业资格证书制度和开展职业技能鉴定的法律依据。

(四) 职业资格证书的办理

根据国家有关规定，办理职业资格证书的程序为：职业技能鉴定所（站）将考核合格人员名单报经当地职业技能鉴定指导中心审核，再报经同级劳动保障行政部门或行业部门劳动保障工作机构批准后，由职业技能鉴定指导中心按照国家规定的证书编码方案和填写格式要求统一办理证书，加盖职业技能鉴定机构专用印章，经同级劳动保障行政部门或行业部门劳动保障工作机构验印后，由职业技能鉴定所（站）送交本人。

第二节 从业单位资质管理

一、从业单位的条件

(一) 有符合国家规定的注册资本

注册资本反映的是企业法人的财产权，也是判断企业经济力量的依据之一。从事经营活动的企业组织，都必须具备基本的责任能力，能够承担与其经营活动相适应的财产义务。这既是法律权利与义务相一致、利益与风险相一致的反映，也是保证债权人利益的需要。因此，建筑施工企业、勘察单位、设计单位和工程监理单位的注册资本必须适应从事建筑活动的需要，不得低于一定限额。注册资本由国家规定，既可以由全国人大及其常委会通过制定法律来规定，也可以由国务院或国务院建设行政主管部门来规定。

(二) 有与其从事的建筑活动相适应的具有法定执业资格的专业技术人员

由于建筑活动是一种专业性、技术性很强的活动，所以从事建筑活动的建筑施工企业、勘察单位、设计单位和工程监理单位必须有足够的专业技术人员。如设计单位不仅要有建筑师，还需要有结构、水、暖、电等方面的工程师。建筑活动是一种涉及公民生命和财产安全的一种特殊活动，因而从事建筑活动的专业技术人员还必须有法定执业资格。这种法定执业资格必须依法通过考试和注册才能取得。建筑工程的规模和复杂程度各不相同，因此，建筑活动所要求的专业技术人员的级别和数量也不同，建筑施工企业、勘察单位、设计单位和工程监理单位必须有与其从事的建筑活动相适应的专业技术人员。

(三) 有从事相关建筑活动所应有的技术装备

建筑活动具有专业性强、技术性强的特点，没有相应的技术装备无法进行。如从事建筑施工活动，必须有相应的施工机械设备与质量检验测试手段；从事勘察设计活动的建筑施工企业、勘察单位、设计单位和工程监理单位，必须有从事相关建筑活动所应有的技术装备。没有相应技术装备的单位，不得从事建筑活动。

（四）法律、行政法规的其他条件

建筑施工企业、勘察单位、设计单位和工程监理单位，除了应具备以上三项条件外，还必须具备从事经营活动所应具备的其他条件。如按照《民法通则》第37条规定，法人应当有自己的名称、组织机构和场所。按照《公司法》规定设立从事建筑活动的有限责任公司和股份有限公司，股东或发起人必须符合法定人数；股东或发起人共同制定公司章程；有公司名称，建立符合要求的组织机构；有固定的生产经营场所和必要的生产条件等。

二、从业单位资质

（一）建筑业企业资质审查

2007年6月26日建设部第159号令发布了《建筑业企业资质管理规定》，按照该规定，建筑业企业是指从事土木工程、建筑工程、线路管道设备安装工程、装修工程等新建、扩建、改建活动的企业。建筑业企业资质分为施工总承包、专业承包和劳务分包三个序列。获得施工总承包资质的企业，可以对工程实行施工总承包或者对主体工程实行施工承包。承担施工总承包的企业可以对所承接的工程全部自行施工，也可以将非主体工程或者劳务作业分包给具有相应专业承包资质或者劳务分包资质的其他建筑业企业。

获得专业承包资质的企业，可以承接施工总承包企业分包的专业工程或者建设单位按照规定发包的专业工程。专业承包企业可以对所承接的工程全部自行施工，也可以将劳务作业分包给具有相应劳务分包资质的劳务分包企业。

获得劳务分包资质的企业，可以承接施工总承包企业或者专业承包企业分包的劳务作业。

施工总承包资质、专业承包资质、劳务分包资质序列按照工程性质和技术特点分别划分为若干资质类别。各资质类别按照规定的条件划分为若干等级。建筑业企业资质等级标准由国务院建设行政主管部门会同国务院有关部门制定。

1. 房屋建筑工程施工总承包企业资质等级标准

房屋建筑工程施工总承包企业资质分为特级、一级、二级、三级。

2. 建筑业企业的资质管理

（1）建筑业企业资质许可

建筑业企业可以申请一项或多项建筑业企业资质；申请多项建筑业企业资质的，应当选择等级最高的一项资质为企业主项资质。企业的增项资质级别不得高于主项资质级别。

申请施工总承包序列特级资质、一级资质；国务院国有资产管理部门直接监管的企业及其下属一层级的企业的施工总承包二级资质、三级资质；水利、交通、信息产业方面的专业承包序列一级资质；铁路、民航方面的专业承包序列一级、二级资质；公路交通工程专业承包不分等级资质、城市轨道交通专业承包不分等级资质的，应当向企业工商注册所在地省、自治区、直辖市人民政府建设主管部门提出申请。其中，国务院国有资产管理部门直接监管的企业及其下属一层级的企业，应当由国务院国有资产管理部门直接监管的企业向国务院建设主管部门提出申请，并由国务院建设主管部门审批。

建筑业企业施工总承包序列二级资质（不含国务院国有资产管理部门直接监管的企业及其下属一层级的企业的施工总承包序列二级资质）；专业承包序列一级资质（不含铁路、

交通、水利、信息产业、民航方面的专业承包序列一级资质）；专业承包序列二级资质（不含民航、铁路方面的专业承包序列二级资质）；专业承包序列不分等级资质（不含公路交通工程专业承包序列和城市轨道交通专业承包序列的不分等级资质）的资质许可，由企业工商注册所在地省、自治区、直辖市人民政府建设主管部门实施。

建筑业施工总承包序列三级资质（不含国务院国有资产管理部门直接监管的企业及其下属一层级的企业的施工总承包三级资质）；专业承包序列三级资质；劳务分包序列资质；燃气燃烧器具安装、维修企业资质的资质许可，由企业工商注册所在地设区的市人民政府建设主管部门实施。

（2）建筑业企业资质管理

企业首次申请、增项申请建筑业企业资质，不考核企业工程业绩，其资质等级按照最低资质等级核定。

已取得工程设计资质的企业首次申请同类别或相近类别的建筑业企业资质的，可以将相应规模的工程总承包业绩作为工程业绩予以申报，但申请资质等级最高不超过其现有工程设计资质等级。企业申请资质升级不受年限限制。

资质证书有效期为5年。资质有效期届满，企业需要延续资质证书有效期的，应当在资质证书有效期届满60日前，申请办理资质延续手续。

企业合并的，合并后存续或者新设立的建筑业企业可以承继合并前各方中较高的资质等级，但应当符合相应的资质等级条件。企业分立的，分立后企业的资质等级，根据实际达到的资质条件，按照规定的审批程序核定。企业改制的，改制后不再符合资质标准的，应按其实际达到的资质标准及本规定申请重新核定。

（二）工程勘察和工程设计单位资质审查

国家对从事建设工程勘察设计活动的单位实行统一的资质管理制度，是我国社会主义市场经济发展的客观要求。这项制度是根据建设工程勘察设计活动的特点确立的一项重要的从业资格许可制度。建设工程勘察设计单位是否具有相应的资质，决定了其是否能够成为建设工程勘察设计合同的主体。而根据合同法的规定，合同主体不合格，将导致合同的无效。建设勘察设计单位资质的重要性可见一斑。

2007年6月26日建设部第160号令发布了《建设工程勘察设计资质管理规定》，该规定根据《中华人民共和国行政许可法》、《中华人民共和国建筑法》、《建设工程质量管理条例》和《建设工程勘察设计管理条例》等法律、行政法规制定。

1. 勘察设计单位资格等级

工程勘察资质分为工程勘察综合资质、工程勘察专业资质、工程勘察劳务资质。工程勘察综合资质只设甲级。取得工程勘察综合资质的企业，可以承接各专业（海洋工程勘察除外）工程勘察业务。工程勘察专业资质设甲级、乙级，根据工程性质和技术特点，部分专业可以设丙级。取得工程勘察专业资质的企业，可以承接相应等级相应专业的工程勘察业务。工程勘察劳务资质不分等级。取得工程勘察劳务资质的企业，可以承接岩土工程治理、工程钻探、凿井等工程勘察劳务业务。

工程设计资质分为工程设计综合资质、工程设计行业资质、工程设计专业资质和工程设计专项资质。工程设计综合资质只设甲级；工程设计行业资质、工程设计专业资质、工程设计专项资质设甲级、乙级。根据工程性质和技术特点，个别行业、专业、专项资质可以设丙级，建筑工程专业资质可以设丁级。取得工程设计综合资质的企业，可以承接各行业、各等级的建设工程设计业务；取得工程设计行业资质的企业，可以承接相应行业相应等级的工程设计业务及本行业范围内同级别的相应专业、专项（设计施工一体化资质除外）工程设计业务；取得工程设计专业资质的企业，可以承接本专业相应等级的专业工程设计业务及同级别的相应专项工程设计业务（设计施工一体化资质除外）；取得工程设计专项资质的企业，可以承接本专项相应等级的专项工程设计业务。

2. 工程勘察设计单位资质申请和审批

申请工程勘察甲级资质、工程设计甲级资质，以及涉及铁路、交通、水利、信息产业、民航等方面的工程设计乙级资质的，应当向企业工商注册所在地的省、自治区、直辖市人民政府建设主管部门提出申请。其中，国务院国资委管理的企业应当向国务院建设主管部门提出申请；国务院国资委管理的企业下属一层级的企业申请资质，应当由国务院国资委管理的企业向国务院建设主管部门提出申请。

工程勘察乙级及以下资质、劳务资质、工程设计乙级（涉及铁路、交通、水利、信息产业、民航等方面的工程设计乙级资质的除外）及以下资质许可由省、自治区、直辖市人民政府建设主管部门实施。

（1）企业首次申请工程勘察、工程设计资质，应当提供以下材料：

①工程勘察、工程设计资质申请表；

②企业法人、合伙企业营业执照副本复印件；

③企业章程或合伙人协议；

④企业法定代表人、合伙人的身份证明；

⑤企业负责人、技术负责人的身份证明、任职文件、毕业证书、职称证书及相关资质标准要求提供的材料；

⑥工程勘察、工程设计资质申请表中所列注册执业人员的身份证明、注册执业证书；

⑦工程勘察、工程设计资质标准要求的非注册专业技术人员的职称证书、毕业证书、身份证明及个人业绩材料；

⑧工程勘察、工程设计资质标准要求的注册执业人员、其他专业技术人员与原聘用单位解除聘用劳动合同的证明及新单位的聘用劳动合同；

⑨资质标准要求的其他有关材料。

（2）企业申请资质升级应当提交以下材料：

①首次申请中的第①、②、⑤、⑥、⑦、⑨项所列资料；

②工程勘察、工程设计资质标准要求的非注册专业技术人员与本单位签定的劳动合同及社保证明；

③原工程勘察、工程设计资质证书副本复印件；

④满足资质标准要求的企业工程业绩和个人工程业绩。

（3）企业增项申请工程勘察、工程设计资质，应当提交下列材料：

①首次申请中的第①、②、⑤、⑥、⑦、⑨项所列资料；

②工程勘察、工程设计资质标准要求的非注册专业技术人员与本单位签定的劳动合同及社保证明；

③原资质证书正、副本复印件；

④满足相应资质标准要求的个人工程业绩证明。

（4）从事建设工程勘察、设计活动的企业，申请资质升级、资质增项，在申请之日起前一年内有下列情形之一的，资质许可机关不予批准企业的资质升级申请和增项申请：

①企业相互串通投标或者与招标人串通投标承揽工程勘察、工程设计业务的；

②将承揽的工程勘察、工程设计业务转包或违法分包的；

③注册执业人员未按照规定在勘察设计文件上签字的；

④违反国家工程建设强制性标准的；

⑤因勘察设计原因造成过重大生产安全事故的；

⑥设计单位未根据勘察成果文件进行工程设计的；

⑦设计单位违反规定指定建筑材料、建筑构配件的生产厂、供应商的；

⑧无工程勘察、工程设计资质或者超越资质等级范围承揽工程勘察、工程设计业务的；

⑨涂改、倒卖、出租、出借或者以其他形式非法转让资质证书的；

⑩允许其他单位、个人以本单位名义承揽建设工程勘察、设计业务的；

⑪其他违反法律、法规行为的。

（三）工程监理企业资质审查

国家对工程监理单位实行资质许可制度。《建设工程质量管理条例》第34条第1款规定："工程监理单位应当依法取得相应等级的资质证书，并在其资质等级许可的范围内承担工程监理业务。"同时，该条还规定："禁止工程监理单位超越本单位资质等级许可的范围或者以其他工程监理单位的名义承担工程监理业务。禁止工程监理单位允许其他单位或者个人以本单位的名义承担工程监理业务。工程监理单位不得转让工程监理业务。"这与对勘察、设计、施工单位的规定是一样的。

根据《中华人民共和国建筑法》、《建设工程质量管理条例》，建设部于2007年6月26日颁布了建设部令第158号《工程监理企业资质管理规定》，规定工程监理企业应当按照其拥有的注册资本、专业技术人员和工程监理业绩等资质条件申请资质，经审查合格，取得相应等级的资质证书后，方可在其资质等级许可的范围内从事工程监理活动。

1. 工程监理单位资质等级

工程监理企业资质分为综合资质、专业资质和事务所资质。其中，专业资质按照工程性质和技术特点划分为若干工程类别。综合资质、事务所资质不分级别。专业资质分为甲级、乙级；其中，房屋建筑、水利水电、公路和市政公用专业资质可设立丙级。

2. 工程监理单位资质申请和审批

申请综合资质、专业甲级资质的，应当向企业工商注册所在地的省、自治区、直辖市人民政府建设主管部门提出申请。省、自治区、直辖市人民政府建设主管部门应当自受理申请之日起20日内初审完毕，并将初审意见和申请材料报国务院建设主管部门，由国务院建设主管部门根据初审意见进行审批。

专业乙级、丙级资质和事务所资质由企业所在地省、自治区、直辖市人民政府建设主管部门审批。省、自治区、直辖市人民政府建设主管部门应当自作出决定之日起10日内，将准予资质许可的决定报国务院建设主管部门备案。

申请工程监理企业资质，应当提交以下材料：

①工程监理企业资质申请表（一式三份）及相应电子文档；

②企业法人、合伙企业营业执照;
③企业章程或合伙人协议;
④企业法定代表人、企业负责人和技术负责人的身份证明、工作简历及任命(聘用)文件;
⑤工程监理企业资质申请表中所列注册监理工程师及其他注册执业人员的注册执业证书;
⑥有关企业质量管理体系、技术和档案等管理制度的证明材料;
⑦有关工程试验检测设备的证明材料。

取得专业资质的企业申请晋升专业资质等级或者取得专业甲级资质的企业申请综合资质的,除前款规定的材料外,还应当提交企业原工程监理企业资质证书正、副本复印件,企业《监理业务手册》及近两年已完成代表工程的监理合同、监理规划、工程竣工验收报告及监理工作总结。

工程监理企业合并的,合并后存续或者新设立的工程监理企业可以承继合并前各方中较高的资质等级,但应当符合相应的资质等级条件。

工程监理企业分立的,分立后企业的资质等级,根据实际达到的资质条件,按照本规定的审批程序核定。

《工程监理企业资质管理规定》中规定工程监理企业不得有下列行为:
①与建设单位串通投标或者与其他工程监理企业串通投标,以行贿手段谋取中标;
②与建设单位或者施工单位串通弄虚作假、降低工程质量;
③将不合格的建设工程、建筑材料、建筑构配件和设备按照合格签字;
④超越本企业资质等级或以其他企业名义承揽监理业务;
⑤允许其他单位或个人以本企业的名义承揽工程;
⑥将承揽的监理业务转包;
⑦在监理过程中实施商业贿赂;
⑧涂改、伪造、出借、转让工程监理企业资质证书;
⑨其他违反法律法规的行为。

3. 工程监理单位资质管理

有下列情形之一的,资质许可机关或者其上级机关,根据利害关系人的请求或者依据职权,可以撤销工程监理企业资质:
①资质许可机关工作人员滥用职权、玩忽职守作出准予工程监理企业资质许可的;
②超越法定职权作出准予工程监理企业资质许可的;
③违反资质审批程序作出准予工程监理企业资质许可的;
④对不符合许可条件的申请人作出准予工程监理企业资质许可的;
⑤依法可以撤销资质证书的其他情形。

此外,以欺骗、贿赂等不正当手段取得工程监理企业资质证书的,应当予以撤销。

第三节 专业人员执业资格管理

从事建筑活动的专业技术人员,应当依法取得相应的执业资格证书,并在执业资格证书许可的范围内从事建筑活动。

一、执业资格制度的含义

执业资格制度是指对具备一定专业学历、资历的从事建筑活动的专业技术人员，通过考试和注册确定其执业的技术资格，获得相应建筑工程文件签字级的一种制度。

当前，对从事建筑活动的专业技术人员实行执业资格制度非常必要，主要体现于以下几个方面的作用：

1. 推进深化我国建筑工程管理体制改革

我国较早就对从事建筑活动的单位实行资质审查制度。这种管理制度虽然从整体上管住了单位的资格，但对专业技术人员的个人技术资格缺乏定量的评定，专业技术人员的责、权、利不明确，常常出现高资质单位承接的任务，由低水平的专业技术人员来完成的现象，影响了建筑工程质量和投资效益的提高。实行专业技术人员执业资格制度有利于克服上述种种问题，保证建筑工程由具有相应资格的专业技术人员主持完成设计、施工、监理任务。

2. 促使我国工程建设领域与国际惯例接轨，适应对外开放

当前，世界大多数发达国家对从事涉及公众生命和财产安全的建筑活动的专业技术人员都制定了严格的执业资格制度，如美国、英国、日本、加拿大等国。随着我国对外开放的不断扩大，我国的专业技术人员走向世界，其他国家和地区的专业技术人员希望进入中国建筑市场，建筑专业技术人员执业资格制度有利于对等互相承认和管理。

3. 加速人才培养，提高专业技术人员业务水平和队伍素质

执业资格制度有一套严格的考试、注册办法和继续教育的要求，这种激励机制有利于促进建筑工程质量、专业技术人员水平和从业能力的不断提高。

二、专业人员执业资格

（一）注册建筑师

1995年9月国务院发布的《中华人民共和国注册建筑师条例》和2008年1月29日年建设部发布的《中华人民共和国注册建筑师条例实施细则》，对注册建筑师执业资格作了具体规定。

1. 注册建筑师的概念

注册建筑师是指依法取得注册建筑师证书并从事房屋建筑设计及相关业务的人员。我国注册建筑师分为两级，即一级注册建筑师和二级注册建筑师。

2. 注册建筑师的考试

（1）考试的级别、时间和方式

注册建筑师考试分为一级注册建筑师考试和二级注册建筑师考试两级。两种考试在标准、内容、参加考试的条件等方面均有所不同。

注册建筑师考试一般每年举行一次。在特别情况下，也可以每半年或每两年举行一次。注册建筑师的考试实行全国统一考试制度。由全国注册建筑师管理委员会统一组织、统一命题，在同一时间内在全国同时进行。

（2）考试的条件

申请参加注册建筑师考试者，必须符合国家规定的教育标准和职业实践要求。

1）一级注册建筑师考试的条件

符合下列条件之一者，可申请参加一级注册建筑师考试：

①已取得建筑学硕士以上学位或者相近专业工学博士学位，并从事建筑设计或者相关业务两年以上的；

②取得建筑学学士学位或者相近专业工学硕士学位，并从事建筑设计或者相关业务三年以上的；

③具有建筑学专业大学本科毕业学历并从事建筑设计或者相关业务五年以上的，或者具有建筑学相近专业大学本科毕业学历并从事建筑设计或者相关业务七年以上的；

④取得高级工程师技术职称并从事建筑设计或者相关业务三年以上的，或者取得工程师技术职称并从事建筑设计或者相关业务五年以上的；

⑤不具有前四项规定的条件，但设计成绩突出，经全国注册建筑师管理委员会认定达到前四项的专业水平的。

2) 二级注册建筑师考试的条件

符合下列条件之一的，可以申请参加二级注册建筑师考试：

①具有建筑学或者相近专业大学本科毕业以上学历，从事建筑设计或者相关业务两年以上的；

②具有建筑设计技术专业或者相近专业大学毕业以上学历，并从事建筑设计或者相关业务三年以上的；

③具有建筑设计技术专业四年制中专毕业学历，并从事建筑设计或者相关业务五年以上的；

④具有建筑设计技术相近专业中专毕业学历，并从事建筑设计或者相关业务七年以上的；

⑤取得助理工程师以上技术职称，并从事建筑设计或者相关业务三年以上的。

3) 考试合格证书的颁发

一级注册建筑师考试合格者，由全国注册建筑师管理委员会核发《一级注册建筑师考试合格证书》。二级注册建筑师考试合格者，由省、自治区、直辖市注册建筑师管理委员会核发《二级注册建筑师考试合格证书》。《注册建筑师考试合格证书》式样由国务院建设行政主管部门统一制定。

3. 注册建筑师的注册

(1) 注册的条件

申请注册建筑师初始注册，应当具备以下条件：

①依法取得执业资格证书或者互认资格证书；

②只受聘于中华人民共和国境内的一个建设工程勘察、设计、施工、监理、招标代理、造价咨询、施工图审查、城乡规划编制等单位（以下简称聘用单位）；

③近三年内在中华人民共和国境内从事建筑设计及相关业务一年以上；

④达到继续教育要求；

注册建筑师每一注册有效期为二年。注册建筑师注册有效期满需继续执业的，应在注册有效期届满三十日前，按照本细则第十五条规定的程序申请延续注册。延续注册有效期为二年。

申请人有下列情形之一的，不予注册：

①不具有完全民事行为能力的；

②申请在两个或者两个以上单位注册的；

③未达到注册建筑师继续教育要求的；

④因受刑事处罚，自刑事处罚执行完毕之日起至申请注册之日止不满五年的；

⑤因在建筑设计或者相关业务中犯有错误受行政处罚或者撤职以上行政处分，自处罚、处分决定之日起至申请之日止不满二年的；

⑥受吊销注册建筑师证书的行政处罚，自处罚决定之日起至申请注册之日止不满五年的；

⑦申请人的聘用单位不符合注册单位要求的；

⑧法律、法规规定不予注册的其他情形。

（2）注册的申请程序与机构

注册建筑师的申请注册采取个人注册与单位统一办理手续相结合的程序。即申请注册建筑师注册，由申请注册者向注册建筑师管理委员会提出申请，由聘用的设计单位统一办理注册手续。申请者能否注册决定于其是否具备注册的条件，设计单位无权决定。经注册建筑师管理委员会审查合格后，予以注册，并发给相应等级的注册建筑师注册证明。

一级注册建筑师的注册机构是全国注册建筑师管理委员会。二级注册建筑师的注册机构是省、自治区、直辖市注册建筑师管理委员会。

4．注册建筑师的执业

（1）注册建筑师的执业范围

注册建筑师的执业范围包括建筑设计、建筑设计技术咨询、建筑物调查与鉴定、对本人主持设计的项目进行施工指导和监督，以及国务院建设行政主管部门规定的其他业务。

一级注册建筑师的业务范围与二级注册建筑师的业务范围有所不同。一级注册建筑师业务范围不受建筑规模和工程复杂程度的限制，二级注册建筑师的业务范围限定在国家规定的建筑规模和工程复杂程度范围内。

（2）执业的机构、业务的承担及收费

注册建筑师执行业务，应当加入建筑设计单位。注册建筑师执行业务应由设计单位统一接受委托并指派。注册建筑师不得私自承接业务。注册建筑师执行业务应当由设计单位统一收费，注册建筑师不得私自收费。

（3）注册建筑师的权利和义务

1）注册建筑师的权利

①专有名称权。注册建筑师有权以注册建筑师的名义执行注册建筑师业务。非注册建筑师不得以注册建筑师的名义执行注册建筑师业务。二级注册建筑师不得以一级注册建筑师的名义执行业务，也不得超越国家规定的二级注册建筑师的执业范围执行业务。

②设计文件签字权。国家规定的一定跨度和高度以上的房屋建筑，应当由注册建筑师主持设计并在设计文件上签字。

③独立设计权。任何单位和个人修改注册建筑师的设计图纸，应当征得该注册建筑师同意；但是，因特殊情况不能征得该注册建筑师同意的除外。

2）注册建筑师的义务

遵守法律、法规和职业道德，维护社会公共利益；保证建筑设计的质量，并在其负责的设计图纸上签字；保守在执业中知悉的单位和个人的秘密；不得同时受聘于两个以上建筑设计单位执行业务；不能准许他人以本人名义执行业务。

（4）注册建筑师的责任

因设计质量造成的经济损失，首先由设计单位承担赔偿责任再由设计单位对签字的注册建筑师根据其责任大小进行追偿。

（二）注册结构工程师

1997年9月1日建设部、人事部联合发布的《注册结构工程师执业资格制度暂行规定》，对注册结构工程师的执业资格作出了规定。

1. 注册结构工程师的概念

注册结构工程师是指取得中华人民共和国注册结构工程师执行资格证书和注册证书，从事房屋结构、桥梁结构及塔架结构等工程设计及相关业务的专业技术人员。

注册结构工程师分为一级注册结构工程师和二级注册结构工程师。

2. 注册结构工程师考试

注册结构工程师考试实行全国统一大纲、统一命题、统一组织的办法，原则上每年举行一次。

一级注册结构工程师资格考试由基础考试和专业考试两部分组成。通过基础考试的人员，从事结构工程设计或相关业务满规定年限，方可申请参加专业考试。

注册结构工程师资格考试合格者，颁发注册结构工程师执业资格证书。

3. 注册结构工程师注册

有下列情形之一的，不予注册：

（1）不具备完全民事行为能力的；

（2）因受刑事处罚，自处罚完毕之日起至申请注册之日止不满五年的；

（3）因在结构工程设计或相关业务中犯有错误受到行政处罚或者撤职以上行政处分，自处罚、处分决定之日起至申请注册之日止不满两年的；

（4）受吊销注册结构工程师注册证书处罚，自处罚决定之日起至申请注册之日止不满五年的；

（5）建设部和国务院有关部门规定不予注册的其他情形的。

对准予注册的申请人，分别由全国注册结构工程师管理委员会和省、自治区、直辖市注册结构工程师管理委员会核发注册结构工程师注册证书。

4. 注册结构工程师的执业

（1）注册结构工程师的执业范围

注册结构工程师的执业范围包括结构工程设计；结构工程设计技术咨询；建筑物、构筑物、工程设施等调查和鉴定；对本人主持设计的项目进行施工指导和监督；建设部和国务院有关部门规定的其他业务。

一级注册结构工程师的执业范围不受工程规模及工程复杂程度的限制；二级注册结构工程师执业范围另行规定。

（2）执业的机构、业务的承担及收费

注册结构工程师执行业务，应当加入一个勘察设计单位，由勘察设计单位统一接受业务并统一收费。

（3）注册结构工程师的权利和义务

1) 注册结构工程师的权利

①名称专有权。注册结构工程师有权以注册结构工程师的名义执行注册结构工程师业务。非注册结构工程师不得以注册结构工程师的名义执行注册结构工程师业务。

②结构工程设计主持权。国家规定的一定跨度、高度以上的结构工程设计，应当由注册结构工程师主持设计。

③独立设计权。任何单位和个人修改注册结构工程师的设计图纸，应当征得该注册结构工程师同意；但是因特殊情况不能征得该注册结构工程师同意的除外。

2) 注册结构工程师的义务

①遵守法律、法规和职业道德，维护社会公众利益；

②保证工程设计的质量，并在其负责的设计图纸上签字盖章；

③保守在执业中知悉的单位和个人的秘密；

④不得同时受聘于两个以上勘察设计单位执行业务；

⑤不得准许他人以本人名义执行业务；

⑥按规定接受必要的继续教育，定期进行业务和法规培训。

（4）注册结构工程师的责任

因结构设计质量造成的经济损失，由勘察设计单位承担赔偿责任；勘察设计单位有权向签字的注册结构工程师追偿。

（三）注册监理工程师

2006年1月，建设部以部令第147号发布了《注册监理工程师管理规定》，对注册监理工程师的注册、执业、继续教育和监督管理作出了规定。

1. 监理工程师的概念

监理工程师系岗位职务，是指经全国统一考试合格并经注册取得《监理工程师岗位证书》的工程建设监理人员。经全国统一考试合格只是成为监理工程师的一个前提条件；同时，还应在建设监理岗位上工作，才能申请注册；经过注册，取得《监理工程师岗位证书》，就成为监理工程师。不从事监理工作，就不再具有监理工程师岗位职务。

监理工程师按专业设置岗位，一般设置建筑、土建结构、工程测量、工程地质、给水排水、采暖通风、电气、通信、城市燃气、工程机械及设备安装、焊接工艺、建筑经济等岗位。目前，我国还没有设计监理工程师，国际上很多发达国家已设立了设计监理工程师。

监理工程师一经政府注册确认，即意味着具有相应于岗位责任的签字权，监理单位任命的工程项目总监理工程师具有对外签字权。

2. 监理工程师资格考试

监理工程师执业资格考试实行全国统一大纲、统一命题、统一组织的办法，每年举行一次。

考试报名条件：

凡中华人民共和国公民，遵纪守法，具有工程技术或工程经济专业大专以上（含大专）学历，并符合下列条件之一者，可申请参加监理工程师执业资格考试。

①具有按照国家有关规定评聘的工程技术或工程经济专业中级专业技术职务，并任职满三年。

②具有按照国家有关规定评聘的工程技术或工程经济专业高级专业技术职务。

参加考试，由本人提出申请，所在单位推荐，持报名表到当地考试管理机构报名。考试管理机构按规定程序和报名条件审查合格后，发给准考证。考生凭准考证在指定的时间和地点参加考试。

监理工程师执业资格考试合格者，由各省、自治区、直辖市人事部门颁发人事部统一印制，人事部和建设部共同用印的《中华人民共和国监理工程师执业资格证书》。

3. 监理工程师注册

注册监理工程师实行注册执业管理制度。取得资格证书的人员，经过注册方能以注册监理工程师的名义执业。注册监理工程师依据其所学专业、工作经历、工程业绩，按照《工程监理企业资质管理规定》划分的工程类别，按专业注册。每人最多可以申请两个专业注册。取得资格证书的人员申请注册，由省、自治区、直辖市人民政府建设主管部门初审，国务院建设主管部门审批。

初始注册者，可自资格证书签发之日起3年内提出申请。逾期未申请者，须符合继续教育的要求后方可申请初始注册。

申请初始注册，应当具备以下条件：

①经全国注册监理工程师执业资格统一考试合格，取得资格证书；

②受聘于一个相关单位；

③达到继续教育要求；

④没有本规定第十三条所列情形。

初始注册需要提交下列材料：

①申请人的注册申请表；

②申请人的资格证书和身份证复印件；

③申请人与聘用单位签订的聘用劳动合同复印件；

④所学专业、工作经历、工程业绩、工程类中级及中级以上职称证书等有关证明材料；

⑤逾期初始注册的，应当提供达到继续教育要求的证明材料。

注册监理工程师每一注册有效期为3年，注册有效期满需继续执业的，应当在注册有效期满30日前，按《注册监理工程师管理规定》中第七条规定的程序申请延续注册。

4. 注册监理工程师执业

取得资格证书的人员，应当受聘于一个具有建设工程勘察、设计、施工、监理、招标代理、造价咨询等一项或者多项资质的单位，经注册后方可从事相应的执业活动。从事工程监理执业活动的，应当受聘并注册于一个具有工程监理资质的单位。工程监理活动中形成的监理文件由注册监理工程师按照规定签字盖章后方可生效。

5. 注册监理工程师继续教育

注册监理工程师在每一注册有效期内应当达到国务院建设主管部门规定的继续教育要求。继续教育作为注册监理工程师逾期初始注册、延续注册和重新申请注册的条件之一。

（四）注册造价工程师

1. 造价工程师的概念

造价工程师，是指经全国统一考试合格，取得造价工程师执业资格证书，并经注册从事工程建设造价业务活动的专业技术人员。

凡从事工程建设活动的建设、设计、施工、工程造价咨询、工程造价管理等单位和部门，必须在计价、评估、审查（核）、控制及管理等岗位配备有造价工程师执业资格的专业技术人员。

2. 造价工程师的考试

造价工程师执业资格考试实行全国统一大纲、统一命题、统一组织的办法。原则上每年举行一次。

凡中华人民共和国公民，遵纪守法并具备以下条件之一者，均可申请参加造价工程师执业资格考试：

（1）工程造价专业大专毕业后，从事工程造价业务工作满五年；工程或工程经济类大专毕业后，从事工程造价业务工作满六年。

（2）工程造价专业本科毕业后，从事工程造价业务工作满四年；工程或工程经济类本科毕业后，从事工程造价业务工作满五年。

（3）获上述专业第二学士学位或研究生班毕业和硕士学位后，从事工程造价业务工作满三年。

（4）获上述专业博士学位后，从事工程造价业务工作满两年。

1996年8月以前已从事工程造价管理工作并具有高级专业技术职务的人员，经考核合格，可通过认定办法取得造价工程师资格。造价工程师执业资格认定办法由人事部、建设部另行制定。

3. 造价工程师的注册

（1）注册管理机关

建设部及各省、自治区、直辖市建设行政主管部门和国务院有关部门为造价工程师的注册管理机构。

（2）注册的条件

申请注册的人员必须同时具备下列条件：遵纪守法，恪守造价工程师职业道德；取得造价工程师执业资格证书；身体健康，能坚持在造价工程师岗位工作；所在单位考核同意。再次注册者，应经单位考核合格并有继续教育、参加业务培训的证明。

（3）注册程序

考试合格人员在取得证书3个月内到当地省级或部级造价工程师注册管理机构办理注册登记手续。

注册机关经审查符合注册条件的，批准注册，由其单位所在省、自治区、直辖市或国务院有关部门造价工程师注册管理机构核发建设部印制的造价工程师注册证，并在执业资格证书的注册登记栏内加盖注册专用印章。

各注册管理机构应将注册汇总名单报建设部备案。

（4）注册有效期

造价工程师注册有效期为2年，有效期满前2个月，持证者应当到原注册机构重新办理注册手续。对不符合注册条件的，不予重新注册。

4. 造价工程师的权利与义务

（1）造价工程师的权利

1) 有独立依法执行造价工程师岗位业务并参与工程项目经济管理的权利。

2) 有在所经办的工程造价成果文件上签字的权利；凡经造价工程师签字的工程造价文件需修改时应经本人同意。

3) 有使用造价工程师名称的权利。

4) 有依法申请开办工程造价咨询单位的权利。

5) 造价工程师对违反国家有关法律法规的意见和决定有权提出劝告，拒绝执行并有向上级或有关部门报告的权利。

(2) 造价工程师的义务

1) 必须熟悉并严格执行国家有关工程造价的法律法规和规定。

2) 恪守职业道德和行为规范，遵纪守法，秉公办事。对经办的工程造价文件质量负有经济和法律的责任。

3) 及时掌握国内外新技术、新材料、新工艺的发展应用，为工程造价管理部门制订、修订工程定额提供依据。

4) 自觉接受继续教育，更新知识，积极参加职业培训，不断提高业务技术水平。

5) 不得参与与经办工程有关的其他单位事关本项工程的经营活动。

6) 严格保守执业中得知的技术和经济秘密。

第四节　注册建造师执业资格制度

一、建立建造师执业资格制度必要性

为了加强工程建设项目管理，提高工程建设施工管理专业技术人员素质，规范施工管理行为，保证工程质量和施工安全，根据《中华人民共和国建筑法》、《建设工程质量管理条例》，我国决定建立建造师执业资格制度。人事部、建设部于 2002 年 12 月 5 日联合下发了《关于印发〈建造师执业资格制度暂行规定〉的通知》（人发〔2002〕111 号），印发了《建造师执业资格制度暂行规定》。建造师执业资格制度是一项重要的改革举措和制度创新，必将对我国建设事业的发展带来重大而深远的影响。

1. 建立建造师执业资格制度是深化建设事业管理体制改革的需要

改革开放以来，我国建设事业迅速发展，各项改革不断深化，有关法律、法规和管理规章不断完善。多年来，出台了一系列改革措施和政策，为促进建设事业健康发展发挥了重要作用。建设部从 1994 年开始研究建立建造师执业资格制度，对其必要性、可行性进行了长期的充分论证。2000 年，温家宝同志在听取建设部关于深化建设体制改革汇报时指出："调整和完善现行的专业技术人员注册分类，在现有注册建筑师、结构工程师、监理工程师、造价师的基础上，增设建造师。实行建造师后，大中型项目的建筑业企业项目经理须逐步由取得注册建造师资格的人员担任，以提高项目经理素质，保证工程质量"，为我国建立建造师执业资格制度指明了方向。

2. 建立建造师执业资格制度是完善工程建设领域执业资格体系的重要内容

《中华人民共和国建筑法》第 14 条规定："从事建筑活动的专业技术人员，应当依法取得相应的执业资格证书，并在执业证书许可的范围内从事建筑活动。"《建设工程质量管理条例》规定，注册执业人员因过错造成质量事故时，应接受相应的处理。因此，对从事建筑活动的专业技术人员实行执业资格制度势在必行。按工程建设的实施过程，可分为勘察设计、施工两大阶段。目前，我国已为从事勘察设计的专业技术人员设立了注册建筑师、注册结构工程师等执业资格。但是，在从事施工管理的广大专业技术人员，特别是施工企业的项目经理中，还未建立起执业资格制度。现在，全国的施工企业有10万多家，从业人员达3500多万，经各级政府主管部门批准并已取得项目经理资格证书的人员有40多万，其中一级项目经理8万多人。但是，在市场经济条件下，企业是市场主体，依法独立承担民事责任。企业经理的任职，政府或有关部门亦不得干预。因此，由政府部门以行政审批的方式对企业内部的项目经理资格予以认可的做法显然不合时宜。《国务院关于取消第二批行政审批项目和改变一批行政审批项目管理方式的通知》（国发［2003］5号）规定："取消建筑业企业项目经理资质核准，由注册建造师代替，并设立过渡期。"将建筑业企业项目经理的行政审批管理制度改为建造师执业资格制度，不仅填补了工程建设施工阶段的专业技术人员执业资格注册制度的空白，而且符合社会主义市场经济发展和政府职能转变的要求。因此，建立建造师执业资格制度是完善工程建设领域执业资格体系的重要内容。

3. 建立建造师执业资格制度是整顿和规范建筑市场秩序、保证工程质量安全的重要举措

《中华人民共和国招标投标法》第27条规定："招标项目属于建设工程的，投标文件的内容应当包括拟派出的项目负责人与主要技术人员的简历、业绩和拟用于完成招标项目的机械设备等。"《建设工程质量管理条例》第26条规定："施工单位对建设工程的施工质量负责。施工单位应当建立质量负责制，确定工程的项目经理、技术负责人和施工管理负责人。"项目经理是施工企业所承包工程的主要负责人。他根据企业法定代表人的授权，对工程项目自开工准备至竣工验收实施全面组织管理。项目经理的素质、管理水平及其行为是否规范，对工程项目的质量、进度、安全生产具有重要作用。建立建造师执业资格制度后，一旦工程项目发生重大施工质量安全事故或出现违法违规行为，不仅可以依法追究有关单位的责任，还可以依法追究负责该项目的注册建造师的责任，视其情节予以停止执业、吊销执业资格证书和注册证书等处罚，使质量安全事故和违法违规行为的责任追究到人。目前，我国施工企业项目经理队伍的人员素质和管理水平参差不齐，专业理论水平和文化程度总体偏低。今后，企业聘任经考试并取得执业资格的建造师担任施工企业项目经理，有助于促进其素质和管理水平的提高，有利于保证工程项目的顺利实施。因此，建立建造师执业资格制度是规范建筑市场秩序、保证工程质量安全的重要举措。

4. 建立建造师执业资格制度是与国际接轨、开拓国际建筑市场的客观要求

建造师执业资格制度起源于英国，迄今已有150余年历史。目前，世界上许多发达国家均建立起该项制度。建设部几次派团参加国际建造师学会年会。我国已加入世贸组织，当前不仅要积极应对国外承包商进入我国，同时还要认真贯彻中央关于"走出去"的发展战略，把握机遇，积极组织开拓国际建筑市场。我国建筑业从业人数约占全世界建筑业从业人数的25%，但对外工程承包额却仅占国际建筑市场的1.3%。原因固然很多，但缺乏高素质的施工管理人员是重要原因。建立建造师执业资格制度，将对我国开拓国际建筑市场、增强对外工程承包能力有所帮助。因此，建立建造师执业资格制度也是与国际接轨、开拓国际建筑市场的客观要求。

二、建造师执业资格取得的基本程序

（一）报名申请

1. 建造师的级别

建造师分为一级建造师和二级建造师。英文分别为 Constructor 和 Associate Constructor。一级建造师具有较高的标准、较高的素质和管理水平，有利于开展国际互认。同时，考虑我国工程建设项目量大面广，工程项目的规模差异悬殊，各地经济、文化和社会发展水平有较大差异，以及不同工程项目对管理人员的要求也不尽相同，设立二级建造师可以适应施工管理的实际需求。建造师执业资格的取得须通过有关部门组织的统一考试。

2. 参加考试报名条件

（1）一级建造师报考条件

凡遵守国家法律、法规，具备下列条件之一者，可以申请参加一级建造师执业资格考试：

1）取得工程类或工程经济类大学专科学历，工作满 6 年，其中从事建设工程项目施工管理工作满 4 年；

2）取得工程类或工程经济类大学本科学历，工作满 4 年，其中从事建设工程项目施工管理工作满 3 年。

3）取得工程类或工程经济类双学士学位或研究生班毕业，工作满 3 年，其中从事建设工程项目施工管理工作满 2 年。

4）取得工程类或工程经济类硕士学位，工作满 2 年，其中从事建设工程项目施工管理工作满 1 年。

5）取得工程类或工程经济类博士学位，从事建设工程项目施工管理工作满 1 年。

（2）二级建造师报考条件

凡遵纪守法并具备工程类或工程经济类中等专科以上学历并从事建设工程项目施工管理工作满 2 年，可报名参加二级建造师执业资格考试。

（二）考试

建造师执业资格考试相应也分为一级、二级两级考试，考试内容分为综合知识与能力和专业知识与能力两部分。

1. 一级建造师考试

（1）一级建造师执业资格实行统一大纲、统一命题、统一组织的考试制度，由人事部、建设部共同组织实施，原则上每年举行一次考试。

（2）建设部负责编制一级建造师执业资格考试大纲和组织命题工作，统一规划建造师执业资格的培训等有关工作。

（3）培训工作按照培训与考试分开、自愿参加的原则进行。

（4）人事部负责审定一级建造师执业资格考试科目、考试大纲和考试试题，组织实施考务工作；会同建设部对考试考务工作进行检查、监督、指导和确定合格标准。

（5）一级建造师执业资格考试，分综合知识与能力和专业知识与能力两个部分。其中，专业知识与能力部分的考试，按照建设工程的专业要求进行，具体专业划分由建设部另行规定。

（6）参加一级建造师执业资格考试合格，由各省、自治区、直辖市人事部门颁发人事部统一印制，人事部、建设部用印的《中华人民共和国一级建造师执业资格证书》。该证书在全国范围内有效。

2．二级建造师考试

（1）二级建造师执业资格实行全国统一大纲，各省、自治区、直辖市命题并组织考试的制度。

（2）建设部负责拟定二级建造师执业资格考试大纲，人事部负责审定考试大纲。

（3）各省、自治区、直辖市人事厅（局），建设厅（委）按照国家确定的考试大纲和有关规定，在本地区组织实施二级建造师执业资格考试。

（4）二级建造师执业资格考试合格者，由省、自治区、直辖市人事部门颁发由人事部、建设部统一格式的《中华人民共和国二级建造师执业资格证书》。该证书在所在行政区域内有效。

（三）注册

1．已取得建造师资格申请注册的人员必须具备的条件

（1）取得建造师执业资格证书；

（2）无犯罪记录；

（3）身体健康，能坚持在建造师岗位上工作；

（4）经所在单位考核合格。

2．一级建造师执业资格的注册程序

一级建造师执业资格注册，由本人提出申请，由各省、自治区、直辖市建设行政主管部门或其授权的机构初审合格后，报建设部或其授权的机构注册。准予注册的申请人，由建设部或其授权的注册管理机构发放由建设部统一印制的《中华人民共和国一级建造师注册证》。

3．二级建造师执业资格的注册程序

二级建造师执业资格的注册办法由省、自治区、直辖市建设行政主管部门制定，颁发辖区内有效的《中华人民共和国二级建造师注册证》，并报建设部或其授权的注册管理机构备案。

4．注册管理

（1）注册效力。取得建造师执业资格证书的人员，必须经过注册登记，方可以建造师名义执业。

（2）注册的监督检查。人事部和各级地方人事部门对建造师执业资格注册和使用情况有检查、监督的责任。

（3）注册期限。建造师执业资格注册有效期一般为3年，有效期满前3个月，持证者应到原注册管理机构办理再次注册手续。在注册有效期内，变更执业单位者，应当及时办理变更手续。

（4）再注册。再次注册者，须提供接受继续教育的证明，每年要接受不少于30学时的建造师执业继续教育。

（5）注销注册。经注册的建造师有下列情况之一的，由原注册管理机构注销注册：

①不具有完全民事行为能力的；②受刑事处罚的；③因过错发生工程建设重大质量安

全事故或有建筑市场违法违规行为的；④脱离建设工程施工管理及其相关工作岗位连续2年（含2年）以上的；⑤同时在2个及以上建筑业企业执业的；⑥严重违反职业道德的。

（6）注册公示。建设部和省、自治区、直辖市建设行政主管部门应当定期公布建造师执业资格的注册和注销情况。

三、建造师的执业要求

（一）建造师执业前提

建造师经注册后，方有权以建造师名义担任建设工程项目施工的项目经理及从事其他施工活动的管理。取得建造师执业资格，未经注册的，不得以建造师名义从事建设工程施工项目的管理工作。

（二）建造师执业基本要求

建造师在工作中，必须严格遵守法律、法规和行业管理的各项规定，恪守职业道德。

（三）建造师执业分类

建造师执业划分为14个专业：房屋建筑工程、公路工程、铁路工程、民航机场工程、港口与航道工程、水利水电工程、电力工程、矿山工程、冶炼工程、石油化工工程、市政公用与城市轨道工程、通信与广电工程、机电安装工程、装饰装修工程。注册建造师应在相应的岗位上执业。同时鼓励和提倡注册建造师"一师多岗"，从事国家规定的其他业务。

四、建造师的执业技术能力

（一）一级建造师的执业技术能力

（1）具有一定的工程技术、工程管理理论和相关经济理论水平，并具有丰富的施工管理专业知识。

（2）能够熟练掌握和运用与施工管理业务相关的法律、法规、工程建设强制性标准和行业管理的各项规定。

（3）具有丰富的施工管理实践经验和资历，有较强的施工组织能力，能保证工程质量和安全生产。

（4）有一定的外语水平。

（二）二级建造师的执业技术能力

（1）了解工程建设的法律、法规、工程建设强制性标准及有关行业管理的规定。

（2）具有一定的施工管理专业知识。

（3）具有一定的施工管理实践经验和资历，有一定的施工组织能力，能保证工程质量和安全生产。

（4）建造师必须接受继续教育，更新知识，不断提高业务水平。

五、职业道德规范

注册建造师应具备如下道德规范：

1. 维护国家的荣誉和利益；

2. 执行有关工程建设的法律、法规、标准、规范、规程和制度，履行合同规定的义务和职责；

3. 努力学习专业技术和建设管理知识，不断提高业务能力和水平；

4. 不同时在两个或两个以上单位注册和从事建造师业务活动。

六、注册建造师的主要执业范围

（一）注册建造师的执业范围

注册建造师有权以建造师的名义担任建设工程项目施工的项目经理；从事其他施工活动的管理；从事法律法规或国务院行政主管部门规定的其他业务。

（二）注册建造师担任项目经理

建造师执业资格制度建立以后，承担建设工程项目施工的项目经理仍是施工企业所承包某一具体工程的主要负责人，他的职责是根据企业法定代表人的授权，对工程项目自开工准备至竣工验收，实施全面的组织管理。而大中型工程项目的项目经理必须由取得建造师执业资格的建造师担任，即建造师在所承担的具体工程项目中行使项目经理职权。注册建造师资格是担任大中型工程项目的项目经理之必要条件。建造师须按人发［2002］111号文件的规定，经统一考试和注册后才能从事担任项目经理等相关活动，是国家的强制性要求，而项目经理的聘任则是企业行为。

（三）鼓励和提倡注册建造师"一师多岗"

近期，注册建造师以建设工程项目施工的项目经理为主要岗位。但是，同时鼓励和提倡注册建造师"一师多岗"，从事国家规定的其他业务，例如担任质量监督工程师等。

七、项目经理资质管理制度向建造师执业资格制度过渡问题

2003年2月27日《国务院关于取消第二批行政审批项目和改变一批行政审批项目管理方式的决定》（国发〔2003〕5号）规定："取消建筑施工企业项目经理资质核准，由注册建造师代替，并设立过渡期。"

（1）建筑业企业项目经理资质管理制度向建造师执业资格制度过渡的时间定为5年，即从国发［2003］5号文印发之日起至2008年2月27日止。在过渡期内，原项目经理资质证书继续有效。对于具有建筑业企业项目经理资质证书的人员，在取得建造师注册证书后，其项目经理资质证书应交回原发证机关。过渡期满后，项目经理资质证书停止使用。

（2）从国发〔2003〕5号文印发之日起，各级建设行政主管部门、国务院有关专业部门、中央管理的企业及有关行业协会不再审批建筑业企业项目经理资质。

（3）过渡期内，大中型工程项目的项目经理的补充，由获取建造师执业资格的渠道实现；小型工程项目的项目经理的补充，可由企业依据原三级项目经理的资质条件考核合格后聘用。

（4）过渡期内，凡持有项目经理资质证书或者建造师注册证书的人员，经其所在企业聘用后均可担任工程项目施工的项目经理。过渡期满后，大、中型工程项目施工的项目经理必须由取得建造师注册证书的人员担任；但取得建造师注册证书的人员是否担任工程项目施工的项目经理，由企业自主决定。

（5）过渡期内，企业申办资质和资质年检时，凡涉及考核项目经理人数的资质标准，应将取得项目经理资质证书、建造师注册证书和企业聘用的项目经理的人数合并计算：一级建造师对应一级项目经理，二级建造师对应二级项目经理，企业聘用的项目经理对应三级项目经理。

外商投资建筑业企业申办资质和资质年检时，凡涉及考核项目经理的资质标准，按照《外商投资建筑业企业管理规定》（建设部、对外贸易经济合作部令第113号）和《关于印发〈建设部关于外商投资建筑业企业管理规定中有关资质管理的实施办法〉的通知》（建市〔2003〕73号）的规定办理。

（6）过渡期内，建筑业企业一级项目经理资质证书的变更和补证，委托省级建设行政主管部门、国务院有关部门、中央管理有关总公司、有关行业协会办理，并将结果报建设部备案。对于跨地区、跨部门的一级项目经理资质变更，由调入方负责项目经理资质变更的部门办理备案。

（7）在全面实施建造师执业资格制度后仍然要坚持落实项目经理岗位责任制。项目经理岗位是保证工程项目建设质量、安全、工期的重要岗位，要充分发挥有关行业协会的作用，加强项目经理培训，不断提高项目经理队伍素质。要加强对建筑业企业项目经理市场行为的监督管理，对发生重大工程质量安全事故或市场违法违规行为的项目经理，必须依法予以严肃处理。

（8）符合考核认定条件的一级项目经理，可通过考核认定取得一级建造师执业资格（考核认定办法另行发布）。二级建造师考核认定工作由省级建设行政主管部门负责。

第三章 城乡规划法律制度

第一节 城乡规划管理概述

一、城乡规划管理的概念和意义

（一）城乡规划及城乡规划管理的概念

1. 城乡规划的概念

城乡规划是指对一定时期内城市、镇、乡、村庄的经济和社会发展、土地利用、空间布局以及各项建设的综合部署、具体安排和实施管理，是由城镇体系规划、城市规划、镇规划、乡规划和村庄规划组成的规划体系，是政府指导、调控城市和乡村建设的基本手段，是促进城市和乡村协调发展的有效途径，也是维护社会公平、保障公共安全和公众利益、提供公共服务的重要公共政策之一。

1989年12月26日七届全国人大常委会第十一次会议通过的《城市规划法》对城市规模和发展方向的确定、城市经济和社会发展目标的实现、城市规划合理制定以及城市建设的有序进行，起到了重要的推动与规范作用。1993年6月29日国务院颁布的《村庄和集镇规划建设管理条例》也对加强村庄集镇的规划建设管理、改善村庄集镇的生产生活环境、促进农村经济和社会发展起到重要作用。

但是发展至今建立在城乡二元结构上的规划管理制度，以及就城市论城市、就乡村论乡村的规划制定与实施模式，已经不适应现实需要。这种行政管理上的城乡二元分治方式带来种种弊端：其一，不利于城乡统筹均衡发展。在城镇化进程中，一方面由于经济规律作用，大中城市获得了更为优越的发展条件，另一方面由于地方政府在发展战略上客观存在的城市导向，结果必然导致大部分生产要素流向城市，进一步拉大城乡差距。事实上，城乡是不可分割的有机整体，没有乡村的健康发展，就不可能有城镇的持续健康发展。其二，造成法律空白地带。在一些地区无法进行有效的规划管制，在城乡结合部地区和各类开发区中表现的尤为明显；在广大的农村地区，由于规划管理薄弱，出现了遍地开花式的零星建设，大量耕地被圈占，直接损害广大农民的根本利益。

2006年10月11日党的十六届六中全会通过的《中共中央关于构建社会主义和谐社会若干重大问题的决定》提出，坚持科学发展，扎实推进社会主义新农村建设，促进城乡协调发展，实现经济社会全面协调可持续发展。因此，为贯彻落实科学发展观和构建社会主义和谐社会的要求，统筹城乡建设和发展，确立科学的规划体系和严格的规划实施制度，提出"城乡规划"的概念，制定《城乡规划法》以代替《城市规划法》与《村庄和集镇规划建设管理条例》。

从国际经验来看，采用统一的城乡规划体系是符合世界潮流的。随着城市化的发展和市场经济的需求，各国规划制度从关注城市问题为主，逐步发展为以强化区域协调为核心的城乡统一规划。英国始终坚持统一的城乡规划体系，制定《城乡规划法》对城乡全部国土进行统一规划。德国《联邦建设法典》确定的规划体系包括各联邦州的空间规划、州内大区的空间规划、跨州界各区域的空间规划、各城市的总体规划和各个城镇社区的建造规划等多个层面,形成统一的城乡规划体系。在美国统称为"城市与区域规划"。

2. 城乡规划管理的概念

城乡规划管理是指组织编制和审批城乡规划,并依法对城市、镇、乡、村庄的土地使用和各项建设的安排实施控制、指导和监督检查的行政管理活动。

(二)城乡规划管理的意义

城乡规划管理是各级城乡规划行政主管部门制订审批城乡规划并贯彻实施经批准的城乡规划的重要职能活动,通过完善、科学、合理的城乡规划管理活动,使各级政府可以依靠法律的权威,运用法律的、经济的、行政的手段,保证科学合理地制定城乡规划,稳定地、连续地、有效地实施城乡规划,从而推动城乡经济和社会的协调发展。

二、城乡规划法的立法目的

1. 加强城乡规划管理是城乡规划法的直接目的

1984年10月20日党的十二届三中全会通过的《中共中央关于经济体制改革的决定》指出,城市政府应该集中力量做好城市的规划、建设和管理,加强各种公用设施的建设,进行环境的综合整治。这就明确城市规划是政府行政管理的重要职责之一。将镇、乡、村庄规划管理纳入法制化轨道之后,进行城乡规划管理就成为各级政府的主要职责。城乡规划工作具有全局性、综合性、战略性、涉及政治、经济、文化和社会生活等方方面面,加强对城乡规划的管理成为经依法批准的城乡各种规划得以有效实施的保证。因此制定城乡规划法的直接目的就是加强对城乡规划的管理。

2. 协调城乡空间布局、改善人居环境是城乡规划法的根本目的

城乡规划法的目标不是为加强管理而设定,加强管理是为了协调城乡空间布局、改善人居环境,从这个意义上讲加强城乡规划管理也只是一个手段。城乡规划的根本目的在于通过城乡规划的编制、审批、实施以及监督检查的法制化,实现城乡空间协调布局,建造良好的人居环境,真正为人民群众谋福祉。而现实中存在大量破坏城乡空间布局和人居环境的现象,如一些地方在城市建设中脱离实际,不顾环境资源承载力和经济条件,擅自变更规划,批准开发建设,盲目扩大城市建设规模,贪大求洋,急功近利,搞"政绩工程"、"形象工程";乡村规划管理薄弱,现有的一些规划未能体现农村特点,难以满足农村生产和生活需求,农村无序建设和土地浪费严重;城乡规划建设中的违法行为出现一些新特点,现行法律法规难以有效规范等等。这些都需要城乡规划统一考虑解决。

3. 促进城乡经济社会全面、协调、可持续发展是城乡规划法的终极价值目标

城乡规划法最终体现出来的价值目标是促进城乡经济社会全面、协调、可持续发展。这是贯彻落实科学发展观、构建社会主义和谐社会的必然要求,是城乡规划公益性的集中体现。这就要求要正确处理近期建设与长远发展、局部利益与整体利益、经济发展与环境保护、现代化建设与历史文化保护等关系,促进合理布局,节约资源,保护环境,体现特色,充分发挥城乡规划在引导城镇化健康发展、促进城乡经济社会可持续发展中的统筹协调和综合调控作用。

三、城乡规划所依据的法律法规

我国城乡规划管理所依据法律法规包括全国人大制定的法律,国务院制定的有关城乡

规划的行政法规，国家建设行政主管部门制定的一系列部门规章，地方人大制定的地方性法规及同级政府制定的规章，这些法律法规按立法主体地位的高低分为不同的层次，其原则是下一层次制定的法规文件必须符合上一层次的法律法规，如国务院制定的行政法规必须符合全国人大制定的法律，地方性法规文件必须符合全国人大和国务院制定的法律法规，不能违背上一层次法律法规的精神和原则。具体来说，我国城乡规划法规体系的构成如下所述。

（一）法律

城乡规划所依据的法律主要是指《中华人民共和国城乡规划法》，（以下简称《城乡规划法》），由第十届全国人民代表大会常务委员会第三十次会议于 2007 年 10 月 28 日通过，自 2008 年 1 月 1 日起施行，原《城市规划法》同时废止。《城乡规划法》共七章七十条，与《城市规划法》比较，取消了"城市新区开发和旧区改造"这一章，新增加了"城乡规划的修改"和"监督检查"两个章节。

（二）行政法规

指《村庄和集镇规划建设管理条例》，由国务院于 1993 年 6 月 29 日以国务院第 116 号令发布。该条例对村庄和集镇规划建设管理的原则、村庄和集镇规划的编制与审批、村庄和集镇规划的实施、村庄和集镇建设活动的管理、村庄和集镇的建设管理等内容作了全面的规定，是基层规划管理部门对村庄和集镇进行规划管理的重要法律依据，具有很强的实用性和可参照性。目前该条例正在修订过程中。

（三）部门规章

在实际的规划管理工作中，适用最多的就是部门规章这部分内容。因为它的内容比较多且比较繁杂，在这里根据这些部门规章所涉及的管理内容的不同，将它们分为以下四类：

1. 城乡规划编制审批管理类

此类规章涉及的内容主要是城乡规划的编制与审批，其中包括《城市规划编制办法》（建设部令第 146 号，自 2006 年 4 月 1 日起施行）、《城镇体系规划编制审批办法》、《建制镇规划建设管理办法》等规范性文件。

2. 城乡规划实施管理类

此类规章包括土地使用实施管理、公共设施实施管理、市政工程实施管理和特定地区实施管理等四个方面：

（1）土地使用规划管理规章，主要包括《城市国有土地使用权出让转让规划管理办法》、《建设项目选址规划管理办法》和《城市地下空间开发利用管理规定》；

（2）公共设施规划管理规章，主要包括《停车场建设和管理暂行规定》；

（3）市政工程规划管理规章，主要包括《关于城市绿化规划建设指标的规定》；

（4）特定地区规划管理规章，主要包括《开发区规划管理办法》。

3. 城乡规划实施监督检查管理类

此类规章涉及的主要是行政检查与档案方面的内容，包括《城建监察规定》和《城市建设档案管理规定》。

4. 城乡规划行业管理类

此类规章包括规划设计单位资格管理和规划师执业资格管理两方面的内容。

(1) 规划设计单位资格管理规章，如《城市规划编制单位管理规定》。

(2) 规划师执业资格管理规章，包括《注册城市规划师执业资格制度暂行规定》和《注册城市规划师执业资格认定办法》。

（四）城乡规划技术标准与技术规范

城乡规划技术标准与技术规范是城乡规划编制和审批过程中必须遵守的技术标准和规范，具有强制性特征。此类技术标准和技术规范可分为两级，第一级为国家规范，第二级为地方规范，我们主要介绍国家规范，这类规范大多由建设部组织编制，主要分为三类：

1. 综合类基本规范

包括《城市规划基本术语标准》、《城市用地分类与规划建设用地标准》、《城市用地分类代码》和《建筑气候区划标准》等。

2. 城乡规划编制规范

包括《城市规划编制办法》、《城市总体规划审查工作规则》、《省域城镇体系规划审查办法》、《村镇规划编制办法》、《历史文化名城保护规划编制要求》、《城市居住区规划设计规范》、《村镇规划标准》等。

3. 城乡规划各专业规划设计规范

包括《城市道路交通规划设计规范》、《城市工程管线综合规划规范》、《城市防洪工程规划设计规范》、《城市给水工程规划规范》、《城市电力规划规范》等。

四、城乡规划的制定和实施

（一）城乡规划制定和实施的概念

1. 城乡规划的制定是指依法组织编制、审批城乡各类规划。城乡规划的制定关系重大，规划的科学性、合理性将直接影响规划的实施效果，直接影响城乡空间布局的合理性与舒适度，直接影响居民的生活环境与质量，在城乡规划管理工作中具有极为重要的地位。科学合理地制定城乡规划是严格实施城乡规划，防止一些地方脱离实际，盲目扩大城市建设规模的前提和基础。因此，《城乡规划法》对城乡规划的制定作出以下具体规定：一是明确规划的制定原则；二是明确规划编制的主体和审批程序；三是扩大社会公众参与。

2. 城乡规划的实施是指经依法批准并公布的城乡规划的执行。城乡规划能否取得预期的效果关键在于实施。城乡规划的严肃性体现在已经批准的城乡规划必须得到严格遵守和执行，避免一些地方政府及其领导人违反法定程序，随意干预和变更规划。因此，《城乡规划法》作出了以下具体规定：一是规定普遍性义务，即任何单位和个人都应当遵守经依法批准并公布的城乡规划，服从规划管理；二是要求各级地方人民政府有计划、分步骤地实施当地的总体规划，并根据当地的总体规划，制定近期建设规划；三是控制频繁修改城乡规划。城乡规划一经批准，不得随意修改，特别是不能因为地方领导人的变更而变更，更不能因为个别领导人的意见而擅自修改，并明确了修改城乡规划的条件；四是明确规划修改的审批程序；五是规范选址意见书、建设用地规划许可证和建设工程规划许可证的发放；六是强化监督检查措施。

在规划区内进行建设活动必须遵守《城乡规划法》。建设活动是《城乡规划法》调整的行为对象之一，规划区是《城乡规划法》适用的地域范围。《城乡规划法》对在规划区内进行建设活动作出具体的规则：一是在规划区内进行的建设活动作出原则性规则，要求符合规则，遵守其他相关法律法规；二是在规划区内进行的建设活动必须严格依据规划实施，获得相应行政许可；三是为在规划区内进行的不合法建设活动设定法律责任。

（二）城乡规划的范围

《城乡规划法》所称的城乡规划，是指由城镇体系规划、城市规划、镇规划、乡规划和村庄规划组成的一个规划体系，调整的是城市、镇、乡、村庄等居民点以及居民点之间的相互关系，不是覆盖全部国土面积的规划。

城镇体系规划是指一定地域范围内，以区域生产力合理布局和城镇职能分工为依据，确定不同人口规模等级和职能分工的城镇的分布和发展规划。城市规划是指对一定时期内城市的经济和社会发展、土地利用、空间布局以及各项建设的综合部署、具体安排和实施管理。乡规划是指对一定时期内乡的经济和社会发展、土地利用、空间布局以及各项建设的综合部署、具体安排和实施管理。村庄规划是指在其所在乡（镇）域规划所确定的村庄规划建设原则基础上，对一定时期内村庄的经济发展进行综合布局，进一步确定村庄建设规模、用地范围和界线，安排村民住宅建设、村庄公共服务设施和基础设施建设，为村民提供适合其特点并与社会经济发展水平相适应的人居环境。村庄规划主要是安排农民的宅基地和少量公共建筑。中心村的建设规划，除布置建筑物外，还要安排必要的生活服务设施和简易的公用工程设施。

城市规划、镇规划分为总体规划和详细规划。详细规划分为控制性详细规划和修建性详细规划。

根据《城市规划基本术语标准》，城市总体规划是指对一定时期内城市性质、发展目标、发展规模、土地利用、空间布局以及各项建设的综合部署和实施措施。城市总体规划包括：城市的性质、发展目标和发展规模，城市建设用地布局和功能分区，城市综合交通体系和河湖、绿地系统各项专业规划。根据《城市规划基本术语标准》，城市详细规划是指以城市总体规划或分区规划为依据，对一定时期内城市局部地区的土地利用、空间环境和各项建设用地所作的具体安排。城市详细规划在城市总体规划和分区规划的基础上，对城市近期建设区域内各项建设作出具体规划。详细规划包括：规划地段各项建设的具体用地范围，建设密度和高度的控制指标，总平面布置、工程管线综合规划和竖向规划。控制性详细规划是指以城市总体规划或分区规划为依据，确定建设地区的土地使用性质和使用强度的控制指标、道路和工程管线控制性位置以及空间环境控制的规划要求。修建性详细规划是指以城市总体规划、分区规划或控制性详细规划为依据，制订用以指导各项建筑和工程设施的设计和施工的规划设计。

镇总体规划和详细规划包括控制性详细规划和修建性详细规划均适用上述表述内容。

（三）规划区

《城乡规划法》所称规划区，是指城市、镇和村庄的建成以及因城乡建设和发展需要，必须实行规划控制的区域。其中分为两个部分：一是建成区，即实际已经成片开发建设、市政公用设施和公共设施基本具备的地区；二是尚未建成但由于进一步发展建设的需要必须实行规划控制的区域。

为了防止一些地方脱离实际，盲目扩大城市建设规模，《城乡规划法》要求有关人民政府在组织编制的总体规划、乡规划和村庄规划中，按照经济发展水平和统筹城乡发展的需要，科学地规定规划区，并明确制定和实施城乡规划以及在规划区内进行城乡各项建设。

五、城乡建设活动与制定城乡规划的关系

规定城市和镇应依法制定规定,并严格按规划进行建设是必要的,但乡和村庄的情况则与城市和镇有较大不同,目前多数乡和村庄还没有制定规划。要求所有乡和村庄,特别是中西部地区的乡和村庄都按照本法编制乡村规划,按照规划进行建设,目前还难以做到。如果法律作出统一要求,难免流于形式,还是根据不同地区农村发展的实际情况和要求,作出有区别的规定逐步推行为好,因此,增加本条规定。本条的规定区分了城镇和乡村的不同情况,符合我国实际,便于执行。

1. 根据城乡规划法,城市和镇必须制定城市规划和镇规划,由有关机构依据本法规定的程序和步骤制定。我国城市规划法实施后,城市规划、镇规划实施效果较好,各级城市都依照法定程序开展了规划制定工作。目前省域城镇体系规划工作全面推进,全国 27 个省(自治区)的城镇体系规划已基本编制完成。经依法批准的城乡规划是城乡建设的依据,城市、镇规划区内的建设活动应当符合规划要求。

2. 应当制定城乡规划、村庄规划的区域由县级以上地方人民政府确定。由于我国区域发展不平衡,水平参差不齐,截至 2005 年底,80.4%的集镇编制了镇(乡)总体规划,51.1%的村庄编制了村庄建设规划。由于受到多种因素的影响,部分村庄和集镇建设缺乏规划指导,村庄集镇规划的整体水平不高,实施的效果也不理想。因此,必须根据本地农村经济社会实际的发展水平,按照因地制宜,切实可行的原则,来确定哪些地区需要或者适合制定城乡规划、村庄规划,哪些地区条件还不成熟,不适合制定城乡规划、村庄规划。纳入确定区域的乡、村庄,应当依照本法规定的程序和步骤由有关机构制定规划。经依法批准的城乡规划是城乡建设的依据,规划区内的乡、村庄建设应当符合规划要求。

3. 未纳入确定区域的乡、村庄,根据自身发展水平决定是否制定乡规划、村庄规划,并非法定责任和义务。但是县级以上地方人民政府要鼓励其制定和实施乡规划、村庄规划,并给予业务上的指导。

六、城乡规划的制定、实施原则

(一)城乡规划制定、实施的一般原则

1. 城乡统筹、合理布局、节约土地、集约发展的原则

以科学发展观统筹城乡区域协调发展,充分发挥城市的辐射带动作用,发挥特色小城镇,促进大中小城市和小城镇协调发展,做好村庄建设与整治规划,合理安排城乡布局,充分利用土地,坚决杜绝浪费土地资源的现象,走可持续、集约的发展道路。

2. 先规划后建设的原则

没有规矩无以成方圆。没有科学规划的指导,建设活动必然没有明确目标,城乡建设必然盲目无序。因此,必须坚持先规划后建设的原则,坚决杜绝"先建设后规划"、"边建设边规划"。全国人大法律委会同财经委和国务院法制办、建设部研究后采纳这一意见。

3. 环保节能原则

这一原则要求,城乡规划的制定实施要考虑保护问题,改善生活环境与生态环境,防治污染和其他公害,同时要节约能源,提高能源利用效率和经济效益,促进资源、能源节约和综合利用。

4. 保护自然资源和历史文化遗产原则

保护自然资源尤其是耕地资源，城乡规划的制定实施要贯彻合理用地、节约用地的原则，考虑与土地利用总体规划的衔接，实行差别化的土地利用政策，确保18亿亩耕地数量不减少、质量不下降，严格乡村建设管理，防止乡镇企业、乡村公共设施和公益事业建设以及农村村民住宅建设乱占耕地，严格对限制开发区域和禁止开发区域的土地用途管制，严禁改变生态用途。

保护历史文化遗产要求，城乡规划要与历史文化名城的整体风貌相协调，加强对历史文化名城、名镇、名村的保护，保护具有重要历史意义、革命纪念意义、科学和艺术价值的文物古迹、风景名胜和传统街区，保持和延续传统格局和历史风貌，维护历史文化遗产的真实性和完整性，继承和弘扬中华民族优秀文化，正确处理经济社会发展和文化遗产保护的关系。

5. 城乡规划要体现地方特色，保持民族传统和地方风貌，体现城市各自特点，不能搞千篇一律的大都市化。

6. 城乡规划还要符合区域人口发展、国防建设、防灾减灾和公共卫生、公共安全的需要原则，要满足城市防火、防暴、抗震、抗洪、防泥石流以及治安、交通管理和人民防空建设等要求，保障人民群众生命财产安全和社会安定。

（二）建设活动应遵守其他相关法律、法规

在规划区内进行建设活动应遵守其他相关法律，这主要是城乡规划法和其他相关法律、法规的衔接关系问题。土地管理、环境保护、自然资源等相关法规与城乡规划法的衔接性规定有：

1. 土地管理法关于城市总体规划、村庄和集镇规划与土地利用总体规划相衔接的规定，关于在城市规划区内改变土地规划用途的规定，关于乡（镇）村建设使用建设用地的规定；

2. 海域使用管理法关于城市规划与海洋功能区相划分相衔接的规定；

3. 气象法关于国家基准气候站、基本气象站迁移的规定，关于规定气象探测环境的保护范围规定；

4. 建筑法关于申请领取施工许可证的条件规定；

5. 环境噪声污染防治法关于城市建设防噪声规划设计的规定；

6. 体育法关于按照城市规划改变体育场地用途的规定；

7. 城市房地产管理法关于城市规划区内的集体土地征用的规定，关于土地使用权出让的规定，关于房地产开发严格执行城市规划的规定；

8. 铁路法关于铁路有关设施的规划的规定；关于在城市规划区内设置平交道口或者人行道的规定；

9. 环境保护法关于制定城市规划应当确定保护和改善环境的目标和任务的规定，关于城乡建设保护自然环境的原则性规定；

10. 草原法关于草原保护、建设、利用规划与村庄和集镇规划相协调的规定。

（三）城市总体规划、镇总体规划合理确定城市、镇的发展规模、步骤和建设标准

城市、镇的发展规模、步骤和建设标准要从经济社会发展的实际出发，科学预测城市远景发展的需要，使城市的发展规模、各项建设标准等与国家和地方的经济技术发展水平相适应，这是制定城市总体规划、镇总体规划科学性的重要体现。

第二节 城乡规划的制定

一、全国城镇体系规划的制定

全国城镇体系规划的作用是指导省域城镇体系规划和城市总体规划的编制。全国城镇体系规划是指全国范围内的，以全国生产力合理布局和城镇职能分工为依据，确定不同人口规划等级和职能分工的城镇的分布和发展规划。其中的城镇包括设市城市和重要的县城。它对各省（区）的省域城镇体系规划和各城市的总体规划起到的指导作用主要体现在：通过综合评价全国城镇发展条件，明确全国城镇发展方针、城镇化道路、城镇化发展目标；制定各区域城镇的合理发展，作好各省、区间和重点地区间的协调；统筹城乡建设和发展；明确全国城镇化的可持续发展，包括生态环境的保护和优化、水资源的合理利用和保护、土地资源的协调利用和保护等等。各省域城镇体系规划和城市总体规划的编制应当与全国城镇体系规划相符合。国务院在审批各省域城镇体系规划和城市总体规划时应当审查其是否符合全国城镇体系规划。

2007年7月26日，国务院发布了《关于编制全国主体功能区规划的意见》，文件强调"编制全国主体功能区规划，就是要根据不同区域的资源环境承载能力、现有开发密度和发展潜力，统筹谋划未来人口分布、经济布局、国土利用和城镇化格局，将国土空间划分为优化开发、重点开发、限制开发和禁止开发四类，确定主体功能定位，明确开发方向，控制开发强度，规范开发秩序，完善开发政策，逐步形成人口、经济、资源环境相协调的空间开发格局。"从中可以明确看出，全国主体功能区规划是区别于全国城镇体系规划的，全国主体功能区规划是为了明确主体功能区的范围、功能定位、发展方向和区域政策，是为了落实国民经济和社会发展规划而编制的；而全国城镇体系规划的主要作用是指导省域城镇体系规划和城市总体规划的编制，它强调的是城镇的分布和发展规划。因此，全国城镇体系规划与全国主体功能区规划是不冲突也不矛盾的，有自己独立的作用与价值。目前，全国城镇体系规划正在编制过程中。

全国城镇体系规划的编制主体主要是国务院城乡规划主管部门，即住房和城乡建设部，这与住房和城乡建设部的职责是相联系的。但是全国城镇体系规划还涉及与国民经济和社会发展规划、全国土地利用总体规划及正在编制的全国主体功能区规划等相互衔接，在编制过程中也需要国土资源部门、气象部门提供土地勘察、测绘、气象、水文等资料，同时涉及文物保护等问题，因此应当严肃、权威，全国城镇体系规划涉及全国的城镇规划、建设，对全国经济、社会发展影响很大，为保证全国城镇体系规划的严肃性、权威性及与其他规划的协调性，同时确保全国城镇体系规划能对省域城镇体系规划和城市总体规划的编制起到指导作用，规定国务院城乡规划主管部门应将全国城镇体系规划报国务院审查、批准。

二、省域城镇体系规划的制定及其内容的规定

（一）省域城镇体系规划的制定

省域城镇体系规划的编制主体是省、自治区人民政府，在理解上需要注意两个方面：一是编制主体只有省、自治区人民政府，不包括直辖市人民政府，直辖市人民政府编制的是城市总体规划，不涉及省域城镇体系规划的问题。2007重庆市被批准成为城乡统筹发展综合配套改革试验区后，国务院批准的《重庆市城乡总体规划（2007～2020年）》，虽然在本法没有关于"城乡总体规划"的规定，但是"城乡总体规划"在本质上属于"城市总体规划"，而不是省域城镇体系规划。这可以从国务院《关于重庆市城乡总体规划的批复》的内容中看出来。二是由省、自治区人民政府组织编制，而非省、自治区人民政府城乡规划主管部门。这样设置的原因是，省域城镇体系规划的任务是：综合评价城镇发展条件；制定区域城镇发展战略；预测区域人口增长和城市化水平；拟定各相关城镇的发展方向与规模；协调城镇发展与产业配置的时空关系；统筹安排区域基础设施和社会设施；引导和控制区域城镇的合理发展与布局；指导城市总体规划的编制。从省域城镇体系规划的任务可以看出，它与国民经济和社会发展规划、土地利用总体规划、全省产业布局等有关，而不仅仅是建设规划，这些需要由省、自治区人民政府综合统筹考虑，从全省发展的角度上来综合编制，因此本条规定由省、自治区人民政府组织编制。

同时，为保证规划的科学性、严肃性与权威性，确保省域城镇体系规划能够与全国城镇体系规划相符合，同时规定了省域城镇体系规划由国务院审批，审批包括两个方面，一是审查，二是批准。《城乡规划法》对审查作了有关规定。至于批准，国务院在批准省域城镇体系规划时，一般会针对各省、自治区的不同情况，强调在实施省域城镇体系规划时应注意的事项。以国务院批准《海南省城镇体系规划》（下称《规划》）为例，批复中要求海南省城镇发展战略，紧紧围绕建设生态省的发展目标，落实"南北运动、两翼推进、发展周边、扶持中间"的总体部署。要按照循序渐进、集约发展的原则，积极稳妥地推进城镇化，逐步形成布局合理、功能明确、设施完善、生态良好、发展协调的城镇体系。批复还要求海南省要在《规划》指导下，认真做好以海口市为核心的琼北等重点地区城镇发展规划、各市县城镇体系规划、城市总体规划以及村镇规划的编制与实施工作。要认真组织落实《规划》要求，做好海南岛中部地区生态环境保护规划、沿海岸线资源开发利用与控制规划，加强对重大建设项目和开发区域的规划管理。批复还对节约用地、保护耕地，重视小城镇建设和发展及加强区域基础设施建设，切实改善生态环境，加强历史文化遗产保护各方面的工作提出了原则要求。

（二）省域城镇体系规划的内容

省域城镇体系规划涉及的城镇应包括市、县城和其他重要的建制镇、独立工矿区，在编制时应包括以下内容：城镇空间布局和规模控制，重大基础设施的布局，为保护生态环境、资源等需要严格控制的区域。除此以外，省域城镇体系规划应当包括的内容还有：

1. 综合评价区域与城市的发展和开发建设条件；
2. 预测区域人口增长，确定城市化目标；
3. 确定本区域的城镇发展战略，划分城市经济区；
4. 提出城镇体系的功能结构和城镇分工；
5. 确定城镇体系的等级和规模结构；
6. 确定城镇体系的空间布局；
7. 统筹安排区域基础设施、社会设施；
8. 确定保护区域生态环境、自然和人文景观以及历史文化遗产的原则和措施；
9. 确定各时期重点发展的城镇，提出近期重点发展城镇的规划建议；
10. 提出实施规划的政策和措施等。

三、城市总体规划的编制

城市总体规划是促进城市科学协调发展的重要依据，是保障城市公共安全与公众利益的重要公共政策，是指导城市科学发展的重要文件。城市总体规划直接关系到城市总体功能的有效发挥，关系到经济、社会、人口、资源、环境的协调发展，必须体现前瞻性、战略性、综合性。因此本条规定，城市人民政府负责组织编制，根据建设部的有关规章，具体工作由城市人民政府规划主管部门承担。

城市人民政府在组织编制过程中，要针对存在的问题和面临的新情况，着眼城市的发展目标和发展可能，从土地、水资源和环境等城市长远的发展保障出发，组织空间发展战略研究，前瞻性地研究城市的定位和空间布局等战略问题；要客观分析资源条件和制约因素，着重研究城市的综合承载能力，解决好资源保护、生态建设、重大基础设施建设等城市发展的主要环节；要处理好城市与区域统筹发展、城市与乡村统筹发展的关系，在更广阔的空间领域研究资源配置、区域环境治理等问题；要改变只注重建设规划的观念，使规划内容能体现经济、社会、生态的可持续发展等重大问题；要突出规划的控制性，明确规划强制性内容，规划禁止、限制与适宜建设地区；要重视市域城镇体系规划，促进城乡协调发展；要重视对历史和风景名胜资源的保护；要明确近期建设规划的发展重点和建设时序。在此基础上，科学、合理地提出城市发展的目标、规模和空间布局。

根据有关规定，城市总体规划的编制程序如下：第一，组织前期研究并提出编制工作报告，经同意后方可组织编制。其中，组织编制直辖市、省会城市、国务院指定市的城市总体规划的，应当向国务院建设主管部门提出报告；组织编制其他市的城市总体规划的，应当向省、自治区建设主管部提出报告；第二，组织编制城市总体规划纲要，并提请审查。其中，组织编制直辖市、省会城市、国务院指定市的城市总体规划的，应当报请国务院建设主管部门组织审查；组织编制其他市的城市总体规划的，应当报请省、自治区建设主管部门组织审查；第三，依据国务院建设主管部门或者省、自治区建设主管部门提出的审查意见，组织编制城市总体规划成果，根据规定报请审查和批准。

不同城市的总体规划由不同级别的人民政府审批，直辖市直辖于中央，因此直接报国务院审批。但省会市及国务院确定的城市都应由省、自治区人民政府审查同意后才报国务院审批的，这是国为这些城市的规划发展涉及与省域城镇体系规划相协调，与全省国民经济和社会发展规划相衔接，符合土地利用总体规划等，先由省、自治区人民政府审查同意是必要的。其他所有城市都由省、自治区人民政府审批。

四、镇总体规划的编制

根据国家标准 GB/T 502801—98，镇指的是经国家批准设镇建制的地域。1984年，随着农村商品经济和乡镇工业蓬勃发展，小城镇的作用日益显示出来，需要加速小城镇的发展以充分发挥其联结城乡的桥梁和纽带作用，促进城乡经济交流和发展，为此国家以国发〔1984〕165号批转民政部《关于调整建镇的报告的通知》，确立了以下建镇标准（此前，1995年和1963年中共中央和国务院曾经有关于设镇的规定）：1. 凡县级地方国家机关所在地，均应设置镇的建制。2. 总人口在二万以下的乡，乡政府驻地非农业人口超过二千的，可以建镇；总人口在二万以上的乡，乡政府驻地非农业人口占全乡人口10%以上的，也可以建镇；3. 少数民族地区、人口稀少的边远地区、山区和小型工矿、小港口、风景旅游、边境口岸等地，非农业人口虽不足二千，如确有必要，也可设置镇的建制。但随着农村经济、社会的发展和城镇化水平的提高，城镇人口大量增加，当时的设镇标准指标偏低等不足日益显现，以致出现部分地区镇的数量增加过快、质量不高、规模小等问题。为此，2002年国务院办公厅以国办发〔2002〕40号发布《关于暂停撤乡设镇工作的通知》，明确指出，在新的设镇标准公布前，各省、自治区、直辖市暂停撤乡设镇工作。

从以上可以看出，镇与乡虽然同属基层政权，但在经济、社会发展层面上看却存在一些差别。镇被称为"小城镇"，其设置标准强调其工业化程度与人口规模，具有较强的城市特征；相反，乡则是更具农村特征。综合建国以后我国在镇与乡方面采取的不同政策，本法规定了镇必须编制包括总体规划、详细规划等在内的镇规划，而乡规划则根据实践需要，由县级以上地方人民政府确定应当编制规划的区域。

根据规定，县人民政府所在地镇的总体规划由县人民政府组织编制，而不是县人民政府所在地镇人民政府。这是考虑到县人民政府所在地镇是整个县的经济、文化等中心，需要统筹考虑全县的经济、社会发展及全县的城乡空间布局及城镇规模。不设区的市人民政府虽然属于县级人民政府，但其所在地编制的是城市总体规划而不是镇总体规划。除县人民政府所在地镇以外的其他镇的总体规划则由镇人民政府根据镇的发展需要，依据本法有关规定自行编制。镇属于城市与农村的联结点，具有特殊的地位，在编制镇总体规划时应注意适应农村经济和社会发展的需要，为促进乡镇企业适当集中建设、农村富余劳动力向非农产业转移，加快农村城市化进程服务的同时应坚持合理布局、节约用地的原则，全面规划、正确引导、依靠群众、自力更生、因地制宜、逐步建设，实现经济效益、社会效益和环境效益的统一。县人民政府组织编制的镇总体规划应报上一级人民政府批准，这里上一级人民政府主要是设区的市级人民政府；而其他镇人民政府组织编制的镇总体规划也应报上一级政府批准，这主要是指县级人民政府，包括不设区的市人民政府。上一级人民政府在审批镇总体规划时应符合本法规定，是在审查的基础上批准。

五、各级人民代表大会常务委员会参与规划制定

制定城乡规划属于政府职责，根据宪法关于组织法的规定，应由政府组织编制并报上级政府审批；但同时，为了增强规划制定的民主性、科学性，适应地方人大常委会对规划编制和实施工作进行监督的需要，地方政府在将有关规划报上级政府审批前，应先提请本级人大或其常委会审议，听取意见，根据意见作相应修改，并将审议意见和根据审议意见修改规划情况一并报送上级政府。这一规定改变了《中华人民共和国城市规划法》确定的体制，为确保规划的稳定性，制约政府频繁修改规划，1989年制定的城市规划法第二十一条规定，城市人民政府和县级人民政府在向上级人民政府报请审批城市总体规划前，须经同级人民代表大会或者其常务委员会审查同意。1993年国务院颁布的《村庄和集镇规划建设管理条例》第十四条也规定，村庄、集镇总体规划和集镇建设规划，须经乡级人民代表大会审查同意，由乡级人民政府报县级人民政府批准。2006年12月国务院提请审议的城乡规划法草案对此作了类似规定，同时增加了城镇体系规划（全国城镇规划体系除外）和镇总体规划报上级人民政府审批前，须经本级人大或者其常委会审查同意。

根据规定，在报请上级人民政府审批前，应先经本级人民代表大会常务委员会审议的规划包括：省、自治区组织编制的省域城镇体系规划，城市人民政府组织编制的城市总体规划，县人民政府组织编制的县人民政府所在地镇总体规划；而应先经本级人民代表大会审议的规划是镇人民政府组织编制的镇总体规划,这主要是因为镇一级没有人大常委会,除这几项规划外,其他规划,如城市详细规划等则不需要提请审议,根据规定是报请备案。另外,规划组织编制机关报送需审批的规划时,应一并报送以下材料:(一)人大常委会或镇人民代表大会的审议意见;(二)根据审议意见修改规划的情况。第二项材料是为了加强对规划组织编制机关的监督,防止人大或人大常委会的审议意见被虚置,起不到应有的作用。

六、城市、镇总体规划的内容和期限

城市、镇总体规划是城镇发展与建设的基本依据,是调控各项资源(包括水资源、土地资源、能源等)、保护生态环境、维护社会公平、保障公共安全和公众利益的重要公共政策。为充分发挥城市、镇总体规划的综合调控作用,发挥其合理高效配置空间资源,优化城镇功能的作用,本条规定了城市、镇总体规划的内容,包括两个方面,即应当包括的内容和强制性内容,强制性内容是必备的内容,在任何情况下都不能缺少,应当包括的内容的强制性就没有这么强。

(一)城市、镇总体规划应当包括的内容

1. 城市、镇的发展布局。
2. 功能分区。
3. 包括土地使用强度管制区划和相应的控制指标(建筑密度、建筑高度、容积率、人口容量等)在内的用地布局。
4. 综合交通体系,如对外交通设施和主要道路交通设施。
5. 禁止、限制和适宜建设的地域范围,即划定禁建区、限建区、适建区和已建区,并制定空间管制措施。
6. 综合交通、环境保护、商业网点、医疗卫生、绿地系统、河湖水系、历史文化名城保护、地下空间、基础设施、综合防灾等各类专项规划等。

(二)强制性内容

强制性内容是指城市、镇总体规划的必备内容,应当在规划图纸上有准确标明,并在规划文本上有明确、严格、规范的表述,并提出相应的管制性措施。它包括:

1. 城市规划范围。
2. 城市建设用地规划。包括:规划期限内城市建设用地的发展规模,土地使用强度管制区划和相应的建设指标(建设用地面积、容积率、人口容量等)。
3. 城市基础设施和公共服务设施。包括:城市干道系统网络、城市轨道交通网络、交通枢纽布局;城市水源地及其保护区范围和其他重大市政基础设施;文化、教育、卫生、体育等方面主要公共服务设施的布局。
4. 市域内应当控制开发的地域。包括:基本农田保护区、风景名胜区、湿地、水源保护区等生态区,地下矿产资源分布地区;城市各类绿地的具体布局;城市地下空间开发布局。
5. 城市历史文化遗产保护,包括:历史文化保护的具体控制指标和规定;历史文化街区、历史建筑、重要地下文物埋藏区的具体位置和界线。
6. 生态环境保护与建设目标,污染控制与治理措施。
7. 城市防灾减灾工程。包括:城市防洪标准、防洪堤走向;城市抗震与消防疏散通道;城市人防设施布局;地质灾害防护规定等。

（三）城市、镇总体规划的期限

城市总体规划、镇总体规划的规划期限一般为二十年。城镇总体规划的期限设置为二十年，一是为了防止规划频繁修改，影响经济和社会发展；二是提高规划的指导性，让人民群众在相当长时期内对城市建设与发展有一个合理的预期；三是防止规划期限过长，因为如果过长的话，既超出了人的预见性，也无法适应经济社会的发展，导致规划与现实脱节，出现频频修改规划的情形。但是，为了弥补二十年可能过短，人民群众无法合理预期城市将来的建设和发展，也为了保证城市总体规划的连续性，本法同时规定，对于城市总体规划，城市还应当对更长远的发展作出预测性安排。

七、乡规划和村庄规划的内容

建设社会主义新农村，是当前我国面临的新的历史任务。要建设社会主义新农村，必须先从根本上改变农村建设中存在的没有规划、无序建设和土地资源浪费现象，做到规划先行、全盘考虑、统筹城乡，避免盲目建设。但此前，乡村规划主要是由《村庄集镇规划建设管理条例》这一行政法规规范，与城市规划形成了二元管理结构，属于就城市论城市、就乡村论乡村的规划制定与实施模式。结果导致乡村规划管理非常薄弱，大部分地区未编制规划，已经编制规划的，也大都是模仿城市，未能充分体现农村特点，难以满足农民生产和生活需要，农村无序建设和浪费土地严重。为改变这一现象，实现城乡统筹发展，加强规划管理，确保规划能落到实处，对乡村建设起到应有的作用。

根据规定，乡村规划在内容方面有着三方面的要求：第一，从农村实际出发，即应当避免不切实规划，盲目照搬城市规划，或者提出不符合当前发展阶段与当地农业经济发展不相适应的规划。应提高规划对乡村建设的指导作用，充分考虑经济、社会发展及农村文化发展现状，合理确定应当制定规划的区域及规划区范围等等。第二，尊重村民意愿，即乡镇人民政府不能任意将编制规划强加于村庄。在立法过程中，各方对此意见并不统一，有意见认为，现在农村普遍存在滥建、乱建的现象，乡村规划应是特别强势的引导，要让村民的意愿服从于规划。另外，如果按照村民的意愿进行规划，院子总是要越大越好，不利于新农村建设。但是，经研究认为，村民作为乡村建设的主体，对乡村未来发展有着自己的期望与理想，并将这些预期用于指导生产、生活，如果乡镇人民政府强加一个未考虑其意愿的规划，将可能导致规划无法实施，也可能给农村的生产和生活造成损失，引发社会矛盾，更不利于社会主义新农村建设。同时，规划要尊重村民意愿并不意味着要完全按村民意愿来编制规划，根据本法第二十二条规定，乡村规划由乡镇人民政府组织编制，报上一级人民政府审批。在报送审批前，应由村民会议或村民代表会议讨论同意。第三，体现地方和农村特色，社会主义新农村建设要求尽可能发挥农村的地方及其本身的特色，以特色满足村民的生产生活所需，既改善村民的人居环境，又保证当地民风及某些体现当地特色的历史文物等能够保留，村民因此受益。

关于乡村规划的内容，原建设部部长汪光焘在《关于〈中华人民共和国城乡规划法（草案）〉的说明》中指出，起草城乡规划法的指导思想是：按照贯彻落实科学发展观和构建社会主义和谐社会的要求，统筹城乡建设和发展，确立科学的规划体系和严格的规划实施制度，正确处理近期建设与长远发展、局部利益与整体利益、经济发展与环境保护历史文化保护等关系，促进合理布局，节约资源，保护环境体现特色，充分发挥城乡规划在引导城镇化健康发展、促进城乡经济社会可持续发展中的统筹协调和综合调控作用。

正是在这一思想指导下，根据建设新农村的要求，针对实践中存在的乡村规划盲目模仿城市规划，缺乏针对性的问题，本法强调乡村规划要安排好农村公共服务设施、基础设施、公益事业建设的用地布局和范围，并充分考虑村民的生产生活需要，具体就体现在第十八条第二款关于乡村规划的内容方面：规划区范围，住宅、道路、供水、排水、垃圾收集、畜禽养殖场所等农村生产、生活服务设施、公益事业等各项建设的用地布局、建设要求，以及对耕地等自然资源和历史文化遗产保护、防灾减灾等的具体安排。同时为保障全乡统筹发展，本条还规定，乡规划还应当包括本行政区域内的村庄发展布局。

八、城市控制性详细规划的编制

控制性详细规划主要是要确定建设地区的土地使用性质和使用强度的控制指标，道路和工程管线控制性位置以及空间环境控制的规划要求，它的具体内容应当包括：

1. 确定规划范围内不同使用性质用地的界限，确定各类用地内适建、不适建或者有条件地允许建设的建筑类型；

2. 确定各地块建筑高度、建筑密度、容积率、绿地率等控制指标；确定公共设施配套要求、交通出入口方位、停车泊位、建筑后退红线距离等要求；

3. 提出各地块的建筑体量、体型、色彩等城市设计指导原则；

4. 根据交通需求分析，确定地块出入口位置、停车泊位、公共交通场站用地范围和站点位置、步行交通以及其他交通设施。规定各级道路的红线、断面、交叉口形式及渠化措施、控制点坐标和标高；

5. 根据规划建设容量，确定市政工程管线位置、管径和工程设施的用地界线，进行管线综合。确定地下空间开发利用具体要求；

6. 制定相应的土地使用与建筑管理规定。

城市控制性详细规划的组织编制主体是城市人民政府的城乡规划主管部门，而编制依据则是城市总体规划，制定程序则是城乡规划主管部门。在编制过程中，不得违反城市总体规划或者任意改变城市总体规划确定的各项指标，本法同时要求本级人民政府在批准控制性详细规划后，还应当同时在本级人民代表大会常务委员会和上一级人民政府备案。控制性详细规划只是总体规划的具体落实，而且已经规定了批准与备案程序，能够有相应的监督检查作用，再规定人大常委会审议并报上一给人民政府审批，将造成资源浪费并可能降低效率。从成本与实效两方面考虑都不是最合适的选择。

九、镇控制性详细规划的编制

镇规划在本质上是与城市规划相同的，在镇规划区内从事的一切建设活动都应严格依照镇规划进行。镇总体规划制定后，需要通过镇详细规划，特别是镇控制性详细规划来落实。本条对镇控制性详细规划的编制作了规定，包括以下几方面的内容：

1. 编制镇控制性详细规划的依据是镇总体规划，不得在控制性详细规划中改变或变相改变镇总体规划的内容。镇控制性详细规划的内容应当结合镇的经济社会发展程度及现实需要，有侧重地作出规定，内容项目与城市控制性详细规划是相同的，但侧重点不同。

2. 不同情况下，镇控制性详细规划的编制主体不同，具体来说，县人民政府所在地镇的控制性详细规划由县城乡规划主管部门组织编制，这主要是考虑到县人民政府所在地镇一般来说是全县的经济社会文化中心，需要根据全县发展来考虑镇的规模、用地布局等，因此由县城乡规划主管部门组织编制较县人民政府所在地镇人民政府编制更具优势，也更符合现实情况。但县城乡规划主管部门组织编制并不意味着县人民政府所在地镇人民政府就不参与有关编制工作，如果涉及县人民政府所在地镇人民政府的事项，县人民政府所在地镇人民政府也应当参与。其他镇的镇控制性详细规划则由镇人民政府组织编制，镇一级一般没有规划主管部门，即使有力量也是很薄弱，无法承担相应的工作，因此由镇人民政府组织编制是比较合适的。

3. 镇控制性详细规划的审批机关是县级人民政府，无论编制主体是镇人民政府还是县城乡规划主管部门。需要区别的是，镇人民政府组织编制镇控制性详细规划的，报上一级人民政府审批，上一级人民政府可能是县人民政府，也可能是不设区的市人民政府，还可能是区人民政府；县城乡规划主管部门组织编制控制性详细规划的，审批机关一定是县人民政府，不设区的市人民政府所在地不存在镇总体规划也不存在镇控制性详细规划的问题。

4. 县城乡规划主管部门组织编制的县人民政府所在地镇控制性详细规划还应该报本级人大常委会和上一级人民政府备案，这还是考虑与镇总体规划保持一致，防止控制性详细规划改变或变相改变镇规划而设置的监督机制。

十、修建性详细规划的编制

城市、镇规划分为总体规划和详细规划，详细规划分为控制性详细规划和修建性详细规划。修建性详细规划主要是用以指导各项建筑和工程设施的施工规划设计，它一般针对的是某一具体地块，能直接应用于指导建筑和工程施工，一般应包括以下内容：

1. 建设条件分析及综合技术经济论证；
2. 建筑、道路和绿地等的空间布局和景观规划设计，布置总平面图；
3. 对住宅、医院、学校和托幼等建筑进行日照分析；
4. 根据交通影响分析，提出交通组织方案和设计；
5. 市政工程管线规划设计和管线综合；
6. 竖向规划设计；
7. 估计工程量、拆迁量和总造价，分析投资效益。

《城乡规划法》规定了编制修建性详细规划的几个方面：第一，修建性详细规划的对象是重要地块，也就是说修建性详细规划针对的不是整个城市也不是整个镇，它只对某一具体的地块提出规划设计要求。同时这一具体地块应当是重要地块，这是为了节约行政成本，如果任何地块都编制修建性详细规划，那么成本将很高，与其生产的效益也不相匹配。第二，修建性详细规划的编制主体是城市、县人民政府城乡规划主管部门和镇人民政府，城市、县人民政府城乡规划主管部门针对城市总体规划及县人民政府所在地城镇总体规划所划定的规划范围内的重要地块编制修建性详细规划，而镇人民政府则针对其编制的镇总体规划所划定的规划范围内的重要地块编制修建性详细规划。第三，编制修建性详细规划的依据是控制性详细规划，是对控制性详细规划的具体落实，不允许其改变或变相改变控制性详细规划对用地规模、用地布局等的规定。当然编制修建性详细规划符合控制性详细规划同时也就意味着其应符合城镇体系规划、城镇总体规划。第四，本法没有规定修建性详细规划应经批准或备案，主要是因为修建性详细规划是指导某一具体（重要）地块的建筑或工程的设计和施工，已经属于控制性详细规划的具体落实，规定报经批准或备案的意义也就大不了。第五，修建性详细规划不是一定要编制的。实践中应根据需要决定是否编制,只有那些重要的地块确有必要编制修建性详细规划的,有关部门才编制。

十一、乡、村规划的编制

《城乡规划法》明确了并不是所有乡、村庄都编制规划,只有那些县级以上地方人民政府根据当地农村经济社会发展水平,按照因地制宜、切实可行的原则,确定应当制定乡、村庄规划的区域才制定乡、村庄规划。除应当制定乡、村庄规划的区域外,其他区域也可以制定规划,只是法律没有做强制性要求。这条规定明确了一个原则,乡、村庄规划要符合乡村实际,要尊重村民意愿,不能由政府部门将规划强加于村民。

1. 应当制定乡规划和村庄规划的区域,由乡、镇人民政府组织编制。这一规定需要从两方面来理解,第一,乡、镇人民政府作为乡、村庄规划编制的主体,是为了保证规划的严肃性、科学性、权威性。在规划编制过程中乡镇人民政府应当居于主导地位,应当尊重村民意愿。规划的编制应以科学性作为第一要求,应当对新农村建设起到引导作用,防止农村建设中出现无序建设和浪费土地资源的现象,避免农村建设陷入盲目状态。第二,规划编制的费用由财政承担,这是防止出现滥摊派等导致农民负担加重的现象产生。实践中,乡村规划的编制经费来源并不完全一致。以北京市延庆县为例,乡村规划的编制费用就是由市财政专项补助;上海市是由市和区(县)财政给予专项补助。而根据本法第六条的规定,乡镇人民政府应将组织编制乡、村庄规划的经费纳入财政预算。

2. 乡规划、村庄规划应报上一级人民政府批准。上一级人民政府指的是县人民政府或不设区的市人民政府或区人民政府等。规定乡、村庄规划应由上一级人民政府批准,是为了实现城乡统筹发展,将乡、村庄规划纳入到全县的国民经济和社会发展中考虑,结合镇总体规划等综合考虑,以城镇发展带动乡村发展,逐步实现城市化,同时也可对乡人民政府编制乡、村庄规划的活动进行监督,进一步保证规划的科学性、严肃性与权威性。

3. 尊重村民意愿。村庄规划在报送审批前,应当经村民会议或村民代表大会讨论同意。立法过程中如何在保证规划的科学性、防止无序建设与尊重村民意愿方面实现平衡是一个难点问题。特别是村庄规划的编制主要是用地规划布局,控制建设用地规划,保护耕地,并通过控制人员建设用地指标实现,这就与村民希望扩大建设面积的追求是相违背的。按照国家标准,村庄建设用地指标人均150m^2,但很多地方的村民实际可能超过了300m^2。同时,规划的专业性和技术性较强,又涉及现实利益和长远利益、局部利益和整体利益的关系,要求村民会议讨论同意可能有较大难度。但是,村庄规划涉及土地使用问题,关系村民切实利益,如果不经村民讨论可能规划无法实施,规划管理成本也可能会很高。另外,村民是规划实施的主体,村庄规划最终落实主体还是村民。因此村庄规划报送审批前,应当经村民会议或村民代表会议讨论同意。

十二、城乡规划编制单位

城乡规划的编制是一项专业性、技术性很强的工作,各级人民政府或城乡规划主管部门要自行完成编制工作是一件非常困难的事。城乡规划组织编制机关应当委托具有相应资质等级的单位承担城乡规划的具体编制工作。

城乡规划编制单位从事规划编制工作应事先取得行政许可,并经国务院城乡规划主管部门或者省、自治区、直辖市人民政府城乡规划主管部门依法审查合格,取得相应等级的资质证书后,方可在资质等级许可的范围内从事城乡规划编制工作:

(一)有法人资格;

（二）有规定数量的经国务院城乡规划主管部门批准的注册城市规划师；
（三）有规定数量的相关专业技术人员；
（四）有相应的技术装备；
（五）有健全的技术、质量、财务管理制度。

根据不同的条件，有关部门授予不同的申请不同的资质等级。目前包括甲、乙、丙三个等级。城乡规划编制单位在具体承担各项规划编制工作中，应当遵守国家有关城乡规划的各项标准。

第三节　城乡规划的实施

一、实施城乡规划的一般原则

为确保已经批准的城乡规划得到严格的遵守和执行，防止有的地方政府领导人违反法定程序随意干预和变更城乡规划，《城乡规划法》作出了一些保障城乡规划实施的原则性规定。这些规定的核心是强调实施主体实施城乡规划时必须遵守要求，要按照客观规律办事，将规划执行好、落实好。地方各级人民政府应当根据当地经济社会发展水平，量力而行，尊重群众意愿，有计划、分步骤地组织实施城乡规划；城市新区的开发和建设，应当确定合理的建设规模和时序，充分利用现有市政基础设施和公共服务设施，严格保护自然资源和生态环境，体现地方特色。城市的建设和发展，应当优先安排基础设施以及公共服务设施的建设，妥善处理新区开发与旧区改建的关系，统筹兼顾进城务工人员生活和周边农村经济社会发展、村民生产与生活的需要。镇的建设和发展，应当结合农村经济社会发展和产业结构调整，优先安排供水、排水、供电、供气、道路、通信、广播电视等基础设施和学校、卫生院、文化站、幼儿园、福利院等公共服务设施的建设，为周边农村提供服务。乡、村庄的建设和发展，应当因地制宜、节约用地，发挥村民自治组织的作用，引导村民合理进行建设，改善农村生产、生活条件。

城乡建设和发展，应当依法保护和合理利用风景名胜资源，统筹安排风景名胜区及周边乡、镇、村庄的建设。风景名胜区的规划、建设和管理，应当遵守有关法律、行政法规和国务院的规定。城市地下空间的开发和利用，应当与经济和技术发展水平相适应，遵循统筹安排、综合开发、合理利用的原则，充分考虑防灾减灾、人民防空和通信等需要，并符合城市规划，履行规划审批手续。城乡规划确定的铁路、公路、港口、机场、道路、绿地、输配电设施及输电线路走廊、通信设施、广播电视设施、管道设施、河道、水库、水源地、自然保护区、防汛通道、消防通道、核电站、垃圾填埋场及焚烧厂、污水处理厂和公共服务设施的用地以及其他需要依法保护的用地，禁止擅自改变用途。

城市、县、镇人民政府应当根据城市总体规划、镇总体规划、土地利用总体规划和年度计划以及国民经济和社会发展规划，制定近期建设规划，报总体规划审批机关备案。近期建设规划应当以重要基础设施、公共服务设施和中低收入居民住房建设以及生态环境保护为重点内容，明确近期建设的时序、发展方向和空间布局。近期建设规划的规划期限为五年。

二、城市新区开发和旧区改建

（一）城市新区的开发和建设应遵守的原则

城市新区开发和建设，是指按城市总体规划的部署和要求，在城市建成区之外的一定区域，进行集中的、成片的、综合配套的开发建设活动。按照本条规定，城市新区的开发与建设应遵守以下原则：

1. 应当确定合理的建设规模和时序。城市新区开发和建设的依据是经过"批准的城乡规划"，是实施城市规划涉及的一项重要内容。按照本条规定，城市新区的开发与建设，应当确定合理的建设规模和时序。这是城市全面、协调、持续发展的基本要求，是科学发展观的需要。按照这些需要，城市新区的开发和建设应进一步考虑并落实好城市规划中确定的城市综合性和协调性发展的需要，需进一步考虑到近期和远期发展的需要，要进一步处理好发展和保护的关系等。根据上述关系，在城市新区的开发和建设中，要安排好不同建设标的的时间顺序，以确保城市规划的有效落实。

2. 应当充分利用现有市政基础设施和公共服务设施。城市新区的开发和建设也是一个持续科学发展的过程，有其客观规律，就是说，绝对不能随意行事，违反客观规律，随意建设，绝对不能浪费现有资源。城市新区的开发和建设中要充分体现效能原则，要按照本法规定，在充分利用现有市政基础设施和公共服务设施的基础上开发和建设。

3. 应当严格保护自然资源和生态环境。所称环境即《中华人民共和国环境保护法》所称的环境。按照规定，环境是指影响人类生存和发展的各种天然的和经过人工改造的自然因素的总体，包括大气、水、海洋、土地、矿藏、森林、草原、野生生物、自然遗迹、人文遗迹、自然保护区、风景名胜区、城市和乡村等。本法所称自然环境，通常是指人类生存和发展所依赖的各种自然条件总和，对人类生存和发展有直接的影响。本法所称的生态环境，通常是指生物群落及非生物自然因素组成的各种生态系统所构成的整体，它主要是或者完全是由自然因素形成，对人类的生存和发展有间接的、潜在的、长远的影响。本法规定是落实《宪法》原则的要求。按照现行《宪法》规定，国家保障自然资源的合理利用，保护珍贵的动物和植物。禁止任何组织或者个人用任何手段侵占或破坏自然资源。为落实《宪法》确定的这项原则，我国颁布了有关法律和行政法规，国务院也发布了一些政策和措施。就是说，本法规定也是执行有关的环境保护法律、国家环境政策方面的要求。比如《中华人民共和国环境保护法》规定，一切单位和个人有保护环境的义务，并有权对污染和破坏环境的单位和个人进行检举和控告。

各级人民政府对具有代表性的各种类型的自然生态系统区域，珍稀、濒危的野生动植物自然分布区域，重要的水源涵养区域，具有重大科学文化价值的地质构造、著名溶洞和化石分布区、冰川、火山、温泉等自然遗迹，以及人文遗迹、古树名木，应当采取措施加以保护，严禁破坏。开发利用自然资源，必须采取措施保护生态环境。制定城乡规划，应当确定保护和改善环境的目标和任务。城乡建设应当结合当地自然环境的特点，保护植被、水域和自然景观，加强城市园林、绿地和风景名胜区的建设。2005年12月3日国务院发布的《国务院关于落实科学发展观加强环境保护的决定》中指出，加强环境保护是落实科学发展观的重要举措，是全面建设小康社会的内在要求，是坚持执政为民、提高执政能力的实际行动，是构建社会主义和谐社会的有力保障。加强环境保护，有利于促进经济结构调整和增长方式转变，实现更快更好地发展；有利于带动环保和相关产业发展，培育新的经济增长点和增加就业；有利于带动环境意识和道德素质，促进社会主义精神文明建设；有利于保障人民群众身体健康，提高生活质量和延长人均寿命；有利于维护中华民族的长远利益，为子孙后代留下良好的生存和发展空间。因此，必须遵守国家有关环境保护法律、行政法规等的规定，不能以牺牲环境为代价，必须在城市新区开发和建设的同时，要注重生态建设和环境保护，注重资源的节约和循环使用，推进城市建设的可持续发展。

4. 应当体现地方特色。地方特色是指一个地方的内涵和外在表现明显区别于其他地方的个性特征。我国幅员辽阔，自然区域和文化地域的特征相去甚远，城市新区开发和建设，在实施有关规划时，应当从当地的实际情况出发，结合当地气候与地理环境特征，做到有特色地开发和建设，防止千篇一律。

在城市、镇总体规划确定的建设用地范围以外，不得设立各类开发区和城市新区。

为防止在城市、镇总体规划确定的建设用地范围以外设立各类开发区和城市新区，防止城市、镇总体规划执行中的随意性，坚决杜绝"政绩工程"、"形象工程"等不良现象的发生。本法规定，在城市、镇总体规划确定的建设用地范围以外，不得设立各类开发区和城市新区。如果违反这一规定，应依法承担相应的法律责任。比如，按照《中华人民共和国土地管理法》第七十六条规定，"未经批准或者采取欺骗手段骗取批准，非法占用土地的，由县级以上人民政府土地行政主管部门责令退还非法占用的土地，对违反土地利用总体规划擅自将农用地改为建设用地的，限期拆除在非法占用的土地上新建的建筑物和其他设施，恢复土地原状，对符合土地利用总体规划的，没收在非法占用的土地上新建的建筑物和其他设施，可以并处罚款；对非法占用土地单位的直接负责的主管人员和其他直接责任人员依法给予行政处分；构成犯罪的作法追究刑事责任。超过批准的数量占用土地，多占用的土地以非法占用土地论处"。

（二）旧城区的改建实施城乡规划时应遵守的原则

旧城区的改建应遵守的原则包括：

1. 应当保护历史文化遗产和传统风貌；
2. 应当合理确定拆迁和建设规模；
3. 应当有计划地对危房集中、基础设施落后等地段进行改建。

历史文化名城、名镇、名村的保护以及受保护建筑物的维护和使用应当遵守国家规定：

1. 应当遵守法律的规定；
2. 应当遵守行政法规的规定。指由国务院颁布的有关历史文化名城、名镇、名村的保护以及受保护建筑物的维护和使用的规范性文件；
3. 应当遵守国务院的规定。国务院规定，是指除行政法规以外由国务院发布的一些规定，包括通知、命令等。比如，《国务院关于加强文化遗产保护的通知》（2005年12月22日国务院发布）。

三、选址意见书

《城乡规划法》第36条确定了关于申请核发选址意见书的规定："按照国家规定需要有关部门批准或者核准的建设项目，以划拨方式提供国有土地使用权的，建设单位在报送有关部门批准或者核准前，应当向城乡规划主管部门申请核发选址意见书。

前款规定以外的建设项目不需要申请选址意见书。"

（一）按照国家规定需要有关部门批准或者核准的建设项目

该条所称的国家规定，包括三个方面：一是法律的规定；二是行政法规的规定；三是国务院及国务院有关部门的规定。

1. 法律的规定。比如《中华人民共和国港口法》规定,按照国家规定须经有关部门批准的港口建设项目,应当按照国家有关规定办理审批手续,并符合国家有关标准和技术规范。建设港口工程项目,应当依法进行环境影响评价。港口建设项目的安全设施和环境保护设施,必须与主体工程同时设计、同时施工、同时投入使用。

2. 行政法规、国务院的其他规定。比如按照《中华人民共和国电信条例》规定,公用电信网、专用电信网、广播电视传输网建设,在按照国家基本建设项目审批程序报批前,应当征得国务院信息产业主管部门同意。

3. 国务院有关部门的规定。比如按照《国际通信设施建设管理规定》(信息产业部颁布)规定,信息产业部受理企业所报限额以上国际通信设施建设项目初审申请后,应当在30个工作日内书面答复申请人。对未通过初审的,应当书面通知申请人并说明理由。信息产业部受理企业所报限额以下国际通信设施建设项目审批申请后,应当在45个工作日内书面答复申请人。对不予批准的,应当书面通知申请人并说明理由。

(二)以划拨方式提供国有土地使用权的,按照国家规定需要有关部门批准或者核准的建设项目批准或者核准前应当向城乡规划主管部门申请核发选址意见书

1. 规定申请核发选址意见书的主要考虑是便于国家对建设项目的宏观管理,确保规划的正确实施。法律规定申请核发选址意见书,可以将宏观管理与规划管理统一起来,确保建设项目按照规划实施,确保经济效益、社会效益和环境效益相统一。

2. 申请核发选址意见书的建设项目范围。按照规定,申请核发选址意见书范围为以划拨方式提供国有土地使用权的、按照国家规定需要有关部门批准或者核准的建设项目。根据《中华人民共和国土地管理法》的规定,经批准的建设项目需要使用国有建设用地的,建设单位应当持法律、行政法规规定的有关文件,向有批准权的县级以上人民政府土地行政主管部门提出建设用地申请,经土地行政主管部门审查,报本级人民政府批准。建设单位使用国有土地,应当以出让等有偿使用方式取得。但是,下列建设用地,经县级以上人民政府依法批准,可以以划拨方式取得:国家机关用地和军事用地;城市基础设施用地和公益事业用地;国家重点扶持的能源、交通、水利等基础设施用地;法律、行政法规规定的其他用地。以出让等有偿使用方式取得国有土地使用权的建设单位,按照国务院规定的标准和方法,缴纳土地使用权出让金等土地有偿使用费和其他费用后,方可使用土地。这就是说,建设单位取得建设用地分两种情况:一种情况是以出让等有偿使用方式取得的建设用地;另一种情况是以划拨方式取得的建设用地。该条规定的是以划拨方式提供国有土地使用权的,按照国家规定需要有关部门批准或者核准的建设项目在批准或者核准前应当向城乡规划主管部门申请核发选址意见书。按照本条第二款规定,上述之外的建设项目不需要申请选址意见书。

3. 申请核发选址意见书的时间,必须是在需要有关部门批准或者核准的建设项目批准或者核准前进行。

4. 建设项目选址意见书的内容。按照原建设部和国家计委发布的《建设项目选址规划管理内容》等的规定,建设项目选址意见书应当包括下列内容:一是建设项目的基本情况,主要是建设项目名称、性质、用地与建设规模、供水与能源的需求量、采取的运输方式与运输量、以及废水、废气、废渣的排放方式和排放量。二是建设项目与城市规划布局

的协调；建设项目与城市交通、通信、能源、市政、防灾规划的衔接与协调；建设项目配套的生活设施与城市生活居住及公共设施规划的衔接与协调；建设项目对于城市环境可能造成的污染影响，以及与城市环境保护规划和风景名胜、文物古迹保护规划的协调。三是建设项目选址、用地范围和具体规划要求。此外，建设项目选址意见书应当包括建设项目地址和用地范围的附图和明确有关问题的附件。附图和附件是建设项目选址意见书的配套证件，具有同等的法律效力。附图和附件由发证单位根据法律、法规规定和实际情况制定。

5. 申请建设项目选址意见书的程序。按照《建设部关于统一印发建设项目选址意见书的通知》的规定，应遵循下述程序：第一，凡计划在城市规划区内进行建设，需要编制设计任务书（可行性研究报告）的，建设单位必须向当地市、县人民政府城市规划主管部门提出选址申请。第二，建设单位填写建设项目选址申请表后，城市规划主管部门根据《建设项目选址规划管理办法》的规定，分级核发建设项目选址意见书。第三，按规定应由上级城市规划主管部门核发选址意见书的建设项目，市、县城市规划主管部门应对建设单位的选址报告进行审核，并提出选址意见，报上级城市规划主管部门核发建设项目选址意见书。

四、划拨建设用地程序

为了保护和有效利用土地资源及确保城乡建设规范的落实和实施，根据划拨土地管理的实际情况，特别是根据《城市规划法》实施的情况，《城乡规划法》对以划拨方式取得建设用地的程序作出了较为明确而又严格的规定。

（一）建设单位须依法将建设项目报经有关部门批准、核准、备案

根据我国现行法律、行政法规及《国务院关于投资体制改革的决定》（2004年7月16日）规定的精神，我国对建设项目分别实行批准、核准和备案制度。

1. 有的建设项目需要经过有关部门批准。比如，按照《中华人民共和国环境影响评价法》的规定，国家根据建设项目对环境的影响程度，对建设项目的环境影响评价文件，由建设单位按照国务院的规定报有审批权的环境保护行政主管部门审批；建设项目有行业主管部门的，其环境影响报告书或者环境影响报告表应当经行业主管部门预审后，报有审批权的环境保护行政主管部门审批。海洋工程建设项目的海洋环境影响报告书的审批，按照《中华人民共和国海洋环境保护法》的规定办理。

2. 有的建设项目要经过核准。比如，按照《中华人民共和国职业病防治法》的规定，建设项目可能产生职业病危害的，建设单位在可行性论证阶段应当向卫生行政部门提交职业病危害预评价报告。卫生行政部门应当自收到职业病危害预评价报告之日起30日内，作出审核决定并书面通知建设单位。

3. 有的需要向有关部门备案。比如，按照《云南省建设工程抗震设防管理条例》（2007年5月23日云南省第十届人大常委会第二十九次会议通过，自2007年10月1日起施行）的规定，建设单位应当将属于国家建筑工程抗震设防分类标准中乙类以上的建设工程的抗震设防要求采用情况报当地地震工作主管部门备案。

按照《国务院关于投资体制改革的决定》的精神，转变政府管理职能，确立企业的投资主体地位。比如，（1）改革项目审批制度，落实企业投资自主权。彻底改革现行不分投资主体，不分资金来源，不分项目性质，一律按投资规模大小分别由各级政府及有关部门

审批的企业投资管理办法。对于企业不使用政府投资建设的项目，一律不再实行审批制，区别不同情况实行核准制和备案制。其中，政府仅对重大项目和限制类项目从维护社会公共利益角度进行核准，其他项目无论规模大小，均改为备案制，项目的市场前景、经济效益、资金来源和产品技术方案均由企业自主决策，自担风险，并依法办理环境保护、土地使用、资源利用、安全生产、城市规划等许可手续和减免税确认手续。对企业使用政府补助、转贷、贴息投资建设的项目，政府只审批资金申请报告。各地区、各部门要相应改进管理办法，规范管理行为，不得以任何名义截留下放给企业的投资决策权力。（2）规范政府核准制，要严格限定实行政府核准制的范围，并根据变化的情况适时调整。《政府核准的投资项目目录》（以下简称《目录》）由国务院投资主管部门会同有关部门研究提出，报国务院批准后实施。未经国务院批准，各地区、各部门不得擅自增减《目录》规定的范围。企业投资建设实行核准制的项目，仅需向政府提交项目申请报告，不再经过批准项目建议书、可行性研究报告和开工报告的程序。政府对企业提交的项目申请报告，主要从维护经济安全，合理开发利用资源，保护生态环境，优化重大布局，保障公共利益，防止出现垄断等方面进行核准。对于外商投资项目，政府还要从市场准入、资本项目管理等方面进行核准。政府有关部门要制定严格规范的核准制度，明确核准的范围、内容、申报程序和办理时限，并向社会公布，提高办事效率，增强透明度。（3）健全备案制。对于《目录》以外的企业投资项目，实行备案制，除国家另有规定外，由企业按照属地原则向地方政府投资主管部门备案。备案制的具体实施办法由省级人民政府自行制定。国务院投资主管部门要对备案工作加强指导和监督，防止以备案的名义变相审批。

（二）建设单位提出用地规划许可申请

根据规定，建设单位在依法报经有关部门批准、核准、备案后，应当向城市、县人民政府城乡规划主管部门提出建设用地规划许可申请。这里需要强调的是，建设单位提出用地规划许可申请需要具备三个前提条件：一是地域范围条件，即在城市、镇规划区内；二是以划拨方式提供国有土地使用权的建设项目；三是已依法经有关部门批准、核准或者备案。

按照《建设部关于统一实行建设用地规划许可证和建设工程规划许可证的通知》（1990年2月23日建设部发布）精神，申请建设用地规划许可证的一般程序：一是凡在城市规划区内进行建设需要申请用地的，必须持国家批准建设项目的有关文件，向城市规划主管部门提出定点申请。二是城市规划主管部门根据用地项目的性质、规模等，按照城市规划的要求，初步选定用地项目的具体位置和界限。三是根据要求，征求有关行政主管部门对用地位置和界限的具体意见。四是城市规划主管部门根据城市规划的要求向用地单位提供规划设计条件。五是审核用地单位提供的规划设计总图。六是核发建设用地规划许可证。

（三）核发建设用地规划许可证

建设用地规划许可证是指为了确保建设用地符合城市规划、镇规划，维护建设单位按照城市规划、镇规划使用土地的合法权益，建设单位依照法定程序向城市、县人民政府规划主管部门提出申请，由城市、县规划主管部门确认的建设项目位置和范围符合城市规划、镇规划的由建设单位使用的法律凭证。

按照本条规定，由城市、县人民政府城乡规划主管部门依据控制性详细规划对申请的建设用地的位置、面积、允许建设的范围进行核定后，发给《建设用地规划许可证》，《建设用地规划许可证》一经发放即具有法律效力，受法律的保护。

按照《建设部关于贯彻〈国务院关于深化改革严格土地管理的决定〉的通知》（2004年10月29日建设部颁布）的精神，各类新建、改建、扩建工程项目必须严格执行用地指标。城乡规划主管部门在审批建设用地申请时，要依据国家规定的建设用地指标，对建设用地面积进行严格审查，对超过国家规定用地指标的，不得发放建设用地规划许可证、建设工程规划许可证。禁止超过国家用地指标、以"花园式工厂"为名圈占土地。

（四）向县级以上地方人民政府土地主管部门申请用地

建设单位依照规定在取得《建设用地规划许可证》后，可向县级以上地方人民政府土地主管部门申请用地。

按照《建设用地审查报批管理办法》（1999年3月2日国土资源部颁布）的规定，县级以上人民政府土地行政主管部门负责建设用地的申请受理、审查、报批工作。在土地利用总体规划确定的城市建设用地范围外单独选址的建设项目使用土地的，建设单位应当向土地所在地的市、县人民政府土地行政主管部门提出用地申请。建设单位提出用地申请时，应当填写《建设用地申请表》，并附具下列材料：建设单位有关资质证明；项目可行性研究报告批复或其他有关批准文件；土地行政主管部门出具的建设项目用地预审报告；初步设计或其他有关批准文件；建设项目总平面布置图；占用耕地的，必须提出补充耕地方案；建设项目位于地质灾害易发区的，应当提供地质灾害危险性评估报告。市、县人民政府土地行政主管部门对材料齐全、符合条件的建设用地申请，应当受理，并在收到申请之日起30日内拟订农用地转用方案、补充耕地方案、征用土地方案和供地方案，编制建设项目用地呈报说明书，经同级人民政府审核同意后，报上一级土地行政主管部门审查。

按照《建设用地审查报批管理办法》的规定，在土地利用总体规划确定的城市建设用地范围内，为实施城市规划占用土地的，由市、县人民政府土地行政主管部门拟订农用地转用方案、补充耕地方案和征用土地方案，编制建设项目用地呈报说明书，经同级人民政府审核同意后，报上一级土地行政主管部门审查。在土地利用总体规划确定的村庄和集镇建设用地范围内，为实施村庄和集镇规划占用土地的，由市、县人民政府土地行政主管部门拟订农用地转用方案，补充耕地方案，编制建设项目用地承包说明书，经同级人民政府审核同意后，报上级土地行政主管部门审查。

（五）县级以上人民政府审查批准

1. 报有批准权的人民政府审查批准必须符合的条件。按照《建设用地审查报批管理办法》的规定，农用地转用方案和补充耕地方案符合下列条件的，土地行政主管部门方可报人民政府批准：符合土地利用总体规划；确属必需占用农用地且符合土地利用年度计划确定的控制指标；占用耕地的，补充耕地方案符合土地整理开发专项规划面积，质量符合规定要求；单独办理农用地转用的，必须符合单独选址条件。

按照《建设用地审查报批管理办法》的规定，征用土地方案符合下列条件的，土地行政主管部门方可报人民政府批准：被征用土地界址、地类、面积清楚、权属无争议的；被征用土地的补偿标准符合法律、法规规定的；被征用土地上需要安置人员的安置途径切实可行。建设项目施工和地质勘察需要临时使用农民集体所有的土地的，依法签订临时使用土地合同并支付临时使用土地补偿费，不得办理土地征用。

按照《建设用地审查报批管理办法》的规定，工地方案符合下列条件的，土地行政主管部门方可报人民政府批准：符合国家的土地供应政策；申请用地面积符合建设用地标准和集约用地的要求；划拨方式供地的，符合法定的划拨用地条件；以有偿使用方式供地的，供地的方式、年限、有偿使用费的标准、数额符合规定；只占用国有未利用地的，必须符合规划、界址清楚、面积准确。

2. 县级以上人民政府审查批准。按照《中华人民共和国土地管理法实施条例》（1998年12月27日国务院颁布）的规定，建设单位持建设项目的有关批准文件，向市、县人民政府土地行政主管部门审查。拟订供地方案，报市、县人民政府批准；需要上级人民政府批准的，应当报上级人民政府批准。具体建设项目需要占用土地利用总体规划确定的国有未利用地的，按照省、自治区、直辖市的规定办理；但是，国家重点建设项目、军事设施和跨省、自治区、直辖市行政区域的建设项目以及国务院规定的其他建设项目用地，应当报国务院批准。

（六）土地主管部门划拨土地

经县级以上人民政府审查批准后，由土地主管部门划拨土地。

按照《中华人民共和国土地管理法实施条例》的规定，供地方案经批准后，由市、县人民政府向建设单位办理建设用地批准书。划拨使用国有土地的，由市、县人民政府土地行政主管部门向土地使用者核发国有土地划拨决定书。

按照《建设用地审查报批管理办法》的规定，经批准的农用地转用方案、补充耕地方案、征用土地方案和供地方案。在土地利用总体规划确定的城市建设用地范围内单独选址的建设项目，由市、县人民政府土地行政主管部门负责监督落实；在土地利用总体规划确定的城市和村庄、集镇建设用地范围内，为实施城市规划和村庄、集镇规划占用土地的，由省、自治区、直辖市人民政府土地行政主管部门负责监督落实。

五、规划条件应纳入国有土地出让合同中

（一）规划条件、土地使用权出让、土地使用权出让合同

1. 规划条件，是指由城市、县人民政府城乡规划主管部门根据控制性详细规划提出的包括出让地块的位置、使用性质、开发强度等方面的要求。按照现行的规定，在城市、镇规划区内，出让国有土地使用权，出让前应当制定控制性详细规划。出让的地块，必须具有城乡规划主管部门提出的规划设计要求及附图。规划设计要求应当包括：地块面积，土地使用性质，容积率，建筑密度，建筑高度，停车泊位，主要出入口，绿地比率，须配置的公共设施、工程设施，建筑界线，开发期限及其他要求。附图应当包括：地块区位和现状，地块坐标、标高，道路红线坐标、标高，出入口位置，建筑界线以及地块周围地区环境与基础设施条件。

2. 国有土地使用权出让。国有土地，是指市、县城、建制镇、工矿区范围内属于国家所有的土地。国有土地使用权出让，是指国家以土地所有者的身份将土地使用权在一定年限内让与土地使用者，并由土地使用者向国家支付土地使用权出让金的行为。土地使用权出让应当签订出让合同。按照《中华人民共和国城镇国有土地使用权出让和转让暂行条例》（1990年5月19日国务院颁布）的规定，土地使用权的出让，由市、县人民政府负责，有计划、有步骤地进行。土地使用权出让的地块、用途、年限和其他条件，由市、县人民政府土地管理部门会同城市规划和建设管理部门、房产管理部门共同拟订方案，按照

国务院规定的批准权限报经批准后，由土地管理部门实施。土地使用权出让最高年限按下列用途确定：居住用地 70 年；工业用地 50 年；教育、科技、文化、卫生、体育用地 50 年；商业、旅游、娱乐用地 40 年；综合或者其他用地 50 年。土地使用权出让可以采取下列方式：协议；招标；拍卖。

　　3. 土地使用权出让合同，是指市、县人民政府土地管理部门作为出让方将国有土地使用权在一定年限内让与受让方，受让方支付土地使用权出让金的协议。按照《中华人民共和国城镇国有土地使用权出让和转让暂行条例》规定，土地使用权出让合同应当按照平等、自愿、有偿的原则，由市、县人民政府土地管理部门（以下简称出让方）与土地使用者签订。土地使用者应当在签订土地使用权出让合同后 60 日内，支付全部土地使用权出让金。逾期未全部支付的，出让方有权解除合同，并可请求违约赔偿。出让方应当按照合同规定，提供出让的土地使用权。未按合同规定提供土地使用权的，土地使用者有权解除合同，并可请求违约赔偿。土地使用者在支付全部土地使用出让金后，应当依照规定办理登记，领取土地使用证，获得土地使用权。土地使用者应当按照土地使用权出让合同的规定和城市规划的要求，开发、利用、经营土地。未按合同规定的期限和条件开发、利用土地的，市、县人民政府土地管理部门应当予以纠正，并根据情节可以给予警告、罚款直至无偿收回土地使用权的处罚。土地使用者需要改变土地使用权出让合同规定用途的，应当征得出让方同意并经市、县人民政府土地管理部门和城市规划部门批准，依照规定重新签订土地使用权出让合同，调整土地使用权出让金，并办理登记。

　　按照《最高人民法院关于审理及国有土地使用权合同纠纷案件适用法律问题的解释》（2004 年 11 月 23 日最高人民法院审判委员会第 1334 次会议通过、自 2005 年 8 月 1 日起实行）的规定，开发区管理委员会作为出让方签订的土地使用权出让合同，应当确定无效。解释实施前，开发区管理委员作为出让方与受让方签订的土地使用权出让合同，起诉前经市、县人民政府土地管理部门追认的，可以认定合同有效。经市、县人民政府批准同意以协议方式出让的土地使用权，土地使用权出让金低于签订合同时当地政府按照国家规定确定的最低价的，应当确定土地使用权出让合同约定的价格条款无效。当事人请求按照订立合同时的市场评估价格缴纳土地使用权出让金的，应予支持；受让方不同意按照市场评估价格补足，请求解除合同，应予支持。因此造成的损失，由当事人按照过错承担责任。土地使用权出让合同的出让方未经办理土地使用权出让批准手续而不能交付土地，受让方请求解除合同的，应予支持。受让方经出让方和市、县人民政府规划主管部门同意，改变土地使用权出让合同约定的土地用途，当事人请求按照起诉时同种用途的土地出让金标准调整土地出让金的，应予支持。受让方擅自改变土地使用权出让合同约定的土地用途，出让方请求解除合同，予以支持。

　　（二）规划条件作为国有土地使用权出让合同的组成部分属于义务性规定

　　1. 土地使用权合同应包括规划条件。在城市、镇规划区内以出让方式提供国有土地使用权的，在国有土地使用权出让前，城市、县人民政府城乡规划主管部门应当根据控制性详细规划，提出出让地块的位置、使用性质、开发强度等规划条件，作为国有土地使用权出让合同的组成部分。这一规定强调的是，国有土地使用权出让合同的组成部分不能缺少规划条件。这项规定属于义务性的规定，不履行这项义务要按照本法及有关法律、行政法规的规定，承担相应的法律后果。按照《城市国有土地使用权出让转让规划管理办法》（建设部1992年12月4日颁布、自1993年1月1日起施行）的规定在城市、镇规划区内，国有土地使用权出让、转让合同必须附具规划设计条件及附图，出让方和受让方不得擅自变更。在出让、转让过程中确需变更的，必须经城市规划主管部门批准。

需要说明的是，关于控制性详细规划建设部有说明的要求，按照《建设部关于加强国有土地使用权出让规划管理工作的通知》（建设部2002年12月26日颁布）的规定，城市、县人民政府城市规划主管部门要依据城市总体规划加快编制控制性详细规划，提高控制性详细规划的覆盖率，以适应土地供给市场化情况下的规划管理工作的需求；城市中心地区、旧城改造地区、近期发展地区、储备的土地、下一年度建设用地和拟出让的用地要优先编制控制性详细规划；控制性详细规划要明确规划地段内各地块的使用性质、容积率、建筑密度、建筑高度、绿地率、必须配置的公共设施等控制指标和要求。

按照《建设部关于加强国有土地使用权出让规划工作的通知》的要求，城乡规划主管部门要加强土地使用权出让前后的规划管理，明确规划监督管理程序。国有土地使用权出让前，拟出让地块必须具备由城市规划主管部门依据控制性详细规划出具的拟出让地块的规划设计条件和附图。规划设计条件必须明确出让地块的面积、土地使用性质、容积率、建筑密度、建筑高度、停车泊位、主要出入口、绿地比例、必须配置的公共设施和市政基础设施、建筑界线、开发期限等要求。附图要明确标明地块区位与现状，地块坐标、标高，道路红线坐标、标高，出入口位置，建筑界线以及地块周围地区的环境与基础设施条件。国有土地使用权招标拍卖和挂牌时，必须准确标明出让地块的规划设计条件。国有土地出让成交签订《国有土地使用权出让合同》时，必须将规划设计条件与附图作为《国有土地使用权出让合同》的重要内容和组成部分。没有城市规划主管部门出具的规划设计条件，国有土地使用权不得出让。

2. 未确定有关规划条件的地块不得出让国有土地使用权。这也属于强制性的规定，为必须履行的义务。签订合同的各方必须履行。

（三）建设单位签订国有土地使用权出让合同后应向城市、县人民政府城乡规划主管部门领取建设用地规划许可证

以出让方式取得国有土地使用权的建设项目，在签订国有土地使用权出让合同后，建设单位应当持审批、核准、备案文件和国有土地使用权出让合同，向城市、县人民政府城乡规划主管部门领取建设用地规划许可证。这也是一项义务性规定，这项规定也是对现实做法的肯定。比如，按照《城市国有土地使用权出让转让规划管理办法》的规定，已取得土地出让合同的，受让方应当持出让合同依法向城乡规划主管部门申请建设用地规划许可证。在取得建设规划用地许可证后，方可办理土地使用权属证明。通过出让获得的土地使用权再转让时，受让方应当遵守原出让合同附具的规划设计条件，并由受让方向城乡规划主管部门办理登记手续。受让方如需改变规划设计条件，应当先经城乡规划主管部门批准。受让方在符合规划设计条件外为公众提供公共使用空间或设施的，经城乡规划主管部门批准后，可给予适当提高容积率的补偿。受让方经城乡规划主管部门批准变更规划设计条件而获得的收益，应当按规定比例上交城市政府。城乡规划主管部门有权对城市国有土地使用权出让、转让过程是否符合城市规划进行监督检查。凡持未附具城乡规划主管部门提供规划设计条件及附图的出让、转让合同，或擅自变更的，城乡规划主管部门不予办理

建设用地规划许可证。凡未取得或擅自变更建设用地规划许可证而办理土地使用权属证明的，土地权属证明无效。各级人民政府城乡规划主管部门，应当对本行政区域内的城市国有土地使用权出让、转让规划管理情况逐项登记，定期汇总。

按照《建设部关于加强国有土地使用权出让规划管理工作的通知》的规定，国有土地使用权出让的受让方在签订《国有土地使用权出让合同》后，应当持《国有土地使用权出让合同》向市、县人民政府城乡规划主管部门申请发给建设项目选址意见书和建设用地规划许可证。城乡规划主管部门对《国有土地使用权出让合同》中规定的规划设计条件核验无误后，同时发给建设项目选址意见书和建设用地规划许可证。经核验，《国有土地使用权出让合同》中规定的规划设计条件与出具的出让地块规划设计条件不一致的，不予核发建设项目选址意见书和建设用地规划许可证，并告知土地管理部门予以纠正。

（四）不得在建设用地规划许可证中，擅自改变作为国有土地使用权出让合同组成部分的规划条件

城市、县人民政府城乡规划主管部门不得在建设用地规划许可证中，擅自改变作为国有土地使用权出让合同组成部分的规划条件。这款也属义务性规定，义务主体属于城市、县人民政府城乡规划主管部门。如果规划实施过程中确实需要改变的，也需要依据本法的规定进行。这里需要说明的是，除城市、县人民政府城乡规划主管部门不得擅自改变规划条件外，建设单位即受让人也不得擅自改变。

（五）国有土地使用权出让合同未包含规划条件的法律后果

1. 规划条件未纳入国有土地使用权出让合同的，该国有土地使用权出让合同无效。在城市、镇规划区内以出让方式提供国有土地使用权的，在国有土地使用权出让前，城市、县人民政府城乡规划主管部门应当根据控制性详细规划，提出出让地块的位置、使用性质、开发强度等规划条件，作为国有土地使用权出让合同的组成部分。未确定有关规划条件的地块，不得出让国有土地使用权。上述规定属于强制性的规定。

按照《中华人民共和国合同法》第五十二条的规定，"违反法律、行政法规的强制性规定"的合同无效。《中华人民共和国城乡规划法》明确规定，"规划条件未纳入国有土地使用权出让合同的，该国有土地使用权出让合同无效。"规划条件未纳入国有土地使用权出让合同的，属于违反《中华人民共和国城乡规划法》的强制规定。

2. 对未取得建设用地规划许可证的建设单位所取得的批准用地的批准文件给予撤销。以出让方式取得国有土地使用权的建设项目，在签订国有土地使用权出让合同后，建设单位应当持审批、核准、备案文件到城市、县人民政府城乡规划主管部门领取建设用地规划许可证。按照《中华人民共和国土地管理法》的规定，经批准的建设项目需要使用国有建设用地的，建设单位应当持法律、行政法规规定的有关文件，向有批准权的县级以上人民政府土地行政主管部门提出建设用地申请，经土地行政主管部门审查，报本级人民政府批准。征收下列土地的，由国务院批准：基本农田；基本农田以外的耕地超过35公顷的；其他土地超过70公顷的。征收上述规定以外的土地的，由省、自治区、直辖市人民政府批准，并报国务院备案。就是说，向有批准权的县级以上人民政府土地行政主管部门提出建设用地申请必须遵守有关法律和行政法规的规定，比如建设用地规划许可证等。领取建设用地规划许可证属于建设单位的一项法定义务，也是建设单位取得建设用地的重要前提条件，未执行这一条件，或者未履行这项法定义务，法律法规规定的部门不得批准建设用

地，对未取得建设用地规划许可证的建设单位批准用地的，属于违反本法及土地管理法等的规定。按照本条规定，对未取得建设用地规划许可证的建设单位批准用地的，由县级以上人民政府依据法律、法规规定的权限撤销有关的批准文件。

3. 非法占用土地的建设单位应当及时退回。按照土地管理法等法律的规定，建设单位使用土地必须依照法定程序申请建设用地，如果违反法定程序，占用土地，按照本条规定必须及时退回。

4. 非法占有土地给当事人造成损失的应当依法给予赔偿。没有经过合法程序取得土地，或者违法批准用地的，如果给当事人造成损失，有关单位和个人还应当赔偿有关当事人的损失，如果不给予赔偿的，有关当事人可依据本法及《中华人民共和国民事诉讼法》、《中华人民共和国民法通则》等的规定，通过诉讼程序请求人民法院判决违法当事人赔偿自己的损失。

六、建设工程规划许可证的申请与核发

（一）建设工程规划许可证

建设工程规划许可证，是指在城市、镇规划区内进行的建筑物、构筑物、道路、管线和其他工程建设的建设单位或者个人依照规定，向城市、县人民政府城乡规划主管部门或者省、自治区、直辖市人民政府确定的镇人民政府申请领取的建设工程的法律凭证。建设工程规划许可证是建设活动中接受监督检查的法定依据。建设单位或者个人只有在取得建设工程规划许可证和其他有关批准文件后，可申请办理开工手续。没有建设工程规划许可证的建设单位，所建设的工程是违法建设、违章建筑，不能领取房地产权属证件。

按照《建设部关于统一实行建设用地规划许可证和建设工程规划许可证的通知》（1990年2月23日建设部发布）的规定，建设工程规划许可证所包括的附图和附件，按照建筑物、构筑物、道路、管线以及个人建房等不同要求，由发证单位根据法律、法规规定和实际情况制定。附图和附件是建设工程规划许可证的配套证件，具有同等法律效力。

（二）建设单位或者个人进行工程建设应当领取建设工程规划许可证是法定义务

1. 义务主体。即在城市、镇规划区内进行建筑物、构筑物、道路、管线和其他工程建设的建设单位或者个人。

2. 履行义务的前提条件。即是将要在城市、镇规划区内进行建筑物、构筑物、道路、管线和其他工程的建设。这里面有两个关键点：一是在城市、镇规划区内；二是进行建筑物、构筑物、道路、管线和其他工程建设。两个条件缺一不可。

3. 申请对象。即向城市、县人民政府城乡规划主管部门或者省、自治区、直辖市人民政府确定的镇人民政府申请办理。

（三）核发建设工程规划许可证

1. 申请办理建设工程规划许可证应提交以下材料：

一是使用土地的有关证明文件。通常是指使用权属证明文件。土地权属通常是指土地的所有权、使用权和他项权利。土地所有权是土地所有制的法律表现，是国家或农民集体依法对归其所有的土地所享有的具有支配性和决定性的权利。按照《中华人民共和国土地管理法》的规定，中华人民共和国实行土地的社会主义公有制，即国家所有土地的所有权由国务院代表国家行使。任何单位和个人不得侵占、买卖或者以其他形式非法转让土地。土地使用权可以依法转让。国家为了公共利益的需要，可以依法对土地实行征收或者征用

并给予补偿。国家依法实行国有土地有偿使用制度。但是，国家在法律规定的范围内划拨国有土地使用权的除外。城市市区的土地属于国家所有。农村和城市郊区的土地，除由法律规定属于国家所有的以外，属于农民集体所有；宅基地和自留地、自留山，属于农民集体所有。土地使用权是指依法取得土地上的实际经营权和利用权。此项权利是指非土地所有人或使用人在他人土地上享有一定权利。按照《中华人民共和国土地管理法》的规定，国有土地和农民集体所有的土地，可以依法确定给单位或者个人使用。使用土地的单位和个人，有保护、管理和合理利用土地的义务。按照《中华人民共和国土地管理法》的规定，农民集体所有的土地，由县级人民政府登记造册，核发证书，确认所有权。农民集体所有的土地依法用于非农业建设的，由县级人民政府登记造册，核发证书，确认建设用地使用权。单位和个人依法使用的国有土地，由县级以上人民政府登记造册，核发证书，确认使用权；其中，中央国家机关使用的国有土地的具体登记发证机关，由国务院确认。确认林地、草原的所有权或者使用权，分别按照《中华人民共和国森林法》、《中华人民共和国草原法》和《中华人民共和国渔业法》的有关规定办理，依法改变土地权属和用途的，应当办理土地变更登记手续。本条规定的使用土地的有关证明文件，一般是指有关土地所有权、使用权和他项权利的证明文件，比如，县级人民政府核发的土地使用权证书等。

二是建设工程设计方案等材料。比如，按照我国有的地方的规定，申请建筑工程规划许可证要提交总平面设计图4份（比例1/500或1/1000，应标明建筑基地界限、加盖道路规划红线示章、划示相邻建筑物现状、标注高压线的间距尺寸），并加盖注册建筑师章；如涉及高层建筑（包括小高层）需加送日照分析图2份；原有基地拆房，需提供应拆房屋的权属证件1份；标注好建筑总平面位置的地形图4份（比例1/500或1/1000，地形图上需按总平面设计图要求划示各新建建筑物位置及有关尺寸）；加盖注册建筑师章的建筑施工图（平、立、剖面图和图纸目录）2套；分层面积表2份（应按国家有关建筑面积规定计算）；基础施工平面图、基础详图及桩位平面布置图各2份；建筑工程概预算书1份；规划部门对设计方案或扩初设计批复文件或会议纪要及相关部门对初步设计同意意见；涉及市、区、镇级的保留河道都需征询水利局意见，划示河道蓝线，加盖水利局审核章；涉及机场控制区域需征询空港办意见（方案阶段已征询过的，送复印件）；地名使用批准书复印件等。

三是需要建设单位编制修建性详细规划的建设项目，还应当提交修建性详细规划。本条所称的修建性详细规划，是指以城市总体规划、镇总体规划、控制性详细规划等为依据，制定的用以指导建筑和工程设施的设计和施工的具体安排。修建性详细规划一般包括：建设条件分析及综合技术经济论证；作出建筑、道路交通规划、绿地系统规划设计、工程管线规划设计、竖向规划设计；估算工程量、拆迁量和总造价，分析投资效益等内容。

2. 核发建设工程规划许可证。对符合控制性详细规划和规划条件的，由城市、县人民政府城乡规划主管部门或者省、自治区、直辖市人民政府确定的镇人民政府核发建设工程规划许可证。出于学习上的方便，现将《建设部关于统一实行建设用地规划许可证和建设工程规划许可证的通知》的规定摘录如下：建设用地规划许可证和建设工程规划许可证，设市城市由市人民政府城市规划行政主管部门核发；县人民政府所在地镇和其他建制镇，由县人民政府城市规划行政主管部门核发。

3. 现行规定的做法。按照《建设部关于统一实行建设用地规划许可证和建设工程规划许可证的通知》的规定，申请建设工程规划许可证的一般程序：第一，凡在城市规划区内新建、扩建和改建建筑物、构筑物、道路、管线和其他工程设施的单位与个人必须持有关批准文件向城乡规划主管部门提出建设申请。第二，城乡规划主管部门根据城市规划提出建设工程规划设计要求。第三，城乡规划主管部门征求并综合协调有关行政主管部门对建设单位设计方案的意见，审定建设工程初步设计方案。第四，城乡规划主管部门审核建设单位或个人提供的工程施工图后，核发建设工程规划许可证。

（四）经审定的修建性详细规划、建设工程设计方案的总平面图予以公布

城市、县人民政府城乡规划主管部门或者省、自治区、直辖市人民政府确定的镇人民政府应当将经审定的修建性详细规划、建设工程设计方案的总平面图予以公布。本条规定经审核的修建性详细规划、建设工程设计方案的总平面图予以公布有两个目的：一是方便社会公众，利于社会公众做好相应的准备，有利于保护社会公众的合法权益。二是确保城乡规划的严肃性，公开后可避免一些地方政府及其领导人违反法定程序，随意干预和变更规划。这里需要说明的是，第一，本条所称的建设工程设计方案的总平面图应包括以下内容：道路、出入口、化粪池和给水、雨水、污水、电力、电信、燃气等工程管线的位置和走向以及技术经济指标、建筑密度、容积率、绿地率等指标。第二，公布的"修建性详细规划、建设工程设计方案的总平面图"必须是经过依法审定的。否则，不符合本法的要求。

七、乡村建设规划许可证

（一）乡镇企业、乡村公共设施和公益事业建设的建设单位或者个人应申领乡村建设规划许可证

1. 乡村建设规划许可证，是指为了确保乡、村庄规划区内的建设用地符合规划的要求，维护乡镇企业、乡村公共设施和公益事业建设的建设单位或者个人按照规划使用土地的合法权益，建设单位或者个人依照法定程序向乡、镇人民政府提出申请，由乡、镇人民政府报城市、县人民政府城乡规划主管部门核发的由建设单位或者个人使用土地的法律凭证。

2. 申领乡村建设规划许可证需要具备以下条件：一是在乡、村庄规划区内；二是在乡、村庄规划区内进行乡镇企业、乡村公共设施和公益事业建设；三是申请主体为建设单位或者个人。

乡镇企业是指农村集体经济组织或者农民投资为主，在乡镇（包括所辖村）举办的承担支援农业义务的各类企业。所谓投资为主，是指农村集体经济组织或者农民投资超过50%，或者虽不足50%，但能起到控股或者实际支配作用。乡镇企业符合企业法人条件的，依法取得企业法人资格。按照现行法律的有关规定，乡镇企业是农村经济的重要支柱和国民经济的重要组成部分。乡镇企业的主要任务是，根据市场需要发展商品生产，提供社会服务，增加社会有效供给，吸收农村剩余劳动力，提高农民收入，支援农业，推进农业和农村现代化，促进国民经济和社会事业发展。发展乡镇企业，坚持以农村集体经济为主导，多种经济成分共同发展的原则。国家对乡镇企业积极扶持、合理规划、分类指导、依法管理。国家鼓励和重点扶持经济欠发达地区、少数民族地区发展乡镇企业，鼓励经济发达地区的乡镇企业或者其他经济组织采取多种形式支持经济欠发达地区和少数民族地区

举办乡镇企业。农村集体经济组织投资设立的乡镇企业，其企业财产权属于设立该企业的全体农民所有。农村集体经济组织与其他企业组织或者个人共同投资设立的乡镇企业，其企业财产权按照出资份额属于投资者所有。

乡村公共设施是指由乡人民政府、村民委员会、乡镇企业及其他企业事业单位、社会组织建设的用于乡村社会公众使用或享用的一些公共建筑设施。比如乡村教育设施、乡村医疗卫生设施、乡村文化娱乐设施、乡村体育设施、乡村商业设施、乡村道路等基础公用设施。本条所称乡村公共设施建设，就是指上述的一些基础性公共建筑设施的建设。

乡村公益事业建设是指直接或者间接地为乡村经济、社会活动和乡村居民生产和生活服务的一些建设。比如乡村自来水生产建设、生产供应系统建设、乡村电力供应系统建设、乡村卫生保健系统建设、乡村文化教育系统建设等。

申领乡村建设规划许可证的程序为：首先是提出申请。即由建设单位或者个人向所在地的乡、镇人民政府提出申请。其次是报批审核。即由接受申请的乡、镇人民政府报城市、县人民政府城乡规划主管部门审核。第三是核发证照。城市、县人民政府城乡规划主管部门接到申请审核后认为符合条件的发给乡村建设规划许可证；不符合条件的不发给乡村建设规划许可证。这里需要指出的是，城市、县人民政府城乡规划主管部门在审核过程中必须依法认真履行职责，依照法定的条件和时限核发乡村建设规划许可证。否则，要依法承担相应的法律责任。比如，按照本法的规定，城市、县人民政府城乡规划主管部门对符合法定条件的申请人未在法定期限内核发乡村建设规划许可证的，由本级人民政府、上级人民政府城乡规划主管部门或者监察机关依照职权责令改正，通报批评；对直接负责的主管人员和其他直接负责的人员依法给予处分。

（二）使用原有宅基地进行农村村民住宅建设的规划管理

对于在乡、村庄规划区内使用原有宅基地进行农村村民住宅建设的规划管理问题，授权省、自治区、直辖市根据本地的实际情况作出符合当地实际情况的规定。对此问题，省、自治区、直辖市人大及其常委会可以根据本法规定的精神和原则制定有关的地方性法规，省、自治区、直辖市人民政府也可以根据本法规定的精神和原则制定有关的政府规章。无论是何机关制定的，一经制定，则必须执行。

对此需要说明的是，关于宅基地问题，《中华人民共和国土地管理法》有严格的规定，省、自治区、直辖市制定有关规定时应遵守《中华人民共和国土地管理法》的规定。按照《中华人民共和国土地管理法》的规定，农村村民一户只能拥有一处宅基地，其宅基地的面积不得超过省、自治区、直辖市规定的标准。农村村民建住宅，应当符合乡（镇）土地利用总体规划，并尽量使用原有的宅基地和村内空闲地。农村村民住宅用地，经乡（镇）人民政府审核，由县级人民政府批准；其中，设计占用农用地的，依照土地管理法有关审批权限的规定办理审批手续。农村村民出卖、出租住房后，再申请宅基地的，不予批准。另外，需要说明的是按照《中华人民共和国立法法》的规定，省、自治区、直辖市人民政府制定有关规定时除遵守国家法律、行政法规的规定外，还应遵守地方性法规的规定。

（三）原则上有关建设不得占用农耕地

农耕地即《中华人民共和国土地管理法》规定的农用地，是指直接用于农业生产的土地，包括耕地、林地、草地、农田、农田水利用地、养殖水面等。

农用地必须严格管理，必须严格控制占用农用地。按照规定，在乡、村庄规划区内进行乡镇企业、乡村公共设施和公益事业建设以及农村村民住宅建设，不得占用农耕地。如果确实需要占用农耕地的，应当依照《中华人民共和国土地管理法》有关规定办理农用地转用审批手续后，由城市、县人民政府城乡规划主管部门核发乡村建设规划许可证。依照《中华人民共和国土地管理法》规定，征收农用地的，应当依照规定先行办理农用地转用审批。其中，经国务院批准农用地转用的，同时办理征地审批手续，不再另行办理征地审批；经省、自治区、直辖市人民政府在征地批准权限内批准农用地转用的，同时办理征地审批手续，不再另行办理征地审批，超过征地批准权限的，应当依照规定另行办理征地审批。依照《中华人民共和国土地管理法》规定，建设占用土地涉及农用地转为建设用地的，应当办理农用地转用审批手续。省、自治区、直辖市人民政府批准的道路、管线工程和大型基础设施建设项目、国务院批准的建设项目占用土地，涉及农用地转为建设用地的，由国务院批准。在土地利用总体规划确定的城市和村庄、集镇建设用地规模范围内，为实施该规划而将农用地转为建设用地的，按土地利用年度简化分批次由原批准土地利用总体规划的机关批准。在已批准的农用地转用范围内，具体建设项目用地可以由市、县人民政府批准。上述规定以外的建设项目占用土地，涉及农用地转为建设用地的，由省、自治区、直辖市人民政府批准。

（四）办理用地审批手续

建设单位或者个人只有在取得乡村建设规划许可后，才能办理用地审批手续。

按照《中华人民共和国土地管理法》的规定，乡镇企业、乡（镇）村公共设施、公益事业、农村村民住宅等乡（镇）村建设，应当按照村庄和集镇规划，合理布局，综合开发，配套建设；建设用地应当符合乡（镇）土地利用总体规划和土地利用年度计划，并依本法相关规定办理审批手续。农村集体经济组织使用乡（镇）土地利用总体规划确定的建设用地兴办企业与其他单位、个人以土地使用权入股、联营等形式共同举办企业的，应当持有关批准文件，向县级以上地方人民政府土地行政主管部门提出申请，按照省、自治区、直辖市规定的批准权限，由县级以上地方人民政府批准；其中，涉及占用农用地的，依照土地管理法的有关规定办理审批手续。按照规定兴办企业的建设用地，必须严格控制。省、自治区、直辖市可以按照乡镇企业的不同行业和经营规模，分别规定用地标准。乡（镇）村公共设施、公益事业建设，需要使用土地的，经乡（镇）人民政府审核，向县级以上地方人民政府土地行政主管部门提出申请，按照省、自治区、直辖市规定的批准权限，由县级以上地方人民政府批准；其中，涉及占用农地的，依照土地管理法的有关规定办理审批手续。

根据《村庄和集镇规划建设管理条例》（国务院令116号1993年6月29日发布）的规定：兴建乡（镇）村企业，必须持县级以上地方人民政府批准的设计任务书或其他批准文件，向县级人民政府建设行政主管部门申请选址定点，县级人民政府建设行政主管部门审查同意并出具选址意见书后，建设单位方可依法向县级人民政府土地管理部门申请用地，经县级以上人民政府批准后，由土地管理部门划拨土地。

乡（镇）村公共设施、公益事业建设，须持乡级人民政府批准的设计任务书或者其他批准文件，经县级人民政府建设行政主管部门审查同意并出具选址意见书后，建设单位方可依法向县级人民政府土地管理部门申请用地，经县级以上人民政府批准后，由土地管理部门划拨土地。

农村村民在村庄、集镇规划区内建住宅的,应当先向村集体经济组织或者村民委员会提出建房申请,经村民会议讨论通过后,按照下列审批程序办理:(1)需要使用耕地的,经乡级人民政府审核、县级人民政府建设行政主管部门审查同意并出具选址意见书后,方可依照《土地管理法》向县级人民政府土地管理部门申请用地,经县级人民政府批准后,由县级人民政府土地管理部门划拨土地;(2)使用原有宅基地、村内空闲地和其他土地的,由乡级人民政府根据村庄、集镇规划和土地利用规划批准。城镇非农业户口居民在村庄、集镇规划区内需要使用集体所有的土地建住宅的,应当经其所在单位或者居民委员会同意后,依照第(1)项规定的审批程序办理。回原籍村庄、集镇落户的职工、退伍军人和离休、退休干部以及回乡定居的华侨、港澳台同胞,在村庄、集镇规划区内需要使用集体所有的土地建住宅的,依照第(1)项规定的审批程序办理。

此外,《城乡规划法》中规定,在城市、镇规划区内进行临时建设的,应当经城市、县人民政府城乡规划主管部门批准。临时建设影响近期建设规划或者控制性详细规划的实施以及交通、市容、安全等的,不得批准。临时建设应当在批准的使用期限内自行拆除。

县级以上地方人民政府城乡规划主管部门按照国务院规定对建设工程是否符合规划条件予以核实。未经核实或者经核实不符合规划条件的,建设单位不得组织竣工验收。建设单位应当在竣工验收后六个月内向城乡规划主管部门报送有关竣工验收资料。

第四节 城乡规划的修改

城镇体系规划、城市总体规划、镇总体规划是对城镇的一种长远规划,依法批准的城乡规划,是城乡建设和规划管理的依据,未经法定程序,不得修改。省域城镇体系规划、城市总体规划、镇总体规划一经批准,就应当严格执行。但同时,省域城镇体系规划、城市总体规划、镇总体规划作为一种长远性的安排,具有长期性的特点。按照建设部《城镇体系规划编制审批办法》的规定,城镇体系规划的期限一般为二十年。而且我国正处于全面建设小康社会的时期,经济社会发展很快,如果要求省域城镇体系规划、城市总体规划、镇总体规划在20年的时间内一成不变,就会产生客观形势发生重大变化而不能对规划进行及时调整,严重影响或者妨碍城市建设、城镇化发展等的问题。1989年制定的城市规划法第二十二条规定:"城市人民政府可以根据城市经济和社会发展需要,对城市总体规划进行局部调整,报同级人民代表大会常务委员会和原批准机关备案;但涉及城市性质、规模、发展方向和总体布局重大变更的,须经同级人民代表大会或者其常务委员会审查同意后报原批准机关审批。"

1993年6月29日国务院发布的《村庄和集镇规划建设管理条例》第十五条也规定:"根据社会经济发展需要,依照本条例第十四条的规定,经乡级人民代表大会或者村民会议同意,乡级人民政府可以对村庄、集镇规划进行局部调整,并报县级人民政府备案。涉及村庄、集镇的性质、规模、发展方向和总体布局重大变更的,依照本条例第十四条规定的程序办理。"

因此，为了适应经济和社会发展的客观需要，有必要对省域城镇体系规划、城市总体规划、镇总体规划在实施过程中需要进行调整的问题作出规定，在法律上明确省域城镇体系规划、城市总体规划、镇总体规划的修改条件和程序。

一、对规划实施情况的评估

根据《城乡规划法》第46条的规定："省域城镇体系规划、城市总体规划、镇总体规划的组织编制机关，应当组织有关部门和专家定期对规划实施情况进行评估，并采取论证会、听证会或者其他方式征求公众意见。组织编制机关应当向本级人民代表大会常务委员会、镇人民代表大会和原审批机关提出评估报告并附具征求意见的情况。"

二、省域城镇体系规划、城市总体规划、镇总体规划的修改条件

1. 上级人民政府制定的城乡规划发生变更，提出修改规划要求的

由国务院城乡规划主管部门会同国务院有关部门组织编制并报国务院审批的全国城镇体系规划指导省域城镇体系规划、城市总体规划的编制。省域城镇体系规划的内容包括城镇空间布局和规模控制，重大基础设施布局，为保护生态环境、资源等需要严格控制的区域。城市总体规划、镇总体规划的内容应当包括城市、镇的发展布局，功能分区，用地布局，综合交通体系，禁止、限制和适宜建设的地域范围，各类专项规划等。城镇体系规划的任务包括综合评价城镇发展条件、制订区域城镇发展战略、预测区域人口增长和城市化水平、拟定各相关城镇的发展方向与规模、协调城镇发展与产业配置的时空关系、统筹安排区域基础设施和社会设施、引导和控制区域城镇的合理发展与布局以及指导城市总体规划的编制。2006年2月23日国务院办公厅以国办发〔2006〕12号文发布的《国务院办公厅转发建设部关于加强城市总体规划工作意见的通知》也明确要求"发挥城镇体系规划的指导作用"，省域城镇体系规划已经审批的地区，城市总体规划修编要按照城镇体系规划确定的原则，结合人口、资源情况和环境承载能力，对城市的性质、功能和规模作出准确定位，统筹安排对城市发展有重大影响的基础设施和重大建设项目，促进城市产业结构和布局的合理调整。

因此，上级人民政府制定的城乡规划发生变更，提出修改规划要求的，是省域城镇体系规划、城市总体规划、镇总体规划修改的一个法定条件。如全国城镇体系规划发生变更，并且要求某省的省域城镇体系规划或者某城市的城市总体规划提出修改规划要求的，该省域城镇体系规划或者城市总体规划应当进行修改。

2. 行政区划调整确需修改规划的

根据宪法的规定，中华人民共和国的行政区域划分如下：全国分为省、自治区、直辖市；省、自治区分为自治州、县、自治县、市；县、自治县分为乡、民族乡、镇。直辖市和较大的市分为区、县；自治州分为县、自治县、市。同时宪法还规定国务院批准省、自治区、直辖市的区域划分，批准自治州、县、自治县、市的建置和区域划分；省、直辖市的人民政府决定乡、民族乡、镇的建置和区域划分。1985年1月15日国务院以国发〔1985〕8号文发布的《国务院关于行政区划管理的规定》中规定，下列行政区划的变更由国务院审批：省、自治区、直辖市的行政区域界线的变更，省、自治区人民政府驻地的迁移；自治州、县、自治县、市、市辖区的设立、撤销、更名和隶属关系的变更以及自治州、县、自治县、市人民政府驻地的迁移；自治州、自治县的行政区域界线的变更，县、市的行政区域界线的重大变更；凡涉及海岸线、海岛、边疆要地、重要资源地区及特殊情

况地区的隶属关系或行政区域界线的变更。县、市、市辖区的部分行政区域界线的变更，国务院授权省、自治区、直辖市人民政府审批；批准变更时，同时报送民政部备案。乡、民族乡、镇的设立、撤销、更名和行政区域界线的变更，乡、民族乡、镇人民政府驻地的迁移，由省、自治区、直辖市人民政府审批。规划区域范围一般按行政区划划定。2002年5月15日国务院以国发［2002］13号文发布的《国务院关于加强城乡规划监督管理的通知》中明确提出，行政区划调整的城市，应当及时修编城市总体规划和近期建设规划。因此，行政区划调整确需修改规划的，也是省域城镇体系规划、城市总体规划、镇总体规划修改的一个法定条件。

3. 因国务院批准重大建设工程需要修改规划的

经国务院批准的重大建设工程，如铁路工程、水电工程等，往往是事关国民经济和社会发展全局的重大项目。这些重大建设工程项目的实施，常常会影响该工程所在地的规划。如长江三峡工程的建设，就涉及城镇的迁建，以及公路、桥梁、港口、码头、水利工程、电力设施、电信线路、广播电视等基础设施和文物古迹的淹没等。因此，因国务院批准重大建设工程需要修改规划的，也是省域城镇体系规划、城市总体规划、镇总体规划修改的一个法定条件。

4. 经评估确需修改规划的

省域城镇体系规划、城市总体规划、镇总体规划的组织编制机关，应当组织有关部门和专家定期对规划实施情况进行评估，全面分析和客观评价省域城镇体系规划、城市总体规划、镇总体规划的实施情况，并向本级人民代表大会常务委员会、镇人民代表大会和原审批机关提出评估报告。经过评估确认，规划实施中存在的问题，不是由于执行中的问题，而是属于规划本身存在不足而形成的，并且不及时修改将难以解决问题或者会带来更多问题时，应当及时修改规划。因此，经评估确需修改规划的，也是省域城镇体系规划、城市总体规划、镇总体规划修改的一个法定条件。

5. 城乡规划的审批机关认为应当修改规划的其他情形

这是一项概括性、授权性的规定。一方面，是指除了已经明确规定以外的其他应当修改规划的条件，属于兜底性条款；另一方面则将应当修改规划的"其他情形"，授权给城乡规划的审批机关认定。至于"应当修改规划的其他情形"究竟包括哪些，需要在实践中由城乡规划的审批机关根据具体情况予以认定。

三、省域城镇体系规划、城市总体规划、镇总体规划的修改程序

1. 编制修改方案

在具备规定的应当修改省域城镇体系规划、城市总体规划、镇总体规划的条件时，组织编制机关应当首先对省域城镇体系规划、城市总体规划、镇总体规划的实施情况进行总结。按照国务院办公厅2006年2月23日以国办发［2006］12号文发布的《国务院办公厅转发建设部关于加强城市总体规划工作意见的通知》的要求，各地在修编城市总体规划前，要对原总体规划实施情况进行认真总结，针对存在的问题和面临的新情况，着眼城市的发展目标和发展可能，从土地、水、能源和环境等城市长远的发展保障出发，组织空间发展战略研究，前瞻性地研究城市的定位和空间布局等战略问题。要客观分析资源条件和制约因素，着重研究城市的综合承载能力，解决好资源保护、生态建设、重大基础设施建设等城市发展的主要环节。要处理好城市与区域统筹发展、城市与乡村统筹发展的关系，

在更广阔的空间领域研究资源配置、区域环境治理等问题。在此基础上,科学、合理地提出城市发展的目标、规模和空间布局,为城市总体规划的修编提供基本依据。

组织编制机关应当将省域城镇体系规划、城市总体规划、镇总体规划实施情况的总结,报告原审批机关。修改涉及城市总体规划、镇总体规划强制性内容的,应当先向原审批机关提出专题报告,经同意后,方可编制修改方案。所谓强制性内容,是指涉及区域协调发展、资源利用、环境保护、风景名胜资源保护、自然与文化遗产保护、公众利益和公共安全等方面的内容,是正确处理好城市可持续发展的重要保证。根据本法第十七条的规定,规划区范围、规划区内建设用地规模、基础设施和公共服务设施用地、水源地和水系、基本农田和绿化用地、环境保护、自然与历史文化遗产保护以及防灾减灾等内容,应当作为城市总体规划、镇总体规划的强制性内容。组织编制机关应当向原审批机关提出关于修改城市总体规划、镇总体规划强制性内容的专题报告,说明情况和理由,经原审批机关同意后,方可编制修改方案。

此外,按照建设部2007年3月29日以建规〔2007〕88号文发布的《关于加强省域城镇体系规划调整和修编工作管理的通知》的要求,要在认真总结规划实施绩效的基础上,科学有序地开展省域城镇体系规划的调整和修编工作,修编省域城镇体系规划涉及强制性内容的变更的,经省级人民政府同意后,由省(自治区)建设厅向建设部提出修编申请,说明现行规划执行情况、规划修编的必要性和修编重点,并附关于现行省域城镇体系规划实施绩效的评估报告,在规定的属于省域城镇体系规划修编内容之外对规划进行局部内容调整,省(自治区)建设厅应及时将调整情况报我部备案,说明调整的理由、调整内容和协调过程,以及该项调整对省域城镇体系规划其他相关内容的影响。按照2002年8月2日建设部、中央机构编制委员会办公室、国家发展计划委员会、财政部、监察部、国土资源部、文化部、国家旅游局、国家文物局以建规〔2002〕204号文联合发布的《关于贯彻落实〈国务院关于加强城乡规划监督管理的通知〉》的通知,省域城镇体系规划中的强制性内容包括:城市发展用地规模与布局;区域重大基础设施布局;需要严格保护的区域和控制开发的区域及控制指标;毗邻城市的城市取水口、污水排放口的位置和控制范围;区域性公共设施的布局。

2. 按照审批程序报批

修改后的省域城镇体系规划、城市总体规划、镇总体规划,应当依照关于省域城镇体系规划、城市总体规划、镇总体规划审批程序的规定,进行报批。即省域城镇体系规划,直辖市的城市总体规划以及省、自治区人民政府所在地的城市以及国务院确定的城市的总体规划,报国务院审批;其他城市的总体规划,报省、自治区人民政府审批;县人民政府所在地镇的总体规划,报县人民政府的上一级人民政府审批;其他镇的总体规划,报镇人民政府的上一级人民政府审批。同时,在报上一级人民政府审批前,应当先经本级人民代表大会常务委员会或者镇人民代表大会审议。

四、其他规划修改条件及程序

1. 修改控制性详细规划的,组织编制机关应当对修改的必要性进行论证,征求规划地段内利害关系人的意见,并向原审批机关提出专题报告,经原审批机关同意后,方可编制修改方案。修改后的控制性详细规划,应当依照规定的审批程序报批。控制性详细规划修改涉及城市总体规划、镇总体规划的强制性内容的,应当先修改总体规划。修改乡规划、村庄规划的，应当依照规定的审批程序报批。

2. 城市、县、镇人民政府修改近期建设规划的，应当将修改后的近期建设规划报总体规划审批机关备案。

3. 在选址意见书、建设用地规划许可证、建设工程规划许可证或者乡村建设规划许可证发放后，因依法修改城乡规划给被许可人合法权益造成损失的，应当依法给予补偿。经依法审定的修建性详细规划、建设工程设计方案的总平面图不得随意修改；确需修改的，城乡规划主管部门应当采取听证会等形式，听取利害关系人的意见；因修改给利害关系人合法权益造成损失的，应当依法给予补偿。

第五节　城乡规划法律制度案例

案例 1

原告：霍某

被告：天津市某区规划土地管理办公室

第三人：陈某

一、基本案情

1992 年 4 月 9 日天津市某区规划土地管理办公室应陈某的申请，根据《中华人民共和国城市规划法》第 32 条的规定，发给陈某建设工程规划许可证，同意其将坐落在天津市某区某胡同 3 号宅内的私有房屋拆除原东房 5 间改建为北房 3 间，并在东间南墙向南对接 1 间。霍某得知陈某取得许可证后，认为该许可证实施侵犯了自己的合法权益，向天津市某区人民法院提起行政诉讼，请求撤销被告发给陈某的建设工程规划许可证。

原告诉称：我与陈某及胡某 3 户同住一院落，陈某的北房 5 间、东房 4 间，连接其东房南山墙有 1 间共用过道房。原告有北房两间位于陈某的北房以南，东房以西，坐落在院落中央。现陈某经天津市某区规划土地管理办公室批准，拆除旧东房及过道房，转向改建北房两间，并将其北房东间南墙向南接通 1 间，形成三角状，向南接连的 1 间占用了该院的共用过道房，将通道挤移至南邻房有墙处。陈某将房改建后超出了其合法的土地使用范围并影响原告正常出入，请求撤销天津市某区规划土地管理办公室颁发给陈某的建设工程规划许可证。

被告辩称：(1) 发给第三人陈某建设工程规划许可证，有陈某的申请，有修建房屋位置地形地貌示意图及陈某与相邻人霍某签订的调整该房屋坐落方向的协议书，陈某的申请符合法律规定。(2) 陈某按许可证内容调整房屋后，虽将过道房占用，但已留出约 3m 的通道，不影响其他人通行。(3) 陈某拆除房屋建筑面积为 6969 平方米，改建后的建筑面积为 5864 平方米，未超出原建筑面积，建房调整坐落朝向也在第三人申请前由原告霍某认可。该房调整也不影响该地区总体规划。据此认为，发给第三人陈某建设工程规划许可证事实清楚，证据充分，适用法律正确，程序合法。请求法院判决予以维持。

二、案件审理

法院经审理查明：第三人陈某共有房产 11 间，坐落在天津市某区某胡同 3 号，其中北房 5 间、西房 1 间、东房 5 间。原告霍某所有北房 3 间坐落在陈某北房以南，霍某北房右墙距陈某北房前墙 6.73m,距陈某西房南墙 0.8m,霍某北房东山墙距陈某东房前墙为 4.20m,陈某东房北端山墙距其北房前墙 2.75m,南端山墙距前邻右墙 0.43m,该东房南端的次间为过道房,东房后墙与北房东山墙在一条直线上。申、郭、胡 3 家房屋构成一个院落,经过道房出入通行。该院中土地使用面积除霍某及胡某所占建筑范围外,其余均由陈某使用。

1992 年 4 月 1 日,陈某与霍某达成协议:将东房 5 间拆除,改建北房与霍某北房东墙山并山起建,同月陈某向被告申请许可证,内容为:将东房全部拆除,改建北房 3 间,并在该北房东端的 1 间南墙向南对接 1 间,陈某改建后的北房与霍某同排,对接 1 间占用了原过道房,新通道南移,宽度约 3m。

上述事实有如下证据为证:

1. 第三人陈某的房产所有证。
2. 第三人陈某的国有土地使用证。
3. 第三人陈某与原告霍某的协议书。
4. 第三人陈某的私房建设申请表,修建房屋位置地形地貌示意图。
5. 被告所核发的建设工程规划许可证。
6. 现场勘验笔录。

法院认为:根据《中华人民共和国城市规划法》第 32 条规定:"改建建筑物须向城市规划行政主管部门提出申请,并持有关文件,建筑物符合规划要求的,由城市规划行政主管部门核发建设工程规划许可证。"被告在核发建设工程规划许可证之前,审核了第三人陈某的房产所有证和国有土地使用证以及陈某与霍某的协议,审查了陈某的申请表和修建房屋位置和地形地段示意图。被告以上审核审查程序并无遗漏,第三人陈某改建房屋后所使用的土地未超出陈某已经取得使用权的土地范围。改建后房屋虽将原有的过道房占用,但已留出供通行宽约 3m 的通道,比原有通道畅通,为相邻人通行提供了较以前更为优越的便利。而且改建住房对原告霍某的房屋不会造成损害,雨水排泄仍按原自然流向不变,也不影响原告住房的通风和采光。因此,被告依据《中华人民共和国城市规划法》第 32 条的规定颁发给第三人陈某建设工程规划许可证,事实清楚,证据充分,程序合法,适用法律正确。在诉讼期间,原告霍某以起诉前不知道建设工程规划许可证内容,也不知道第三人陈某改建后不影响相邻人利益为由,向法院提出申请撤回起诉。

根据《中华人民共和国行政诉讼法》第 51 条规定,作出如下裁定:准予原告霍某撤回起诉。本案诉讼受理费 70 元,减半收取,由原告霍某负担。

三、案例评析

本案是建设方申请规划许可证过程中,相关人对规划许可提出异议的一种情况。《行政诉讼法》第 2 条规定:"公民、法人或者其他组织认为行政机关和行政机关工作人员的具体行政行为侵犯其合法权益,有权依照本法向人民法院提起诉讼。"这一条规定表明,在具体行政行为是否侵犯原告的合法权益问题上,行政诉讼法确立的是主观标准,即只要自己认为侵犯了自己的合法权益就可以提起诉讼。

本案是原告与规划行政部门的诉讼,但其诉讼结果直接关系到建设方能否取得规划许可证,进而能否取得施工许可证,与建设方有直接关系。本案启示我们,建设方在决定进行工程建设的时候,应当确保自己的建设行为没有侵犯他人的合法权益。关于这方面的法律规定，除《民法通则》有关相邻权的规定外，《建筑法》第5条第1款还规定："从事建筑活动应当遵守法律、法规，不得损害社会公共利益和他人的合法权益。"

案例 2

原告：王某

被告：连云港市规划管理局（下称规划局）

一、基本案情

1992年至1994年间，王某前邻韩某在未经市政规划部门批准的情况下采取分层施工的方法，沿王家两层小楼前20米处建房，损害了王家的采光、通风权益。为此，王某曾多次要求连云港市规划管理局依法处理。1994年间，韩在原建筑基础上加盖二层时，王某出面阻止并砸坏了一根新建水泥柱，韩诉至法院要求恢复原状、赔偿损失。受诉法院经审理判令王赔偿人民币16.24元，并驳回了韩某恢复原状的诉讼请求。同年8月间，王某再次前往连云港市规划局连云区规划管理办公室，反映韩某非法加盖二层楼房问题并要求处理。规划局于同年10月26日作出并向韩某送达了《关于韩某违法建筑的处罚决定》，要求韩拆除第二层，但未向原告王某送达。韩某收到该处罚决定后未自动履行，规划局也因未在法定期限三个月内申请人民法院强制执行，而使该行政决定对韩某违法建筑的处罚落空。

原告王某于1995年4月22日以规划局不履行规划管理职责为由向连云港市连云区人民法院提起行政诉讼，请求人民法院判决被告连云港市规划局履行法定职责，作出具体行政行为，对韩某违法建筑予以拆除，以保护原告的合法权利。

被告辩称：原告曾来规划局反映前邻韩某非法加盖二层楼问题，但被告已经于1994年10月26日下发了1994（144）号《关于韩某违法建筑的处罚决定》，并于同日将该决定送达韩某。后原告没有主动查问，被告认为韩家已经自动履行处罚决定，两家矛盾已经解决。1995年4月底，被告接到原告的起诉状后，申请法院强制执行1994（144）号文，但法院以超出申请执行的期限为由而不予强制执行。

二、案件审理

连云港市连云区人民法院经审理认为，被告规划局系地方人民政府城市规划行政主管部门，主管本行政区域内的城市规划管理工作，对本行政区域内的建筑行为依法负有管理职责。本案原告认为其前邻韩某未经批准擅自建筑楼房而严重影响其采光、通风的合法权益，请求被告依法处理是正确的，被告对原告的请求不仅应当作出明确的答复和处理，而且在违章建筑责任人不自觉履行处罚决定的情况下亦应依职权在法定期限内申请人民法院强制执行，以确保原告的合法权益不受侵害。依照《中华人民共和国城市规划法》第9条第2款、第10条、第32条、第40条及《中华人民共和国行政诉讼法》第2条、第11条第1款第5项之规定，连云区人民法院于1995年6月28日作出判决：责成被告连云港市规划局在本判决生效后30日内对原告王某的请求作出具体行政行为。

一审判决送达后，本案原、被告在法定期限内均未提起上诉。

三、案例评析

本案中，连云港市规划管理部门虽然对韩某违法建筑的行为作出行政处罚决定并责令其拆除违法加盖的二楼，但规划部门既未认真督促韩某自觉履行，亦未在规定期限内申请人民法院强制执行,从而实际上使该处罚决定归于无效。《城市规划法》第42条规定,"当事人逾期不申请复议也不向人民法院起诉又不履行处罚决定的,由作出处罚决定的行政机关申请人民法院强制执行。"据此,对韩某违法建筑的行为作出具体行政行为以及依法申请人民法院强制执行均系规划管理部门的法定职责。《行政诉讼法》第54条规定被告不履行或者拖延履行法定职责的,人民法院应判决其在一定期限内履行。本案中,连云区人民法院责成被告连云港市规划局在本判决生效后30日内对原告王某的请求作出具体行政行为的判决是正确的。

案例 3

上诉人(原审原告):刘某等48人(均为上海市永嘉路580弄居民)
被上诉人(原审被告):上海市城市规划管理局
第三人:上海京剧院

一、基本案情

1998年5月8日,上海市规划局向京剧院核发了沪规建基(1998)159号建设工程(地下建筑部分)规划许可证,许可京剧院在上海市东平路9号建造艺术家公寓的地下部分。规划许可证载明:经审核,规划许可下列建筑工程(地下建筑部分),特发此通知。建设单位:京剧院;建设地址:某区东平路9号;建设工程项目:艺术家公寓;建筑物名称:艺术家公寓;桩基结构:灌注桩,规格:600mm,根数:179;地下室结构:剪力墙,深度:3.9m,面积966m^2。同年9月28日,刘某等48位居民具状诉至法院,以永嘉新村属上海市近代优秀建筑,市规划局批准京剧院在该建设控制地带建造高层住宅,违反《上海市城市规划条例》的有关规定,且该建筑物现已建至地面以上,严重影响居民的生活环境等为由,请求撤销该许可。

二、案件审理

原审法院认为,市规划局根据京剧院所持上海市文化局及有关部门的批准文件,依据《中华人民共和国城市规划法》第32条,《上海市城市规划条例》第6条、第54条,《上海市城市规划管理技术规定》第61条之规定,向京剧院核发的沪规建基(1998)159号建设工程规划许可证合法。刘某等要求撤销该许可证的理由,均指艺术家公寓的地上建筑部分,故对其起诉请求不予支持。遂于1998年12月28日根据《中华人民共和国行政诉讼法》第54条第1款之规定,作出判决:维持市规划局1998年5月8日核发给京剧院沪规建基(1998)159号建设工程(地下建筑部分)规划许可证的具体行政行为。案件受理费人民币100元,由刘某等48人负担。判决后,刘某等不服,上诉于上海市第一中级人民法院。

刘某等上诉称,他们现居住的永嘉新村是经市政府批准的上海市近代保护建筑之一,被上诉人市规划局批准京剧院在该保护地带内建造15层的高层建筑,违反了《上海市城市规划条例》第36条、《上海市优秀近代建筑保护管理办法》第16条的规定。上海市文化局批准京剧院建造的是综合楼,而系争许可证则是建造艺术家公寓,故被上诉人市规划局审核有误。艺术家公寓是完整的建筑物,且现已建造了10层,原审法院对系争许可证予以片面理解,认为居民的起诉理由均指艺术家公寓地上建筑不当。被上诉人市规划局批准京剧院建造艺术家公寓违反法定程序。原审判决错误,请求撤销原判及被上诉人市规划局所核发的系争许可证。被上诉人市规划局辩称,系争许可证是指许可京剧院建造艺术家公寓的地下部分,地上部分建筑的许可证尚未核发,故系争许可证未侵犯居民的合法权益。第三人京剧院同意原审判决。

二审法院认为,被上诉人市规划局许可建设艺术家公寓地下建筑部分工程。上诉人刘某等居住的房屋与该地下建筑部分相邻,但上诉人所诉影响永嘉新村近代保护建筑居住环境等起诉理由与该地下建筑部分的许可证之间尚不存在实际的法律上的利害关系,且该许可建设地下建筑部分工程并非最终建设许可行为。上诉人的起诉不符合行政诉讼法规定的起诉条件。原审法院判决应属违反法定程序。至于艺术家公寓实际已进行了地面以上的建设一节,尚不属本案诉讼请求撤销沪规建基(1998)159号许可证的审理范围。上诉人的上诉请求,本院不予支持。据此,根据最高人民法院《贯彻执行〈中华人民共和国行政诉讼法〉若干问题的意见(试行)》第114条"人民法院审理行政案件,除依照行政诉讼法规定外,对本规定没有规定的,可以参照民事诉讼法的有关规定"以及最高人民法院《关于适用〈中华人民共和国民事诉讼法〉若干问题的意见》第186条"人民法院依照第二审程序审理的案件,认为依法不应由人民法院受理的,可以由第二审人民法院直接裁定撤销原判,驳回起诉"的规定,依法裁定如下:撤销上海市某区人民法院(1998)某行初字第72号行政判决,即维持被告上海市城市规划管理局1998年5月8日核发给第三人上海京剧院沪规建基(1998)159号建设工程(地下建筑部分)规划许可证的具体行政行为;驳回刘某等48人的起诉。

三、案例评析

根据《城市规划法》第32条的规定,在城市规划区内新建、扩建和改建建筑物等工程设施,应当取得建设工程规划许可证。本案中,上海市京剧院未经取得规划许可证(地上建筑部分)建设艺术家公寓地上部分的行为,违反了《城市规划法》的有关规定,城市规划管理局应当依法对其进行处罚。

本案原告刘某等48人起诉被驳回的原因在于其诉讼请求不符合法律规定。根据《城市规划法》第40条的规定,对违法建筑物进行查处是城市规划行政主管部门的法定职责。本案原告应当先请求被告城市规划管理局依法履行其查处违法建筑的法定职责,然后根据以下情况提出不同的诉讼请求:

1. 如果被告拒绝履行或者拖延履行的,原告可以以被告不作为向人民法院提起行政诉讼,人民法院依法应当受理。如果人民法院认定被告确实不履行或者拖延履行法定职责的,应当判决其在一定期限内履行法定职责。

2. 如果原告不服被告因此而作出的具体行政行为,原告可以以该具体行政行为侵犯其合法权益为由向人民法院起诉,人民法院依法也应当受理。

第四章 工程招标投标法律制度

第一节 招标投标法概述

《建筑法》第 19 条规定:"建筑工程依法实行招标发包,对不适于招标发包的可以直接发包。"也就是说,建筑工程的发包方式有两种,一种是招标发包,另一种是直接发包。而招标发包是最基本的发包方式。建设工程招标投标是市场经济活动中的一种竞争方式,是以招标的方式,使投标竞争者分别提出有利条件,而由招标人选择其中最优者,并与其订立合同的一种法律制度。它是订立合同的要约与承诺的特殊表现形式。建设工程的招标投标,是法人之间的经济活动,受国家法律的保护。1999 年 8 月 30 日九届全国人大第十一次会议通过了《中华人民共和国招标投标法》(以下简称《招标投标法》),这标志着工程建设招标投标活动进入了法制轨道,真正做到了有法可依。同时,为了规范工程建设项目施工招标投标活动,根据《中华人民共和国招标投标法》和国务院有关部门的职责分工,原国家计委、建设部、铁道部、交通部、信息产业部、水利部、中国民用航空总局于 2003 年 3 月 8 日发布《工程建设项目施工招标投标办法》,并于 2003 年 5 月 1 日起施行。

一、招标投标法的概念和调整对象

(一)招标投标法的概念

招标投标法是调整在招标投标活动中产生的社会关系的法律规范的总称。一般所说的招标投标法即《中华人民共和国招标投标法》,已由第九届全国人大常委会第十一次会议于 1999 年 8 月 30 日通过,自 2000 年 1 月 1 日起施行。凡在我国境内进行招标的项目建设及其采购活动,必须依照该法的规定进行。

(二)招标投标法的调整对象

1. 招标投标中的民事关系。招标投标作为一种民事法律行为,无疑会产生相应的民事关系,这是招标投标法最主要的调整对象。招标投标中的民事关系主要发生在招标人与投标人之间,也会在招标人与招标代理人、招标人与评标委员会、投标人与投标人之间发生,对这些民事关系,招标投标法都要进行调整。在这些民事关系中,如果一方违反招标投标法的规定,给对方造成损失的,应当承担相应的民事赔偿责任。

2. 招标投标中的行政关系。招标投标虽然是一种民事行为,但这种民事行为需要接受行政管理部门的监督,这种行政监督会产生相应的行政关系。这种行政关系主要发生在行政管理部门与招标人、投标人之间,也可能发生在行政管理部门与招标代理人、评标委员会之间。如果招标人、投标人、招标代理人、评标委员会等民事主体违反招标投标法的规定,行政管理部门有权对其进行行政处罚,包括没收违法所得、罚款、取消招标代理资格、取消投标资格、取消担任评标委员会成员的资格等。

二、招标投标法的立法模式

世界各国招标投标法的立法模式有两种。一种是单独立法,即颁布独立的招标投标法；另一种则是在其他法律中规定招标投标制度。

（一）单独立法

采用单独立法的国家很少，主要是埃及和科威特，颁布有《公共招标法》，都是只规范政府的招标项目。以埃及的《公共招标法》为例，1998年第89号法令（新的招标法）的实施取代了关于进行经济发展计划的1962年第147号法令和1983年第9号法令（旧的招标法）。新的招标法对于同埃及政府部门达成的所有供货、服务和建设合同均有效。通常，政府合同的订立必须通过公开招标或经过政府和承包商之间公开谈判。有关部门列出了某些特殊情况，在这些情况下签约可以采用以下方式：

1. 有限范围招标，在合同性质要求特定的国内或国外的供应商、承包商、咨询人员、技术人员或其他专家的情况下；

2. 当地招标，所有额度不超过20万埃磅的合同都被限定在当地供应商的范围内；

3. 有限范围谈判，在所生产的项目仅能被特定的承包商提供或要求特定的生产场所，技术工作需要特定的专家或需要保守国家机密的情况下；

4. 在特殊情况下直接签订合同。

通常，没有标准的政府合同文本，每个政府部门各有其自己的合同形式（但这些合同形式必须符合新公开招标法的规定）。公开招标和直接谈判必须根据合同的性质刊登在当地或国外的日报上，并且必须保证机会的均等和竞争的自由。

尽管政府合同必须给予提供最优质量和最低报价的承包商，但如果埃及国内承包商的报价不超过外国最低报价的15%，则享有优先权。

每份标书必须支付不超过2%的临时保证金，这一保证金将返还给没有中标的投标商，中标后10天内必须支付不超过5%的最终保证金。如果没有支付最终保证金，合同可以被取消，由此直接引起的损失应予以赔偿。

耽误工期或延迟交货时，最多可以向承包商收取不超过建筑合同金额的10%或不超过供货合同金额3%的罚金。

新的公开招标法允许政府部门在投标商有欺诈行为、宣布破产或贿赂政府官员违反新公开招标法规定时中止合同。

另外，在下列情况下标书可以被拒绝：

1. 出于公共利益和福利的原因；

2. 仅有一份标书被提交；

3. 标书的最低价格超出预计的合同金额。

如果签约方违反规定的条款和条件，合同可以在任何时候中止，所引起的损失可以要求赔偿。

通常，在耽误工期或未进行施工的情况下，不可抗力的概念依照埃及民法的原则来确定。某些事件（例如物资不完备、罢工和船期延误）如要被视作不可抗力，则必须在合同中明确标明。

（二）在其他法律中规定招标投标

这是大多数国家采用的立法模式。大多数国家都是在《政府采购法》中规定招标投标程序。其基本的理念是：对于政府采购的项目（包括建设项目），一般情况下应当采用招标程序。因此，招标程序将成为这些国家政府采购法的主要内容。

三、招标投标活动的基本原则

（一）公开原则

招标投标活动的公开原则，首先要求进行招标活动的信息要公开。采用公开招标方式，应当发布招标公告，依法必须进行招标的项目的招标公告，必须通过国家指定的报刊、信息网络或者其他公共媒介发布。无论是招标公告、资格预审公告，还是招标邀请书，都应当载明能大体满足潜在投标人决定是否参加投标竞争所需要的信息。另外开标的程序、评标的标准和程序、中标的结果等都应当公开。

（二）公平原则

招标投标活动的公平原则，要求招标人严格按照规定的条件和程序办事，同等地对待每一个投标竞争者，不得对不同的投标竞争者采用不同的标准。招标人不得以任何方式限制或者排斥本地区、本系统以外的法人或者其他组织参加投标。

（三）公正原则

在招标投标活动中招标人行为应当公正。对所有的投标竞争者都应平等对待，不能有特殊。特别是在评标时，评标标准应当明确、严格，对所有在投标截止日期以后送到的投标书都应拒收，与投标人有利害关系的人员都不得作为评标委员会的成员。招标人和投标人双方在招标投标活动中的地位平等，任何一方不得向另一方提出不合理的要求，不得将自己的意志强加给对方。

（四）诚实信用原则

诚实信用是民事活动的一项基本原则，招标投标活动是以订立采购合同为目的的民事活动，当然也适用这一原则。诚实信用原则要求招标投标各方都要诚实守信，不得有欺骗、背信的行为。

第二节 工程建设项目招标

一、工程建设招标的基本要求

1. 工程建设招标的原则

《招标投标法》第 5 条规定："招标投标活动应当遵循公开、公平、公正和诚实信用的原则。"这些原则是招投标活动的基本准则。

2. 强制性招标的工程项目

《招标投标法》第 3 条、第 4 条规定：在中华人民共和国境内进行下列工程建设项目，包括项目的勘察、设计、施工、监理以及与工程建设有关的重要设备、材料等的采购，必须进行招标：

（一）大型基础设施、公用事业等关系社会公共利益、公众安全的项目；

（二）全部或者部分使用国有资金投资或者国家融资的项目；

（三）使用国际组织或者外国政府贷款、援助资金的项目。

前款所列项目的具体范围和规模标准，由国务院发展计划部门会同国务院有关部门制订，报国务院批准。

法律或者国务院对必须进行招标的其他项目的范围有规定的，依照其规定。任何单位和个人不得将依法必须进行招标的项目化整为零或者以其他任何方式规避招标。

强制性招标是发展国民经济和振兴国有经济单位的一项重要的制度保证。推行强制性招标的意义是：

（1）国有资产投资量大，其质量直接关系着社会安定和国民经济的发展，强制性招标可以防范投资风险，避免投资浪费，提高经济效益；

（2）市场竞争中的盲目性、随意性、自发性，往往导致决策失误，招标制度为民主、科学的投资决策提供保障；

（3）投资领域大量存在的不正之风、贪污腐败行为，在强制性招标中可以得到有效的扼制；

（4）强制性招标的严密的程序和规范化的操作，能够使所有符合条件的供应商，在公开、公平、公正的竞争环境中投标，择优决定，能够保证采购的质量；

（5）强制性招标制度有利于打破采购供应领域的地方、行业、部门的垄断及保护政策。

二、工程建设招标应具备的条件

《招标投标法》第 9 条规定："招标项目按照国家有关规定需要履行项目审批手续的，应当先履行审批手续，取得批准。

招标人应当有进行招标项目的相应资金或者资金来源已经落实，并应当在招标文件中如实载明。"

《工程建设项目施工招标投标办法》第 8 条规定："依法必须招标的工程建设项目，应当具备下列条件才能进行施工招标：

（一）招标人已经依法成立；

（二）初步设计及概算应当履行审批手续的，已经批准；

（三）招标范围、招标方式和招标组织形式等应当履行核准手续的，已经核准；

（四）有相应资金或资金来源已经落实；

（五）有招标所需的设计图纸及技术资料。"

我国对招标投标的管理分为三个方面，一是对招标投标项目的管理；二是对招标投标参与方的管理；三是对招标投标活动的管理。

国家对某些招标项目实行审批控制，主要是从国家经济建设与发展的全局出发，对某些涉及国计民生以及有其他方面重要影响的项目进行总量控制的重要手段。同时，国家对某些招标项目的审批控制，也有利于促进招标工作正确迅速地进行。

根据国家有关规定需要先履行审批手续的招标项目，在未取得批准之前，不允许进行有关招标的具体工作。从这一意义上说，履行审批手续是这些项目取得招标资格的先决条件。未取得国家有关部门批准而擅自进行招标投标工作的，除应当立即停止招标投标工作外，还必须补办审批手续，并对由此造成的第三人的损失承担赔偿责任。

"进行招标项目的相应资金"不仅包括招标项目本身所需的资金（如在政府采购行为中，作为招标方的政府应当具有进行采购所必需的资金；在建筑工程招标中，招标方应具有支付该建筑工程建设费用的能力等）；也包括招标项目在招标投标、评标、定标过程中所需的一切费用。

三、工程建设招标方式

1. 《招标投标法》第 10 条规定："招标分为公开招标和邀请招标。公开招标，是指招标人以招标公告的方式邀请不特定的法人或者其他组织投标。邀请招标，是指招标人以投标邀请书的方式邀请特定的法人或者其他组织投标。"

采用公开招标可为所有的承包商提供一个平等竞争的机会，业主有较大的选择余地，有利于降低工程造价，提高工程质量和缩短工期。

《招标投标法》第16条规定："招标人采用公开招标方式的，应当发布招标公告。依法必须进行招标的项目的招标公告，应当通过国家指定的报刊、信息网络或者其他媒介发布。招标公告应当载明招标人的名称和地址、招标项目的性质、数量、实施地点和时间以及获取招标文件的办法等事项。"

采用邀请招标这种招标方式，由于被邀请参加竞争的投标者为数有限，不仅可以节省招标费用，而且能提高每个投标者的中标机率，所以对招标、投标双方都有利。

《招标投标法》第17条规定："招标人采用邀请招标方式的，应当向三个以上具备承担招标项目的能力、资信良好的特定的法人或者其他组织发出投标邀请书。投标邀请书应当载明本法第十六条第二款规定的事项。"

2.《招标投标法》第11条规定："国务院发展计划部门确定的国家重点项目和省、自治区、直辖市人民政府确定的地方重点项目不适宜公开招标的，经国务院发展计划部门或者省、自治区、直辖市人民政府批准，可以进行邀请招标。"

3.《工程建设项目施工招标投标办法》第11条规定："国务院发展计划部门确定的国家重点建设项目和各省、自治区、直辖市人民政府确定的地方重点建设项目，以及全部使用国有资金投资或者国有资金投资占控股或者主导地位的工程建设项目，应当公开招标；有下列情形之一的，经批准可以进行邀请招标：

（一）项目技术复杂或有特殊要求，只有少量几家潜在投标人可供选择的；

（二）受自然地域环境限制的；

（三）涉及国家安全、国家秘密或者抢险救灾，适宜招标但不宜公开招标的；

（四）拟公开招标的费用与项目的价值相比，不值得的；

（五）法律、法规规定不宜公开招标的。

国家重点建设项目的邀请招标，应当经国务院发展计划部门批准；地方重点建设项目的邀请招标，应当经各省、自治区、直辖市人民政府批准。

全部使用国有资金投资或者国有资金投资占控股或者主导地位的并需要审批的工程建设项目的邀请招标，应当经项目审批部门批准，但项目审批部门只审批立项的，由有关行政监督部门批准。"

四、招标程序

1. 成立招标组织，由建设单位自行招标或委托招标；

2. 编制招标文件和标底（如果有）；

3. 发布招标公告或发出招标邀请书；

4. 对投标单位进行资质审查，并将审查结果通知各申请投标者；

5. 发售招标文件；

6. 组织投标单位踏勘现场，并对招标文件答疑。

五、招标文件规定

1.《招标投标法》第19条规定："招标人应当根据招标项目的特点和需要编制招标文

件。招标文件应当包括招标项目的技术要求、对投标人资格审查的标准、投标报价要求和评标标准等所有实质性要求和条件以及拟签订合同的主要条款。

国家对招标项目的技术、标准有规定的,招标人应当按照其规定在招标文件中提出相应要求。

招标项目需要划分标段、确定工期的,招标人应当合理划分标段、确定工期,并在招标文件中载明。"

招标文件内容一般包括:招标邀请,投标人须知,投标表格,合同条件,技术规范,物品清单及投标担保格式等。编制招标文件时,应注意其应包括招标项目的所有实体要求和拟签订合同的主要条款。招标文件是确定招标投标基本步骤与内容的基本文件,是整个招标中最重要的一环,它关系到招标的成败。

招标文件的措辞应表达清楚、确切,要指明评标时考虑的因素,不仅总价中要考虑到货价以外的如运输、保险、检验费用以及需某些进口部件时的关税、进口费用、支付货币等,还要说明尚有哪些因素以及怎样评价。招标文件的技术规格一定要准确、详细,国家对招标项目的技术、标准有相关规定的,招标文件中应予以体现。

2.《招标投标法》第 20 条规定:"招标文件不得要求或者标明特定的生产供应者以及含有倾向或者排斥潜在投标人的其他内容。"

招标文件的编制与内容直接关系到全部招标工作能否"公开、公正、公平"进行,公平竞争要求招标文件中不得要求或者标明特定的生产供应者以及含有倾向或者排斥潜在投标人的其他内容。

3.《招标投标法》第 23 条规定:"招标人对已发出的招标文件进行必要的澄清或者修改的,应当在招标文件要求提交投标文件截止时间至少十五日前,以书面形式通知所有招标文件收受人。该澄清或者修改的内容为招标文件的组成部分。"

招标文件一经发售就不能随意变更修改。如果必须对招标文件进行补充或修改,则一定要在投标截止日期前的足够时间内进行,以便投标者能够采取适当的行动。

4.《招标投标法》第 24 条规定:"招标人应当确定投标人编制投标文件所需要的合理时间;但是,依法必须进行招标的项目,自招标文件开始发出之日起至投标提交投标文件截止之日止,最短不得少于二十日。"

在工程实践中,利用投标截止时间也是规避招标的常用手段之一。对于建筑工程设计投标文件的提交时限,《工程设计招投标管理规定》第 11 条规定:"招标人要求投标人提交投标文件的时限为:特级和一级建筑工程不少于 45 日;二级以下建筑工程不少于 30 日;进行概念设计招标的,不少于 20 日。"上述法律规定对保护投标人的合法权益具有十分积极的现实意义。

5.《工程建设项目施工招标投标办法》第 14 条规定:"招标公告或者投标邀请书应当至少载明下列内容:

(一)招标人的名称和地址;
(二)招标项目的内容、规模、资金来源;
(三)招标项目的实施地点和工期;
(四)获取招标文件或者资格预审文件的地点和时间;
(五)对招标文件或者资格预审文件收取的费用;

（六）对招标人的资质等级的要求。"

6.《工程建设项目施工招标投标办法》第24条规定："招标人根据施工招标项目的特点和需要编制招标文件。招标文件一般包括下列内容：

（一）投标邀请书；

（二）投标人须知；

（三）合同主要条款；

（四）投标文件格式；

（五）采用工程量清单招标的，应当提供工程量清单；

（六）技术条款；

（七）设计图纸；

（八）评标标准和方法；

（九）投标辅助材料。

招标人应当在招标文件中规定实质性要求和条件，并用醒目的方式标明。"

六、标底的规定

《招标投标法》第22条规定："招标人不得向他人透露已获取招标文件的潜在投标人的名称、数量以及可能影响公平竞争的有关招标投标的其他情况，招标人设有标底的，标底必须保密。"

招标人对潜在投标人状况及标底具有保密义务。招标人向他人透露已获取招标文件的潜在投标人的名称、数量以及可能影响公平竞争的有关招标投标的其他情况，泄露本应当保密的标底的行为，都直接违反了招标投标法规定，从而使招标投标流于形式，损害其他投标人的利益，严重破坏了社会主义市场条件下正当的竞争秩序，具有相当大的社会危害性，因此，必须加以禁止。对于招标人将有关信息或标底泄露给某特定投标人的行为，应认定为是招标投标中的不正当竞争行为。

在我国工程建设领域，标底仍然得到普遍的应用。在实践中，投标价格是否接近标底价格仍然是投标人能否中标的一个重要的条件。正是由于标底在投标中的重要作用，所以一些投标人为了中标，想方设法的打听标底，由此产生的违法问题也屡见不鲜。因此，招标人必须依照法律规定，对标底进行保密。

《工程建设项目施工招标投标办法》第22条规定："招标人可根据项目特点决定是否编制标底。编制标底的，标底编制过程和标底必须保密。

招标项目编制标底的，应根据批准的初步设计、投资概算，依据有关计价办法，参照有关工程定额，结合市场供求状况，综合考虑投资、工期和质量等方面的因素合理确定。

标底由招标人自行编制或委托中介机构编制。一个工程只能编制一个标底。

任何单位和个人不得强制招标人编制或报审标底，或干预其确定标底。

招标项目可以不设标底，进行无标底招标。"

七、招标公告规定

《招标投标法》第16条规定："招标人采用公开招标方式的，应当发布招标公告。依法必须进行招标的项目的招标公告，应当通过国家指定的报刊、信息网络或者其他媒介发布。

招标公告应当载明招标人的名称和地址，招标项目的性质、数量、实施地点和时间以及获取招标文件的办法等事项。"

为了规范招标公告发布行为,保证潜在投标人平等、便捷、准确地获取招标信息,根据《招标投标法》,国家计委于2000年7月1日发布第4号令《招标公告发布暂行办法》。该办法对依法必须招标项目的招标公告发布活动作出如下主要规定:

1. 指定的媒介

(1) 国家发展计划委员会根据国务院授权,按照相对集中、适度竞争、分布合理的原则,指定发布依法必须招标项目招标公告的报纸、信息网络等媒介(以下简称指定媒介),并对招标公告发布活动进行监督。指定媒介的名单由国家发展计划委员会另行公告。指定媒介的名称、住所发生变更的,应及时公告并向国家发展计划委员会备案。

(2) 依法必须招标项目的招标公告必须在指定媒介发布。招标公告的发布应当充分公开,任何单位和个人不得非法限制招标公告的发布地点和发布范围。

(3) 依法必须指定媒介发布招标项目的招标公告,不得收取费用,但发布国际招标公告的除外。

(4) 指定报纸和网络应当在收到招标公告文本之日起七日内发布招标公告。指定媒介应与招标人或其委托的招标代理机构就招标公告的内容进行核实,经双方确认无误后在前款规定的时间内发布。拟发布的招标公告文本有该办法第12条所列情形之一的,有关媒介可以要求招标人或其委托的招标代理机构及时予以改正、补充或调整。指定媒介发布的招标公告的内容与招标人或其委托的招标代理机构提供的招标公告文本不一致,并造成不良影响的,应当及时纠正,重新发布。

(5) 指定媒介应当采取快捷的发行渠道,及时向订户或用户传递。

2. 招标公告

(1) 招标公告应当载明招标人的名称和地址、招标项目的性质、数量、实施地点和时间、投标截止日期以及获取招标文件的办法等事项。招标人或其委托的招标代理机构应当保证招标公告内容的真实、准确和完整。

(2) 拟发布的招标公告文本应当由招标人或其委托的招标代理机构的主要负责人签名并加盖公章。招标人或其委托的招标代理机构发布招标公告,应当向指定媒介提供营业执照(或法人证书)、项目批准文件的复印件等证明文件。

(3) 招标人或其委托的招标代理机构应至少在一家指定的媒介发布招标公告。指定报纸在发布招标公告的同时,应将招标公告如实抄送指定网络。招标人或其委托的招标代理机构在两个以上媒介发布的同一招标项目的招标公告的内容应当相同。

(4) 指定报纸和网络应当在收到招标公告文本之日起七日内发布招标公告。指定媒介应与招标人或其委托的招标代理机构就招标公告的内容进行核实,经双方确认无误后在前款规定的时间内发布。

八、对投标者的资格审查

《招标投标法》第18条规定:"招标人可以根据招标项目本身的要求,在招标公告或者投标邀请书中,要求潜在投标人提供有关资质证明文件和业绩情况并对潜在投标人进行资格审查;国家对投标人的资格条件有规定的,依照其规定。

招标人不得以不合理的条件限制或者排斥潜在投标人,不得对潜在投标人实行歧视待遇。"

关于资格审查的规定主要是针对资格预审作出的,同时《房屋建筑与市政基础设施工程施工招标投标管理办法》第16、17条对资格预审的有关事项进行了规定:

招标人可以根据招标工程的需要,对投标申请人进行资格预审,也可以委托工程招标代理机构对投标申请人进行资格预审。实行资格预审的招标工程,招标人应当在招标公告或者投标邀请书中载明资格预审的条件和获取资格预审文件的办法。

资格预审文件一般应当包括资格预审申请书格式、申请人须知,以及需要投标申请人提供的企业资质、业绩、技术装备、财务状况和拟派出的项目经理与主要技术人员的简历、业绩等证明材料。

经资格预审后,招标人应当向资格预审合格的投标申请人发出资格预审合格通知书,告知获取招标文件的时间、地点和方法,并同时向资格预审不合格的投标申请人告知资格预审结果。

在资格预审合格的投标申请人过多时,可以由招标人从中选择不少于7家资格预审合格的投标申请人。

第三节 工程建设项目投标

一、投标文件规定

《招标投标法》第27条规定:"投标人应当按照招标文件的要求编制投标文件。投标文件应当对招标文件提出的实质性要求和条件作出响应。

招标项目属于建设施工的,投标文件的内容应当包括拟派出的项目负责人与主要技术人员的简历、业绩和拟用于完成招标项目的机械设备等。"

投标文件是投标人根据招标人在招标文件中的要求并结合自身的情况而编制以提供给招标人的一系列文件。通常包括投标书、投标书附录、投标保证金、法定代表人资格证明书、授权委托书、辅助资料表、具有标价的工程量清单与报价表及必要的资格审查表等等。

同时,《房屋建筑与市政基础设施工程施工招标投标管理办法》第25条规定:"招标文件允许投标人提供备选标的,投标人可以按照招标文件的要求提交替代方案,并作出相应报价作备选标。"

此外,《建筑工程设计招标投标管理办法》第13条规定:"投标人应当按照招标文件、建筑方案设计文件编制深度规定的要求编制投标文件;进行概念设计招标的,应当按照招标文件要求编制投标文件。投标文件应当由具有相应资格的注册建筑师签章,加盖单位公章。"

《工程建设项目施工招标投标办法》第36条规定:"投标人应当按照招标文件的要求编制投标文件。投标文件应当对招标文件提出的实质性要求和条件作出响应。

投标文件一般包括下列内容:

(一)投标函;

(二)投标报价;

(三)施工组织设计;

(四)商务和技术偏差表。

投标人根据招标文件载明的项目实际情况，拟在中标后将中标项目的部分非主体、非关键性工作进行分包的，应当在投标文件中载明。"

二、投标担保

1. 投标担保的概念

所谓投标担保，是为防止投标人不审慎进行投标活动而设定的一种担保形式。招标人不希望投标人在投标有效期内随意撤回标书或中标后不能提交履约保证金和签署合同。

2. 投标担保的形式和有效期限

《工程建设项目施工招标投标办法》第36条规定："招标人可以在招标文件中要求投标人提交投标保证金。投标保证金除现金外，可以是银行出具的银行保函、保兑支票、银行汇票或现金支票。

投标保证金一般不得超过投标总价的百分之二，但最高不得超过八十万元人民币。投标保证金有效期应当超出投标有效期三十天。

投标人应当按照招标文件要求的方式和金额，将投标保证金随投标文件提交给招标人。

投标人不按招标文件要求提交投标保证金的，该投标文件将被拒绝，作废标处理。"

投标保证金被没收的几种情形：

（1）投标人在有效期内撤回其投标文件；

（2）中标人未能在规定期限内提交履约保证金或签署合同协议。

三、投标文件的补充、修改和撤回

《招标投标法》第29条规定："投标人在招标文件要求提交投标文件的截止时间前，可以补充、修改或者撤回已提交的投标文件，并书面通知招标人。补充、修改的内容为投标文件的组成部分。"

同时，《工程建设项目施工招标投标办法》第39条规定："投标人在招标文件要求提交投标文件的截止时间前，可以补充、修改、替代或者撤回已提交的投标文件，并书面通知招标人。补充、修改的内容为投标文件的组成部分。"

四、联合投标

《招标投标法》第31条规定："两个以上法人或者其他组织可以组成一个联合体，以一个投标人的身份共同投标。

联合体各方均应当具备承担招标项目的相应能力；国家有关规定或者招标文件对投标人资格条件有规定的，联合体各方均应当具备规定的相应资格条件。由同一专业的单位组成的联合体，按照资质等级较低的单位确定资质等级。

联合体各方应当签订共同投标协议，明确约定各方拟承担的工作和责任，并将共同投标协议连同投标文件一并提交招标人。联合体中标的，联合体各方应当共同与招标人签订合同，就中标项目向招标人承担连带责任。

招标人不得强制投标人组成联合体共同投标，不得限制投标人之间的竞争。"

在工程实践中，尤其是在国际工程承包中，联合投标是实现不同投标人优势互补，跨越地区和国家市场屏蔽的有效方式。

另外，《工程建设项目施工招标投标办法》第42条规定："两个以上法人或者其他组织可以组成一个联合体，以一个投标人的身份共同投标。

联合体各方签订共同投标协议后,不得再以自己名义单独投标,也不得组成新的联合体或参加其他联合体在同一项目中投标。"

《工程建设项目施工招标投标办法》第43条规定:"联合体参加资格预审并获通过的,其组成的任何变化都必须在提交投标文件截止之日前征得招标人的同意。如果变化后的联合体削弱了竞争,含有事先未经过资格预审或者资格预审不合格的法人或者其他组织,或者使联合体的资质降到资格预审文件中规定的最低标准以下,招标人有权拒绝。"

《工程建设项目施工招标投标办法》第44条规定:"联合体各方必须指定牵头人,授权其代表所有联合体成员负责投标和合同实施阶段的主办、协调工作,并应当向招标人提交由所有联合体成员法定代表人签署的授权书。"

《工程建设项目施工招标投标办法》第45条规定:"联合体投标的,应当以联合体各方或者联合体中牵头人的名义提交投标保证金。以联合体中牵头人名义提交的投标保证金,对联合体各成员具有约束力。"

第四节　开标、评标、中标

建设工程决标是指招标单位确定中标企业的法律行为。它通常包括开标、评标和定标三个过程。

一、开标

1.《招标投标法》第34条规定:"开标应当在招标文件确定的提交投标文件截止时间的同一时间公开进行;开标地点应当为招标文件中预先确定的地点。"

开标是招标人按照招标公告或者投标邀请函规定的时间、地点,当众开启所有投标人的投标文件,宣读投标人名称、投标价格和投标文件的其他主要内容的过程。通常开标有两种形式。第一种是公开开标,即招标人事先在报纸等媒介上公布开标信息,通知投标人,并在有投标人参加的情况下当众进行。第二种是秘密开标,即主要由招标单位和有关专家秘密进行开标,不通知投标人参加开标仪式。招标人可根据需要邀请政府代表或有关人员参加。

2.《招标投标法》第35条规定:"开标由招标人主持,邀请所有投标人参加。"

开标由招标人主持。招标人作为整个招标活动的发起者和组织者,应当负责开标的举行。开标应当按照规定的时间、地点公开进行并且通知所有的投标人参加。投标人参加开标是自愿的,但是招标人必须通知其参加,否则将因程序不合法而引起争议,甚至承担赔偿义务。招标人不得只通知一部分投标人参加开标。

3.《招标投标法》第36条规定:"开标时,由投标人或者其推选的代表检查投标文件的密封情况,也可以由招标人委托的公证机构检查并公证;经确认无误后,由工作人员当众拆封,宣读投标人名称、投标价格和投标文件的其他主要内容。

招标人在招标文件要求提交投标文件的截止时间前收到的所有投标文件,开标时都应当当众予以拆封、宣读。

开标过程应当记录,并存档备查。"

开标时,由投标人或者其推选的代表检查投标文件的密封情况,也可以由招标人委托的公证机构检查并公证。招标人委托公证机构公证的,应当遵守司法部1992年10月19

日制定实施的《招标投标公证程序细则》的有关规定。经确认无误后，由工作人员当众拆封，宣读投标人名称、投标价格和投标文件的其他主要内容。开标过程应当记录，并存档备查。在宣读投标人名称、投标价格和投标文件的其他主要内容时，招标主持人对公开开标所读的每一项，按照开标时间的先后顺序进行记录。开标机构应当事先准备好开标记录的登记表册，开标填写后作为正式记录，保存于开标机构。开标记录的内容包括：项目名称、招标号、刊登招标公告的日期、发售招标文件的日期、购买招标文件的单位名称、投标人的名称及报价、截标后收到投标文件的处理情况等。

4. 开标时，投标文件无效的几种情形

根据《房屋建筑与市政基础设施工程施工招标投标管理办法》第 35 条的规定，在开标时，投标文件出现下列情形之一的，应当作为无效投标文件，不得进入评标：

（1）投标文件未按照招标文件的要求予以密封的；

（2）投标文件中的投标函未加盖投标人的企业及企业法定代表人印章的，或者企业法定代表人委托代理人没有合法、有效的委托书（原件）及委托代理人印章的；

（3）投标文件的关键内容字迹模糊、无法辨认的；

（4）投标人未按照招标文件的要求提供投标保函或者投标保证金的；

（5）组成联合体投标的，投标文件未附联合体各方共同投标协议的。

《房屋建筑与市政基础设施工程施工招标投标管理办法》关于开标时应作为无效投标文件处理的几种情形的规定，是对《招标投标法》的必要补充。在工程实践中，当出现上述情形时，投标人应当根据该办法第 35 条的规定保护自己的合法权益。

二、评标

1. 《招标投标法》第 37 条规定："评标由招标人依法组建的评标委员会负责。

依法必须进行招标的项目，其评标委员会由招标人的代表和有关技术、经济等方面的专家组成，成员人数为五人以上单数，其中技术经济等方面的专家不得少于成员总数的三分之二。

前款专家应当从事相关领域工作满八年并具有高级职称或者具有同等专业水平，由招标人从国务院有关部门或者省、自治区、直辖市人民政府有关部门提供的专家名册或者招标代理机构的专家库内的相关专业的专家名单中确定；一般招标项目可以采取随机抽取方式，特殊招标项目可以由招标人直接确定。

与投标人有利害关系的人不得进入相关项目的评标委员会；已经进入的应当更换。评标委员会成员的名单在中标结果确定前应当保密。"

评标是招标人根据招标文件的要求，对投标人所报送的投标文件进行审查及评议的过程。它应在开标后立即进行。评标的目的在于从技术、经济、法律、组织和管理等方面对每份投标书加以分析评标，以推荐合格的中标候选人，或直接确定中标人，为决标提供基础。

评标委员会也叫评标专家委员会，它是由招标人聘请各方面的专家组成，具有独立实施评标职能的组织。评标委员会组成成员人数为 5 人以上的单数。评标的专家必须是该行业技术方面的权威。评标委员会作为独立实施评标职能的组织，其组成成员如与招标项目或投标人有利害关系，则不能进入相关项目的评标委员会。为了避免在评标中，评标委员会的成员受投标人的贿买而替某投标人说话，所以评标委员会的成员名单在中标结果确定前应当保密。

2.《招标投标法》第 38 条规定:"招标人应当采取必要的措施,保证评标在严格保密的情况下进行。任何单位和个人不得非法干预、影响评标的过程和结果。"

评标活动具有保密性和独立性。为保证评标的公正、保证评标委员会的成员免受外界压力或影响,评标工作应该在严格保密情况下进行。

评标应当以招标文件确定的评标标准和方法为依据,以"公正、科学、严谨"为原则,对所有的投标人一视同仁,公平对待,决不能偏袒一方,歧视另一方,这是评标工作成败的关键。对投标文件的评议,要采取科学的方法,综合比较各标的物的性能、质量、价格、交货期和投标方的资信情况等因素,客观地进行评议,使评议结果能准确反映投标方的实际情况,并对方案作公正的评价。保证评标的独立性,才能保证评标的公正性,也才能使决标结果达到招标人以最低价格获得高质量的效益的目的,同时保障社会公共利益不受到损害。

3.《工程建设项目施工招标投标办法》第 50 条规定:

投标文件有下列情形之一的,招标人不予受理:

第一,逾期送达的或者未送达指定地点的;

第二,未按招标文件要求密封的。

投标文件有下列情形之一的,由评标委员会初审后按废标处理:

第一,无单位盖章并无法定代表人或法定代表人授权的代理人签字或盖章的;

第二,未按规定的格式填写,内容不全或关键字迹模糊、无法辨认的;

第三,投标人递交两份或多份内容不同的投标文件,或在一份投标文件中对同一招标项目报有两个或多个报价,且未声明哪一个有效,按招标文件规定提交备选投标方案的除外;

第四,投标人名称或组织结构与资格预审时不一致的;

第五,未按招标文件要求提交投标保证金的;

第六,联合体投标未附联合体各方共同投标协议的。

三、中标

1.《招标投标法》第 45 条规定:"中标人确定后,招标人应当向中标人发出中标通知书,并同时将中标结果通知所有未中标的投标人。

中标通知书对招标人和中标人具有法律效力。

中标通知书发出后,招标人改变中标结果的,或者中标人放弃中标项目的,应当依法承担法律责任。"

中标通知书,是指招标人在确定中标人后向中标人发出的通知其中标的书面凭证。

中标通知书发出的另一个法律后果是招标人和中标人应当在法律规定的时限内订立书面合同。

决标后,对于未中标的其他投标人,招标人也应当向其发出未中标的通知书,并告知中标结果。

2.《招标投标法》第 46 条规定:"招标人和中标人应当自中标通知书发出之日起三十日内,按照招标文件和中标人的投标文件订立书面合同。招标人与中标人不得再行订立背离合同实质性内容的其他协议。

招标文件要求中标人提交履约保证金的,中标人应当提交。"

一般情况下,合同自承诺生效时成立,但《合同法》第 32 条规定:"当事人采取合同书形式订立合同的,自双方当事人签字或者盖章时合同成立。"建设工程合同的订立就属于这种情况。

建设工程合同订立的依据是招标文件和中标人的投标文件,双方不得再订立违背合同实质性内容的其他协议。"合同实质性内容"包括投标价格、投标方案等涉及招标人和中标人权利义务关系的实体内容。如果允许招标人和中标人可以再行订立背离违背合同实质性内容的其他协议,就违背了招标投标活动的初衷,对其他未中标人来讲也是不公正的。因此对于这类行为,法律必须予以严格禁止。

要求中标人提供履约担保,是国际工程惯例。履约担保除可以采用履约保证金这种形式外,还可以采用银行、保险公司或担保公司出具履约保函,通常为建设工程合同金额的10%左右。在招标文件中,招标人应当就提交履约担保的方式作出规定,中标人应当按照招标文件中的规定提交履约担保。中标人不按照招标文件的规定提交履约担保的,将失去订立合同的资格,其提交的投标担保不予退还。

3.《房屋建筑与市政基础设施工程施工招标投标管理办法》第48条规定:"招标文件要求中标人提交履约担保的,中标人应当提交。招标人应当同时向中标人提供工程款支付担保。"

要求招标人提供付款担保,同样是国际工程惯例。建设工程合同中设立付款担保条款,是为了保证招标人(发包人)按合同约定向中标人(承包人)支付工程款。

《合同法》规定,当事人应当遵循公平原则确定双方的权利义务,据此,建设工程合同当事人的权利和义务应当是对等的。

工程实践中,工程款拖欠屡禁不止的重要原因之一是缺乏有效的招标人付款担保制度。《建设工程施工合同(示范文本)》(GF—1999—0201)41.1规定,发包人与承包人为了全面履行合同,应互相提供担保;《房屋建筑与市政基础设施工程施工招标投标管理办法》则以部门规章的形式确立了付款担保制度,是很有现实意义的。

第五节 工程招标投标法律制度案例

案例1

上诉人(原审被告):深圳市中电照明有限公司(以下简称中电公司)

被上诉人(原审原告):汕头市达诚建筑总公司深圳分公司(以下简称达诚公司)

一、基本案情

2000年7月4日,被告中电公司向深圳市建设局申请对中电照明研发中心工程进行对外招标,7月11日获得批准。8月11日,原告达诚公司向被告支付了保证金人民币100万元,并于8月18日向深圳市建设工程交易服务中心呈送《中电照明研发中心标书》。8月29日,中电公司在深圳市建设工程交易服务中心第四会议室召开中照研发中心开标会。会上由深圳市建设工程造价管理站(以下简称造价站)公开宣读中照研发中心的标底为人民币19 010 550.12元,然后公开了6个投标单位的投标价,其中原告的投标价为人民币17 004 308.68元。9月20日,被告向造价站发函,以造价站的标底与其送审的预算数额有出入为由,要求标底按隐框玻璃幕墙进行调整并重新定标。造价站回函称,被告送交的资料没有任何说明铝合金固定窗修改为隐框玻璃幕墙的资料,同意仅就该工程量清单中第143项（铝合金固定窗）用同一工程量按隐框玻璃幕墙单价计算调整。9月30日，被告以修改后的标底召开定标会，重新确定投标价为人民币1 991.739 3万元，并宣布深圳市第三某建筑工程总公司（以下简称三建）得分最高为中标单位。

原告则以其已中标但被告拒发中标通知书为由诉至深圳市福田区人民法院，请求判令被告违约并双倍返还保证金人民币200万元。

二、案件审理

一审福田区人民法院经审理后认为，造价站于2000年8月29日公开的标底是根据被告提供的《工程实物工程量表》、《招标书》、《答疑会书面答复书》核算出来的，按被告《招标书》承诺的评审方法，原告的投标书经公开后达到被告公开承诺中标要求，原告应是中照研发中心的公开招标的中标单位。被告拒绝向原告发出中标通知书和签订施工合同属于违约，应承担违约责任。被告在公开标底前没有书面形式向造价站和投标单位说明其《工程实物量表》第143条由铝合金窗改为玻璃幕墙，被告须承担对其在标底公开后对工程量改动的责任。因此，对于被告辩称其与原告无任何关系，以及在造价站公开标底后认为标底有误差为由进行修改标底是合法有效正常的，应驳回原告的诉讼请求的理由，本院不予采纳。依照《中华人民共和国招标投标法》第5条，《深圳经济特区建设工程施工招标投标条例》第18条第2款、第30条，《深圳经济特区建设工程施工招标投标条例实施细则》第23条之规定，判决如下：被告应在本判决发生法律效力之日起十日内双倍返还原告保证金人民币100万元。逾期则应当加倍支付迟延履行期间的债务利息。案件受理费人民币20 010元由被告负担。

上诉人深圳市中电照明有限公司不服一审判决，上诉至深圳市中级人民法院。诉称：原审认定事实错误，适用法律、法规不当。

本案经二审深圳市中级人民法院主持原、被告进行调解，双方在自愿、平等的基础上进行协商，达成了如下调解协议：被告补偿原告人民币30万元了结本案纠纷，在本案招投标过程中产生的其他纠纷双方不再追究。上述款项被告于本调解书送达之日起十日内支付给原告。一、二审案件受理费双方各自负担。

三、案例评析

本案是深圳市首例招投标争议案，因而备受传媒和社会各界的广泛关注。尽管该案经过二审法院的努力，在分清是非责任的基础上以调解方式解决。但是，该案所涉及的法律问题仍然值得探讨和研究。

1. 被告在开标后修改招标文件是无效的

《中华人民共和国招标投标法》第23条规定："招标人对已发出的招标文件进行必要澄清或者修改的，应当在招标文件要求提交投标文件截止时间至少十五日前，以书面形式通知所有招标文件接收人。该澄清或者修改的内容为招标文件的组成部分。"本条规定招标文件进行修改或者澄清的法定程序。这是法律强制性规定，没有遵守此规定的，其修改及其澄清是无效的。

本案中，《招标书》注明"外墙装饰：玻璃墙和灰色涂料。门窗：铝合金和高级柚木门。工程清单第189项为玻璃幕墙制作安装，第143项为铝合金固定窗。"因此，从被告提交的答疑会书面答复"第5项外墙按隐框幕墙制作安装"，根本不能让人理解为修改招标中的门窗、铝合金和高级柚木门及工程实物量清单第143项铝合金固定窗。而原告对此并无过错。因此，被告在公布标底之后，又以标底错误为由中止招投标程序，并修改招标文件和标底，显然是不符合法律强制性规定的，应承担一定的法律责任。

2. 被告应承担缔约过失责任

招投标是以订立合同为目的的民事活动。招标人发出的招标公告或投标邀请书、投标人提交的投标文件、招标人向中标的投标人发出的中标通知书，按其法律性质分别属于《合同法》中的要约邀请、要约和承诺。但建设工程合同又是一种要式合同，其成立的标志是签订书面合同。在合同成立之前，招标人未履行向投标人发出中标通知的法定义务，致使合同不能成立，应承担缔约过失责任，而非违约责任。故一审法院认定招标人违约并承担违约责任值得商榷。

3. 投标保证金不应与定金等同

本案中，原告在招投标过程中交给被告 100 万元的保证金。原《深圳经济特区建设工程招标投标条例》第 18 条第 2 款规定："定标后，中标人拒绝签订工程承包合同的，应向中标人双倍返还保证金。"（2002 年修订后的《条例》保留了类似条款）一审法院据此判决被告双倍返还保证金。但从二审法院调解的结果来看，事实上推翻了一审的判决，并没有把投标保证金按"双倍返还"的定金罚则处理。

关于投标保证金的性质，《最高人民法院关于适用〈担保法〉若干问题的司法解释》第 118 条明确规定："当事人交付留置金、担保金、保证金、订约金或者订金等，没有约定定金性质的，当事人主张定金权利的，人民法院不予支持。"因此，如未约定为定金性质（双倍返还），投标保证金是不应适用定金罚则的。建设部第 89 号令《房屋建筑和市政基础设施施工招标投标管理办法》在第 47 条第 3 款则规定："招标人无正当理由不与中标人签订合同，给中标人造成损失的，招标人应当给予赔偿。"这种赔偿应是一种缔约过失责任，以实际损失为限。而 2003 年 3 月 8 日七部委联合发布的《工程建设项目施工招标投标办法》也没有明确规定"双倍返还"。

笔者强烈建议，这种地方性法规与部门规章、最高法院司法解释之间的矛盾，有关机构应当依据《立法法》的有关规定及早解决，否则极易引起法律适用上的争议。

案例 2

一、基本案情

中山医大三院医技大楼设计建筑面积为 19 945m^2，预计造价 7400 万元，其中土建工程造价约为 3402 万元，配套设备暂定造价为 3998 万元。2001 年初，该工程项目进入广东省建设工程交易中心以总承包方式向社会公开招标。

经常以"广州辉宇房地产有限公司总经理"身份对外交往的包工头郑某得知该项目的情况后，即分别到广东省和广州市 4 家建筑公司活动，要求挂靠这 4 家公司参与投标。这 4 家公司在未对郑某的广州辉宇房地产有限公司的资质和业绩进行审查的情况下，就同意其挂靠，并分别商定了"合作"条件：一是投标保证金由郑支付；二是广州市原告代郑编制标书，由郑支付"劳务费"，其余 3 家公司的经济标书由郑编制；三是项目中标后全部或部分工程由郑组织施工，挂靠单位收取占工程造价 3‰～5‰ 的管理费。上述 4 家公司违法出让资质证明，为郑搞串标活动提供了条件。2001 年 1 月郑某给 4 家公司各汇去 30 万元投标保证金，并支付给广州市原告 1.5 万元编制标书的"劳务费"。

为揽到该项目，郑某还不择手段地拉拢广东省交易中心评标处副处长张某、办公室副主任陈某。郑以咨询业务为名，经常请张、陈吃喝玩乐，并送给张某港币5万元、人民币1000元，以及人参、茶叶、香烟等物品；送给陈某港币3万元和洋酒等物品。张、陈两人积极为郑提供"咨询"服务，不惜泄露招投标中有关保密事项，甚至带郑到审核标底现场向有关人员打探标底，后因现场监督严格而未得逞。

2001年1月22日下午开始评标。评委会置该项目招标文件规定于不顾，把原安排22日下午评技术标、23日上午评经济标两段评标内容集中在一个下午进行，致使评标委员会没有足够时间对标书进行认真细致地评审，一些标书明显存在违反招标文件规定的错误未能发现。

同时，评标委员在评审中还把标底价50%以上的配套设备暂定价3998万元剔除，使造价总体下浮变为部分下浮，影响了评标结果的合理性。22日19：20左右，评标结束，中标单位为深圳市总公司。

由于郑某挂靠的4家公司均未能中标，郑便鼓动这4家公司向有关部门投诉，设法改变评标结果。因不断发生投诉，有关单位未发出中标通知书。

二、案件处理

广东省纪委、省监察厅、省建设厅组成联合调查组，对广东省建设工程交易中心个别工作人员在中山医科大学附属第三医院医技大楼工程招投标中的违纪违法问题展开调查。现已查实该工程项目在招投标中存在包工头串标、建筑施工单位出让资质证照、评标委员会不依法评标、省交易中心个别工作人员收受包工头钱物等违纪违法问题。经省建设厅、省监察厅研究决定，取消该项目招投标结果，依法重新组织招投标。目前，涉嫌违纪违法的交易中心工作人员张某、陈某已被停职，立案审查，其非法收受的钱物已被依法收缴。省纪委、省监察厅将依照有关法规和党纪政纪的涉案单位和人员进行严肃处理。这是广东省建立有形建筑市场以来查处的首宗建设工程交易中心工作人员违纪违法案件。

三、案例评析

中山医大三院医技大楼工程招投标中的违纪违法问题，是一宗包工头串通有关单位内部人员干扰和破坏建筑市场秩序的典型案件。本案中的有关当事人违反了多项法律强制性规定，依法应当受到惩处。但本案的行政处理结果值得斟酌。

首先，《招标投标法》规定了6种"中标无效"的法定情形。在本案中，从招标人和招标代理机构的行为看，并无导致中标无效的法定事由。而从投标人郑某的行为看，虽然实施了串标和骗标的行为，但由于中标人并不是郑某，所以也不符合中标无效的法定情形。因此，尽管本案中存在着一系列的违法违纪行为，但并不必然导致中标无效，行政监督部门做出的处理决定是不符合法律规定的。

其次，工程建设项目的招标投标活动，是建设工程合同订立的过程，在法律性质上属于民事行为。作为整个招投标活动的组成部分，中标自然也属于民事行为的一种，应当受到民法的调整。《民法通则》根据法律效力不同，把民事行为分为民事法律行为（合法有效的民事行为）、无效的民事行为以及可撤销、可变更的民事行为。而判定民事行为是否有效，只能由法院或仲裁机构做出，除此以外的任何机构（主要指行政管理部门）均无权确认民事行为的法律效力。《招标投标法》规定的六种中标无效情形，属于无效的民事行为，只能由人民法院依法确认无效；也就是说，人民法院是确认"中标无效"的惟一权力主体。如果赋予行政监督部门宣布"中标无效"的权力,就从根本上犯了行政法律规范与民事法律规范相竞合的错误,这在法理上是讲不通的。

案例 3

原告:××建筑集团第三公司

被告:××房地产开发有限公司

一、基本案情

1999年9月22日被告就某住宅项目进行邀请招标,原告与其他三家建筑公司共同参加了投标。结果由原告中标。1999年10月14日,被告就该项工程向原告发出中标通知书。该通知书载明:工程建筑面积82 17平方米,中标造价人民币8000万元,要求10月25日签订工程承包合同,10月28日开工。

中标通知书发出后,原告按被告的要求提出,为抓紧工期,应该先做好施工准备,后签工程合同。原告同意了这个意见。随后,原告进场,平整了施工场地,将打桩桩架运入现场,并配合被告在10月28日打了两根桩,完成了项目的开工仪式。但是,工程开工后,还没有等到正式签订承包合同,双方就因为对合同内容的意见不一而发生了争议。2000年3月1日,被告函告原告:"将另行落实施工队伍。"

双方协商不成,原告只得诉至法院。在法庭上,原告指出,被告既已发出中标通知书,就表明招投标过程中的要约已经承诺,按招投标文件和《施工合同示范文本》的有关规定,签订工程承包合同是被告的法定义务。因此,原告要求被告继续履行合同。但被告辩称:虽然已发了中标通知书,但这个文件并无合同效力,且双方的合同尚未签订,因此双方还不存在合同上的权利义务关系,被告有权另行确定合同相对人。

二、案件审理

法院在审理后认为,按照我国《招标投标法》第45条规定:"中标人确定后,招标人应当向中标人发出中标通知书,并同时将中标结果通知所有未中标的投标人。中标通知书对招标人和中标人具有法律效力。中标通知书发出后,招标人改变中标结果的,或者中标人放弃中标项目的,应当依法承担法律责任。"第46条规定:"招标人和中标人应当自中标通知书发出之日起三十日内,按照招标文件和中标人的投标文件订立书面合同。招标人和中标人不得再行订立背离合同实质性内容的其他协议。"很显然,被告的观点和行为是不符合法律规定的,因此法院依据上述规定认定了被告违约,并判决由被告补偿原告经济损失158万元。

三、案例评析

招标人发出中标通知书的行为,属于《合同法》规定的承诺。这时,双方虽然尚未签订书面合同,但是中标通知书已经对当事人具有法律约束力。任何一方拒绝签订合同,违反了诚实信用原则,应当承担缔约过失责任,而不是违约责任。这种缔约责任的赔偿方式,应当依据2001年6月1日建设部令第89号发布的《房屋建筑与市政基础设施施工招标投标管理办法》第47条规定,即"中标人不与招标人订立合同的,投标保证金不予退还并取消其中标资格,给招标人造成的损失超过投标保证金数额的,应当对超过部分予以赔偿;没有提交投标保证金的,应当对招标人的损失承担赔偿责任。招标人无正当理由不与中标人签订合同,给中标人造成损失的,招标人应当给予赔偿。"

第五章 建设工程合同法律制度

第一节 合同法概述

一、合同概述

（一）合同的概念

一般意义的合同，泛指一切确立权利义务关系的协议，因此，有物权合同、债权合同和身份合同等。但《中华人民共和国合同法》（以下简称《合同法》）中所规定的合同仅指民法意义上的财产合同。《合同法》规定："本法所称合同是平等主体的自然人、法人、其他组织之间设立、变更、终止民事权利义务关系的协议。"根据这一规定，合同具有以下特点：

1. 合同是当事人协商一致的协议，是双方或多方的民事法律行为；
2. 合同的主体是自然人、法人和其他组织等民事主体；
3. 合同的内容是有关设立、变更和终止民事权利义务关系的约定，通过合同条款具体体现出来；
4. 合同须依法成立，只有依法成立的合同对当事人才具有法律约束力。

（二）合同法的基本原则

1. 合同当事人的法律地位平等，一方不得将自己的意志强加给另一方；
2. 当事人依法享有自愿订立合同的权利，任何单位和个人不得非法干预；
3. 当事人应当遵循公平原则确定各方的权利和义务，对于显失公平的合同，当事人一方有权请求人民法院或仲裁机构变更或撤销；
4. 当事人行使权利、履行义务应当遵循诚实信用原则；
5. 当事人订立合同、履行合同，应当遵守法律、行政法规，尊重社会公德，不得扰乱社会经济秩序，损害社会公共利益。

（三）《合同法》的内容简介

《合同法》共23章428条，分为总则、分则和附则三个部分。其中总则部分共8章，将各类合同所涉及的共性问题进行了统一规定，包括一般规定、合同的订立、合同的效力、合同的履行、合同的变更和转折、合同的权利义务终止、违约责任和其他规定等内容。分则部分共15章，分别对买卖合同，供用电、水、气、热力合同，赠与合同，借款合同，租赁合同，融资租赁合同，承揽合同，建设工程合同，运输合同，技术合同，保管合同，仓储合同，委托合同，经纪合同和居间合同进行了具体规定。附则部分仅1条，规定了《合同法》的施行日期。限于篇幅，本章仅就《合同法》总则部分的规定作一阐述。

二、合同的订立

合同的订立是指合同当事人依法就合同内容经过协商，达成协议的法律行为。《合同法》对合同订立的基本法律要求作出了明确规定。

（一）当事人主体资格

《合同法》规定：当事人订立合同，应当具有相应的民事权利能力和民事行为能力。合同主体包括自然人、法人和其他组织。对于自然人而言，具有完全民事行为能力的人可以订立一切法律允许自然人作为合同主体的合同；限制民事行为能力的人，只能订立一些与其年龄、智力、精神状况相适应或纯获得利益的合同，其他的合同则应由法定代理人代订或经法定代理人同意。对于法人和其他组织而言，自依法成立或经核准登记后，便具有民事权利能力和民事行为能力，但各个法人或其他组织，因其设立的目的、宗旨、业务活动范围的不同，而决定了其所具有的民事权利能力和民事行为能力亦互不相同。法人和其他组织只有在其权利能力、行为能力的范围内订立合同，才具有合同主体的资格。

当事人也可委托代理人订立合同。代理人订立合同时，应向对方出具被代理人签发的授权委托书。如果行为人没有代理权、超越代理权或者代理权终止后，以被代理人名义订立的合同，未经被代理人追认，对被代理人不发生效力，由行为人承担责任。但相对人有理由相信行为人有代理权的，该代理行为有效。

（二）合同的形式

合同形式是合同当事人所达成协议的表现形式，是合同内容的载体。《合同法》规定：当事人订立合同，有书面形式、口头形式和其他形式。

1. 口头合同，是指当事人只以口头语言的意思表示达成协议，而不以文字表述协议内容的合同。口头合同简便易行，缔约迅速且成本低，但在发生合同纠纷时，难以举证，不易分清责任。

2. 书面合同，是指当事人以文字表述协议内容的合同。书面合同既可成为当事人履行合同的依据，一旦发生合同纠纷又可成为证据，便于确定责任，能够确保交易安全，但不利于交易便捷。合同的书面形式具体又包括合同书、信件和数据电文等三种。其中，合同书是指记载合同内容的文书；信件是指当事人记载合同内容的往来信函；数据电文包括电报、电传、传真、电子数据交换和电子邮件。

3. 其他形式的合同是指以当事人的行为或者特定情形推定成立的合同。

《合同法》在合同形式的规定上，明确了当事人有合同形式的选择权，但基于对重大交易安全考虑，对此又进行了一定的限制，明确规定：法律、行政法规规定采用书面形式的，应当采用书面形式，当事人如果未采用书面形式，则合同不成立。

（三）合同的内容

合同内容是指据以确定当事人权利、义务和责任的具体规定，通过合同条款具体体现。按照合同自愿原则，《合同法》规定：合同内容由当事人约定，同时，为了起到合同条款的示范作用，规定合同一般包括以下条款：

1. 当事人的名称或者姓名和住所。

2. 标的，即合同当事人权利义务共同指向的对象。合同的标的可以为财产或行为，是合同的必备条款。

3. 数量。数量是对标的的计量，是以数字和计量单位来衡量标的的尺度，没有数量条款的规定，就无法确定双方权利义务的大小，使得双方权利义务处于不确定的状态，因此，合同中必须明确标的数量。

4. 质量。质量是指标的的内在素质和外观形态的综合，如产品的品种、规格、执行标准等。当事人约定质量条款时，必须符合国家有关规定和要求。

5. 价款或者报酬。价款或者报酬，是指一方当事人向对方当事人所付代价的货币支付。当事人在约定价款或者报酬时，应遵守国家有关价格方面的法律和规定，并接受工商行政管理机关和物价管理部门的监督。

6. 履行期限、地点和方式。履行期限是合同当事人履行义务的时间界限，是确定当事人是否按时履行的客观标准，也是当事人主张合同权利的时间依据。履行地点是当事人交付标的或者支付价款的地方，当事人应在合同中予以明确。履行方式是指当事人以什么方式来完成合同的义务，合同标的不同，履行方式有所不同，即使合同标的相同，也有不同的履行方式，当事人只有在合同中明确约定合同的履行方式，才便于合同的履行。

7. 违约责任。违约责任是指当事人一方或双方，不履行合同或不能完全履行合同，按照法律规定或合同约定应当承担的民事责任。在违约责任条款中，当事人应明确约定承担违约责任的方式。

8. 解决争议的办法。根据我国现有法律规定，争议解决的方法有和解、调解、仲裁和诉讼四种。

（四）合同订立的方式

合同订立的方式是指合同当事人双方依法就合同内容达成一致的过程。《合同法》规定：当事人订立合同采取要约、承诺方式。

1. 要约

（1）要约的概念

要约是希望和他人订立合同的意思表示。在要约中，提出要约的一方为要约人，要约发向的一方为受要约人。根据《合同法》的规定，要约应当具备以下条件：

1）内容确定；

2）表明经受要约人承诺，要约人即受该意思表示约束。

如果当事人一方所作的是希望他人向自己发出要约的意思表示则是要约邀请，或称为要约引诱，而不是要约。比如寄送价目表、拍卖公告、招标公告、招股说明书等。

（2）要约的效力

《合同法》规定：要约到达受要约人时生效。《合同法》对要约效力作出了如下规定：

1）要约的撤回。《合同法》规定：要约可以撤回。撤回要约的通知应当在要约到达受要约人之前或者要约同时到达受要约人。这时要约并没有生效。

2）要约的撤销。撤销要约是指要约生效后，在受要约人承诺之前，要约人通过一定的方式，使要约的效力归于消灭。《合同法》规定：要约可以撤销。撤销要约的通知应当在受要约人发出承诺通知之前到达受要约人。同时，《合同法》也规定了不得撤销要约的情形：要约人确定了承诺期限或者以其他形式明示要约不可撤销；或者受要约人有理由认为要约是不可撤销的，并已经为履行合同作了准备工作。

（3）要约失效

要约失效即要约的效力归于消灭。《合同法》规定了要约失效的四种情形：

1）拒绝要约的通知到达要约人；

2）要约人依法撤销要约；

3）承诺期限届满，受要约人未作出承诺；

4）受要约人对要约的内容作出实质性变更。

2. 承诺

（1）承诺的概念

承诺是受要约人同意要约的意思表示。根据《合同法》的规定，承诺生效应符合以下条件：

1）承诺必须由受要约人向要约人作出。因为要约生效后，只有受要约人取得了承诺资格，如果第三人了解了要约内容，向要约人作出同意的意思表示不是承诺，而是第三人发出的要约。

2）承诺的内容应当与要约的内容相一致。要约失效的原因之一是受要约人对要约的内容作出实质性变更。有关合同标的、数量、质量、价款或者报酬、履行期限、履行地点和方式、违约责任和解决争议方法等的变更，是对要约内容的实质性变更。

3）受要约人应当在承诺期限内作出承诺。如果受要约人未在承诺期限内作出承诺，则要约人就不再受其要约的拘束。对此，《合同法》规定了两种情况：如果受要约人超过期限发出承诺的，除非要约人及时通知受要约人该承诺有效的以外，则为新要约；如果受要约人虽在承诺期限内发出承诺，按照通常情形能够及时到达要约人，但因其他原因承诺到达要约人时超过承诺期限的，要约人应及时通知受要约人承诺超过期限，承诺无效，否则，该承诺有效。

（2）承诺的效力

《合同法》规定：承诺通知到达要约人时生效。承诺生效时合同即告成立，《合同法》对合同成立的时间规定了四种情况：

1）承诺通知到达要约人时生效。

2）当事人采用合同书形式订立合同的，自双方当事人签字或者盖章时合同成立。

3）当事人采用信件、数据电文等形式订立合同的，可以在合同成立之前要求签订确认书。签订确认书时合同成立。

4）法律、行政法规规定或者当事人约定采用书面形式订立合同，当事人未采用书面形式但一方已经履行主要义务，对方接受的，该合同成立。

（3）承诺的撤回

关于承诺的撤回，《合同法》规定：承诺可以撤回。撤回承诺的通知应当在承诺通知到达要约人之前或者与承诺通知同时到达要约人。

（五）订立合同的其他规定

1. 合同成立的地点。关于合同成立地点的确定，《合同法》作出了如下规定：承诺生效的地点为合同成立的地点；这种情况适用于当事人采用合同书形式订立合同的。

2. 对合同形式要求的例外规定。《合同法》规定：法律、行政法规规定或者当事人约定采用书面形式订立合同，当事人未采用书面形式但一方已经履行主要义务，对方接受的，该合同成立。

3. 计划合同。《合同法》规定：国家根据需要下达指令性任务或者国家订货任务的，有关法人、其他组织之间应当依照有关法律、行政法规规定的权利和义务订立合同。

4. 违反合同前义务的法律责任。当事人订立合同过程中，应依据诚实信用的原则，对合同内容进行磋商，如果当事人违背诚实信用原则，给对方造成损失的应承担相应的法

律责任。因此,《合同法》对订立合同违反诚实信用原则和保密义务的责任作出了如下规定:

(1) 当事人在订立合同过程中有下列情形之一,给对方造成损失的,应当承担损害赔偿责任:

1) 假借订立合同,恶意进行磋商;

2) 故意隐瞒与订立合同有关的重要事实或者提供虚假情况;

3) 有其他违背诚实信用原则的行为。

(2) 当事人在订立合同过程中知悉的商业秘密,无论合同是否成立,不得泄露或者不正当地使用。泄露或者不正当地使用该商业秘密给对方造成损失的,应当承担损害赔偿责任。

三、合同的效力

合同的效力,是指合同所具有的法律约束力。《合同法》对合同的效力,不仅规定了合同生效、无效合同,而且还对可撤销或可变更合同进行了规定。

(一) 合同生效条件

合同生效,即合同发生法律约束力。合同生效后,当事人必须按约定履行合同,《合同法》对合同生效规定了三种情形:

1. 成立生效

对一般合同而言,只要当事人在合同主体资格、合同形式及合同内容等方面均符合法律、行政法规的要求,经协商达成一致意见,合同成立即可生效。正如《合同法》规定的那样:依法成立的合同,自成立时生效。

2. 批准登记生效

批准登记的合同,是指法律、行政法规规定应当办理批准登记手续的合同。按照我国现有的法律和行政法规的规定,有的将批准登记作为合同成立的条件,有的将批准登记作为合同生效的条件。比如,中外合资经营企业合同必须经过批准后才能成立。《合同法》对此规定:"法律、行政法规规定应当办理批准、登记等手续生效的,依照其规定。"

3. 约定生效

约定生效是指合同当事人在订立合同时,约定以将来某种事实的发生作为合同生效或合同失效的条件,合同成立后,当约定的某种事实发生后,合同才能生效或合同即告失效。

当事人约定以不确定的将来事实的成就,限制合同生效或失效的,称为附条件的合同。《合同法》规定:"附生效条件的合同,自条件成就时生效。附解除条件的合同,自条件成就时失效。"同时规定:"当事人为自己的利益不正当地阻止条件成就的,视为条件已成就;不正当地促成条件成就的,视为条件不成就。"

当事人约定以确定的将来事实的成就,限制合同生效或失效的,即是附期限的合同。《合同法》规定:"附生效期限的合同,自期限届满时生效。附终止期限的合同,自期限届满时失效。"

(二) 效力待定合同

效力待定合同是指行为人未经权利人同意而订立的合同,因其不完全符合合同生效的要件,合同有效与否,需要由权利人确定。根据《合同法》的规定,效力待定合同有以下几种：

1. 限制民事行为能力人订立的合同

限制民事行为能力人订立的合同，经法定代理人追认后，该合同有效。

2. 无效代理合同

代理合同是指行为人以他人名义，在代理权限范围内与第三人订立的合同。而无权代理合同则是行为人不具有代理权而以他人名义订立的合同。这种合同具体又有三种情况：

（1）行为人没有代理权，即行为人事先并没有取得代理权却以代理人自居而代理他人订立的合同。

（2）无权代理人超越代理权，即代理人虽然获得了被代理人的代理权，但他在代订合同时，超越了代理权限的范围。

（3）代理权终止后以被代理人的名义订立合同，即行为人曾经是被代理人的代理人，但在以被代理人的名义订立合同时，代理权已终止。对于无权代理合同，《合同法》规定：未经被代理人追认，对被代理人不发生效力，由行为人承担责任。但是，相对人有理由相信行为人有代理权的，该代理行为有效。

3. 无处分权的人处分他人财产的合同

这类合同是指无处分权的人以自己的名义对他人的财产进行处分而订立的合同。根据法律规定，财产处分权只能由享有处分权的人行使，但《合同法》对无财产处分权人订立的合同生效情况作出了规定："无处分权的人处分他人财产，经权利人追认或者无处分权的人订立合同后取得处分权的，该合同有效。"

（三）无效合同

无效合同是指虽经当事人协商订立，但因其不具备合同生效条件，不能产生法律约束力的合同。无效合同从订立时起就不具有法律约束力。《合同法》规定了五种无效合同：

1. 一方以欺诈、胁迫的手段订立合同，损害国家利益；
2. 恶意串通，损害国家、集体或者第三人利益；
3. 以合法形式掩盖非法目的；
4. 损害社会公共利益；
5. 违反法律、行政法规的强制性规定。

此外，《合同法》还对合同中的免责条款及争议解决条款的效力作出了规定。合同的免责条款是指当事人在合同中约定的免除或限制其未来责任的条款。免责条款是由当事人协商一致的合同的组成部分，具有约定性。如果需要，当事人应当以明示的方式依法对免责事项及免责的范围进行约定。但对那些具有社会危害性的侵权责任，当事人不能通过合同免除其法律责任，即使约定了，也不承认其有法律约束力。因此，《合同法》明确规定了两种无效免责条款：

1. 造成对方人身伤害的；
2. 因故意或者重大过失造成对方财产损失的。

合同中的解决争议条款具有相对独立性，当合同无效、被撤销或者终止时，解决争议条款的效力不受影响。

（四）可变更或可撤销合同

可变更合同是指合同部分内容违背当事人的真实意思表示，当事人可以要求对该部分内容的效力予以撤销的合同。可撤销合同是指虽经当事人协商一致，但因非对方的过错而导致一方当事人意思表示不真实，允许当事人依照自己的意思，使合同效力归于消灭的合同。《合同法》规定了下列合同当事人一方有权请求人民法院或者仲裁机构变更或者撤销。

1. 因重大误解订立的合同。行为人对行为的性质、对方当事人、标的物的品种、质量、规格和数量等的错误认识，使行为的后果与自己的意思相悖，并造成较大损失的，可以认定为重大误解。

2. 在订立合同时显失公平的合同。一方当事人利用优势或者利用对方没有经验，致使双方的权利义务明显违反公平、等价有偿原则的，可以认定为显失公平。

此外，《合同法》对于一方采用欺诈、胁迫手段或乘人之危订立的合同，也作出了规定：一方以欺诈、胁迫的手段或者乘人之危，使对方在违背真实意思的情况下订立的合同，受损害方有权请求人民法院或者仲裁机构变更或者撤销。

合同经法院或仲裁机构变更，被变更的部分即属无效，而变更后的合同则为有效合同，对当事人有法律约束力。合同经人民法院或仲裁机构撤销，被撤销的合同即属无效合同，自始不具有法律约束力。因此，对于上述合同，如果当事人请求变更的，人民法院或者仲裁机构不得撤销。同时，为了维护社会经济秩序的稳定，保护当事人的合法权益，《合同法》对当事人的撤销权也作出了限制。《合同法》规定："有下列情形之一的，撤销权消灭：

1. 具有撤销权的当事人自知道或者应当知道撤销事由之日起一年内没有行使撤销权；
2. 具有撤销权的当事人知道撤销事由后明确表示或者以自己的行为放弃撤销权。"

（五）无效合同的法律责任

无效合同是一种自始没有法律约束力的合同，而可撤销的合同，其效力并不稳定，只有在有撤销权的当事人提出请求，并被人民法院或者仲裁机构予以撤销，才成为被撤销的合同。被撤销的合同也是自始没有法律约束力的合同。但是，如果当事人没有请求撤销，则可撤销的合同对当事人就具有法律约束力。因此，可撤销合同的效力取决于当事人是否依法行使了撤销权。既然无效合同和被撤销合同自始没有法律约束力，如果当事人一方或双方已对合同进行了履行，就应对因无效合同和被撤销合同的履行而引起的财产后果进行处理，以追究当事人的法律责任。《合同法》对此作出了如下规定：

1. 返还财产。返还财产是指合同当事人应将因履行无效合同或者被撤销合同而取得的对方财产归还给对方。如果只有一方当事人取得对方的财产，则单方返还给对方；如果双方当事人均取得了对方的财产，则应双方返还给对方。通过返还财产，使合同当事人的财产状况恢复到订立合同时的状态，从而消除了无效合同或者被撤销合同的财产后果。但返还财产不一定返还原物，如果不能返还财产或者没有必要返还财产的，也可通过折价补偿的方式，达到恢复当事人的财产状况的目的。

2. 赔偿损失。当事人对因合同无效或者被撤销而给对方造成的损失，并不能因返还财产而被补偿，因此，还应承担赔偿责任。但当事人承担赔偿损失责任时，应以过错为原则。如果一方有过错给对方造成损失，则有过错一方应赔偿对方因此而受到的损失；如果双方都有过错，则双方均应承担各自相应的责任。

3. 追缴财产。对于当事人恶意串通，损害国家、集体或者第三人利益的合同，由于其有着明显的违法性，应追缴当事人因合同而取得的财产，以示对其违法行为的制裁，对损害国家利益的合同,当事人因此取得的财产应收归国家所有;对损害集体利益的合同,应将当事人因此而取得的财产返还给集体;对损害第三人利益的合同,应将当事人因此而取得的财产返还给第三人。

四、合同的履行

合同的履行是指合同生效后,当事人双方按照合同约定的标的、数量、质量、价款、履行期限、履行地点和履行方式等,完成各自应承担的全部义务的行为。如果当事人只完成了合同规定的部分义务,称为合同的部分履行或不完全履行;如果合同的义务全部没有完成,称为合同未履行或不履行合同。有关合同履行的规定,是合同法的核心内容。

(一)全面履行合同

当事人订立合同不是目的,只有全面履行合同,才能实现当事人所追求的法律后果,其预期目的得以实现。因此,为了确保合同生效后,能够顺利履行,当事人应对合同内容作出明确具体的约定。但是如果当事人所订立的合同,对有关内容约定不明确或没有约定,为了确保交易的安全与效率,《合同法》允许当事人协议补充。如果当事人不能达成协议的,按照合同有关条款或者交易习惯确定。如果按此规定仍不能确定的,则按《合同法》规定处理:

1. 质量要求不明确的,按照国家标准、行业标准履行;没有国家标准、行业标准的,按照通常标准或者符合合同目的的特定标准履行。

2. 价款或者报酬不明的,按照订立合同时履行地的市场价格履行;依法应当执行政府定价或者政府指导价的,按照规定履行。

3. 履行地点不明确,给付货币的,在接受货币一方所在地履行;交付不动产,在不动产所在地履行;其他标的,在履行义务一方所在地履行。

4. 履行期限不明确的,债务人可以随时履行,债权人也可以随时要求履行,但应当给对方必要的准备时间。

5. 履行方式不明确的,按照有利于实现合同目的的方式履行。

6. 履行费用的负担不明确的,由履行义务的一方负担。

当事人在履行合同时,不仅要按合同约定全面完成自己的义务,而且还要根据合同的性质、目的和交易习惯,履行通知、协助、保密等义务,这是《合同法》诚实信用原则在合同履行中的体现。

此外,《合同法》对执行政府定价或者政府指导价的合同,作出了明确规定:执行政府定价或者政府指导价的,在合同约定的交付期限内政府价格调整时,按照交付时的价格计价。逾期交付标的物的,遇价格上涨时,按照原价格执行;价格下降时,按照新价格执行。逾期提取标的物或者逾期付款的,遇价格上涨时,按照新价格执行;价格下降时,按照原价格执行。

(二)债务人的履行抗辩权

1. 同时履行抗辩权

同时履行抗辩权是指在双务合同中,当事人履行合同义务没有先后顺序,应当同时履行,当对方当事人未履行合同义务时,一方当事人可以拒绝履行合同义务的权利。《合同法》规定:当事人互负债务,没有先后履行顺序的,应当同时履行,一方在对方履行之前有权拒绝其履行要求。一方在对方履行债务不符合约定时,有权拒绝其相应的履行要求。

2. 先履行抗辩权

先履行抗辩权是指在双务合同中,当事人约定了债务履行的先后顺序,当先履行的一方未按约定履行债务时,后履行的一方可拒绝履行其合同债务的权利。《合同法》规定:当事人互负债务,有先后履行顺序,先履行一方未履行的,后履行一方有权拒绝其履行要求。先履行一方履行债务不符合约定的,后履行一方有权拒绝相应的履行要求。

3. 不安抗辩权

不安抗辩权是指在双务合同中,先履行债务的当事人掌握了后履行债务一方当事人丧失或者可能丧失履行债务的能力的确切证据时,暂时停止履行其到期债务的权利。《合同法》规定:应当先履行债务的当事人有确切证据证明对方有下列情形之一的,可以中止履行:

(1) 经营状况严重恶化;

(2) 转移财产、抽逃资金,以逃避债务;

(3) 丧失商业信誉;

(4) 有丧失或者可能丧失履行债务能力的其他情形。

根据这一规定,当事人行使不安抗辩权的条件是:第一,当事人订立的是双务合同并约定了履行先后顺序;第二,先履行一方当事人的履行债务期限已到,而后履行一方当事人的债务未到履行期限;第三,后履行一方当事人丧失或者可能丧失履行债务能力,证据确凿;第四,合同中未约定担保。

当事人行使了不安抗辩权,并不意味着合同终止,只是当事人暂时停止履行其到期债务。这时,应如何处理双方之间合同呢?《合同法》对此作出了规定:"当事人依照本法第六十八条的规定中止履行的,应当及时通知对方。对方提供适当担保时,应当恢复履行。中止履行后,对方在合理期限内未恢复履行能力并且未提供适当担保的,中止履行的一方可以解除合同。"

(三) 债权人的代位权、撤销权

1. 债权人的代位权

债权人的代位权是指债权人为了使其债权免受损害,代为行使债务人权利的权利。《合同法》规定:"因债务人怠于行使其到期债权,对债权人造成损害的,债权人可以向人民法院请求以自己的名义代位行使债务人的债权,但该债权专属于债务人自身的除外。"根据这一规定,债权人行使代位权的条件是:第一,债务人怠于行使其到期债权;第二,基于债务人怠于行使权利,会造成债权人的损害;第三,债务人的权利非专属债务人自身;第四,代位权的范围应以债权人的债权为限。

2. 债权人的撤销权

债权人撤销权是指债权人对于债务人实施的损害其债权的行为,请求人民法院予以撤销的权利。《合同法》规定:"因债务人放弃其到期债权或者无偿转让财产,对债权人造成损害的,债权人可以请求人民法院撤销债务人的行为。债务人以明显不合理的低价转让财产,对债权人造成损害,并且受让人知道该情形的,债权人也可以请求人民法院撤销债务人的行为。"根据这一规定,债权人行使撤销权的条件是:第一,债务人实施了损害债权人的行为,这种行为有三种表现形式:放弃到期债权、无偿转让财产以及向知情第三人以明显不合理的低价转让财产;第二,债务人造成了债权人的损害;第三,撤销权的行使范围以债权人的债权为限。

债权人无论是行使代位权,还是行使撤销权,均应当向人民法院提起诉讼,由人民法院作出裁判。对债权人行使撤销权的期限,《合同法》作出了规定:"撤销权自债权人知道或者应当知道撤销事由之日起一年内行使。自债务人的行为发生之日起五年内没有行使撤销权的,该撤销权消灭。"

五、合同的变更、转让和终止

（一）合同的变更

合同的变更是指合同依法成立后,在尚未履行或尚未完全履行时,当事人双方依法对合同的内容进行修订或调整所达成的协议。按照《合同法》的规定,只要当事人协商一致,即可变更合同。例如,对合同约定的标的数量、质量标准、履行期限、履行地点和履行方式等进行变更。合同变更一般不涉及已履行的部分,而只对未履行的部分进行变更,因此,合同变更不能在合同履行后进行,只能在完全履行合同之前。

（二）合同的转让

合同的转让,是指当事人一方将合同的权利和义务转让给第三人,由第三人接受权利和承担义务的法律行为。《合同法》规定了合同权利转让、合同义务转让和合同权利义务一并转让的三种情况。

1. 合同权利的转让

合同权利的转让,是指合同当事人将合同中的权利全部或部分地转让给第三人的行为。《合同法》对债权的让与作出了如下规定:

(1) 不得转让的情形:

1) 根据合同性质不得转让;

2) 按照当事人约定不得转让;

3) 依照法律规定不得转让。

(2) 债权人转让权利的条件:债权人转让权利的,应当通知债务人。未经通知,该转让对债务人不发生效力。除非受让人同意,债权人转让权利的通知不得撤销。

(3) 债权的让与,对其从权利的效力:债权人转让权利的,受让人取得与债权有关的从权利,但该从权利专属于债权人自身的除外。

(4) 债权的让与,对债务人的抗辩权及抵消权的效力:债务人接到债权转让通知后,债务人对原债权人的抗辩,可以向受让人主张;债务人对让与人享有债权,并且债务人的债权先于转让债权到期或者同时到期的,债务人可以向受让人主张抵消。

2. 合同义务的转让

合同义务的转让,是指债务人将合同的义务全部或部分地转移给第三人的行为。《合同法》对债务人转让合同义务作出了如下规定:

(1) 债务人转让合同义务的条件:债务人将合同的义务全部或者部分转让给第三人的,应当经债权人同意。

(2) 新债务人的抗辩权:债务人转让义务的,新债务人可以主张原债务人对债权人的抗辩。

(3) 债务转让对其从债务的效力:债务人转让义务的,新债务人应当承担与主债务有关的从债务,但该从债务专属于原债务人自身的除外。

3. 合同权利和义务一并转让

合同权利和义务一并转让，是指合同当事人一方将债权债务一并转移给第三人，由第三人概括地接受这些债权债务的行为。合同权利和义务一并转让，分两种情况，《合同法》规定："当事人一方经对方同意，可以将自己在合同中的权利和义务一并转让给第三人。"并且，《合同法》中有关合同权利转让和义务转让的规定亦适用。另一种情况是因当事人的组织变更而引起合同权利义务转让。当事人的组织变更是指当事人在合同订立后，发生合并或分立。《合同法》对这种情况下引起的权利义务的转让规定如下：当事人订立合同后合并的，由合并后的法人或者其他组织行使合同权利，履行合同义务。当事人订立合同后分立的，除债权人和债务人另有约定外，由分立的法人或者其他组织对合同的权利和义务享有连带债权，承担连带债务。

（三）合同的终止

合同的终止，是指当事人之间的合同关系由于某种原因而不复存在。《合同法》对合同终止的情形、后合同义务以及合同的解除等作出了规定：

1. 合同终止的情形

（1）债务已经按照约定履行；

（2）合同解除；

（3）债务相互抵消；

（4）债务人依法将标的物提存；

（5）债权人免除债务；

（6）债权债务同归于一人；

（7）法律规定或者当事人约定终止的其他情形。

2. 后合同义务

合同终止后，按照诚实信用原则和交易习惯，当事人还应履行一定的义务，以维护履行合同的效果，有关这方面的义务称为后合同义务。《合同法》规定："合同的权利义务终止后，当事人应当遵循诚实信用原则，根据交易习惯履行通知、协助、保密义务。"

3. 合同的解除

合同的解除，是指合同依法成立后，在尚未履行或者尚未完全履行时，提前终止合同效力的行为。《合同法》把合同的解除规定为终止合同的一种原因，并对约定解除合同和法定解除合同分别作出了规定。

（1）约定解除

约定解除是指当事人通过行使约定的解除权或者通过协商一致而解除合同。《合同法》规定："当事人协商一致，可以解除合同。""当事人可以约定一方解除合同的条件，解除合同的条件成就时，解除权人可以解除合同。"

（2）法定解除

法定解除是指当具有了法律规定可以解除合同的条件时，当事人即可依法解除合同。《合同法》规定了五种法定解除合同的情形：

1）因不可抗力致使不能实现合同目的；

2）在履行期限届满之前，当事人一方明确表示或者以自己的行为表示不履行主要债务；

3) 当事人一方迟延履行主要债务，经催告后在合理期限内仍未履行；
4) 当事人一方迟延履行债务或者有其他违约行为致使不能实现合同目的；
5) 法律规定的其他情形。

关于合同解除的法律后果，《合同法》也作出了相应规定："合同解除后，尚未履行的，终止履行；已经履行的，根据履行情况和合同性质，当事人可以要求恢复原状、采取其他补救措施，并有权要求赔偿损失。"

合同终止后，虽然合同当事人的合同权利义务关系不复存在了，但合同责任并不一定消灭，因此，合同中结算和清算条款不因合同的终止而终止，仍然有效。

六、违约责任

（一）违约责任的概念及方式

违约责任，是指当事人任何一方违约后，依照法律规定或者合同约定必须承担的法律制裁。

关于违约责任的方式，《合同法》规定了三种主要方式：

1. 继续履行合同

继续履行合同是要求违约债务人按照合同的约定，切实履行所承担的合同义务。《合同法》规定：当事人一方不履行金钱债务或者履行非金钱债务不符合约定的，对方可以要求履行，但有下列情形之一的除外：

（1）法律上或者事实上不能履行；
（2）债务的标的不适于强制履行或者履行费用过高；
（3）债权人在合理期限内未要求履行。

2. 采取补救措施

采取补救措施，是指在当事人违反合同后，为防止损失发生或者扩大，由其依照法律或者合同约定而采取的修理、更换、退货、减少价款或者报酬等措施。采用这一违约责任的方式，主要是在发生质量不符合约定的时候。

3. 赔偿损失

赔偿损失，是指合同当事人就其违约而给对方造成的损失给予补偿的一种方法。关于赔偿损失的范围，《合同法》规定，损失赔偿额应当相当于因违约所造成的损失，包括合同履行后可以获得的利益，但不得超过违反合同一方订立合同时预见到或者应当预见到的因违反合同可能造成的损失。关于赔偿损失的方法，《合同法》规定：当事人可以约定一方违约时应当根据违约情况向对方支付一定数额的违约金，也可以约定因违约产生的损失赔偿额的计算方法。约定的违约金低于一定数额的违约金，也可以请求人民法院或者仲裁机构予以增加；约定的违约金过分高于造成损失的，当事人可以请求人民法院或者仲裁机构予以适当减少。此外，《合同法》还规定：当事人可以依照《中华人民共和国担保法》约定一方向对方给付定金作为债权的担保。债务人履行债务后，定金应当抵作价款或者收回。给付定金的一方不履行约定的债务的，无权要求返还定金；收受定金的一方不履行约定的债务的，应当双倍返还定金。当事人既约定违约金，又约定定金的，一方违约时，双方可以选择适用违约金或者定金条款。

（二）违约责任的免除

合同生效后，当事人不履行合同或者履行合同不符合合同约定，都应承担违约责任。

但是，根据《合同法》规定，当发生不可抗力时，可以部分或全部免除当事人的违约责任。

1. 不可抗力的概念

《合同法》规定："不可抗力，是指不能预见、不能避免并不能克服的客观情况。"根据这一规定，不可抗力的构成条件是：

（1）不可预见性，即法律要求不可抗力必须是有关当事人在订立合同时，对该事件是否发生不能预见到；

（2）不可避免性，即合同生效后，当事人对可能出现的意外情况尽管采取了合理措施，但是客观上并不能阻止这一意外情况的发生；

（3）不可克服性，即合同的当事人对于意外情况发生导致合同不能履行这一后果不能克服，如果通过当事人努力能够将不利影响克服，则这一意外情况就不能构成不可抗力；

（4）履行期间性。不可抗力作为免责理由时，其发生必须是在合同订立后，履行期限届满前。当事人迟延履行后发生不可抗力的，不能免除责任。

2. 不可抗力的法律后果

（1）合同全部不能履行，当事人可以解除合同，并免除全部责任；

（2）合同部分不能履行，当事人可部分履行合同，并免除其不履行的部分责任；

（3）合同不能按期履行，当事人可延期履行合同，并免除其迟延履行的责任。

3. 遭遇不可抗力一方当事人的义务

根据《合同法》的规定，一方当事人因不可抗力不能履行合同义务时，应承担如下义务：

（1）应当及时采取一切可能采取的有效措施避免或者减少损失；

（2）应当及时通知对方；

（3）当事人应当在合理期限内提供证明。

（三）非违约一方的义务

当事人一方违约后，另一方当事人应当及时采取措施，防止损失的扩大，否则无权就扩大的损失要求赔偿。《合同法》对此明确规定："当事人一方违约后，对方应当采取适当措施防止损失的扩大；没有采取适当措施致使损失扩大的，不得就扩大的损失要求赔偿。""当事人因防止损失扩大而支出的合理费用，由违约方承担。"

第二节 建设工程合同法律规范

建设工程合同，也称建设工程承发包合同，是承包人进行工程建设，发包人支付价款的合同。建设工程合同包括勘察、设计、施工合同。鉴于建设工程委托监理合同与建设工程合同密切相关，我们这里把建设工程委托监理合同也纳入到建设工程合同体系中来。

一、建设工程合同种类

（一）按照承发包内容分

1. 建设工程勘察、设计合同；

2. 建设工程施工合同。

（二）按承发包方式的不同分

1. 设计一建造及交钥匙承包合同，即全包合同。业主将工程的设计、施工、供应、管理全部委托给一个承包商，即业主仅面对一个承包商。

2. 施工总承包，即承包商承担一个工程的全部施工任务，包括土建、水电安装、设备安装等。

3. 管理总承包，即 CM 承包方式。

4. 单位工程施工承包。这是最常见的工程承包合同，包括土木工程施工合同，电气与机械工程承包合同等。在工程中，业主可以将专业性很强的单位工程分别委托给不同的承包商。这些承包商之间为平行关系。

5. 分包合同。它是承包合同的分合同。承包商将承包合同范围内的一些工程或工作委托给另外的承包商来完成。他们之间签订分包合同。

（三）按照承包工程计价方式分

1. 固定价格。工程价格在实施期间不因价格变化而调整。在工程价格中应考虑价格风险因素并在合同中明确固定价格包括的范围。

2. 可调价格。工程价格在实施期间可随价格变化而调整，调整的范围和方法应在合同中约定。

3. 工程成本加酬金确定的价格。工程成本按现行计价依据以合同约定的办法计算，酬金按工程成本乘以通过竞争确定的费率计算，从而确定工程竣工结算价。

二、建设工程勘察、设计合同

（一）建设工程勘察、设计合同的主要内容

根据《中华人民共和国合同法》以及《建设工程勘察设计合同条例》的规定，建筑工程勘察设计合同应包括以下内容：

1. 工程概况，工程名称、地点、规模；
2. 发包方提供资料的内容、技术要求和期限；
3. 承包方勘察的范围、进度和质量，设计的阶段、进度、质量和设计文件的份数及交付日期；
4. 勘察设计收费的依据、收费标准及拨付办法；
5. 双方当事人的权利与义务；
6. 违约责任；
7. 争议的解决方式等。

（二）建设工程勘察设计合同当事人的权利和义务

一般来说，建设工程勘察、设计合同双方当事人的权利、义务是相互对应的，即发包方的权利往往是承包方的义务，而承包方的权利又往往是发包方的义务。因此，以下只阐述双方当事人的义务。

1. 建设工程勘察、设计合同发包方的主要义务

（1）发包方应向工程勘察项目承包方提供勘察范围图和建筑平面布置图，提交勘察技术要求及附图；向工程设计项目承包方提供设计任务书、选址报告、满足初步设计要求的勘察资料及经过批准的资源、燃料、水电、运输等方面的协议文件。

（2）向勘察设计项目的承包方提供必要的生活和工作条件；

（3）负责勘察现场的通水、通电、通路和场地平整工作；

(4) 及时向有关部门申请取得各设计阶段的批准文件,明确设计的范围和深度;

(5) 尊重勘察设计方的勘察设计成果,不得私自修改,不得转借他人,如双方约定了保密义务,则委托方不得泄露文件内容。

2. 建设工程勘察设计合同承包方的主要义务

(1) 按照勘察设计合同的要求向委托方按时提交勘察成果和设计文件。

(2) 初步设计经上级主管部门审查后,在原定任务书范围内的必要修改由承包方负责,承包方对于勘察工作中的遗漏项目应及时进行补充勘察并自行承担补充勘察的有关费用。

(3) 对勘察设计成果负瑕疵担保责任。勘察人、设计人应对其提交给委托人的勘察、设计成果的质量进行担保。工程即使进入施工安装阶段,如发现属勘察人、设计人的勘察设计成果有质量瑕疵从而引起工程返工、窝工、建设费用增加的,应由勘察设计人负担造成的损失。

(4) 承包方对所承担设计任务的建设项目应配合施工,进行施工前设计技术交底,解决施工过程中的有关设计问题,负责设计变更和修改预算,参加试车考核和隐蔽工程及工程竣工验收,必要时应派员现场设计。

(三) 建设工程勘察设计合同当事人的违约责任

1. 发包方的违约责任

发包方因所提供勘察设计的资料不准或未按合同约定支付勘察设计费等应承担相应的违约责任。主要表现在以下几个方面:

(1) 发包方未按期提供勘察设计所需的原材料、设备、场地、资金、技术资料,致使工程未能按期进行的,承包方可以顺延工期,承包人由此造成的损失,应由发包人承担;

(2) 发包方提供的资料不准确,或中途改变建设计划造成勘察设计工作的返工、窝工、停工或修改计划的,发包方应按承包人的实际消耗工作量增付费用;

(3) 发包方未能按期接收承包方的工作成果的,应偿付逾期违约金;

(4) 发包方如不履行合同,无权请求返还定金。

2. 承包方的违约责任

承包方的责任主要是承包方未能按合同的约定提交勘察设计文件以及由于勘察设计错误而应承担的有关违约责任。主要表现在以下几个方面:

(1) 因勘察、设计质量低劣而引起工程返工,勘察、设计单位应当承担返工所支出的各种费用;

(2) 勘察设计单位未能按期提交勘察设计文件,致使拖延工期造成损失的,由勘察、设计单位继续完善勘察、设计,承担相应部分的勘察、设计费,并赔偿拖延工期造成的损失;

(3) 由于勘察、设计错误而造成工程重大质量事故的,承包方除免收损失部分的勘察设计费用外,还应承担一定数额的赔偿金;

(4) 承包方如不能履行合同,应双倍返还定金。

三、建设工程施工合同

(一) 建设工程施工合同概述

建设工程施工合同是发包方(建设单位或总包单位)和承包方(施工单位)为完成特

定的建筑安装工程任务，明确相互权利义务关系的协议。建设工程施工合同是建筑、安装合同的合称。

1. 签订建设工程施工合同需要满足一定的条件：
（1）初步设计和总概算已经批准；
（2）投资已列入国家和地方工程项目建设计划，建设资金已落实；
（3）有满足承包要求的设计文件和技术资料；
（4）场地、水源、电源、气源、运输道路已具备或在开工前完成；
（5）材料和设备的供应能保证工程连续施工；
（6）合同当事人应当具有法人资格；
（7）合同当事人双方均具有履行合同的能力。

2. 建设工程施工合同应具备的主要条款有：
（1）工程名称和地点；
（2）建设工期，中间交工工程开、竣工时间；
（3）工程质量；
（4）工程造价；
（5）承包工程的预付金、工程进度款及工程决算的支付时间与方式；
（6）材料和设备的供应责任；
（7）当一方提出迟延开工日期或中止工程的全部或一部分时，有关工期变更、承包金额变更或损失的承担及估算方法；
（8）由于价格变动而变更承包金额或工程内容的规定和估算方法；
（9）竣工验收；
（10）违约责任；
（11）合同争议的解决方式；
（12）其他约定条款。

（二）在建设工程施工合同的履行过程中，发包方的主要义务

1. 办理土地征用，青苗树木赔偿，房屋拆迁，清除地面、架空和地下障碍等工作，使施工场地具备施工条件，并在开工后继续负责解决以上事项遗留问题。

2. 将施工所需水、电、电讯线路从施工场地外部接至协议条款约定地点，并保证施工期间的需要。

3. 开通施工场地与城乡公共道路的通道，以及协议条款约定的施工场地内的主要交通干道，保证其畅通，满足施工运输的需要。

4. 向承包方提供施工场地的工程地质和地下管网线路资料，保证数据真实准确。

5. 办理施工所需各种证件、批件和临时用地、占道及铁路专用线的申报批准手续（证明承包商自身资质的证件除外）。

6. 将水准点与坐标控制点以书面形式交给承包方，并进行现场交验。

7. 组织承包方和设计单位进行图纸会审，向承包商进行设计交底。

8. 协调处理对施工现场周围地下管线和邻近建筑物、构筑物的保护，并承担有关费用。发包方不按合同约定完成以上工作造成延误，应承担由此造成的经济支出，赔偿承包方有关损失，工期也应相应顺延。

（三）在建设工程施工合同履行过程中，承包方的主要义务

1. 在设计资格证书允许的范围内，按发包方的要求完成施工组织设计或与工程配套的设计，经发包方批准后使用。

2. 向发包方提供年、季、月工程进度计划及相应进度统计报表和工程事故报告。

3. 按工程需要提供和维修非夜间施工使用的照明、看守、围栏和警卫等，如承包方未履行上述义务造成工程、财产和人身伤害，由承包方承担责任及所需的费用。

4. 按协议条款约定的数量和要求，向发包方提供在施工现场办公和生活的房屋及设施，发生的费用由发包方承担。

5. 遵守地方政府和有关部门对施工场地交通和施工噪音等管理规定，经发包方同意后办理有关手续，发包方承担由此发生的费用，因承包方责任造成的罚款除外。

6. 已竣工工程未交付发包方之前，承包方按协议条款约定负责已完工程的成品保护工作，保护期间发生损坏，承包方自费予以修复。要求承包方采取特殊措施保护的单位工程部位和相应经济支出，在协议条款内约定。发包方提前使用后发生损坏的修理费用，由发包方承担。

7. 按合同的要求做好施工现场地下管线和邻近建筑物、构筑物的保护工作。

8. 保证施工现场清洁符合有关规定，交工前清理现场达到合同文件的要求，承担因违反有关规定造成的损失和罚款（合同签订后颁发的规定和非承包方原因造成的损失和罚款除外）。承包方不履行上述各项义务，造成工期延误和工程损失，应对发包方的损失给予赔偿。

（四）建设工程施工合同发包方的违约责任

1. 未能按照合同的规定履行应负的责任。除竣工日期得以顺延处，还应赔偿承包方因此发生的实际损失。

2. 工程中途停建、缓建或由于设计变更以及设计错误造成的返工，应采取措施弥补或减少损失，同时，赔偿承包方由此而造成的停工、窝工、返工、倒运、人员和机械设备调迁、材料和构件积压的实际损失。

3. 工程未经验收，发包方提前使用或擅自动用，由此而发生的质量或其他问题由发包方承担责任。

4. 超过合同规定日期验收，按合同违约责任条款的规定偿付逾期违约金。

5. 不按合同规定拨付工程款，按银行有关延期付款办法或工程价款结算办法的有关规定处理。

（五）建设工程合同承包方的违约责任

1. 工程质量不符合合同规定的，负责无偿修理或返工。由于修理或返工造成逾期交付的，偿付逾期违约金。

2. 工程交付时间不符合合同规定，按合同中违约责任条款的规定偿付逾期违约金。

3. 由于承包方的责任，造成发包方提供的材料、设备等丢失或损坏，应负赔偿责任。

四、建设工程委托监理合同

建设工程委托监理合同是委托人（业主）与监理人签订的，为委托监理人承担监理业务而明确双方权利义务关系的协议。根据建设部、国家工商行政管理局联合发布的建建[2000] 44 号《关于印发〈建设工程委托监理合同〉示范文本的通知》，有关合同双方的权利、义务和责任的内容主要有：

(一) 监理人的主要义务

1. 监理人按合同约定派出监理工作需要的监理机构及监理人员，向委托人报送委派的总监理工程师及其监理机构主要成员名单、监理规划，完成监理合同专用条件中约定的监理工程范围内的监理业务。在履行合同义务期间，应按合同约定定期向委托人报告监理工作。

2. 监理人在履行本合同的义务期间，应认真、勤奋地工作，为委托人提供与其水平相适应的咨询意见，公正维护各方面的合法权益。

3. 监理人使用委托人提供的设施和物品属委托人的财产。在监理工作完成或中止时，应将其设施和剩余的物品按合同约定的时间和方式移交给委托人。

4. 在合同期内或合同终止后，未征得有关方同意，不得泄露与本工程、本合同业务有关的保密资料。

(二) 委托人的主要义务

1. 委托人在监理人开展监理业务之前应向监理人支付预付款。

2. 委托人应当负责工程建设的所有外部关系的协调，为监理工作提供外部条件。根据需要，如将部分或全部协调工作委托监理人承担，则应在专用条件中明确委托的工作和相应的报酬。

3. 委托人应当在双方约定的时间内免费向监理人提供与工程有关的为监理工作所需要的工程资料。

4. 委托人应当在专用条款约定的时间内就监理人书面提交并要求作出决定的一切事宜作出书面决定。

5. 委托人应当授权一名熟悉工程情况、能在规定时间内作出决定的常驻代表（在专用条款中约定），负责与监理人联系。更换常驻代表，要提前通知监理人。

6. 委托人应当将授予监理人的监理权利，以及监理人主要成员的职能分工、监理权限及时书面通知已选定的承包合同的承包人，并在与第三人签订的合同中予以明确。

7. 委托人应在不影响监理人开展监理工作的时间内提供如下资料：与本工程合作的原材料、构配件、机械设备等生产厂家名录，以及与本工程有关的协作单位、配合单位的名录。

8. 委托人应免费向监理人提供办公用房、通讯设施、监理人员工地住房及合同专用条件约定的设施，对监理人自备的设施给予合理的经济补偿（补偿金额＝设施在工程使用时间占折旧年限的比例×设施原值＋管理费）。

9. 根据情况需要，如果双方约定，由委托人免费向监理人提供其他人员，应在监理合同专用条件中予以明确。

(三) 监理人在委托人委托的工程范围内享有的权利

1. 选择工程总承包人的建议权。

2. 选择工程分包人的认可权。

3. 对工程建设有关事项包括工程规模、设计标准、规划设计、生产工艺设计和使用功能要求，向委托人的建议权。

4. 对工程设计中的技术问题，按照安全和优化的原则，向设计人提出建议；如果拟提出的建议可能会提高工程造价，或延长工期，应当事先征得委托人的同意。当发现工程设计不符合国家颁布的建设工程质量标准或设计合同约定的质量标准时,监理人应当书面报告委托人并要求设计人更正。

5. 审批工程施工组织设计和技术方案,按照保质量、保工期和降低成本的原则,向承包人提出建议,并向委托人提出书面报告。

6. 主持工程建设有关协作单位的组织协调,重要协调事项应当事先向委托人报告。

7. 征得委托人同意,监理人有权发布开工令、停工令、复工令,但应当事先向委托人报告。如在紧急情况下未能事先报告时,则应在 24 小时内向委托人作出书面报告。

8. 工程上使用的材料和施工质量的检验权。对于不符合设计要求和合同约定及国家质量标准的材料、构配件、设备,有权通知承包人停止使用;对于不符合规范和质量标准的工序、分部分项工程和不安全施工作业,有权通知承包人停工整改、返工。承包人得到监理机构复工令后才能复工。

9. 工程施工进度的检查、监督权,以及工程实际竣工日期提前或超过工程施工合同规定的竣工期限的签认权。

10. 在工程施工合同约定的工程价格范围内,工程款支付的审核和签认权,以及工程结算的复核确认权与否决权。未经总监理工程师签字确认,委托人不支付工程款。

11. 监理人在委托人授权下,可对任何承包人合同规定的义务提出变更。如果由此严重影响了工程费用或质量、或进度,则这种变更须经委托人事先批准。在紧急情况下未能事先报委托人批准时,监理人所做的变更也应尽快通知委托人。在监理过程中如发现工程承包人人员工作不力,监理机构可要求承包人调换有关人员。

12. 在委托的工程范围内,委托人或承包人对对方的任何意见和要求(包括索赔要求),均必须首先向监理机构提出,由监理机构研究处置意见,再同双方协商确定。当委托人和承包人发生争议时,监理机构应根据自己的职能,以独立的身份判断,公正地进行调解。当双方的争议由政府建设行政主管部门调解或仲裁机关仲裁时,应当提供作证的事实材料。

(四)委托人的主要权利

1. 委托人有选定工程总承包人,以及与其订立合同的权利;

2. 委托人有对工程规模、设计标准、规划设计、生产工艺设计和设计使用功能要求的认定权,以及对工程设计变更的审批权;

3. 监理人调换总监理工程师须事先经委托人同意;

4. 委托人有权要求监理人提交监理工作月报及监理业务范围内的专项报告;

5. 当委托人发现监理人员不按监理合同履行监理职责,或与承包人串通给委托人或工程造成损失的,委托人有权要求监理人更换监理人员,直到终止合同并要求监理人承担相应的赔偿责任或连带赔偿责任。

(五)监理人的主要责任

1. 监理责任期。监理人的责任期即委托监理合同有效期。在监理过程中,如果因工程建设进度的推迟或延误而超过书面约定的日期,双方应进一步约定相应延长的合同期。

2. 监理责任的赔偿额。监理人在责任期内,应当履行约定的义务,如果因监理人过失而造成了委托人的经济损失,应当向委托人赔偿,累计赔偿总额(除依法与承包人承担的连带赔偿责任外)不应超过监理报酬总额(除去税金)。

3. 监理责任的免除。监理人对承包人违反合同规定的质量要求和完工（交图、交货）时限，不承担责任。因不可抗力导致委托监理合同不能全部或部分履行，监理人不承担责任。但对监理人因不认真谨慎的工作以及有失公正所引起的与之有关的事宜，向委托人承担赔偿责任。

4. 监理人向委托人提出赔偿要求不能成立时，监理人应当补偿由于该索赔所导致委托人的各种费用支出。

（六）委托人的主要责任

1. 委托人应当履行委托监理合同约定的义务，如有违反则应当承担违约责任，赔偿给监理人造成的经济损失。监理人处理委托业务时，因非监理人原因的事由受到损失的，可以向委托人要求补偿损失。

2. 委托人如果向监理人提出赔偿的要求不能成立，则应当补偿由该索赔所引起的监理人的各种费用支出。

第三节　国际工程承包合同

一、国际工程承包合同的概念和特点

（一）国际工程的概念和内容

国际工程通常是指工程参与主体来自不同国家，按国际惯例进行管理的工程项目，即面向国际进行招标的工程。在许多发展中国家，根据项目建设资金的来源（例如外国政府贷款、国际金融机构贷款等）和技术复杂程度，以及本国工程公司的能力局限等情况，允许外国公司承包某些工程。还有世界银行贷款项目或者地区性发展银行贷款的项目，必须按贷款银行的规定允许一定范围的外国公司投标。这些均属于国际工程。在我国，随着《外商投资建筑业企业管理规定》及其实施细则的颁布，我国建筑市场已经对外开放，对于外商投资项目以及允许外资建筑企业承包的工程，也应视为国际工程。国际工程包含咨询和承包两大行业：

1. 国际工程咨询：包括对工程项目前期的投资机会研究、预可行性研究、可行性研究、项目评估、勘察、设计、招标文件编制、监理、管理、后评价等，是以高水平的智力劳动为主的行业，一般都是为建设单位（发包人）提供服务的，也可应承包人聘请为其进行施工管理、成本管理等。

2. 国际工程承包：包括对工程项目进行投标、施工、设备采购及安装调试、分包、提供劳务等。按照发包人的要求，有时也作施工详图设计和部分永久工程的设计。

（二）国际工程的特点

1. 合同主体的国际性

国际工程合同签约各方属于不同国别，可能涉及多国的法律制度的约束，这种约束不仅有程序方面的，而且更多是实体方面的，并且牵涉的法律范围极广，诸如招标投标法、建筑法、公司法、合同法、劳动法、投资法、金融法、外汇管制法、社会保险法、税法等。

如果工程所在国家的法律体系比较健全和完备，而且合同中有明确的法律适用条款，这就比较好处理。问题是许多发展中国家的法律并不完备，还有许多是不成文的行业习

惯，以及并未明示有约束力的国际惯例。为此，作为国际承包人除了应当聘请当地工程承包方面有经验的律师或法律顾问外，还必须在签订合同时，澄清各项涉及法律和惯例的重大问题。

对于大型和复杂的国际工程项目，其承包建设可能涉及许多国家，例如工程所在国、总承包人的注册国，还有贷款金融机构、咨询设计、设备供货和安装、各类专业工程分包商以及劳务等可能都属于不同国家，有多个不同的合同和协议来规定他们之间的法律关系。所有这些合同和协议并不一定能适用工程所在国法律，特别是解决他们之间的争议并不一定都是采取仲裁程序或司法程序，也不可能在同一仲裁地点和机构，或者同一个有专属管辖权的法院处理争议。这一国际性特征使国际工程的法律关系问题变得极为复杂和难以处理。

2．货币和支付方式的多样性

这一特点和国内工程有着明显的不同。国际工程承包肯定要使用多种货币，包括承包人要使用部分其国内货币来支付其国内应缴纳的费用和总部开支，要使用工程所在国的货币支付当地费用，还要使用多种外汇用以支付材料、设备采购费用等。国际工程的支付方式除了现金和支票支付手段外，还有银行信用证、国际托收、银行汇付等不同方式。由于发包人支付的货币和承包人实际使用的货币不同，而且是在整个漫长的工期内按陆续完成的工程内容逐步支付，这就使承包人时刻处于货币汇率浮动和利率变化的复杂国际金融环境中。不熟悉或者不善于分析国际金融形势变化的承包人，即使其施工技术能力再强，也可能因处理国际金融业务不当而败下阵来。

3．国际政治、经济影响因素的权重明显增大

除了工程本身的合同义务和权利外，国际工程项目可能受到国际政治和经济形势的变化影响较多。例如，某些国家对于承包人实行地区和国别的限制或者歧视性政策；还有些国家的项目受到国际资金来源的约束，可能因为国际政治经济形势变动影响而中止；至于因工程所在国的政治形势变化而使工程中断的情况并非鲜见。国际承包人不能仅关心其承包的工程本身的问题，而应当密切关注工程所在国及其周围地区，乃至国际大环境的变化和影响，采取必要的防范风险的应变措施。

4．规范标准庞杂，差异较大

国际工程都要求采用在国际上广泛接受的技术标准、规范和各种规程。国际工程承包的合同文件通常为两大组成部分：一是针对商务和法律方面的文件，它们主要是规定各方的权利、义务和责任；二是针对技术方面的细节，不仅包括工程的内容和范围，还要规定其工程、设备、材料和工艺各方面的技术要求，这一部分包括图纸和详细的技术说明书。各个国家可能都有其自己国内适用的标准、规范和规程，但一项国际工程如果不在合同中强行规定统一的标准、规范或规程，就可能把工程搞成五花八门，互不协调而争议不断。承包人进入国际工程市场就必须熟悉国际常用的各种技术标准和规范，并使自己的施工技术和管理适应国际标准、规范和有关惯例的要求。同时，由于有些发展中国家经常使用一部分当地并不完善的"暂行规定"，为此，承包人还应收集和了解当地的一些习惯做法，使自己能适应当地的惯用规程。

（三）国际工程的参与主体

1．发包人

发包人是工程项目的投资决策者、资金筹集者、项目实施组织者（常常也是项目的产权所有者）。发包人机构可以是政府部门、社会团体法人、国有企业、股份公司、私人公司以及个人。

企业的性质影响到项目实施的各个方面，许多国家制定了专门的规定以约束公共部门发包人的行为，尤其是工程采购方面。相对而言，私营发包人在决策时有更多的自由。

2. 承包人

承包人通常指承担工程项目施工及设备采购的公司或其联合体。如果发包人将一个工程分为若干的独立的合同，并分别与几个承包人签订合同，凡直接与发包人签订承包合同的都叫承包人。如果一家公司与发包人签订合同从而将整个工程承包下来则称为总承包人。

在国外还有一种工程公司，是指可以提供投资前咨询、设计到设备采购、施工等贯彻项目建设全过程服务的承包公司。这种公司多半拥有自己的设计部门，规模较大，技术先进，在特殊项目中，这类大型公司有时甚至可以提供融资服务。因此总承包人又可以分为两类，即施工总承包人，以及能进行设计和施工等全方位服务的总承包人。

3. 建筑师/工程师

建筑师/工程师均指不同领域和阶段负责咨询或设计的专业公司和专业人员，他们专业领域不同，在不同国家和不同性质的工作中担任的角色可能不一致。如在英国，建筑师负责建筑设计，而工程师则负责土木工程的结构设计；在美国，建筑师在概念设计阶段负责项目的总体规划，而由结构工程师和设备工程师完成设计以保证建筑物的安全。但是在工程项目管理中，建筑师或工程师担任的角色和承担的责任是相似的。不同的合同条件可能称为建筑师、工程师或咨询工程师。各国均有严格的建筑师/工程师的资格认证和注册制度，作为专业人员必须通过相应专业协会的资格认证，而有关公司或事务所必须在政府有关部门注册。

建筑师/工程师提供的服务内容很广泛，一般包括：项目的调查、规划与可行性研究、工程各阶段的设计、工程监理、参与竣工验收、试车和培训、项目后评价以及各类专题咨询。在国外对建筑师/工程师的职业道德和行为准则都有很高的要求，主要包括：努力提高专业水平，用自己的才能为委托人提供高质量的服务；按照法律和合同处理问题；保持独立和公正；不得接受发包人支付酬金以外的任何报酬，特别是不得与承包人、制造商、供应商有业务合伙和经济关系；禁止不正当竞争，为委托人保密等。

4. 分包商

分包商是指那些直接与承包人签订合同，分担一部分承包人与发包人签订合同中的任务的公司。发包人和工程师不直接管理分包商，他们对分包商的工作有要求时，一般通过承包人处理。

国外有许多专业承包人和小型承包人，专业承包人在某些领域有特长，在成本、质量、工期控制等方面有优势，数量上占优势的是大批小承包人。如在英国，大多数小公司人数在15人以下，而占总数不足1％的大公司却承包工程总量的70％。宏观看来，大小并存、专业分工的局面有利于提高工程项目建设的效率。

此外，由发包人在招标文件中或开工后指定的分包商或供应商，一般称为指定分包商。指定分包商仍应与承包人签订分包合同。

5. 供应商

供应商是指为工程实施提供工程设备、材料和建筑机械的公司和个人。一般供应商不参与工程的施工，但是有一些设备供应商由于设备安装要求比较高，往往既承担供货，又承担安装和调试工作，如电梯、大型发电机组等。

供应商既可以与发包人直接签订供货合同，也可以直接与承包人或分包商签订供货合同，视合同类型而定。

6. 工料测量师

工料测量师是英国、英联邦国家以及我国香港地区对工程经济管理人员的称谓。在美国叫造价工程师或成本咨询工程师，在日本称为建筑测量师。

工料测量师的主要任务是为委托人（一般是发包人，也可以是承包人）进行工程造价管理，协助委托人将工程成本控制在预定目标之内。受雇于发包人时，工料测量师可以协助发包人编制工程的成本计划，建议采用的合同类型，在招标阶段编制工程量表及计算标底，也可以在工程实施阶段进行支付控制，直至编制竣工决算表；受雇于承包人时，可为承包人估算工程量，确定投标报价或在工程实施阶段进行管理。

（四）国际工程承包合同的特点

国际工程承包合同是指国际工程的参与主体之间为了实现特定的目的而签订的明确彼此权利义务关系的协议。与国内工程合同相比，国际工程承包合同具有如下一些特点：

1. 国际工程的合同管理是工程项目管理的核心。国际工程合同从前期准备、招投标、谈判、修改、签订到实施，都是国际工程中十分重要的环节。合同有关任何一方都不能粗心大意，只有订立好一个完善的合同才能保证项目的顺利实施。

2. 国际工程合同文件内容全面，包括合同协议书、投标书、中标函、合同条件、技术规范、图纸、工程量表等多个文件。编制合同文件时，各部分的论述都应力求详尽具体，以便在实施中减少矛盾和争论。

3. 国际工程咨询和承包在国际上都有上百年历史，经过不断总结经验，在国际上已经有了一批比较完善的合同范本，如 FIDIC 合同条件、ICE 合同条件、NEC 合同条件、AIA 合同条件等。这些范本还在不断地修订和完善，可供我们学习和借鉴。

4. 每个工程项目都有各自的特点，"项目"本身就是不重复的、一次性的活动。国际工程项目由于处于不同的国家和地区，面临不同的工程类型、不同的资金条件、不同的合同模式、不同的发包人和咨询工程师、不同的承包人，因而可以说每个项目都是不相同的。

5. 国际工程合同制定时间长，实施时间更长。一个合同实施期短则 1～2 年，长则 20～30 年。因此合同中的任何一方都必须十分重视合同的订立和实施，依靠合同来保护自己的权益。

6. 一个国际工程项目往往是一个综合性的商务活动，实施一个工程除主合同外，还可能需要签订多个合同，如融资贷款合同、各类货物采购合同、分包合同、劳务合同、联营体合同、技术转让合同、设备租赁合同等等。其他合同均是围绕主合同，为主合同服务的，但每一个合同的订立和管理都会影响到主合同的实施。

综上所述，合同的制定和管理是搞好国际工程项目的关键，工程项目管理包括进度管理、质量管理和成本管理，而这些管理均是以合同要求和规定为依据的。项目任何一方都应配备专门人员认真研究合同，做好合同管理工作，以满足国际工程项目管理的需要。

二、国际工程承包合同的订立

招标是国际工程承包合同订立的最主要形式。按照招标的竞争性和限制程度的不同，国际工程的招标又分为公开招标和邀请招标。在国际工程招标实践中，形成了一套约定俗成的程序，一般从邀请承包商参加资格预审开始到授予合同可分为三个主要程序、十二个阶段。FIDIC专门编写了招标程序文件，用以指导国际工程建设项目的招标工作。其内容如下：

（一）对投标者资格预审的推荐程序

第一阶段，邀请承包商参加资格预审。在这个阶段，业主在公开出版的刊物或大使馆等合适的地方发布资格预审公告，资格预审公告一般包括业主情况、项目概况、咨询的问题和投标书提交日期、申请参加资格预审须知和承包商的资格预审资料提交日期。

第二阶段，向承包商颁发资格预审文件。资格预审文件一般要求投标人提供的材料包括投标人的组织和机构、投标人从事该类工作的经验和在该国家工作的经验、投标人的财务报表和投标人在管理方面、技术方面、劳务方面、设备方面的资格。投标人应按照资格预审文件的要求提供上述材料。

第三阶段，资格预审文件分析，挑选并通知已入选的投标人。这一阶段，招标人通过对资格预审资料的分析，对投标人在经验、资源、财务的稳定性以及总体的适应性等方面进行考察，确定入选的投标者名单，并通知所有的承包商。

（二）得到投标的推荐程序

第四阶段，准备招标文件。招标文件一般包括招标函、投标者须知、合同条件、规范、图纸、工程量表、资料数据、投标书格式和附录。

第五阶段，颁发招标文件。业主向投标者名单上的承包商颁发招标文件。投标人可以开始准备投标书，如需要，可以申请考察施工现场。

第六阶段，业主陪同投标者考察施工现场。

第七阶段，招标文件的修改。招标文件如果有遗漏或错误，业主可以修订招标文件，修订文件应在规定期限颁发到所有投标者名单上的承包商，修订文件为招标文件的组成部分。

第八阶段，投标者质疑。投标人可以通过通信的方式或者是参加招标人组织的投标者会议的方式，向招标人就招标文件提出质疑，招标人解答所有质疑，并将质疑内容、补充质疑和解答以书面形式颁发给所有投标者名单上的承包商。

第九阶段，投标书的提交和接收。投标人应按照招标公告和招标文件规定的期限提交投标文件。招标人收到投标文件后签收保存，并在开标前保证按期提交有效的投标书的安全。截止日期后收到的投标文件，招标人应原封不动的退回。

（三）开标和评标的推荐程序

第十阶段，开标。开标可以采取公开开标、有限制开标或者秘密开标。公开开标是在有招标人员、公证人员、投标人员及公众人员参加的情况下开标；有限制开标是以书面形式通知所有投标人，并只在一定范围内邀请愿意出席开标会的人士参加的开标；秘密开标是仅有业主与咨询工程师以及招标机构的评审人员、公证人员参加的开标。开标时，招标人应宣布并记录投标人名称及标价，包括替代方案的投标书的标价，宣布并记录由于投标书迟到或者未到而成为废标的投标人名单。

第十一阶段，评标。招标人应按照预先在招标文件规定的评标标准，对投标人的投标书在技术方面、合同方面、商务方面进行评标，并可以要求投标人就投标文件进行澄清，投标人应按照要求进行澄清。招标人在评标的基础上确定中标人。

第十二阶段，授予合同。招标人将中标结果通知中标人，准备合同文件，并与中标人签署合同，招标人可以要求中标人提供履约担保。招标人将中标结果通知所有未中标的投标人，并退还投标人提交的投标。

三、国际工程承包合同的履行

国际工程承包合同订立后，即进入合同的履行阶段，或者说工程的实施阶段。对于国际工程承包商来说，实施阶段的工作内容包括如下几方面的管理工作：

（一）合同管理

合同管理的中心任务就是利用合同的正当手段防范风险、维护自身的正当利益，并获取尽可能多的利润。为此，合同管理人员应当熟悉全部合同文件，在工程实施过程，掌握合同内容的变更及这些变更所带来的经济影响，因此，应当集中关注业主或工程师关于设计变更和工程量变更的各类指示，及时向业主或工程师提出相应的价格变更，并争取获得工程师的确认。每月的工程结算和索赔等工作，通常也归属于合同管理部门。

（二）计划管理

计划管理是工程实施阶段的中心，也是项目经营目标的具体化。其重点是制定工程总进度计划，包括网络计划或关键线路计划，编制施工组织设计总规划，施工机械和物资材料及永久设备的供应计划、资金流动计划及劳动力配置计划等。而具体的日进度、周进度和月进度计划则交给现场的施工队长或班组长去安排管理。

（三）成本管理

成本管理是国际工程承包商在获得合同后所面临的极为重要的工作。获得国际工程承包合同，仅仅是赢得了竞争投标的胜利，只有把实际工程实施的成本控制在合同价格之内，才能获得利润。尽管在投标前对工程作过详细的测算，也分析过成本和利润，但因投标时间限制，这种分析一般是较粗的。如果不在实施过程中严格进行成本控制，就可能产生亏损。

抓成本控制，就是要监督工程收支，努力将计划利润变成现实利润；同时要做好盈亏预测，指导工程实施。根据工程实施中的收支情况和成本盈亏预测，可对周转资金需求的数量和时间进行调整，使资金流动计划更趋合理，从而可供资金筹措和偿还借贷参考。此外，积累成本资料用来验证原来投标、指导今后投标报价，都具有十分重要的意义。

（四）财务管理

财务管理包括资金的筹集、运用和回收，银行保函和信用证的开出，工程付款的办理，银行往来，成本会计等工作。财务管理工作涉及的范围较广，又是专业性很强的学科。除资金的筹集和运用、成本管理与控制外，还涉及固定资产的购置、管理和折旧，收益的分配及使用，财务专用报表的编制和经济活动分析等。财务管理贯穿于物资和货币供应、生产、流通直至分配的各个主要环节，对工程能否正常施工和取得经济效益起着重要的作用。财务工作应实行计划管理和经济核算，利用财务管理的特定职能，筹集并合理使用资金，降低成本，开源节流，努力提高经济效益。

（五）物资采购管理

物资采购管理是实施工程管理并取得利润的重要手段，包括各种建筑材料、施工机械设备、永久（生产）设备、模板、工器具的计划、采购、运储保管、分发和回收等，还要组织材料的试验、送审，设备的验收等。需要进口的设备、材料还要办理进口清关手续，临时进口的机械设备尚需办理再出口手续。

（六）质量管理

质量管理是国际工程实施阶段的关键环节，直接决定着其他项目管理目标的实现与否。国际工程施工中的质量管理通常由承包商的项目经理或其指定的技术副经理或总工程师主管，其主要内容是技术管理和质量保证。技术管理包括设计图纸管理、技术规范检验标准和各种试验及其成果的管理；质量保证是在前者准确把握标书的基础上，从选定施工方案、采购合格材料、采用科学合理的工艺、完成符合招标书要求的工程所采用的质量保证措施。

（七）分包商管理

获得整个工程合同的总承包商将该工程按专业性质或工程范围再分包给若干家承包商分担实施任务，是国际工程承包活动中普遍采用的方式。总承包商拟将哪些工程内容向外发包，这与工程的性质、规模、总承包人自身的能力和特点、承包合同的规定或要求等因素有关。总承包商必须十分慎重选择合适的分包商来承担其计划向外分包的工程，否则，总承包商将被分包商拖进困境，引起连锁反应，甚至对整个工程造成不利影响。

（八）移交和竣工验收管理

在工程接近完工时，组织工程的移交和验收是十分重要和严肃认真的工作，关系施工阶段合同履行的终止、合同价款的收取以及缺陷责任期的开始等重要环节。关于工程移交和竣工验收的程序和工作要求，参见 FIDIC 土木工程施工合同条件的有关内容。

第四节　建设工程施工合同纠纷司法解释

为了贯彻执行《民法通则》、《合同法》、《招标投标法》等法律规定，最高人民法院审判委员会第1327次会议讨论通过了《关于审理建设工程施工合同纠纷案件适用法律问题的解释》（以下简称《解释》）。该解释的目的主要有两个：一是为了给国家关于清理工程拖欠款和农民工工资重大部署的实施提供司法保障；二是由于有些法律规定还比较原则，人民法院在审理建设工程施工合同纠纷案件时，对某些法律问题在具体适用上认识不统一。因此，为了配合国家专项措施的实施，统一人民法院执法尺度，公平保护各方当事人的合法权益，维护建筑市场的正常秩序，促进建筑行业的健康发展，最高人民法院决定制定这个司法解释。

从该解释的结构来看，该解释总共有28条，从大的方面可以分成三个部分：第1～26条讲建设工程合同，从本质上及学理上划分是属于合同之债；第27条讲侵权，是保修人不正当履行合同承担的侵权责任；第28条讲该解释生效时间、溯及力、法律冲突三个法律问题，相当于法条的附则部分。其中第一部分即建设施工合同部分又可以分成两个部分：第1～23条讲的实体问题，第24～26条讲的是程序问题。且第一部分第1～23条再细分又可以分成四个部分：第1～7条讲合同无效，或形式无效但法院应当认定有效的情形；第 8~10 条讲有效合同的解除问题；第 11~15 条讲施工工程质量；第 16~23 条讲工程价款。

一、关于合同效力

（一）建设工程施工合同无效的情形

《解释》第 1 条规定：建设工程施工合同具有下列情形之一的，应当根据《合同法》第五十二条第（五）项的规定，认定无效：

1. 承包人未取得建筑施工企业资质或者超越资质等级的；
2. 没有资质的实际施工人借用有资质的建筑施工企业名义的；
3. 建设工程必须进行招标而未招标或者中标无效的。

《解释》第 4 条规定：承包人非法转包、违法分包建设工程或者没有资质的实际施工人借用有资质的建筑施工企业名义与他人签订建设工程施工合同的行为无效。人民法院可以根据《民法通则》第一百三十四条规定，收缴当事人已经取得的非法所得。

建设工程施工合同受到不同领域的多部法律及其他规范性文件调整。法律、行政法规和部颁规章中调整建设工程施工合同的强制性规范就有六十多条，如果违反这些规范都以违反法律强制性规定为由而认定合同无效，不符合《合同法》的立法本意，不利于维护合同稳定性，也不利于保护各方当事人的合法权益，同时也会破坏建筑市场的正常秩序。从相关法律、行政法规的强制性规范内容看，可分为两类：一是保障建设工程质量的规范，二是维护建筑市场公平竞争秩序的规范。《解释》第 1 条和第 4 条将这两大类分为以下五种情形：一是承包人未取得建筑施工企业资质或者超越资质等级的；二是没有资质的实际施工人借用有资质的建筑施工企业名义的；三是建设工程必须进行招标而未招标或者中标无效的；四是承包人非法转包建设工程的；五是承包人违法分包建设工程的。当然，《民法通则》和《合同法》等基本法律规定的合同无效的情形，也应当适用于建设工程施工合同。

（二）合同无效的处理原则

《解释》第 2 条规定：建设工程施工合同无效，但建设工程经竣工验收合格，承包人请求参照合同约定支付工程价款的，应予支持。

《解释》第 3 条规定：建设工程施工合同无效，且建设工程经竣工验收不合格的，按照以下情形分别处理：

1. 修复后的建设工程经竣工验收合格，发包人请求承包人承担修复费用的，应予支持；
2. 修复后的建设工程经竣工验收不合格，承包人请求支付工程价款的，不予支持。因建设工程不合格造成的损失，发包人有过错的，也应承担相应的民事责任。

《解释》第 5 条规定：承包人超越资质等级许可的业务范围签订建设工程施工合同，在建设工程竣工前取得相应资质等级，当事人请求按照无效合同处理的，不予支持。

《解释》确立了参照合同约定结算工程价款的折价补偿原则。这是在处理无效的建设工程施工合同纠纷案件中具体体现《合同法》规定的无效处理原则。

《解释》第 2 条规定适用的无效合同仅指合同标的物为质量合格的建设工程，不包括质量不合格的建设工程。建设工程质量合格，包括两方面的意思，一是建设工程经竣工验收合格，二是建设工程经竣工验收不合格，但是经过承包人修复后，再验收合格。总之，只要建设工程经过验收合格,即使确认合同无效,也可以按照合同约定结算工程价款。对质量不合格又不能修复的工程可以不支付工程价款。

(三)垫资条款的效力

《解释》第6条规定:当事人对垫资和垫资利息有约定,承包人请求按照约定返还垫资及其利息的,应予支持,但是约定的利息计算标准高于中国人民银行发布的同期同类贷款利率的部分除外。

当事人对垫资没有约定的,按照工程欠款处理。

当事人对垫资利息没有约定,承包人请求支付利息的,不予支持。

《解释》规定当事人对垫资及其利息有约定,请求按照合同约定返还垫资款和利息的,应当予以支持。从而确立了垫资合同有效的处理原则。根据《解释》规定,当事人对垫资利息计算标准的约定不能超过国家法定基准利率;如超出,对超出部分不予保护。

二、关于合同解除

(一)发包人的解除权

《解释》第8条规定:承包人具有下列情形之一,发包人请求解除建设工程施工合同的,应予支持:

1. 明确表示或者以行为表明不履行合同主要义务的;
2. 合同约定的期限内没有完工,且在发包人催告的合理期限内仍未完工的;
3. 已经完成的建设工程质量不合格,并拒绝修复的;
4. 将承包的建设工程非法转包、违法分包的。

以上四种情形可以从《合同法》的相关规定中寻找法律依据,其中前三种情形是依据《合同法》关于合同当事人法定解除权的内容,第四项是依据《合同法》中关于承揽合同的规定:第一种情形,是承包人明确表示拒绝继续履行合同义务,工程实践中表现为发书面通知、撤场等;

第二种情形,合同约定的期限内没有完工,且在发包人催告的合理期限内仍未完工的,在这种情况下也可以解除合同;

第三种情形,已经完成的建设工程质量不合格,并拒绝修复的,由于工程质量缺陷进行修复是承包商的权利也是其义务。若其拒绝履行,发包人可解除合同;

第四种情形,因为施工合同本质上是承揽合同,有特定的指向对象来完成相应工作。

(二)承包人的解除权

《解释》第9条规定:发包人具有下列情形之一,致使承包人无法施工,且在催告的合理期限内仍未履行相应义务,承包人请求解除建设工程施工合同的,应予支持:

1. 未按约定支付工程价款的;
2. 提供的主要建筑材料、建筑构配件和设备不符合强制性标准的;
3. 不履行合同约定的协助义务的。

第一种情形,发包人未按约定支付工程价款的,值得注意的是根据《解释》的规定,并非只要发包人拖欠工程款承包人即可解除合同,而需达到"致使承包人无法施工,且在催告的合理期限内仍未履行相应义务"的程度。

第二种情形,提供的主要建筑材料、建筑构配件和设备不符合强制性标准的,这是《标准化法》规定的,是国家强制性规定。

第三种情形，发包人不履行合同约定的协助义务的。在承揽合同中，协助义务均为核心义务，比如提供施工资料，在施工现场提供通道等。

三、关于施工质量

（一）承包人的质量责任

《解释》第 11 条规定：因承包人的过错造成建设工程质量不符合约定，承包人拒绝修理、返工或者改建，发包人请求减少支付工程价款的，应予支持。

《解释》的该条规定为司法机关提供了一种不通过鉴定来处理工程质量缺陷的方式和手段。因承包人的过错造成建设工程质量不符合约定，承包人拒绝修理、返工或者改建，发包人请求减少支付工程价款的，应予支持。减少多少，有司法机关根据具体情况自由裁量的组成部分，并非一定要经过鉴定程序而增加当事人的诉讼成本。

（二）发包人的质量责任

《解释》第 12 条规定：发包人具有下列情形之一，造成建设工程质量缺陷，应当承担过错责任：

1. 提供的设计有缺陷；
2. 提供或者指定购买的建筑材料、建筑构配件、设备不符合强制性标准；
3. 直接指定分包人分包专业工程。

承包人有过错的，也应当承担相应的过错责任。

建设工程的质量关系到公共安全，为了确保建设工程质量，《合同法》、《建筑法》等法律、行政法规或者部颁规章都作出了许多具体规定，这些规定的核心都是为了保证工程质量。一般来讲，承包人的主要合同义务就是按照合同约定和国家标准施工，将合格的建设工程交付发包人，如果工程质量有缺陷，应由承包人承担责任。但在特殊情况下，建设工程质量缺陷与发包人的过错有关，如果发包人不承担相应的责任，都让承包人承担责任是不公平的。

第一种情形，发包人提供的设计有缺陷。从实务来看，发包人（业主）提供的第一个方案很少有缺陷，因为法律规定，在拿到开工许可证就应当取得建筑用地许可证、建筑规划许可证，在取得规划许可证时，已经有设计图了，在指标批复以后才可以施工，所以原始的设计存在缺陷的情况并不多。

第二种情形，发包人提供或者指定购买的建筑材料、建筑构配件、设备不符合强制性标准，在这种情况下，应承担主要责任。

第三种情形，发包人直接指定分包人分包专业工程。这是国务院《建设工程质量管理条例》明令禁止的。

《解释》第 13 条规定：建设工程未经竣工验收，发包人擅自使用后，又以使用部分质量不符合约定为由主张权利的，不予支持；但是承包人应当在建设工程的合理使用寿命内对地基基础工程和主体结构质量承担民事责任。

按照《合同法》和《建筑法》的规定，工程未经竣工验收或经竣工验收不合格的不得交付使用。法律规定不得交付使用，发包人擅自使用了，本身就是违法。发包人擅自使用越来越多主要有两个原因：第一，基于提前使用项目进行收益的需要；第二，拒绝验收以达到拖延支付工程款的目的。所以《解释》规定发包人擅自使用后，又以使用部分质量不符合约定为由主张权利的，不予支持；"不予支持"的内涵包括免除承包人施工质量存在的缺陷以及保修责任。

（三）竣工时间的确定

《解释》第14条规定：当事人对建设工程实际竣工日期有争议的，按照以下情形分别处理：

1. 建设工程经竣工验收合格的，以竣工验收合格之日为竣工日期；

2. 承包人已经提交竣工验收报告，发包人拖延验收的，以承包人提交验收报告之日为竣工日期；

3. 建设工程未经竣工验收，发包人擅自使用的，以转移占有建设工程之日为竣工日期。

《解释》第15条规定：建设工程竣工前，当事人对工程质量发生争议，工程质量经鉴定合格的，鉴定期间为顺延工期期间。

实际竣工日期对于解决施工合同纠纷是非常有意义的一个时间点，因为这个时间点：（1）涉及工期是否会拖延，如果拖延工期的话，存在承担违约责任的问题；（2）涉及付款的时间，有些合同约定工程竣工以后，才进行一定比例付款；（3）涉及欠付工程款的利息的计算。

第一种情形，建设工程经竣工验收合格的，以竣工验收合格之日为竣工日期，这里应当以质量监督管理部门签章的时间点作为最终的验收时间点。

第二种情形，承包人已经提交竣工验收报告，发包人拖延验收的，以承包人提交验收报告之日为竣工日期。从实务来看，发包人拖欠工程款支付主要有两个方式：一个是承包人报送结算资料后发包人不审价，再一个是承包人报了竣工文件后发包人不验收。所以在这种情况下，把这个时间点往前移，以提交验收报告之日为竣工日期。这也是建设部建设施工合同示范文本中规定的。

第三种情形，建设工程未经竣工验收，发包人擅自使用的，以转移占有建设工程之日为竣工日期。"转移占有"是民法物权上的一个概念，涉及物权和物权风险转移的问题。

四、关于工程价款

（一）计价标准与方法

《解释》第16条规定：当事人对建设工程的计价标准或者计价方法有约定的，按照约定结算工程价款。

因设计变更导致建设工程的工程量或者质量标准发生变化，当事人对该部分工程价款不能协商一致的，可以参照签订建设工程施工合同时当地建设行政主管部门发布的计价方法或者计价标准结算工程价款。

建设工程施工合同有效，但建设工程经竣工验收不合格的，工程价款结算参照本《解释》第3条规定处理。

根据建设部、财政部制定的《建设工程价款结算暂行办法》（财建〔2004〕369号），工程合同的计价方法包括：（1）固定总价；（2）固定单价；（3）可调价格。而我国目前工程计价标准主要包括定额计价和工程量清单计价两种模式。

（二）工程欠款利息计算标准及时间

《解释》第17条规定：当事人对欠付工程价款利息计付标准有约定的，按照约定处理；没有约定的，按照中国人民银行发布的同期同类贷款利率计息。

《解释》第 18 条规定：利息从应付工程价款之日计付。当事人对付款时间没有约定或者约定不明的，下列时间视为应付款时间：

1. 建设工程已实际交付的，为交付之日；
2. 建设工程没有交付的，为提交竣工结算文件之日；
3. 建设工程未交付，工程价款也未结算的，为当事人起诉之日。

从法理上讲，利息属于法定孳息，应当自工程欠款发生时起算，但由于建设工程是按形象进度付款的，许多案件难以确定工程欠款发生之日，因此，司法机关对拖欠工程款的利息应当从何时计付，认识不一，掌握的标准也不统一。为了统一拖欠工程价款的利息计付时间，维护合同双方的合法权益，《解释》第 18 条根据建设工程施工合同的不同履行情况，把工程欠款利息的起算时间分为上述三种情况。建设工程是一种特殊的商品，建设工程的交付也是一种交易行为，一方交付商品，对方就应当付款，该款就产生利息；建设工程因结算不下来而未交付的，为了促使发包人积极履行给付工程价款的主要义务，把承包人提交结算报告的时间作为工程价款利息的起算时间具有一定的合理性。当事人因结算纠纷起诉到法院，承包人起诉之日就是以法律手段向发包人要求履行付款义务之时，人民法院对其合法权益应予以保护。

（三）发包人收到结算报告后逾期不答复的法律后果

《解释》第 20 条规定：当事人约定，发包人收到竣工结算文件后，在约定期限内不予答复，视为认可竣工结算文件的，按照约定处理。承包人请求按照竣工结算文件结算工程价款的，应予支持。

一般情况下，应当按照合同约定结算工程价款，工程经竣工验收合格后，双方就应当结算。结算中，一般先由承包人提交竣工结算报告，由发包人审核。而有的发包人收到承包人提交的工程结算文件后迟迟不予答复或者根本不予答复，以达到拖欠或者不支付工程价款的目的。这种行为严重侵害了承包人的合法权益。为了制止这种不法行为，建设部发布的《建筑工程施工发包与承包计价管理办法》第 16 条规定，发包人应当在收到竣工结算文件后的约定期限内予以答复。逾期未答复的，竣工结算文件视为已被认可。合同对答复期限没有明确约定的，可认为约定期限均为 28 天。这条规定对制止发包人无正当理由拖欠工程款的不法行为，保护承包人的合法权益发挥了很大作用。为了更好地约束双方当事人，使建设部的这条规定更具有可操作性，《解释》第 20 条明确规定，当事人约定，发包人收到竣工结算文件后，在约定期限内不予答复，视为认可竣工结算文件的，按照约定处理。承包人请求按照竣工结算文件结算工程价款的，应予支持，体现了充分尊重合同当事人约定的原则。但需注意的是，应用这一条款的基本前提是当事人在合同当中有约定。

（四）"黑白合同"的法律效力

《解释》第 20 条规定：当事人就同一建设工程另行订立的建设工程施工合同与经过备案的中标合同实质性内容不一致的，应当以备案的中标合同作为结算工程价款的根据。

在招投标的工程价款结算纠纷案件中，一方当事人主张按照"黑合同"结算，对方当事人则主张按照"白合同"结算的，《解释》第 21 条明确规定：应当以"白合同"即备案的中标合同作为结算工程价款的依据。因为法律、行政法规规定中标合同的变更必须经过法定程序，"黑合同"虽然可能是当事人真实意思表示，但由于合同形式不合法，不产生变更"白合同"的法律效力。当事人签订中标合同后，如果出现了变更合同的法定事由，双方协商一致后可以变更合同；但是合同变更的内容，应当及时到有关部门备案，如果未到有关部门备案，就不能成为结算的依据。这样，就能从根本上制止不法行为的发生，有利于维护建筑市场公平竞争秩序，也有利于招标投标法的贯彻实施。

五、关于施工合同纠纷的诉讼程序性规定

（一）施工合同纠纷的管辖

《解释》第 24 条规定：建设工程施工合同纠纷以施工行为地为合同履行地。

该条规定包含了两层意思，一是施工合同的性质属承揽合同，它不适用民事诉讼法第 34 条规定的专属管辖，即因不动产发生的纠纷由不动产所在地的法院专属管辖；二是以"施工行为地为合同履行地"是为了防止受诉法院和建筑工程不在一地，不便于审理。

（二）施工合同纠纷诉讼主体

《解释》第 25 条规定：因建设工程质量发生争议的，发包人可以以总承包人、分包人和实际施工人为共同被告提起诉讼。

该条规定表面上是程序性规定，但实质上体现的是实体权利义务关系。根据《建筑法》、《建设工程质量管理条例》的规定，分包人就分包工程的质量与总承包人共同向发包人承担连带责任，实际施工人是转承包人，是非法转包和借名协议里面实际进行施工的人，这也是法律规定的，因为合同无效，实际是公认应与他的发包人一起，就工程质量向发包人承担连带责任。实体上承担连带责任在程序上体现为共同被告。

《解释》第 26 条规定：实际施工人以转包人、违法分包人为被告起诉的，人民法院应当依法受理。

实际施工人以发包人为被告主张权利的，人民法院可以追加转包人或者违法分包人为本案当事人。发包人只在欠付工程价款范围内对实际施工人承担责任。

建筑业吸收了大量的农民工就业，但由于建设工程的非法转包和违法分包，造成许多农民工辛苦一年往往还拿不到工资。为了有利地保护农民工合法权益，《解释》第 26 条规定，实际施工人以发包人为被告主张权利的，人民法院可以追加转包人或者违法分包人为本案当事人，发包人只在欠付工程价款的范围内对实际施工人承担责任。从该条的规定看：

一是实际施工人可以发包人为被告起诉。从建筑市场的情况看，承包人与发包人订立建设工程施工合同后，往往又将建设工程转包或者违法分包给第三人，第三人就是实际施工人。按照合同的相对性来讲，实际施工人应当向与其有合同关系的承包人主张权利，而不应当向发包人主张权利。但是从实际情况看，有的承包人将工程转包收取一定的管理费用后，没有进行工程结算或者对工程结算不主张权利，由于实际施工人与发包人没有合同关系，这样导致实际施工人没有办法取得工程款，而实际施工人不能得到工程款则直接影响到农民工工资的发放。因此，如果不允许实际施工人向发包人主张权利，不利于对农民工利益的保护。

二是承包人将建设工程非法转包、违法分包后，建设工程施工合同的义务都是由实际施工人履行的。实际施工人与发包人已经全面实际履行了发包人与承包人之间的合同并形成了事实上的权利义务关系。在这种情况下，如果不允许实际施工人向发包人主张权利，不利于对实际施工人利益的保护。基于此种考虑，《解释》第 26 条规定实际施工人可以向发包人主张权利，但发包人仅在欠付工程款的范围内对实际施工人承担责任，如果发包人已经将工程价款全部支付给承包人的,发包人就不应当再承担支付工程价款的责任。因此,发包人只在欠付工程价款范围内对实际施工人承担责任,并不会损害发包人的权益。

三是为了方便案件审理,《解释》第 26 条还规定,人民法院可以追加转包人或者违法分包人为本案当事人,考虑到案件的审理涉及两个合同法律关系,如果转包人或者违法分包人不参加到诉讼的过程中来,许多案件的事实没有办法查清,所以人民法院可以根据案件的实际情况追加转包人或者违法分包人为共同被告或者案件的第三人;实际施工人可以发包人、承包人为共同被告主张权利。这样规定,既能够方便查清案件的事实,分清当事人的责任,也便于实际施工人实现自己的权利。

第五节　建设工程合同法律制度案例

案例 1

原告:××建筑有限责任公司(以下简称建筑公司)

被告:××房地产开发有限公司(以下简称房地产公司)

一、基本案情

1996 年 12 月,原告与被告某房地产公司签订了一份《工程协议书》。双方约定由建筑公司承建某住宅工程,总建筑面积约 6 万 m²,每平方米造价 739 元,合同总价款为 4300 余万元。其中协议第四条第二款约定:"本工程甲方(房地产公司)要求乙方(建筑公司)全过程垫资施工,施工过程中发生的所有贷款利息由甲方承担"。一天以后,双方又签订了《建设工程施工合同》,除了将工程造价改为 500 元/m²,以及未约定垫资外,其余主要条款均与协议基本一致。

工程开工不久,双方对电气、自来水等配套工程是否包括在先期双方约定的每平方米 739 元的造价中发生争议。为此双方多次往来函件进行协商,并于 1997 年 4 月形成一份《会议纪要》:"双方约定由甲方(房地产公司)负责上述配套工程。"之后,房地产公司于 1997 年 11 月出具一份付款承诺书,承诺工程款在当年 12 月底以前结清并支付完毕。但后来双方对是否要在工程总造价中扣除配套工程款后才支付给建筑公司又产生分歧。到 1997 年 12 月底,房地产公司除支付了部分工程款外,其余款项一直未付。建筑公司在数次要求房地产公司付清款项未果的情况下,于 1998 年向法院提起诉讼,请求判令由房地产公司偿还拖欠工程款及违约金。

二、案件审理

一审法院经审理认为,建筑公司与房地产公司虽然分别签订了《工程协议书》和《建设工程施工合同》,但双方实际履行的是《工程协议书》。由于双方在《工程协议书》中有约定建筑公司垫资施工的条款,违反了 1996 年建设部、国家计委、财政部下发的《关于严格禁止在工程建设中带资承包的通知》(以下简称《通知》)的第 4 条规定"任何建设单位都不得以要求施工单位带资承包作为招标设标的条件,更不得强行要求施工单位将此类内容写入工程承包合同"和第 5 条规定"施工单位不得以带资承包作为竞争手段承揽工程"。

据此法院判定双方执行的《工程协议书》为无效协议;双方签订的《建设工程施工合同》虽没有垫资条款,但双方并未实际按该合同履行,因此该合同也不认为是有效合同。

而基于无效的《工程协议书》基础上签订的《会议纪要》及还款承诺都不具有法律约束力。因此法院不能按双方约定的方法以及工程量来作为定案的依据,而只能依据鉴定部门出具的鉴定意见。据此,法院裁决:房地产公司支付建筑公司拖欠工程款 744326 元及利息。

一审判决下达后,建筑公司不服并上诉至二审法院。但二审法院审理后也认为,原审法院依据《通知》确认《工程协议书》无效并无不当。同时考虑到房地产公司对协议无效也有过错,应对建筑公司垫资产生的利息承担赔偿责任。因此二审法院判决:维持一审判决;房地产公司赔偿建筑公司部分损失。

终审判决下达后,建筑公司仍不服,又向最高人民法院提出申诉。最高人民法院研究后发函要求二审法院对此案进行复查。二审法院复查的焦点集中在"国务院各部委的规范性文件能否作为审判民事经济案件依据"的问题上。该院就这个问题形成两种意见:一种意见认为,国务院部委的规范性文件,不属于法律规定的行政法规范畴,不能作为人民法院审判案件的依据,原判决以两部一委通知确认承包合同无效是不当的;另一种意见认为,国务院两部一委的规范性文件,是针对各行业在实际经济生活中出现的问题而制定的,目的在于规范管理,维护市场有序发展;原判决确认合同无效有利于避免建设单位在资金不实的情况下盲目上新的建设项目,有利于规范建设市场,预防和减少纠纷。二审法院就这两种意见向最高人民法院请示。

2000 年 10 月,最高人民法院经研究对该请示作出如下答复:人民法院在审理民事、经济纠纷案件时,应当以法律和行政法规为依据。建设部、国家计委、财政部《关于严格禁止在工程建设中带资承包的通知》,不属于行政法规,也不是部门规章。从该通知内容看,主要以行政管理手段对建筑工程合同当事人带资承包进行限制,并给予行政处罚,而对于当事人之间的债权债务关系,仍应按照合同承担责任。因此,不应以当事人约定了带资承包条款,违反《通知》而认定合同无效。

三、案例评析

该案争论的焦点在于垫资条款能否导致合同无效。或者说,《关于严格禁止在工程建设中带资承包的通知》这样一个部门文件是否具有法律约束力。从最高人民法院的答复中可以看出,最高人民法院认为该通知并不具有法律约束力。根据我国《合同法》及其司法解释的规定,判定合同无效,只能依据法律和行政法规。二部一委通知仅属于行政规范性文件,不具有法律效力,不能作为判定合同无效的依据。也就是说,从我国目前的法律条件下,垫资并不在法律禁止的范围内。2003 年 7 月由建设部组织召开的《建筑法》实施情况研讨会上,应否在修改后的《建筑法》中禁止垫资成为争论的焦点之一。从我国目前的建筑市场情况来看,全面禁止垫资既不符合实际,也不符合国际惯例。规范建筑市场重在规范建设单位的行为,加强建筑市场主体的信用制度建设才是关键所在。

在本案中,原被告分别签订了两个合同,这属于典型的"阴阳合同"行为。我国地方普遍实行建设工程合同备案制度,建设部 89 号令《房屋建筑与市政基础设施工程施工招标投标管理办法》以及一些地方人大常委会颁布《建筑市场管理条例》也明确了该项制度。合同备案制度的本意是加强建设工程合同管理,但却间接地导致了"阴阳合同"的产生。"阴阳合同"严重扰乱建筑市场交易秩序,应当予以坚决制止。但对于阴、阳合同的效力问题,仍有很大争议。从本案的判决结果看,一审法院以"阳合同"未实际履行为由判定其无效，而二审法院及最高法院并没有推翻这个结论，这种司法倾向值得关注。

案例 2

原告：××通信有限公司（以下简称通信公司）

被告：××建筑总承包公司（以下简称总承包公司）

被告：××建筑设计研究院（以下简称设计院）

一、基本案情

原告通信公司因建办公楼与被告总承包公司签订了工程总承包合同。其后，经通信公司同意，总承包公司分别与××建筑设计院和××建筑工程总公司签订了《工程勘察设计合同》和《工程施工合同》。《工程勘察设计合同》约定由设计院为通信公司提供办公楼及其附属工程的设计服务，并按勘察设计合同的约定交付有关的设计文件和资料。《工程施工合同》约定由××建筑工程总公司根据设计院提供的设计图纸进行施工，工程竣工时依据国家有关验收规定及设计图纸进行质量验收。合同签订后，设计院按时将设计文件和有关资料交付给××建筑工程总公司，××建筑工程总公司依据设计图纸进行施工。工程竣工后，通信公司会同有关质量监督部门对工程进行验收，发现工程存在严重质量问题，是由于设计不符合规范所致。原来设计院未对现场进行仔细勘察即自行进行设计导致设计不合理，给通信公司带来了重大损失。设计院已与通信公司没有合同关系为由拒绝承担责任，总承包公司又以自己不是设计人为由推卸责任，通信公司遂以设计院为被告向法院起诉。

法院受理后，追加总承包公司为共同被告，判决总承包公司与设计院对工程建设质量问题承担连带责任。

二、案例评析

本案中，通信公司是发包人，总承包公司是工程总承包人，设计院和某某建筑工程总公司是分包人。《合同法》第 272 条规定，总承包人或者勘察、设计、施工承包人经发包人同意，可以将自己承包的部分工作交由第三人完成。第三人就其完成的工作成果与总承包人或者勘察、设计、施工承包人向发包人承担连带责任。《建筑法》也有类似的规定。

在本案中，总承包公司虽然没有进行勘察设计，但作为总承包人仍应向发包人通信公司承担责任。而设计院虽然和通信公司没有直接的合同关系，但此时应依照法律的特别规定，在其承包工作范围内，与总承包公司承担连带责任。本案判决总承包公司和设计院共同承担连带责任是正确的。

在工程实践中，存在大量的所谓"甲指分包"，即分包商由业主指定，但合同仍由总承包商与指定分包签订。在国际建筑市场，对于一些业主有特殊要求的分部分项工程业主往往采用指定分包商（Nomitated Subcontractor）的形式，但在诸如 FIDIC"红皮书"等合同条件中，一般都要规定指定分包商应当保证总承包商免于承担责任的条款。事实上，超过合理数量的"甲指分包"实际是一种变相的肢解发包，往往会给总承包商的管理工作造成很大的困难，相应的管理成本也将大大增加。但从国内签约的情况来看，总承包商对这种现象大都是无可奈何的。同时，不管怎么说，甲指分包在法律性质仍是分包，总承包商仍难免要承担连带责任。因此笔者建议，在条件允许的情况下，尽量签订由业主、总包商和分包商共同签署的三方合同，在合同中明确约定总包商承担总包管理和配合的责任范围,尽可能避免出现连带责任的情况。

案例 3

原告:某建筑工程承包公司

被告:某房地产开发公司

一、基本案情

某房地产开发公司欲建一豪华别墅,遂与某建筑公工程承包司签订建设工程施工合同。关于施工进度,双方在专用条件中约定:4 月 1 日至 4 月 20 日,地基完工;4 月 21 日至 6 月 30 日,主体工程竣工;7 月 1 日至 10 日,封顶,全部工程竣工。4 月初工程开工,该项目楼花在房地产市场极为走俏,为尽早建成该项目,该房地产开发公司便派专人检查监督施工进度。检查人员曾多次要求建筑公司缩短工期,均被建筑公司以质量无法保证为由拒绝。为使工程尽早完工,房地产开发公司所派检查人员遂以承包公司名义要求材料供应商提前送货至目的地,造成材料堆积过多,管理困难,部分材料损坏。该承包公司遂起诉该企业,要求其承担损害赔偿责任。房地产开发公司以检查作业进度,督促完工为由抗辩。法院判决该房地产开发公司抗辩不成立,应依法承担赔偿责任。

二、案例分析

本案涉及发包方如何行使检查监督权问题。《合同法》第 277 条规定:"发包人在不妨碍承包人正常作业的情况下,可以随时对作业进度、质量进行检查。"

发包人有权随时对承包人作业进度和质量进行检查,但这一权利的行使不得妨碍承包人的正常作业,这是其行使监督检查权利的前提。所谓正常作业,是指承包人依据建设工程合同的约定,按施工进度计划表、预先设计的施工图纸及说明书等完成建设工程任务的行为。在行使监督检查权利的时间方面,《合同法》第 277 条未有限制,规定发包人可随时行使。在行使权利的范围方面,包括作业进度和质量两方面。发包人对承包人作业进度的检查,一般依承包方提供的施工进度计划表、月份施工作业计划为据。检查、监督为发包人的权利,接受检查、监督便成为承包人的义务。对于发包人不影响其工作的必要监督、检查,承包人应予以支持和协助,不得拒绝。

根据《合同法》第 277 条规定,如果发包人对作业进度质量进行检查,妨碍了承包人正常作业,那么,承包人有权要求发包人承担由此造成的一切后果和损失;如果发包人的检查工作虽未妨碍承包人正常作业,但却超出了进度和质量两方面的范围限制,则承包人亦可拒绝接受检查,或要求发包人承担由此造成的损失。

在本案中,房地产开发公司派专人检查工程施工进度的行为本身是行使检查权的表现。但是,检查人员的检查行为,已超出了法律规定的对施工进度和质量进行检查的范围,且以承包公司名义促使材料供应商提早供货,在客观上妨碍了承包公司的正常作业,因而构成权利滥用行为,理应承担损害赔偿责任。

案例 4

原告:××实业有限公司(以下简称甲方)

被告:××建筑工程有限责任公司(以下简称乙方)

一、基本案情

2002年3月，甲乙双方施工总承包合同，由乙方负责××宿舍楼施工。双方在合同中约定：隐蔽工程由双方共同检查，相应检查费用由甲方支付。地下室防水工程完成后，乙方通知甲方检查验收，甲方则答复：因公司内事务繁多，由乙方自己检查出具检查记录即可。一周后，甲方又聘请专业人员对地下室防水工程质量进行检查，发现未达到合同所定标准，遂要求乙方负担此次检查费用，并对地下室防水工程返工。乙方则认为，合同约定的检查费用由甲方负担，不应由乙方负担此项费用，但对返工重修地下室防水工程的要求予以认可。甲方多次要求乙方付款未果，诉至法院。法院对地下室防水工程重新鉴定，鉴定结论为地下室防水工程不符合同中约定的标准。法院据此判决由乙方承担复检支出费用。

二、案例分析

《合同法》第278条规定："隐藏工程在隐蔽以前，承包人应当通知发包人检查。发包人没有及时检查的，承包人可以顺延工程工期，并有权要求赔偿停工、窝工等损失。"

隐蔽工程隐蔽以前，发包人的义务是及时对该隐蔽工程进行检查。如果没有履行这一义务或者没有及时履行这一义务，发包人应当承担因停工、窝工造成的损失。如果发包人不能及时履行检查义务的原因是承包人怠于通知，则所造成的损失由承包人自己承担。

对承包人来说，隐蔽工程在隐蔽前，它首先有通知发包人检查的义务，如未履行这一义务，造成工程延期，承包人自己承担责任；其次，履行通知义务后，如发包人未履行及时检查义务，致使承包人不能进行隐蔽工程的隐蔽工作，则应当顺延工期，因顺延工期造成的停工、窝工损失，承包人有权要求发包人赔偿。第三，发包人未及时检查的，承包人可以停工待其检查，并有权要求发包人承担相应的违约责任。

按《合同法》第278条的规定，承包方在隐蔽工程隐蔽前，应通知发包方检查，发包方未及时检查，承包方可以停工。在本案中，乙方履行了通知义务，对于甲方不履行检查义务的行为，乙方有权停工待查，停工造成的损失应当由甲方承担。但乙方未这样做，反而自行检查，并出具检查记录交与甲方后，继续进行施工。对此，双方均有过错。至于甲方的事后检查费用，则应视检查结果而定，如果检查结果是地下室质量未达到标准，那因这一后果是乙方所致，检查费用应由乙方承担；如果检查质量符合标准，重复检查的结果是甲方未履行义务所致，则检查费用应由甲方承担。因此，法院的判决是正确的。但是，我们认为，由于甲方也有过错，根据《合同法》第120条的规定，当事人双方都违反合同的，应当各自承担相应的责任，因此，甲方也应根据过错程度承担部分责任。

案例5

原告：××建筑工程有限责任公司（以下简称建筑公司）

被告：××机械设备制造厂（以下简称制造厂）

被告：××实业有限公司（以下简称实业公司）

一、基本案情

1998年3月，原告建筑公司与被告制造厂就该厂技术改造工程签订《建设工程承包合同》。合同约定：建筑公司承担制造厂技术改造工程项目32项，负责承包各项目的土建部分；承包方式为固定总价合同一次包死，竣工后办理结算。合同签订后，建筑公司按合同约定完成该工程的各土建项目，并于1999年9月14日竣工。没有想到的是，制造厂于1999年7月被实业公司兼并，由实业公司承担制造厂的全部债权债务，继承制造厂的各项工程合同、借款合同及各种协议。建筑公司在工程竣工后多次催促实业公司对工程进行验收并支付所欠工程款，实业公司对此一直置之不理，既不验收已完工程，也不付工程款。建筑公司无奈将两公司诉至法院。法院经审理后，判决实业公司对已完工的土建项目进行验收，验收合格后向建筑公司支付所欠工程款。

二、案例分析

《合同法》第90条规定，当事人订立合同后合并的，由合并后的法人或者其他组织行使合同权利，履行合同义务。本案中，签订建设工程承包合同的是建筑公司与制造厂，但制造厂在被实业公司兼并后，实业公司承担了制造厂的全部债权债务并承接了制造厂的各项工程合同，应当继续履行建筑公司与制造厂签订的建设工程承包合同，代替制造厂成为建设工程承包合同的当事人。

《合同法》第279条规定："建设工程竣工后，发包人应当根据施工图纸及说明书、国家颁发的施工验收规范和质量检验标准及时进行验收。验收合格的，发包人应当按照约定支付价款，并接收该建设工程。建设工程竣工经验收合格后，方可交付使用；未经验收或者验收不合格的，不得交付使用。"

所谓竣工验收，是指新建、扩建、改建的基本建设项目（工程）和技术改造项目，已按设计要求建成并具备生产、使用条件时，由发包人依据验收标准组织验收，并与承包人办理移交手续。竣工验收是工程建设过程的最后一环，是全面考核建设工作，检查是否符合设计要求和工程质量的重要步骤，也是基本建设转入生产或使用的标志。因此，它对促进建设项目尽快投入使用、发挥投资效益、全面总结建设工程的经验都有很重要的意义和作用。

竣工验收的依据是施工图纸和说明书、国家颁发的施工验收规范和质量检验标准，包括上级主管部门批准的设计纲要、设计文件，设计说明书，招投标文件和工程合同，图纸会审记录、设计修改签证和技术核定单，协作配合协议，以及施工单位即承包方提供的有关质量保证文件和技术资料等。工程项目的规模、工艺流程、工艺管线、生产设备、土地使用、建筑结构、建筑面积、内外装修、质量标准等必须与上述文件、合同所规定的内容一致。

根据《合同法》第279条的规定，建设工程竣工后，发包人负有如下法定义务：第一，发包人应当依据建设工程的施工图纸及说明书、国家颁发的施工验收规范和质量检验标准，对已完工的建设工程进行验收；第二，如果建设工程经验收合格，发包人应当按照合同约定支付工程款；第三，发包人应当接收经验收质量合格的建设工程，不得无故拒绝接收。在本案中，对已完工的工程项目，实业公司依法应当进行竣工验收。验收合格无质量争议的，应当按照合同规定向建筑公司支付工程款，接收该工程项目，办理交接手续。因此，法院的判决实业公司对已完工的土建项目进行验收，验收合格后向建筑公司支付所欠工程款是正确的。

案例 6

原告：××建筑工程承包公司（以下简称承包公司）

被告：××房地产开发有限公司（以下简称房地产公司）

一、基本案情

2000年7月，原告某承包公司与被告某房地产公司与就某项目签订了一份前期工程协议书，双方约定：承包公司负责该项目的前期工程，包括动拆迁和七通一平；房地产公司按面积分四期支付工程款。

在合同履行过程中，承包公司由于疏忽，对在项目基地红线边缘的两所协议规定应该拆除的民房未予以拆除。房地产公司虽然知道这个情况，但就是一直不予提醒，而且还不加说明地拒付了大部分工程款（因此还耽搁了一段时间的工期），这种状况一直延续至该项目完工。结算过程中，承包公司根据协议，要求房地产公司支付尚欠的2000万元工程款，但遭到了房地产公司的拒绝。理由是，承包公司没有按协议的约定完成任务，两所民房仍未拆除，而且还拖延了工期。2001年4月，无可奈何的承包公司只能以欠款为由，将房地产公司告上了法庭。

庭审中，承包公司承认，这两所民房是双方协议规定应该拆除的，未予拆除的原因确实是承包公司的疏忽。但是，这两所民房未拆并未实际影响项目施工，现在工程已全部完工，房地产公司可以扣除这两所房子的拆迁费用，但不应拒付大部分的工程款；对此，房地产公司不但不予认可而且还提出反诉，要求承包公司支付延误工期的巨额违约金1000万元。

二、案件审理

2001年5月，法院经审理作出判决：承包公司应拆清剩余的2所民房；房地产公司则应按约支付全部工程款给房地产公司。至于延误工期的违约金系由房地产公司拒付巨额工程款而造成，是房地产公司的人为原因使损失扩大，依法予以驳回。

三、案例评析

"全面履行"是合同当事人依法应当履行的基本义务，《合同法》第60条第1款规定："当事人应当按照约定全面履行自己的义务。"承包公司没有按约定将应该拆除的民房拆除，就是没有"全面履行"，应当判令其全部完成。

同时，法律又为当事人设定了"减损义务"，这是诚实信用原则的根本体现。《民法通则》规定："当事人一方因另一方违反合同受到损失的，应及时采取措施防止损失的扩大；没有及时采取措施致使损失扩大的，无权就扩大的损失要求赔偿。"防止损失扩大是在合同履行过程中因某种原因致使当事人遭受损失，双方在有条件的情况下都有采取积极措施防止损失扩大的义务，而不管这种损失的造成与自己是否有关。房地产公司显然是属于在"另一方违反合同受到损失"时，没有及时采取措施防止损失的扩大。因此对于扩大了的损失，当然也就不能要求赔偿了。

案例7

原告：××建筑材料设备租赁站（以下简称租赁站）
被告：××建筑工程总公司（以下简称建筑公司）

一、基本案情

1998年5月，被告建筑公司承包了某工程项目。被告就脚手架工程与原告租赁站签订分包合同，约定建筑公司以每平方米15元的造价，并以包工包料的方式将搭建脚手架工程分包给租赁站。至工程完工，租赁站共计完成搭架工程量 5000 平方米，合计工程款为 75000 元。但建筑公司仅支付工程款 20000 元，余款一直未付。2002 年 3 月，租赁站将建筑公司告上法庭，要求该公司支付余款及违约金。

建筑公司辩称，该公司与原告租赁站签订搭设脚手架合同后，双方于 1998 年 11 月另外签订了一份协议，明确约定：建筑公司给付租赁站 20000 元后，双方就不存在任何权利义务了。因此建筑公司要求法院驳回原告的诉请。

二、案件审理

一审法院经审理认为，原告租赁站与被告签订的搭设脚手架承包合同，是双方当事人真实意思的表示，应确认合法有效。签约后，原告实际完成的工程量经被告项目经理签字确认的是 5000 平方米，但被告仅付 20000 元，拖欠余额支付属被告违约。对此，被告应给付该工程余款并承担延付该工程余款的违约金。同时，一审法院还认为，按照原告与被告在 1998 年 11 月签订的协议，原告放弃大部分工程款是不切实际的，故应确认该协议不是其真实的意思表示，依法应确认其无效。2002 年 8 月，法院判决被告于判决生效后的十日内给付尚欠原告工程款 55000 元及延付该工程款的违约金，被告逾期付清的，则由被告按《民事诉讼法》的有关规定，向原告加倍支付延迟履行期间的债务利息。

一审判决下达后，建筑公司不服并提出上诉。

二审法院经审理后认为：虽然建筑公司与租赁站在 1998 年 5 月的合同中约定了脚手架以每平方米 15 元计算，而且建筑公司也签字确认了该工程量。但 1998 年 11 月双方再次达成协议，即：约定建筑公司给予租赁站 20000 元之后，双方之间的合同终止。同时，这个协议签订后，双方均履行了各自的义务。根据该协议，双方在履行了各自的义务后，就已经不存在债权债务关系了。如果被租赁站认为该协议显失公平，那么他应该在一年内向人民法院提出予以撤销的要求，而事实上租赁站直至 2002 年 3 月才提起诉讼，显然已超过法定时间，因此，租赁站要求建筑公司给付工程款是没有法律依据的。2002 年 11 月，二审法院对该案做出改判：撤销一审法院的判决，驳回租赁站要求建筑公司支付工程欠款的诉讼请求。

三、案例评析

本案中的当事人对工程价款有过两次约定。《合同法》规定，当事人协商一致的，可以变更合同。后一个协议虽然明显不利于原告，但它毕竟是当事人双方协商一致的结果，具有变更原合同的法律效力。当事人双方的债权债务关系应当根据后一个协议重新确定。租赁站如果认为该协议显示公平，应当在法律规定的时效内（知道或者应当知道撤销事由之日起一年内）行使撤销权。但遗憾的是，租赁站并没有及时行使该项权利，其诉讼请求无法得到法律保护。

建设工程合同履约期长，影响因素多。尽管建筑企业越来越重视合同的谈判和签订过程，但对合同履行过程中诸如会议纪要、补充协议等同样具有合同效力的法律文件重视不够，这种"头重脚轻"的现象必须引起重视，否则很容易从根本上改变建设工程合同最初约定的内容。

案例 8

原告：重庆市××建筑工程总公司（以下简称建筑公司）

被告：重庆市××电子控股有限公司（以下简称电控公司）

一、基本案情

1998年9月，被告某电控公司对其待建办公综合楼工程进行招标，原告某建筑公司中标，双方签订了该楼建筑工程承包合同。合同规定：建筑公司承包电控公司办公综合楼建筑工程，工程价款执行预算定额和取费标准，以评标委员会审定的建筑公司投标书为准，结算价按某造价咨询公司出具的审价结论确定。工程于1999年12月竣工，经验收合格交付使用。工程造价经某造价咨询公司审定为5418万元，双方对此结算无异议。

此后不久，市审计局对电控公司办公综合楼工程决算进行审计。审计结论认为，某造价咨询公司审定的工程造价多计343万元，应予审减。审计局作出处理决定：限期由电控公司向建筑公司收回该多计款。

2000年1月，建筑公司又承包了电控公司的某厂房工程。该工程完工后于2001年11月办理结算时，电控公司以执行审计局的决定为理由，从建筑公司的厂房工程款中扣除了办公楼多计工程款343万元。

建筑公司认为电控公司扣款是违约行为，据此向人民法院起诉，要求电控公司退回扣除的工程款。电控公司辩称其扣除有依据，不同意建筑公司的诉讼请求。

二、案件审理

一审法院经审理认为：建筑公司与电控公司签订的建筑工程承包合同有效，并已履行完毕。审计局作出的审计决定对建筑公司不具有法律效力，电控公司据此扣付建筑公司建筑工程款不当，判决电控公司退回扣付的343万元工程款给建筑公司。

电控公司不服此判决，提起上诉称：审计局是法定的审计监督机关，依法独立行使审计监督权。因此，审计局对我司基建项目作出的审计结论和决定具有法律效力。我司依此决定扣回工程款并无不当。建筑公司不同意扣款是对审计行为不服，属行政纠纷，不应由法院作经济纠纷处理。现审计决定未经法定程序撤销，我司仍应执行，建筑公司也应协助执行。建筑公司辩称：双方履行合同后经某造价咨询公司办理工程决算，合法有效。审计局的审计决定是对电控公司作出的，对我公司无约束力，因此，电控公司无权扣回该工程款。

二审法院认为：电控公司与建筑公司是平等主体间的合同关系，双方应全面履行合同。审计局作出的审计结论和处理决定，对建筑公司没有法律约束力。电控公司仅以执行审计决定为理由，扣回建筑公司的工程款没有合法根据，故其上诉理由不成立。原审判决认定事实清楚，适用法律正确，判决驳回上诉，维持原判。

三、案例评析

在我国，目前以国有投资为主体的基建项目仍占有建筑市场的很大比例。这些基建项目在竣工验收后一般都要面临着行政审计的问题。审计机关的审计结论常常成为建设单位拒付或少付工程结算款的借口。由于是国家行政机关做出的结论，承包单位往往不得不认可。但本案告诉我们，行政审计与合同结算的法律关系不同，发包人不能依据行政审计结论推翻结算结果。

本案建筑公司与电控公司之间，因签订和履行建筑工程承包合同而产生平等主体之间的合同关系，双方依据合同享有权利和承担义务。电控公司的主要义务就是依合同规定向建筑公司支付工程款；建筑公司的主要义务就是依合同规定按期交付承包的建筑工程。除此以外，双方之间都不享有合同以外的权利，也不承担合同以外的义务。现电控公司并不是依据合同规定来扣除工程款的，因此，其扣留应付给建筑公司的工程款没有法律依据，是无效的，应予退回。

审计机关与被审计单位之间是一种行政监督法律关系，其审计监督行为只对被审计单位具有法律约束力。在本案中，被审计单位是电控公司，不是建筑公司，因此，建筑公司不是该审计行政法律关系的一方主体，故审计机关的审计决定对其不具有法律约束力。由于建筑公司不是审计对象，故不存在对审计决定不服的问题，其与审计局之间也不存在行政纠纷，其对审计决定也不存在执行义务。由于电控公司和建筑公司之间只存在建筑工程承包合同关系，故电控公司无权以审计决定为依据扣除应依合同付给建筑公司的工程款项。

案例 9

原告：福建省某某建筑工程总公司海南公司（以下简称福建海南工程公司）

被告：三亚××建设有限公司（以下简称建设公司）

被告：广州××实业总公司（以下简称实业公司）

一、基本案情

被告建设公司系被告实业公司于 1993 年 10 月 15 日在三亚市注资 1000 万元成立的有限责任公司，用于建设某商住搂，该楼由建设公司运作。

原告福建海南工程公司与被告建设公司于 1996 年 6 月 3 日签订某商住楼《工程承包合同书》。约定建设公司将某商住楼发包给原告施工，原告依约完成该楼土建工程，被告建设公司也支付了土建工程款。进入装修阶段，原告垫资施工，并完成 80% 的装修工程量，被告建设公司因建设资金严重紧缺，不能依时支付原告装修工程款，自 1996 年 12 月起，该工程被迫停工。原告与被告建设公司办理工程交工后，要求结算，但被告建设公司置之不理。

1999 年 4 月 30 日，实业公司与广州市某银行签订流动资金贷款 2000 万元合同。建设公司用某商住楼为该笔借款作抵押担保，并签订抵押担保借款合同。原告福建海南工程公司得知该情况后，认为二被告行为严重侵犯了其合法权益，遂诉至法院，请求依法判令二被告支付所欠工程款 5300000 元。在庭审中，原告增加诉求，请求判令：二被告支付工程款为 594748870 元；并依法确认垫资修建的某商住楼 5~14 层楼房进行拍卖所得价款具有优先受偿权。

被告建设公司辩称，建设公司对原告要求工程结算一事并非置之不理，而是依据公正、合理的原则，按照程序和标准积极与原告结算。被告实业公司未作书面答辩。

庭审过程中，2000 年 5 月 31 日，经双方结算实欠原告垫资于某商住楼工程款 4018578.50 元及其利息 1928915.20 元，共计 5947488.70 元。建设公司对上述欠款作出了确认书。

二、案件审理

法院经审理认为，原告福建海南工程公司与被告建设公司签订某商住楼《工程承包合同书》，意思表示真实，且内容不违法，属有效合同。因双方已办理交工决算，且被告建设公司已无力支付所欠原告工程款，继续履行合同已成为不必要，该工程合同应予依法解除。原告依约完成该楼土建及大部分装修工程，被告建设公司未依约支付工程进度款，致成工程被迫停建，给原告带来重大经济损失，被告建设公司应负全部责任。在本案审理中，原告与被告建设公司达成工程决算欠款协议，应予确认。被告建设公司尚欠原告某商住楼工程款（含利息）5947488.70 元应支付给原告。

被告实业公司注资兴办被告建设公司，并投资兴建某商住楼，但在该楼房尚未竣工，且有原告 590 余万财产在内的情况下，实业公司指使其下属建设公司，将该商住楼全部用于抵押借款，其行为侵犯了原告的财产权益。《中华人民共和国民法通则》第 130 条规定"二人以上共同侵权造成他人损害的，应承担连带责任"，故被告实业公司对被告建设公司所欠原告的工程款（含利息）应负连带责任。根据《中华人民共和国合同法》第 286 条和最高人民法院关于适用《中华人民共和国合同法》若干问题的解释（一）第 1 条之规定，原告福建海南工程公司对某商住楼工程折价或者拍卖所得价款具有优先受偿权。工程承包人享有优先权的效力优先于发包人的其他债权人的担保物权。

据此，依照《中华人民共和国民法通则》第 106 条、第 130 条；《中华人民共和国经济合同法》第 26 条第 1 款第 3 项、第 29 条第 1 款；《中华人民共和国合同法》第 286 条；参照最高人民法院关于适用《中华人民共和国合同法》若干问题的解释（一）第 1 条之规定，判决如下：

1. 解除原告福建海南工程公司与被告建设公司签订的《工程承包合同书》。

2. 被告建设公司应自本判决生效之日起三十日内向原告福建海南工程公司支工程款（含利息）人民币 5947488.70 元。被告实业公司对上述债务承担连带责任。逾期付款则加倍支付延迟履行期间的债务利息。

3. 原告福建海南工程公司对被告建设公司的财产某商住楼 5～14 层楼房折价或者拍卖所得价款具有优先受偿权。本案诉讼费 39748 元，保全费 32740 元，均由被告建设公司负担。

三、案例评析

这是一起典型的承包人运用优先受偿权使自己的合法权益受到保护的案件。《合同法》第 286 条规定："发包人未按照约定支付价款的，承包人可以催告发包人在合理期限内支付价款。发包人逾期不支付的，除按照建设工程的性质不宜折价、拍卖的以外，承包人可以与发包人协议将该工程折价，也可以申请人民法院将该工程依法拍卖。建设工程的价款就该工程折价或者拍卖的价款优先受偿。"该条规定尽管有利于保护承包人的合法权益，但由于规定得过于原则，可操作性不强。因此几年来人民法院在适用 286 条时，一直持慎重态度。正是在这种背景下，本案的判决结果对于人民法院正确的适用法律规定起到了积极的示范作用。最近，随着最高人民法院关于如何适用《合同法》第 286 条司法解释的出台，承包人的优先受偿权获得了进一步法律保障。建筑业企业应当认真学习该司法解释的具体规定，在法律规定的时效（自竣工验收合格或约定的竣工验收合格之日起 6 个月）内及时行使优先受偿权。

案例 10

原告：××房地产开发有限公司（以下简称甲公司）

被告：××设计咨询有限责任公司（以下简称乙公司）

一、基本案情

甲公司与乙公司签订了一份勘察设计合同,合同约定:乙公司为甲公司筹建中的商业大厦进行勘察、设计,按照国家颁布的收费标准支付勘察设计费;乙公司应按甲公司的设计标准、技术规范等提出勘察设计要求,进行测量和工程地质、水文地质等勘察设计工作,并在2000年1月9日前向甲公司提交勘察成果资料和设计文件。合同还约定了双方的违约责任、争议的解决方式。甲公司同时与原告签订了建设工程施工合同,在合同中规定了开工日期。不料,乙公司迟迟不能按约定的日期提交出勘察设计文件,而原告已按建设工程施工合同的约定做好了开工准备,如期进驻施工场地。在甲公司的再三催促下,乙公司迟延25天提交勘察设计文件,此时原告已窝工18天。在施工期间,原告又发现设计图纸中的多处错误,不得不停工等候甲公司请乙公司对设计图纸进行修改。原告由于窝工、停工要求甲公司赔偿损失,否则不再继续施工。甲公司将乙公司诉至法院,要求乙公司赔偿损失。法院经审理支持了甲公司的诉讼要求,判决乙公司应承担违约责任。

二、案例分析

《合同法》第280条规定:"勘察、设计的质量不符合要求或者未按照期限提交勘察、设计文件拖延工期,造成发包人损失的,勘察人、设计人应当继续完善勘察、设计,减收或者免收勘察、设计费并赔偿损失。"

所谓勘察、设计质量不符合要求,是指勘察或设计均没有达到国家强制性标准和合同约定的质量要求。勘察设计是影响工程质量的关键性阶段,设计方案不科学,不按设计规范要求设计,势必为工程质量埋下隐患。因此,勘察设计单位的设计文件必须符合国家现行的有关法律、法规、工程设计技术标准和合同的规定。工程勘察设计文件应反映工程地质地形地貌,水文地质状况,评价准确,数据可靠;设计文件的深度,应满足相应设计阶段的技术要求,所完成的施工图应配套,细部节点应交待清楚,标注说明应清晰、完整;设计中选用的材料、设备等,应注明其规格、型号、性能、色泽等,并提出质量要求,但不能指定生产厂家。勘察、设计单位应参与图纸会审和做好设计文件的技术交底工作,对大中型建设工程、超高层建筑以及采用新技术、新结构的工程,设计单位还应向施工现场派驻设计代表。此外,如果承包人不能按合同约定的期限提交勘察设计文件,包括勘察报告、初步设计、技术设计、施工图及其说明和图样,将会使工程不能按期开工,甚至造成经济损失。

因此,当出现勘察设计质量不符合要求,或者不能按照合同约定的期限提交勘察设计文件的情况时,根据《合同法》第280条的规定,承包人应当承担下列违约责任:根据实际情况继续完善勘察设计;减少或免收勘察设计费;如果给发包人造成经济损失的,还应赔偿损失。

本案中,乙公司不仅没有按照合同的约定提交勘察设计文件,致使甲公司的建设工期受到延误,造成原告的窝工,而且勘察设计的质量也不符合要求,致使原告因修改设计图纸而停工、窝工。乙公司的上述违约行为已给甲公司造成了经济损失,使甲公司的建设工期被延误,而且还赔偿原告窝工、停工的损失。因此,乙公司应当承担免收或减收勘察设计费并赔偿甲公司损失的责任。

案例 11

原告：上海××建设有限公司
被告：上海××电器有限公司

一、基本案情

×年×月×日，上海××建设有限公司通过投标与上海××电器有限公司（以下简称发包人）签订发包人新建厂房工程的施工合同。合同签订后，承包商于×年×月×日经发包人审批同意后，即进场施工。至×年×月×日工程的大部分已完成，但发包人中途却对钢结构部分进行直接发包，另请其他承包商施工。为此，双方发生纠纷，发包人要求终止合同。

针对上述情况，承包商起草了一份《建筑工程合同终止协议书》（以下简称《终止协议书》），《终止协议书》规定："双方同意原合同及合同附件终止，工程量计算至×年×月×日，工程量经双方核实确认，实际完成工程量委托有资质的单位及时审价，发包人须在×年×月×日前完成审价，如届时审价未结束，则按上海市建委和计委沪建施（92）第460号通知中关于审价时效的规定执行。"《终止协议书》同时约定，如果发包人不按时支付工程款或违约，应承担全额支付工程款责任。

《终止协议书》签订后，承包商依约撤场，但发包人并未依约及时完成审价，也未按时全部支付工程款，已明显构成违约。承包商向人民法院起诉，诉讼请求为确认原告的工程造价以其送审价为准。

二、案件审理

法院审理后认为：原被告双方于×年×月×日签订的《终止协议书》是双方当事人的真实意思的表示，且合法有效，对双方当事人均具有法律约束力，双发当事人均应按《终止协议书》约定的事项全面履行各自的义务。原告已经及时将工程决算书及相关材料送交被告，而被告却未按《终止协议书》的约定及时完成审价，则根据最高人民法院《关于审理建设工程施工合同纠纷案件适用法律问题的解释》，工程造价应当以原告提交的决算价为准；被告未按《终止协议书》的约定及时向原告支付工程款，已构成违约，对此应当承担违约责任。

三、案例评析

这是一起有关以送审价为准结算工程款的典型案例。根据双方合同中约定的以送审价为准的条款，法院判决本案工程款结算应当按承包商的送审时价为准。这充分说明承包商应该充分利用这一法律武器，更好的维护自己的利益。故本司法解释的出台为承包商在建设领域中维护自身合法权益产生重要影响。

第六章 工程建设勘察设计法律制度

第一节 工程建设勘察设计概述

一、工程建设勘察设计的概念

1. 工程建设勘察的概念

工程建设勘察是指为满足工程建设的规划、设计、施工、运营及综合治理等的需要，对地形、地质及水文等状况进行测绘、勘探、测试，并提供相应成果和资料的活动。

岩土工程中的勘测、设计、处理、监测活动也属工程勘察范畴。

2. 工程建设设计的概念

工程建设设计是指根据工程建设的要求，对工程建设所需的技术、经济资源、环境等条件进行综合分析、论证，编制工程建设设计文件的活动。

在工程建设的各个环节中，由于勘察设计的特殊地位，使其成为对工程的质量和效益都起着至关重要作用的关键环节。

二、工程建设勘察设计的要求

1. 市场准入

为保证工程建设勘察设计的质量，国家对从事工程建设勘察设计活动的单位实行资质管理制度，并对从事工程建设勘察、设计活动的专业技术人员实行执业资格注册管理制度。任何单位和个人都必须在法律允许的范围内从事工程建设勘察设计活动。

2. 科学设计的要求

工程建设勘察设计应当与社会、经济发展水平相适应，做到经济效益、社会效益和环境效益相统一。为此，必须坚持先勘察、后设计、再施工的原则，并鼓励在工程建设勘察设计活动中采用先进技术、先进工艺、先进设备、新型材料和现代管理方法。

3. 依法设计的要求

从事工程建设勘察设计活动的单位和个人必须依法勘察、设计，严格执行工程建设强制性标准，并对工程建设勘察设计的质量负责。

三、工程建设勘察设计的发包与承包

除有特定要求的一些项目在经有关主管部门批准后可以直接发包外，工程建设勘察设计任务都必须依照《中华人民共和国招标投标法》的规定，采用招标发包方式进行。

国务院颁发的《建设工程勘察设计管理条例》规定，可以直接发包的工程建设勘察设计项目有：

1. 采用特定的专利或专有技术的；
2. 建筑艺术造型有特定要求的；
3. 国务院规定的其他工程建设的勘察设计。

发包方可以将整个工程建设勘察设计发包给一个勘察设计单位；也可以将工程建设的

勘察设计分别发包给几个勘察设计单位。

工程建设勘察设计单位不得将所承揽的工程建设勘察设计进行转包。但经发包方书面同意后，可将除工程建设主体部分外的其他部分的勘察设计分包给具有相应资质等级的其他工程建设勘察设计单位。

第二节 设计文件的编制

一、工程设计的原则和依据

（一）工程设计原则

1. 贯彻经济、社会发展规划、城乡规划和产业政策

经济、社会发展规划及产业政策，是国家某一时期的建设目标和指导方针，工程设计必须贯彻其精神。城市规划、村庄和集镇规划一经批准公布，即成为工程建设必须遵守的规定，工程设计活动也必须符合其要求。

2. 综合利用资源

工程设计中，要充分考虑矿产、能源、水、农、林、牧、渔等资源的综合利用。要因地制宜，提高土地利用率。要尽量利用荒地、劣地，不占或少占耕地。工业项目中要选用耗能少的生产工艺和设备；民用项目中，要采取节约能源的措施，提倡区域集中供热，重视余热利用。城市的新建、扩建和改建项目，应配套建设节约用水设施。

3. 满足环保要求

在工程设计时，还应积极改进工艺，采取行之有效的技术措施，防止粉尘、毒物、废水、废气、废渣、噪声、放射性物质及其他有害因素对环境的污染，要进行综合治理和利用，使设计符合国家环保标准。

4. 遵守工程建设技术标准

工程建设中有关安全、卫生和环境保护等方面的标准都是强制性标准，工程设计时必须严格遵守。

5. 采用新技术、新工艺、新材料、新设备

工程设计应当广泛吸收国内外先进的科研和技术成果，结合我国的国情和工程实际情况，积极采用新技术、新工艺、新材料、新设备，以保证工程建设的先进性和可靠性。

6. 重视技术和经济效益的结合

采用先进的技术，可提高生产效率，增加产量，降低成本，但往往会增加建设成本和建设工期。因此，要注重技术和经济效益的结合，从总体上全面考虑工程的经济效益、社会效益和环境效益。

7. 公共建筑和住宅要注意美观、适用和协调

建筑既要有实用功能，又要能美化城市，给人们提供精神享受。公共建筑和住宅设计应巧于构思，使其造型新颖、独具特色，但又与周围环境相协调，保护自然景观。同时还要满足功能适用、结构合理的要求。

（二）工程设计的依据

《建设工程勘察设计管理条例》规定，编制工程建设勘察设计文件，应当以下列规定为依据：

1. 项目批准文件；
2. 城市规划；
3. 工程建设强制性标准；
4. 国家规定的工程建设勘察设计深度要求。

铁路、交通、水利等专业工程建设，还应当以专业规划的要求为依据。

二、各设计阶段的内容和深度

（一）设计阶段

根据《基本建设设计工作管理暂行办法》的规定，设计阶段可根据建设项目的复杂程度而决定。

1. 一般建设项目

一般建设项目的设计可按初步设计和施工图设计两阶段进行。如有需要，可先进行方案设计，再进行初步设计和施工图设计。

2. 技术复杂的建设项目

技术上复杂的建设项目，可增加技术设计阶段，即按初步设计、技术设计、施工图设计三个阶段进行。

3. 存在总体部署问题的建设项目

一些牵涉面广的项目，如大型矿区、油田、林区、垦区、联合企业等，存在总体开发部署等重大问题，这时，在进行一般设计前还可进行总体规划设计或总体设计。

（二）勘察设计文件的要求

《建设工程勘察设计管理条例》规定，勘察设计文件必须满足下述要求：

1. 勘察文件

工程建设勘察文件，应当真实、准确，满足工程建设规划、选址、岩土治理和施工的需要。

2. 设计文件

方案设计文件应满足编制初步设计文件和控制概算的需要；初步设计文件应满足编制施工招标文件、主要设备材料定货和编制施工图设计文件的需要；施工图设计文件应满足设备材料采购、非标准设备制作和施工的需要，并注明工程建设合理使用年限。

3. 材料、设备的选用

设计文件中选用的材料、构配件、设备，应当注明其规格、型号、性能等技术指标，其质量要求必须符合国家规定的标准。

勘察设计文件中规定采用的新技术、新材料，可能影响工程建设质量和安全又没有国家技术标准的，应当由国家认可的检测机构进行试验、论证，出具检测报告，并经国务院有关部门或省、自治区、直辖市人民政府有关部门组织的工程建设技术专家委员会审定后，方可使用。

（三）各设计阶段的内容与深度

1. 总体设计

总体设计一般由文字说明和图纸两部分组成。其内容包括：建设规模、产品方案、原料来源、工艺流程概况、主要设备配备、主要建筑物及构筑物、公用和辅助工程、"三废"治理及环境保护方案、占地面积估计、总图布置及运输方案、生活区规划、生产组织和劳动定员估计、工程进度和配合要求、投资估算等。

总体设计的深度应满足开展下述工作的要求：初步设计，主要大型设备、材料的预安排，土地征用谈判。

2. 初步设计

初步设计一般应包括以下有关文字说明和图纸：设计依据、设计指导思想、产品方案、各类资源的用量和来源、工艺流程、主要设备选型及配置、总图运输、主要建筑物和构筑物、公用及辅助设施、新技术采用情况、主要材料用量、占地面积和土地利用情况、综合利用和"三废"治理、生活区建设、抗震和人防措施、生产组织和劳动定员、各项技术经济指标、建设顺序和期限、总概算等。

初步设计的深度应满足以下要求：设计方案的比选和确定、主要设备材料定货、土地征用、基建投资的控制、施工图设计的编制、施工组织设计的编制、施工准备和生产准备等。

3. 技术设计

技术设计的内容，由有关部门根据工程的特点和需要，自行制定。其深度应能满足确定设计方案中重大技术问题和有关实验、设备制造等方面的要求。

4. 施工图设计

施工图设计，应根据已获批准的初步设计进行。其深度应能满足以下要求：设备材料的安排和非标准设备的制作、施工图预算的编制、施工要求等。

三、设计文件的审批与修改

（一）设计文件的审批

我国建设项目设计文件的审批实行"分级管理、分级审批"的原则。根据《基本建设设计工作管理暂行办法》，设计文件具体审批权限规定如下：

1. 大中型建设项目的初步设计和总概算及技术设计，按隶属关系，由国务院主管部门或省、直辖市、自治区审批。

2. 小型建设项目初步设计的审批权限，由主管部门或省、市、自治区自行规定。

3. 总体规划设计（或总体设计）的审批权限与初步设计的审批权限相同。

4. 各部直接代管的下放项目的初步设计，由国务院主管部门为主，会同有关省、市、自治区审查或批准。

5. 施工图设计要按有关规定进行审查。

（二）设计文件的修改

设计文件是工程建设的主要依据，经批准后，不得任意修改和变更，建设单位、施工单位、监理单位都不得修改工程建设勘察设计文件；确需修改的，应由原勘察设计单位修改。经原勘察设计单位书面同意，建设单位也可以委托其他具有相应资质的工程建设勘察设计单位修改。修改单位对修改的勘察设计文件承担相应责任。

施工单位、监理单位发现工程建设勘察设计文件不符合工程建设强制性标准、合同约定的质量要求的，应当报告建设单位，建设单位有权要求工程建设勘察设计单位对工程建设勘察设计文件进行补充、修改。

工程建设勘察设计文件内容需要作重大修改的，建设单位应当报经原审批机关批准后，方可修改。根据《基本建设设计工作暂行办法》，修改设计文件应遵守以下规定：

1. 凡涉及计划任务书的主要内容，如建设规模、产品方案、建设地点、主要协作关系等方面的修改，须经原计划任务书审批机关批准。

2. 凡涉及初步设计的主要内容，如总平面布置、主要工艺流程、主要设备、建筑面积、建筑标准、总定员、总概算等方面的修改，须经原设计审批机关批准。修改工作须由原设计单位负责进行。

第三节　施工图设计文件审查

一、施工图设计文件审查的概念

施工图设计文件（以下简称施工图）审查是指国务院建设行政主管部门和省、自治区、直辖市人民政府建设行政主管部门依法认定的设计审查机构，根据国家的法律、法规、技术标准与规范，对施工图进行结构安全和强制性标准、规范执行情况等的独立审查。它是政府主管部门对建筑工程勘察设计质量监督管理的重要环节，是基本建设必不可少的程序，工程建设各方必须认真贯彻执行。

建设部于2000年2月也下发了《建筑工程施工图设计文件审查暂行办法》（以下简称《暂行办法》），对具体事项作出了相关规定。

二、施工图审查的范围及内容

（一）施工图审查的范围

《暂行办法》规定，凡属建筑工程设计等级分级标准中的各类新建、改建、扩建的工程建设项目均须进行施工图审查。各地的具体审查范围，由各省、自治区、直辖市人民政府建设行政主管部门确定。

（二）施工图审查的内容

1. 施工图审查的主要内容

《暂行办法》规定，施工图审查的主要内容为：

（1）建筑物的稳定性与安全性，包括地基基础及结构主体的安全；

（2）是否符合消防、节能、环保、抗震、卫生、人防等有关强制性标准、规范的规定；

（3）是否达到规定的施工图设计深度的要求；

（4）是否损害公共利益。

2. 施工图审查与设计咨询的关系

施工图审查的目的是维护社会公共利益，保护社会公众的生命财产安全，因此，施工图审查主要涉及社会公众利益与公众安全方面的问题。至于设计方案在经济上是否合理、技术上是否保守、设计方案是否可以改进等这些主要只涉及业主利益的问题，是属于设计咨询范畴的内容，不属于施工图审查的范围。当然，在施工图审查中如发现这方面的问题，也可提出建议，由业主自行决定是否进行修改。如业主另行委托，也可进行这方面的审查。

三、施工图审查机构

（一）施工图审查机构应具备的条件

《暂行办法》规定，符合下列条件的机构方可承担施工图审查工作：

1. 具有独立的法人资格；

2. 具有符合设计审查条件的工程技术人员。地级以上（含地级）城市的审查机构具有符合条件的结构审查人员不得少于6人；勘察、建筑和其他配套专业的审查人员不少于7人；县级城市审查机构应具备的条件由省级人民政府建设行政主管部门规定；

3. 有固定的工作场所，注册资金不少于20万元；

4. 有健全的技术管理和质量保证体系；

5. 审查人员应熟练掌握国家和地方现行的强制性标准、规范；

6. 设计审查人员必须具备的条件为：

（1）具有10年以上结构设计工作经历，独立完成过5项2级以上（含2级）项目工程设计；

（2）获准注册的一级注册结构工程师，并具有高级工程师职称；

（3）年满35周岁并不超过65周岁；

（4）有独立工作能力，并有一定语言文字表达能力；

（5）有良好的职业道德。

（二）施工图审查机构的审批

凡符合上述条件的直辖市、计划单列市、省会城市的设计审查机构，由省、自治区、直辖市建设行政主管部门初审后，报国务院建设行政主管部门审批，并颁发施工图设计审查许可证。其他城市的设计审查机构由省级建设行政主管部门审批，并颁发施工图设计审查许可证。

取得施工图设计审查许可证的机构，方可承担审查工作。

四、施工图审查的程序

（一）施工图审查的报送

《暂行办法》规定，在施工图完成后，建设单位应将施工图连同该项目批准立项的文件或初步设计批准文件及主要的初步设计文件一起报送建设行政主管部门，由建设行政主管部门委托有关审查机构进行审查。

施工图审查包括消防、环保、抗震、卫生等内容，这涉及不同行政主管部门的业务范围，为简化手续、提高办事效率，《暂行办法》规定，凡需进行消防、环保、抗震等专项审查的项目，应当逐步做到有关专业审查与结构安全性审查统一报送、统一受理，通过有关专项审查后，由建设行政主管部门统一颁发设计审查批准书。

（二）施工图审查的要求

1. 审查机构审查结束后，应向建设行政主管部门提交书面的项目施工图审查报告，报告应由审查人员签字、审查机构盖章。

2. 对于审查合格的项目，建设行政主管部门收到审查报告后，应及时向建设单位通报审查结果，并颁发施工图审查批准书；对于审查不合格的项目，由审查机构提出书面意见，并将施工图退回建设单位，交由原设计单位修改后，重新报送。

3. 审查机构在收到审查材料后，应在一个期限范围内完成审查工作，并提出工作报告。目前规定的具体审查期限为：一般项目20个工作日；特级、一级项目30个工作日；重大及技术复杂项目可适当延长。

4. 施工图一经审查批准，不得擅自进行修改。如遇特殊情况需要进行涉及审查主要内容的修改时，必须重新报请原审批部门委托审查机构审查，并经批准后方能实施。

5．施工图审查所需经费，由施工图审查机构向建设单位收取。

（三）对审查结果有争议的解决途径

建设单位或设计单位对审查机构作出的审查报告有重大分歧意见时，可由建设单位或设计单位向所在省、自治区、直辖市人民政府建设行政主管部门提出复查申请，由省、自治区、直辖市人民政府建设行政主管部门组织专家论证并做出复查结果。

五、施工图审查各方的责任

（一）设计单位与设计人员的责任

勘察设计单位及其设计人员必须对自己的勘察设计文件的质量负责，这是《工程建设质量管理条例》、《建设工程勘察设计管理条例》等法规所明确规定的，也是国际上通行的规则。它并不因通过了审查机构的审查就可免责。审查机构的审查只是一种监督行为，它只对工程设计质量承担间接的审查责任，其直接责任仍由完成设计的单位及个人负责。如若出现质量问题，设计单位及设计人员还必须依据实际情况和相关法律的规定，承担相应的经济责任、行政责任和刑事责任。

（二）审查机构及审查人员的责任

审查机构和审查人员在设计质量问题上的免责并不意味着审查机构和审查人员就不要承担任何责任。对自己的失职行为，审查机构和审查人员必须承担直接责任，这些责任可分为经济责任、行政责任和刑事责任，它将依据具体事实和相关情节依法认定。

《暂行办法》规定，施工图审查机构和审查人员应当依据法律、法规和国家与地方的技术标准认真履行审查职责。对玩忽职守、徇私舞弊、贪污受贿的审查人员和机构，由建设行政主管部门依法给予暂停或吊销其审查资格，并处以相应的经济处罚。构成犯罪的，依法追究其刑事责任。

（三）政府主管部门的责任

依据相关法律规定，政府各级建设行政主管部门在施工图审查中享有行政审批权，主要负责行政监督管理和程序性审批工作。它对设计文件的质量不承担直接责任，但对其审批工作的质量，负有不可推卸的责任，这个责任具体表现为行政责任和刑事责任，对此，《建设工程勘察设计管理条例》明确规定：国家机关工作人员在工程建设勘察设计活动的监督管理工作中玩忽职守、滥用职权、徇私舞弊，构成犯罪的，依法追究刑事责任；尚不构成犯罪的，依法给予行政处分。

第四节　工程勘察设计法律制度案例

案例 1

第一原告：宋某

第二原告：上海某房地产开发公司

被告：上海某区建设行政主管部门

一、基本案情

1999年3月15日，被告上海某区建设行政主管部门收到第二原告举报，称其正在进行施工的建筑施工图纸存在严重质量问题，希望被告对该图纸的设计单位进行查处。被告经调查后发现，该项目施工图纸是由第一原告宋某组织无证设计人员私自安排刻制，并使用本应当是由市建委统一管理发放的施工图出图专用章，且以蚌埠某建筑设计院上海分院的名义设计。据此，被告于1999年11月17日对第一原告作出了"责令停止建筑活动并处五万元罚款"的行政处罚。同时，上述项目的开发单位、第二原告在未验明设计单位的资质的情况下，将工程设计发包给事实上是个人的第一原告，并将无证人员设计的施工图纸交给施工单位使用，被告因此对第二原告也作出了"责令改正，并处罚款三万元"等的行政处罚。处罚决定书下达后，两原告均不服上述行政处罚，遂于2000年1月6日向法院提起行政诉讼，要求撤销被告的上述行政处罚。

第一原告认为其在设计活动中的一切行为均代表蚌埠某建筑设计院上海分院，施工图出图专用章系由该设计院的管理机关领取，是有证从事建筑设计活动，不应由其承担无证设计的法律后果；同时，委托设计合同是在1996年上半年签订的，被告援引1997年10月颁布实施的地方性法规和《上海市建筑市场管理条例》对其进行处罚，在法律适用上也是错误的。第二原告则认为其所委托的设计单位是有设计资质和入沪许可的蚌埠某建筑设计院上海分院，从未委托过第一原告个人；工程设计发包行为发生在1996年，1997年经上海市建设工程招投标办公室同意，补办了招标手续。被告援引1999年3月颁布实施的法规对其进行处罚，显系适用法律不当。

而被告方则以大量证据材料证明：

1. 第一原告与第二原告签订委托设计合同时使用的"合同章"，蚌埠某建筑设计院并不认可，该院从未有此合同章，故更不可能同意第一原告使用。

2. 第一原告及其雇用的在施工设计图纸上签字的人员均不具备国家规定的相应从业资格。

3. 第一原告私自安排刻制了应由上海市建委颁发的"工程建设施工图出图专用章"，并在其组织无证人员设计的图纸上使用了该出图专用章，没有证据证明蚌埠某建筑设计院在此事上有授权或共同行为。

4. 第二原告在与第一原告签订合同时没有验证设计单位有效的证明文件。

5. 第二原告签订委托设计合同时，看了第一原告出示的无效的营业执照后，仍与第一原告签订合同，且在施工过程中委托第一原告担任项目经理，将工程全权委托给其管理。因此，第一原告代表第二原告接受无证人员设计的施工图纸所引起的法律后果应追责至第二原告。

6. 第二原告所称的1997年补办招标手续时，提交的设计合同为1994年的，而当时蚌埠某建筑设计院尚未进沪，第二原告也尚未成立，招标手续显系欺骗取得。

7. 第一原告的无证设计活动自1996年至被告对其进行查处的过程中，一直处于持续状态；而第二原告委托第一原告设计的行为，自双方委托设计合同签订之日至第二原告重新委托设计之日止从未间断；且该工程一直没有竣工。因此，被告援引违法行为继续期间颁布实施的法律、法规对其予以处罚，在法律适用上是正确的。

二、案件审理

法庭对被告方提供的证据和法律依据逐项进行了审查，认为这些证据内容真实、与被诉行政处罚决定认定的事实相关且合法，具有证明效力，法院全部予以采信，并据此确认：

1. 第一原告在进行工程项目设计时，组织没有本市建筑设计从业资格的设计人员进行设计，并在设计图纸上加盖了自行刻制的施工图出图章和施工图发图负责人章，其主观上违法的故意十分明显。被告认定其无证从事建筑设计活动的事实清楚、证据充分。

2. 第二原告在将设计这一工程重要环节发包给设计单位时，理应验明设计单位的资质证书和勘察设计临时许可证。以第二原告的行为能力，应当能够验明第一原告提供的注册税务登记证、企业法人代码证书、企业法人营业执照、进沪许可证已全部无效。

3. 第一原告与第二原告于1997年4月18日签订设计合同，委托设计行为自此开始，并一直继续到1999年9月1日第二原告将工程重新委托给其他设计所设计时止。期间，双方并未发生终止、解除合同的情形。故对违法行为的追责，应当从行为终了之日起计算。因此，被告适用法律正确。

2000年4月13日，受理案件的上海市某区人民法院作出了一审判决，依法确认了被告的行为合法。两原告不服一审判决，于2000年4月20日向上海市第一中级人民法院提起上诉。经开庭审理，二审法院于2000年11月17日作出了终审判决："驳回上诉，维持原判。"

三、案例分析

在本案中，第一原告宋某未经注册，以注册执业人员的名义从事建设工程勘察设计活动，且私刻图章，以其他单位的名义从事建设工程勘察设计任务；第二原告上海市某房地产开发公司违反有关法律、法规的规定，将建设工程勘察设计任务发包给不具有相应资质等级的勘察设计单位。第一原告和第二原告均违反了有关法律法规的强制性规定，本案被告建设行政主管部门依据有关法律规定对上述被告进行行政处罚，是正确的。

案例 2

原告：××建筑设计事务所（以下简称设计事务所）

原告：××建筑设计院（以下简称设计院）

被告：××投资有限公司（以下简称投资公司）

一、基本案情

1995年9月，原告某设计事务所和原告某设计院下设的某分院（不具备法人资格）签订了联合设计"××商厦"建设项目协议。随后，设计事务所、设计院某分院与被告签订一份工程设计合同。约定：两原告为被告设计"××商厦"建设项目，总设计费20万元。两原告依约完成设计时，即通知被告付费20万元，被告未支付。经催讨未果，两原告向人民法院提起诉讼，要求被告支付20万元设计费。

被告辩称：被告的"××商厦"属乙级建设项目，而原告设计事务所设计资质属丙级，属越级设计。原告设计院无营业执照，根据建设部有关文件规定，不能从事地方上的设计，其下属的某分院更不具有法人资格，故原、被告间签订的工程设计合同属无效合同。由于两原告的过错造成合同无效，被告不应承担设计费20万元。

二、案件审理

一审法院经审理认为："××商厦"建设项目属"乙级"项目，原告设计事务所设计资质属"丙级"，设计院设计资质属"乙级"，并具备收费资格证书、上海市勘察设计临时许可证。设计院某分院和设计事务所作为承包方与被告签订工程设计合同得到设计院的认可。1996年7月16日,上海市勘察设计市场管理办公室出具确认意见,载明:设计院具备建设部建设工程乙级设计资质,并取得进沪许可;设计事务所具备建设工程丙级设计资质。现两设计单位就"××商厦"工程施工图进行联合设计,根据建设部建设(1993)678号文件第三条、《上海市工程勘察设计市场管理暂行办法》第八章、上海市建设委员会沪建设(1993)第0597文件第六条的规定,两单位之间横向联合符合国家有关政策,应予确认。两原告与被告签订的工程设计合同可以认定为有效合同。原告依约完成了合同约定的设计,而被告未能支付设计费属违约,被告应即支付所欠设计费。被告辩称原告设计事务所设计资质不符,设计院无营业执照不能从事地方上设计,而造成合同无效之理由不能成立,遂判决被告应给付两原告设计费20万元。

被告不服一审判决,上诉至二审法院,请求撤销一审判决。二审法院经审理认为:设计院某分院虽属编外事业单位,但其签约行为得到具有乙级设计资质的上级主管单位设计院承认,并持总院资格证书对外承接任务;设计事务所虽属丙级设计资质,但其与乙级资质的设计院联合设计符合国家有关规定,故设计院某分院、设计事务所与被告签订的本案工程设计合同有效。上诉人未依约支付设计费,应承担责任。原审法院认定事实基本清楚,处理并无不当。判决驳回上诉,维持原判。

三、案例评析

合同当事人的主体资格合法,是合同生效的必要条件。我国对工程勘察设计行业实行准入制度,不具有相应资质等级条件的勘察设计企业不能承揽业务,也就不具有签订勘察设计合同的主体资格。

本案发生在《建筑法》施行之前,尽管法院根据当时的规范性文件确认了原告的主体资格,但《建筑法》对建筑市场准入有了更加严格的要求。《建筑法》第13条明确规定为"从事建筑活动的建筑施工企业、勘察单位、设计单位和工程监理单位,按照其拥有的注册资本、专业技术人员、技术装备和已完成的建筑工程业绩等资质条件,划分为不同的资质等级,经资质审查合格,取得相应等级的资质证书后,方可在其资质等级许可的范围内从事建筑活动。"简言之,从事建筑活动应与其资质等级相适应。具体来讲,就是根据建筑工程项目本身被评定的等级,应由不低于该等级的相应资质等级的建筑施工企业、勘察单位、设计单位等承包建筑工程的勘察、设计和施工。如本案涉及的建筑工程项目属"乙级"项目,所要求的设计单位应为具有"乙级"资质等级的单位。

本案的特殊之处在于两原告实行联合设计且资质等级不同。关于联合设计的资格认定,在《建筑法》施行之前,这种资格认定要求是比较宽松的,即当其资质等级不同时,以级别高的一方为主,并由其对工程质量负责。但在《建筑法》施行后,则从严要求。根据《建筑法》第27条第2款的规定,两个以上不同资质等级的单位实行联合共同承包的,应当按照资质等级低的单位的业务许可范围承揽工程。这在审判工作中应予以注意。

第七章 建筑法律制度

第一节 建筑法概述

一、建筑法概念及立法目的

（一）建筑法的概念

建筑法是指调整建筑活动的法律规范的总称。建筑活动是指各类房屋及其附属设施的建造和与其配套的线路、管道、设备的安装活动。

建筑法有狭义和广义之分。狭义的建筑法系指 1997 年 11 月 1 日由第八届全国人民代表大会常务委员会第二十八次会议通过的，于 1998 年 3 月 1 日起施行的《中华人民共和国建筑法》（以下简称《建筑法》）。该法是调整我国建筑活动的基本法律，共 8 章，85 条。它以规范建筑市场行为为出发点，以建筑工程质量和安全为主线，规范了总则、建筑许可、建筑工程发包与承包、建筑工程监理、建筑安全生产管理、建筑工程质量管理、法律责任、附则等内容，并确定了建筑活动中的一些基本法律制度。广义的建筑法，除《建筑法》之外，还包括所有调整建筑活动的法律规范性文件。这些法律规范分布在我国的宪法、法律、行政法规、部门规章、地方性法规、地方规章以及国际惯例之中。由这些不同层次的法律调整建筑活动所组成的法律规范即是广义的建筑法。更为广义的建筑法是指调整建设工程活动的法律规范的总称。

（二）建筑法的立法目的

《建筑法》第 1 条规定："为了加强对建筑活动的监督管理，维护建筑市场秩序，保证建筑工程的质量和安全，促进建筑业健康发展，制定本法。"此条即规定了我国《建筑法》的立法目的。

1. 加强对建筑活动的监督管理

建筑活动是一个由多方主体参加的活动。没有统一的建筑活动行为规范和基本的活动程序，没有对建筑活动各方主体的管理和监督，建筑活动就是无序的。为保障建筑活动的正常、有序进行，就必须加强对建筑活动的监督管理。

2. 维护建筑市场秩序

建筑市场作为社会主义市场经济的组成部分，需要确定与社会主义市场经济相适应的新的市场秩序。但是，在新的管理体制转轨过程中，建筑市场中旧的经济秩序打破后，新的经济秩序尚未完全建立起来，以致造成某些混乱现象。制定《建筑法》就要从根本上解决建筑市场混乱状况，确立与社会主义市场经济相适应的建筑市场管理，以维护建筑市场的秩序。

3. 保证建筑工程的质量与安全

建筑工程质量与安全，是建筑活动永恒的主题，无论是过去、现在还是将来，只要有建筑活动的存在，就有建筑工程的质量和安全问题。

《建筑法》以建筑工程质量与安全为主线，作出了一些重要规定：

(1) 要求建筑活动应当确保建筑工程质量和安全，符合国家的建筑工程安全标准；

(2) 建筑工程的质量与安全应当贯彻建筑活动的全过程，进行全过程的监督管理；

(3) 建筑活动的各个阶段、各个环节，都要保证质量和安全；

(4) 明确建筑活动各有关方面在保证建筑工程质量与安全中的责任。

4. 促进建筑业健康发展

建筑业是国民经济的重要物质生产部门，是国家重要支柱产业之一。建筑活动的管理水平、效果、效益，直接影响到我国固定资产投资的效果和效益，从而影响到国民经济的健康发展。为了保证建筑业在经济和社会发展中的地位和作用，同时也是为了解决建筑业发展中存在的问题，迫切需要制定《建筑法》，以促进建筑业健康发展。

二、建设工程法

(一) 建设工程法的概念

建设工程法即规范建设工程的法律规范，它是调整工程勘察设计、土木工程施工、线路管道设备安装等建设活动中发生的建设管理及建设协作的法律规范的总称。建设工程法以《建筑法》为基础，同时还应包括《建设工程质量管理条例》、《建设工程勘察设计管理条例》等法规及相应的规章。

(二) 建设工程法的调整范围

1. 建设工程行政管理关系

建设工程行政管理关系是指建设工程的计划、组织、调控、监督等关系。具体规范工程项目建设程序、建设工程招投标、建设工程投资、建设质量监督、建筑市场、建设工程监理、建设工程合同管理等内容。此外，国家还要通过财政、金融、审计、会计、统计、物价、税收等监督、管理、规范建设工程活动。

2. 建设工程平等主体的协作关系

建设工程平等主体的协作关系主要体现在建设工程合同的签订与履行中。如勘察设计单位与业主的工程合同关系，建筑安装企业与业主的工程合同关系，以及业主、勘察设计单位、建筑安装企业、监理单位在建设活动中相互间协作关系，还有围绕建筑材料供应、建筑设备租赁发生的往来关系等。建设工程主体内部的协作关系、内部承包合同关系也是建设工程平等主体的协作关系，但具有内部行政性的特征。

(三) 建设工程行政执法

1. 建设工程行政执法的概念

建设工程行政执法是指国家建设行政主管部门在本部门的职能权限内，运用或执行关于建设工程行政管理方面的法律、法规、规章和规范性文件的具体行政行为。

2. 建设工程行政执法的特征

(1) 建设工程行政执法内容广泛。建设工程行政执法内容包括：施工、安装管理执法；建设工程勘察、设计管理执法；建设工程监理执法；建设工程招投标管理执法；建设工程质量管理执法；建设工程标准、定额管理执法；建筑市场管理执法等。

(2) 建设工程行政执法专业性强。建设行政主管部门除了直接依据建设工程法律、法规和规章及规范性文件执法外，还要依据一些专业技术标准、技术规范、技术规程和专门的建设工程专业机构（如勘察院、设计院、规划院、质量监督站、质量检测站、技术鉴定机构等），运用科学手段得出科学结论及准确数据进行执法。

（3）建设工程行政执法包括建设工程行政检查、建设工程行政处理、建设工程行政处罚和建设工程行政强制执行等方式。

第二节　建　筑　工　程　许　可

一、建筑工程许可制度

（一）建筑工程许可的规范

建设单位必须在建设工程立项批准后，工程发包前，向建设行政主管部门或其授权的部门办理报建登记手续。未办理报建登记手续的工程，不得发包，不得签订工程合同。新建、扩建、改建的建设工程，建设单位必须在开工前向建设行政主管部门或其授权的部门申请领取建设工程施工许可证。未领取施工许可证的，不得开工。已经开工的，必须立即停止，办理施工许可证手续。否则由此引起的经济损失由建设单位承担责任，并视违法情节，对建设单位作出相应处罚。《建筑法》第7条规定："建筑工程开工前，建设单位应当按照国家有关规定向工程所在地县级以上人民政府建设行政主管部门申请领取施工许可证；但是，国务院建设行政主管部门确定的限额以下的小型工程除外。"

（二）申请建筑工程许可的条件及法律后果

1. 申请建筑工程许可证的条件

《建筑法》第8条规定申请领取施工许可证应具备下列条件：

（1）已经办理该建筑工程用地批准手续；

（2）在城市规划区的建筑工程，已经取得规划许可证；

（3）需要拆迁的，其拆迁进度符合施工要求；

（4）已经确定建筑施工企业；

（5）有满足施工需要的施工图纸及技术资料；

（6）有保证工程质量和安全的具体措施；

（7）建设资金已经落实；

（8）法律、行政法规规定的其他条件。

根据《建筑法》，建设部于1999年10月15日颁布了《建筑工程施工许可管理办法》（2001年7月4日修订），明确规定必须具备下述条件，才可以领取施工许可证：

（1）已经办理了建筑工程用地批准手续；

（2）在城市规划区的建筑工程，已经取得建设工程规划许可证；

（3）施工现场已经具备基本施工条件，需要拆迁的，其拆迁进度符合施工要求；

（4）已经确定施工企业。按照规定应该招标的工程没有招标，应该公开招标的工程没有公开招标，或者肢解发包工程，以及将工程发包给不具备相应资质条件的，所确定的施工企业无效；

（5）已经具有满足施工需要的施工图纸和技术资料，施工图设计文件已经按照规定通过了审查；

（6）有保证工程质量和安全的具体措施；施工企业编制的施工组织设计中有根据建筑工程特点制定的相应质量、安全技术措施，专业性较强的工程项目编制的专项质量、安全

施工组织设计,并按照规定办理了工程质量、安全监督手续;

(7) 按照规定应该委托监理的工程已委托监理;

(8) 建设资金已经落实。建设工期不足一年的,到位资金原则上不得少于工程合同价的 50%;建设工期超过一年的,到位资金原则上不得少于工程合同价的 30%。建设单位应当提供银行出具的到位资金证明,有条件的可以实行银行付款保函或者其他第三方担保;

(9) 法律法规规定的其他条件。

2. 领取建筑工程许可证的法律后果

(1) 建设单位应当自领取施工许可证之日起三个月内开工。因故不能按期开工的,应当向发证机关申请延期;延期以两次为限,每次不超过三个月。既不开工又不申请延期或者超过延期时限的,施工许可证自行废止。

(2) 在建的建筑工程因故中止施工的,建设单位应当自中止施工之日起一个月内,向发证机关报告,并按照规定做好建筑工程的维护管理工作。建筑工程恢复施工时,应当向发证机关报告;中止施工满一年的工程恢复施工前,建设单位应当报发证机关核验施工许可证。

(3) 按照国务院有关规定批准开工报告的建筑工程,因故不能按期开工或者中止施工的,应当及时向批准机关报告情况,因故不能按期开工超过六个月的,应当重新办理开工报告的批准手续。

二、建筑工程从业者资格

(一) 国家对建筑工程从业者实行资格管理

从事建筑工程活动的企业或单位,应当向工商行政管理部门申请设立登记,并由建设行政主管部门审查、颁发资格证书。从事建筑工程活动的人员,要通过国家任职资格考试、考核,由建设行政主管部门注册并颁发资格证书。

(二) 国家规定的建筑工程从业者

1. 建筑工程从业的经济组织

建筑工程从业的经济组织包括:建筑施工企业、勘察单位、设计单位和工程监理单位,以及法律、法规规定的其他企业或单位(如工程招标代理机构、工程造价咨询机构等)。以上组织应具备下列条件:

(1) 有符合国家规定的注册资本;

(2) 有与其从事的建筑活动相适应的具有法定执业资格的专业技术人员;

(3) 有从事相关建筑活动所应有的技术装备;

(4) 法律、行政法规规定的其他条件。

2. 建筑工程的从业人员

建筑工程的从业人员主要包括:注册建筑师、注册结构工程师、注册监理工程师、注册造价工程师、注册建造师、注册咨询工程师、注册估价师以及法律、法规规定的其他人员。

3. 建筑工程从业者资格证件的管理

建筑工程从业者资格证件,严禁出卖、转让、出借、涂改、伪造。违反上述规定的,将视具体情节,追究法律责任。建筑工程从业者资格的具体管理办法,由国务院建设行政主管部门另行规定。

第三节 建设工程监理

一、建设工程监理制度概述

建设工程监理，是指具有相应资质的监理单位受工程项目业主的委托，依据国家有关法律、法规，经建设主管部门批准的工程项目建设文件，建设工程委托监理合同及其他建设工程合同，对工程建设实施的专业化监督管理。

实行建设工程监理制度是我国工程建设与国际惯例接轨的一项重要工作，也是我国建设领域中管理体制改革的重大举措。我国于1988年开始推行建设工程监理制度。经过十几年的摸索总结，我国《建筑法》第31～35条以法律的形式正式确立了该项制度，《建设工程质量管理条例》还规定了工程业主的质量责任和义务。其他有关建设工程监理制度的规定包括原建设部和国家计委发布的《建设工程监理规定》、《建设工程监理范围和规模标准规定》、《工程监理企业资质管理规定》以及《建设工程监理规范》等。

二、建设工程监理的作用

（一）有利于提高建设工程投资决策科学化水平

在建设单位委托工程监理实施全方位全过程监理的条件下，监理单位可以派出具备资质的监理工程师为建设单位提供全过程的咨询、监理工作，有利于提高投资项目决策的科学化水平，避免项目投资决策失误，也为实现建设工程投资综合效益最大化打下了良好的基础。

（二）有利于规范工程建设参与各方的建设活动

在建设工程实施过程中，工程监理企业可依据委托监理合同和有关的建设工程合同对承建单位的建设行为进行监督管理。由于这种约束机制贯穿于工程建设的全过程，所以可以最有效地规范各承建单位的建设行为，最大限度地避免不当建设行为的发生。

要发挥相应的约束作用，需要工程监理企业规范自身的行为并接受政府的监督管理。

三、建设工程监理的性质

（一）服务性

工程监理企业既不直接进行设计，也不直接进行施工，更不参与承包商的利润分成，而是利用自己的知识、技能、经验、信息以及必要的试验、检测手段为建设单位提供管理活动。

建设工程监理的服务对象是建设单位。监理服务是按照委托监理合同的规定进行的，是受法律约束和保护的。

（二）科学性

工程监理企业应当由组织管理能力强、工程建设经验丰富的人员担任领导；应当有足够数量的、有丰富管理经验和应变能力的监理工程师组成的骨干队伍；要有一套健全的管理制度和现代化的管理手段；要掌握先进的管理理论、方法和手段；要积累足够的技术、经济资料和数据；要有科学的工作态度和严谨的工作作风，要实事求是、创造性地开展工作。这一切决定了监理工作的科学性。

（三）独立性

工程监理单位应当严格地按照有关法律、法规、规章、工程建设文件、工程建设技术标准、建设工程委托监理合同、有关的建设工程合同等规定实施监理。在监理过程中，监理单位与承建单位不得有隶属关系和其他利害关系。在开展监理的过程中，必须建立自己的组织，按照自己的工作计划、程序、流程、方法、手段独立开展工作。

（四）公正性

公正性是社会公认的职业道德准则，是监理工程师能够长期生存和发展的基本职业道德准则。在开展建设工程监理的过程中，工程监理应该客观公正地对待建设单位和承建单位。特别是当这两方发生利益冲突或者矛盾时，工程监理企业应该以事实为依据，以法律和有关合同为准绳，在维护建设单位合法权益时，不损害承建单位的合法权益。

四、我国实行强制监理的范围

《建设工程质量管理条例》第12条对必须实行监理的建设工程作出了原则规定。建设部根据该条例，于2001年1月17日颁布了《建设工程监理范围和规模标准规定》，明确必须实行监理的建设工程项目具体范围和规模标准。这些必须实行监理的建设工程项目是：

（一）国家重点建设工程

国家重点建设工程，是指依据《国家重点建设项目管理办法》所确定的对国民经济和社会发展有重大影响的骨干项目。

（二）大中型公用事业工程

大中型公用事业工程，是指项目总投资额在3000万元以上的下列工程项目：

1. 供水、供电、供气、供热等市政工程项目；
2. 科技、教育、文化等项目；
3. 体育、旅游、商业等项目；
4. 卫生、社会福利等项目；
5. 其他公用事业项目。

（三）成片开发建设的住宅小区工程

成片开发建设的住宅小区工程，其建筑面积在5万平方米以上的，必须实行监理；5万平方米以下的住宅建设工程，可以实行监理；具体范围和规模标准，由省、自治区、直辖市人民政府建设行政主管部门规定。为了保证住宅质量，对高层住宅及地基、结构复杂的多层住宅应当实行监理。

（四）利用外国政府或者国际组织贷款、援助资金的工程

1. 使用世界银行、亚洲开发银行等国际组织贷款资金的项目；
2. 使用国外政府及其机构贷款资金的项目；
3. 使用国际组织或者国外政府援助资金的项目。

（五）国家规定必须实行监理的其他工程

1. 项目总投资额在3000万元以上关系社会公共利益、公众安全的下列基础设施项目：

（1）煤炭、石油、化工、天然气、电力、新能源等项目；

（2）铁路、公路、管道、水运、民航以及其他交通运输业等项目；

（3）邮政、电信枢纽、通信、信息网络等项目；

（4）防洪、灌溉、排涝、发电、引（供）水、滩涂治理、水资源保护、水土保持等水利建设项目；

（5）道路、桥梁、地铁和轻轨交通、污水排放及处理、垃圾处理、地下管道、公共停车场等城市基础设施项目；

（6）生态环境保护项目；

（7）其他基础设施项目。

2. 学校、影剧院、体育场馆项目。

五、工程建设监理的内容和依据

（一）工程建设监理的内容

工程监理的主要内容可以概括为："三控制、两管理、一协调"。三控制是指建设工程监理对建设工程的投资、工期和质量进行控制。两管理是指建设工程监理对建设工程进行的合同管理、信息管理。一协调是指建设工程监理要协调好与有关单位的工作关系。

（二）工程建设监理的依据

1. 有关法律、行政法规、规章以及标准、规范。

2. 有关工程建设文件。

3. 建设单位委托监理合同以及有关的建设工程合同。

六、工程监理单位的资质许可制度

国家对工程监理单位实行资质许可制度。《建设工程质量管理条例》第34条第1款规定："工程监理单位应当依法取得相应等级的资质证书，并在其资质等级许可的范围内承担工程监理业务。"同时，该条还规定："禁止工程监理单位超越本单位资质等级许可的范围或者以其他工程监理单位的名义承担工程监理业务。禁止工程监理单位允许其他单位或者个人以本单位的名义承担工程监理业务。工程监理单位不得转让工程监理业务。"这与对勘察、设计、施工单位的规定是一样的。

根据《中华人民共和国建筑法》、《建设工程质量管理条例》，建设部于2001年8月29日颁布了建设部令第102号《工程监理企业资质管理规定》，规定工程监理企业应当按照其拥有的注册资本、专业技术人员和工程监理业绩等资质条件申请资质，经审查合格，取得相应等级的资质证书后，方可在其资质等级许可的范围内从事工程监理活动。工程监理企业的资质等级分为甲级、乙级和丙级，并按照工程性质和技术特点划分为若干工程类别。

七、工程监理单位的选择与合同的签订

（一）工程监理单位的选择

项目法人一般通过招标投标方式择优选定监理单位。

（二）工程建设监理合同的签订

监理单位承担监理业务，应当与项目法人签订书面建设工程监理合同。工程建设监理合同的主要条款包括监理的范围和内容、双方的权利和义务、监理费的计取与支付、违约责任、双方约定的其他事项。

监理费从工程概算中列支，并核减建设单位的管理费。

八、建设工程监理合同

（一）建设工程监理合同的类型

如果将工程建设划分为建设前期（投资决策咨询）、设计阶段、施工招标阶段、施工阶段等几个阶段，监理合同也可分为这样几类。当然，业主既可委托一个监理单位承担所有阶段的监理业务，也可分别委托几个监理单位承担。

1. 建设前期监理合同

在这类监理合同中，监理单位主要从事建设项目的可行性研究并参与设计任务书的编制。

2. 设计监理合同

在这类监理合同中，监理单位的监理内容是：审查或评选设计方案，审查设计实施文件；选择勘察、设计单位，代签或参与签订勘察、设计合同或监督合同的实施；代编或代审概、预算等。

3. 招标监理合同

在这类监理合同中，监理单位的监理内容是：准备招标文件，代理招标、评标、决标，与中标单位商签工程承包合同。

4. 施工监理合同

在这类监理合同中，监理单位的监理内容是：审查工程计划和施工方案；监督施工单位严格按规范、标准施工，审查技术变更；控制工程进度和质量；检查安全防护设施；检测原材料和构配件质量；认定工程质量和数量；验收工程和签发付款凭证；审查工程价款；整理合同文件和技术档案；提出竣工报告；处理质量事故等。

（二）建设工程委托监理合同（示范文本）简介

2000年2月17日建设部、国家工商行政管理局联合发布了《建设工程委托监理合同（示范文本）》（GF—2000—0202），原《工程建设监理合同》（GF—1995—0202）示范文本同时废止。新示范文本由以下三部分组成：

第一部分是建设工程委托监理合同，类似其他示范文本的协议书，包括工程概况、组成合同的文件、双方的基本承诺、监理业务执行的起止时间、双方当事人的签字盖章和签约时间等基本条款。

第二部分是标准条件，包括：（1）词语定义、适用范围和法规；（2）监理人义务；（3）委托人义务；（4）监理人的权利；（5）委托人的权利；（6）监理人的责任；（7）委托人的责任；（8）合同生效、变更与终止；（9）监理酬金；（10）其他；（11）争议的解决。

第三部分是专用条件。专用条件是各个工程项目根据自己的个性和所处的自然和社会环境，由业主和监理单位协商一致后进行填写。双方如果认为需要，还可在其中增加约定的补充条款和修正条款，它是《建设工程监理合同》的重要组成部分。

九、监理单位的职责和工作程序

（一）监理单位的职责

监理单位是建筑市场的主体之一，建设监理是一种高智能的有偿技术服务。监理单位与项目法人之间是委托与被委托的合同关系；与被监理单位是监理与被监理的关系。监理单位应当按照核准的经营范围承接工程建设监理业务。

监理单位应当按照"公正、独立、自主"的原则开展建设监理工作，公平维护项目法人和被监理单位的合法权益。监理单位不得转让监理业务。监理单位不得承包工程，不得经营建筑材料、构配件和建筑机械、设备。监理单位在监理过程中因过错造成重大经济损失的，应承担一定的经济和法律责任。

监理工程师实行注册制度。监理工程师不得在政府机构、设备制造、材料供应等单位兼职，不得是施工、设备制造和材料、构配件供应等单位的合伙经营者。

（二）建设工程监理程序

建设工程监理工作按照下列程序进行：

1. 总监理工程师组织有关专业工程监理工程师编写监理规划；
2. 根据需要和规定，在监理规划的基础上由相关的专业监理工程师编写监理细则；
3. 根据监理规划和监理细则，规范化开展监理工作；
4. 监理工作结束后，项目监理机构应向建设单位提交监理档案并做出监理工作总结。

第四节 建筑法律制度案例

案例 1

上诉人：某水泥厂

被上诉人：某建设公司

一、基本案情

1995年4月22日，某水泥厂与某建设公司订立《建设工程施工合同》及《合同总纲》，约定：由某建设公司承建某水泥厂第一条生产线主厂房及烧成车间等配套工程的土建项目。开工日期为1995年5月15日。建筑材料由某水泥厂提供，某建设公司垫资150万元人民币，在合同订立15日内汇入某水泥厂账户。某建设公司付给某水泥厂10万元保证金，进场后再付10万元押图费，待图纸归还某水泥厂后再予退还等。

合同订立后，某建设公司于同年5月前后付给某水泥厂103万元，某水泥厂退还13万元，实际占用90万元。其中10万元为押图费，80万元为垫资款，比约定的垫资款少付70万元。同年5月某建设公司进场施工。从5月24日至10月26日某建设公司向某水泥厂借款173539.05元。后因某建设公司未按约支付全部垫资款及工程质量存在问题，双方产生纠纷；某建设公司于同年7月停止施工。已完成的工程为：窑头基础混凝土、烟囱、窑尾、增温塔。

某水泥厂于同年11月向人民法院起诉。一审法院在审理中委托省建设工程质量安全监督总站对已建工程进行鉴定。结论为：窑头基础混凝土和烟囱不合格应予拆除。另查明，已建工程总造价为2759391.30元。窑头基础混凝土造价84022.92元，烟囱造价20667.36元，两项工程拆除费用为52779.51元；某水泥厂投入工程建设的钢筋、水泥等建筑材料折合人民币70738.96元；合格工程定额利润为5404.95元；砂石由某建设公司提供。还查明：某水泥厂在与某建设公司订立合同和工程施工时，尚未取得建设用地规划许可证和建设工程规划许可证。

二、案件审理

一审法院审理认为，某水泥厂与某建设公司1995年4月22日签订施工合同及合同总纲时，建设工程的初步设计与概算未得到批准，某水泥厂也未到建设行政主管部门办理报建手续，故不具备1983年国务院《建筑安装工程承包合同条例》第5条第1款，1994年建设部《工程建设项目报建管理办法》,1991年国家工商总局、建设部《建筑市场管理规定》第8条、第12条第1款规定的发包条件。此外,订立该合同时,某水泥厂未进行招投标,违反了某省人大常委会1995年1月25日施行的《某省建设工程招投标管理条例》第2条第1款的规定,故合同无效。同时,该工程开工之前,某水泥厂未取得规划管理部门颁发的《建设工程规划许可证》;未得到建设行政部门发给的《施工许可证》,违反了《中华人民共和国规划法》第32条、1992年建设部《建筑工程施工现场管理规定》第5条第2款的规定,故开工亦不合法。因此,某水泥厂与某建设公司应互相返还对方财产,并按过错承担因合同无效而造成的损失。导致本案合同无效的主要过错是某水泥厂不具备发包条件而发包,某建设公司未审查发包方的条件而与之签约,也有一定的过错。因合同无效合同造成的损失,某水泥厂与某建设公司按7:3的比例分担。因此,某水泥厂应返还某建设公司的所有款项1030000元,扣除某建设公司借支、退还、差款等费用173499.86元,某水泥厂应返还某建设公司856500.44元。某水泥厂占用某建设公司856500.44元的同期同类贷款利息,应视为合同无效造成的损失,某水泥厂与某建设公司分别承担70%和30%。施工现场上尚未使用的钢材、水泥、砖应返还某水泥厂。未使用的砂、石归某建设公司所有。鉴于窑头基础混凝土和整个烟囱不合格应予拆除,某水泥厂应付给某建设公司工程款168732.39元;拆除窑头基础混凝土及烟囱的费用52779.51元以及该两项工程中某水泥厂投入的水泥、钢材、砖的损失45405.95元,应由某建设公司承担。一审法院据此判决:

1. 某水泥厂与某建设公司于1995年4月22日订立的施工合同和合同总纲无效。

2. 某水泥厂应返还某建设公司垫资等款项856500.44元,支付某建设公司工程款168732.39元。窑头基础混凝土和烟囱由某水泥厂组织拆除,拆除费用52779.51元和某水泥厂的材料损失费用45405.95元由某建设公司向某水泥厂支付。上述费用相抵,则某水泥厂应在本判决生效后20日内向某建设公司支付927047.37元。

3. 某水泥厂占用某建设公司856500.44元资金的同期同类贷款利息从1995年5月9日开始计算,某水泥厂应将其中的70%付给某建设公司,限于本判决生效后20日内付清。

4. 施工现场上未使用的水泥、钢材、砖返还归某水泥厂所有,砂石返还归某建设公司所有。

5. 驳回某水泥厂的其他请求。

案件受理费23010元;诉讼保全费1060元,鉴定费9000元,共计33070元,由某建设公司负担9921元,某水泥厂负担23149元。

某水泥厂不服一审判决,上诉称:双方签订的合同有效;原审判决将已返还给某建设公司的13万元重复认定,并且对建材计算调差费不当;在判决中未责令某建设公司返还施工图纸亦属不当,请求予以改判纠正。

某建设公司答辩承认已收到某水泥厂退还的13万元,原审判决确属重复认定,应予纠正。请求维持原审判决的其余部分。

二审法院经审理认为:某水泥厂在与某建设公司订立《建设工程施工合同》及《合同总纲》时,尚未取得建设用地规划许可证和建设工程规划许可证,并且违反有关规定,在合同中设立垫资施工的条款,因此上述合同应属无效。原判认定事实和适用法律基本正确。但将某水泥厂已返还给某建设公司 13 万元重复认定，且未判决某建设公司返还施工图纸以及计算未实际发生的建材调差费等，均属不当，应予纠正。上诉人的部分上诉请求有理，二审法院予以支持。

1. 维持原审判决的第 1、4、5 项；
2. 撤销原审判决第 2、3 项；
3. 某水泥厂退还某建设公司垫资款 626460.95 元人民币并承担该款自 1995 年 5 月 9 日至本判决生效之日止的中国人民银行同期同类贷款利息的 70%；
4. 某水泥厂支付某建设公司工程款 275939.30 元人民币，扣除不合格工程造价 104690.28 元、材料款 70738.96 元、定额利润 5405.72 元、拆除费 52779.51 元，实际应支付 42324.83 元人民币；
5. 某建设公司返还某水泥厂施工图纸（以收据为准）后；某水泥厂返还某建设公司押图费 100000 元人民币。

上述第 3、4、5 项判决，限于本判决生效之日起 15 日内履行完毕。

二审案件受理费 23010 元人民和由某水泥厂、某建设公司各半负担。

三、案例评析

《建筑法》正式确立了建筑工程施工许可制度。《建筑法》第 7 条规定："建筑工程开工前，建设单位应当按照国家有关规定向工程所在地县级以上人民政府建设行政主管部门申请领取施工许可证；但是，国务院建设行政主管部门确定的限额以下的小型工程除外。按照国务院规定的权限和程序批准开工报告的建筑工程，不再领取施工许可证。"因此，依法领取施工许可证是工程建设项目必须遵守的强制性规定，也是工程建设行为合法的必要条件。如果违反了这一法律强制性规定，施工合同将是无效的。此外，根据《建筑法》第 8 条的规定，取得施工许可证的前提是取得土地使用证、规划许可证。因此，工程建设项目施工必须"三证"齐全，即必须同时具备土地使用证、规划许可证、施工许可证。

本案发生在《建筑法》实施前，但由于发包人某水泥厂没有依法取得建设用地规划许可证和建设工程规划许可证，属于违法建设，其签订的工程施工合同应属无效合同。同时，尽管法律规定领取施工许可证是建设单位的责任，但施工单位不经审查而签订了合同，也要承担一定的过错责任。

案例 2

上诉人：××经济贸易公司（以下简称经贸公司）

被上诉人：××建设有限公司（以下简称建设公司）

一、基本案情

1992 年 10 月 2 日，并不具备承包工程资质等级的某建设公司与某经贸公司签订《工程承包协议书》，约定由建设公司垫资承建某工程项目。根据该协议书的约定，双方同时还签订了《工程承包垫资协议书》，约定建设公司垫资中的 5000 万元人民币，垫资期限为三年，垫资款的年回报率为 15%，如三年内银行贷款基准利率上浮，回报率亦随之上浮。建设公司负责协办的第二批垫资款 5000 万元人民币，暂定年限为一年半。1992 年 10 月 10 日至 11 月 2 日，建设公司将其所承包的全部工程分别包给某勘察工程公司、某建筑工程总公司和某工业设备安装公司。

1993年10月,建设公司与经贸公司又签订《协议书》,约定:根据经贸公司的要求,为了减少管理上的中间环节,即撤出建设公司在该项目上的管理人员,建设公司总包的权利、责任和义务托由经贸公司承担执行,经贸公司付给建设公司人民币1100万元作为补偿。建设公司垫资的5000万元人民币年回报率上调为18%。1994年7月1日,建设公司与经贸公司进行总结算,建设公司应收经贸公司款项为63384052.05元,其中包括撤出总承包补偿费1100万元、承包工程协调费50万元、赔偿某建筑工程总公司、某工业设备安装公司延迟开工费2312万元,1993年度垫资款利息850万元。扣除经贸公司已付的53430913.15元,经贸公司尚欠建设公司9953138.90元。

双方约定:经贸公司一次性补给建设公司280万元,余款以2958.28t钢材冲抵。1995年6月16日,经贸公司以其在某市的物业冲抵尚欠建设公司的1292250元后,余款773338元作为欠建设公司5000万元垫资款的部分利息。1996年7月29日,经贸公司向一审法院提起诉讼,要求判令建设公司返还总承包管理费1100万元并赔偿经济损失1135万元。

二、案件审理

一审法院认为:建设公司与经贸公司之间订立的合同,因建设公司没有承包建设工程的资质等级,不具备履行合同的能力,依照国家有关法律规定,双方所订合同为无效合同。合同无效,双方均有过错,应各自承担其相应责任。建设公司收取的撤出总承包补偿费、承包工程协调费应返还给经贸公司。双方就已建部分工程的结算,因双方无争议,法院予以确认。经贸公司主张赔偿其他经济损失的请求,因举证不力而不予支持。一审法院据此判决:

1. 经贸公司应于判决生效三十日内返还建设公司5000万元垫资款,并按建设银行同期同类贷款利率支付自1992年11月14日至还款之日的利息。

2. 建设公司应于判决生效三十日内返还经贸公司下列款项:(1)撤出总承包补偿费1100万元。(2)承包工程协调费50万元。(3)经贸公司支付的垫资款利息9223338元,并按建设银行同期同类贷款利率支付利息(其中850万元的利息自1994年8月11日至还款之日,773338元的利息自1995年6月16日至还款之日)。

3. 驳回经贸公司的其他诉讼请求。

诉讼费371760元由双方各负担185880元。

一审判决后,建设公司不服,向二审法院提出上诉。二审法院认为:建设公司没有承包建设工程的资质等级,即不具备建设工程总承包的主体资格,其与经贸公司签订的《工程承包协议书》应属无效。双方基于此合同签订的《协议书》也应无效,《协议书》约定由经贸公司支付建设公司总承包管理费1100万,将垫资款年利率上调到18%,违背法律规定,依法不予保护。双方签订的《工程承包垫资协议书》是《工程承包协议书》第五条有关垫资内容的进一步细化,约定垫资款的年回报率为15%,名为垫资实为借贷,违反了我国有关金融管理法规的规定,应当确认为无效。判决驳回上诉,维持原判。二审案件受理费371760元由建设公司承担。

三、案例评析

我国自1984年起,对建筑施工企业实行资质管理。1997年颁布的《建筑法》则以法律形式确立了这一制度。《建筑法》第26条规定:"承包建筑工程的单位应当持有依法取得的资质证书,并在其资质等级许可的业务范围内承揽工程。禁止建筑施工企业超越本企业资质等级许可的业务范围或者以任何形式用其他建筑施工企业的名义承揽工程。禁止建筑施工企业以任何形式允许其他单位或者个人使用本企业的资质证书、营业执照,以本企业的名义承揽工程。"在建设工程施工合同中,如果建筑施工企业不具有相应的资质等级,就意味着不具有签订合同的主体资格,合同应当认定为无效。

此外,二审法院对原、被告之间名为垫资实为拆借的行为作出了正确认定,由于企业拆借行为被国家有关法规严格禁止,因此双方关于利息的有关约定也是无效的。

合同被判无效以后的基本处理原则是相互返还,不能返还或者没有必要返还的,应当折价补偿。有过错的一方应当赔偿对方因此所受到的损失,双方都有过错的,应当各自承担相应的责任。承包单位没有资质等级而承担相应工程自然有过错,发包单位没有审查承包单位的资质等级也有一定的过错,双方应当承担相应的责任。

案例 3

上诉人(原审被告):某实业公司
被上诉人(原审原告):某建筑工程总公司

一、基本案情

1994年6月15日,某实业公司与某建筑总公司第一工程处(以下简称第一工程处)签订了《工程协议书》,约定由第一工程处承建某大厦工程。合同签订后,某建筑工程总公司于1994年7月30日开始施工,1994年12月末因故停止施工。1995年4月21日实业公司、第一工程处、某建筑集团第四工程公司签订《某大厦工程交接协议书》(以下简称《交接协议书》),约定第一工程处将承建的某大厦工程移交给某建筑集团第四工程公司施工。工程移交时间为1995年4月22日,此后即由某建筑集团第四工程公司负责对该大厦的施工和工程管理工作。第一工程处除参与善后工作处理之外不再参与该项工程的任何工作。协议书确定了工程交接部位、移交时间及工程结算时间,同时还约定于1995年9月末由实业公司全部结清工程款。至1995年8月止,实业公司共给付工程款(包括材料折款)5160796元。1995年8月15日,某建筑工程总公司以要求实业公司依据《交接协议书》支付所欠工程款为由向法院起诉。经一审法院委托某建设工程预算审查处决算审定,该工程由某建筑工程总公司施工部分造价为9943642元,实业公司尚欠某建筑工程总公司工程款4782846元。实业公司认可4782846元欠款。

另查明,某建筑工程总公司资质等级为一级。第一工程处隶属于某建筑工程总公司,以第一工程处名义所签《工程协议书》和《交接协议书》均系某建筑工程总公司法定代表人授权所签。某建筑工程总公司认可上述两个协议。

二、案件审理

一审法院经审理认为:某建筑工程总公司与实业公司签订的《工程协议书》及《交接协议书》,均是双方真实意思的表示,符合法律规定,应为有效合同。双方均应及时全面履行合同所约定的义务。实业公司未按协议约定结算应给付某建筑工程总公司的工程款,应当给付并应承担逾期付款的利息损失。

关于某建筑工程总公司是否转包问题,根据承包协议,这只是企业内部的一种经营方式,不能认定为转包,所以不能以此认定某建筑工程总公司违约。据此判决:

1. 实业公司给付拖欠某建筑工程总公司的工程款 4782846 元及利息（计息时间自 1995 年 9 月 30 日起至还款之日止，按银行同期同类贷款利率计算）。

2. 驳回双方的其他诉讼请求。案件受理费 36315 元由实业公司负担；鉴定费 60000 元由实业公司负担 50000 元，某建筑工程总公司负担 10000 元。

实业公司不服一审判决，向二审法院上诉称：某建筑工程总公司将此工程转包他人，只收取管理费，不承担任何风险。该行为违反了《工程协议书》约定的"本工程不准转包他人，如发现转包立即收回工程，所发生的一切损失由某建筑工程总公司负责"的条款。一审判决认定事实不清，请求予以改判。

二审法院认为：双方所签《工程协议书》及《交接协议书》是双方经过平等协商的真实意思表示，内容符合有关法律、法规的规定，应当认定为有效。依据《交接协议书》，双方已终止了《工程协议书》的履行。实业公司应依《交接协议书》的约定，给付某建筑工程总公司的工程款，并承担逾期给付的利息损失。某建筑工程总公司直接参与工程施工方案的制定，并对施工组织机构、工程质量、工程安全进行管理，并非只收取工程管理费，不承担任何风险。某建筑工程总公司的内部经营方式，不能认定为转包。对实业公司要求某建筑工程总公司赔偿"转包"违约的损失，其请求亦不予支持。判决驳回上诉，维持原判。二审案件受理费 36315 元，由实业公司负担。

三、案例评析

在本案中，建筑工程总公司是否存在转包行为，是双方争议的一个焦点。实业公司认为"某建筑工程总公司将此工程转包他人，只收取管理费，不承担任何风险。该行为属于转包，根据双方约定，所发生的一切损失由某建筑工程总公司负责。但法院判决认定某建筑工程总公司和第一工程处是属于内部经营方式，而不是转包。

我国《建筑法》明确禁止转包。可以说，转包是我国建筑工程承、发包活动中违法和无效的代名词。《建设工程质量管理条例》对"转包"所下的定义是：承包单位承包建设工程后，不履行合同约定的责任和义务，将其承包的全部工程转给他人或者将其承包的全部建设工程肢解以后以分包的名义分别转给其他单位承包的行为。

在工程实践中，转包与违法分包、挂靠行为的界限很难界定。应该说，转包一个最基本的特征是以包代管，不参加现场管理。因此，分清这三种违法行为，首先应当查明承包人在现场是否成立了管理机构，履行了管理职能。如果是，那么就不应该认定为转包行为。在此基础上，再考察承包人的分包情况和内部管理情况：如果承包人实施了《建设工程质量管理条例》规定的四种违法分包情形，特别是施工总承包单位将主体结构的施工分包的（劳务分包应当除外），应当认定为违法分包；如果承包人现场管理机构的主要管理人员与承包人无合法的劳动关系，那么很可能就是挂靠。

此外，现在建筑企业普遍实行的项目部管理模式与"挂靠"的界限就更加模糊了。特别是江浙一带很多大型的建筑企业，项目经理部具有很大的经营自主权，但正是这种灵活的管理模式使这些企业获得了飞速发展。现在面临的一个问题是，这种项目部管理模式与挂靠在很多方面是相似的，因此在多大程度上能得到法律的保护，始终是困扰企业发展的重大难题。《建筑法》第 26 条规定了"禁止建筑施工企业以任何形式允许其他单位或者个人使用本企业的资质证书、营业执照，以本企业的名义承揽工程"。但对什么是"任何形式"却无明确的规定。尽管《房屋建筑和市政基础设施工程施工分包管理办法》（征求意见稿）规定了三种挂靠行为，即：

（1）转让、出借资质证书或者以其他方式允许他人以本企业名义承揽工程的；

（2）项目管理机构的项目经理、技术负责人、项目核算负责人、质量管理人员、安全管理人员等不是本单位人员，与本单位无合法的人事或者劳动合同、工资福利以及社会保险关系的；

（3）建设单位的工程款直接进入项目管理机构财物的。但这种形式上的界定，大部分是比较容易规避的，也许最起作用的就是看项目主要管理人员的"社会保险关系"是否在承包单位。但仅凭"社会保险关系"来判断是否属于"挂靠"将会犯"形而上学"的错误。

案例 4

原告：某监理公司
被告：某房地产开发公司

一、基本案情

某房地产开发公司投资开发一住宅小区，与某工程监理公司签订建设工程委托监理合同。在专用条件的监理职责条款中，双方约定："乙方（监理公司）负责甲方（房地产开发公司）住宅小区工程设计阶段和施工阶段的监理业务。……房地产开发公司应于监理业务结束之日起 5 日内支付最后 20% 的监理费用。"写字楼工程竣工一周后，监理公司要求房地产开发企业支付剩余 20% 的监理费，房地产开发公司以双方有口头约定，监理公司监理职责应履行至工程保修期满为由，拒绝支付。监理公司索款未果，诉至法院。法院判决双方口头商定的监理职责延至保修期满的内容不构成委托监理合同的内容，房地产开发企业到期未支付最后一笔监理费，构成违约，应承担违约责任，支付监理公司剩余 20% 监理费及延期付款利息。

二、案例分析

依据《合同法》第 276 条和《建筑法》的有关规定，依法应当实行监理的建设工程，发包人应与监理人订立书面委托监理合同，由监理人按合同内容对建设工程进行监理。

根据《中华人民共和国建筑法》第四章的规定及《建设工程监理范围和规模标准规定》（建设部令第 86 号令）等有关规定，依法应当实行监理的建设工程有 5 类：（1）国家重点建设工程；（2）大中型公益事业工程；（3）成片建设的住宅小区工程；（4）利用外国政府或者国际金融组织赠贷款、援助资金的工程；（5）国家规定必须实行监理的其他工程。

本案中，房地产开发公司开发住宅小区，属于需要实行监理的建设工程，依法应当与监理人签订委托监理合同。本案争议焦点在于确定监理公司监理义务范围。依书面合同约定，监理范围包括工程设计和施工两阶段，而未包括工程的保修阶段；双方只是口头约定还应包括保修阶段。依据《合同法》第 276 条规定，委托监理合同应以书面形式订立，口头形式约定不成立委托监理合同。因此，该委托监理合同关于监理义务的约定，只能包括工程设计和施工两阶段，不应包括保修阶段，也就是说，监理公司已完全履行了合同义务，房地产开发公司逾期支付监理费用，属违约行为，故判决其承担违约责任，支付监理费及利息是正确的。

案例 5

原告：北京市某物资公司

被告：王某

一、基本案情

1995年10月17日，王某与北京市某物资公司签订了拆迁安置居民回迁购房合同书，根据此合同，王某原租住公房属于拆迁范围，王某属于拆迁安置对象，某物资公司对广外南街回迁楼建设完毕以后，安置王某广外南街小区53号楼601号3居室楼房1套。合同签订后，1998年10月，某物资公司如约将回迁楼建设完毕并交付使用。王某在没有办理回迁入住手续的情况下，私自进入广外南街小区53号楼601号房，在向某物资公司的房屋物业公司缴纳了装修押金1000元后，于1999年3月对该房进行了装修。装修过程中，雇用没有装修资质的装修人员对房屋内部结构进行拆改，将多处钢筋混凝土结构承重墙砸毁，并将结构柱主钢筋大量截断。其间，某物资公司曾多次向王某发出停工通知，并委托宣武区房屋安全鉴定站对此房屋进行了鉴定，结论为：房屋墙体被拆改、移位，已对房屋承重结构造成破坏，应恢复原状。王某对此均未理睬。1999年4月，某物资公司向某区人民法院提起诉讼，要求王某立即搬出强占的房屋，停止毁坏住宅楼主体结构的行为，排除妨碍，消除危险，承担对所破坏房屋由专业施工单位进行修复的费用47439.04元、鉴定费240元以及加固设计费10000元。

二、案件审理

一审法院经审理认为，根据建设部《建筑装饰装修管理规定》，凡涉及拆改主体结构和明显加大荷载的，房屋所有人、使用人必须向房屋所在地的房地产行政主管部门提出申请，并由房屋安全鉴定单位对装饰装修方案的使用进行审定。经批准后向建设行政主管部门办理报建手续，领取施工许可证。原有房屋装饰装修需要拆改结构的，装饰装修设计必须保证房屋的整体性、抗震性和结构安全性，并由有资质的装饰装修单位进行施工。北京市《关于加强对城镇居民住宅装饰装修改造管理的通知》规定：凡居民对住宅进行装饰、装修的，不得破坏建筑物结构，不得私自拆改各种住宅配套设施。本案中王某在没有办理房屋入住手续的情况下，私自进入房屋，并违反上述规定，未经有关部门批准，在装修过程中对房屋的主体结构及其他设施进行拆改，经某物资公司多次制止后仍不停止，给整幢房屋造成严重安全隐患（诉讼过程中，中国建筑科学研究院工程抗震研究所作出了广外南街小区53号楼加固报告，并提供了加固方案及加固工程造价计算书），应承担民事责任。关于加固费用，中国建筑科学研究院工程抗震研究所是建筑业的权威机关，出具的加固报告及费用具有权威性，对所需33746元的加固费用本院予以确认；对于恢复费用，因被告对原告提供的预算费用表示异议，且该费用未经有关部门审核，因此，恢复原状的费用以恢复后实际支出费用为准。故判决：

1. 自本判决生效后3日内，被告王某将本区广外南街小区53号楼601号住房腾空，交原告某物资公司；

2. 自本判决生效后3日内，被告王某给付原告某物资公司对本区广外南街小区53号楼601号住房的鉴定费240元、加固设计费10000元、加固费33746元，并由原告某物资

公司负责加固施工;

3. 自加固工程完成后 30 日内,由被告王某负责对拆改的本区广外南街小区 53 号楼 601 号住房门厅隔断墙恢复原状。

三、案例评析

本案发生在《建筑法》和《建设工程质量管理条例》颁布实施之前。审理法院参照部门规章《建筑装饰装修管理规定》(建设部令第 46 号)对其进行了判决。

《建筑法》第 49 条规定:"涉及建筑主体和承重结构变动的装修工程,建设单位应当在施工前委托原设计单位或者具有相应资质条件的设计单位提出设计方案;没有设计方案的,不得施工。"《建筑法》第 70 条规定:"违反本法规定,涉及建筑主体或者承重结构变动的装修工程擅自施工的,责令改正,处以罚款;造成损失的,承担赔偿责任;构成犯罪的,依法追究刑事责任。"

《建设工程质量管理条例》第 15 条规定:"涉及建筑主体和承重结构变动的装修工程,建设单位应当在施工前委托原设计单位或者具有相应资质等级的设计单位提出设计方案;没有设计方案的,不得施工。房屋建筑使用者在装修过程中,不得擅自变动房屋建筑主体和承重结构。"《建设工程质量管理条例》第 69 条规定:"违反本条例规定,涉及建筑主体或者承重结构变动的装修工程,没有设计方案擅自施工的,责令改正,处 50 万元以上 100 万元以下的罚款;房屋建筑使用者在装修过程中擅自变动房屋建筑主体和承重结构的,责令改正,处 5 万元以上 10 万元以下的罚款。有前款所列行为,造成损失的,依法承担赔偿责任。"

根据上述法律规定,在房屋建筑装饰装修过程中,不论是建设单位还是房屋建筑使用者都必须严格遵守法律强制性规定。本案中,王某作为房屋建筑使用人,擅自变动建筑主体和承重结构,是严重的违法行为,不仅要依法承担赔偿责任,还应当受到建设行政管理部门的行政处罚。

案例 6

原告:新华日报社

被告:南京华厦实业有限公司

一、基本案情

1991 年 4 月,南京华厦实业有限公司(以下简称华厦公司)在毗邻新华日报社处投资建设的华荣大厦基础工程开始施工,未做好护栏维护工程即进行敞开式开挖并大量抽排地下水,一个月后因施工现场附近地面下沉,施工暂时停止。经过修改施工方案,华荣大厦基础工程于同年 7 月 28 日恢复施工,进行人工开挖桩孔。同年 10 月中旬,新华日报社发现其印刷厂厂房墙壁、地面开裂,3 台德国进口的 UNIMAN4/2 卷筒纸胶印机出现异常,报纸印刷质量明显下降,印刷机严重受损,厂房墙体受损危及人员安全。经南京市人民政府召集有关单位、专家共同研究提出补救措施予以实施后,新华日报社印刷厂地面沉降才得到控制,但对新华日报社所受损失没有涉及。"会议纪要"还明确指出了华厦公司在华荣大厦工程施工中违反有关施工规范、规程造成事故的错误。事故发生后,新华日报社还委托南京土木建筑学会、国家印刷机械质量监督检测中心和江苏省地震局等单位对事故原因进行了鉴定。鉴定认为:华荣大厦基础工程施工大量抽排地下水是造成新华日报社印刷厂厂房和印刷机受损的直接原因。1992年7月10日,新华日报社向南京市人民政府请求解决赔偿损失问题,但一直未得到解决。

1994年6月30日,新华日报社向江苏省高级人民法院起诉,称:华厦公司在建设与本社相距20m的华荣大厦基础工程施工期间,大量抽排地下水,造成本社印刷厂地面下沉,厂房墙体多处开裂,印刷机基础移位,印刷机受到严重损伤,造成巨额经济损失,要求华厦公司赔偿其请国内外专家调校修理印刷机的费用、修理所需零部件购置费、停机期间委托他人代印报纸的印刷费差价等各项损失共计1399万元。

被告华厦公司答辩称:原告的损失是华荣大厦基础工程施工单位造成的,应由施工单位赔偿。原告的起诉已超过了一年的诉讼时效,已丧失胜诉权。原告的请求应交由行政部门处理,请求驳回原告的诉讼请求。

二、案件审理

江苏省高级人民法院经审理查明:新华日报社所受经济损失包括,请外国专家调校修理印刷机费用179504元,修理调校印刷机期间请他人代印报纸费用差额31893.50元,外国专家调校修理印刷机期间食宿费6796.40元,修理印刷机必须进口的零部件购置费765万元,购置此零部件所交关税及增值税244万元,机装、运印刷机费用190万元,加固厂房和重做印刷机基础费用1506686.38元,有关单位鉴定、评估、咨询等费用168700元,上述损失共计人民币13883580.28元。

江苏省高级人民法院认为:华厦公司在建设华荣大厦时,未充分考虑相邻建筑物的安全,于施工期间大量抽排地下水,并于初期发现问题后又未能及时采取必要的防护措施,使新华日报社印刷厂地面发生沉降,损坏了厂房基础,致厂房及室内印刷机械受损,事实清楚,证据充分,可以认定。华厦公司违背处理相邻关系的原则,在建设房屋时给新华日报社造成了巨大损失,应负全部责任。新华日报社在法定期间内依法起诉,所举证据能证明其主张成立,依法应予支持。依照《中华人民共和国民法通则》第83条之规定,该院于1994年11月28日判决如下:

华厦公司于本判决生效后30日内,赔偿新华日报社各项损失共计人民币13883580.28元。

诉讼费79428元,诉讼保全费70520元,合计人民币149948元,由华厦公司负担。华厦公司不服一审判决,以新华日报社胶印车间设计使用不合理,印刷机基础下未做砂石垫层,印刷机运转后无沉降观测记录,因此不能证明不均匀沉降是华荣大厦施工抽水所致为理由,上诉至最高人民法院,请求在分清双方当事人责任程度、合理计算对方损失的前提下,改判由双方分别承担民事责任;请求追加华容大厦施工人珠海特区中新建筑公司为本案第三人,并判令其承担相应的民事责任。

新华日报社答辩称:原审认定的事实完全符合实际,本社厂房和机器受损,完全是华荣大厦施工中长期、大量抽排地下水造成的,请求维持原判,驳回华厦公司的上诉。

最高人民法院审理期间,根据华厦公司的申请,委托江苏省技术监督建筑工程质量检验站就华荣大厦施工中抽取地下水对新华日报社厂房及进口胶印机基础有什么影响等问题,再次进行鉴定。鉴定认为:"华荣大厦施工大量抽排地下水,是造成新华日报社厂房下沉开裂和印刷机不能正常运行、遭受损伤的直接原因。该厂房基础和设备基础的结构形式对沉降反应敏感,对环境变化适应性差,但事故发生前三年来的使用尚没有发现问题。

在华荣大厦基坑施工期间如不抽水，不致突然发生这个事故。"

最高人民法院认为：华厦公司在新华日报社厂房相邻处修建华荣大厦，本应充分考虑相邻建筑物的安全，但其违反《中华人民共和国民法通则》关于处理相邻关系的原则，未做维护工程即开始敞开式开挖，大量抽排地下水，初期发现问题后采取的补救措施亦未能完全阻止不均匀沉降，致使新华日报社印刷厂和设备基础地面发生沉降，厂房及进口胶印机严重受损，其应对此负全部责任。原审法院认定事实清楚，适用法律正确。华厦公司所持上诉理由经查不能成立，本院不予支持，依照《中华人民共和国民法通则》第83条之规定，于1996年5月13日判决如下：

驳回上诉，维持原判。

二审诉讼费79428元，鉴定费232751.70元，由华厦公司承担。

三、案例评析

《民法通则》第83条规定："不动产的相邻各方，应当按照有利生产、方便生活、团结互助、公平合理的精神，正确处理截水、排水、通行、通风、采光等方面的相邻关系。给相邻方造成妨碍或者损失的，应当停止侵害，排除妨碍，赔偿损失。"人民法院根据该条的规定判决由建设单位华厦公司承担民事责任是正确的。

施工单位中新建筑公司应该承担什么样的责任？《建筑法》第39条规定："建筑施工企业应当在施工现场采取维护安全、防范危险、预防火灾等措施；有条件的，应当对施工现场实行封闭管理。施工现场对毗邻的建筑物、构筑物和特殊作业环境可能造成损害的，建筑施工企业应当采取安全防护措施。"《建设工程质量管理条例》第32条的规定："施工单位对施工中出现质量问题的建设工程或者竣工验收不合格的建设工程，应当负责返修。"据此，我们认为，中新建筑公司具有采取安全防护措施和对施工质量进行返修的义务。如果中新建筑公司在施工过程中没有履行上述义务，华厦公司有权依法向其追偿。

案例 7

一、基本案情

2001年11月16日上午10时30分，高原古城西宁繁华街道西门口，正在进行爆破拆除的西关街四号商住楼。一声巨响过后，楼房没有如人们预料地轰然倒下，只是做过预处理的底层支柱受到了较为严重的破坏。经过专家"会诊"，11月19日上午，负责此次爆破的青海协力爆破工程有限责任公司加大药量，进行二次爆破，但楼房坐落1层后非但没有倒下，反而成了向北倾斜近20°的"斜楼"、斜而不倒，摇摇欲坠，使这座本来就已潜伏危险的商住楼成了一颗随时可能爆炸的"炸弹"。

根据西宁市政府规划，西宁市繁华市区西门要修建一个大型绿地广场，有关部门决定对位于此地区的西关街四号商住楼等进行爆破拆除。当年10月，成立仅仅一年半的青海协力爆破工程有限责任公司（以下简称协力公司）与西宁市城建开发总公司签订了爆破这座7层商住楼的合同，具体由西宁正华建设投资控股有限公司（以下简称正华公司）负责。当年11月13日，协力公司为第一次爆破召开了"工作汇报会"，邀请负责工程发包的正华公司副总经理胡某，以及青海某建筑工程总公司总工程师田某参加。会上，发包方负责人胡某对不够施工资质的协力公司提出"原则上要求人工拆除6层、7层砖混结构后再实施爆破"的要求。田某则发表意见认为，为了取得较好的爆破解体效果，不宜将6、

7层人工拆除，否则上部重量减轻，会使定向倾倒有难度……就这样，"专家"和发包方同意了事后被证明完全错误的《爆破方案》。而据了解，在此前，协力公司只爆破过两座锅炉房烟囱和一处景亭，根本没有爆破拆除楼房的经验和实力。这印证了爆破行业的一句行话：没有不敢炸的，只有掏不起钱的。据调查了解，两次爆破的协力公司总工程师和《爆破方案》的设计者邱某根本不具备公安部门认定的爆破工程设计资格。

根据《爆破工程施工企业资质等级标准》规定，三级资质企业只能爆破拆除5层的楼房、50m以下的烟囱；二级企业，可承接高度为5~10层的楼房、50~80m高度的烟囱。协力公司的资质为三级，根本不能承揽7层高楼的爆破工程，协力公司属于违规经营，越级施工。

据了解，作为西宁市城市中心广场——新世纪广场拆迁项目，共有3栋商住楼采取爆破拆除，项目都由西宁市城建开发总公司发包。

协力公司总经理曹某称，工程刚开始时，第一栋楼城建局进行了招标，共有3家爆破企业竞标，最后银川定向爆破有限责任公司（简称银川公司）中标。中标的那栋楼，银川公司第一次爆破也失败了，又经过两次重新爆破，才算交了差。后来的第二、三栋楼，我们才算和银川定向爆破公司展开了较量，100多万元的工程，连招标都省了，全靠"人工"操作。大的（指12层楼）我们做不了，我们通过关系做小（指4层以下楼）的，这样两家都有钱赚。

11月23日，被公安部门取消使用爆破物品资格后，协力公司还在组织机械和人工拆除，在距离他们100多米的北侧，有一座更高的楼房已经拆完了门窗，正在加紧进行爆破前的最后准备。工人们说，那是北园迎宾楼，银川公司号称它为"某第一爆"，楼高12层、建筑面积9800平方米，26日前后起爆。银川公司是二级，只能承担低于10层的楼房，也是越级施工。当谈到具体由谁监管时，银川公司称爆破行业属于高度危险特种行业，主要由公安部门监管。但西宁市公安局治安处副处长吕某说，他们只对炸药的流向及起爆后的公共安全负责，企业资质应该由建设部门监管，而且公安部门也没有懂行的专家。

二、案例分析

《建筑法》第50条明确规定"房屋拆除应当由具备保证安全条件的建筑施工单位承担，由建筑施工单位负责人对安全负责"。实施房屋拆除的建筑施工单位应具备的安全条件是一个强制性规定。所谓具备安全条件是指具有拆除房屋建筑的技术人员、技术设备等保证房屋拆除安全的必备条件，不具备拆除条件的不能从事拆除作业。拆除房屋应具备的安全条件，应以建设行政主管部门和有关部门的规定为准，通常表现为符合一定的资质等级条件。例如，对于以采取爆破为拆除业务的建筑施工单位，除符合建设行政主管部门规定的条件外，还应当符合公安主管部门的有关规定。但是，交叉管理、监管不力，致使城市民用爆破行业市场混乱、漏洞重重，如何健全制度规章，堵塞漏洞，是值得我们深思的问题。

第八章 工程质量法律制度

第一节 工程质量法概述

一、工程质量的概念

（一）工程质量的狭义和广义两种含义

为了正确把握工程质量的内涵，我们必须理解工程质量狭义和广义这两种含义。

狭义的工程质量是指工程符合业主需要而具备的使用功能。这一概念强调的是工程的实体质量，如基础是否坚固，主体结构是否安全以及通风、采光是否合理等。

广义的工程质量不仅包括工程的实体质量，还包括形成实体质量的工作质量。工作质量是指参与工程的建设者，为了保证工程实体质量所从事工作的水平和完善程度，包括社会工作质量，如社会调查、市场预测、质量回访和保修服务等；生产过程工作质量，如管理工作质量、技术工作质量和后勤工作质量等。工作质量直接决定了实体质量，工程实体质量的好坏是决策、计划、勘察、设计、施工等单位各方面、各环节工作质量的综合反映。

因此，我们须从广义上理解工程质量的概念，而不能仅仅把认识停留在工程的实体质量上。过去对工程质量的管理通常是一种事后的行为，楼倒人伤才想起应该追究有关方面的工程质量责任，这时即使对责任主体依法惩处，也无法挽回已经造成的经济损失。但如果在工程质量形成过程中就对参建单位的建设活动进行规范化管理，就可以将工程质量隐患消灭在萌芽状态。这样虽然看上去加大了工作量，但却可以有效地解决工程质量问题，这是我们广大建设行政管理人员值得注意的地方。

我们把广义上的工程质量按其形成的各个阶段作进一步分解，具体内容如表 8-1 所示。

工程建设各阶段的质量内涵 表 8-1

工程项目质量形成的各个阶段	工程项目质量在各阶段的内涵	合同环境下满足需要的主要规定
决策阶段	可行性研究	国家的发展规划或业主的需求
设计阶段	1. 功能、使用价值的满足程度 2. 工程设计的安全、可靠性 3. 自然及社会环境的适应性 4. 工程概、预算的经济性 5. 设计进度的时间性	工程建设勘察、设计合同及有关法律、法规、强制性标准
施工阶段	1. 功能、使用价值的实现程度 2. 工程的安全、可靠性 3. 自然及社会环境的适应性 4. 工程造价的控制状况 5. 施工进度的时间性	工程建设施工合同及有关法律、法规、强制性标准
保修阶段	保持或恢复原使用功能的能力	工程建设施工合同及有关法律、法规、强制性标准

（二）工程质量的特点

与一般的产品质量相比较，工程质量具有如下一些特点：

1. 影响因素多，质量变动大

决策、设计、材料、机械、环境、施工工艺、管理制度以及参建人员素质等均直接或间接地影响工程质量。工程项目建设不像一般工业产品的生产那样有固定的生产流水线，有规范化的生产工艺和完善的检测技术，有成套的生产设备和稳定的生产环境。工程质量波动较大，这是与受影响因素多的特点相一致的。

2. 隐蔽性强，终检局限大

工程项目在施工过程中，由于工序交接多，若不及时检查发现其存在的质量问题，事后表面上质量尽管很好，但这时可能混凝土已经失去了强度，钢筋已经被锈蚀得完全失去了作用……诸如此类的工程质量问题在终检时是很难通过肉眼判断出来的，有时即使用上检测工具，也不一定能发现问题。

3. 对社会环境影响大

与工程规划、设计、施工质量的好坏有密切联系的不仅仅是使用者，而是整个社会。工程质量不仅直接影响人民群众的生产生活，而且还影响着社会可持续发展的环境，特别是有关绿化、"三废"和噪声等方面的问题。

（三）工程建设各阶段对工程质量形成的影响

工程项目具有周期长的特点，工程质量不是在旦夕之间形成的。人们常常对设计和施工阶段比较重视，孰不知，工程建设各阶段紧密衔接，互相制约影响，所以工程建设的每一阶段均对工程质量的形成产生十分重要的影响。

1. 可行性研究对工程质量的影响

可行性研究是决定工程建设成败与否的首要条件。当前，各类公共工程和国有单位投资的工程，是由政府批准立项的，不少项目筹划过程的规范性和科学性较差。有的工程立项建议滞后，工程上了再立项；有的工程可行性研究不从客观实际出发，马虎粗糙，工程是否可行完全取决于首长意志；有的项目资金、原材料、设备不落实，借资上项目，垫资先开工，迫使设计单位降低设计标准，施工单位偷工减料……凡此种种，工程质量难以得到保证。

2. 勘察、设计阶段对工程质量的影响

工程勘察、设计阶段是影响工程质量的关键环节。地质勘察工作的内容、深度和可靠程度，将决定工程设计方案能否正确考虑场地的地层构造、岩土的性质、不良地质现象及地下水位等工程地质条件。地质勘察失控会直接产生工程质量隐患，如果依据不合格的地质勘察报告进行设计，那么设计质量到底怎样就可想而知了。

工程设计采用什么样的平面布置和空间形式，选用什么样的结构类型，使用什么样的材料、构配件及设备等，都直接关系到工程主体结构的安全可靠。从我国目前的实际情况来看，设计不规范的现象还很严重，如不执行强制性设计标准和安全标准，设计不符合抗震强度要求等。至于有些工程无证设计，盲目套用设计图纸，或违反设计规范等引发的工程质量问题后果更为严重。国务院于2000年1月30日发布实施的《建设工程质量管理条例》（以下简称《质量条例》）确立了施工图设计文件审查批准制度，就是为了强化设计质量的监督管理。

3. 施工阶段对工程质量的影响

工程的施工阶段是影响工程质量的决定性环节。工程项目只有通过施工阶段才能成为实实在在存在的东西，施工阶段直接影响工程的最终质量。我国工程实践中，违反施工顺序、不按图施工、施工技术不当以及偷工减料等影响工程质量的事例不胜枚举。《质量条例》以行政法规的形式正式确立了建设工程质量监督制度，施工阶段的质量是工程质量监督机构的工作重点。

4. 竣工验收和交付使用阶段对工程质量的影响

竣工验收和交付使用阶段是影响工程质量的重要环节。在工程竣工验收阶段，建设单位组织设计、施工、监理等有关单位对施工阶段的质量进行最终检验，以考核质量目标是否符合设计阶段的质量要求。这一阶段是工程建设向交付使用转移的必要环节，体现了工程质量水平的最终结果。《质量条例》确立了竣工验收备案制度，这是政府加强工程质量管理，防止不合格工程流向社会的一个重要手段。

在交付使用阶段，首先要做好工程的保护工作。如果保护不当，使工程受到破损、污染等损害，那么设计和施工阶段的工作再出色，也只能是前功尽弃。现实生活中，极易出现管理真空的是用户的装修行为。很多用户不懂工程质量方面的知识，为达到装修效果盲目破坏工程主体结构，往往导致十分危险的质量隐患，直接影响了工程的使用寿命。

二、工程质量监督管理制度

（一）政府监督工程质量是一种国际惯例

工程质量责任重大，关系到社会公众的利益和公共安全。因此，无论是在发达国家，还是在发展中国家，均强调政府对工程质量进行监督管理。

大多数发达国家和地区政府的建设行政主管部门都把制定并执行住宅、城市、交通、环境建设等建设工程质量管理的法规作为主要任务，同时把大型项目和政府投资项目作为监督管理的重点。与其完善的市场经济体制相适应，这些国家和地区的政府都非常重视各种学会和行业协会的作用，对专业人士实行注册制度，依据法律、法规实行项目许可制度、市场准入制度、设计文件审核制度、质量体系认证制度、竣工验收许可证制度等。对建设工程质量进行全方位、全过程的管理是这些国家和地区的政府的通常做法。

政府有关部门对工程质量进行必要的监督检查，也是国际惯例。美国各个城市市政当局都设有工程质量监督管理部门，对辖区内各类公共投资工程和私人投资工程进行强制性监督检查；新加坡政府主管部门——建屋发展局在每个工地派驻工程监督员，负责对建设工程质量进行监督管理；德国各州政府建设主管部门委托或授权国家认可的质量监督审查公司（由质量监督工程师组成），代表政府对所有新建工程和涉及结构安全的改建工程的质量进行强制性监督审查。这些发达国家和地区的政府质量监督检查，包括施工图设计审查和施工过程的检查，一般委托给有关机构进行。

（二）我国的建设工程质量监督管理制度

为了确保工程质量，确保公共安全，保护人民群众的生命和财产安全，我国政府大力加强工程质量的监督管理。《建设工程质量管理条例》用专门一章来规定政府对建设工程质量的监督管理，主要内容包括建设工程质量管理职责、范围的划分，质量监督管理的实施机构和有权采取的强制性措施，建设工程竣工验收备案制度，建设工程质量事故报告制度等规定。近几年来，工程质量事故时有发生，特别是重庆綦江大桥、河南焦作天堂歌舞厅等恶性事故，在社会上引起了强烈的反响。对此，党中央、国务院领导十分重视，主要领导同志都曾对此做过专门的批示和讲话。血的教训警示人们，一定要加强工程建设全过程的管理，一定要把工程建设和使用过程中的质量、安全隐患消灭在萌芽状态。

政府质量监督作为一项制度，以法规的形式在《质量条例》中加以明确，强调了工程质量必须实行政府监督管理。《质量条例》对加强工程质量监督管理的一系列重大问题作出了明确的规定：一是对业主的行为进行了严格规范。二是对建设单位、勘察设计单位、施工单位和监理单位的质量责任及其在实际工作中容易出问题的重要环节作出了明确的规定，依法追究责任。今后，政府对工程质量的监督管理主要以保证工程使用安全和环境质量为主要目的，以法律、法规和强制性标准为依据，以地基基础、主体结构、环境质量和与此有关的工程建设各方主体的质量行为为主要内容，以施工许可制度和竣工验收备案制度为主要手段。

以上是对政府质量监督行为的界定。政府的任务就是以法律、法规和强制性标准为依据，以政府认可的第三方强制监督为主要方式，这和过去相比，是一个重大的变化。广大建设行政管理人员必须深入理解《质量条例》的规定，牢牢把握建设工程质量监督管理制度的实质，及时转变观念，迅速地调整实施工程质量监督管理的方式方法，使这项重要的管理制度得到真正的贯彻执行。

进一步讲，建设工程质量监督管理制度具有以下几个特点：第一，具有权威性，建设工程质量监督体现的是国家意志，任何单位和个人从事工程建设活动都应当服从这种监督管理。第二，具有强制性，这种监督是由国家的强制力来保证的，任何单位和个人不服从这种监督管理都将受到法律的制裁。第三，具有综合性，这种监督管理并不局限于某一个阶段或某一个方面，而是贯穿于建设活动的全过程，并适用于建设单位、勘察单位、设计单位、施工单位、工程建设监理单位。

第二节　工程质量管理法律规范

一、我国工程质量管理法律规范体系

如前所述，今后政府实施的工程质量监督管理以法律、法规和强制性标准为依据，以政府认可的第三方强制监督为主要方式。建设行政管理部门今后应把工作重点放在对有关工程质量的法律、法规和强制性标准执行情况的监督检查上，这无疑对广大建设行政管理人员提出了更高的要求。

（一）我国工程质量管理法律规范的基本形式

1. 法律——《中华人民共和国建筑法》（以下简称《建筑法》）

广义上的法律泛指一切规范性文件，这里的法律是狭义上的，是指由全国人大及其常委会制定和变动的规范性文件，如《中华人民共和国刑法》、《中华人民共和国合同法》等。《建筑法》是法律当中的一种。

《建筑法》于1997年11月1日经第八届全国人大常委会第二十八次会议审议通过，自1998年3月1日起施行。《建筑法》第六章规范了建筑工程质量管理，包括建筑工程的质量要求、质量义务和质量管理制度。第七章规范了建筑工程质量责任。《建筑法》是我国社会主义市场经济法律体系中的重要法律，对于加强建筑活动的监督管理，维护建筑市

场秩序，保证建筑工程的质量和安全，促进建筑业的健康发展，具有重要意义。

2. 行政法规——《建设工程质量管理条例》

行政法规是由最高国家行政机关国务院依法制定和变动的，有关行政管理和行政事项的规范性文件。我国行政法规的名称规定为"条例"、"规定"、"办法"，《建设工程质量管理条例》（简称《质量条例》）就是一种行政法规。

《质量条例》于2000年1月10日经国务院第25次常务会议通过，自1月30日发布实施。《质量条例》以参与建筑活动各方主体为主线，分别规定了建设单位、勘察单位、设计单位、施工单位、工程监理单位的质量责任和义务，确立了建设工程质量保修制度、工程质量监督管理制度等内容。《质量条例》对违法行为的种类和相应处罚作出了原则规定，同时，完善了责任追究制度，加大了处罚力度。《质量条例》的发布施行，对于强化政府质量监督，规范建设工程各方主体的质量责任和义务，维护建筑市场秩序，全面提高建设工程质量，具有重要意义。

3. 技术法规

严格讲，我国目前还没有真正意义上的工程建设技术法规，《工程建设标准强制性条文》虽然是技术法规的过渡成果，但《质量条例》确立了其法律地位，已经成为工程质量管理法律规范体系中重要的一部分。

4. 地方性法规、自治法规

这两类都是由地方国家权力机关制定的规范性文件。

地方性法规是由省、自治区、直辖市、省级政府所在地的市、经国务院批准的较大市的人大及其常委会制定和修改的，效力不超过本行政区域范围，作为地方司法依据之一的规范性文件。我国的地方性法规，一般采用"条例"、"规则"、"规定"、"办法"等名称，《北京市建设工程质量条例》、《深圳经济特区建设工程质量条例》等，都是有关工程质量管理的地方性法规。

自治法规是民族自治地方的权力机关所制定的特殊的地方规范性文件，即自治条例和单行条例的总称。自治条例是民族自治地方根据自治权制定的综合性法律规范，单行条例是根据自治权制定的调整某一方面事项的规范性文件。

5. 行政规章

行政规章是有关行政机关依法制定的事关行政管理的规范性文件的总称，分为部门规章和政府规章两种。

部门规章是国务院所属部委根据行政法规、决定、命令，在本部门的权限内，所发布的各种行政性的规范性文件。有关工程质量管理的部门规章很多，如《建设工程质量管理办法》、《建筑工程施工许可管理办法》、《房屋建筑工程质量保修办法》等。

地方政府规章是有权制定地方性法规的地方的人民政府，根据法律、行政法规及相应的地方性法规，制定的规范性文件。

（二）我国工程质量管理法律规范性文件的适用

在具体工作中，我们经常遇到这样的难题，对于同一个问题，这个条例可能这样规定，那个规章可能那样规定，常常使人无所适从，不知该依据哪一个规范性文件。这涉及一个法律适用的问题，根据《中华人民共和国立法法》（以下简称《立法法》）的有关规定，我们对这个问题加以解释：

1. 法律的效力高于行政法规、地方性法规、规章。这就是说，在规范工程质量管理方面，《建筑法》具有最高的法律效力，任何行政法规、地方性法规、规章都不得与《建筑法》相抵触。

2. 行政法规的效力高于地方性法规、规章。《建设工程质量管理条例》的法律效力仅次于《建筑法》，其效力要高于地方性法规（如《北京市建设工程质量条例》、《深圳经济特区建设工程质量条例》等），也高于建设部及有关部委发布的部门规章（如《建设工程质量管理办法》、《房屋建筑工程质量保修办法》等）。

3. 地方性法规的效力高于本级和下级地方政府规章。省、自治区人民政府制定的规章的效力高于本行政区域内较大的市的人民政府制定的规章。

4. 部门规章之间、部门规章与地方政府规章之间具有同等的效力，在各自的权限范围内施行。

5. 同一机关制定的规范性文件，特别规定与一般规定不一致的，适用特别规定；新的规定与旧的规定不一致的，适用新的规定。

6. 法律、行政法规、地方性法规、自治条例和单行条例、规章不溯及既往，但为了更好地保护公民、法人和其他组织的权益而作的特别规定除外。

7. 法律之间对同一事项的新的一般规定与旧的特别规定不一致，不能确定如何使用时，由全国人民代表大会常务委员会裁决。行政法规之间对同一事项新的一般规定与旧的特别规定不一致，不能确定如何适用时，由国务院裁决。

8. 地方性法规、规章之间不一致时，由有关机关依照下列规定的权限裁决：

（1）同一机关制定的新的一般规定与旧的特别规定不一致时，由制定机关裁决；

（2）地方性法规与部门规章之间对同一事项的规定不一致，不能确定如何适用时，由国务院提出意见，国务院认为应当适用地方性法规的，应当决定在该地方适用地方性法规的规定；认为应当适用政府规章的，应当提请全国人民代表大会常务委员会裁决；

（3）部门规章之间、部门规章与地方政府规章之间对同一事项的规定不一致时，由国务院裁决。

关于法律适用的问题，是建设行政管理人员在具体工作中经常遇到的问题。我国的《立法法》对此有详细的规定，限于篇幅我们在这里不做更深入的介绍，但希望读者能仔细学习《立法法》第五章适用与备案的有关内容，这可以帮助我们有效地解决实践中碰到的各种规范性文件相互之间矛盾冲突的问题。

二、工程质量管理法律规范的调整对象和适用范围

在对我国工程质量法律规范已经有一个整体认识的基础上，我们结合《建筑法》和《建设工程质量管理条例》，对工程质量管理法律规范的调整对象和适用范围作进一步的理解。

（一）工程质量管理法律规范的调整对象

任何法律都是调整一定社会关系的，《建筑法》、《建设工程质量管理条例》等调整两种社会关系：

1. 调整国家主管机关与建设单位、勘察单位、设计单位、施工单位、监理单位之间的工程质量监督管理关系。这是纵向的工程质量管理。

2. 调整建设工程活动中有关主体之间的民事关系，包括建设单位与勘察、设计单位

之间的勘察设计合同关系，建设单位与施工单位之间的施工合同关系，建设单位与监理单位之间的建设监理委托合同等。这是横向的工程质量管理。

（二）建设工程的范围

1. 建筑活动

《建筑法》规定建筑活动是指各类房屋建筑及其附属设施的建造和与其配套的线路、管道、设备的安装活动。根据以上规定，建筑活动的范围包括三部分：

（1）各类房屋的建筑；

（2）房屋附属设施的建造，如围墙、烟囱等；

（3）与房屋配套的线路（如电器线路、通信线路）的安装、管道（给水排水管道、暖气通风管道）的安装和设备（电梯、空调等）的安装。

《建筑法》规定的建筑活动范围虽然较窄，但在第81条规定，"本法关于施工许可、建筑施工企业资质审查和建筑工程发包、承包、禁止转包，以及建筑工程监理、建筑工程安全和质量管理的规定，适用于其他专业建筑工程的建筑活动，具体办法由国务院规定。"

2. 建设工程

在《建设工程质量管理条例》中，建设工程是指土木工程、建筑工程、线路管道、设备安装工程及装修工程。

（1）土木工程包括矿山、铁路、公路、隧道、桥梁、堤坝、电站、码头、飞机场、运动场、营造林、海洋平台等工程；

（2）建筑工程是指房屋建筑工程，即有顶盖、梁柱墙壁、基础以及能够形成内部空间，满足人们生产、生活、公共活动的工程实体，包括厂房、剧院、旅馆、商店、学校、医院和住宅等工程；

（3）线路、管道和设备安装工程包括电力、通信线路、石油、燃气、给水、排水、供热等管道系统和各类机械设备、装置的安装活动；

（4）装修工程包括对建筑物内外进行美化和增加使用功能的工程建设活动。

（三）工程质量责任主体的范围

1. 建设行政主管部门及铁路、交通、水利等有关部门

行政管理人员渎职、腐败，是造成重大恶性工程质量事故的首要原因。为此，国务院办公厅在《关于加强基础设施工程质量管理的通知》中强调，建立和落实工程质量领导责任制，并进一步明确了各级、各类领导以及行政管理人员的质量责任。

2. 建设单位

建设单位，是建设工程的投资人，也称"业主"。建设单位是工程建设过程的总负责方，拥有确定建设项目的规模、功能、外观、选用材料设备、按照国家法律法规选择承包单位的权力。建设单位可以是法人或自然人，包括房地产开发商。

3. 勘察、设计单位

勘察单位是指对地形、地质及水文等要素进行测绘、勘探、测试及综合评定，并提供可行性评价与建设工程所需勘察成果资料的单位。设计单位是指按照现行技术标准对建设工程项目进行综合性设计及技术经济分析，并提供建设工程施工依据的设计文件和图纸的单位。

4. 施工单位

施工单位指经过建设行政主管部门的资质审查,从事建设工程施工承包的单位。按照承包方式不同,可分为总承包单位和专业承包单位。

5. 工程监理单位

工程监理单位是指经过建设行政主管部门的资质审查,受建设单位委托,依据法律法规以及有关技术标准、设计文件和承包合同,在建设单位的委托范围内对建设工程进行监督管理的单位。工程监理单位可以是具有法人资格的监理公司、监理事务所,也可以是兼营监理业务的工程技术、科学研究及建设工程咨询的单位。

6. 设备材料供应商

设备材料供应商是指提供构成建筑工程实体的设备和材料的企业。不仅仅指设备材料生产商,还包括设备材料经销商。

建设工程项目,具有投资大、规模大、建设周期长、生产环节多、参与方多、影响质量形成的因素多等特点,不论是哪个主体出了问题,都会导致质量缺陷,甚至重大质量事故的产生。例如,如果建设单位将工程发包给不具备相应资质等级的单位,或指使施工单位使用不合格的建筑材料、构配件和设备;勘察单位提供的水文地质资料不准确,设计单位计算错误,设备选型不准;施工单位不按图施工;工程监理单位不严格进行隐蔽工程检查等等,都会造成工程质量缺陷,甚至重大质量事故。因此,工程质量管理最基本的原则和方法就是建立健全质量责任制度。

(四) 地域适用范围和时间效力

1. 地域适用范围

地域适用范围是指法律在什么地域内适用。根据《建筑法》和《建设工程质量管理条例》的有关规定,我国工程质量管理法律规范适用于在中华人民共和国境内从事的工程建设活动。对于工程建设活动来讲,无论投资主体是谁,也无论建设工程项目的种类怎样,只要在中华人民共和国境内实施,都要遵守我国的工程质量管理法律规范。另一方面,工程质量管理法律规范不适用境外从事的工程建设活动,如中国的建筑施工企业在国外承包的建设工程项目,不适用《建筑法》和《建设工程质量管理条例》,只能适用当地的有效法律。

2. 时间效力

时间效力是指法律在什么时间发生效力。在我国工程质量管理法律规范体系范围内,法律生效时间主要有两种:

(1) 自公布之日起生效。例如,《建设工程质量管理条例》规定,"本条例自公布之日起施行",也就是从 2000 年 1 月 30 日国务院总理以第 279 号令签发起生效。

(2) 公布后经过一段时间开始生效。例如,《建筑法》于 1997 年 11 月 1 日公布,但在第 85 条规定,"本法自 1998 年 3 月 1 日起施行。"《建筑法》没有规定自公布之日起施行,主要是考虑留有一段准备时间,用来学习和宣传法律,以保证该法的顺利实施。

我国的法律规范不具有溯及力,换句话说,新发布的规范性文件对其生效之日以前的事没有法律效力。比如,在 1998 年 3 月 1 日前发生的有关建筑活动方面的事件,不适用《建筑法》的规定;同样,2000 年 1 月 30 日前发生的有关建设工程的质量事件,也不适用《建设工程质量管理条例》的规定。法律的时间效力问题关系到我们在具体工作中能否准确适用法律,所以对这方面的法律知识应有所了解。

第三节 工程质量管理责任和义务

一、建设单位质量责任和义务

建设单位作为建设工程的投资人,在整个建设活动中居于主导地位。因此,要确保建设工程质量,首先就要对建设单位的行为进行规范,对其质量责任予以明确。

长期以来,对建设单位的管理一直是监督管理的薄弱环节,因建设单位行为不规范,直接或间接导致工程出现问题的情况屡屡发生。我国工程质量法律规范在规定建设单位质量责任和义务上,主要有以下几方面:

(一)建设单位应当将工程发包给具有相应资质等级的单位,不得将工程肢解发包

1. 承包单位应具备的条件

建设活动不同于一般的经济活动,从业单位素质的高低直接影响着工程质量。因此,从事建设活动的单位必须符合严格的资质条件。资质等级反映了企业从事某项工作的资格和能力,是国家对建设市场准入管理的重要手段。

2. 禁止肢解发包

肢解发包是指建设单位将应当由一个承包单位完成的建设工程分解成若干部分发包给不同的承包单位的行为。在我国建设市场中有一些建设单位利用肢解发包工程为手段进行不正当交易行为,不仅导致了某些个人的贪污犯罪,同时也危害了公共安全,因此,《建筑法》和《建设工程质量管理条例》禁止建设单位将建设工程肢解发包。

(二)建设单位应当依法对工程建设项目的勘察、设计、施工、监理以及与工程建设有关的重要设备、材料等的采购进行招标

根据《招标投标法》有关强制招标的规定,在我国境内进行下列工程建设项目的勘察、设计、施工、监理以及与工程建设有关的重要设备、材料等的采购,必须进行招标(详见本书第三章第二节)。

(三)建设单位不得对承包单位的建设活动进行不合理干预

1. 建设单位不得迫使承包方以低于成本的价格竞标,不得任意压缩合理工期

这一规定对保证工程质量至关重要。实际工作中,不少建设单位一味强调降低成本,压级压价,如要求甲级设计单位按乙级资质取费,一级施工企业按二级资质取费,或迫使投标方互相压价,最终承包单位以低于其成本的价格中标。而中标的单位在承包工程后,为了减少开支,降低成本,不得不偷工减料、以次充好、粗制滥造,致使工程出现质量问题。

合理工期是指在正常建设条件下,采取科学合理的施工工艺和管理方法,以现行的建设行政主管部门颁布的工期定额为基础,结合项目建设的具体情况,而确定的工期。建设单位不能为了早日发挥项目的效益,迫使承包单位赶工期。实际工作中,盲目赶工期,简化程序,不按规程操作,导致建设项目出问题的情况很多,这是应该制止的。

2. 建设单位不得明示或暗示设计单位或施工单位违反工程建设强制性标准

强制性标准是保证工程结构安全可靠的基础性要求,违反了这类标准,必然会给工程带来重大质量隐患。在实践中,一些建设单位为了自身的经济利益,明示或暗示承包单位违反强制性标准的要求,降低了工程质量的标准,这种行为必须坚决制止。

3. 建设单位不得明示或暗示施工单位使用不合格的建筑材料、建筑构配件和设备

不合格的建筑材料、建筑构配件和设备是导致工程质量事故的直接因素，建设单位明示或暗示施工单位使用不合格的建筑材料、建筑构配件和设备，是一种严重的违法行为，必须予以制止。

（四）施工图设计文件未经审查批准的，建设单位不得交付施工

《质量条例》规定了施工图设计文件审查制度，这是政府对工程设计质量进行质量监督的新的举措。

在市场经济条件下，由于市场竞争的原因，设计单位常常受制于建设单位，违心地服从建设单位提出的种种不合理要求，违反国家和地方的有关规定和强制性标准，产生各种各样的设计质量问题。而一旦发现设计的质量问题，往往已经开始施工甚至开始使用，这将带来巨大的损失。因此，对施工图设计文件开展审查，既是对建设单位的成果进行质量控制，也能纠正参与建设活动各方的不规范行为。而且审查是在施工图设计文件完成之后，开始施工之前进行，这样就可以有效地避免损失，保证建设工程的质量。

《建筑工程施工图设计文件审查暂行办法》已经印发，按照其规定，建筑工程的建设单位应当将施工图报送建设主管部门，由建设行政主管部门委托有关审查机构审查。审查的主要内容为：

1. 建筑的稳定性、安全性审查，包括地基基础和主体结构体系是否安全、可靠；
2. 是否符合消防、节能、环保、抗震、卫生、人防等有关强制性标准规范；
3. 施工图是否能达到规定的深度要求；
4. 是否损害公众利益。

凡应当审查而未经审查或者审查不合格的施工图项目，建设行政主管部门不得发放施工许可证，施工图不得交付施工。

（五）对必须实行监理的工程，建设单位应当委托具有相应资质等级的工程监理单位进行监理

从我国目前的实际情况来看，我国尚不具备全面实行监理制度的条件。建设部根据《质量条例》，于2001年1月17日颁布了86号令《建设工程监理范围和规模标准规定》，明确了必须实行监理的具体范围和规模标准。这些必须实行监理的工程项目主要集中在国家重点建设工程、大中型公用事业工程、成片开发建设的住宅小区工程、利用外国政府或者国际组织贷款、援助资金的工程项目。此外，还有国家规定必须实行监理的其他工程，主要指总投资额在3000万元以上关系社会公共利益、公众安全的基础设施项目。

（六）建设单位在领取施工许可证或者开工报告之前，应当按照国家有关规定办理工程质量监督手续

施工许可制度是《建筑法》确立的一项制度，必须申请领取施工许可证的建筑工程未取得施工许可证的，一律不得开工。《建筑工程施工许可管理办法》（1999年10月15日建设部令第71号发布）对该项制度的实施进行了详细的规定。

建设单位在领取施工许可证开工报告之前，应按照国家有关规定，到工程质量监督机构办理工程质量监督手续，并应提供以下文件和资料：

1. 工程规划许可证；
2. 设计单位资质等级证书；

3. 监理单位资质等级证书、监理合同及《工程项目监理登记表》；
4. 施工单位资质等级证书及营业执照副本；
5. 工程勘察设计文件；
6. 中标通知书及施工承包合同等。

工程质量监督管理机构收到上述文件和资料后，进行审查，符合规定的，办理工程质量监督注册手续，签发监督通知书。

建设单位办理工程质量监督手续是法定程序，不办理监督手续的，县级以上建设行政主管部门和其他专业部门不发施工许可证，工程不得开工。

（七）涉及建筑主体和承重结构变动的装修工程，建设单位要有设计方案

现实生活中，有一些装修工程，为了满足特定的使用目的，要对结构主体和承重结构进行改动。建设单位在没有设计方案的前提下擅自施工，必然给工程带来质量隐患，后果是十分严重的。为此，《建筑法》、《建设工程质量管理条例》均规定，建设单位应当在施工前委托设计单位或者具有相应资质等级的其他设计单位提出设计方案；没有设计方案的，不得施工。

《建筑装饰装修管理规定》（1995年8月7日建设部令第46号发布）对装修工程必须履行的手续进行了严格的规定，如原有房屋装饰装修涉及拆改主体结构和明显加大荷载的，房屋所有权人、使用人必须向房地产行政主管部门提出申请，并由房屋安全鉴定单位对装饰装修方案的使用安全进行审定。建设行政主管部门应结合《建筑法》、《建设工程质量管理条例》以及《建筑装饰装修管理规定》的有关规定，加强对装修工程的监督管理。

（八）建设单位应按照国家有关规定组织竣工验收，建设工程验收合格的，方可交付使用

工程项目的竣工验收是施工全过程的最后一道程序，是全面考核投资效益、检验设计和施工质量的重要环节。建设工程完成后，承包单位应当按照国家竣工验收有关规定，向建设单位提供完整的竣工资料和竣工验收报告。建设单位收到竣工验收报告后，应及时组织设计、施工、工程监理等单位进行竣工验收。竣工验收应当具备下列条件：

1. 完成建设工程设计和合同约定的各项内容；
2. 有完整的技术档案和施工管理资料；
3. 有工程使用的主要建筑材料、建筑构配件和设备的进场试验报告；
4. 有勘察、设计、施工、工程监理等单位分别签署的质量合格文件；
5. 有施工单位签署的工程保修书。

建设工程经验收合格的，才可交付使用。如果建设单位为提前获得经济效益，在工程未经验收或验收不合格的情况下即将工程交付使用，由此所发生的质量问题，建设单位要承担责任。《质量条例》确立了竣工验收备案制度，这是加强政府监督管理，防止不合格工程流向社会的重要手段。

二、勘察、设计单位的质量责任和义务

（一）勘察、设计单位应当依法取得相应资质等级的证书，并在其资质等级许可的范围内承揽工程，不得转包或违法分包所承揽的工程

勘察、设计单位的资质等级反映其从事某项勘察、设计工作的资格和能力，是国家对勘察、设计市场准入管理的重要手段。勘察、设计单位只有具备了相应的资质条件，才有能力保证勘察、设计的质量。超越资质等级许可的范围承揽工程，也就超越了其勘察、设

计的能力,因而无法保证其勘察、设计的质量。为此,《质量条例》规定,"禁止勘察、设计单位超越其资质等级许可的范围或者以其他勘察、设计单位的名义承揽工程。禁止勘察、设计单位允许其他单位或者个人以本单位的名义承揽工程。"

转包是指承包人将其承包的全部建设工程又发包给第三人。转包容易造成承包人压价转包,建设资金流失,使最终用于勘察、设计的费用大为降低以至于影响勘察、设计的质量;同时,承包人转包违背了发包人的意志,损害了发包人的利益,所以法律对转包行为予以禁止。

分包是指承包人将其承包工程的一部分或某几部分再发包给其他承包人,与其签订承包合同下的分包合同。勘察、设计单位的违法分包主要是指将勘察、设计业务分包给不具备相应资质条件的单位,或勘察、设计单位作为分包单位又将其承包的工程再分包。上述违法分包的行为易造成责任不清以及因中间环节过多而使实际用于勘察、设计的费用减少,最终影响勘察、设计的质量。因此,法律对违法分包的行为也予以禁止。

(二)勘察、设计单位必须按照工程建设强制性标准进行勘察、设计,注册执业人员应当在设计文件上签字,对设计文件负责

工程建设强制性标准是保证工程质量,满足对工程安全、卫生、环保等方面要求的最低标准。因此,在勘察、设计中必须严格执行。

我国目前对勘察、设计行业已实现了建筑师和结构工程师的个人执业注册制度,并规定注册建筑师、注册结构工程师必须在规定的执业范围内对本人负责的工程设计文件,实施签字盖章制度。注册建筑师、注册结构工程师作为设计单位完成设计的主要技术人员,其工作质量直接影响设计的质量,因此应对设计文件负责。

此外,建设行政主管部门正会同有关部门准备对岩土工程师实行执业注册制度,勘察、设计行业其他有关专业的个人执业注册制度也将逐步建立。

(三)设计单位应当根据勘察成果文件进行建设工程设计

勘察成果文件是设计的基础资料,是设计的依据。因此,先勘察后设计是工程建设程序的要求。但是,由于工期紧迫和建设单位的利益驱动,目前违背基建程序的做法时有发生。在勘察、设计质量检查中发现,不少工程存在先设计、后勘察的现象,甚至仅参考附近场地的勘察资料而不进行勘察,这些都会造成严重的质量隐患和质量事故。因此,设计单位应当根据相应的勘察成果文件进行建设工程设计。

(四)除有特殊要求的建筑材料、专用设备、工艺生产线等外,设计单位不得指定生产厂、供应商

设计单位有在设计文件中注明所选用的建筑材料、建筑构配件和设备的规格、型号、性能等技术指标的权利和义务。但设计单位如果滥用这项权利,会限制建设单位和施工单位在材料采购上的自主权,同时也限制了其他建筑材料、建筑构配件和设备厂商的平等竞争权,妨碍了公平竞争。此外,指定产品往往会和腐败行为相联系,收受回扣后设计单位常常难以对产品的质量和性能有正确的评价,这无疑会对工程质量产生负面影响。

鉴于以上原因,《建筑法》和《建设工程质量管理条例》均规定,除有特殊要求的建筑材料、专用设备、工艺生产线等外,设计单位不得指定生产厂、供应商。这里的"特殊要求"通常是指根据设计要求,所选产品的性能或规格只有某个厂家能够生产或加工,必须在设计文件中注明方可进行下一步的设计和采购工作。在通用产品能满足工程质量要求的前提下,设计单位不可故意选用特殊要求的产品。

三、施工单位的质量责任和义务

施工阶段是建设工程实体质量的形成阶段,勘察、设计工作质量均要在这一阶段得以实现。施工单位是建设市场的重要责任主体之一,它的能力和行为对建设工程的施工质量起关键性作用。由于施工阶段涉及的责任主体多,生产环节多,时间长,影响质量稳定的因素多,协调管理难度较大,因此,施工阶段的质量责任制度显得尤为重要。

(一)施工单位应当依法取得相应资质等级的证书,并在其资质等级许可的范围内承揽工程

施工单位的资质等级,是施工单位建设业绩、人员素质、管理水平、资金数量、技术装备等综合能力的体现,反映了该施工单位从事某项施工工作的资格和能力,是国家对建筑市场准入管理的重要手段。《建筑业企业资质管理规定》对此作出了明确的规定。

施工单位必须在其资质等级许可的范围内承揽工程,禁止以其他施工单位名义承揽工程和允许其他单位或个人以本单位的名义承揽工程。在实践中,一些施工单位因自身资质条件不符合招标项目所要求的资质条件,会采取种种欺骗手段取得发包方的信任,其中包括借用其他施工单位的资质证书,以其他施工单位的名义承揽工程等手段进行违法承包活动。这些施工单位一旦拿到工程,一般要向出借方交纳一大笔管理费,就只有靠偷工减料、以次充好等非法手段赚取利润。这样一来,必然会给工程带来质量隐患。因此,必须明令禁止这种行为,无论是"出借方"还是"借用方"都将受到法律的处罚。

(二)施工单位不得转包或违法分包工程

1. 转包

转包的最主要特点是转包人只从受转包方收取管理费,而不对工程进行施工和管理。建设单位对受转包人的管理缺乏法律依据,受转包人的行为不受承包合同的约束。后者为了非法赢利,不择手段。《建筑法》和《合同法》都明令禁止承包单位将其承包的全部工程转包给他人,同时也禁止承包单位将其承包的工程肢解以后,以分包的名义分别转包给他人。

2. 违法分包

正常的总分包施工经营方式是建设活动自身的客观需要,但工程实践中,有许多违法分包的行为,表现在:

(1)总承包单位将建设工程分包给不具备相应资质条件的单位;

(2)建设工程总承包合同中未有约定,又未经建设单位认可,承包单位将其承包的部分工程交由其他单位完成;

(3)施工总承包单位将建设工程主体结构的施工分包给其他单位;

(4)分包单位将其承包的建设工程再分包。

上述行为均是《建筑法》、《建设工程质量管理条例》明令禁止的。

(三)总承包单位与分包单位对分包工程的质量承担连带责任

对于实行工程施工总承包的,无论质量问题是由总承包单位造成的,还是由分包单位造成的,均由总承包单位负全面的质量责任。另一方面,总承包单位与分包单位对分包工程的质量承担连带责任。依据这种责任,对于分包工程发生的质量责任,建设单位或其他受害人既可以向分包单位请求赔偿全部损失,也可以向总承包单位请求赔偿损失。在总承包单位承担责任后,可以依法按分包合同的约定,向分包单位追偿。

(四)施工单位必须按照工程设计图纸和施工技术标准施工,不得擅自修改工程设计,

不得偷工减料

按工程设计图纸施工，是保证工程实现设计意图的前提，也是明确划分设计、施工单位质量责任的前提。施工过程中，如果施工单位不按图施工或不经原设计单位同意，就擅自修改工程设计，其直接的后果往往违反了原设计的意图，影响工程的质量。间接后果是在原设计有缺陷或出现工程质量事故的情况下，混淆了设计、施工单位各自应负的质量责任。所以按图施工，不擅自修改工程设计，是施工单位保证工程质量的最基本要求。

（五）施工单位必须按照工程设计要求、施工技术标准和合同约定，对建筑材料、建筑构配件、设备和商品混凝土进行检验，未经检验或检验不合格的，不得使用

材料、构配件、设备及商品混凝土检验制度，是施工单位质量保证体系的重要组成部分，是保障建设工程质量的重要内容。施工中要按工程设计要求、施工技术标准和合同约定，对建筑材料、建筑构配件、设备和商品混凝土进行检验。检验工作要按规定的范围和要求进行，按现行的标准、规定的数量、频率、取样方法进行检验。检验的结果要按规定的格式形成书面记录，并由有关专业人员签字。未经检验或检验不合格的，不得使用；使用在工程上的，要追究批准使用人的责任。

（六）施工人员对涉及结构安全的试块、试件以及有关材料，应在建设单位或工程监理单位监督下现场取样，并送具有相应资质等级的质量检测单位进行检测

在工程施工过程中，为了控制工程总体或相应部位的施工质量，一般要依据有关技术标准，用特定的方法对用于工程的材料或构件抽取一定数量的样品，进行检测或试验，并根据其结果来判断其所代表部位的质量。这是控制和判断工程质量所采取的重要技术措施。试块和试件的真实性和代表性，是保证这一措施有效的前提条件。为此，建设工程施工检测，应实行有见证取样和送检制度，即施工单位在建设单位或监理单位见证下取样，送至具有相应资质的质量检测单位进行检测。有见证取样可以保证取样的方法、数量、频率、规格等符合标准的要求，防止假试块、假试件和假试验报告的出现。

检测单位的资质，是保证试块、试件检测、试验质量的前提条件。具有相应资质等级的质量检测单位是指必须经省级以上建设行政主管部门进行资质审查和有关部门质量认证的工程质量检测单位。从事建筑材料和制品等试验工作的施工企业、混凝土预制构件和商品混凝土生产企业、科研单位、大专院校对外服务的工程试验室以及工程质量检测机构，均应按有关规定，取得资质证书。

（七）建设工程实行质量保修制度，承包单位应履行保修义务

建设工程质量保修制度是指建设工程在办理竣工验收手续后，在规定的保修期限内，因勘察、设计、施工、材料等原因造成的质量缺陷，应当由施工承包单位负责维修、返工或更换，由责任单位负责赔偿损失。建设工程实行质量保修制度是落实建设工程质量责任的重要措施。《建筑法》、《建设工程质量管理条例》、《房屋建筑工程质量保修办法》（2000年6月30日建设部令第80号发布）对该项制度的规定主要有以下几方面内容：

1. 建设工程承包单位在向建设单位提交竣工验收报告时，应当向建设单位出具质量保修书。质量保修书中应当明确建设工程的保修范围、保修期限和保修责任等。保修范围和正常使用条件下的最低保修期限为：

（1）基础设施工程、房屋建筑的地基基础工程和主体结构工程，为设计文件规定的该工程的合理使用年限；

（2）屋面防水工程、有防水要求的卫生间、房间和外墙面的防渗漏，为5年；

（3）供热与供冷系统，为2个采暖期、供冷期；

（4）电气管线、给水排水管道、设备安装和装修工程，为2年。

其他项目的保修期限由发包方与承包方约定。建设工程的保修期，自竣工验收合格之日起计算。因使用不当或者第三方造成的质量缺陷，以及不可抗力造成的质量缺陷，不属于法律规定的保修范围。

2. 建设工程在保修范围和保修期限内发生质量问题的，施工单位应当履行保修义务，并对造成的损失承担赔偿责任。

对在保修期限内和保修范围内发生的质量问题，一般应先由建设单位组织勘察、设计、施工等单位分析质量问题的原因，确定维修方案，由施工单位负责维修。但当问题较严重复杂时，不管是什么原因造成的，只要是在保修范围内，均先由施工单位履行保修义务，不得推诿扯皮。对于保修费用，则由质量缺陷的责任方承担。

四、工程监理单位的质量责任和义务

（一）工程监理单位应当依法取得相应资质等级的证书，并在其资质等级许可的范围内承担工程监理业务，不得转让工程监理业务

这方面的规定与对勘察、设计、施工单位的规定是相同的，这里不再赘述。

（二）工程监理单位不得与被监理工程的施工承包单位以及建筑材料、建筑构配件和设备供应单位有隶属关系或者其他利害关系

由于工程监理单位与被监理工程的施工承包单位以及建筑材料、建筑构配件和设备供应单位之间是一种监督与被监督的关系，为了保证工程监理单位能客观、公正地执行监理任务，工程监理单位不得与被监理工程的施工承包单位以及建筑材料、建筑构配件和设备供应单位有隶属关系或者其他利害关系。这里的隶属关系是指工程监理单位与被监理工程的施工承包单位以及建筑材料、建筑构配件和设备供应单位有行政上下级关系等。其他利害关系，是指工程监理单位与被监理工程的施工承包单位以及建筑材料、建筑构配件和设备供应单位之间存在的可能直接影响监理单位工作公正性的经济或其他利益关系，如参股、联营等关系。工程监理单位与被监理工程的施工承包单位以及建筑材料、建筑构配件和设备供应单位有隶属关系或者其他利害关系的，不得承担该项建设工程的监理业务。

（三）工程监理单位应当依照法律、法规以及有关技术标准、设计文件和建设工程承包合同，代表建设单位对施工质量实施监理，并对施工质量承担监理责任

监理单位对施工质量承担监理责任，主要有违法责任和违约责任两个方面。根据《建筑法》和《建设工程质量管理条例》对监理单位违法责任的规定，工程监理单位与建设单位或者施工单位串通、弄虚作假，降低工程质量的，或者将不合格的建设工程、建筑材料、建筑构配件和设备按照合格签字的，承担连带赔偿责任。如果监理单位在责任期内，不按照监理合同约定履行监理职责，给建设单位或者其他单位造成损失的，属违约责任，应当向建设单位赔偿。

五、建筑材料、构配件生产及设备供应单位的质量责任和义务

《质量条例》并没有专门设置"建筑材料、构配件生产及设备供应单位的质量责任和义务"一章，但根据《中华人民共和国产品质量法》（2000年7月8日重新发布）的有关规定，建筑材料、构配件生产及设备供应单位主要有以下几方面的质量责任和义务：

(一) 建筑材料、构配件生产及设备供应单位的基本要求

建筑材料、构配件生产及设备供应单位必须具备相应的生产条件、技术装备和质量保证体系，具备必要的检测人员和设备，把好产品看样、订货、储存、运输和核验的质量关。

(二) 建筑材料、构配件及设备质量应当符合的要求

(1) 符合国家或行业现行有关技术标准规定的合格标准和设计要求；

(2) 符合在建筑材料、构配件及设备或其包装上注明采用的标准，符合以建筑材料、构配件及设备说明、实物样品等方式表明的质量状况。

(三) 建筑材料、构配件及设备或者其包装上的标识应当符合的要求

(1) 有产品质量检验合格证明；

(2) 有中文标明的产品名称、生产厂名和厂址；

(3) 产品包装和商标样式符合国家有关规定和标准要求；

(4) 设备应有产品详细的使用说明书，电气设备还应附有线路图；

(5) 实施生产许可证或使用产品质量认证标志的产品，应有许可证或质量认证的编号、批准日期和有效期限。

(四) 建筑材料、构配件生产及设备供应单位其他的质量责任和义务

建筑材料、构配件生产及设备供应单位不得生产国家明令淘汰的产品，不得伪造产地，不得伪造或冒用他人的厂名、厂址，不得伪造或冒用认证标志等质量标志，不得掺杂、掺假，不得以假充真、以次充好，不得以不合格产品冒充合格产品等。

第四节 工程质量监督管理

一、工程质量监督管理部门

(一) 建设行政主管部门及有关专业部门

我国实行国务院建设行政主管部门统一监督管理，各专业部门按照国务院确定的职责分别对其管理范围内的专业工程进行监督管理。根据国务院批准的"三定"方案的规定，建设部是负责全国建设行政管理的职能部门，铁路、交通、水利等有关部门分别对专业建设工程进行监督管理。县级以上人民政府建设行政主管部门在本行政区域内实行建设工程质量监督管理，专业部门按其职责对本专业建设工程质量实行监督管理。

这种管理体制明确了政府各部门的职责，职权划分清晰，权力与职责一致，谁管理谁负责，有利于对建设工程质量实施监督管理。

(二) 工程质量监督机构

对建设工程质量进行监督管理的主要是各级政府建设行政主管部门和其他有关部门。但是，建设工程周期长，环节多，工程质量监督工作是一项专业性强且十分复杂的工作，政府部门不可能有庞大的编制亲自进行日常检查工作，这就需要委托由政府认可的第三方，即具有独立法人资格的单位来代行工程质量监督职能。也就是说，建设工程质量的监督管理职责可以由建设行政主管部门或者其他有关部门委托的工程质量监督机构承担。

工程质量监督机构是指经建设行政主管部门或其他有关部门考核，具有法人独立资格的单位。它受政府建设行政主管部门或有关专业部门的委托，对建设工程质量具体实施监

督管理，并对委托的政府有关部门负责。《质量条例》规定从事房屋建筑工程和市政基础设施工程质量监督的机构，必须按照国家有关规定经国务院建设行政主管部门或者省、自治区、直辖市人民政府建设行政主管部门考核；从事专业建设工程质量监督的机构，必须按照国家有关规定经国务院有关部门或者省、自治区、直辖市人民政府有关部门考核。经考核合格后，方可实施质量监督。工程质量监督机构必须拥有一定数量的质量监督工程师，有满足工程质量监督检查工作需要的工具和设备。有关工程质量监督机构的资格、工程质量监督工程师管理办法，目前正由建设部制定。

二、工程质量监督管理职责

（一）各级建设行政主管部门的基本职责

1. 国务院建设行政主管部门的基本职责

《质量条例》规定，国务院建设行政主管部门和国务院铁路、交通、水利等有关部门应当加强对有关建设工程质量的法律、法规和强制性标准执行情况的监督检查。

国务院建设行政主管部门在建设工程质量监督方面履行下列职责：

（1）贯彻国家有关建设工程质量的法律、法规、政策，制定建设工程质量监督的有关规定和实施细则；

（2）指导全国建设工程质量监督工作；

（3）制定工程质量监督机构和质量监督工程师的资格标准、考核审批和管理办法；

（4）组织全国建设工程质量检查等。

2. 县级以上地方人民政府建设行政主管部门的基本职责

《质量条例》规定，县级以上地方人民政府建设行政主管部门和其他有关部门应当加强对有关建设工程质量的法律、法规和强制性标准执行情况的监督检查。

（1）根据有关规定，省、自治区、直辖市建设行政主管部门履行下列建设工程质量方面的职责：

1）贯彻国家有关建设工程质量的法律、法规、政策，制定本地区建设工程质量监督工作的有关规定和实施细则；

2）对本地区市、区、县质量监督机构考核、认定；

3）组织对工程质量监督工程师和监督员的考核；

4）组织对本地区建设工程质量的检查工作等。

（2）各级城市、地、区、县建设行政主管部门的职责：

1）贯彻国家和地方有关建设工程质量的法律、法规、政策；

2）委托质量监督机构具体实施工程质量监督；

3）在工程竣工验收后，接受质量监督机构报送的工程质量监督报告和建设单位竣工验收的有关资料，办理备案手续；

4）对上报的需实施行政处罚的报告进行审核，并依法对工程建设有关主体实施行政处罚。

3. 建设行政主管部门履行监督检查职责时有权采取的措施

《质量条例》规定，县级以上人民政府建设行政主管部门和其他有关部门履行监督检查职责时，有权采取下列措施：

（1）要求被检查的单位提供有关工程质量的文件和资料；

(2) 进入被检查单位的施工现场进行检查;
(3) 发现有影响工程质量的问题时,责令改正。
(二) 工程质量监督机构的基本职责
1. 办理建设单位工程建设项目报监手续,收取监督费;
2. 依照国家有关法律、法规和工程建设强制性标准,对建设工程的地基基础、主体结构及相关的建筑材料、构配件、商品混凝土的质量进行检查;
3. 对于被检查实体质量有关的工程建设参与各方主体的质量行为及工程质量文件进行检查,发现工程质量问题时,有权采取局部暂停施工等强制性措施,直到问题得到改正;
4. 对建设单位组织的竣工验收程序实施监督,查看其验收程序是否合法,资料是否齐全,实体质量是否存有严重缺陷;
5. 工程竣工后,应向委托的政府有关部门报送工程质量监督报告;
6. 对需要实施行政处罚的,报告委托的政府部门进行行政处罚。

三、工程竣工验收备案制度

《质量条例》确立了建设工程竣工验收备案制度。该项制度是加强政府监督管理,防止不合格工程流向社会的一个重要手段。结合《质量条例》和《房屋建筑工程和市政基础设施工程竣工验收备案管理暂行办法》(2000年4月4日建设部令第78号发布)的有关规定,建设单位应当在工程竣工验收合格后的15日到县级以上人民政府建设行政主管部门或其他有关部门备案。建设单位办理工程竣工验收备案应提交以下材料:

1. 工程竣工验收备案表;
2. 工程竣工验收报告。竣工验收报告应当包括工程报建日期,施工许可证号,施工图设计文件审查意见,勘察、设计、施工、工程监理等单位分别签署的质量合格文件及验收人员签署的竣工验收原始文件,市政基础设施的有关质量检测和功能性试验资料以及备案机关认为需要提供的有关资料;
3. 法律、行政法规规定应当由规划、公安消防、环保等部门出具的认可文件或者准许使用文件;
4. 施工单位签署的工程质量保修书;
5. 法规、规章规定必须提供的其他文件;
6. 商品住宅还应当提交《住宅质量保证书》和《住宅使用说明书》。

建设行政主管部门或其他有关部门收到建设单位的竣工验收备案文件后,依据质量监督机构的监督报告,发现建设单位在竣工验收过程中有违反国家有关建设工程质量管理规定行为的,责令停止使用,重新组织竣工验收后,再办理竣工验收备案。建设单位有下列违法行为的,要按照有关规定予以行政处罚:

1. 在工程竣工验收合格之日起15日内未办理工程竣工验收备案;
2. 在重新组织竣工验收前擅自使用工程;
3. 采用虚假证明文件办理竣工验收备案。

四、工程质量事故报告制度

工程质量事故报告制度是《质量条例》确立的一项重要制度。建设工程发生质量事故后,有关单位应当在24小时内向当地建设行政主管部门和其他有关部门报告。对重大质量事故,事故发生地的建设行政主管部门和其他有关部门应当按照事故类别和等级向当地人民政府和上级建设行政主管部门和其他有关部门报告。《工程建设重大事故报告和调查程序规定》对重大事故的等级、重大事故的报告和现场保护、重大事故的调查等均有详细规定。事故发生后隐瞒不报、谎报、故意拖延报告期限的、故意破坏现场的、阻碍调查工作正常进行的、无正当理由拒绝调查组查询或者拒绝提供与事故有关情况、资料的,以及提供伪证的,由其所在单位或上级主管部门按有关规定给予行政处分;构成犯罪的,由司法机关依法追究刑事责任。

五、工程质量检举、控告、投诉制度

《建筑法》与《建设工程质量管理条例》均明确,任何单位和个人对建设工程的质量事故、质量缺陷都有权检举、控告、投诉。工程质量检举、控告、投诉制度是为了更好地发挥群众监督和社会舆论监督的作用,是保证建设工程质量的一项有效措施。

《建设工程质量投诉处理暂行规定》(1997年4月2日建设部发布)对该项制度的实施作出了规定。

(一) 工程质量投诉的范围

工程质量投诉,是指公民、法人和其他组织通过信函、电话、来访等形式反映工程质量问题的活动。凡是新建、改建、扩建的各类建筑安装、市政、公用、装饰装修等建设工程,在保修期内和建设过程中发生的工程质量问题,均属投诉范围。对超过保修期,在使用过程中发生的工程质量问题,由产权单位或有关部门处理。

(二) 负责工程质量投诉管理工作的部门及其职责

1. 建设部负责全国建设工程质量投诉管理工作。国务院各有关主管部门的工程质量投诉受理工作,由各部门根据具体情况指定专门机构负责。省、自治区、直辖市建设行政主管部门指定专门机构,负责受理工程质量的投诉。

建设部对工程质量投诉管理工作的主要职责是:

(1) 制订工程质量投诉处理的有关规定和办法;

(2) 对各省、自治区、直辖市和国务院有关部门的投诉处理工作进行指导、督促;

(3) 受理全国范围内有重大影响的工程质量投诉。

2. 各省、自治区、直辖市建设行政主管部门和国务院各有关主管部门对工程质量投诉管理工作的主要职责是:

(1) 贯彻国家有关建设工程质量方面的方针、政策和法律、法规、规章,制订本地区、本部门的工程质量投诉处理的有关规定和办法;

(2) 组织、协调和督促本地区、本部门的工程质量投诉处理工作;

(3) 受理本地区、本部门范围内的工程质量投诉。

市(地)、县建委(建设局)的工程质量投诉管理机构和职责,由省、自治区、直辖市建设行政主管部门或地方人民政府确定。

(三) 投诉处理机构的职责和义务

(1) 投诉处理机构要督促工程质量责任方,按照有关规定,认真处理好用户的工程质量投诉。要做好投诉登记工作。

(2) 对需要几个部门共同处理的投诉,投诉处理机构要主动与有关部门协商,在政府的统一领导和协调下,有关部门各司其职,协同处理。

（3）建设部批转各地区、各部门处理的工程质量投诉材料，各地区、各部门的投诉处理机构应在三个月内将调查和处理情况报建设部。

省级投诉处理机构受理的工程质量投诉，按照属地解决的原则，交由工程所在地的投诉处理机构处理，并要求报告处理结果。对于严重的工程质量问题可派人协助有关方面调查处理。

市、县级投诉处理机构受理的工程质量投诉，原则上应直接派人或与有关部门共同调查处理，不得层层转批。

（4）对于投诉的工程质量问题，投诉处理机构要本着实事求是的原则，对合理的要求，要及时妥善处理；暂时解决不了的，要向投诉人作出解释，并责成工程质量责任方限期解决；对不合理的要求，要作出说明，经说明后仍坚持无理要求的，应给予批评教育。对注明联系地址和联系人姓名的投诉，要将处理的情况通知投诉人。

（5）在处理工程质量投诉过程中，不得将工程质量投诉中涉及的检举、揭发、控告材料及有关情况，透露或者转送给被检举、揭发、控告的人员和单位。任何组织和个人不得压制、打击报复、迫害投诉人。

（6）各级建设行政主管部门要把处理工程质量投诉作为工程质量监督管理工作的重要内容抓好。对在工程质量投诉处理工作中做出成绩的单位和个人，要给予表彰。对在处理投诉工作中不履行职责、敷衍、推诿、拖延的单位及人员，要给予批评教育。

第五节　工程质量法律制度案例

案例 1

上诉人：××大酒店有限公司（以下简称某酒店）
上诉人：××设计研究院（以下简称某设计院）
被上诉人：××建筑工程总公司（以下简称某建筑公司）
原审第三人：××地质工程地质队（以下简称某地质队）

一、基本案情

1993 年 5 月，某酒店筹建处与某建筑公司签订《建设工程施工合同》，约定：某建筑公司承包建设某酒店的全部建筑安装工程、室外配套设施及附属工程等，合同价款以建设银行某支行审定价为准。

工程如期开工后，因在组织验槽钎探中发现地质资料与实际不符，需修改设计，于同年 6 月 1 日停工，直至 10 月下旬恢复施工。工程施工过程中，某酒店未能及时按约定拨付工程款，加之多次变更局部设计造成反复施工，工期受到严重影响。

1996 年 1 月，工程全部完工。某酒店和某建筑公司根据合同的约定，经某酒店委托，由中国建设银行某支行对工程造价进行结算，经会同某建筑公司、某酒店三方工程技术人员现场丈量核实，确认工程造价数额，并由三方共同签字盖章。同年 4 月，某建筑公司与某酒店双方财务人员对已付工程款、欠款进行核对，确认某酒店已付工程款 35144392.40 元，尚欠 5801305.60 元，其中某建筑公司未做工程造价为 24826 元。

此前，某酒店 1995 年 12 月至 1996 年 1 月组织了该工程竣工验收并通过。1996 年 1

月，该工程经市质量监督站核验为优良工程，后又经省工程质量监督总站复验，被省建设委员会评定为省优质样板工程。同年6月，某酒店接管整个工程并向市城建局递交了《竣工验收报告》，请求对某酒店工程给予验收，后因某酒店未交纳相关费用，验收工作未能如期进行。

1997年3月，某酒店开始试营业。某建筑公司为此于同年3月26日、4月2日、4月3日先后三次致函某酒店，告知该工程未经国家工程质量监督部门验收，不得投入使用，并督促其尽快与质检部门联系组织验收。但某酒店仍将未经验收的工程全面投入经营、使用至今。

1997年6月，某酒店主楼客房部一楼非承重墙局部开始出现裂缝。同年7月21日，省质量监督总站针对某酒店工程质量问题，召集各有关部门在现场勘验调查的基础上，形成了《关于某大酒店工程质量问题会议纪要》（以下简称《纪要》），认定一楼非承重墙裂缝是由于地基不均匀压缩变形和湿陷下沉引起的。同时认为设计单位、施工单位、勘察单位、建设单位均存在问题，并提出了处理意见。某建筑公司对该《纪要》中与其有关的责任表示认可和愿意执行，但因某设计院提出异议，问题未能得到解决。

1997年10月18日，某建筑公司以拖欠工程款为由向法院提起诉讼，请求某酒店支付拖欠工程款5801305.60元及滞纳金等。

1998年12月7日，某酒店以某建筑公司为被告，某设计院、某地质队为第三人提起反诉，请求赔偿因一楼工程质量问题造成的损失5355640元及工期延误违约金等。

二、案件审理

一审法院经审理认为：

某建筑公司与某酒店签订合同合法、有效，双方的合法权益理应受到法律的保护。某建筑公司请求某酒店偿还工程欠款和赔偿银行利息的诉讼请求，有双方签订的合同、工程竣工验收单、双方签字盖章认可的由建设银行某支行审计核定的工程价款结算书和1996年4月17日双方财务人员核对工程已付款、欠款的材料等证据所证实，依法应予支持。但对未施工项目的工程款应从工程欠款额中予以扣除。某酒店辩称的建设银行审计核定的工程结算款不实，应以其委托审计的工程结算款作为工程款结算的唯一、合法、有效凭据，并以此为由认为超付了工程款，要求某建筑公司返还，因大酒店单方委托审计，违背了双方所签订合同的约定条款，理由不能成立，不予采信。

某酒店反诉要求某建筑公司对一楼非承重墙体的质量问题从基础予以彻底排除。根据其申请，为了查明某酒店工程一楼非承重墙墙体产生裂缝的原因和有关当事人的责任，法院依法委托省工程质量监督总站对某酒店工程质量进行鉴定。依据该站作出的鉴定意见及各方当事人提出的意见和相关证据说明：某酒店工程在建设单位投入使用15个月就发生一楼非承重墙体下沉裂缝，不是施工单位某建筑公司一方造成的。

1. 设计单位某设计院对该工程的个别部位设计违反了国家颁布实施的规范标准，而且对省建设委员会1993年1月《关于某国际大酒店工程初步设计审查的批复》中第三个问题曾明确指出设计"应考虑不均匀沉降对建筑物的影响"的批复意见，未给予足够的重视，诸如一楼墙体应设计基础梁而未设计，将砌墙体直接坐落在回填土薄厚不等的垫层土，一楼地基下直埋管道而不设置检漏地沟等，因而未能有效解决地基的"不均匀沉降对建筑的影响"，为一楼墙体下沉裂缝埋下了无法回避的隐患；因填土填压不实和地表水的渗漏等，只是加速了问题的暴露。因此，设计单位对此质量问题应承担重要的责任。

2. 施工单位某建筑公司在施工过程中，回填土的压实系数未达到设计要求；自购的排水管个别管壁厚度偏薄，加之个别地段管道埋置的设计违反规范标准，导致使用不久出现破裂、跑水等原因，对造成地基下沉、墙体开裂应负直接责任。

3. 建设单位某酒店违反国家有关规范标准，在未采取任何防水措施的情况下，在大楼周围 6m 内种植草坪、花坛，并采用漫灌式浇水，致使大量排水渗入楼体地基下；由于一楼未设计基础地梁，加速了地基下沉，恶化了一楼墙体的裂缝；对此质量问题负有不可推卸的责任。

4. 地质勘察单位地质队提供的地质勘探报告虽然存在着几处资料不完善的地方，而作为使用该勘探资料的设计单位，并未对勘察报告提出任何异议，反诉原告也未提出赔偿请求。因此，地质队对某酒店工程一楼部分墙体下沉裂缝不应承担责任。

这一反诉请求根据有关法律规定已超过诉讼时效，但鉴于某建筑公司已认可，并经有关部门鉴定，要求尽快加固整改，根据实际情况，某设计院、某建筑公司、某酒店均应承担相应责任。

某酒店要求某建筑公司赔偿因工程质量造成的损失 5355640 元的反诉请求，因其未提供造成损失的具体构成和相关合法证据，且该工程未经国家职能部门验收就投入使用，根据《中华人民共和国经济合同法》第 34 条第 2 款第 4 项和国务院《建筑安装工程承包合同条例》第 13 条第 2 款第 3 项的规定，其责任应由自己承担，该反诉请求不予支持。

判决：

1. 某酒店给付某建筑公司工程款 5776479.60 元及利息（按银行同期同类贷款利率计算至付清之日止），于判决生效十日内付清；

2. 某酒店工程一楼非承重墙体裂缝问题，应增设墙基地梁，进行加固，在判决生效二十日内，某建筑公司做好加固维修施工的准备工作，承担全部加固费用的 30%；某酒店做好施工队伍进场前的有关准备工作，承担全部加固费用的 30%；第三人某设计院拿出加固整改设计图，承担全部加固费用的 40%。

某酒店和某设计院均不服一审判决，提起上诉。二审法院经审理认为：

某建筑公司将某酒店工程交付后，某酒店应依法履行其申请验收义务，但由于其不交纳相关费用，致使工程未能验收，对此某酒店应负完全责任。某酒店请求某建筑公司、某设计院、地质队赔偿因严重工程质量特别是一楼客房部非承重墙裂缝问题造成的损失等，由于某酒店工程未经验收即投入使用至今，根据《中华人民共和国经济合同法》"工程未经验收，提前使用，发现质量问题，自己承担责任"和国务院《建筑安装工程承包合同条例》"工程未验收，发包方提前使用或擅自动用，由此而发生的质量或其他问题，由发包方承担责任"的规定，某酒店工程出现的质量问题应由发包方和使用方某酒店自行承担责任。

鉴于某建筑公司对于省工程质量监督总站鉴定结论中属于自己的部分责任予以认可，且对于一审判决其承担某酒店工程一楼非承重墙体裂缝加固费用的 30% 未予上诉，可准予某建筑公司对于某酒店一楼的整改工作承担相应的费用。

某酒店一审中以某建筑公司为被告，某设计院、地质队为第三人提起的反诉，因其与某设计院、地质队属另外的法律关系，其对某设计院、地质队的诉讼请求超出本案的反诉范围，一审法院将其作为反诉一并审理不当，某酒店可依据委托设计合同和委托勘探合同另行对某设计院、地质队提起诉讼。

据此，依据《中华人民共和国经济合同法》第 34 条第 2 款第 4 项、国务院《建筑安装工程承包条例》第 13 条第 2 款第 3 项、《中华人民共和国民事诉讼法》第 126 条、第 153 条第 1 款第（二）项之规定，二审法院于 2001 年 3 月判决如下：变更一审法院判决为：某酒店自行承担一楼非承重墙体裂缝的整改加固，某建筑公司承担其费用的 30%；一审案件受理费 69835 元由某酒店承担，反诉费 97000 元由某酒店承担 67900 元，某建筑公司承担 29100 元，鉴定费 85748.94 元，由某酒店与某建筑公司各承担 42874.47 元；二审案件受理费 165935 元由某酒店承担。

三、案例评析

关于工程质量的责任划分是本案审理当中的一个争议焦点。由于本工程未经验收提前使用，法院依据当时有效的法律判决由发包人某酒店承担责任。

不论是已失效还是仍然有效的法律，我国法律均规定工程在交付使用之前，必须经过竣工验收。但在因提前使用而导致的质量责任界定上，新旧法的规定有很大差异。已失效的《经济合同法》和《建筑安装工程承包合同条例》均规定由发包方承担责任（后者多了个"由此"），但现行的《建筑法》、《合同法》和《建设工程质量管理条例》均无明确规定。

因此，原《建筑安装工程承包合同条例》"工程未验收，发包方提前使用或擅自动用，由此而发生的质量或其他问题，由发包方承担责任"的表述是比较合理的。"由此"体现了过错和责任相统一的原则。而原《经济合同法》"提前使用，责任自负"的法律规定，虽然有利于强化建设单位的验收责任，但在明显是由施工单位或设计单位原因造成的质量问题时，这条规定就不合理了。因此，现行法律虽然没有明确"提前交付工程"的归属，但应采用过错推定原则，对于难以查明导致质量问题原因的由建设单位自行承担质量责任；但如果建设单位能够证明其他单位也有过错，其他单位也要承担相应的责任。

案例 2

上诉人：××物资供应股份有限公司（以下简称物资公司）
被上诉人：××建筑工程总公司（以下简称建筑公司）

一、基本案情

1996 年 5 月 8 日，物资公司与建筑公司签订《施工协议书》，约定由建筑公司承包物资公司投资兴建的某商场项目。建筑公司垫付工程款 20 万元，超过 1998 年如付不清工程款，物资公司承担欠款利息，其余工程款待竣工交付使用时全部付清。

1996 年 12 月 14 日，该工程交工验收，12 月 16 日经市质检部门核验评为合格工程。该工程 1997 年 12 月 16 日经结算，物资公司尚拖欠建筑公司工程款 434550.64 元。物资公司以建筑公司承建的工程存在严重质量问题为由拒付工程款。

1999 年 4 月 25 日，某市工程质量监督站和某市建设工程质量检测中心对该工程质量进行实地检测，作出了《关于某商场工程质量问题的处理意见》：（1）该工程尚未发现明显的不安全因素，可以正常使用；（2）楼梯梁距地面高度不够问题，应会同设计单位进行设计变更处理;(3) 墙面裂缝属填充墙体材料干燥收缩引起,影响观感质量可进行表面修补;(4) 对 C—④—⑤段梁存在微小裂缝,缝宽仅为 0.2mm,在规范允许范围内可进行封闭处理,对四层楼地面裂缝应揭露检查并予以处理,对其他混凝土缺陷按规范要求进行修补。

1999 年 5 月 18 日,建筑公司起诉至一审法院,要求判令物资公司偿还拖欠款 44 万元及承担违约金 206 万元。

物资公司反诉称:建筑公司称物资公司拖欠其工程款 44 万元与事实不符,物资公司是按照现行建筑行业法律、法规拒付工程款 434550.64 元,扣款的原因是建筑公司交付的建筑物存在严重工程质量问题。故请求法院依法委托省建筑工程质量检测中心就涉案工程质量进行检测;依法确认某市质量监督站就涉案工程所作的交工核验文件无效;判令建筑公司承担交付不合格工程给物资公司造成的全部经济损失(对存在的质量问题,能重修的予以重修,不能重修的赔偿损失)。

在一审法院审理期间,物资公司申请要求对某商场大楼的工程质量重新进行检测。并对现有四层楼的基础上能否继续施工五、六层作出鉴定。经一审法院委托省工程质量监督总站检测,该站出具的"某大楼检测报告"称:"该商场已经竣工的四层楼房,使用了两年零七个月时间。经过对一层地面和场地地面等的检查,未发现该建筑物地基的不均匀沉降情况和其他异常情况;施工时未严格地按设计图施工,未经设计单位同意,改变建筑物的使用功能,改变了设计约定的建筑材料等;混凝土表面粗糙,一、二层相对较好,三层麻面跑模较多,四层蜂窝、麻面、露筋严重,个别构件出现了影响结构性能的孔洞裂缝等缺陷,必须会同设计单位进行技术处理;一~四层实测混凝土强度均不满足设计要求。建议设计单位根据改变后的实际情况,实测的混凝土强度及部分混凝土构件的缺陷,按照七度抗震设防,对某商场的六层框架进行复核,提出能否继续施工五、六层及必须的加固方案,建议由建筑造价计算单位,预估经济损失和加固费用。"

随后,一审法院根据省工程质量监督总站的建议和物资公司的申请,分别委托省建筑设计研究院和省建设工程造价管理总站对某商场大楼的修缮加固进行设计和费用的造价,省建筑设计研究院"关于某商场大楼计算复检报告"称:"原设计图纸未发现问题,满足设计要求。要满足现有四层的使用要求,按照检测报告所提出的加固部位进行加固补强处理。加固补强设计处理后方可进行五、六层施工。"省建设工程造价管理总站作出的"某商场大楼修缮加固工程"预算书表明:修缮加固费用为 115208 元(其中土建 111353 元、安装 3855 元)。物资公司对此提出异议,要求重新设计和造价。

一审法院经合议庭研究决定,具有资质的省级部门在双方当事人未能提供有关资料的情况下,根据现场实际作出的鉴定具有法律效力,故不再委托重新设计和造价。

二、案件审理

一审法院认为:

建设方物资公司与施工方建筑公司签订的某商场施工协议,双方意思表示真实,建设手续齐全,应视为有效协议。工程竣工验收交付使用后,物资公司未按协议约定偿还建筑公司的工程款属违约行为,建筑公司要求物资公司偿还工程欠款和赔偿损失的请求,应予支持。物资公司反诉提出某商场存在严重工程质量的问题,虽然该工程经交工验收,被县、市评为合格工程,并交付使用近两年,按双方施工协议的约定,保修期外出现的问题应由物资公司负责。但该工程质量经省、市质检部门进行检测，确实存在工程质量缺陷等问题，造成工程质量缺陷等问题，双方均有责任。工程竣工验收交付使用后，双方将属于自己所有的楼房，在框架结构楼上，未经设计单位同意，擅自进行隔墙和装修，改变建筑物的使用功能。施工方在施工中，改变设计图指定的材料和做法，作为建设方派有工地代表，在施工中对施工方的过错行为未进行制止，也未提出任何异议，应视为默认。因此，造成修缮加固的费用和损失由双方各自承担，各自负责对自己所有的楼房进行修缮加固，修缮加固后的质量要经有关单位的验证，否则出现的问题自负。物资公司要求确认市质检站就涉案工程作出的交工核验文件无效及要求建筑公司承担因工程质量给其造成的经济损失的请求，证据不足，不予支持。关于物资公司主张在某商场大楼现有四层上继续施工五、六层的问题，经修缮加固和有关部门的验证后，由物资公司自己决定。一审法院据此判决：

1. 物资公司在判决生效后 30 日内偿还建筑公司修建永富商场的工程欠款 434550.64 元。

2. 物资公司按照银行同期同类贷款利率，向建筑公司支付拖欠工程款（434550.64 元）的利息，自 1996 年 12 月 14 日交工验收之日起至物资公司交清欠款之日止。

3. 某商场的修缮加固，由双方各自负责对自己权属的楼房进行修缮加固，造成的一切费用由各自承担。修缮加固后的质量要经有关单位验证，否则出现的问题自负。

一审案件诉讼费 35000 元、反诉费 10010 元、质量鉴定费 25000 元、加固设计费 23000 元、加固造价费 2000 元，共计 95010 元，由建筑公司负担 38004 元，物资公司负担 57006 元。

物资公司不服一审判决提起上诉称：一审判决将存在严重质量问题的不合格工程认定为质量缺陷是十分错误的。按照双方《施工协议书》第三条的约定，应自 1999 年 1 月 1 日起支付利息，一审判决却将计息时间提前到了 1996 年 12 月 14 日，显然是错误的。一审法院对不合格工程给物资公司造成的经济损失只审不判；对已经评估出的加固费用 115208 元也没有处理。故请求二审法院撤销原判，依法改判：确认涉案工程为不合格工程，物资公司不再支付应按合格工程结算的工程款余额 434550.64 元；判决建筑公司赔偿因工程质量问题给物资公司造成的全部经济损失。

建筑公司答辩称：物资公司提出确认涉案工程为不合格工程，不属本案应调整的民事法律关系。本案所涉工程已经有关部门确认为合格工程，如果物资公司对鉴定结论不服，可以依法提起行政诉讼。时至今日物资公司一分工程欠款未付，建筑公司蒙受重大经济损失，故一审法院利息计算期间与事实相符。

在二审期间，物资公司请求对所涉工程因质量问题引起的加固设计、加固造价和其他经济损失等事项进行重新设计、造价。

二审法院经审理认为：

1. 本案所涉工程 1996 年 12 月 14 日竣工验收，12 月 16 日经市质检部门核验评为合格工程，当时物资公司并未提出异议且实际使用将近五年。

2. 在一审期间，一审法院已经委托省建筑设计研究院对某商场大楼的修缮加固进行了设计及委托省建设工程造价管理总站进行修缮加固费用的估算，物资公司在二审时再次提出重新设计、造价的请求依据不足，不予支持。

3. 根据有关部门的检测，涉案工程尚未发现明显的不安全因素，可以正常使用，但也确实存在一些质量问题。甘肃省建设工程造价管理总站估算出的修缮加固费用为 115208 元，此费用应当由建筑公司承担。物资公司应支付的工程欠款为 434550.64 元，两项折抵，故物资公司还应向建筑公司支付工程欠款 319342.64 元。由于已从物资公司应付工程欠款中扣除了修缮加固费用，故一审判决第（3）项内容应予撤销。

4. 关于欠款利息的计算问题，根据物资公司与建筑公司签订的《施工协议书》第三条的约定："物资公司必须在 1997～1998 年之间付给建筑公司垫资款 20 万元，超过 1998 年如还付不清工程款者，物资公司承担欠款利息。其余的工程款，待工程竣工验收后，物资公司使用开始时全部付清"，故对拖欠的 20 万元工程款应从 1999 年 1 月 1 日起算利息，对其余的工程款 119342.64 元，应从 1996 年 12 月 14 日交工验收之日起算利息。

一审案件受理费等按一审判决执行，二审案件受理费 45010 元，由物资公司和建筑公司各负担 22505 元。

三、案例评析

在工程款拖欠纠纷中，当承包商追索欠款时，业主往往以工程质量有缺陷（或工期延误）为理由抗辩。实际上拖欠工程款与工程质量纠纷之间并没有必然的联系，是不同的诉讼。在这种工程款拖欠和工程质量问题纠缠在一起的诉讼当中，对诉讼时效的要求是不一样的。对于承包商追索欠款之诉而言，按一般诉讼时效的规定即可。但对于业主提出的工程质量之诉来说，只要是在保修期中发生的质量问题，从知道或应当知道发生质量问题之日起内二年即为诉讼时效；如果不在 2 年内提起诉讼（或发生诉讼时效中止中断等情形），即使保修期没有届满，业主仍将丧失胜诉权。如果是在保修期期满后发生的质量问题，则承包商将不承担质量保修责任。但这并不意味着承包商可以就此不承担质量责任，因为《建筑法》第 80 条特别规定："在建筑物的合理使用寿命内，因建筑工程质量不合格受到损害的，有权向责任者要求赔偿。"

本案涉及工程质量诉讼的另外一个问题就是重复鉴定。当事人都倾向于选择与自己有关系的鉴定机构，双方在此问题上往往不能达成一致意见。2001 年 12 月 21 日《最高人民法院关于民事诉讼证据的若干规定》（以下简称《规定》）对鉴定人的的确定和重新鉴定作了明确的规定。其中第二十六条规定："当事人申请鉴定经人民法院同意后由双方当事人协商确定有鉴定资格的鉴定机构、鉴定人员。协商不成的，由人民法院指定。"这就是说，以当事人协商确定鉴定机构、鉴定人员为原则，法院一般不主动指定，只有在当事人协商不成的情况下，法院才指定鉴定机构或鉴定人员。对于重新鉴定，《规定》第二十七条规定："当事人对人民法院委托的鉴定部门作出的鉴定结论有异议申请重新鉴定提出证据证明存在下列情形之一的，人民法院应予准许：（一）鉴定机构或者鉴定人员不具备相关的鉴定资格的；（二）鉴定程序严重违法的；（三）鉴定结论明显依据不足的；（四）经过质证认定不能作为证据使用的其他情形。对有缺陷的鉴定结论，可以通过补充鉴定、重新质证或者补充质证等方法解决的，不予重新鉴定。"这一规定明确了申请重新鉴定的法定条件，这对减少当事人动辄要求重新鉴定从而导致诉讼效率降低的现象很有意义。

此外，《建筑法》第 58 条第 2 款明确规定："建筑施工企业必须按照工程设计图纸和施工技术标准施工，不得偷工减料。工程设计的修改由原设计单位负责，建筑施工企业不得擅自修改工程设计。"在本案中，建筑公司擅自修改设计，应承担相应责任。物资公司作为发包人有权利纠正建筑公司的违约行为，但这是发包人基于合同享有的一项权利而非义务。一审认为"建设方工地代表在施工中对施工方的过错行为未进行制止，也未提出任何异议，应视为默认"的判决是不正确的，二审法院判决加固费用由建筑公司承担是正确的。

案例 3

原告：某大学
被告：某建筑公司

一、基本案情

2000 年 4 月，某大学为建设学生公寓，与某建筑公司签订了一份建设工程合同。合同约定：工程采用固定总价合同形式，主体工程和内外承重砖一律使用国家标准砌块，每层加水泥圈梁；某大学可预付工程款（合同价款的 10%）；工程的全部费用于验收合格后一次付清；交付使用后，如果在 6 个月内发生严重质量问题，由承包人负责修复等。1 年后，学生公寓如期完工，在某大学和某建筑公司共同进行竣工验收时，某大学发现工程 3~5 层的内承重墙体裂缝较多，要求某建筑公司修复后再验收，某建筑公司认为不影响使用而拒绝修复。因为很多新生亟待入住，某大学接收了宿舍楼。在使用了 8 个月之后，公寓楼 5 层的内承重墙倒塌，致使 1 人死亡，3 人受伤，其中 1 人致残。受害者与某大学要求某建筑公司赔偿损失，并修复倒塌工程。某建筑公司以使用不当且已过保修期为由拒绝赔偿。无奈之下，受害者与某大学诉至法院，请法院主持公道。

二、案件审理

法院在审理期间对工程事故原因进行了鉴定，鉴定结论为某建筑公司偷工减料致宿舍楼内承重墙倒塌。因此，法院对某建筑公司以保修期已过为由拒绝赔偿的主张不予支持，判决某建筑公司应当向受害者承担损害赔偿责任，并负责修复倒塌的部分工程。

三、案例评析

《建设工程质量管理条例》第 40 条规定："在正常使用条件下，建设工程最低保修期限为：

（一）基础设施工程、房屋建筑的地基基础工程、主体结构工程，为设计文件规定的该工程的合理使用年限；

（二）屋面防水工程、有防水要求的卫生间、房间和外墙面的防渗漏，为 5 年；

（三）供热与供冷系统，为 2 个采暖期、供冷期；

（四）电器管线、给排水管道、设备安装和装修工程，为 2 年；

其他项目的保修期限由发包方与承包方约定。

建设工程的保修期，由竣工验收合格之日起计算。"

根据上述法律规定，建设工程的保修期限不能低于国家规定的最低保修期限，其中，对地基基础工程、主体结构工程实际规定为终身保修。

在本案中，某大学与某建筑公司虽然在合同中双方约定保修期限为 6 个月，但这一期限远远低于国家规定的最低期限,尤其是承重墙属主体结构,其最低保修期限依法应终身保修。双方的质量期限条款违反了国家强制性法律规定,因此是无效的。某建筑公司应当向受害者承担损害赔偿责任。承包人损害赔偿责任的内容应当包括:医疗费、因误工减少的收入、残废者生活补助费等。造成受害人死亡的,还应支付丧葬费、抚恤费、死者生前抚养的人必要的生活费用等。

此外,某建筑公司在施工中偷工减料,造成质量事故,有关主管部门应当依照《建筑法》第74条的有关规定对其进行法律制裁。

第九章 工程安全法律制度

第一节 工程安全管理概述

一、工程安全管理方针

（一）安全管理的概念

安全管理是指管理者运用行政、经济、法律、法规、技术等各种手段，发挥决策、教育、组织、监察、指挥等各种职能，对人、物、环境等各种被管理对象施加影响和控制，排除不安全因素，以达到安全目的的活动。

安全管理的中心问题是保护生产活动中劳动者的安全与健康，保证生产顺利进行。

（二）工程安全管理的概念

工程安全管理是指对建设活动过程中所涉及的安全进行的管理，包括建设行政主管部门对建设活动中的安全问题所进行的行业管理和从事建设活动的主体对自己建设活动的安全生产所进行的企业管理。

从事建设活动的主体所进行的安全生产管理包括建设单位对安全生产的管理，设计单位对安全生产的管理，施工单位对建设工程安全生产的管理等。

（三）工程安全管理与《中华人民共和国安全生产法》的关系

《中华人民共和国安全生产法》规定："在中华人民共和国领域内从事生产经营活动的单位的安全生产，适用本法；有关法律、行政法规对消防安全和道路交通安全、铁路交通安全、水上交通安全、民用航空安全另有规定的除外。"

所以，工程安全管理属于《中华人民共和国安全生产法》调整范围。

（四）工程安全管理方针

《中华人民共和国安全生产法》规定安全生产管理，坚持安全第一、预防为主的方针。同时，《中华人民共和国建筑法》（以下简称为《建筑法》）第36条规定："建筑工程安全生产管理必须坚持安全第一、预防为主的方针，建立健全安全生产的责任制度和群防群治制度。"确立了建筑工程安全管理必须坚持的方针。

所谓坚持安全第一、预防为主的方针，是指将建设工程安全管理放到第一位，采取有效措施控制不安全因素的发展与扩大，把可能发生的事故，消灭在萌芽状态。安全第一是从保护和发展生产力的角度，表明在生产范围内安全与生产的关系，肯定安全在建筑生产活动中的首要位置和重要性。预防为主是指在建筑生产活动中，针对建筑生产的特点，对生产要素采取管理措施，有效地控制不安全因素的发展与扩大，把可能发生的事故消灭在萌芽状态，以保证生产活动中人的安全与健康。安全第一，预防为主的方针，体现了国家对在建筑工程安全生产过程中"以人为本"，保护劳动者权利、保护社会生产力、保护建筑生产的高度重视。

二、安全生产管理体制

完善安全管理体制，建立健全安全管理制度、安全管理机构和安全生产责任制是安全管理的重要内容，也是实现安全生产目标管理的组织保证。我国的安全生产管理体制是"企业负责、行业管理、国家监察、群众监督、劳动者遵章守纪"。

企业负责。即工程建设企业应认真贯彻执行劳动保护和安全生产的政策、法令和规章制度，要对本企业的劳动保护和安全生产负责。

行业管理。即行业主管部门应根据"管生产必须管安全的原则"，管理本行业的安全生产工作，建立安全管理机构，配备安全技术干部，组织贯彻执行国家安全生产方针、政策、法规；制定行业的安全规章制度和安全规范标准；对本行业安全生产工作进行计划、组织、监督、检查和考核。建设部工程质量安全监督与行业发展司负责全国建筑行业的安全生产工作。

国家监察。即由劳动部门按照国务院要求实施国家劳动安全监察。国家监察是一种执法监察，主要是监察国家法规政策的执行情况，预防和纠正违反法规政策的偏差。它不干预企事业内部执行法规政策的方法、措施和步骤等具体事务，不能代替行业管理部门日常管理和安全检查。

群众（工会组织）监督。保护职工的安全健康是工会的职责。工会对危害职工安全健康的现象有抵制、纠正以至控告的权利。这是一种自下而上的群众监督。这种监督与国家安全监察和行政管理是相辅相成的。

劳动者遵章守纪。从发生原因来看，事故大都与职工的违章行为有直接关系。因此，劳动者在生产过程中应该自觉遵守安全生产规章制度和劳动纪律，严格执行安全技术操作规程，不违章操作。劳动者遵章守纪也是减少事故，实现安全生产的重要保证。

三、工程安全管理基本制度

（一）《中华人民共和国安全生产法》中明确的安全生产基本制度

《安全生产法》确定了我国安全生产的基本法律制度：

1. 安全生产监督管理制度

《安全生产法》中提供了四种监督途径，即工会民主监督、社会舆论监督、公众举报监督和社区服务监督。通过这些监督途径，将使许多安全隐患及时得以发现，也将使许多安全管理工作中的不足得以改善。同时，《安全生产法》也明确了监督管理人员的权利和义务，这也将有利于监督工作的顺利进行。

2. 生产经营单位安全保障制度

在《安全生产法》中明确了生产经营单位必须做好安全生产的保证工作，既要在安全生产条件上、技术上符合生产经营的要求，也要在组织管理上建立健全安全生产责任并将其有效落实。

3. 从业人员安全生产权利义务制度

在《安全生产法》中，不仅在明确了从业人员为保证安全生产所应尽的义务，也明确了从业人员进行安全生产所享有的权利。这样，在正面强调从业人员应该为安全生产尽职尽责的同时，赋予从业人员的权利也从另一方面有效保障了安全生产管理工作的有效开展。

4. 生产经营单位负责人安全责任制度

在《建筑法》中已经强调了安全生产责任制,这是从组织管理的角度采取的重要措施。在《安全生产法》中,更强调了单位负责人的安全责任。因为,一切安全管理,归根到底是对人的管理,只有生产经营单位的负责人真正认识到安全管理的重要性并认真落实安全管理的各项工作,安全管理工作才有可能真正有效进行。

5. 安全生产责任追究制度

违法必究是我国法律的基本原则,任何单位或个人违反了我国的法律,都将受到法律的制裁。所以,《安全生产法》中明确了对违反该法的单位和个人的法律责任。这一点,与《建筑法》中规定的基本原则是一致的。

6. 事故应急救援和处理制度

在安全事故中,经常伴随着生命财产的抢救,如果没有应急的救援措施和科学合理的处理制度,人民的生命财产安全和公民的正当权利将无法得到保障。同时,正确处理安全事故也可以起到警醒世人、教育员工的作用,所以,健全事故应急救援和处理制度是十分重要的。

(二)《中华人民共和国建筑法》中明确的安全生产基本制度

1. 安全生产责任制度

安全生产责任制度是建筑生产中最基本的安全管理制度,是所有安全规章制度的核心。安全生产责任制度是指将各种不同的安全责任落实到负责有安全管理责任的人员和具体岗位人员身上的一种制度。这一制度是安全第一,预防为主方针的具体体现,是建筑安全生产的基本制度。在建筑活动中,只有明确安全责任,分工负责,才能形成完整有效的安全管理体系,激发每个人的安全责任感,严格执行建筑工程安全的法律、法规和安全规程、技术规范,防患于未然,减少和杜绝建筑工程事故,为建筑工程的生产创造一个良好的环境。安全责任制的主要内容包括:一是从事建筑活动主体的负责人的责任制。比如,建筑施工企业的法定代表人要对本企业的安全负主要的安全责任。二是从事建筑活动主体的职能机构或职能处室负责人及其工作人员的安全生产责任制。比如,建筑企业根据需要设置的安全处室或者专职安全人员要对安全负责。三是岗位人员的安全生产责任制。岗位人员必须对安全负责。从事特种作业的安全人员必须进行培训,经过考试合格后方能上岗作业。

2. 群防群治制度

群防群治制度是职工群众进行预防和治理安全的一种制度。这一制度也是"安全第一、预防为主"的具体体现,同时也是群众路线在安全工作中的具体体现,是企业进行民主管理的重要内容。这一制度要求建筑企业职工在施工中应当遵守有关生产的法律、法规和建筑行业安全规章、规程,不得违章作业;对于危及生命安全和身体健康的行为有权提出批评、检举和控告。

3. 安全生产教育培训制度

安全生产教育培训制度是对广大建筑企业职工进行安全教育培训,提高安全意识,增加安全知识和技能的制度。安全生产,人人有责。只有通过对广大职工进行安全教育、培训,才能使广大职工真正认识到安全生产的重要性、必要性,才能使广大职工掌握更多更有效的安全生产的科学技术知识,牢固树立安全第一的思想,自觉遵守各项安全生产和规章制度。分析许多建筑安全事故,一个重要的原因就是有关人员安全意识不强,安全技能不够，这些都是没有搞好安全教育培训工作的后果。

4. 安全生产检查制度

安全生产检查制度是上级管理部门或企业自身对安全生产状况进行定期或不定期检查的制度。通过检查可以发现问题，查出隐患，从而采取有效措施，堵塞漏洞，把事故消灭在发生之前，做到防患于未然，是"预防为主"的具体体现。通过检查，还可总结出好的经验加以推广，为进一步搞好安全工作打下基础。安全检查制度是安全生产的保障。

5. 伤亡事故处理报告制度

施工中发生事故时，建筑企业应当采取紧急措施减少人员伤亡和事故损失，并按照国家有关规定及时向有关部门报告的制度。事故处理必须遵循一定的程序，做到三不放过（事故原因不清不放过、事故责任者和群众没有受到教育不放过、没有防范措施不放过）。通过对事故的严格处理，可以总结出教训，为制定规程、规章提供第一手素材，做到亡羊补牢。

6. 安全责任追究制度

《建筑法》第七章法律责任中，规定建设单位、设计单位、施工单位、监理单位，由于没有履行职责造成人员伤亡和事故损失的，视情节给予相应处理；情节严重的，责令停业整顿，降低资质等级或吊销资质证书；构成犯罪的，依法追究刑事责任。

第二节 工程安全责任

一、建设单位的安全责任

（一）建设单位应当向施工单位提供有关资料

《建设工程安全生产管理条例》第6条规定，建设单位应当向施工单位提供施工现场及毗邻区域内供水、排水、供电、供气、供热、通信、广播电视等地下管线资料，气象和水文观测资料，相邻建筑物和构筑物、地下工程的有关资料，并保证资料的真实、准确、完整。

建设单位因建设工程需要，向有关部门或者单位查询前款规定的资料时，有关部门或者单位应当及时提供。

（二）不得向有关单位提出影响安全生产的违法要求

《建设工程安全生产管理条例》第7条规定，建设单位不得对勘察、设计、施工、工程监理等单位提出不符合建设工程安全生产法律、法规和强制性标准规定的要求，不得压缩合同约定的工期。

（三）建设单位应当保证安全生产投入

《建设工程安全生产管理条例》第8条规定，建设单位在编制工程概算时，应当确定建设工程安全作业环境及安全施工措施所需费用。

（四）不得明示或暗示施工单位使用不符合安全施工要求的物资

《建设工程安全生产管理条例》第9条规定，建设单位不得明示或者暗示施工单位购买、租赁、使用不符合安全施工要求的安全防护用具、机械设备、施工机具及配件、消防设施和器材。

（五）办理施工许可证或开工报告时应当报送安全施工措施

《建设工程安全生产管理条例》第 10 条规定，建设单位在申请领取施工许可证时，应当提供建设工程有关安全施工措施的资料。

依法批准开工报告的建设工程，建设单位应当自开工报告批准之日起 15 日内，将保证安全施工的措施报送建设工程所在地的县级以上人民政府建设行政主管部门或者其他有关部门备案。

（六）应当将拆除工程发包给具有相应资质的施工单位

《建设工程安全生产管理条例》第 11 条规定，建设单位应当将拆除工程发包给具有相应资质等级的施工单位。

建设单位应当在拆除工程施工 15 日前，将下列资料报送建设工程所在地的县级以上地方人民政府主管部门或者其他有关部门备案。

1. 施工单位资质等级证明；
2. 拟拆除建筑物、构筑物及可能危及毗邻建筑的说明；
3. 拆除施工组织方案；
4. 堆放、清除废弃物的措施。

实施爆破作业的，还应当遵守国家有关民用爆炸物品管理的规定。根据《民用爆炸物品管理条例》第 27 条的规定，使用爆破器材的建设单位，必须经上级主管部门审查同意，并持说明使用爆破器材的地点、品名、数量、用途、四邻距离的文件和安全操作规程，向所在地县、市公安局申请领取《爆炸物品使用许可证》，方准使用。根据《民用爆炸物品管理条例》第 30 条的规定，进行大型爆破作业，或在城镇与其他居民聚居的地方、风景名胜区和重要工程设施附近进行控制爆破作业，施工单位必须事先将爆破作业方案，报县、市以上主管部门批准，并征得所在地县、市公安局同意，方准爆破作业。

二、勘察、设计单位的安全责任

（一）勘察单位的安全责任

根据《建设工程安全生产管理条例》第 12 条的规定，勘察单位的安全责任包括：

1. 勘察单位应当按照法律、法规和工程建设强制性标准进行勘察，提供的勘察文件应当真实、准确，满足建设工程安全生产的需要。
2. 勘察单位在勘察作业时，应当严格按照操作规程，采取措施保证各类管线、设施和周边建筑物、构筑物的安全。

（二）设计单位的安全责任

《建筑法》第 37 条对设计单位的安全责任有明确规定："建筑工程设计应符合按照国家规定制定的建筑安全规程和技术规范，保证工程的安全性能。"

根据《建设工程安全生产管理条例》第 13 条的规定，设计单位的安全责任包括：

1. 设计单位应当按照法律、法规和工程建设强制性标准进行设计，防止因设计不合理导致安全生产事故的发生。
2. 设计单位应当考虑施工安全操作和防护的需要，对涉及施工安全的重点部位和环节在设计文件中注明，并对防范安全生产事故提出指导意见。
3. 采用新结构、新材料、新工艺的建设工程和特殊结构的建设工程，设计单位应当在设计中提出保障施工作业人员安全和预防生产安全事故的措施建议。
4. 设计单位和注册建筑师等注册执业人员应当对其设计负责。

建筑工程设计是建设工程的重要环节，工程设计质量的优劣直接影响建设活动和建筑产品的安全。为此，勘察单位应提供建设工程所需的全面、准确的地质、测量和水文等资料。这里所说的建筑工程设计，是指各类房屋建筑、构筑物及其附属设施、线路管道、设备等的设计活动。一般应根据建设工程项目的功能性要求，考虑投资、材料、环境、气候、水文地质结构等提供图纸等设计文件。

所谓保证工程的安全性能，是指设计单位应当按照建设工程安全标准进行设计，保证其符合按照国家规定制定的建筑安全规程和技术规范。建筑工程的安全性能，包括两层含义：在建造过程中的安全，主要指建造者的安全；建成后的使用安全，主要指建筑物的安全。所谓建筑安全规程，是指在建筑活动中为了消除导致人身伤亡或者造成设备、财产破坏以及危害环境而由有关部门制定的具体技术要求和实施程序的统一规定。所谓建筑技术规范，是指由有关部门制定的对设计、施工等技术事项所作的统一规定，技术规范是标准的一种形式。需要说明的是，这里对于建筑安全规程和技术规范的制定提出了要求，即建筑安全规程和技术规范必须"按照国家规定"制定。所谓按照国家规定制定，是指制定建筑安全规程和技术规范时必须符合国家规定的原则，不得同国家规定相抵触；抵触的无效。这里国家规定包括全国人大及其常委会通过的法律、国务院制定的行政法规、行业部门制定的行政规章等。

三、工程监理单位的安全责任

（一）安全技术措施及专项施工方案审查义务

《建设工程安全生产管理条例》第14条第1款规定，工程监理单位应当审查施工组织设计中的安全技术措施或者专项施工方案是否符合工程建设强制性标准。

（二）安全生产事故隐患报告义务

《建设工程安全生产管理条例》第14条第2款规定，工程监理单位在实施监理过程中，发现存在安全事故隐患的，应当要求施工单位整改；情况严重的，应当要求施工单位暂时停止施工，并及时报告建设单位。施工单位拒不整改或者不停止施工的，工程监理单位应当及时向有关主管部门报告。

（三）应当承担监理责任

工程监理单位和监理工程师应当按照法律、法规和工程建设强制性标准实施监理，并对建设工程安全生产承担监理责任。

四、建设工程物资供应单位的安全责任

（一）机械设备和配件供应单位的安全责任

《建设工程安全生产管理条例》第15条规定，为建设工程提供机械设备和配件的单位，应当按照安全施工的要求配备齐全有效的保险、限位等安全设施和装置。

（二）机械设备、施工机具和配件出租单位的安全责任

《建设工程安全生产管理条例》第16条规定，出租的机械设备和施工工具及配件，应当具有生产（制造）许可证、产品合格证。

出租单位应当对出租的机械设备和施工工具及配件的安全性能进行检测，在签订租赁协议时，应当出具检测合格证明。

禁止出租检测不合格的机械设备和施工工具及配件。

（三）起重机械和自升式架设设施的安全管理

1. 在施工现场安装、拆卸施工起重机械和整体提升脚手架、模板等自升式架设设施，必须由具有相应资质的单位承担。

2. 安装、拆卸施工起重机械和整体提升脚手架、模板等自升式架设设施，应当编制拆装方案、制定安全施工措施，并由专业技术人员现场监督。

3. 施工起重机械和整体提升脚手架、模板等自升式架设设施安装完毕后，安装单位应当自检，出具自检合格证明，并向施工单位进行安全使用说明，办理验收手续并签字。

4. 施工起重机械和整体提升脚手架、模板等自升式架设设施的使用达到国家规定的检验检测期限的，必须经具有专业资质的检验检测机构检测。经检测不合格的，不得继续使用。

5. 检验检测机构对检测合格的施工起重机械和整体提升脚手架、模板等自升式架设设施，应当出具安全合格证明文件，并对检测结果负责。

五、施工单位的安全责任

（一）施工单位应当具备的安全生产资质条件

《建设工程安全生产管理条例》第20条规定，施工单位从事建设工程的新建、扩建和拆除等活动，应当具备国家规定的注册资本、专业技术人员、技术装备和安全生产等条件，依法取得相应等级的资质证书，并在其资质等级许可的范围内承揽工程。

（二）施工总承包单位与分包单位安全责任的划分

《建设工程安全生产管理条例》第24条规定，建设工程实行施工总承包的，由总承包单位对施工现场的安全生产负总责。

总承包单位应当自行完成建设工程主体结构的施工。

总承包单位依法将建设工程分包给其他单位的，分包合同中应当明确各自的安全生产方面的权利、义务。总承包单位和分包单位对分包工程的安全生产承担连带责任。

分包单位应当接受总承包单位的安全生产管理，分包单位不服从管理导致生产安全事故的，由分包单位承担主要责任。

（三）施工单位安全生产责任制度

《建设工程安全生产管理条例》第21条规定，施工单位主要负责人依法对本单位的安全生产工作全面负责。施工单位应当建立健全安全生产责任制度和安全生产教育培训制度，制定安全生产规章制度和操作规程，保证本单位安全生产条件所需资金的投入，对所承担建设工程进行定期和专项安全检查，并做好安全检查记录。

施工单位的项目负责人应当由取得相应执业资格的人员担任，对建设工程项目的安全施工负责，落实安全生产责任制度、安全生产规章制度和操作规程，确保安全生产费用的有效使用，并根据工程的特点组织制定安全施工措施，消除安全事故隐患，及时、如实报告生产安全事故。

（四）施工单位安全生产基本保障措施

1. 安全生产费用应当专款专用

《建设工程安全生产管理条例》第22条规定，施工单位对列入建设工程概算的安全作业环境及安全施工措施所需费用，应当用于施工安全防护用具及设施的采购和更新、安全施工措施的落实、安全生产条件的改善，不得挪作他用。

2. 安全生产管理机构及人员的设置

《建设工程安全生产管理条例》第23条规定，施工单位应当设立安全生产管理机构，配备专职安全生产管理人员。

专职安全生产管理人员负责对安全生产进行现场监督检查。发现安全事故隐患，应当及时向项目负责人和安全生产管理机构报告；对违章指挥、违章操作的，应当立即制止。

3. 编制安全技术措施及专项施工方案的规定

《建设工程安全生产管理条例》第26条规定，施工单位应当在施工组织设计中编制安全技术措施和施工现场临时用电方案，对下列达到一定规模的危险性较大的分部分项工程编制专项施工方案，并附具安全验算结果，经施工单位技术负责人、总监理工程师签字后实施，由专职安全生产管理人员进行现场监督：

(1) 基坑支护与降水工程；
(2) 土方开挖工程；
(3) 模板工程；
(4) 起重吊装工程；
(5) 脚手架工程；
(6) 拆除、爆破工程；
(7) 国务院建设行政主管部门或者其他有关部门规定的其他危险性较大的工程。

对上述工程中涉及深基坑、地下暗挖工程、高大模板工程的专项施工方案，施工单位还应当组织专家进行论证、审查。

施工单位还应当根据施工阶段和周围环境及季节、气候的变化，在施工现场采取相应的安全施工措施。施工现场暂时停止施工的，施工单位应当做好现场防护，所需费用由责任方承担，或按照合同约定执行。

4. 对安全施工技术要求的交底

《建设工程安全生产管理条例》第27条规定，建设工程施工前，施工单位负责项目管理的技术人员应当对有关安全施工的技术要求向施工作业班组、作业人员做出详细说明，并由双方签字确认。

5. 危险部位安全警示标志的设置

《建设工程安全生产管理条例》第28条第1款规定，施工单位应当在施工现场入口处、施工起重机械、临时用电设施、脚手架、出入通道口、楼梯口、电梯井口、孔洞口、桥梁口、隧道口、基坑边沿、爆破物及有害危险气体和液体存放处等危险部位，设置明显的安全警示标志。安全警示标志必须符合国家标准。

6. 对施工现场生活区、作业环境的要求

《建设工程安全生产管理条例》第29条规定，施工单位应当将施工现场的办公、生活区与作业区分开设置，并保持安全距离；办公、生活区的选址应当符合安全性要求。职工的膳食、饮水、休息场所等应当符合卫生标准。施工单位不得在尚未竣工的建筑物内设置员工集体宿舍。

7. 环境污染防护措施

《建设工程安全生产管理条例》第30条规定，施工单位对因建设工程施工可能造成损害的毗邻建筑物、构筑物和地下管线等，应当采取专项保护措施。

施工单位应当遵守有关环境保护法律、法规的规定，在施工现场采取措施，防止或减少粉尘、废气、废水、固体废物、噪声、振动和施工照明对人和环境的危害和污染。

8. 消防安全保障措施

消防安全是建设工程安全生产管理的重要组成部分，是施工单位现场安全生产管理的工作重点之一。《建设工程安全生产管理条例》第 31 条规定，施工单位应当在施工现场建立消防安全责任制度，确定消防安全责任人，制定用火、用电、使用易燃易爆材料等各项消防安全管理制度和操作规程，设置消防通道、消防水源，配备消防设施和灭火器材，并在施工现场入口处设置明显标志。

除了施工单位的消防安全责任外，《中华人民共和国消防法》还对建设单位、设计单位的消防安全责任作了具体规定，包括：

（1）按照国家工程建筑消防技术标准需要进行消防设计的建筑工程，设计单位应当按照国家工程建筑消防技术标准进行设计，建设单位应当将建筑工程的消防设计图纸及有关资料报送公安消防机构审核；未经审核或者经审核不合格的，建设行政主管部门不得发给施工许可证，建设单位不得施工。

（2）经公安消防机构审核的建筑工程消防设计需要变更的，应当报经原审核的公安消防机构核准；未经核准的，任何单位、个人不得变更。

（3）按照国家工程建筑消防技术标准进行消防设计的建筑工程竣工时，必须经公安消防机构进行消防验收；未经验收或者经验收不合格的，不得投入使用。

（4）建筑构件和建筑材料的防火性能必须符合国家标准或者行业标准。公共场所室内装修、装饰根据国家工程建筑消防技术标准的规定，应当使用不燃、难燃材料的，必须选用依照产品质量法的规定确定的检验机构检验合格的材料。

9. 劳动安全管理规定

《建设工程安全生产管理条例》第 32 条规定，施工单位应当向作业人员提供安全防护用具和安全防护服装，并书面告知危险岗位的操作规程和违章操作的危害。

作业人员有权对施工现场的作业条件、作业程序和作业方式中存在的安全问题提出批评、检举和控告，有权拒绝违章指挥和强令冒险作业。

在施工中发生危及人身安全的紧急情况时，作业人员有权立即停止作业或者在采取必要的应急措施后撤离危险区域。

第 33 规定，作业人员应当遵守安全施工的强制性标准、规章制度和操作规程，正确使用安全防护用具、机械设备等。

第 38 条规定，施工单位应当为施工现场从事危险作业的人员办理意外伤害保险。

意外伤害保险费由施工单位支付。实行施工总承包的，由总承包单位支付意外伤害保险费。意外伤害保险期限自建设工程开工之日起至竣工验收合格止。

10. 安全防护用具及机械设备、施工机具的安全管理

《建设工程安全生产管理条例》第 34 条规定，施工单位采购、租赁的安全防护用具、机械设备、施工机具及配件，应当具有生产（制造）许可证、产品合格证，并在进入施工现场前进行查验。

施工现场的安全防护用具、机械设备、施工机具及配件必须由专人管理，定期进行检查、维修和保养，建立相应的资料档案，并按照国家有关规定及时报废。

《建设工程安全生产管理条例》第 35 条规定，施工单位在使用施工起重机械和整体提

升脚手架、模板等自升式架设设施前,应当组织有关单位进行验收,也可以委托具有相应资质的检验检测机构进行验收;使用承租的机械设备和施工机具及配件的,由施工总承包单位、分包单位、出租单位和安装单位共同进行验收。验收合格的方可使用。

(五)安全教育培训制度

1. 特种作业人员培训和持证上岗

《建设工程安全生产管理条例》第25条规定,垂直运输机械作业人员、安装拆卸工、爆破作业人员、起重信号工、登高架设作业人员等特种作业人员,必须按照国家有关规定经过专门的安全作业培训,并取得特种作业操作资格证书后,方可上岗作业。

2. 安全管理人员和作业人员的安全教育培训和考核

《建设工程安全生产管理条例》第36条规定,施工单位的主要负责人、项目负责人、专职安全生产管理人员应当经建设行政主管部门或者其他有关部门考核合格后方可任职。

施工单位应当对管理人员和作业人员每年至少进行一次安全生产教育培训,其教育培训情况记入个人工作档案。安全生产教育培训考核不合格的人员,不得上岗。

3. 作业人员进入新岗位、新工地或采用新技术时的上岗教育培训

《建设工程安全生产管理条例》第37条规定,作业人员进入新的岗位或者新的施工现场前,应当接受安全生产教育培训。未经教育培训或者教育培训考核不合格的人员,不得上岗作业。

施工单位在采用新技术、新工艺、新设备、新材料时,应当对作业人员进行相应的安全生产教育培训。

第三节 工程安全生产的行政监督管理

一、建设工程安全生产的行政监督管理的分级管理

(一)建设工程安全生产的行政监督管理的概念

建设工程安全生产的行政监督管理,是指各级人民政府建设行政主管部门及其授权的建设工程安全生产监督机构,对建设工程安全生产所实施的行政监督管理。

(二)建设工程安全生产的行政监督的分级管理

我国现行对建设工程(含土木工程、建筑工程、线路管道和设备安装工程)安全生产的行政监督管理是分级进行的,建设行政主管部门因级别不同具有的管理职责也不完全相同。

国务院建设行政主管部门负责建设工程安全生产的统一监督管理,并依法接受国家安全生产综合管理部门的指导和监督。国务院铁道、交通、水利等有关部门按照国务院规定职责分工,负责有关专业建设工程安全生产的监督管理。

县级以上地方人民政府建设行政主管部门负责本行政区域内的建设工程安全生产管理。县级以上地方人民政府交通、水利等有关部门在各自的职责范围内,负责本行政区域内的专业建设工程安全生产的监督管理。县级以上地方人民政府建设行政主管部门和地方人民政府交通、水利等有关部门应当设立建设工程安全监督机构负责建设工程安全生产的日常监督管理工作。

二、国务院建设行政主管部门的职责

国务院建设行政主管部门主管全国建设工程安全生产的行业监督管理工作。其主要职责是：

1. 贯彻执行国家有关安全生产的法规和方针、政策，起草或者制定建筑安全生产管理的法规和标准；
2. 统一监督管理全国工程建设方面的安全生产工作，完善建筑安全生产的组织保证体系；
3. 制定建筑安全生产管理的中、长期规划和近期目标，组织建筑安全生产技术的开发与推广应用；
4. 指导和监督检查省、自治区、直辖市人民政府建设行政主管部门开展建筑安全生产的行业监督管理工作；
5. 统计全国建筑职工因工伤亡人数，掌握并发布全国建筑安全生产动态；
6. 负责对申报资质等级一级企业和国家一、二级企业以及国家和部级先进建筑企业进行安全资格审查或者审批，行使安全生产否决权；
7. 组织全国建筑安全生产检查，总结交流建筑安全生产管理经验，并表彰先进；
8. 检查和监督工程建设重大事故的调查处理，组织或者参与工程建设特别重大事故的调查。

三、县级以上地方人民政府建设行政主管部门的职责

县级以上地方人民政府建设行政主管部门负责本行政区域建筑安全生产的行业监督管理工作。其主要职责是：

1. 贯彻执行国家和地方有关安全生产的法规、标准和方针、政策，起草或者制定本行政区域建筑安全生产管理的实施细则或者实施办法；
2. 制定本行政区域建筑安全生产管理的中、长期规划和近期目标，组织建筑安全生产技术的开发与推广应用；
3. 建立健全安全生产的监督管理体系，制定本行政区域建筑安全生产监督管理工作制度，组织落实各级领导分工负责的建筑安全生产责任制；
4. 负责本行政区域建筑职工因工伤亡的统计和上报工作，掌握和发布本行政区域建筑安全生产动态；
5. 负责对申报晋升企业资质等级、企业升级和报评先进企业的安全资格进行审查或者审批，行使安全生产否决权；
6. 组织或者参与本行政区域工程建设中人身伤亡事故的调查处理工作，并依照有关规定上报重大伤亡事故；
7. 组织开展本行政区域建筑安全生产检查，总结交流建筑安全生产管理经验，并表彰先进；
8. 监督检查施工现场、构配件生产车间等安全管理和防护措施，纠正违章指挥和违章作业；
9. 组织开展本行政区域建筑企业安全生产管理人员、作业人员的安全生产教育、培训、考核及发证工作，监督检查建筑企业对安全技术措施费的提取和使用；
10. 领导和管理建筑安全生产监督机构的工作。

四、安全生产的四种监督方式

《安全生产法》中明确了四种监督方式：

1. 工会民主监督。

即工会有权对建设项目的安全设施与主体工程同时设计、同时施工、同时投入生产和使用的情况进行监督，提出意见。

2. 社会舆论监督。

即新闻、出版、广播、电影、电视等单位有对违反安全生产法律、法规的行为进行舆论监督的权利。

3. 公众举报监督。

即任何单位或者个人对事故隐患或者安全生产违法行为，均有权向负有安全生产监督管理职责的部门报告或者举报。

4. 社区报告监督。

即居民委员会、村民委员会发现其所在区域内的生产经营单位存在事故隐患或者安全生产违法行为时，有权向当地人民政府或者有关部门报告。

五、安全监督检查人员职权

1. 现场调查取证权。

即安全生产监督检查人员可以进入生产经营单位进行现场调查，单位不得拒绝，有权向被检查单位调阅资料，向有关人员（负责人、管理人员、技术人员）了解情况。

2. 现场处理权。

即对安全生产违法作业当场纠正权；对现场检查出的隐患，责令限期改正、停产停业或停止使用的职权；责令紧急避险权和依法行政处罚权。

3. 查封、扣押行政强制措施权。

其对象是安全设施、设备、器材、仪表等；依据是不符合国家或行业安全标准；条件是必须按程序办事、有足够证据、经部门负责人批准、通知被查单位负责人到场、登记记录等，并必须在 15 日内作出决定。

六、安全监督检查人员义务

1. 审查、验收禁止收取费用。
2. 禁止要求被审查、验收的单位购买指定产品。
3. 必须遵循忠于职守、坚持原则、秉公执法的执法原则。
4. 监督检查时须出示有效的监督执法证件。
5. 对检查单位的技术秘密、业务秘密尽到保密之义务。

七、建筑安全生产监督机构的职责

建筑安全生产监督机构根据同级人民政府建设行政主管部门的授权，依据有关的法规、标准，对本行政区域内建筑安全生产实施监督管理。其职责如下：

1. 贯彻执行党和国家的安全生产方针、政策和决议。
2. 监察各工地对国家、建设部、省、市政府公布的安全法规、标准、规章制度、办法和安全技术措施的执行情况。
3. 总结、推广建筑施工安全科学管理、先进安全装置、措施等经验，并及时给以奖励。
4. 制止违章指挥和违章作业行为，对情节严重者按处罚条例给以经济处罚，对隐患严重的现场或机械、电气设备等，及时签发停工指令，并提出改进措施。

5. 参加建筑行业重大伤亡事故的调查处理，对造成死亡 1 人，重伤 3 人，直接经济损失 5 万元以上的重大事故主要负责者，有权向检察院、法院提出控诉，追究刑事责任。

6. 对建筑施工队伍负责人、安全检查员、特种作业人员，进行安全教育培训、考核发证工作。

7. 参加建筑施工企业新建、扩建、改建和挖潜、革新、改造工程项目设计和竣工验收工作，负责安全卫生设施"三同时"（安全卫生设施同时设计、同时验收、同时使用）的审查工作。

8. 及时召开安全施工或重大伤亡事故现场会议。

第四节 建设工程重大安全事故的处理

重大安全事故，是指因违反有关建设工程安全的法律、法规和强制性标准，造成人身伤亡或者重大经济损失的事故。

一、建设工程伤亡事故的分类

安全事故分为四个等级：

1. 具备下列条件之一的，是一级重大安全事故：
（1）死亡 30 人以上；
（2）直接经济损失 300 万元以上。

2. 具备下列条件之一的，是二级重大安全事故：
（1）死亡 10 人以上，29 人以下；
（2）直接经济损失 100 万元以上，不满 300 万元。

3. 具备下列条件之一的，是三级重大事故：
（1）死亡 3 人以上，9 人以下；
（2）重伤 20 人以上；
（3）直接经济损失 30 万元以上，不满 100 万元。

4. 具备下列条件之一的，是四级重大事故：
（1）死亡 2 人以下；
（2）重伤 3 人以上，19 人以下；
（3）直接经济损失 10 万元以上，不满 30 万元。

二、施工伤亡事故处理程序

（一）事故报告

1. 生产经营单位发生生产安全事故后，事故现场有关人员应当立即报告本单位负责人。

2. 负有安全生产监督管理职责的部门接到事故报告后，应当立即按照国家有关规定上报事故情况。负有安全生产监督管理职责的部门和有关地方人民政府对事故情况不得隐瞒不报、谎报或者拖延不报。

其中，特大事故报告应包括以下内容：
（1）事故发生的时间、地点、单位；
（2）事故的简单经过、伤亡人数、直接经济损失的初步统计；

(3) 事故发生原因的初步判断;
(4) 事故发生采取的措施及事故控制情况;
(5) 事故报告单位。

特大事故发生单位所在地方人民政府接到特大事故报告后,应当立即通知公安部门、人民检察院和工会。特大事故发生后,省、自治区、直辖市人民政府应当按照国家有关规定迅速、如实发布事故信息。

(二) 迅速抢救伤员、保护事故现场

1. 安全生产责任事故应急救援体系

(1) 县级以上地方各级人民政府应当组织有关部门制定本行政区域内特大生产安全事故应急救援预案,建立应急救援体系。

(2) 危险物品的生产、经营、储存单位以及矿山、建筑施工单位应当建立应急救援组织;生产经营规模较小,可以不建立应急救援组织的,应当指定兼职的应急救援人员。

(3) 危险物品的生产、经营、储存单位以及矿山、建筑施工单位应当配备必要的应急救援器材、设备,并进行经常性维护、保养,保证正常运转。

2. 抢救行动的实施

有关地方人民政府和负有安全生产监督管理职责的部门的负责人接到重大生产安全事故报告后,应当立即赶到事故现场,组织事故抢救。

事故发生后,现场人员要有组织,统一指挥。首先抢救伤亡和排除险情,尽量制止事故蔓延扩大。同时注意,为了事故调查分析的需要,应保护好事故现场。如因抢救伤亡和排除险情而必须移动现场的构件时,还应准确作出标记,最好拍出不同角度的照片,为事故调查提供可靠的原始事故现场。特大事故发生后,有关地方人民政府应当迅速组织救护,有关部门应当服从指挥、调度,参加或者配合救助,将事故损失降到最小限度。

(三) 事故调查

1. 事故调查组

企业接到事故报告后,经理、主管经理、业务部领导和有关人员应立即赶赴现场组织抢救,并迅速组织调查组开展调查。

(1) 发生人员轻伤、重伤事故,由企业负责人或指定的人员组织施工生产、技术、安全、劳资、工会等有关人员组成事故调查组进行调查。

(2) 死亡事故由企业主管部门会同现场所在市(或区)劳动部门、公安部门、人民检察院、工会组成事故调查组进行调查。

(3) 重大伤亡事故应按企业的隶属关系,由省、自治区、直辖市企业主管部门或国务院有关主管部门、公安、监察、检察部门、工会组成事故调查组进行调查。也可邀请有关专家和技术人员参加。

(4) 特大事故发生后,按照事故发生单位的隶属关系,由省、自治区、直辖市人民政府或者国务院归口管理部门组织特大事故调查组,负责事故的调查工作;涉及军民两个方面的特大事故,组织事故调查的单位应当邀请军队派员参加事故的调查工作;国务院认为应当由国务院调查的特大事故,由国务院或者国务院授权的部门组织成立事故调查组;特大事故调查组应当根据所发生事故的具体情况,由事故发生单位的归口管理部门、公安部门、监察部门、计划综合部门、劳动部门等单位派员组成,并应当邀请人民检查机关和工会派员参加;特大事故调查组根据调查工作的需要,可以选聘其他部门或者单位的人员参加,也可以聘请有关专家进行技术鉴定和财产损失评估。

(5) 有关县(市、区)、市(地、州)和省、自治区、直辖市人民政府及政府有关部门应当配合、协助事故调查,不得以任何方式阻碍、干涉事故调查。

(6) 建设部 1989 年 9 月 30 日发布并于 1989 年 12 月 1 日起施行的《工程建设重大事故报告和调查程序规定》中,对重大事故的调查规定:一、二级重大事故由省、自治区、直辖市建设行政主管部门提出调查组组成意见,报请人民政府批准;三、四级重大事故由发生地的市、县级建设行政主管部门提出调查组组成意见,报请人民政府批准;事故发生单位属国务院部委的,按上述规定,由国务院有关主管部门或其授权部门会同当地建设行政主管部门提出调查组组成意见。调查组在调查工作结束后 10 日内,应当将调查报告报送批准组成调查组的人民政府和建设行政主管部门以及调查组其他成员部门。经组织调查的部门同意,调查工作即告结束。

2. 事故调查组成员

事故调查组成员应符合下列条件:

(1) 具有事故调查所需要的某一方面的专长;

(2) 与所发生的事故没有直接的利害关系。

3. 事故调查组的职责

事故调查组的职责是:

(1) 调查事故发生的原因、过程和人员伤亡、经济损失的情况;

(2) 确定事故责任者;

(3) 提出事故处理意见和防范措施的建议;

(4) 写出事故调查报告。

4. 事故调查组的权力

事故调查组有权向发生事故的企业和有关单位、有关人员了解有关情况和索取有关资料,任何单位和个人不得拒绝。

5. 特大事故调查的时间要求

特大事故调查工作应当自事故发生之日至 60 日内完成,并由调查组提出调查报告;遇有特殊情况的,经调查组提出并报国家安全生产监督管理机构批准后,可以适当延长时间。

(四) 现场勘察

调查组成立后,应立即对事故现场进行勘察。现场勘察是项技术性很强的工作,它涉及广泛的科学技术知识和实践经验,因此勘察必须及时、全面、细致、准确、客观地反映原始面貌,其勘察的主要内容有:

1. 做出笔录

笔录的内容包括:

(1) 发生事故的时间、地点、气象等;

(2) 现场勘察人员的姓名、单位、职务;

(3) 现场勘察起止时间、勘察过程;

(4) 能量逸散所造成的破坏情况、状态、程度;

(5) 设施设备损坏或异常情况及事故发生前后的位置;

(6) 事故发生前的劳动组合，现场人员的具体位置和行动；

(7) 重要物证的特征、位置及检验情况等。

2. 实物拍照

实物拍照包括：

(1) 方位拍照：反映事故现场周围环境中的位置；

(2) 全面拍照：反映事故现场各部位之间的联系；

(3) 中心拍照：反映事故现场的中心情况；

(4) 细目拍照：揭示事故直接原因的痕迹物、致害物等；

(5) 人体拍照：反映伤亡者主要受伤和造成伤害的部位。

3. 现场绘图

根据事故的类别和规模以及调查工作的需要应绘制出下列示意图：

(1) 建筑物平面图、剖面图；

(2) 事故发生时人员位置及疏散（活动）图；

(3) 破坏物立体图或展开图；

(4) 涉及范围图；

(5) 设备或工、器具构造图等。

(五) 事故调查分析及结论

1. 安全生产责任事故调查处理的要求

(1) 事故调查处理应当按照实事求是、尊重科学的原则，及时、准确地查清事故原因，查明事故性质和责任，总结事故教训，提出整改措施，并对事故责任者提出处理意见。事故调查和处理的具体办法由国务院制定。

(2) 生产经营单位发生生产安全事故，经调查确定为责任事故的，除了应当查明事故单位的责任并依法予以追究外，还应当查明对安全生产的有关事项负有审查批准和监督职责的行政部门的责任，对有失职、渎职行为的，追究法律责任。

(3) 任何单位和个人不得阻挠和干涉对事故的依法调查处理。

(4) 县级以上地方各级人民政府负责安全生产监督管理的部门应当定期统计分析本行政区域内发生生产安全事故的情况，并定期向社会公布。

2. 事故调查的步骤和要求

(1) 通过详细的调查，查明事故发生的经过。弄清事故的各种产生因素，如人、物、生产和技术管理、生产和社会环境、机械设备的状态等方面的问题，经过认真、客观、全面、细致、准确的分析，确定事故的性质和责任。

(2) 事故分析时，首先整理和仔细阅读调查材料，按 GB6411—86 标准附录 A，对受伤部位、受伤性质、起因物、致害物、伤害方法、不安全行为和不安全状态等七项内容进行分析。

(3) 事故原因分析时，应根据调查所确认的事实，从直接原因入手，逐步深入到间接原因。通过对原因的分析，确定出事故的直接责任者和领导责任者，根据在事故发生中的作用找出主要责任者。

(4) 确定事故性质。工地发生伤亡事故的性质通常可分为责任事故、非责任事故和破坏事故。事故的性质确定后，也就可以采取不同的处理方法和手段了。

(5) 根据事故发生的原因，找出防止发生类似事故的具体措施，并应定人、定时间、定标准，完成措施的全部内容。

3. 事故调查结论

事故调查组在查明事故情况以后，如果对事故的分析和事故责任者的处理不能取得一致的意见，劳动部门有权提出结论性意见；如仍有不同意见，应当报上级劳动部门或者有关部门；仍不能达成一致意见的，报同级人民政府裁决，但不得超过事故处理工作时限。

三、施工伤亡事故处理

1. 事故调查组提出的事故处理意见和防范措施建议，由发生事故的企业及其主管部门负责处理。

2. 因忽视安全生产、违章指挥、违章作业、玩忽职守或者发现事故隐患、危害情况而不采取有效措施以致造成伤亡事故的，由企业主管部门或者企业按照国家有关规定，对企业负责人和直接责任人员给予行政处分；构成犯罪的，由司法机关依法追究刑事责任。

3. 违反规定，在伤亡事故发生后隐瞒不报、谎报、故意延迟不报、故意破坏事故现场，或者无正当理由，拒绝接受调查以及拒绝提供有关情况和资料的，由有关部门按照国家有关规定，对有关单位负责人和直接责任人员给予行政处分；构成犯罪的，由司法机关依法追究刑事责任。

4. 在调查、处理伤亡事故中玩忽职守、徇私舞弊或者打击报复的，由其所在单位按照国家有关规定给予行政处分；构成犯罪的，由司法机关依法追究刑事责任。

5. 伤亡事故处理工作应当在90日内结案，特殊情况不得不超过180日。伤亡事故处理结案后，应当公开宣布处理结果。对于特大安全事故，省、自治区、直辖市人民政府应当自调查报告提交之日起30日内，对有关责任人作出处理决定；必要时，国务院可以对特大安全事故的有关责任人员作出处理。

6. 建设部对事故的审理和结案的要求

（1）事故调查处理结论报出后，须经当地有关有审批权限的机关审批后方能结案。并要求伤亡事故处理工作在90日内结案，特殊情况也不得超过180日。

（2）对事故责任者的处理，应根据事故情节轻重、各种损失大小、责任轻重加以区分，予以严肃处理。

（3）清理资料进行专案存档。事故调查和处理资料是用鲜血和教训换来的，是对职工进行教育的宝贵资料，也是伤亡人员和受到处罚人员的历史资料，因此应完整保存。

（4）存档的主要内容有：职工伤亡事故登记表；职工重伤、死亡事故调查报告书、现场勘察资料记录、图纸、照片等；技术鉴定和实验报告；物证、人证调查材料；医疗部门对伤亡者的诊断及影印件；事故调查组的调查报告；企业或主管部门对其事故所作的结案申请报告；受理人员的检查材料。

第五节 工程安全法律制度案例

案例1

一、基本案情

2000年10月25日上午10时10分，南京三建（集团）有限公司（以下简称南京三建）承建的南京电视台演播中心裙楼工地发生一起重大职工因工伤亡事故。大演播厅舞台在浇筑顶部混凝土施工中，因模板支撑系统失稳，大演播厅舞台屋盖坍塌，造成正在现场施工的民工和电视台工作人员6人死亡，35人受伤（其中重伤11人），直接经济损失70.7815万元。

（一）事故经过

南京电视台演播中心工程位于南京市白下区龙蟠中路，由南京电视台投资兴建，东南大学建筑设计院设计，南京工苑建设监理公司对工程进行监理（总监理工程师韩××、副总监理工程师卞××）。该工程在南京市招标办公室进行公开招投标，南京三建于2000年1月13日中标，于2000年3月31日与南京电视台签订了施工合同，并由南京三建上海分公司组建了项目经理部，由上海分公司经理史××任项目经理，成××任项目副经理。

南京电视台演播中心工程地下二层、地面十八层，建筑面积34000m^2，采用现浇框架剪力墙结构体系。工程开工日期为2000年4月1日，计划竣工日期为2001年7月31日。工地总人数约250人，民工主要来自南通、安徽、南京等地。

演播中心工程大演播厅总高38m（其中地下8.70m，地上29.30m）。面积为624m^2。7月份开始搭设模板支撑系统支架，支架钢管、扣件等总吨位约290t，钢管和扣件分别由甲方、市建工局材料供应处、铁心桥银泽物资公司提供或租用。原计划9月底前完成屋面混凝土浇筑，预计10月25日下午4时完成混凝土浇筑。

在大演播厅舞台支撑系统支架搭设前，项目部按搭设顶部模板支撑系统的施工方法，完成了三个演播厅、门厅和观众厅的施工（都没有施工方案）。

2000年1月，南京三建上海分公司由项目工程师茅××编制了"上部结构施工组织设计"，并于1月30日经项目副经理成××和分公司副主任工程师赵××批准实施。

7月22日开始搭设大演播厅舞台顶部模板支撑系统，由于工程需要和材料供应等方面的问题，支架搭设施工时断时续。搭设时没有施工方案，没有图纸，没有进行技术交底。由项目部副经理成××决定支架三维尺寸按常规（即前五个厅的支架尺寸）进行搭设，由项目部施工员丁××在现场指挥搭设。搭设开始约15天后，上海分公司副主任工程师赵××将"模板工程施工方案"交给丁××。丁××看到施工方案后，向成××作了汇报，成××答复还按以前的规格搭架子，到最后再加固。

模板支撑系统支架由南京三建劳务公司组织进场的朱××工程队进行搭设（朱××是南京标牌厂职工，以个人名义挂靠在南京三建江浦劳务基地，6月份进入施工工地从事脚手架的搭设，事故发生时朱××工程队共17名民工，其中5人无特种作业人员操作证），地上25m至29m最上边一段由木工工长孙××负责指挥木工搭设。10月15日完成搭设，支架总面积约624m^2，高度38m。搭设支架的全过程中，没有办理自检、互检、交接检、专职检的手续，搭设完毕后未按规定进行整体验收。

10月17日开始进行支撑系统模板安装，10月24日完成。23日木工工长孙××向项目部副经理成××反映水平杆加固没有到位，成××即安排架子工加固支架，25日浇筑混凝土时仍有6名架子工在加固支架。

10月25日6时55分开始浇筑混凝土，项目部资料质量员姜××8时多才补填混凝土浇捣令，并送工苑监理公司总监韩××签字，韩××将日期签为24日。浇筑现场由项目部混凝土工长邢××负责指挥。南京三建混凝土分公司负责为本工程供应混凝土，为B

区屋面浇筑 C40 混凝土，坍落度 16～18cm，用两台混凝土泵同时向上输送（输送高度约 40m，泵管长度约 60m×2）。浇筑时，现场有混凝土工工长 1 人，木工 8 人，架子工 8 人，钢筋工 2 人。混凝土工 20 人，以及南京电视台 3 名工作人员（为拍摄现场资料）等。自 10 月 25 日 6 时 55 分开始至 10 时 10 分，输送机械设备一直运行正常。到事故发生止，输送至屋面混凝土约 139m³，重约 342t，占原计划输送屋面混凝土总量的 51%。

10 时 10 分，当浇筑混凝土由北向南单向推进，浇至主次梁交叉点区域时，该区域的 1m² 理论钢管支撑杆数为 6 根，由于缺少水平连系杆，实际为 3 根立杆受力，又由于梁底模下木枋呈纵向布置在支架水平钢管上，使梁下中间立杆的受荷过大，个别立杆受荷最大达 4t 多，综合立杆底部无扫地杆、步高大的达 2.6m，立杆存在初弯曲等因素，以及输送混凝土管有冲击和振动等影响，使节点区域的中间单立杆首先失稳并随之带动相邻立杆失稳，出现大厅内模板支架系统整体倒塌。屋顶模板上正在浇筑混凝土的工人纷纷随塌落的支架和模板坠落，部分工人被塌落的支架、楼板和混凝土浆掩埋。

事故发生后，南京三建电视台项目经理部向有关部门紧急报告事故情况。闻讯赶到的领导，指挥公安民警、武警战士和现场工人实施了紧急抢险工作，采用了各种先进的手段，将伤者立即送往空军 454 医院进行救治。

（二）事故的原因分析

事故的直接原因：

1. 支架搭设不合理，特别是水平连系杆严重不够，三维尺寸过大以及底部未设扫地杆，从而主次梁交叉区域单杆受荷过大，引起立杆局部失稳。

2. 梁底模的木枋放置方向不妥，导致大梁的主要荷载传至梁底中央排立杆，且该排立杆的水平连系杆不够，承载力不足，因而加剧了局部失稳。

3. 屋盖下模板支架与周围结构固定与连系不足，加大了顶部晃动。

事故的间接原因：

1. 施工组织管理混乱，安全管理失去有效控制，模板支架搭设无图纸，无专项施工技术交底，施工中无自检、互检等手续，搭设完成后没有组织验收；搭设开始时无施工方案，有施工方案后未按要求进行搭设，支架搭设严重脱离原设计方案要求，致使支架承载力和稳定性不足，空间强度和刚度不足等是造成这起事故的主要原因。

2. 施工现场技术管理混乱，对大型或复杂重要的混凝土结构工程的模板施工未按程序进行，支架搭设开始后送交工地的施工方案中有关模板支架设计方案过于简单，缺乏必要的细部构造大样图和相关的详细说明，且无计算书；支架施工方案传递无记录，导致现场支架搭设时无规范可循，是造成这起事故的技术上的重要原因。

3. 工苑监理公司驻工地总监理工程师无监理资质，工程监理组没有对支架搭设过程严格把关，在没有对模板支撑系统的施工方案审查认可的情况下即同意施工，没有监督对模板支撑系统的验收，就签发了浇捣令，工作严重失职，导致工人在存在重大事故隐患的模板支撑系统上进行混凝土浇筑施工，是造成这起事故的重要原因。

4. 在上部浇筑屋盖混凝土情况下，民工在模板支撑下部进行支架加固是造成事故伤亡人员扩大的原因之一。

5. 南京三建及上海分公司领导安全生产意识淡薄，个别领导不深入基层，对各项规章制度执行情况监督管理不力，对重点部位的施工技术管理不严，有法有规不依。施工现场用工管理混乱，部分特种作业人员无证上岗作业，对民工未认真进行三级安全教育。

6. 施工现场支架钢管和扣件在采购、租赁过程中质量管理把关不严，部分钢管和扣件不符合质量标准。

7. 建筑管理部门对该建筑工程执法监督和检查指导不力；建设管理部门对监理公司的监督管理不到位。

二、对事故的责任分析和对责任者的处理意见

重大事故调查组经调查，在对事故责任进行分析的基础上，对责任者提出如下处理意见：

1. 南京三建上海分公司项目部副经理成××具体负责大演播厅舞台工程，在未见到施工方案的情况下，决定按常规搭设顶部模板支架，在知道支架三维尺寸与施工方案不符时，不与工程技术人员商量，擅自决定继续按原尺寸施工，盲目自信，对事故的发生应负主要责任，建议司法机关追究其刑事责任。

2. 工苑监理公司驻工地总监韩××，违反"南京市项目监理实施程序"第三条第二款中的规定没有对施工方案进行审查认可，没有监督对模板支撑系统的验收，对施工方的违规行为没有下达停工令，无监理工程师资格证书上岗，对事故的发生应负主要责任，建议司法机关追究其刑事责任。

3. 南京三建上海分公司南京电视台项目部项目施工员丁××，在未见到施工方案的情况下，违章指挥民工搭设支架，对事故的发生应负重要责任，建议司法机关追究其刑事责任。

4. 朱××违反国家关于特种作业人员必须持证上岗的规定，私招乱雇部分无上岗证的民工搭设支架，对事故的发生应负直接责任，建议司法机关追究其刑事责任。

5. 南京三建上海分公司经理兼项目部经理史××负责上海分公司和电视台演播中心工程的全面工作，对分公司和该工程项目的安全生产负总责，对工程的模板支撑系统重视不够，未组织有关工程技术人员对施工方案进行认真的审查，对施工现场用工混乱等管理不力，对这起事故的发生应负直接领导责任，建议给予史××行政撤职处分。

6. 工苑监理公司总经理张××违反建设部"监理工程师资格考试和注册试行办法"（第18号令）的规定，严重不负责任，委派没有监理工程师资格证书的韩××担任电视台演播中心工程项目总监理工程师；对驻工地监理组监管不力，工作严重失职，应负有监理方的领导责任。建议有关部门按行业管理的规定对工苑监理公司给予在南京地区停止承接任务一年的处罚和相应的经济处罚。

7. 南京三建总工程师郎××负责三建公司的技术质量全面工作，并在公司领导内部分工负责电视台演播中心工程，深入工地解决具体的施工和技术问题不够，对大型或复杂重要的混凝土工程施工缺乏技术管理，监督管理不力，对事故的发生应负主要领导责任，建议给予郎××行政记大过处分。

8. 南京三建安技处处长李××负责三建公司的安全生产具体工作，对施工现场安全监督检查不力，安全管理不到位，对事故的发生应负安全管理上的直接责任，建议给予李××行政记大过处分。

9. 南京三建上海分公司副总工程师赵××负责上海分公司技术和质量工作，对模板支撑系统的施工方案的审查不严，缺少计算说明书；构造示意图和具体操作步骤，未按正常手续对施工方案进行交接，对事故的发生应负技术上的直接领导责任，建议给予赵××

行政记过处分。

10. 项目经理部项目工程师茅××负责工程项目的具体技术工作，未按规定认真编制模板工程施工方案，施工方案中未对"施工组织设计"进行细化，未按规定组织模板支架的验收工作，对事故的发生应负技术上重要责任，建议给予茅××行政记过处分。

11. 南京三建副总经理万××负责三建公司的施工生产和安全工作，深入基层不够，对现场施工混乱、违反施工程序缺乏管理，对事故的发生应负领导责任，建议给予万××行政记过处分。

12. 南京三建总经理刘××负责三建公司的全面工作，对三建公司的安全生产负总责，对施工管理和技术管理力度不够，对事故的发生应负领导责任，建议给予刘××行政警告处分。

三、案例分析

本案中，施工单位严重违反了安全生产责任制度的有关规定，酿成了重大安全生产事故，这个教训是十分深刻的。

安全生产责任制度是工程建设中最基本的安全管理制度，是所有安全规章制度的核心。《安全生产法》和《建筑法》均把安全生产责任制度作为重点内容予以明文规定。安全责任制的主要内容包括：一是从事建筑活动主体的负责人的责任制。比如，建筑施工企业的法定代表人要对本企业的安全负主要的安全责任。二是从事建筑活动主体的职能机构或职能处室负责人及其工作人员的安全生产责任制。比如，建筑企业根据需要设置的安全处室或者专职安全人员要对安全负责。三是岗位人员的安全生产责任制。岗位人员必须对安全负责。从事特种作业的安全人员必须进行培训，经过考试合格后方能上岗作业。

本案中，调查组建议司法机关追究总监理工程师韩某的刑事责任，这一处理意见曾引起巨大的社会反应。我国《刑法》第137条规定："建设单位、设计单位、施工单位、工程监理单位违反国家规定，降低工程质量标准，造成重大安全事故的，对直接责任人员，处五年以下有期徒刑或者拘役，并处罚金；后果特别严重的，处五年以上十年以下有期徒刑，并处罚金。"尽管韩某的行为能否构成重大安全事故罪还存在争议，但在整个事件中，韩某在主观方面存在一定的过失，应当承担相应的法律责任。这起重大安全事故也为整个监理行业敲响了一个警钟，监理企业及监理人员作为工程质量责任主体之一，必须严格依法履行监理职责，否则很可能承担严重的法律后果。

案例 2

原告：封××
被告：××国道指挥部（以下简称国道指挥部）
被告：××道桥工程公司（以下简称道桥公司）

一、基本案情

1996年3月，308国道某段改建工程由该国道指挥部发包给道桥公司。同年8月15日晚9时，乌××驾两轮摩托车上班，途经该处。由于道桥公司的施工作业区两端在夜间未设置明显夜光标志和危险警示标志，乌××撞到道桥公司因挖坑施工而堆放在公路上的水泥石块上，经抢救无效于第二天死亡。原告封××（死者之母）共花去抢救医疗费15800元。

原告难掩丧子之痛，起诉道桥公司及国道指挥部，要求赔偿原告抢救医疗费、死亡补助费、丧葬费等共计人民币35000元。

被告国道指挥部辩称：308国道的改建工程，发包给施工单位承建，在施工中发生事故，应由施工单位承担责任。

被告道桥公司辩称：事故性质应属道路交通事故，现交警大队未作出交通事故责任认定书，法院不能先行裁决；308国道指挥部已发文通告施工，被告在施工作业区两端竖立明显警告标志，已做到按章施工，因乌××疏忽才酿成事故，故被告不应承担赔偿责任。

二、案件审理

法院经审理认为，道桥公司应负特殊侵权全部赔偿责任，其理由是：

（1）道桥公司在公路上挖坑施工，掘起的水泥石块堆在作业区旁，危及来往行人安全，又未设置明显标志，根据《民法通则》第125条规定，施工人道桥公司对造成乌××死亡的损害结果，应承担民事责任。

（2）施工人不能证明事故是死者故意造成的，故乌××依法不承担民事责任。

（3）国道指挥部已经把工程发包给道桥公司承包施工，其不合《民法通则》第125条所规定的特殊侵权损害的责任主体，故其不应对乌××的死亡后果承担民事责任。

根据《民法通则》第119条规定，道桥公司应赔偿原告医疗费、丧葬费、死亡补偿费等费用。上列费用的确定可参照《道路交通事故处理办法》第37条规定计算。

法院依照《中华人民共和国民法通则》第125条、第119条规定，参照《道路交通事故处理办法》的规定，主持双方当事人进行了调解。达成了如下调解协议：

被告道桥公司赔偿原告人民币20000元，本案诉讼费1300元，由被告道桥公司负担。

三、案例评析

《民法通则》第125条："在公共场所、道旁或者通道上挖坑、修缮安装地下设施等，没有设置明显标志和采取安全措施造成他人损害的，施工人应当承担民事责任。"该条规定的是施工人应承担的特殊侵权损害赔偿的民事责任。

本案中，施工人道桥公司虽设有警告标志，但其标志在夜间无明显反光功能，也无其他警告标志，以致不能引起过往行人的足够注意。也就是说，道桥公司安全设施是有缺陷的，对由此造成的损害，应当承担赔偿责任。

案例3

原告：吴某

被告：××工程公司

被告：郑某

一、基本案情

1998年，被告某工程公司与该公司职工被告郑某签订工程承包合同，约定由郑某承包某大桥行车道板的架设安装。该合同还约定，施工中发生伤、亡、残事故，由郑某负责。

原告吴某经人介绍到被告郑某处打工。为防止工伤事故，郑某曾召集民工开会强调安全问题，要求民工在安放道板下的胶垫时必须使用铁钩，防止道板坠落伤人。某日下午，吴某在安放道板下的胶垫时未使用铁钩，直接用手放置。由于支撑道板的千斤顶滑落，重达10多吨的道板坠下,将吴某的左手砸伤。郑某立即送吴某到医疗住院治疗23天后出院。吴某住院期间的医疗费、护理费、交通费、伙食费,以及出院后的治疗费用总计5310元,已由郑某全部承担。

1999年2月,某法医技术室对吴某的伤情进行鉴定,结论是:伤残等级为工伤七级。

随后,吴某与郑某因赔偿费用发生争执,吴某以郑某和工程公司为共同被告,提起诉讼,请求判令两被告赔偿误工费7000元、住院生活补助费300元、鉴定费500元、交通费1450元、残疾人生活补助费1.1万元和再次医疗的费用;诉讼费由被告承担。

两被告辩称:原告违反安全操作规定造成工伤,不同意赔偿。

二、案件审理

法院经审理认为:被告郑某是某大桥道板架设安装工程的承包人,招收原告吴某在该工程工作后,双方形成了劳动合同关系。郑某作为工程承包人和雇主,依法对民工的劳动保护承担责任。采用人工安装桥梁行车道板本身具有较高的危险性,对此,郑某应采取相应的安全措施,并临场加以监督和指导,而郑某仅在作业前口头予以强调,疏于注意,以致吴某发生安全事故。虽然吴某在施工中也有违反安全操作规则的过失,但其并非铁道建设专业人员、且违章情节较轻,故不能免除郑某应负的民事责任。

被告工程公司作为某大桥的施工企业,在有条件采用危险性较小的工作方法进行行车道板架设安装的情况下,为了降低费用而将该项工程发包给个人,采用人工安装,增加了劳动者的安全风险。该公司在与被告郑某签订的承包合同约定"施工中发生伤、亡、残事故,由郑某负责",把只有企业才有能力承担的安全风险,推给能力有限的自然人承担,该条款损害了劳动者的合法权益,违反了我国宪法和劳动法前述有关规定,依照《中华人民共和国民法通则》第58条第1款(五)项的规定,该约定应当属于无效条款,不受法律保护。工程公司对原告吴某的工伤事故,依法应当承担连带责任。

法院据此判决:被告郑某在本判决生效后5日内付给原告吴某医疗、误工、住院生活补助、护理、交通、伤残补助金、伤残就业补助金,共计18700元(已付5310元,执行时予以扣除)。被告工程公司对上列费用承担连带责任。案件受理费760元,鉴定费500元,由郑某负担。

三、案例评析

在本案中,工程公司把只有企业才有能力承担的安全风险,推给能力有限的自然人承担,该条款损害了劳动者的合法权益,违反了我国宪法和劳动法有关规定,属于违反法律或者社会公共利益的无效民事行为,不受法律保护。本案法院判决由郑某承担赔偿责任,由工程公司承担连带责任,是正确的。相对于企业而言,劳动者属于弱者。虽然原告在施工中也有违反安全操作规则的过失,但法院从加强对劳动者保护的立场出发,没有因此免除被告应负的民事责任,同样是合理的。

第十章 工程建设标准化法律制度

第一节 概 述

工程建设标准化是在建设领域有效地实行科学管理、强化政府宏观调控的基础和手段，积极推行工程建设标准化，对规范建设市场行为，促进建设工程技术进步，保证工程质量，加快建设速度，节约原料、能源，合理使用建设资金，保护人身健康和人民生命财产安全，提高投资效益，都具有重要的作用。1988 年、1989 年相继批准发布的《标准化法》和《标准化法实施条例》，不仅使我国标准化工作进入了依法管理的轨道，同时也极大地促进了标准化工作的发展。截止到 2007 年底，全国共批准发布工程建设标准 1645 项，其中新增标准 1276 项，工程建设标准总数达到 4950 项，中国特色标准定额体系基本形成，工程项目建设标准工作取得重要进展，为建设事业持续健康发展作出了重要贡献。《标准化法》规定：标准化工作的任务是制定标准、实施标准和对标准的实施进行监督。标准是标准化工作的前提和基础，标准化工作是围绕标准而开展的。工程建设标准就是在建设领域内对各类建设工程的勘察、规划、设计、施工、安装、验收以及管理、维护加固等活动所制定的标准。它以科学、技术和实践经验的综合成果为基础，经有关各方协商一致，由主管机构批准，以特定形式发布，作为建设领域共同遵守的准则和技术依据。

一、标准的构成及其主要内容

标准一般由前引部分、正文部分和补充部分，每一部分又都由若干内容构成。同时，每一项标准均同时有其相对应的条文说明。前引部分由封面、扉页、发布通知、前言、目次组成。正文部分由总则、术语和符号、技术内容组成。补充部分由附录、用词和用语说明组成。条文说明一般独立成册或与标准正文合订出版。

1. 前引部分

（1）封面。国家标准、行业标准、地方标准的封面格式应当符合《工程建设标准出版印刷规定》。封面上应写明标准的编号（行业标准、地方标准还应写明标准的备案号）、标准的分类号、标准名称（包括英文标准名称）、标准的发布日期、实施日期，标准的发布机关等。

标准的名称，一般要由标准对象的名称、表明标准用途的术语和标准的类别属名三部分构成，例如：建筑制图标准、构筑物抗震设计规范等。对于反映标准用途术语较多时，往往采用"技术"一词概括，如：适用于设计、施工、验收等的屋面工程技术规范、土工合成材料应用技术规范等。

（2）扉页。一般包括标准名称、编号、主编部门（或单位）、批准部门、施行日期、出版单位以及出版年份和地点。

（3）发布通知或公告。每一项国家标准、行业标准、地方标准在批准发布时，主管部门均印发专门通知或公告，主要确定的事项包括：确定标准的属性（强制或推荐）或应当强制执行的内容,确定标准的实施日期,指定标准的出版单位(以往也包括标准的委托解释单位),通知或公告的印发日期即标准的发布日期。

(4)前言。前言是标准编制和管理需要交代的事项。其内容包括:制订(修订)标准的依据、简述标准的主要技术内容、对修订标准尚需简述主要内容的变更情况、批准部门委托负责标准具体解释单位的名称及地址、标准的主编单位、参加单位以及主要起草人名单等。

(5)目次。每一项国家标准、行业标准、地方标准均设立目次,其主要内容包括:标准的章、节、附录、附加说明的名称,以及起始页码。

(6)标准名称。标准名称一般由标准化对象的名称和所规定的技术特征两部分组成,既能够简短明确反映标准化主题,又能区别于其他标准。

2. 正文部分

(1)总则。标准的总则是编制或执行标准的总原则,一般包括四个方面的内容,即:制订标准的目的、标准的适用范围、标准的共性要求以及与相关标准的关系。

制定标准的目的是指制定本标准的宗旨或出发点,一般概括地阐述制定该标准的理由、依据和要达到的目的或结果。

标准的适用范围是本标准规定的技术内容,在何种情况或条件下才能适用,当适用范围中仍然包括有不适用的情况或条件时,还进一步规定有不适用的范围。标准的适用范围和不适用范围直接涉及标准的实施,标准的具体技术规定都是围绕着这一范围作出规定的。

标准的共性要求是涉及整个标准的原则要求,或是与大部分章、节有关的基本要求,当内容较多时,往往独立成章。

与相关标准的关系,一般采用"……,除应符合本标准(规范或规程)外,尚应符合国家现行的有关标准(强制性标准)的规定"典型用语来表述。

(2)术语、符号、代号。标准中采用的术语,当现行标准中尚无统一规定,且需要给出定义或涵义时,一般独立成章,集中列出。当只需要列出术语或者符号、代号时,一般不分节,章名也只表示术语或者符号、代号。

(3)技术内容。根据各个标准的结构特点和需要,列出该项目中应遵循的最低要求或取值范围以及应达到的功能特性,如技术要求、测试方法、检验规则等。

其编写要求包括:标准条文中应规定需要遵循的准则和达到的技术要求以及采取的技术措施,不得叙述其目的或理由;标准条文中,定性和定量应准确,并应有充分的依据;纳入标准的技术内容,应成熟且行之有效。凡能用文字阐述的,一般不用图作规定;标准之间不得相互抵触,相关的标准应协调一致。不得将其他标准的正文作为本标准的正文和附录。标准的构成应合理,层次划分应清楚,编排格式应符合统一要求;标准的技术内容应准确无误,文字表达应简练明确、通俗易懂、逻辑严谨、不得模棱两可;表示严格程度的用词应准确;同一术语、符号或代号应表达同一概念,同一概念应始终采用统一术语、符号或代号;公式应只给出最后的表达式,不应列出推导过程。在公式符号的解释中,可包括简单的参数取值规定,但不得做出其他技术性要求。

3. 补充部分

(1)附录。根据需要,一项标准可由若干个附录组成。标准的附录是标准技术内容的一个组成部分，与标准的正文具有同等的法律效力，只是该部分内容过多，以附录形式编写便于阅读和查阅。

(2) 用词和用语说明。由于工程建设标准的综合性、政策性很强，其技术内容相对比较复杂，要求执行的严格程度也不尽相同。为了区别对待，使标准执行者准确把握规定的严格程度，工程建设标准都采用了区分不同严格程度的专门用词、用语，而且每一项标准中都要专门列入该附录。目前，标准的用词和用语一般分为四种情况：

1) 表示很严格，非这样不可的用词：

正面词采用"必须"，反面词采用"严禁"。

2) 表示严格，在正常情况下均应这样做的用词：

正面词采用"应"，反面词采用"不应"或"不得"。

3) 表示允许稍有选择，在条件许可时首先应这样做的用词：

正面词采用"宜"，反面词采用"不宜"

4) 表示有选择，在一定条件下可以这样做的用词：采用"可"。

4. 条文说明

编写工程建设标准的同时，要求同时编写标准的条文说明。其目的是为了工程建设勘察、设计、施工和监督部门和单位的工程技术人员，正确理解和准确把握标准条文规定的意图。编写条文说明一般在标准征求意见阶段进行，其要求一般包括：

(1) 按条文顺序逐条加以说明，对不言自明的条文可以不说明，几个条文也可放在一起加以说明。

(2) 说明的内容主要包括三个方面，即：标准条文规定的目的、主要的依据以及在执行中注意的事项。

(3) 条文说明不具备与正文同等的法律效力，因此，不得写入对标准条文做补充性规定的内容，或对条文规定加以引申，或对条文的规定在某种程度上加以否定等。随着我国社会主义市场经济体制的发展，人们的标准化意识不断增强，依照标准的规定保护自身的合法权益越来越受到人们的重视，在已经遇到的许多纠纷处理中，因为条文说明与条文规定不一致，而要求给予法院明确解释的案例已有多起，直接的原因就在于这条要求在标准编制中没有得到很好的贯彻。

(4) 不得写入涉及技术保密的内容和保密工程项目的名称、厂名等。

(5) 修订的标准、原条文说明应做相应的修改。修改的条文说明中应对新旧条文进行对比，指出原标准条文进行修改的必要性和依据，未修改的条文根据需要可以重新进行说明。

二、工程建设标准的分类

工程建设标准涉及工程建设领域的各个方面，标准的数量多、内容综合性强、相互间都有很强的协调和相关关系。科学、合理地对工程建设标准进行分类，对了解和掌握工程建设标准的内在联系，研究工程建设标准的内在规律，确定工程建设标准间相互的依存和制约关系具有重要的意义。

对工程建设标准的分类，从不同的角度出发，有许多种不同的分类方式。习惯用的方法主要有：阶段分类法、层次分类法、属性分类法、性质分类法、对象分类法五种。

1. 阶段分类法

阶段分类法是根据基本建设的程序，按照每一项工程建设标准的服务阶段，将其划分为不同阶段的标准。习惯上，通常把基本建设程序划分为两个大的阶段：

（1）决策阶段。即可行性研究和计划任务书阶段。这个阶段，工程项目建设的可行性和可能性，正处在经济的、技术的和效益等的比较和分析论证之中，为这个阶段服务的标准，称为决策阶段的标准。例如：《中小学校工程项目建设标准》等，这类标准，主要规定特定工程项目的建设规模、项目构成、投资估算指标等内容，是确定特定工程项目是否具备建设条件或建设该特定工程项目需要具体条件等。

（2）实施阶段。即：从工程项目的勘察、规划、设计、施工到竣工验收、交付使用阶段。这个阶段，主要是如何实施工程项目的建设，保证工程项目建设做到技术先进、经济合理、安全适用，为这个阶段服务的标准，称为实施阶段的标准。例如：《中小学校设计规范》等，这类标准，主要针对拟建项目的勘察、规划、设计、施工、验收以及使用维护等阶段的技术要求，作出相应的规定，是工程建设各阶段的具体技术依据和准则。

目前，工程建设标准的范围界定为实施阶段所需要的各种标准，而对于决策阶段的标准，并没有纳入标准化管理的范畴。

2. 层次分类法

层次分类法是按照每一项工程建设标准的使用范围，即标准的覆盖面，将其划分为不同层次的分类方法。这种层次关系，过去人们又把它称为标准的级别。根据这种分类方法，工程建设标准可以划分为企业标准、地方标准、行业标准、国家标准、国际区域性标准和国际标准等。在某一企业使用的标准为企业标准；在某一地方行政区域使用的标准为地方标准；在全国某一行业使用的标准为行业标准；在全国范围使用的标准为国家标准；可以在国际某一区域使用的标准为国际区域性标准，如欧共体标准等；由国际标准化组织、国际电工委员会制定或认可的，可以在各成员国使用的标准为国际标准。

由于世界各国的条件不同，对工程建设标准层次的划分也不完全相同。根据我国发布的标准化的法律和行政法规，工程建设标准划分为国家标准、行业标准、地方标准和企业标准四个层次。

3. 属性分类法

属性分类法是按照每一项工程建设标准的法律属性，将其划分为不同法律属性标准的分类方法。这种分类方法，一般不适用于企业标准。所谓法律属性，是指标准本身是否具有法律上的强制作用。按照这种分类方法，工程建设标准划分为强制性标准和推荐性标准，强制性标准必须执行、推荐性标准自愿采用。属性分类法，在国外几乎不存在，因为在他们的概念里，标准就是标准，除法规引用的标准或标准的某些条款外，都是自愿采用的标准，没有强制之说。实际上，这只是标准的作用不同而已，国外的标准绝大部分不具有强制的约束性，但是对技术上的强制性要求，他们都有另外的强制执行的法规，一般称为技术法规。这些技术法规被排除在标准的范畴以外。而我国过去长期实行的是单一的计划经济体制，标准一统技术领域，技术法规也被融合到了标准之中。可以说，按属性对工程建设标准进行分类，是现阶段我国标准化工作的特殊需要。

4. 性质分类法

性质分类法是按照每一项标准的内容，将其划分为不同性质标准的分类方法。根据这种分类方法，工程建设标准一般划分为技术标准、经济标准和管理标准。

技术标准是指工程建设中需要协调统一的技术要求所制订的标准，技术要求一般包括工程的质量特性、采用的技术措施和方法等；经济标准是指工程建设中针对经济方面需要协调统一的事项所制定的标准，用以规定或衡量工程的经济性能和造价等，例如工程概算、预算定额、工程造价指标、投资估算定额等；管理标准是指管理机构行使其管理职能而制订的具有特定管理功能的标准，例如：《建设工程合同示范文本》、《建筑施工安装企业资质标准》等。管理标准根据其功能的不同，又可以细分为一般管理标准和岗位工作标准。

在我国，目前经济标准是一个独立的领域，正逐步纳入工程建设标准化的范畴。对于管理标准，其重要性已逐步被人们所认识，一些管理方面的要求已经或正在作为国家的、行业的或地方的标准。

5. 对象分类法

对象分类法是指按照每一项工程建设标准的标准化对象，将其进行分类的方法。就工程建设标准化的对象来看，种类相当多，而且标准化的方法也不尽相同，无法用一个固定的尺度进行划分。在工程建设标准化领域，人们通常采用的有两种方法，一是按标准对象的专业属性进行分类，这种分类方法，目前一般应用在确立标准体系方面。二是按标准对象本身的特性进行分类，一般分为基础标准、方法标准、安全、卫生和环境保护标准、综合性标准、质量标准等。

(1) 基础标准。它是指在一定范围内作为其他标准制订、执行的基础，而普遍使用，并具有广泛指导意义的标准。基础标准一般包括：A 技术语言标准，例如术语、符号、代号标准、制图方法标准等；B 互换配合标准，例如：建筑模数标准；C 技术通用标准，即对技术工作和标准化工作规定的需要共同遵守的标准，例如工程结构可靠度设计统一标准等。

(2) 方法标准。它是指以工程建设中的试验、检验、分析、抽样、评定、计算、统计、测定、作业等方法为对象制定的标准。例如《土工试验方法标准》、《混凝土力学性能试验方法标准》、《厅堂混响性测量标准》、《钢结构质量检验评定标准》等。方法标准是实施工程建设标准的重要手段，对于推广先进方法，保证工程建设标准执行结果的准确一致，具有重要的作用。

(3) 安全、卫生和环境保护的标准。它是指工程建设中为保护人体健康、人身和财产的安全，保护环境等而制定的标准。一般包括"三废"排放、防止噪声、抗震、防火、防爆、防振等方面，例如《建筑抗震设计规范》、《生活饮用水卫生标准》、《建筑设计防火规范》、《民用建筑室内环境污染控制规范》等。

(4) 质量标准。它是指为保证工程建设各环节最终成果的质量，以技术上需要确定的方法、参数、指标等为对象而制定的标准。例如设计方案优化条件、工程施工中允许的偏差、勘察报告的内容和深度等。在工程建设标准中，单独的质量标准所占的比重比较小，但它作为标准的一个类别，将会随着工程建设标准化工作的深入发展和标准体系的改革而变得更加显著，例如建筑工程质量验收系列标准等。

(5) 综合性标准。它是指以上几类标准的两种或若干种的内容为对象而制订的标准。综合性标准在工程建设标准中所占的比重比较大，一般来说，勘察、规划、设计、施工及验收等方面的标准规范，都属于综合性标准的范畴。例如《钢结构施工及验收规范》，其内容包括术语、材料、施工方法、施工质量要求、检验方法和要求等。其中，既有基础标准、方法标准的内容，又包括了质量保证方面的内容等。

三、工程建设标准的特点

工程建设标准的特点，取决于工程建设所具有的特殊性。主要包括工程建设活动的复杂性、工程本身的复杂性和重要性以及工程受自然环境、社会环境影响大的特性，因此，人们比较认同的工程建设标准的特点有三个，即综合性强、政策性强、受自然环境影响大。

1. 综合性强

工程建设综合性强的特点主要反映在两个方面：

（1）工程建设标准的内容多数是综合性的。例如《建筑设计防火规范》，其内容不仅包括了民用建筑设计的各个方面应当采取的防火安全措施，而且也包括了各类工业建筑中应当采取的一系列安全防火措施。在制定标准时，需要就各个不同领域的科学技术成果和经验教训，进行综合分析，具体分解，并需要保证标准的综合成果达到安全可靠的目的。又如《民用建筑室内环境污染控制规范》，其适用范围是新建、改建、扩建的民用建筑工程和装修工程，在制定该规范时，不仅要同时反映出民用建筑工程和装修工程在新建、改建、扩建方面的特点和技术要求，而且要同时反映出民用建筑工程和装修工程在新建、改建、扩建过程中的勘察、设计、施工、验收以及检验等不同环节的特点和技术要求。民用建筑工程包括的类型很多，如住宅、办公楼、医院病房楼、商场、车站等，由于其使用功能、使用对象、通风条件、人员停留时间等诸多方面不尽相同，因此，在确定控制指标时，需要做到区别对待。同时，要实现控制的最终目标，除了对建设工程过程进行控制以外，还需要对建筑材料、装修材料的污染物含量进行控制等。只有在这诸多的方面都得以综合反映，才能实现标准的制定目标。可以说，工程建设标准绝大部分都需要应用各领域的科技成果，经过综合分析，才能制定出来。

（2）制定工程建设标准需要考虑的因素是综合性的。这些因素不仅包括了技术条件，而且也包括经济条件和管理水平。有的人抱怨某些工程建设标准技术水平低，许多先进的科学技术成果或国外的成功经验没有纳入到标准中来，根源就在于忘了我国的国情，没有认真分析我国的经济承受能力和管理水平是否适应。仍以《民用建筑室内环境污染控制规范》为例，技术水平定高了，应当说对减少室内环境污染有利，但市场上能否有足够的高标准的建筑材料和装修材料满足实际工程的需要；即使部分工程能够在市场上采购到相应的高标准的建筑材料和装修材料，投资者、使用者的经济条件能否承受得了；目前的施工条件、检验手段等能否满足要求等等。这就需要进行综合分析，全面衡量，统筹兼顾，以求在可能的条件下获取最佳的效果。可以说，经济、技术、安全、管理等诸多现实因素相互制约的结果，也是造成工程建设标准综合性强的一个重要原因，而不综合考虑这些因素，工程建设标准也就很难在实际中得到有效贯彻执行。

2. 政策性强

主要原因有以下五个方面：

（1）工程建设的投资量大，我国每年用于基本建设的投资约占国家财政总支出的百分之三十，其中大部分用于工程建设，因此各项技术标准的制订应十分慎重，需要适应相应阶段国家的经济条件。例如对民用住宅建筑的标准稍加提高，即使每平方米造价增加几元钱，年投资就会增加几千亿元。控制投资是政策性很强的事项，工程建设技术标准首先要控制恰当。

（2）工程建设要消耗大量的资源（包括各种原材料和能源、土地等），直接影响到环境保护、生态平衡和国民经济的可持续发展，标准的水平需要适度控制，不允许任意不恰当地提高标准。

（3）工程建设直接关系到人民生命财产的安全、关系到人体健康和公共利益，但安全、健康和公共利益也并非越高越好，还需要考虑经济上的合理性和可能性。安全、健康和公共利益以合理为度，工程建设标准对安全、健康、公共利益与经济之间的关系进行了统筹兼顾。

（4）工程建设标准化的效益，尤其是强制性标准的效益，不能单纯着眼于经济效益，还必须考虑社会效益。例如有关抗震、防火、防爆、环境保护、改善人民生活和劳动条件等方面的各种技术标准，首先是为了获得社会效益。

（5）工程建设要考虑百年大计。任何一项工程使用年限绝不只是三、五年，而是少则几十年，多则百年以上。因此，工程建设技术标准在工程的质量、设计的基准等方面，需要考虑这一因素，并提出相应的措施或技术要求。

3. 受自然环境影响大

标准是科学技术和实践经验的综合成果，必须结合国情来制定，符合具体的自然环境条件和现阶段的经济实力、科学技术水平。在一般情况下，对工程建设方面的国际标准或国外先进标准的直接引进采用是应该争取的，这样有利于与国际接轨，但实际上国际通用的工程建设技术标准为数有限。从我国现行的工程建设技术标准状况来看，都是考虑了幅员辽阔的因素。首先在技术标准的分级上设置了地方标准一级，充分体现了对自然环境条件影响的重视；同时，针对一些特殊的自然条件，专门制定了相应的技术标准，如黄土地区、冻土地区以及膨胀土地区的建筑技术规范等。

四、工程建设标准的作用

现代建筑业是建立在以技术为主体的基础上的社会化大生产，它不仅有复杂的机械设备和配套系统，而且建筑材料及其性能也十分复杂，工程作为产品的制造过程从勘察设计到竣工验收都具有高度的科学性和技术性。标准作为贯穿科研、设计、生产、材料流通和使用各个环节的纽带和桥梁，具有以下作用：

1. 确保工程的安全性、经济性和适用性

安全与经济，是基本建设中政策性、技术性很强的两个重要因素。从某种意义上讲，它们又是一对关系到建设速度和投资效益的矛盾，处理不当，就会给国家和人民的生命财产造成严重的损失。为此，必须以合理地保证工程质量来处理好这一对矛盾。如何做到既能保证安全和质量，又不浪费投资，制定一系列的标准规范就是很重要的一个条件。因为，按现行的规定，经一定程序批准发布的标准规范，具有技术性质，设计、施工必须遵守。而且，标准规范是在国家方针、政策指导下制定的，它根据工程实践经验和科学试验数据，结合国情进行综合分析，提出科学、合理的安全度要求。在此基础上按工程的使用功能和重要性，划分安全等级，据此作出相应的规定。这样，就基本可以做到各项工程建设在一定的投资条件下，既保证安全，达到预期的建设目的，又不会有过高的安全要求，增加过多的投资。此外，制定标准规范还要考虑国家的国力和资源条件，通过平衡需要和可能，制定合适的标准。为了保证工程质量，还要通过优选的办法，在兼顾安全、通用、经济的前提下，合理统一各种功能参数和技术指标，使工程建设的经济性、合理性得到进一步保证。

2. 保证和提高工程建设的质量

在工程建设领域内，拥有各种专业的各级工程技术人员，他们分布在某一部门、某一单位内，人员级配是不平衡的，也就是说从事工程建设的具体勘察、规划、设计、施工单位，他们的技术力量是有差别的；即使以某一个专业单位而言，技术力量也是不平衡的。由此，一个工程、一项设计或施工的水平，将取决于承担任务的科技人员的水平，这是客观的普遍情况。但工程建设不允许在质量上出现过大的差别，造成投资浪费、影响功能要求或甚至影响到工程的安全。工程建设标准化的作用，可以避免这种不允许的差别。工程建设标准化系列中，有关专业的标准规范为相应专业的工程技术人员，提供了必要的规定。例如结构方面的设计规范，内容包括荷载、结构构造要求和相应的结构计算模型的确定、内力计算方法、截面设计方法和具体公式等规定，只要设计人员认真执行，就可以保证工程质量。标准规范的功能对于任何人都是相同的，从这层意思来讲，标准化可以普遍提高工程质量。同时，根据标准化的工作方法，每一项工程建设标准规范的判定，都是在掌握大量实践经验的基础上开展的，并且都进行了若干试验验证，是具备高度科学性的产物。同时在批准颁发之前，都经过广泛的征求意见和全国性或专业性审查会，鉴定把关。因此，它具备了保证工程质量的牢靠基础，这是一个普遍性的问题。

3. 合理利用资源，节约原材料

如何利用资源、挖掘材料潜力、开发新的品种、搞好工业废料的利用，以及控制原料和能源的消耗等，已成为保证基本建设、持续发展亟待解决的重要课题。在这方面，工程建设标准化可以起到极为重要的作用。首先，国家可以运用标准规范的法制地位，按照现行经济和技术政策制度约束性的条款，限制短缺物资、资源的开发使用，鼓励和指导采用代替材料；二是根据科学技术发展情况，以每一时期的最佳工艺和设计、施工方法，指导采用新材料和充分挖掘材料功能潜力；三是以先进可靠的设计理论和择优方法，统一材料设计指标和结构功能参数，在保证使用和安全的条件下，降低材料和能源消耗。

4. 促进科研成果转化和新技术的推广应用

标准规范应用于工程实践，必须具有指导作用，保证工程获得最佳经济效益和社会效益。因此，标准规范必须建立在生产和科学技术发展的基础上，保持其先进性和科学性。科研成果和新技术一旦为标准规范肯定和采纳，必然在相应范围内产生巨大的影响，促进科研成果和新技术得到普遍的推广和广泛应用，尤其是在我国社会主义市场经济体制的条件下，科学技术新成果一旦纳入标准，就具有了相应的法定地位，除强制要求执行的以外，只要没有更好的技术措施，都应当自动地得到应用。此外，标准规范纳入科研成果和新技术，一般都进行了以择优为核心的统一、协调和简化工作，使科研成果和新技术更臻于完善。并且在标准规范实施过程中，通过信息反馈，提供给相应的科研部门进一步研究参考，这又反过来促进科学技术的发展。

5. 保证建设工程发挥社会效益

在基本建设中，有为数不少的工程，在发挥其功能的同时，也带来了污染环境的公害；还有一些工程需要考虑防灾（防火、防爆、防震等），以保障国家、人民财富和生命安全。我国政府为了保护人民健康、保障国家、人民生命财产安全和保持生态平衡，除了在相应工程建设中增加投资或拨专款进行有关的治理外,主要还在于通过工程建设标准化工作的途径,做好治本工作。多年来,有关部门通过调查研究和科学试验,制定发布了这方面的专门标准,例如防震、防火、防爆等标准规范。另外,在其他的专业标准规范中,凡涉及这方面的问题,也规定了专门的要求。由于这方面的标准规范都属于强制性,在工程建设中要严格执行,因此,这些标准规范的发布和实施,对防止公害、保障社会效益起到了重要作用。近年来,为了方便残疾人、老年人、节约能源、保护环境,组织制定了一系列有益于公众利益的标准规范,使标准规范在保障社会效益方面作用更加明显。

五、现行工程建设标准的体制及存在问题

1. 我国现行工程建设标准的体制

工程建设标准体制是与国家的经济体制相适应的,我国在1988年《标准化法》发布实施以前,工程建设标准体制一直沿用的是单一的强制性标准体制,即标准一经批准发布就是技术法规,就必须严格贯彻执行。为了适应我国的经济体制改革,1988年推行的《标准化法》规定了我国的标准体制为强制性标准与推荐性标准相结合的标准体制。现行工程建设标准的体制就是依照《标准化法》的规定实行工程建设强制性与推荐性相结合的标准体制。

(1) 工程建设强制性标准与推荐性标准的划分原则。

《标准化法》规定:保障人体健康、人身与财产安全的标准和法律、行政法规规定强制执行的标准是强制性标准,其他标准是推荐性标准。由于工程建设标准的综合性很强,强制性内容和非强制性内容混编在一起的状况,很难按照《标准化法》的划分原则来确定某项标准的强制性或推荐性,实践中采用了结合工程建设标准的实际情况,确定工程建设强制性标准与推荐性标准的划分,主要包括以下几点:

1) 对工程建设勘察、规划、设计、施工(包括安装)及验收等的一般质量要求而制定的标准,划分为推荐性标准。

2) 对工程建设的术语、符号、代号和工程制图而制定的标准,划分为推荐性标准。

3) 对工程建设的试验、测试及评定等方法而制定的标准,划分为推荐性标准。

4) 对工程建设的信息技术要求而制定的标准,划分为推荐性标准。

5) 对工程建设强制性标准制定范围以外的其他技术要求而制定的标准,划分为推荐性标准。

6) 其余标准仍保留作为强制性标准。

(2) 工程建设强制性标准与推荐性标准的现状。

1) 国家标准:现行和在编的国家标准总数近400项,其中256项为强制性标准、86项改为推荐性国家标准。由于在标准的制定、修订计划中,严格按照这一体制实施,初步形成了强制性国家标准与推荐性国家标准相结合的标准体制。

2) 行业标准:现行和在编的行业标准总数约为2800余项,由于认识上的原因,不同行业之间差别很大,存在着两个极端,即个别行业的标准全部为强制性标准,而有的行业,其标准全部划分为推荐性标准。

3) 地方标准:现行和在编的地方标准总数近1000项,个别地方已经形成了强制性与推荐性相结合的标准体制。

2. 工程建设标准化工作中的主要问题

工程建设标准化工作通过几十年的不断发展,虽然取得了很大的成绩,但是,随着我国经济体制改革的不断深入,市场经济运行机制的逐步建立,工程建设标准化工作中一些长期存在的问题,日益显露出来;一些在新形势下产生的矛盾也对工程建设标准化工作提出了挑战。在由计划经济体制向社会主义市场经济体制转变过程中,工程建设标准化工作的改革模式,有的已经不能适应社会主义市场经济体制的需要,到了必须进一步改革的时候了。综合起来,这些问题和矛盾主要表现在以下几个方面:

(1) 关于工程建设标准体制问题。工程建设标准由单一的强制性标准体制向强制性与推荐性标准体制过渡,一直是近十几年来工程建设标准化工作改革的热点和难点。围绕着工程建设标准体制的改革,我国的工程建设标准化工作者进行了大量的调查研究,采取了一系列的改革措施。然而,由于受长期的计划经济体制下形成的固有模式的影响,这项改革困难重重、步履维艰。应当说,工程建设标准由单一的强制性标准体制向强制性与推荐性标准体制过渡,到目前为止仍然没有完结。标准在强制性与推荐性的划分上,在一定意义上讲是形式上的,与真正把强制性标准中的那些不属于安全、卫生、环境保护和重要质量要求的内容分离出来的总体要求,还存在很大的差距,还有大量的工作要做。

(2) 关于工程建设标准的内容、结构问题。工程建设标准划分为国家标准、行业标准、地方标准和企业标准四级,其中,国家标准、行业标准、地方标准由政府组织制定,在规定的领域或行政区域内实施。按照标准化的有关法律、法规规定,这三类标准互为补充,协调配套,从而形成国家的、行业的、地方的对工程建设技术实现宏观有效的调控运行机制。但从目前的实际情况来看,工程建设行业标准、地方标准却在项目上、内容上与国家标准重复交叉,行业标准之间以及地方标准与行业标准之间,同样存在重复制定、内容交叉、矛盾的问题。同时,从现行的工程建设国家标准、行业标准、地方标准的内容来看,大量的属于导则、指南、手册、参考资料的内容混杂在的强制性标准之中,不仅增加了标准规范编制工作的难度,而且也造成在实际工作中执行标准的难度。

(3) 关于工程建设标准的制定、修订问题。工程建设标准制定周期长的问题比较普遍,对尽快把先进的生产建设经验和科学技术成果转化为生产力,充分发挥标准化的效益等,造成了不利影响。实际上,这个问题的存在,反映了工程建设标准编制工作中的一些深层次问题,具体包括:

1) 编制单位对标准化工作的态度。随着经济体制改革的深入,科研事业单位企业化后同国有企业一样走向了市场,并追求经济效益。标准化工作作为一项有益于国家、有益于全社会的基础性工作,即便是国家指令性的一项工作,对没有摆脱经济困扰、需要付出、努力参与市场竞争的企业而言,要花费一定的人力、物力和财力来承担和完成标准编制任务,是需要有很大的决心、精神和远见卓识的。

2) 标准编制工作的经费。长期以来,编制标准的经费不足,一直是困扰工程建设标准化工作发展的难题,虽然国家每年都为这项工作投入一定的经费支持,但由于缺乏固定的渠道和数额有限,导致了标准编制计划的不确定性。难以保证制定和修订标准的工作及时和到位。

3) 标准编制人员的积极性。标准的编制工作历来是一项软任务,标准质量的优劣、技术水平的高低,在很大程度上取决于标准编制人员的水平和责任心。由于全社会对标准的地位和作用没有放在应有的高度去认识和重视,标准主编单位或参编单位对参与标准编制人员的待遇不高,标准化工作的激励机制弱,标准编制过程协调难度大等原因,导致了标准编制人员的积极性下降。

（4）工程建设标准的实施监督不力，强制性标准得不到强制执行。

六、我国工程建设标准体制改革的目标

为了更好地发挥科学技术和建设实践经验的综合成果在工程建设中的重要作用，以促进建设业的技术进步和保证建设工程的质量，同时满足WTO运行规则的要求。建立工程建设技术法规与技术标准相结合的体制是工程建设标准体制改革的目标，也是工程建设标准化工作深入开展重要举措。

目前，工程建设标准化工作所存在的多种矛盾和问题，最主要是反映在工程建设标准化工作与我国当前建立和完善社会主义经济体制不相适应。实际上，无论是工程建设标准的内容结构问题、制定与修订问题、信息服务问题，还是工程建设标准的实施监督问题等，都与工程建设标准的体制有关。例如工程建设标准的实施监督问题。近些年建设工程中出现的许多重大质量和安全事故，基本上都是因为没有执行强制性标准造成的。2003年初，国务院正式发布了《建设工程质量管理条例》，明确规定未执行强制性技术标准就是违法，就要受到相应的处罚，而且对不执行强制性技术标准也作出了严厉的处罚规定。建设部相继制定并颁布了《实施工程建设强制性标准监督规定》，这些法规、规章的实施，将有力地推动工程建设标准实施监督工作的开展，保证工程建设强制性标准规范的实施和监督。但是，随之而来的是这些法规所规定的内容的落实问题。我国现行的各类工程建设强制性标准约2700项，与房屋建筑有关的有750项之多，需要执行的强制性条文超过了15万条，强制性的技术要求覆盖房屋建筑的各个环节，如此众多的强制性内容，要严格按照《条例》和《监督规定》的有关要求执行，不仅难度大、问题多，而且缺乏监督的可操作性。现行工程建设强制性与推荐性相结合的标准体制，是有计划的商品经济体制的产物，是标准体制改革的中间环节。因此，必须对现行工程建设标准的体制进行彻底的改革，借鉴国外发达国家的经验和WTO的有关规定，逐步建立适应我国社会主义市场经济体制的工程建设技术法规与技术标准体制，已经成为工程建设标准化发展的必然趋势。

建设部已经把初步建立我国工程建设技术法规与技术标准相结合的体制，作为将来的重要工作之一。2000年组织编制的《工程建设标准强制性条文》已推动这项改革向前迈出了关键的一步。根据目前的研究成果，未来我国工程建设技术法规与技术标准，可以大致描述如下：

工程建设技术法规：由政府建设主管部门批准发布，在其管辖的区域之内强制执行，执行情况受政府建设主管部门监督。其内容是对工程建设有直接关系的工程质量、安全、卫生以及环境保护、公众利益，政府需要控制的技术要求所作的规定。

技术标准：由政府认可的标准化机构组织制定和发布，由参与建设的各方主体自愿采用。其内容是被工程实践证明的、正确有效的技术要求或方法。

第二节 工程建设标准的实施与监督

一、实施工程建设标准的一般程序

实施标准的程序通常分为五个阶段，即计划、准备、实施、检查和总结。

1. 计划阶段

工程建设企业的标准化主管部门在收到新颁布的国家标准、行业标准、地方标准和本企业制定颁布的有关标准后,就要组织标准化专(兼)职人员进行学习,理解其内容和实质,弄清新旧标准之间的关系,结合本企业的实际情况,分析实施中可能遇到的问题和困难,确定实施方案和计划。在制订计划时应考虑标准的实施方式、标准实施工作的组织安排及对标准实施后的经济效果进行预测分析。

2. 准备阶段

准备工作是实施标准的最重要的环节,这一环节常常被忽视,以致在实施中发生问题时难以应付,甚至产生半途停止实施的现象。准备工作主要有四个方面,即思想准备、组织准备、技术准备和物质条件准备。实践证明,准备阶段的工作做得扎实细致,实施阶段就能比较顺利地进行,即使出现问题,也能有准备地去组织解决。

3. 实施阶段

实施,就是把标准规定的内容在生产、流通、使用等领域中加以执行。执行就是采取行动,把标准中所规定的内容在技术活动中加以实现。对于建筑企业来说,执行就是要在工程施工中认真按照国家标准、行业标准、地方标准的规定,严格组织施工,把各项技术标准具体落实到单位工程上,落实到分部分项工程上,对工程质量进行预控,推行"三工序"管理(即检查上工序、保证本工序、服务下工序),严格执行工序或分项工程质量检查验收——用标准来控制工序质量;用工序质量来保证分项工程质量;用分项工程质量来保证分部工程质量,用分部工程质量来保证单位工程质量。标准实施中出现的各种情况,应及时反映到企业标准化主管部门,不得私自改变标准,降低标准水平。

4. 检查阶段

在实施过程中应加强检查。企业标准化管理部门及各级专、兼职标准化人员、有关部门、生产单位应随时深入与实施标准有关的各环节,看其是否严格执行标准的各项规定,是否按标准规划、勘察、设计、施工及验收,工程质量是否达到了标准规定的技术要求,对产品标准实施情况的检查还看计量、检验、包装、标志等是否符合标准。检查,包括图样、技术文件审查和实物检查两个方面。前者应按国家有关标准化审查管理办法执行。后者由企业检验、计量部门或委托有关质量检测中心进行全面检测,发现问题,查明原因,限期改进。处理不了的问题要及时向上级标准化机构报告。

5. 总结阶段

总结包括实施标准中技术上的总结,方法上的总结,以及各种文件、资料的归纳、整理、立卷归档,包括对下一步工作提出意见和建议等。在标准实施过程中,对成功的经验和存在的问题都要做好详细的记录,为总结提供第一手资料,也为标准的修订提供可靠的素材。

二、工程建设标准实施监督的方式

1. 国家、行业、地方有计划地安排对工程建设标准的实施情况进行监督。
2. 根据检举揭发和需要对工程建设标准的实施进行监督。
3. 结合以下工作对工程建设标准的实施进行监督:
(1) 对企业采用国际标准和国外先进标准的验证确认;
(2) 对企业研制的工程建设新技术、新工艺、新设备、新材料、新产品、改进产品、技术改造、技术引进和设备进口等按规定进行的标准化审查；

（3）企业标准化水平考核、质量体系和检验体系、计量测量试验设备体系的审核、认证；

（4）企业产品标准备案情况的检查；

（5）创优工程认证。

4. 按有关法律、法规的规定对工程建设标准的实施进行监督，如对工程质量检查和工程建设的安全检查等。

5. 工程建设企业自我监督。

三、工程建设标准化技术执法

（一）技术执法的概念

工程建设标准化技术执法是以《标准化法》、《建筑法》、《标准化法实施条例》和国家有关工程建设的法律法规和监督检查办法为依据，以国家工程建设各级行政主管部门及其工程质量监督机构为主体，对工程项目建设实施监督检查的一种管理制度。

对工程建设标准实施监督检查，是指对工程建设强制性国家标准、行业标准、地方标准的贯彻实施所进行的监督检查。涉及安全的重要的推荐性标准的实施也应进行监督检查。

因此，对标准实施监督检查属于技术执法检查，也即是在建设工程系统内具有国家质量技术监督性质的行政执法。一是由质量技术监督部门授权的建筑材料质量监督技术机构对建筑用产品的质量监督，二是由建设部门设置的工程建设质量监督机构对建筑工程的质量监督。

工程建设标准技术执法检查的对象应包括工程项目建设实施的全过程。从事工程建设活动的部门、单位和个人，必须执行强制性标准。对不符合强制性标准的建筑工业产品、工程勘察成果报告和规划、设计文件不得批准和使用；不按标准施工、质量达不到合格标准的工程，不得验收。

（二）监督机构与职责

由于对标准实施监督检查属技术执法检查，就必然要实行统一领导、统一组织、分类分级的管理制度。

1. 国务院工程建设行政主管部门负责全国工程建设标准实施监督检查工作。

（1）负责建立监督检查管理制度；

（2）制定强制性国家标准实施监督检查的项目计划；

（3）组织协调强制性国家标准的重点监督检查工作；

（4）通报实施监督检查结果；

（5）对标准实施监督检查人员进行管理。

2. 各省、自治区、直辖市工程建设主管部门负责本行政区域管辖的工程建设项目的标准实施监督检查综合组织与协调工作。

（1）制定本行政区内工程建设标准，实施监督检查工作的年度计划；

（2）负责本行政区内工程建设标准，实施监督检查工作的组织落实；

（3）负责提出分管范围内工程建设标准，实施监督检查工作的总结报告和建议，并定期向国务院工程建设行政主管部门报告。

3. 各市、地、县工程建设行政主管部门和有关行政主管部门，按同级人民政府规定的职能分工负责本行政区域内的工程建设标准实施监督检查工作。

4. 各级工程建设行政主管部门负责本行政区域的标准实施监督，并作好工作协调及归口管理。

5. 国务院各行政管理部门在省、市、自治区区域内的工程建设项目的标准实施监督检查原则由各部承办，当地工程建设标准化职能部门可以参与。

（三）监督检查

1. 工程建设标准实施监督检查的内容

（1）工程项目的建设、勘察、规划、设计、施工安装及验收等有关的文件和要求是否符合强制性标准的规定；

（2）已建工程的质量和安全是否符合强制性标准的规定；

（3）工程中采用的标准设计、计算机软件、手册和指南等是否符合强制性标准的规定。

2. 工程建设标准实施监督检查的方式

工程建设标准实施监督检查应当根据具体情况采用自查、抽查和重点检查的检查方式，并应当符合下列规定：

（1）各有关单位结合工程建设项目的实际情况进行自查；

（2）各部门或地方工程建设行政主管部门每年定期选择项目进行抽查；

（3）国务院工程建设行政主管部门可选择强制性国家标准进行重点检查；

（4）抽查的总结报告，应当在每年年底前上报国务院工程建设行政主管部门；

（5）国务院工程建设行政主管部门应当向有关部门通报监督检查的结果。

3. 各级主管部门成立标准实施监督检查工作组

工作组应当符合下列规定：

（1）工作组要本着精干、高效的原则，由有经验的行政管理人员和专家组成；

（2）工作组成员应当熟悉国家有关法律、法规和工程建设标准化工作；

（3）工作组成立后，应当拟定检查工作大纲及具体操作程序，并应当根据检查内容编写检查手册，同时指定工作组负责人，负责组织汇总、归纳并完成检查报告。

4. 工程建设标准实施监督检查报告

实施监督检查报告应包括下列内容：

（1）工程建设标准实施的全面情况；

（2）各个单位对标准实施进行自检的情况；

（3）对重要技术内容贯彻实施的说明；

（4）对工程建设标准化工作的意见和建议；

（5）对标准实施监督的处理意见及建议。

第三节　工程建设强制性标准

一、《工程建设标准强制性条文》概述

（一）《强制性条文》制订背景

我国《建设工程质量管理条例》第44条规定：国务院建设行政主管部门和国务院铁

路、交通、水利等有关部门应当加强对有关建设工程质量的法律、法规和强制性标准执行情况的监督检查。同时该条例对违反强制性标准的建设活动各方责任主体给予较为严厉的处罚。《建设工程质量管理条例》将强制性标准与法律、法规并列起来，使得强制性标准在效力上与法律、法规等同，从而确立了强制性标准具有法规文件的属性，也就是说强制性标准本身虽然不是法规，但条例赋予了其法律效力。

各级建设行政主管对实施强制性标准具有监督检查的职责，国务院铁路、交通、水利等有关行政主管部门对实施工程建设强制性标准有监督检查的职责。《标准化法》规定了标准化工作的三大任务，即制定标准、实施标准、对标准实施的监督，但长期以来对标准的实施监督一直是薄弱环节。

从事建设活动各方应当严格执行强制性标准，将执行标准作为保证工程质量的重要措施。工程建设中发生的质量事故或安全事故大都是违反标准的规定，特别是强制性标准的规定。如果严格按照标准、规范、规程去执行，在正常设计、正常施工、正常使用的条件下，工程的安全和质量是能够得到保证的，就绝对不会出现建筑质量不符合标准的现象。

工程建设各项活动中，对标准规范的执行情况，都是在工程出现事故和隐患以后，才按照是否执行标准规范来进行判定，违反了强制性标准才给予处罚。执行强制性标准必须要有事前的监控手段，这就是标准上升到法律文件，通过质量管理条例这一确定的基本点和出发点，保证工程质量必须要依靠强制性标准。

自我国《标准化法》颁布以来，已经批准的工程建设国家标准、行业标准、地方标准中强制性标准为 2700 多项，占整个标准数量的 75%，相应标准中条文就有 15 万多条。标准条文过多过繁，若其中没有强制性条文就会使各种工程项目随时都面临被处罚的危险。强制性条文的制定避免了上述现象的发生。

（二）《强制性条文》编制原则

《强制性条文》的编制按以下原则进行：

1. 依据我国有关标准化的法律、行政法规的规定，《强制性条文》中所有条款必须是直接涉及工程建设安全、卫生、环保和其他公众利益的、必须严格执行的强制性条款。同时，要考虑到保护资源、节约投资、提高经济效益和社会效益。

2. 具体编制采取在现行工程建设强制性标准中直接摘录章、节、条的内容或编号的方式，按照工程分类、内容联系和逻辑关系，排列汇总。

3. 强制性条款的摘录采取从严的原则，必须体现强制性的最高程度，对强制性标准的实施监督具有较强的可操作性。

4. 现行标准、规范、规程中，明确为"必须"执行的条款，大部分应是摘录的内容；明确为"应"执行的条款，应从严摘录；明确为"宜"、"可"执行的条款，一般不摘录。其反面用词同等对待。

5. 摘录条文中一般不引用标准，避免标准套标准，以有利于实施。

（三）《强制性条文》编制细节说明

1. 《强制性条文》共分 15 个部分，各部分统一定名为《工程建设标准强制性条文》×××部分（如房屋建筑部分）。

2. 各部分由批准发布通知、前言、目录、正文 4 个内容构成。

3. 正文按照篇、章、节、条、款、项层次划分；被摘录的条文首先列出被摘录标准的编号，经过局部修订的条文同时列出公告号，然后列出被摘录条文原编号和条款内容。

4. 条文摘录遵照下列规定：

（1）各篇之间内容不得重复和矛盾；同一篇中，条文内容不得重复和矛盾；

（2）摘录条文内容一致或相近时，择优选一摘录；

（3）摘录条文内容中有文字错误时可以改正。

（四）《强制性条文》使用与管理

1. 《强制性条文》的使用

《强制性条文》的内容是摘录现行工程建设标准中直接涉及人民生命财产安全、人身健康、环境保护和其他公众利益的规定，同时也包括保护资源、节约投资、提高经济效益和社会效益等政策要求。因此，《强制性条文》必须得到坚决、有效的贯彻执行。《强制性条文》作为国务院《建设工程质量管理条例》的配套文件，它将是工程建设强制性标准实施监督的依据。《强制性条文》发布后，被摘录的现行工程建设标准继续有效。对设计、施工人员来说，《强制性条文》是设计或施工时必须绝对遵守的技术法规，是技术条文的重中之重；对监理人员来说，《强制性条文》是实施工程监理时首先要进行监理的内容；对政府监督人员来说，是重要的、可操作的处罚依据。

2. 《强制性条文》的管理

《强制性条文》发布后，每年将修订和补充一至二次，并经一定的组织和按一定的程序进行。每一部分《强制性条文》发布后，均成立相应的管理委员会，其成员由有关技术专家、学者、研究人员、管理人员以及相关的标准编制组主要成员组成。委员会设立秘书处，挂靠在《强制性条文》相应部分的主编单位，负责日常管理工作。管理委员会的机构设置和人员组成，经有关部门协商后，报建设部标准定额司批准和聘任。委员会负责《强制性条文》相应部分的解释、意见收集、技术咨询、汇总申报需要修订的强制性条款并组织委员会委员进行集中审查，提出修订条款的报批稿，报建设行政主管部门批准。新制定和修订的工程建设国家标准在报送报批稿时，工程建设行业标准在备案时，均应同时报送相应《强制性条文》中需要修改和补充的条文。

（五）《工程建设标准强制性条文》实施的意义

1. 《工程建设标准强制性条文》是贯彻《建设工程质量管理条例》的一项重大举措

国务院发布的《建设工程质量管理条例》，对于加强工程质量管理的一系列重大问题做出了明确规定，其中一个重要的内容就是对执行工程建设强制性标准作出了严格的规定。过去，我们发布了很多标准，有强制性的也有推荐性的，很多建设环节往往没有执行，这方面的例子很多。比如：残疾人通道，许多建筑物就没有执行标准。标准规定超过六层的住宅要设电梯，多数城市也不执行，有的搞到九层还不设电梯。《质量条例》第56条规定，建设单位明示或者暗示设计单位或者施工单位违反工程建设强制性标准，降低工程质量的，责令改正，处20万元以上50万元以下的罚款；第63条规定，勘察单位、设计单位未按照工程建设强制性标准进行勘察、设计的，责令改正，处20万元以上30万元以下的罚款；第64条规定，施工单位不按照技术标准施工的，责令改正，处合同价款2%以上4%以下的罚款。

《工程建设标准强制性条文》以现行的强制性国家标准和行业标准为基础，编制了包括城乡规划、城市建设、房屋建筑、工业建筑、水利工程、电力工程、信息工程、水运工程、公路工程、铁道工程、石油和化工建设工程、矿山工程、人防工程、广播电影电视工程和民航机场工程在内的15部分内容。《强制性条文》的贯彻实施，必将推动《建设工程质量管理条例》的全面落实。

2.《工程建设标准强制性条文》是推进工程建设标准体制改革的关键

我国现行的工程建设标准体制是强制性与推荐性相结合的标准体制。这一体制的确立，是《标准化法》所规定的。工程建设标准化是国家、行业和地方政府从技术控制的角度，为建筑市场提供运行规则的一项基础性工作，对引导和规范建筑市场行为具有重要的作用。因此，尽快建立起适应社会主义市场经济要求的工程建设标准管理体制，势在必行。

《工程建设标准强制性条文》启动了工程建设标准体制的改革，是工程建设标准体制改革从研究、探索到具体实施所迈出的关键性一步。随着《强制性条文》内容的不断完善，将逐步形成与国际惯例接轨的我国工程建设技术法规基本体系。

3. 贯彻《工程建设标准强制性条文》是保证和提高工程质量的重要环节

建设部在发布《强制性条文》的通知中，明确规定了《强制性条文》的地位和作用。关键内容有两点：一是明确了《强制性条文》是参与建设活动各方执行工程建设强制性标准和政府对执行情况实施监督的依据；二是明确了列入《强制性条文》的所有条款都必须严格执行，就是说，有一个条文不执行就要处罚，造成工程质量事故，必然要追究相应的责任。

4.《工程建设标准强制性条文》是按《建设工程质量管理条例》实行处罚的依据

2000年1月30日，国务院发布了《建设工程质量管理条例》（第279号令），这是国务院在市场经济条件下建立新的建设工程质量监督管理制度所做出的重大决定，为强化建设工程质量管理、保证工程质量提供了法律武器。《条例》中规定，不执行工程建设强制性技术标准就是违法，就要给予相应的处罚。这是迄今为止，国家对不执行强制性技术标准做出的最为严格的规定。如上所述，我国现行的强制性标准由于数量过多，内容混杂，违反一个不重要的条款就是违反强制性标准，以这样的标准作为处罚依据，必然造成处罚过多，政府不该管的也管了，受罚者心不服，处罚者理不直，处罚的尺度难以把握。因此，为了更好地贯彻《条例》中有关强制性标准实施监督的规定，真正体现处罚的目的，罚得准、惩得狠，把真正的强制性条款摘出来是客观的需要，是必须要走的一步。《强制性条文》就是按《建设工程质量管理条例》进行处罚的操作依据。

二、强制性标准的范围和强制性条文的主体

（一）强制性标准的范围

《标准化法》第七条规定：国家标准、行业标准分为强制性标准和推荐性标准。保障人体健康，人身、财产安全的标准和法律、行政法规规定强制执行的标准是强制性标准，其他标准是推荐性标准。根据这一规定，1992年12月30日颁布的建设部部长令24号《工程建设国家标准管理办法》，对强制性标准的范围界定为下述几个方面：（1）工程建设勘察、规划、设计、施工（包括安装）及验收等通用的综合标准和重要的通用的质量标准；（2）工程建设通用的有关安全、卫生和环境保护的标准；（3）工程建设重要的通用的术语、符号、代号、量与单位、建筑模数和制图方法标准；（4）工程建设重要的通用的试验、检验和评定方法等标准；(5) 工程建设重要的通用的信息技术标准；(6) 国家需要控制的其他工程建设通用的标准。但按照上述规定所确定的强制性标准进行范围较宽，主要表现如下：

1. 在实践上，1988年的《标准化法》颁布以前，我国的标准体制实行的是单一标准体制，即标准一经颁布就是技术法规，应当严格执行。《标准化法》对标准的体制确立了强制性标准与推荐性标准相结合的体制，为此，1997年建设部对341项国家标准进行了划分，其中划分出强制性标准有239项，推荐性标准有70项，改为行业标准有14项，取消标准18项。按照这种原则划分得出强制性标准占整个标准的70%，推荐性标准仅占20%。

2. 在理论上，按照《工程建设国家标准管理办法》规定的六个方面，一些基础标准，如术语、符号、量和单位、模数和制图方面的标准属于基础标准，这类标准应该得到执行，但是这类标准并不直接与安全有关，即使违反也不会直接造成安全隐患；其中"重要的"标准规范应当划分为强制性标准，如何来掌握重要与否，受人的主观因素影响大，难以达到统一的尺度。

3. 在执行标准上，多年来工程建设标准规范建立了一套严格程度用词，严格程度用词是建立在对标准规范执行程度上确立的，即使是强制性标准在具体内容上，标准规范中也采用"宜、不宜、可"的用词，表明是允许选择的。这样就出现了在强制性标准中有许多推荐使用的条文，执行起来较困难。

4. 在标准体制发展上，我国在计划经济体制时期，标准采用的是单一标准体制；20世纪80年代有计划的商品经济时期，采用的强制性标准与推荐性标准相结合的体制；在社会主义市场经济体制时期，标准的体制应当进行改革，才能适应发展。

强制性标准的范围过宽，不该强制执行要求强制执行，造成的结果是标准得不到有效的贯彻，这是因为：一方面，强制性标准的范围过宽，对执行者来讲，要求严格，可能是大家都难以做到，"法不责众"起不到法律的威严作用。另一方面，要求强制的标准范围过宽，同时又严格要求执行，而标准规范的发展是需要人们不断积累经验和不断发展科学技术，不断发展会对标准规范原来的规定进行突破，标准规范才能得到发展。

(二) 强制性条文的范围

对于强制性标准的范围，《标准化法》是有规定的。在《标准化法》没有进行修改以前，我们要维护法律的权威性，不能轻易更改法律的规定。强制性标准的范围涉及标准体制问题，国际上多数国家按照世界贸易组织（WTO）的技术法规和技术标准构成技术文件，我国标准体制改革正在逐步向国际惯例靠拢。

世界贸易组织制定的"技术贸易壁垒协定"，对技术法规给出的范围为：国家安全、防止欺骗、保护人体健康和安全、保护动植物的生命和健康、保护环境。

国际通行的技术法规与本规定的强制性条文在法律属性上是相近的，因此，它所确立的范围为"质量、安全、卫生及环境保护"和"公共利益"。

三、工程建设强制性标准的监督管理

建设部于2000年8月25日批准发布《实施工程建设强制性标准监督规定》，这标志着实施工程建设强制性标准的监督有法可依、有章可循了。《实施工程建设强制性标准监督规定》的出台对整个工程建设标准化工作具有重要的意义：第一，落实了标准化工作的

三大任务,即制定标准、实施标准和对标准实施的监督;第二,规划了标准体制改革的方向;第三,对违反强制性标准的处罚有了明确、具体的规定。

(一)制定标准的必要性

工程建设标准化是我国基本建设中一项重要的基础性工作。近20年来,我国的经济体制经历了一个不断深化改革的过程,尤其是在建立和完善我国社会主义市场经济体制的过程中,建设市场的形成对工程建设标准化工作,提出了新的和更高的要求。工程建设标准化工作在党的改革开放政策的指引下,经过了专家们多年来的努力,各类工程建设标准的数量已达到3400项,基本上解决了工程建设领域标准规范的有无问题,满足了各行业、各环节工程建设的实际需要。在新的形势下,围绕以规范建设市场行为,促进技术进步,提升传统产业,强化标准规范的实施力度,确保建设工程的质量和安全,为逐步形成有效的政府对工程建设技术的宏观调控机制,已经成为工程建设标准化工作的中心任务。

标准规范批准发布后,如果不能在实际工作中得以贯彻执行,就只能是一纸空文,标准规范的作用将难以发挥。对于标准规范的实施,《标准化法》、《建筑法》、《消防法》、《人民防空法》、《能源法》等法律和法规有着专门的规定和要求。作为政府部门,加强标准规范实施的监督管理,有着非常重要的意义。建设部是全国工程建设标准化的综合管理部门,组织制定《工程建设标准实施监督规定》,推动标准规范实施监督工作的开展,规范这项工作的执行,是十分必要的,其主要原因有:

1. 按照《标准化法》的规定,标准化工作的任务包括制定标准、实施标准和对标准实施的监督。过去,各级工程建设标准化管理部门的主要力量在于制定标准,标准的实施主要靠从事工程建设活动单位和个人的自觉性;而对于实施标准的监督,则一直是一个薄弱环节。

2. 1998年国务院制定的建设部"三定"方案,明确了对标准实施进行监督是建设部的一项重要行政职能。早在1997年召开的"全国工程建设标准定额工作会议"上,就已经提出了要加强标准定额的实施监督工作,并要求各级建设行政主管部门将这项工作纳入工程建设标准化的日常工作之中。2008年国务院批准的《住房和城乡建设部主要职责内设机构和人员编制规定》再次保留了此项职能。

3. 按照工程建设标准的立法体系,第一层次是《中华人民共和国标准化法》(1988年颁布);第二层次是《中华人民共和国标准化法实施条例》(1990年颁布)、《建设工程质量管理条例》(2000年颁布)和《工程建设标准化管理规定》(待国务院批准);第三层次是《工程建设国家标准管理办法》(1992年颁布)、《工程建设行业标准管理办法》(1992年颁布)和《工程建设标准实施监督规定》等。《工程建设标准实施监督规定》是工程建设标准化法规建设中的一个组成部分。

4. 当前,工程建设的质量和安全受到了党中央、国务院领导以及建设部领导的高度重视,受到了从事工程建设活动各有关方面以及人民群众的广泛关注。一些工程建设中发生的质量事故或安全事故,虽然呈现的结果是多种多样的,但其原因都是违反标准的规定,特别是强制性标准的规定。反过来,如果严格按照标准、规范、规程去执行,工程的安全和质量是能够得到保证的,就绝对不会出现桥垮屋塌的现象,这一点已成为广大工程技术人员的共识,并且被大量的工程实例所证明。

(二)制定标准的目的

1. 完善标准化的任务。《中华人民共和国标准化法》规定，制定标准、组织实施标准和对标准的实施进行监督是标准化工作的总任务。这一规定充分体现了标准化的全过程，完整地反映了标准化的基本定义。应注意的是这三项任务是对整个标准化工作而言，并非对某一机构而言。制定标准是标准化工作的重要组成部分，《标准化法》对各级各类标准的制订作了明确的规定；组织实施标准是标准制定部门、使用标准的部门和企业将标准贯彻到建设活动中去的过程，它是标准制定部门、使用标准的部门和企业的共同任务；对实施标准的监督应当是对贯彻标准的全过程进行的，并在标准化管理部门的指导下进行。

2. 贯彻落实《建设工程质量管理条例》的需要。2000年3月国务院颁布了《建设工程质量管理条例》，该条例对工程建设领域意义重大，不仅对违法行为进行重罚外，还在制度建设方面有新的突破。第一是明确了参与建设活动各方的责任主体，并对工程竣工后实行备案制度；第二是对设计阶段实行审查制度；第三是对执行强制性标准实行监督检查制度。这三个制度的建立，其内容都直接涉及标准化工作制度的创新。要建立实施强制性标准监督制度，就应当有一个规范这种行为的法规，而在实施工程建设标准监督方面却一直没有专门的规定。

3. 按照《建设工程质量管理条例》的要求，规范实施工程建设强制性标准是监督活动的需要。当前，违反标准规范，只有造成后果以后，才能依据标准的规定按照有关法规进行处罚。而一旦造成后果以后，其影响较大，不仅涉及投资，还涉及安全等一系列的问题，一般单位或者个人是难以挽回损失的，因此应当从以事后处罚为主改为事前控制和过程控制为主，事后处罚为辅。这就需要参与建设活动各方主体，在基本建设活动程序过程中受到应有的监督。《实施工程建设强制性标准监督规定》从强制性标准的要求出发，规定了实施工程建设强制性标准监督应该遵循的原则和程序。

（三）监督检查的内容

根据《实施工程建设强制性标准监督规定》的内容的规定：有关审查机关、审查单位和监督机构，应当对下列几个方面进行强制性标准的监督检查：

1. 应对建设单位、设计单位、施工单位和监理单位是否组织有关工程技术人员对工程建设强制性标准的学习和考核进行监督检查。对未能按期组织学习和考核的单位应予以批评，并应责令其采取措施，达到熟悉掌握标准的目的；对未经学习和考核的技术人员，不得参与勘察、设计、施工、监理、审查和监督等工作。

2 应对本行政区域内的建设工程项目，根据各建设工程项目实施的不同阶段，分别对其规划、勘察、设计、施工、验收等阶段监督检查，对一般工程的重点环节或重点工程项目，应加大监督检查的力度。对发现违反强制性标准的工程，应按《建设工程质量管理条例》和本规定的罚则进行处理。

3. 对建设工程项目采用的建筑材料、设备，必须按强制性标准的规定进行进场验收，以符合合同约定和设计要求。建设单位不得明示或暗示施工单位使用不合格的建筑材料、建筑构配件和设备；设计单位对设计文件选用的建筑材料、建筑构配件和设备，不得指定生产厂、供应商；施工单位不得滥用或错误使用建筑材料、建筑构配件和设备。

4. 在建设工程项目的整个建设过程中，严格执行工程建设强制性标准，确保工程项目的工期和质量，建设单位作为责任主体，负责对工程建设各个环节的综合管理工作。因此，必须规范建设单位的行为。建设单位不得明示或暗示设计、施工单位违反工程建设强制性标准,任意压缩工期、降低工程质量;勘察、设计单位应遵照工程建设强制性标准和有关技术标准进行工程的勘察和设计,施工图设计文件未经审查批准的,不得使用;施工单位应按工程设计图纸和工程建设强制性标准及有关技术标准进行施工,不得擅自修改工程设计,不得偷工减料。工程监理单位对施工质量实施监督,并对施工质量承担监督责任。

5. 为了便于工程设计和施工的实施,社会上编制了各专业工程的导则、指南、手册、计算机软件等,它们为工程设计和施工提供了具体、辅助的操作方法和手段,但是,它们应遵照而不得擅自修改工程建设强制性标准和有关技术标准中的有关规定。凡有擅自修改工程建设强制性标准有关规定的,设计与施工单位应禁止使用,并应通报有关管理部门。负责组织出版导则、指南、手册、计算机软件等的部门和单位,应提请工程建设标准的批准部门或有关部门进行技术论证和审查。

(四)监督检查职责和监督检查方式

工程建设标准批准部门对工程项目执行强制性标准情况进行监督检查是法律赋予的职责。根据《建设工程质量管理条例》和住房和城乡建设部职能,工程建设标准批准部门除了具有组织编写、审查、批准、发布工程建设强制性标准的职能外,还应当对标准的执行情况进行监督检查。

监督检查方式有三种,即重点检查、抽查和专项检查。

1. 重点检查。一般是指对于某项重点工程,或工程中某些重点内容进行的检查。这种检查通常有较强的针对性,检查的重点与目的比较明确。比如,为了掌握世界银行贷款项目的工程质量状况,就可以对所有利用世界银行贷款建设的工程项目进行检查;为了了解近期以来工程结构的安全状况,可以对去年某月某日后开工的工程结构施工质量进行重点检查;为了确保小学校舍建设质量,可以开展对全国小学教学楼施工质量的重点检查,等等。

2. 抽查。一般指采用随机方法,在全体工程或某类工程中抽取一定数量进行检查,即统计理论中从母体中抽取样本进行检查。这些被抽查的工程项目应该具有一定的代表性。这样检查的目的,不仅是了解被查工程执行强制性标准的情况,还要借此了解未检查到的其他工程在这方面的情况。实际上,建设部不定期组织的全国工程质量大检查就是一种比较典型的全国性的工程建设强制性标准贯彻执行情况的大抽查。

3. 专项检查。是指对建设项目在某个方面或某个专项执行强制性标准情况进行的检查。目的是查明某个专项内容执行强制性标准情况以及存在的问题等。

以上三种检查方式,实际上是最常用也是最有效的检查方式。需注意的是,无论哪种方式的检查,均应以检查强制性标准的执行情况为主线。

四、工程建设强制性标准执法检查

工程建设标准批准部门应当对工程项目执行强制性标准情况进行监督检查。监督检查可以采取重点检查、抽查和专项检查的方式。

强制性标准监督检查的内容包括:

有关工程技术人员是否熟悉、掌握强制性标准;工程项目的规划、勘察、设计、施工、验收等是否符合强制性标准的规定;工程项目采用的材料、设备是否符合强制性标准的规定;工程项目的安全、质量是否符合强制性标准的规定;工程中采用的导则、指南、手册、计算机软件的内容是否符合强制性标准的规定。工程技术人员应当参加有关工程建设强制性标准的培训，并可以计入继续教育学时。任何单位和个人对违反工程建设强制性标准的行为有权向建设行政主管部门或者有关部门检举、控告、投诉。

五、不符合强制性标准规定的处理

按照建设部《实施工程建设强制性标准监督规定》，工程建设中拟采用的新技术、新工艺、新材料，不符合现行强制性标准规定的，应当由拟采用单位提请建设单位组织专题技术论证，报批准标准的建设行政主管部门或者国务院有关主管部门审定；工程建设中采用国际标准或者国外标准，现行强制性标准未作规定的，建设单位应当向国务院建设行政主管部门或者国务院有关行政主管部门备案。

不符合现行强制性标准规定的与现行强制性标准未作规定的是不一样的。对于新技术、新工艺、新材料不符合现行强制性标准规定的，是指现行强制性标准（实质是强制性条文）中已经有明确的规定或者限制，而新技术、新工艺、新材料达不到这些要求或者超过其限制条件，这时如果现行强制性标准中未作规定，则不受建设部《实施工程建设强制性标准监督规定》的约束；对于国际标准或者国外标准的规定，现行强制性标准未作规定，采纳时应当办理备案程序，此时应当由采纳单位自负其责，但是，如果国际标准或者国外标准的规定不符合现行强制性标准规定，则不允许采用，这时国际标准或者国外标准的规定属于新技术、新工艺、新材料的范畴，则应该按照新技术、新工艺、新材料的约束进行办理审批程序。

1. 科学技术是推动标准化发展的动力。人们的生产实践活动都需要运用科学技术，依照对客观规律的认识，掌握了科学技术和实践经验，去制定一套生产建设活动的技术守则，以指导、制约人们的活动，从而避免因违反客观事物规律受到惩罚或经济损失，同时也是准确评价劳动成果，公正解决贸易纠纷的尺度，通过标准来指导生产建设，促进工程质量、效益的提高，科学技术成为标准的重要组成部分，也是推动标准化发展的动力。

标准是以实践经验的总结和科学技术的发展为基础的，它不是某项科学技术研究成果，也不是单纯的实践经验总结，而必须是体现两者有机结合的综合成果。实践经验需要科学的归纳、分析、提炼，才能具有普遍的指导意义；科学技术研究成果必须通过实践检验才能确认其客观实际的可靠程度。因此，任何一项新技术、新工艺，新材料要纳入到标准中，必须具备：①技术鉴定；②通过一定范围内的试行；③按照标准的制定提炼加工。

标准与科学技术发展密切相连，标准应当与科学技术发展同步，适时将科学技术纳入到标准中去。科技进步是提高标准制订质量的关键环节。反过来，如果新技术、新工艺、新材料得不到推行，就难以获取实践的检验，也不能验证其正确性，纳入到标准中会不可靠，为此，给出适当的条件允许其发展，是建立标准与科学技术桥梁的重要机制。

2. 层次的界限。在本条的规定中，分出了两个层次的界限：①不符合现行强制性标准规定的；②现行强制性标准未作规定的。这两者的情况是不一样的，对于新技术、新工艺、新材料不符合现行强制性标准规定的，是指现行强制性标准（实质是强制性条文）中已经有明确的规定或者限制，而新技术、新工艺、新材料达不到这些要求或者超过其限制条件，这时如果现行强制性标准中未作规定，则不受本规定的约束；对于国际标准或者国外标准的规定，现行强制性标准未作规定，采纳时应当办理备案程序，此时应当由采纳单位自负其责，但是，如果国际标准或者国外标准的规定不符合现行强制性标准规定，则不允许采用，这时国际标准或者国外标准的规定属于新技术、新工艺、新材料的范畴，则应该按照新技术、新工艺、新材料的约束进行办理审批程序。

需要说明的是，建设部在1997年颁布的第59号部长令《超限高层建筑工程抗震设防管理暂行规定》规定，超限高层建筑工程是指超出现行有关技术标准所规定的适用高度、高宽比限值或体型规则性要求的高层建筑工程，也就是指有关抗震方面强制性标准没有作出规定的，应当按照第59号令执行。对于强制性标准明确作出规定的，而不符合时，应当按照本规定执行。

3. 国际标准和国外标准。积极采用国际标准和国外先进标准是我国标准化工作的原则。国际标准是指国际标准化组织ISO和国际电工委员会IEC所制定的标准，以及ISO确认并公布的其他国际组织制定的标准。

国外标准是指未经ISO确认并公布的其他国际组织的标准、发达国家的国家标准、区域性组织的标准、国际上有权威的团体和企业（公司）标准中的标准。

由于国际标准和国外标准制订的条件不尽相同，在我国对此类标准实施时，如果工程中所采用的国际标准和国外标准，规定的内容不涉及强制性标准的内容，一般在双方约定或者合同中采用即可，如果涉及强制性标准的内容，即与安全、卫生、环境保护和公共利益有关，此时在执行标准上涉及国家主权的完整问题，因此，应纳入标准实施的监督范畴。

4. 程序。无论是采用新技术、新工艺、新材料还是采用国际标准或者国外标准，首先是建设项目的建设单位组织论证决定是否采用，然后按照项目的管理权限通过负责实施强制性标准监督的建设行政主管部门或者其他有关行政部门，根据标准的具体规定向标准的批准部门提出。国务院建设行政主管部门、国务院有关部门和各省级建设行政主管分别作为国家标准和行业标准的批准部门，根据技术论证的结果确定是否同意。

第四节　工程建设标准化法律制度案例

案例 1

一、基本案情

江苏省无锡市太湖娱乐城工程地处无锡闹市区，主体地上22层，地下3层，建筑面积47800m^2，该工程建设单位为无锡太湖娱乐城总公司，工程监理单位为无锡同济建筑工程监理公司。该工程建筑结构、水电暖通设计由无锡市建筑设计研究院承担，建筑结构土建施工由无锡市第二某建筑工程总公司承建，基坑围护结构设计和施工单位为南京勘察工程公司，工程桩基施工也同时由南京勘察工程公司承建。该工程自1995年2月开始由南京勘察工程公司进场开始围护及桩基施工，于1995年9月开始从东向西进行挖土、内支撑安装及桩间压密注浆施工，于1996年4月13日基本完成深基坑围护支护工程项目，1996年4月13日至4月20日，继续以人工挖除基坑西南角剩余土方约2000m^3，同年4月20日下午5时左右，基坑西南剩余土方基本挖清后，不满10小时，即于当夜4月21日凌晨2时25分左右，基坑西南角发生倒塌。

二、事故责任的分析和处理

无锡市太湖娱乐城工程的基坑围护结构系由南京勘察工程公司一体负责设计和施工,该公司一并对施工防护、基坑安全以及施工场地周围建筑物、地下管线的保护负责作出了合同承诺。在该基坑维护支护结构的设计和施工实践中,南京勘察工程公司应认真掌握该基坑围护支护的技术条件,对可能发生的各种情况进行强度和变形计算分析,且须加强管理。但在基坑围护支护结构的设计和施工中,该公司仅进行单一情况的强度计算,特别是对该基坑西边线的大转折凸角节点受力复杂部位考虑疏漏,未进行受力分析和变形计算,形成薄弱突破点,留下严重隐患。在施工中发现有关情况又未采取有效措施,致使该处钢围檩凸角节点连接焊缝强度严重不足,在土的被动压力减小后而首先破坏失效,引起基坑西南角维护支撑系统失去平衡稳定,而发生该基坑局部坍塌。作为该基坑围护支护结构设计和施工的一体承建的南京勘察工程公司是该基坑部分坍塌事故的主要责任单位,该单位的工程项目设计负责人和工程项目施工现场负责人应为主要责任人。该工程深基坑西南角部位于1996年4月21日坍塌前一段时间,已明显出现周边邻近道路沉降和裂缝的非正常迹象,且不断有所发展,甚至临近4月21日该基坑部分坍塌前更曾明显发生险情迹象,但均未受到现场有关方面的应有重视,而心存侥幸,未采取妥善预防措施,因此,无锡太湖娱乐城总公司作为建设单位,疏忽严格管理,应部分承担组织管理责任。

1. 南京勘察工程公司为该事故的主要责任单位,承担赔偿事故经济损失的80%。在事故处理、经济损失赔偿实现前,吊销该单位进入无锡市"进市施工许可证"。在调查中发现有转包现象,由建设行政主管部门另行处理。该单位的事故责任人,由有关部门按规定进行处理。

2. 太湖娱乐城总公司应部分承担组织管理的责任,承担事故经济损失的20%。

3. 对周围建筑物的维修加固费用,考虑到基坑坍塌事故发生前已有一定影响,故可作为工程预算按实际发生数进入工程总造价中处理。

4. 土方总包单位苏州地质工程勘察院以及分包单位锡山市市政运输公司在基坑土方工程施工中也有缺陷,给予通报批评。

5. 无锡同济建筑工程监理公司监理不力,给予行政批评,并督促其加强管理。

三、案例评析

《建筑法》第37条规定:"建筑工程设计应当符合按照国家规定制定的建筑安全规程和技术规范,保证工程的安全性能。"《建设工程质量管理条例》第19条第1款规定:"勘察、设计单位必须按照工程建设强制性标准进行勘察、设计,并对其勘察、设计的质量负责。"本案中,南京勘察工程公司仅进行单一情况的强度计算,造成重大质量隐患,实际上是违反工程建设强制性标准的行为,依法应当承担法律责任。

案例 2

1. 江苏省泰兴市鼓楼北路1号商住楼

该工程建筑面积$5461m^2$,六层砖混结构,一层为商业用房,二至六层为住宅。由泰兴市城镇建设开发总公司开发建设,丹徒县建筑设计研究院勘察队进行岩土工程勘察,泰兴市建筑设计院设计,泰兴市新市建筑安装工程有限公司施工,泰兴市工程建设监理有限公司监理。在检查中专家发现,在这项工程中勘察地质结构的方法、判定建筑物场地类别的方法都是错误的。其一层结构设计方案不合理,抗震构造柱有漏设,构造柱箍筋相当一部分弯钩不符合规范要求(135°),砌筑砂浆饱满度不够。必须对结构方案、抗震构造、受力计算进行全面审核后,提出相应的处理方案,消除结构隐患。

2. 湖北武汉佳园19号楼

该工程为七层砖混结构。由武汉房地产开发集团股份有限公司开发建设,湖北省地质勘察基础工程公司勘察,武汉华太建筑设计工程有限公司设计,福建惠安建筑工程发展公司武汉分公司施工。该工程勘察报告无钻孔柱状图,违反《岩土工程勘察规范》的规定。勘察报告中夯扩桩参数违反《建筑桩基技术规范》的规定。施工中混凝土的养护、内外墙留槎处理、砌体洞口的处理、三层柱C-4轴强度、部分砌体拉结筋等多方面违反工程建设标准强制性条文。

3. 浙江省杭州市拱西小区浙麻小学

该工程建筑面积$7162m^2$,五层框架结构。由拱宸桥旧城改造国道指挥部建设,煤炭工业部杭州建筑设计研究院设计,浙江省化工地质勘察院勘察,杭州明康建设监理有限公司监理,杭州广天建筑安装有限公司施工。该工程桩基持力层是第5层黏土夹粉质黏土,层面起伏较大,勘察单位没有按规范要求加密勘探孔;第2层土11个土样大部分为粉质黏土,仅1个土样为黏质粉土,勘察报告却竟将该层确定为黏质粉土,严重违反了《岩土工程勘察规范》的规定。施工质量问题也很严重,混凝土柱多处烂根,部分混凝土柱钢筋表面锈蚀严重;个别混凝土梁移位3cm,使上部墙体部分悬空。经混凝土回弹仪测试,二层框架混凝土强度只达到原设计强度等级C25的71.2%和84.8%。抽测二层楼面板,设计板厚110mm,实测两点板厚分别为104mm、100mm,违反了《混凝土结构工程施工质量验收规范》(GB 50204—2002),完全是粗制滥造。

4. 湖南省岳阳市华泰小区2号住宅楼

该工程建筑面积$3484m^2$,六层砖混结构。由岳阳纸业集团华泰木材公司建设,湖南水文地质基础工程勘察院勘察,岳阳造纸厂造纸设计研究所设计,岳阳工程公司施工。经查,勘察单位对场地类别判定依据不足;对第2层土的认识、评价不合理,导致结论错误。检查中还发现,预应力多孔楼板存在大量蜂窝、多处露筋严重。还发现设计单位无房屋设计资质,属无证设计。

5. 山东省章丘市阜村煤矿机关18号宿舍

该工程建筑面积$5680m^2$,六层砖混结构。由淄博矿务局建设,章丘建筑设计院设计,章丘明水二建施工,章丘市监理公司监理。该工程设计前未做场地勘察,利用距拟建建筑物分别为40m和50m的两份勘察报告提供的地基承载力进行设计。

6. 甘肃省兰州市解放门立交桥

该工程造价7940万元,结构类型为单跨20m混凝土桥。由兰州市城建投资公司建设,兰州市城市建设设计院勘察设计,兰州沿河工程监理有限公司监理,兰州市市政工程总公司施工。检查中发现,该工程初勘报告提示可能存在地质断裂带,需要进行详勘,但建设单位未委托有关勘察单位进行详细勘察,设计单位仅依据初勘报告进行结构设计,违反了《建设工程质量管理条例》的规定。

7. 新疆克拉玛依家佳乐超市

该工程建筑面积$19645m^2$,为框架结构。由克拉玛依市供销社建设,新疆时代石油工程有限公司勘察,克拉玛依市建筑规划设计院设计,克拉玛依市监理公司监理,克拉玛依市三联工程建设有限责任公司施工。该工程二层一框架柱主筋严重偏位,且竖向500mm长度内无箍筋(设计箍筋间距为200mm);底层框架柱设计强度为C30,现场回弹强度普遍偏低;一层柱(400mm×400mm)根部(300mm处)预留110mm×110mm方洞,没有结构设计确认;该工程有局部地下独立工程,设计单位未进行抗浮计算。

8. 河南省郑州市西三环郑上路立交桥

该工程长43.7km,另有5座桥,工程总造价14亿元。由郑州市环城路工程指挥项目部建设,铁道部隧道工程局勘测设计院勘察设计,郑州新开源工程监理咨询公司监理,河南第五建筑工程公司施工。该工程勘察钻孔孔数、孔深都达不到规范要求,未采用现场静载荷载试验确定单桩承载力,违反《建筑桩基技术规范》。33m后张法T形梁端部锚头下端碎裂,违反《市政桥梁工程质量检验评定标准》。

第十一章 工程建设风险防范制度

第一节 工程建设保险制度

一、工程建设保险概述

（一）工程建设保险的概念

工程建设保险，是指业主或承包商为了工程建设项目顺利完成而对工程建设中可能产生的人身伤害或财产损失，而向保险公司投保以化解风险的行为。业主或承包商与保险公司订立的保险合同，即为工程建设保险合同。

（二）工程建设的各种风险

工程建设一般都具有投资规模大、建设周期长、技术要求复杂、涉及面广等特点。正是由于这些特点，使得建筑业成为一种高风险的行业。工程建设领域的风险主要有以下几方面：

1. 建筑风险。指工程建设中由于人为的或自然的原因，而影响工程建设顺利完成的风险，包括设计失误、工艺不善、原材料缺陷、施工人员伤亡、第三者财产的损毁或人身伤亡、自然灾害等。

2. 市场风险。与发达国家和地区的建筑市场相比，我国的建筑市场发展得还很不成熟。不成熟的市场带来的一个突出问题是信用，业主是否能够保证按期支付工程款，承包商是否能够保证质量、按期完工，对于承包合同双方当事人都是未知的，这是市场所带来的风险。

3. 政治风险。稳定的政治环境，会对工程建设产生有利的影响，反之，将会给市场主体带来顾虑和阻力，加大工程建设的风险。

4. 法律风险。一般涉外工程承发包合同中，都会有"法律变更"或"新法适用"的条款。两个国家关于建筑、外汇管理、税收管理、公司制度等方面的法律、法规和规章的办法和修订都将直接影响到建筑市场各方的权利义务，从而进一步影响其根本利益。现在，我国的建筑市场主体也愈发关注法律规定对其自身的影响。

（三）工程建设保险的作用

对上述种种风险，如不采取有效措施加以防范，不仅会大大影响工程建设项目的顺利进行，而且可能使有关当事人遭到巨大的损失，甚至破产。因此，在工程建设领域开展工程保险，是防范工程建设风险的必然要求。工程建设保险的作用体现在预防风险和补偿风险损失两方面：

1. 预防风险

引进工程建设保险意味着将保险公司引进工程建设领域。保险公司从商业利益角度出发，为了减轻或避免风险的产生，必将对工程的施工、设备的安装进行必要的监督，并针对投保的项目、投保人的资质、信誉进行全面的审查和监督，从而有效地减少和避免风险的发生,这是在风险产生之前对风险进行预防的一种措施。

2. 补偿风险损失

在保险事故发生后,保险公司积极理赔,使投保人由此而产生的损失和费用降至最低,这又是一种在风险发生后对风险损失进行补偿的机制。

这种预防风险和补偿风险损失相结合的保险机制,能够有效地保证工程建设项目的顺利进行。

(四)国内外实施工程建设保险的情况

工程保险按是否具有强制性分为两大类:强制保险和自愿保险。强制保险系工程所在国政府以法规明文规定承包商必须办理的保险。自愿保险是承包商根据自身利益的需要,自愿购买的保险。这种保险虽非强行规定,但对承包商转移风险很有必要。

1. 国内方面

我国对于工程建设保险的有关规定很薄弱,尤其是在强制性保险方面。除《建筑法》规定建筑施工企业必须为从事危险作业的职工办理意外伤害保险属强制保险外,《工程建设施工合同范文本》第 40 条也规定了保险内容。但是,这 1 条 6 款不够详细,缺乏操作性,再加上示范文本强制性不够,工程保险在实际操作中会大打折扣。

2. 国际方面

强制性工程保险是一种国际惯例。在英国,未投保工程险的建设项目将无法获得银行的贷款,因为对于贷款银行来说,未投保工程险的建设项目,一旦发生损失或意外风险,银行的贷款安全将无法保证。另外,法国还规定了十年责任险,作为承包商的强制性义务,要求承包商在工程验收前必须向政府指定的保险公司投保,否则工程不予验收。

1988 年修订的第四版 FIDIC 条款中的通用条件中,有关工程保险的条款有 20.1 工程和承包商设备的保险、21.2 保险范围、21.4 保险不包括的项目、23.1 第三方保险(包括业主的财产)、23.2 保险的最低数额、23.3 交叉责任、24.2 人员的事故保险、25.1 保险证据和条款、25.2 保险的完备性、25.3 对承包商未办保险的补救办法、25.4 遵守保险单的条件,这些条款详尽的规定了工程保险的内容。NEC 合同条件把保险列入了核心条款,AIA 工程承包合同通用条款也详尽的规定了 11.1 承包商职责内保险、11.2 业主的责任险、11.3 项目管理防护责任险、11.4 财产保险等工程保险条款。

除了通过标准合同文本来规定工程中的保险要求外,市场机制的作用客观上使业主和承包商必须投保工程保险。支付对于工程投资来说少量的工程保险费,在风险频繁的工程建设中,一旦遇到事故或意外损失,就能够获得明确的保障,这种国际上通过长期实践积累的保障风险的方法,我们完全应当在市场条件下借鉴和引用。

(五)工程建设保险的种类

除强制保险与自愿保险的分类方式外,《中华人民共和国保险法》(以下简称《保险法》)把保险种类分为人身保险和财产保险。自该法施行以来,在工程建设方面,我国已尝试过人身保险中的意外伤害保险、财产保险中的建筑工程一切险和安装工程一切险。《保险法》第 91 条第 1 款第 1 项规定:"财产保险业务,包括财产损失保险、责任保险、信用保险等保险业务。"

1. 意外伤害险

意外伤害险,是指被保险人在保险有效期间,因遭遇非本意的、外来的、突然的意外事故，致使其身体蒙受伤害而残疾或死亡时，保险人依照合同规定给付保险金的保险。《建筑法》第 48 条规定："建筑施工企业必须为从事危险作业的职工办理意外伤害保险，支付保险费。"

2. 建筑工程一切险及安装工程一切险

建筑工程一切险及安装工程一切险是以建筑或安装工程中的各种财产和第三者的经济赔偿责任为保险标的的保险。这两类保险的特殊性在于保险公司可以在一份保单内对所有参加该项工程的有关各方都给予所需要的保障，换言之，即在工程进行期间，对这项工程承担一定风险的有关各方，均可作为被保险人之一。

建筑工程一切险一般都同时承保建筑工程第三者责任险，即指在该工程的保险期内，因发生意外事故所造成的依法应由被保险人负责的工地上及邻近地区的第三者的人身伤亡、疾病、财产损失，以及被保险人因此所支出的费用。本节将在后面重点对建筑工程一切险及安装工程一切险进行介绍。

3. 职业责任险

职业责任险是指承保专业技术人员因工作疏忽、过失所造成的合同一方或他人的人身伤害或财产损失的经济赔偿责任的保险。工程建设标的额巨大、风险因素多，建筑事故造成损害往往数额巨大，而责任主体的偿付能力相对有限，这就有必要借助保险来转移职业责任风险。在工程建设领域，这类保险对勘察、设计、监理单位尤为重要。

4. 信用保险

信用保险是以在商品赊销和信用放款中的债务人的信用作为保险标的，在债务人未能履行债务而使债权人遭致损失时，由保险人向被保险人即债权人提供风险保障的保险。信用保险是随着商业信用、银行信用的普遍化以及道德风险的频繁而产生的，在工程建设领域得到越来越广泛的应用。

二、建筑工程一切险

建筑工程一切险承保各类民用、工业和公用事业建筑工程项目，包括道路、水坝、桥梁、港埠等，在建造过程中因自然灾害或意外事故而引起的一切损失。

建筑工程一切险往往还加保第三者责任险，即保险人在承保某建筑工程的同时，还对该工程在保险期限内因发生意外事故造成的依法应由被保险人负责的工地及邻近地区的第三者的人身伤亡、疾病或财产损失，以及被保险人因此而支付的诉讼费用和事先经保险人书面同意支付的其他费用，负赔偿责任。

（一）建筑工程一切险的投保人与被保险人

1. 建筑工程一切险的投保人

根据《保险法》，投保人是指与保险人订立保险合同，并按照保险合同负有支付保险费义务的人。

建筑工程一切险多数由承包商负责投保，如果承包商因故未办理或拒不办理投保或拒不投保，业主可代为投保，费用由承包商负担。如果总承包商未曾对分包工程购买保险的话，负责该分包工程的分包商也应办理其承担的分包任务的保险。

2. 建筑工程一切险的被保险人

被保险人是指其财产或者人身受保险合同保障，享有保险金请求权的人，投保人可以为被保险人。

在工程保险中，除投保人外，保险公司可以在一张保险单上对所有参加该项工程的有关各方都给予所需的保险。即凡在工程进行期间，对这项工程承担一定风险的有关各方，均可作为被保险人。

建筑工程一切险的被保险人可以包括：

（1）业主；

（2）总承包商；

（3）分包商；

（4）业主聘用的监理工程师；

（5）与工程有密切关系的单位或个人，如贷款银行或投资人等。

凡有一方以上被保险人存在时，均须由投保人负责交纳保险费，并应及时通知保险公司有关保险标的在保险期内的任何变动。

由于工程建设的被保险人不止一家，而且各家被保险人各为其本身的权益以及义务而向保险公司投保。为了避免相互之间追偿责任，大部分保险单都加贴共保交叉责任条款。根据这一条款，每一被保险人如同各自有一张单独的保单，其责任部分的损失就可以获得相应赔偿。如果各个被保险人发生相互之间的责任事故，每一责任的被保险人都可以在保单项下获得赔偿。这样，这些事故造成的损失，都可以由出保单的公司负责赔偿。无须根据责任在相互之间进行追偿。

（二）建筑工程一切险的承保范围

1. 建筑工程一切险适用范围

建筑工程一切险适用于所有房屋工程和公共工程，尤其是：

（1）住宅、商业用房、医院、学校、剧院；

（2）工业厂房、电站；

（3）公路、铁路、飞机场；

（4）桥梁、船闸、大坝、隧道、排灌工程、水渠及港埠等。

2. 建筑工程一切险承保的内容

（1）工程本身。指由总承包商和分包商为履行合同而实施的全部工程。包括：预备工程，如土方、水准测量；临时工程，如引水、保护堤；全部存放于工地，为施工所必需的材料。包括安装工程的建设项目，如果建筑部分占主导地位的话，也就是说，如果机器、设施或钢结构的价格及安装费用低于整个工程造价的50%，亦应投保建筑工程一切险。如果安装费用高于工程造价的50%，则应投保安装工程一切险。

（2）施工用设施和设备。包括活动房、存料库、配料棚、搅拌站、脚手架，水电供应及其他类似设施。

（3）施工机具。包括大型陆上运输和施工机械、吊车及不能在公路上行驶的工地用车辆，不管这些机具属承包商所有还是其租赁物资。

（4）场地清理费。这是指在发生灾害事故后场地上产生了大量的残砾，为清理工地现场而必须支付的一笔费用。

（5）第三者责任，系指在保险期内，对因工程意外事故造成的、依法应由被保险人负责的工地上及邻近地区的第三者人身伤亡、疾病或财产损失，以及被保险人因此而支付的诉讼费用和事先经保险公司书面同意支付的其他费用等赔偿责任。但是，被保险人的职工的人身伤亡和财产损失应予除外（属于意外伤害保险）。

（6）工地内现有的建筑物。指不在承保的工程范围内的、所有人或承包人所有的工地内已有的建筑物或财产。

（7）由被保险人看管或监护的停放于工地的财产。

3. 建筑工程一切险承保危险与损害

建筑工程一切险承保的危险与损害涉及面很广，凡保险单中列举的除外情况之外的一切事故损失全在保险范围内，尤其是下述原因造成的损失：

（1）火灾、爆炸、雷击、飞机坠毁及灭火或其他救助所造成的损失；

（2）海啸、洪水、潮水、水灾、地震、暴雨、风暴、雪崩、地崩、山崩、冻灾、冰雹及其他自然灾害；

（3）一般性盗窃和抢劫；

（4）由于工人、技术人员缺乏经验、疏忽、过失、恶意行为或无能力等导致的施工拙劣而造成的损失；

（5）其他意外事件。

建筑材料在工地范围内的运输过程中遭受的损失和破坏，以及施工设备和机具在装卸时发生的损失等亦可纳入工程险的承保范围。

（三）建筑工程一切险的除外责任

按照国际惯例，属于除外的情况通常有以下诸种：

1. 由于军事行动、战争或其他类似事件，以及罢工、骚动、民众运动或当局命令停工等情况造成的损失（有些国家规定投保罢工骚乱险）；

2. 因被保险人的严重失职或蓄意破坏而造成的损失；

3. 因原子核裂变而造成的损失；

4. 由于合同罚款及其他非实质性损失；

5. 因施工机具本身原因即无外界原因情况下造成的损失（但因这些损失而导致的建筑事故则不属除外情况）；

6. 因设计错误（结构缺陷）而造成的损失；

7. 因纠正或修复工程差错（例如因使用有缺陷或非标准材料而导致的差错）而增加的支出。

（四）建筑工程一切险的保险期和保险金额

1. 建筑工程一切险的保险期

建筑工程一切险自工程开工之日或在开工之前工程用料卸放于工地之日开始生效，两者以先发生者为准。开工日包括打地基在内（如果地基亦在保险范围内）。施工机具保险自其卸放于工地之日起生效。

保险终止日应为工程竣工验收之日或者保险单上列出的终止日。同样，两者也以先发生者为准。实践中，建筑工程一切险的保险终止常有三种情况：

（1）保险标的工程中有一部分先验收或投入使用，则自该验收或投入使用日起，自动终止该部分的保险责任，但保险单中应注明这种部分保险责任自动终止条款。

（2）含安装工程项目的建筑工程一切险的保险单，通常要规定试车期，一般为一个月。

(3) 工程验收后一般还有一个质量保修期,《工程建设质量管理条例》对最低保修期限作出了规定。大多数情况下,建筑工程一切险的承保期可以包括为期一年的质量保证期(不超过质量保修期),但需加缴一定的保险费。质量保证期的保险合同自工程临时验收或投入使用之日起生效,直到规定的保证期满终止。

2. 建筑工程一切险的保险金额

保险金额是指保险人承担赔偿或者给付保险金责任的最高限额。保险金额不得超过保险标的的保险价值,超过保险价值的,超过的部分无效。

建筑工程一切险的保险金额按照不同的保险标的确定:

(1) 工程造价,即建成该项工程的总价值,包括设计费、建筑所需材料设备费、施工费(人工费和施工设备费)、运杂费、保险费、税款以及其他有关费用在内。如有临时工程,还应注明临时工程部分的保险金额。

(2) 施工机具和设备及临时工程。这些物资一般是承包商的财产,其价值不包括在承包工程合同的价格中,应另列专项投保。这类物资的投保金额一般按重置价值,即按重新换置同一牌号、型号、规格、性能或类似型号、规格、性能的机器、设备及装置的价格,包括出厂价、运费、关税、安装费及其他必要的费用计算重置价值。

(3) 安装工程项目。建筑工程一切险范围内承保的安装工程,一般是附带部分。其保险金额一般不超过整个工程项目保险金额的20%。如果保险金额超过20%,则应按安装工程费率计算保险费。如超过50%,则应按安装工程险另行投保。

(4) 场地清理费。按工程的具体情况由保险公司与投保人协商确定。场地残物的清理不仅限于合同标的工程,而且包括工程的邻近地区和业主的原有财产存放区。场地清理的保险金额一般不超过工程总保额的5%(大型工程)或10%(中小工程)。

(5) 第三者责任险的投保金额。根据在工程期间万一发生意外事故时,对工地现场和邻近地区的第三者可能造成的最大损害情况确定。

(五) 建筑工程一切险的免赔额

工程保险还有一个特点,就是保险公司要求投保人根据其不同的损失,自负一定的责任。这笔由被保险人承担的损失额称为免赔额。工程本身的免赔额为保险金额的0.5%~2%;施工机具设备等的免赔额为保险金额的5%;第三者责任险中财产损失的免赔额为每次事故赔偿限额的1%~2%,但人身伤害没有免赔额。

保险人向被保险人支付为修复保险标的遭受损失所需的费用时,必须扣除免赔额。支付的赔偿额极限相当于保险总额,但不超过保险合同中规定的每次事故的保险极限之和或整个保险期内发生的全部事故的总保险极限。

(六) 建筑工程一切险的保险费率

1. 建筑工程一切险的保险费率的组成

建筑工程一切险的保险费率通常要根据风险的大小确定。它由五个分项费率组成:

(1) 业主提供的物料及项目、安装工程项目、场地清理费、工地内现存的建筑物、业主或承包人在工地的其他财产等为一个总的费率,规定整个工期一次性费率计取。

(2) 施工用机器、装置及设备为单独的年度费率,因为它们流动性大,一般为短期使用,旧机器多,损耗大,小事故多。因此,此项费率高于第(1)项费率。如保期不足一年,按短期费率计收保费。

(3) 第三者责任险费率，按整个工期一次性费率计取。

(4) 保证性费率，按整个工期一次性费率计取。

(5) 各种附加保障增收费率或保费，也按整个工期一次性费率计取。

对于大型复杂的工程项目，可根据上述分类分别开具费率；对于一般性的工程项目，为方便起见，也可将上述（1）、（3）、（4）、（5）项合并成整个工程的平均一次性费率。对于上述第（2）项，在任何情况下都必须单独以年费率为基础开价承保，不得与总的平均一次性费率混在一起。

2. 建筑工程一切险的保险费率的制定依据

建筑工程一切险没有固定的费率表，其具体费率系根据以下因素结合参考费率表制定：

(1) 风险性质（气候影响和地质构造数据，如地震、洪水或水灾等）；

(2) 工程本身的危险程度、工程的性质及建筑高度、工程的技术特征及所用的材料、工程的建造方法等。

(3) 工地及邻近地区的自然地理条件，有无特别危险源存在；

(4) 巨灾的可能性，最大可能损失程度及工地现场管理和安全条件；

(5) 工期（包括试车期）的长短及施工季节，保证期长短及其责任的大小；

(6) 承包人及其他与工程有直接关系的各方的资信、技术水平及经验；

(7) 同类工程及以往的损失记录；

(8) 免赔额的高低及特种危险的赔偿限额。

工程保险往往有免赔额和赔偿限额的规定。这是对被保险人自己应负责任的规定。如果免赔额高、赔偿限额低，则意味着被保险人承担的责任大，则保险费率就应相应降低；如果免赔额低、赔偿限额高，则保险费率应相应提高。

3. 保险费的交纳

建筑工程一切险因保险期较长，保费数额大，可分期交纳保费，但出单后必须立即交纳第一期保费，而最后一笔保费必须在工程完工前半年交清。

如果在保险期内工程不能完工，保险可以延期，不过投保人须交纳补充保险费。延展期的补充保险费只能在原始保险单规定的逾期日前几天确定，以便保险人能及时准确地了解各种情况。

(七) 签订建筑工程一切险合同要点

1. 注意事项

(1) 一般不宜使用委托人，应当由承包商亲自办理。

(2) 建筑工程的名称一定要填写合同中指定的全称，不得缩写；地点一定要填写工程的详细地址及范围，因为保险公司对工地以外的损失如无特别加批是不予负责的。

(3) 要写明保险期、试车期或质量保证期。

(4) 保险金额、免赔额、费率、保费均应根据保险价值具体确定。工程结束以后根据工程最终建造价调整保额。若最终价额超过原始价额的5%，应出具批单调整，原费率按日比例增加或退还。

2. 提交材料

(1) 投保单；

(2) 工程承包合同；
(3) 承包金额明细表；
(4) 工程设计文件；
(5) 工程进度表；
(6) 工地地质报告；
(7) 施工平面图。

3. 保险人的现场查看记录

保险人在了解并掌握上述资料的基础上，应向投保人或其设计人了解核实，并对以下重点环节作出现场查勘记录：

(1) 工地的位置，包括地势及周围环境，例如邻近建筑物及人口分布状况，是否江、河、湖及道路和运输条件等；
(2) 安装项目及设备情况；
(3) 工地内有无现成建筑物或其他财产及其位置、状况等；
(4) 储存物资的库场状况、位置、运输距离及方式等；
(5) 工地的管理状况及安全保卫措施，例如防水、防火、防盗措施等。

4. 协商确定承保内容

承保人应与投保人进一步协商以明确以下承保内容：

(1) 建筑工程项目及其总金额；
(2) 物资损失部分的免赔额及特种危险赔偿限额；
(3) 是否投保安装项目及其名称、价值和试车期等；
(4) 是否投保施工机具设备及其种类、使用时间、重置价值等；
(5) 是否投保场地清理费及现成建筑物及其保额；
(6) 是否加保维修期保险及期限长短和责任范围；
(7) 是否投保第三者责任险及其赔偿限额和免赔额；
(8) 是否需要一些特别保障及条件、费率等。

三、安装工程一切险

(一) 安装工程一切险的概念和特点

1. 安装工程一切险的概念

安装工程一切险属于技术险种，其目的在于为各种机器的安装及钢结构工程的实施提供尽可能全面的专门保险。

由于工业化在世界范围内取得的进展，安装工程一切险在经济生活中占据着越来越重要的位置。目前，在国际工程承包领域，工程发包人都要求承包人投保安装工程一切险，在很多国家和地区，这种险是强制性的。

安装工程一切险主要适用于安装各种工厂用的机器、设备、储油罐、钢结构、起重机、吊车以及包含机械工程因素的各种工程建设。

2. 安装工程一切险的特点

安装工程一切险与建筑工程一切险有着重要的区别：

(1) 建筑工程保险的标的从开工以后逐步增加，保险额也逐步提高，而安装工程一切险的保险标的一开始就存放于工地，保险公司一开始就承担着全部货价的风险，风险比较集中。在机器安装好之后,试车、考核所带来的危险以及在试车过程中发生机器损坏的危险是相当大的,这些危险在建筑工程险部分是没有的。

(2) 在一般情况下,自然灾害造成建筑工程一切险的保险标的损失的可能性较大,而安装工程一切险的保险标的多数是建筑物内安装的设备(石化、桥梁、钢结构建筑物等除外),受自然灾害(洪水、台风、暴雨等)损失的可能性较小,受人为事故损失的可能性较大,这就要督促被保险人加强现场安全操作管理,严格执行安全操作规程。

(3) 安装工程在交接前必须经过试车考核,而在试车期内,任何潜在的因素都可能造成损失,损失率要占安装工期内的总损失的一半以上。由于风险集中,试车期的安装工程一切险的保险费率通常占整个工期的保费的三分之一左右,而且对旧机器设备不承担赔付责任。总的来讲,安装工程一切险的风险较大,保险费率也要高于建筑工程一切险。

(二) 安装工程一切险的投保人与被保险人

和建筑工程一切险一样,安装工程一切险应由承包商投保,业主只是在承包商未投保的情况下代其投保,费用由承包商承担。承包商办理了投保手续并交纳了保费后即成为被保险人。安装工程一切险的被保险人除承包商外还包括:

(1) 业主;
(2) 制造商或供应商;
(3) 技术咨询顾问;
(4) 安装工程的信贷机构;
(5) 待安装构件的买受人等。

(三) 安装工程一切险的责任范围及除外责任

1. 安装工程一切险的保险标的

(1) 安装的机器及安装费,包括安装工程合同内要安装的机器、设备、装置、物料、基础工程(如地基、座基等)以及为安装工程所需的各种临时设施(如水电、照明、通讯设备等)等。

(2) 安装工程使用的承包人的机器、设备。

(3) 附带投保的土木建筑工程项目,指厂房、仓库、办公楼、宿舍、码头、桥梁等。这些项目一般不在安装合同以内,但可在安装险内附带投保:如果土木建筑工程项目不超过总价的20%,整个项目按安装工程一切险投保;介于20%和50%之间,该部分项目按建筑工程一切险投保;若超过50%,整个项目按建筑工程一切险投保。

安装工程一切险也可以根据投保人的要求附加第三者责任险,这与建筑工程一切险是相同的。

2. 安装工程一切险承保的危险和损失

安装工程一切险承保的危险和损害除包括建筑工程一切险中规定的内容外,还包括:

(1) 短路、过电压、电弧所造成的损失;
(2) 超压、压力不足和离心力引起的断裂所造成的损失;
(3) 其他意外事故,如因进入异物或因安装地点的运输而引起的意外事件等。

3. 安装工程一切险的除外责任

安装工程一切险的除外情况主要有以下几种。

(1) 由结构、材料或在车间制作方面的错误导致的损失;

(2) 因被保险人或其派遣人员蓄意破坏或欺诈行为而造成的损失；
(3) 因功力或效益不足而遭致合同罚款或其他非实质性损失；
(4) 由战争或其他类似事件，民众运动或因当局命令而造成的损失；
(5) 因罢工和骚乱而造成的损失（但有些国家却不视为除外情况）；
(6) 由原子核裂化或核辐射造成的损失等。

（四）安装工程一切险的保险期限

1. 安装工程一切险的保险责任的开始和终止

安装工程一切险的保险责任，自投保工程的动工日（如果包括土建任务的话）或第一批被保险项目卸至施工地点时（以先发生为准），即行开始。其保险责任的终止日可以是安装完毕验收通过之日或保险物所列明的终止日，这两个日期同样以先发生者为准。安装工程一切险的保险责任也可以展延至为期一年的维修期满日。

在征得保险人同意后，安装工程一切险的保险期限可以延长，但应在保险单上加批并增收保费。

2. 试车考核期

安装工程一切险的保险期内，一般应包括一个试车考核期。考核期的长短应根据工程合同上的规定来决定。对考核期的保险责任一般不超过 3 个月，若超过 3 个月，应另行加收费用。安装工程一切险对于旧机器设备不负考核期的保险责任，也不承担其维修期的保险责任。如果同一张保险单同时还承保其他新的项目，则保险单仅对新设备的保险责任有效。

3. 关于安装工程一切险的保险期限应注意的问题

（1）部分工程验收移交或实际投入使用。这种情况下，保险责任自验收移交或投入适用之日即行终止，但保单上须有相应的附加条款或批文。

（2）试车考核期的保险责任期（一般定为三个月），系指连续时间，而不是断续累计时间。

（3）维修期应从实际完工验收或投入使用之日起算，不能机械地按合同规定的竣工日起算。

（五）安装工程一切险的保险金额的组成

安装工程一切险的保险金额包括物质损失和第三者责任两大部分。

如果投保的安装工程包括土建部分，其保额应为安装完成时的总价值（包括运费、安装费、关税等）；若不包括土建部分，则设备购货合同价和安装合同价加各种费用之和为保额；安装建筑用机器、设备、装置应按安装价值确定保额。通常对物质标的部分的保额先按安装工程完工时的估定总价值暂定，到工程完工时再根据最后建成价格调整。第三者责任的赔偿限额按危险程度由保险双方商定。

（六）安装工程一切险的保险额的具体确定办法

1. 安装工程项目

安装工程项目，是安装工程一切险的主要保险项目，包括被安装的机器设备、装置、物料、基础工程（地基、机座）以及工程所需的各种临时设施如水、电、照明、通讯等。安装工程一切险的承保标的大致有三种类型：

（1）新建工厂、矿山或某一车间生产线安装的成套设备；

（2）单独的大型机械装置，如发电机组、锅炉、巨型吊车、传送装置的组装工程；

（3）各种钢结构建筑物，例如储油罐、桥梁、电视发射塔之类的安装和管道、电缆敷设等。

安装工程项目的保险金额视承包方式而定：

（1）采用总承包方式，保险金额为该项目的合同总价；

（2）由业主引进设备，承包人负责安装并培训，保险金额为CIF价加国内运费和保险费及关税、安装费（人工、材料）、可能的专利、人员培训及备品、备件等费用的总和。

2. 土木建筑工程项目

土木建筑工程项目指新建、扩建厂矿必须有的工程项目，如厂房、仓库、道路、水塔、办公楼、宿舍等。其保险金额应为该工程项目建成的价格，包括勘察设计费、人工费、机械费、材料费、运杂费、税款及其他相关费用。如果这些项目已包括在一揽子承包合同价内，不必另行投保，但应加以说明。

3. 场地清理费

指发生承保危险所致的损失后为清理工地现场所支付的费用。此项费用的保额由被保险人自定并单独投保，不包括在合同价内。大型工程的场地清理费一般不超过总价的5%，小型工程一般不超过10%。

4. 工程业主或承包人在工地上的其他财产

指上述三项以外的可保标的，大致包括安装施工用机具设备、工地内现存财产、其他可保财产。

（1）施工机具设备一般不包括在承包工程合同价内，因此列入本项投保。这项保险金额应按重置价值，即重新换置同一型号、同种性能规格或类似性能规格和型号的机器、设备的价格，包括出厂价、运费、关税、机具本身的安装费及其他必要的费用在内。

（2）工地内现成财产指不包括在承包工程范围内，工程业主或承包人所有的或其保管的工地内已有的建筑物或财产。这笔保险金额可由保险双方商订，但最高不得超过该项现存财产的实际价值。

（3）其他可保财产指不能包括在上述四项范围之内的可保财产，其保险金额由双方商定。

以上四项保额之和构成物质损失总保险金额。

5. 第三者责任险的保险金额

第三者责任部分的赔偿限额应根据责任风险大小的具体情况来考虑，没有统一的规定，通常有两种情况：

（1）只规定每次事故赔偿限额，不分项，也无累计限额；

（2）先规定每次事故中各分项限额，各项相加构成每次事故的总限额，最后算出并规定一个保险期内的累计赔偿限额。

当风险不大时，可采用第一种办法；当风险较大时，则应当采用第二种。

四、工程建设保险的理赔

保险作用的充分发挥具体落实在理赔上。理赔是指保险的赔偿处理，它是被保险人享受保险权益和保险人履行承保责任的具体体现。理赔是发挥保险作用的重要体现，因为通过理赔可以使灾害损失得到经济补偿，有利于恢复生产和安定生活。理赔又是加强防灾措施的依据，因为在理赔过程中，还能够从中发现问题，总结经验教训，作为今后防灾防损的参考。

（一）建筑工程一切险

1. 责任期间和责任范围

承保建筑工程一切险的保险公司的责任期间在保险单中都有明确规定，通常为自投保工程动工或被保险物品被卸至建筑工地时起，直至建筑工程经验收时终止。保险的最晚终止期应不超过保单中所列明的终止日期。保险期间如需扩展，必须事先获得保险公司同意。建筑工程一切险的责任范围如前所述。

2. 赔偿条件及争议仲裁

（1）索赔时必须提供必要的有效证明，作为索赔的依据。证明文件应能证明索赔对象及索赔人的索赔资格；证明索赔理由能够成立且属于理赔人的责任范围和责任期间。通常情况下，这些证明文件为保单、工程承包合同、事故照片及事故检验人的鉴定报告及各具体险别的保单中所规定的证明文件。

（2）保险公司的赔款以恢复投保项目受损前的状态为限，受损项目的残值应予扣除。

（3）赔款可以现金支付，也可以重置受损项目或予以修理代替之。总赔款金额不得超过保单规定的保险金额。

（4）一个项目同时由多家保险公司承保，则理赔的保险公司仅负责按比例分担赔偿的责任。

如果被保险人因索赔事宜同保险公司发生争议，通常情况下先进行协商解决，如果协商达不成协议，可申请仲裁或向法院提出诉讼。通常情况下，仲裁与诉讼应在被告方所在地。如果事先另有协议，则按协议处理。

3. 第三者责任险的赔偿

建筑工程一切险中还包括一项附加条款，第三者责任险。

第三者责任险的责任期间与一切险一样。不过，其责任范围仅限于赔偿保险标的工程的工地及邻近地区的第三者因工程实施而蒙受人身伤亡、疾病或财产损失等项责任，这些损失必须是依法应由被保险人负责。这一责任范围还包括赔偿被保险人因此而支付的诉讼费用和事先经保险人书面同意支付的其他费用，但不能超过保单列明的赔偿限额。

（二）安装工程一切险

安装工程一切险的责任范围与建筑工程一切险基本一样，只是增加了对安装工程常碰到的电气事故（如超负荷、超电压、碰线、电弧、走电、短路、大气放电等）造成的损失负赔偿责任。另外，由于承包商的安装人员因技术不善引起的事故也可成为向保险公司索赔的理由。

在免赔责任方面，除建筑工程一切险中所提及事项外，安装工程一切险的免赔责任还包括免赔由电气事故所造成的电气设备或电气用具本身的损失。

关于责任期间，原则上也是规定自投保工程动工之日起直至工程验收之日终止。但是，如果合同中有试车、考核规定，则试车、考核阶段应以保单中规定的期限为准。如果被保险项目本身是旧产品，则试车开始时，责任即告终止。安装工程一切险的最晚终止期应不超过保单中所列明的终止日期。若需扩展期间，必须事先获得保险公司的书面同意。

安装工程一切险的索赔条件及出现争议时的仲裁地点同建筑工程一切险一样。

安装工程一切险也有一项附加条款，安装工程第三者责任险，其具体内容及索赔事项与工程建设第三者责任险一样，故不赘述。

第二节　工程建设担保制度

一、工程建设担保概述

（一）工程建设担保的概念

工程建设领域是一项风险很大的行业，工程建设合同当事人一方为避免因对方违约或其他违背诚实信用原则的行为而遭受损失，往往要求另一方当事人提供可靠的担保，以维护工程建设合同双方当事人的利益。这种担保即为工程建设担保（以下简称为工程担保），因此而签订的担保合同，即为工程担保合同。

（二）工程担保的种类

工程担保的种类有很多种，承包商在投标和履行合同过程中一般要提交三种工程担保：投标保证担保、履约担保、预付款担保。

1. 投标保证担保。它主要用于筛选投标人。投标保证担保要确保合格者投标以及中标者将签约和提供业主所要求的履约、预付款担保。

2. 履约担保。该项担保的目的在于保护业主的合法权益，促使承包商履行合同的约定，完成工程项目建设。一旦承包商违约，履约担保人要代为履约或赔偿。

3. 预付款担保。该种担保的目的在于保证承包商能够按合同规定进行施工，偿还业主已支付的全部预付金额。

除上述三种担保外，还有一种质量责任担保，该项担保是为了保证承包商在工程竣工后的一定时期内（缺陷责任期），负责工程质量的保修和维护。这种担保一般可包括在履约担保当中。

除上述几种由承包商提供的担保以外，我国还规定了业主工程款支付担保。《房屋建筑和市政基础设施工程施工招标投标管理办法》（建设部令第 89 号）第 48 条规定："招标文件要求中标人提交履约担保的，中标人应当提交。招标人应当同时向中标人提供工程款支付担保。"工程款支付担保的作用在于，通过对业主资信状况进行严格审查并落实各项反担保措施，确保工程费用及时支付到位；一旦业主违约，付款担保人将代为履约。上述对工程款支付担保的规定，对解决我国建筑市场上工程款拖欠现象具有特殊重要的意义。

此外，在国际工程承包中，还有诸如临时进口设备税收担保、免税工程进口物资税收担保等工程担保形式，这里不再一一介绍。

（三）工程担保与工程保险的区别和联系

工程担保人，可以为银行、保险公司或专业的工程担保公司。这与《保险法》规定的工程保险人只能为保险公司有着根本的不同。除此之外，两者的区别还表现在以下几方面：

1. 风险对象不同

工程担保面对的是"人祸"，即人为的违约责任；工程保险面对多是"天灾"，即意外事件、自然灾害等。

2. 风险方式不同

工程保险合同是在投保人和保险人之间签订的，风险转移给了保险人。工程担保当事人有三方：委托人、权利人和担保人。权利人是享受合同保障的人，是受益方。当委托人违约使权利人遭受经济损失时，权利人有权从工程担保人处获得补偿。这就与工程保险区别开来，保险是谁投保谁受益，而保证担保的投保人并不受益，受益的是第三方。最重要的在于，委托人并未将风险最终转移给工程担保人，而是以代理加反担保的方式将风险抵押给工程担保人。这也就是说，最终风险承担者仍是委托人自己。

3. 风险责任不同

依据担保法的规定，委托人对保证人为其向权利人支付的任何赔偿，有返还给保证人的义务；而依据保险法的规定，保险人赔付后是不能向投保人追偿的。

4. 风险选择不同

同样作为投保人，工程保险的风险选择相对较小，只要投保人愿意，一般都可以被保险。工程担保则不同，它必须通过资信审查评估等手段选择有资格的委托人。因此，在发达国家，能够轻松地拿到保函，是有信誉、有实力的象征。也正因为这样，通过保证担保可以建立一种严格的建设市场准入制度。

必须指出的是，尽管工程担保和工程保险有着根本区别，但在工程实践中，却是常常在一起为工程建设发挥着保驾护航的重要作用。工程担保和保险是国际市场惯用的制度，我国工程担保和工程保险制度还处于探索时期。1998年建设部将建立这个制度作为体制改革的重要内容，同年7月，我国首家专业化工程保证担保公司——长安保证担保公司挂牌成立。目前，该公司已与中国人民保险公司、国家开发银行、中国民生银行、华夏银行等多家单位展开合作，并已为国家大剧院、广州白云国际机场、中关村科技园区开发建设以及港口、国家粮库等一批重点工程提供了投标、履约、预付款和业主支付等保证担保产品。

（四）工程担保的作用

工程担保的作用，集中体现在规范建设市场行为、提高从业者素质上。目前，在我国建设市场中，市场主体履约意识薄弱，信誉观念淡薄，行为不规范，工程转包、挂靠、垫资施工、拖欠工程款、偷工减料、掺杂使假、以次充好的现象屡见不鲜，工程质量、安全事故时有发生，严重制约了建筑业的健康发展，单纯依靠行政手段已不能解决问题。而工程担保这种全新的经济手段，能让实力强、信誉好、担保人愿意为其担保或承保的建筑企业扩大市场份额，而令那些实力弱、信誉差、工程担保人不愿意替其担保的建筑企业缩减市场份额，进而将其逐出建设市场。显然，工程担保较之一般的行政手段优势明显，这种经济调整手段的作用在于通过一定的途径建立一种"守信者得到酬偿，失信者受到惩罚"的机制。

工程建设管理的最终目标是保证工程质量和施工安全，保证工程建设的顺利完成。由于工程担保引入了第三方保证，因此可为上述目标的实现提供更加有力的保障，进而提高整个建设行业的水平。

二、《担保法》的基本内容

《中华人民共和国担保法》（以下简称《担保法》）为推行工程担保制度提供了法律依据。该法规定的担保方式有五种，即保证、抵押、质押、留置和定金，这其中用于工程担保的主要是保证和定金。

(一) 保证

1. 保证的概念

保证是指保证人和债权人约定，当债务人不履行债务时，保证人按照约定履行债务或承担责任的行为。保证具有以下法律特征：

(1) 保证属于人的担保范畴，它不是用特定的财产提供担保，而是以保证人的信用和不特定的财产为他人债务提供担保；

(2) 保证人必须是主合同以外的第三人，保证必须是债权人和债务人以外的第三人为他人债务所作的担保，债务人不得为自己的债务作保证；

(3) 保证人应当具有代为清偿债务的能力，保证是保证人以其信用和不特定的财产来担保债务履行的，因此，设定保证关系时，保证人必须具有足以承担保证责任的财产；

(4) 保证人和债权人可以在保证合同中约定保证方式，享有法律规定的权利，承担法律规定的义务。

2. 保证人

保证人须是具有代为清偿债务能力的人，既可以是法人，也可以是其他组织或公民。下列人不可以作保证人：

(1) 国家机关不得作保证人，但经国务院批准为使用外国政府或国际经济组织贷款而进行的转贷除外；

(2) 学校、幼儿园、医院等以公益为目的的事业单位、社会团体不得作保证人；

(3) 企业法人的分支机构、职能部门不得作保证人，但有法人书面授权的，可在授权范围内提供保证。

3. 保证合同

保证人与债权人应当以书面形式订立保证合同。保证合同应包括以下内容：

(1) 被保证的主债权种类、数量；

(2) 债务人履行债务的期限；

(3) 保证的方式；

(4) 保证担保的范围；

(5) 保证的期间；

(6) 双方认为需要约定的其他事项。

4. 保证方式

保证的方式有两种，一是一般保证，一是连带保证。保证方式没有约定或约定不明确的，按连带保证承担保证责任。

(1) 一般保证。一般保证是指当事人在保证合同中约定，当债务人不履行债务时，由保证人承担保证责任的保证方式。一般保证的保证人在主合同纠纷未经审判或仲裁，并就债务人财产依法强制执行仍不能履行债务前，对债权人可以拒绝承担保证责任。

(2) 连带保证。连带保证是指当事人在保证合同中约定保证人与债务人对债务承担连带责任的保证方式。连带责任保证的债务人在主合同规定的债务履行期届满没有履行债务的，债权人可以要求债务人履行债务，也可以要求保证人在其保证范围内承担保证责任。

5. 保证范围及保证期间

(1) 保证范围。保证范围包括主债权及利息、违约金、损害赔偿金和实现债权的费用。保证合同另有约定的,按照约定。当事人对保证范围无约定或约定不明确的,保证人应对全部债务承担责任。

(2) 保证期间。一般保证的担保人与债权人未约定保证期间的,保证期间为主债务履行期间届满之日起六个月。债权人未在合同约定的和法律规定的保证期间内主张权利(仲裁或诉讼),保证人免除保证责任;如债权人已主张权利的,保证期间适用于诉讼时效中断的规定。连带责任保证人与债权人未约定保证期间的,债权人有权自主债务履行期满之日起六个月内要求保证人承担保证责任。在合同约定或法律规定的保证期间内,债权人未要求保证人承担保证责任的,保证人免除保证责任。

(二) 抵押

1. 抵押的概念

抵押是指债务人或第三人不转移对抵押财产的占有,将该财产作为债权的担保。当债务人不履行债务时,债权人有权依法以该财产折价或以拍卖、变卖该财产的价款优先受偿。

抵押具有以下法律特征:

(1) 抵押权是一种他物权,抵押权是对他人所有物具有取得利益的权利,当债务人不履行债务时,债权人(抵押权人)有权依照法律以抵押物折价或者从变卖抵押物的价款中得到清偿;

(2) 抵押权是一种从物权,抵押权将随着债权的发生而发生,随着债权的消灭而消灭;

(3) 抵押权是一种对抵押物的优先受偿权,在以抵押物的折价受偿债务时,抵押权人的受偿权优先于其他债权人;

(4) 抵押权具有追及力,当抵押人将抵押物擅自转让他人时,抵押权人可追及抵押物而行使权利。

2. 可以抵押的财产

根据《担保法》第34条的规定,下列财产可以抵押:

(1) 抵押人所有的房屋和其他地上定着物;

(2) 抵押人所有的机器、交通运输工具和其他财产;

(3) 抵押人依法有权处分的国有土地使用权、房屋和其他地上定着物;

(4) 抵押人依法有权处分的机器、交通运输工具和其他财产;

(5) 抵押人依法承包并经发包方同意抵押的荒山、荒沟、荒丘、荒滩等荒地土地所有权;

(6) 依法可以抵押的其他财产。

3. 禁止抵押的财产

《担保法》第37条规定,下列财产不得抵押:

(1) 土地所有权;

(2) 耕地、宅基地、自留地、自留山等集体所有的土地使用权;但第34条第五款的乡村企业厂房等建筑物抵押的除外;

(3) 学校、幼儿园、医院等以公益为目的的事业单位、社会团体的教育设施、医疗设施和其他社会公益设施;

(4) 所有权、使用权不明确或有争议的财产；
(5) 依法被查封、扣押、监管的财产；
(6) 依法不得抵押的其他财产。

以抵押作为履行合同的担保，还应依据有关法律、法规签订抵押合同并办理抵押登记。

4. 抵押合同

采用抵押方式担保时，抵押人和抵押权人应以书面形式订立抵押合同，法律规定应当办理抵押物登记的，抵押合同自登记之日起生效。抵押合同应包括如下内容：

(1) 被担保的主债权种类、数额；
(2) 债务人履行债务的期限；
(3) 抵押物的名称、数量、质量、状况、所在地、所有权权属或者使用权权属；
(4) 抵押担保的范围；
(5) 当事人认为需要约定的其他事项。

(三) 质押

1. 质押的概念

质押是指债务人或第三人将其动产或权利移交债权人手中占有，用以担保债权的履行，当债务人不能履行债务时，债权人依法有权就该动产或权利优先得到清偿的担保。质押包括动产质押和权利质押两种。

2. 动产质押

动产质押是指债务人或第三人将其动产移交债权人占有，将该动产作为债权的担保。债务人不履行债务时，债权人有权依照法律规定以该动产折价或以拍卖、变卖该动产的价款优先受偿。出质人和债权人应以书面形式订立质押合同。质押合同自质押物移交于质权人占有时生效。质押合同应当包括以下内容：

(1) 被担保的主债权种类数额；
(2) 债务人履行债务的期限；
(3) 质押的名称、数量、质量、状况；
(4) 质押担保的范围；
(5) 质物移交的时间；
(6) 当事人认为需要约定的其他事项。

3. 权利质押

权利质押是指出质人将其法定的可以质押的权利凭证交付质权人，以担保质权人的债权得以实现的法律行为。

(1) 以汇票、支票、本票、债券、存款单、仓单、提单出质的，应当在合同的约定期限内将权利凭证交付质权人。质押合同自权利凭证交付之日起生效。

(2) 以依法可以转让的股票出质的，出质人与质权人应订立书面合同，并向证券登记机构办理出质登记。质押合同自登记之日起生效。

(3) 以依法可以转让的商标专用权、专利权、著作权中的财产权出质的，出质人与质权人应当订立书面合同，并向其管理部门办理出质登记。质押合同自登记之日起生效。

(四) 留置

1. 留置的概念

留置是指债权人按照合同约定占有债务人的动产,债务人不按照合同约定的期限履行债务的,债权人有权依法留置该财产,以该财产折价或以拍卖、变卖该财产的价格优先受偿。留置具有如下法律特征:

(1) 留置权是一种从权利;

(2) 留置权属于他物权;

(3) 留置权是一种法定担保方式,它依据法律规定而发生,而非以当事人之间的协议而成立。《担保法》第84条规定:"因保管合同、运输合同、加工承揽合同发生的债权,债务人不履行债务的,债权人有留置权。"

2. 留置担保范围

留置担保范围包括主债权及利息、违约金、损害赔偿金、留置物保管费用和实现留置权的费用。

3. 留置的期限

留置的期限是指债权人与债务人应在合同中约定债权人留置财产后,债务人应在不少于两个月的期限内履行债务。债权人与债务人在合同中未约定的,债权人留置债务人财产后,应确定两个月以上的期限,通知债务人在该期限内履行债务。债务人逾期仍不履行的,债权人可与债务人协议以留置物折价,也可以依法拍卖、变卖留置物。留置物折价或拍卖、变卖后,其价款超过债权数额的部分归债务人所有,不足部分由债务人清偿。

(五) 定金

1. 定金的概念

定金是指合同当事人一方为了证明合同成立及担保合同的履行,在合同中约定应给付对方一定数额的货币。合同履行后,定金或收回或抵作价款。给付定金的一方不履行合同,无权要求返还定金;收受定金的一方不履行合同的,应双倍返还定金。

2. 定金合同

定金应以书面形式约定。当事人在定金合同中应该约定交付定金的期限及数额。定金合同从实际交付定金之日起生效;定金数额最高不得超过主合同标的的20%。

三、投标保证担保

投标保证担保,或投标保证金,属于招标文件中可以规定的内容的重要组成部分。所谓投标保证金,是指投标人向招标人出具的,以一定金额表示的投标责任担保。也就是说,投标人保证其投标被接受后对其投标书中规定的责任不得撤销或者反悔。否则,招标人将对投标保证金予以没收。从国外通行的做法看,投标保证金的数额一般为投标价的2%左右。

(一) 投标保证金的形式

投标保证金的形式有很多种,通常的做法有如下几种:

(1) 交付现金。

(2) 支票。这是由银行签章保证付款的支票。其过程一般是投标人开出支票,向付款银行申请保证付款,由银行在票面盖"保付"字样后,将支付票面所载金额,即保付金额从出票人,即投标人的存款账上划出,另行设立专户存储,以备随时支付。经银行保付的支票可以保证持票人一定能够收到款项。

（3）银行汇票。银行汇票是一种汇款凭证，由银行开出，交汇款人寄给异地收款人，异地收款人再凭银行汇票在当地银行兑汇款。

（4）不可撤销信用证。不可撤销信用证是付款人申请由银行出具的保证付款的凭证。由付款人银行向收款人银行发出函件，也由该行本身或者授权另一家银行，在符合规定的条件下，把一定款项付给函中指定的人。需要说明的是，该信用证开出后，在有效期限内不得随意撤销。

（5）银行保函。银行保函是由投标人申请银行开立的保证函，保证投标人在中标之前不撤销投标，中标后应当履行招标文件和中标人的投标文件规定的义务。如果投标人违反规定，开立保证函银行将担保赔偿招标人的损失。

（6）由保险公司或者担保公司出具投标保证书。投标保证书由担保人单独签署或者由投标人和担保人共同签署的承担支付一定金额的书面保证。

在这六种形式的投标保证金中，银行保函和投标保证书是最常用的。

（二）《世行采购指南》关于投标保证金的规定

《世行采购指南》2.14规定，为针对不负责的投标给借款人（招标人）提供合理的保护，可要求按照招标文件中的规定金额提交投标保证金，但是保证金的金额不宜太高，以免影响投标商的投标积极性。投标保证金应当根据投标商的意愿采用保付支票、信用证或者由信用好的银行出具保函等形式。应允许投标商提交由其选择的任何合格国家的银行直接出具的银行保函。投标保证金应当在投标有效期满后28天内一直有效，其目的是给借款人在需要索取保证金时，有足够的时间采取行动。一旦确定不能对其授予合同，应及时将投标保证金退还给落选的投标人。

世行贷款项目招标文件范本《土建工程国内竞争性文件》中，对投标保证金作出如下规定：

1. 投标人应提供一份不少于本须知前附表第7项所述金额的投标保证金，此保证金是投标书的一个组成部分。

2. 根据投标人的选择，投标保证金可以是由在中国注册并在中国经营的银行所开出的银行保函、保兑支票、银行汇票或现金支票。银行保函的格式应符合本招标文件第5章的格式要求或应采用业主可以接受的其他格式。银行保函的有效期应超出投标有效期28天。

3. 业主将拒绝未能按要求提交投标保证金的投标书。联营体提交的投标保证金应将联营体全部成员定义为投标人，并列出全部成员名单。

4. 未中标投标人的投标保证金将尽快退还，最迟不超过第15条第1款规定的投标有效期期满后的28天（不计利息）。

5. 中标人的投标保证金，在中标人按要求提交了履约保证金并签署了合同协议书后，予以退还（不计利息）。

6. 如有下列情况，将没收投标保证金：

（1）投标人在投标有效期内撤回其投标书；

（2）投标人不接受按第27条规定对其投标价格的修正；

（3）中标人未能在规定期限内签署合同协议书或提交所要求的履约保证金。

四、履约担保

所谓履约担保,是指招标人在招标文件中规定的要求中标的投标人提交的保证履行合同义务的担保。

(一)履约担保的形式

履行担保一般有三种形式:银行保函、履约担保书和保留金。

1. 银行履约保函

银行履约保函是由商业银行开具的担保证明,通常为合同金额的10%左右。银行保函分为有条件的银行保函和无条件的银行保函。

(1) 有条件的保函

有条件的保函是指在投标人没有实施合同或者未履行合同义务时,由招标人或工程师机构出具证明说明情况,并由担保人对已执行合同部分和未执行部分加以鉴定,确认后才能收兑银行保函,由招标人得到保函中的款项。建筑行业通常偏向于这种形式的保函。

(2) 无条件的银行保函

无条件的保函是指招标人不需要出具任何证明和理由,只要看到承包人违约,就可对银行保函进行收兑。

2. 履约担保书

履约担保书的担保方式是:当中标人在履行合同中违约时,开出担保书的担保公司或者保险公司用该项担保金去完成施工任务或者向招标人支付该项保证金。工程采购项目以保证金提供担保形式的,其金额一般为合同价的30%~50%。

承包商违约时,由工程担保人代为完成工程建设的担保方式,有利于工程建设的顺利进行,因此是我国工程担保制度探索和实践的重点内容。

3. 保留金

保留金是指在业主(工程师)根据合同的约定,每次支付工程进度款时扣除一定数目的款项,作为承包商完成其修补缺陷义务的保证。保留金一般为每次工程进度款的10%,但总额一般应限制在合同总价款的5%(通常最高不得超过10%)。一般在工程移交时,业主(工程师)将保留金的一半支付给承包商;质量保修期满(或"缺陷责任期满")时,将剩下的一半支付给承包商。

需要说明的是,履约保证金额的大小取决于招标项目的类型与规模,但必须保证中标人违约时,招标人不受损失。在投标须知中,招标人要规定使用哪一种形式的履约担保。中标人应当按照招标文件中的规定提交履约担保。没有按照上述要求提交履约担保的招标人将把合同授予次低标者,并没收投标保证金。

(二)国际工程承包市场对履约担保的规定

国外也对履约担保多有规定,这主要体现在一些标准示范文本中。

1. 《世行采购指南》

《世行采购指南》2.38规定,工程的招标文件要求一定金额的保证金,其金额足以抵偿借款人(招标人)在承包商违约时所遭受的损失。该保证金应当按照借款人在招标文件中的规定以适当的格式和金额采用履约担保书或者银行保函形式提供。担保书或者银行保函的金额将根据提供保证金的类型和工程的性质和规模有所不同。该保证金的一部分应延期至工程竣工日之后，以覆盖截至借款人最终验收的缺陷责任期或维修期；另一种做法是，在合同规定从每次定期付款中扣留一定百分比作为保留金，直到最终验收为止。可允许承包人在临时验收后用等额保证金来代替保留金。

2. 世行贷款项目招标文件范本《土建工程国内竞争性文件》

1997年经修订后的《土建工程国内竞争性文件》没有采用FIDIC《土木工程施工合同条件》的通用条款，而是根据我国的实际情况制订了新的通用条款。该通用条款第51条是关于保证金（履约保证金）的规定：

（1）中标人应在接到中标通知书14天内按合同专用条款中规定的数额向业主提交履约保证金。缺陷责任期结束后28天履约保证金应保持有效，并应按本文件第9章规定的格式或业主可接受的其他格式由在中华人民共和国注册经营的银行开具。

（2）如果没有理由再需要履约保证金，在缺陷责任期结束后的28天内业主应将履约保证金退还给承包人。

（3）业主应将从保证金的开出机构所获得的索赔通知承包人。

（4）如果下述情况发生42天或以上则业主可从履约保证金中获得索赔：

①项目监理指出承包人有违反合同的行为后，承包人仍继续该违反合同的行为；或

②承包人未将应支付给业主的款项支付给业主。

五、预付款担保

（一）预付款担保的概念和形式

工程建设合同签订以后，业主给承包人一定比例的预付款，一般为合同金额的10%，但需由承包商的开户银行向业主出具预付款担保。其目的在于保证承包商能够按合同规定进行施工，偿还业主已支付的全部预付金额。如果承包商中途毁约，中止工程，使业主不能在规定期限内从应付工程款中扣除全部预付款，则业主作为保函的受益人有权凭预付款担保向银行索赔该保函的担保金额作为补偿。

预付款担保的担保金额通常与业主的预付款是等值的。预付款一般逐月从工程支付款中扣除，预付款担保的担保金额也相应逐月减少。承包商在施工期间，应当定期从业主处取得同意此保函减值的文件，并送交银行确认。承包商还清全部预付款后，业主应退还预付款担保，承包商将其退回银行注销，解除担保责任。

除银行保函以外，预付款担保也可以采用其他形式，但银行保函是最常见的形式。

（二）国际工程承包市场关于预付款担保的规定

1.《世行采购指南》

《世行采购指南》2.35规定，货物或土建工程合同签字后支付的任何筹备预付款及类似的支出应参照这些支出的估算金额，并应在招标文件中予以规定。对其他预付款的支付金额和时间，比如为交运到现场用于土建工程的材料所作的材料预付款，也应有明确规定。招标文件应规定为预付款所需的任何保证金所应作的安排。

2.《亚洲开发银行贷款采购准则》

《亚洲开发银行贷款采购准则》2.26规定，建设项目合同应当预先支付一定数额，用于支付迁移费及为工程需要而将材料运到工地的费用。招标文件应规定每项预付金额基数、支付的时间和方法、所要求的资金种类以及承包商还款方式。对于预付的迁移费、所

迁移的物品应在数量单中加以说明，预付款的支付仅限于这些物品。一般情况下，预付金额仅限于合同总额的10%，至于配合工程需要所运的材料，预付款数量取决于工程的类型，在通常情况下可预付部分材料费。

第三节　工程建设风险防范法律制度案例

案例 1

原告：江苏省某建筑集团公司
被告：上海市某房地产开发公司

一、基本案情

1996年，上海某大厦建设工程即将开工。原、被告在签订承发包合同的同时签订了一份（履约）保证金协议，约定由原告向被告支付500万元作为履约保证金，期限一年；同时约定了补偿办法和违约责任等。协议签订后，经被告认可，原告实际支付了450万元。被告收取此笔保证金，即将其挪用于工程建设。一年期满后被告未按约如期履行返还义务。双方于1999年9月24日签订补充协议约定从1999年10月起，被告按月归还，每季度不少于225万元，在2000年3月前归还全部保证金。但到期被告仍未按约归还，原告催索无着，遂书面通知被告解除补充协议，并向法院提起诉讼，要求法院判令被告归还保证金及利息。

二、案件审理

庭审过程中，原告代理律师认为，保证金协议尽管不够完善、不尽规范，但并无违法性，亦无危害性，当时的法律、法规并无禁止性的规定，因此，其合法性是毋庸置疑的。2000年1月1日起生效的我国《招标投标法》明确规定："招标文件要求中标人提交履约保证金的，中标人应当提交。"这从另一方面说明了本案关于保证金协议的超前设定，获得后续法律的肯定。本案的关键在于保证金的如何收取和有效监管。被告收取保证金并将其挪作他用，从而使原本应起履约保证作用的保证金变作投资款，这是导致被告无力归还并引发纠纷的根本原因。

至于被告又以自己的行为表明不履行补充协议约定的还款义务，原告有权依《合同法》第94条、第96条之规定解除补充协议。双方仍应按原保证金协议享有权利和履行义务。

被告代理律师则认为，所谓保证金协议，实为无效协议。名为履约保证，实为拆借资金，原告的目的是为了保证中标而屈就于被告。补充协议是一个新的协议，被告仅拖延了一个月未还，原告即行使解除权并起诉未免操之过急。

本案经庭审、调解，双方达成共识，保证金应当全额返还，被告长期占用原告的资金，应当给予适当补偿。在此基础上，双方于2000年4月14日在法院主持下达成调解协议：开发商应归还施工方保证金450万元，并补偿施工方50万元，两项合计500万元，自调解生效时起，每月给付100万元，五个月内付清。

三、案例分析

工程保证担保制度是规范建筑市场的一个重要的法律手段。在国际工程市场，已经建立了完善的担保制度，如投标担保、履约担保以及预付款担保等。工程合同履约保证金制度相当于国际承包工程中通行的履约保函，其设立的本意是为了确保建设工期和质量，并作为承包方履约的保证担保。

中标人为承包工程提供履约担保，国际惯例采用的方式是履约保函。履约保函本质上是第三人的信用保证。《世界银行收贷采购指南》规定：工程的招标文件要求一定金额的保证金，其金额足以抵偿借款人在承包商违约时所遭受的损失。该保证金应当按照借款人在招标文件中的规定以适当的形式和金额采用履约担保书或者银行保函的形式提供。但在我国，由于信用制度的不完善，承包人在提供履约担保时，常常无法提供银行保函，这样就不得不提供大笔现金作为担保，即所谓履约保证金。这笔资金到了发包人手中，常常被挪作他用，这样就很难起到履约担保的作用。同时，履约保证金往往又成为发包人为规避"垫资"嫌疑而采取的变相手段，这些都使得履约担保无法发挥其担保作用。因此，在实践中应当明确操作程序，交付"履约保证金"应当像出具履约保证一样，由中标人向第三人提交并由第三人向招标人作担保。

案例 2

原告：甲公司

被告：乙公司

一、基本案情

2000年1月，原告甲公司向乙公司提供借款200万元。同年5月，双方达成还款协议，乙公司承诺于该年10月底之前还清借款，丙公司在还款协议中承诺对乙公司的借款承担连带责任保证。2000年10月初，丙公司召开股东大会，丁公司作为列席方参加会议并形成股东大会决议，决议内容为丙公司将股权的60%及其为乙公司借款提供的保证责任一并转让给丁公司，丁公司同意承担。之后，丙公司于2000年12月函告甲公司，通知其关于乙公司借款的保证责任已转移给丁公司。2001年1月，甲公司复函丙公司，告知同意将丙公司的保证责任转移给丁公司。

后来，甲要求乙公司及丁公司共同承担连带还款责任。丁公司不同意承担责任，理由是：第一，丁公司与甲公司之间不存在保证合同关系，丁公司在股东大会决议中的承诺只能对丙公司产生效力，对甲公司不发生效力；第二，丁公司与甲公司没有签订担保转让协议，也未签订书面保证协议，该保证责任并未发生实际转让；第三，甲公司与乙公司之间的借款合同无效，担保条款亦无效，故丙公司将担保责任转让给丁公司的行为是无效的。

二、案件审理

法院经审理后认为：企业之间相互拆借属违法行为，因此甲公司与乙公司之间的借款协议无效，其中的担保条款亦无效。丙公司将保证责任转让给丁公司的行为是双方的真实意思表示，且甲公司同意丙、丁之间的保证责任转让行为，故该保证责任转让成立。担保人明知或应知企业之间相互拆借属违法行为而仍为债务人担保，应承担相应的民事责任。法院判决如下：一、甲公司与乙公司达成的借款协议无效；二、乙公司返还甲公司借款200万元，如乙公司不能返还借款，由担保人丁公司赔偿因此所致损失部分的三分之一。

三、案例评析

处理本案的关键在于解决两个问题，一个是保证责任是否可以转让，一个是如何确定无效保证合同的民事责任。

合同法第 84 条规定："债务人将合同的义务全部或者部分转移给第三人的，应当经债权人同意。"从以上规定可以看出，因合同关系确立的债务经债权人同意可以转让。

保证是为确保债权的实现而为法律设立的一项担保制度。保证属于人保，它与物保的不同之处在于，物保属于物权范围，而保证则属于债权范围。因此，保证是合同之债，它的基本属性是主合同的从合同。保证作为合同之债的性质决定了保证责任有可以转让的可能性。

保证合同虽依附于主债务，但它并不是主债务的一部分，而是一个独立的合同，在依附于主债务的范围内有相对的独立性。例如，保证人与债权人可以约定只为主债务的部分提供担保，也可以单独就保证债务约定违约金。对于这些，保证合同都可以单独约定而不依附于主合同。虽然法律没有明文规定保证责任是否可以转让，但是，按照上述法律规定，合同之债可以转让，而保证责任又属于合同之债，且保证合同具有相对独立性，因此，在债权人同意的前提下，保证责任是可以转让的。

本案中，丙公司在还款协议中承诺对乙公司的借款承担连带保证责任，丙公司的保证责任成立；丁公司在股东大会决议中承诺承担丙公司的保证责任，股东大会决议为有效法律文件，丁公司的承诺也是其真实意思表示；事后，债权人甲公司亦同意保证责任转移给丁公司。因此，保证责任由丙公司转移给丁公司的事实成立，丁公司所称与甲公司没有签订担保转让协议也没有签订书面保证合同，故其与甲公司之间不存在保证关系的辩解，没有法律依据，不能成立。

《担保法》第 5 条规定："担保合同是主合同的从合同，主合同无效，担保合同无效。……担保合同被确认无效后，债务人、担保人、债权人有过错的，应当根据其过错各自承担相应的民事责任。"企业互相拆借属违法行为，丁公司明知或应知借款合同无效还为乙公司承担保证责任，因此，丁公司同意承担乙公司的保证责任是一种有过错的行为。根据《最高法院关于适用〈担保法〉若干问题的解释》第 8 条，主合同无效而导致担保合同无效，担保人有过错的，担保人承担民事责任的部分，不应超过债务人不能清偿部分的三分之一。因此，当乙公司不能承担还款责任时，应由担保人丁公司赔偿其造成损失部分的三分之一。

第十二章 工程建设环境保护法律制度

第一节 工程建设环境保护法概述

环境保护法是调整环境保护中各社会关系的法律规范的总称,是指国家、政府部门根据发展经济,保护人民身体健康与财产安全,保护和改善环境需要而制定的一系列法律、法规、规章等。环保法规迅速成为一门新兴的独立法律分支,是和近几十年来世界很多国家和地区环境严重恶化,以致需要国家政府干预这种情况相联系的。

一、环境保护法的任务、目的与作用

(一) 环境保护法的任务

根据我国《宪法》和《环境保护法》的规定,我国环境保护法有两项任务:

1. 保证合理地利用自然环境。自然资源也是自然环境的重要组成部分。
2. 保证防治环境污染与生态破坏。防治环境污染是指防治废水、废气、废渣、粉尘、垃圾、滥伐森林、破坏草原、破坏植物、乱采乱挖矿产资源、滥捕滥猎鱼类和动物等等。

(二) 环境保护法的目的

是为人民创造一个清洁、适宜的生活环境和劳动环境以及符合生态系统健全发展的生态环境,保护人民健康,促进经济发展提供法律上的保障。

(三) 环境保护法的作用

环境保护法是保护人民健康,促进经济发展的法律武器;是推动我国环境法制建设的动力;是提高广大干部,群众环境意识和环保法制观念的好教材;是维护我国环境权益的有效工具;是促进环境保护的国际交流与合作,开展国际环境保护活动的有效手段。

二、环境保护法的基本原则

环境保护法的基本原则,是环境保护方针、政策在法律上的体现,是调整环境保护方面社会关系的指导规范,也是环境保护立法、司法、执法、守法必须遵循的准则,它反映了环保法的本质,并贯穿环境保护法制建设的全过程,具有十分重要的意义。

(一) 经济建设与环境保护协调发展的原则

根据经济规律和生态规律的要求,环境保护法必须认真贯彻"经济建设、城市建设、环境建设同步规划、同步实施、同步发展的三同步方针"和"经济效益、环境效益、社会效益的三统一方针"。

(二) 预防为主,防治结合的原则

预防为主的原则,就是"防患于未然"的原则。环境保护中预防污染不仅可以尽可能地提高原材料、能源的利用率,而且可以大大地减少污染物的产生量和排放量,减少二次污染的风险,减少末端治理负荷,节省环保投资和运行费用。"预防"是环境保护第一位的工作。然而,根据目前的技术、经济条件,工业企业做到"零排放"也是很困难的,所以还必须与治理结合。

（三）污染者付费的原则

污染者付费的原则，通常也称为"谁污染，谁治理"、"谁开发，谁保护"原则，其基本思想是明确治理污染、保护环境的经济责任。

（四）政府对环境质量负责的原则

环境保护是一项涉及政治、经济、技术、社会各个方面的复杂而又艰巨的任务，是我国的基本国策，关系到国家和人民的长远利益，解决这种关乎全局、综合性很强的问题，是政府的重要职责之一。

（五）依靠群众保护环境的原则

环境质量的好坏关系到广大群众的切身利益，因此保护环境，不仅是公民的义务，也是公民的权利。

三、环境保护法的特点

环境保护法除了具有法律的一般特征外，还有以下特点：

1. 科学性。环保是以科学的生态规律与经济规律为依据的，它的体系原则、法律规律、管理制度都是从环境科学的研究成果和技术规范总结出来。

2. 综合性。环保法所调整的社会关系相当复杂，涉及面广、综合性强。既有基本法，又有单行法；既有实体法，又有程序法；而且涉及行政法、经济法、劳动法、民法、刑法等有关内容。

3. 区域性。我国是一个大国，区域差别很大，因此我国的环保法具有区域性特点。各省市可根据本地区制定相应的地方法规和地方标准，体现地区间的差异。

4. 奖励与惩罚相结合。我国的环保法不仅要对违法者给予惩罚，而且还要对保护资源、环境有功者给予奖励，做到赏罚分明。这是我国环保法区别于其他国家法律的一大特点。

四、环境保护法律、法规及标准

环境保护法是国家整个法律体系的重要组成部分，具有自身一套比较完整的体系。《中华人民共和国宪法》是我国的根本大法，它为制定环境保护基本法和专项法奠定了基础；新的《中华人民共和国刑法》增加了"破坏环境资源罪"的条款，使得违反国家环境保护规定的个人或集体都不只负有行政责任，而且还要负刑事责任。6个环境保护专项法为防治大气、水体、海洋、固体废物及噪声污染等制定了法规依据。环境保护工作涉及方方面面，特别是资源、能源的利用，因此资源法和其他有关的法也是环境保护法规体系的重要组成部分。

此外，还有地方环境保护法、环境保护行政法规、规章以及环境保护标准等。分述如下：

（一）宪法

《宪法》第26条规定："国家保护和改善生活环境和生态环境，防治污染和其他公害。国家鼓励植树造林，保护林木。"第9条第2款规定："国家保障自然资源的合理利用，保护珍贵的动物和植物，任何组织和个人必须合理地利用土地。"第22条规定："国家保护名胜古迹、珍贵文物和其他重要历史文化遗产。"第5条规定："一切国家机关和武装力量、各政党和各社会团体、各企业事业组织都必须遵守宪法和法律。一切违反宪法和法律的行为，必须予以追究。"宪法中所有这些规定，是我国环境保护法的法律依据和指导原则。

（二）刑法

《刑法》第六章第六节"破坏环境资源罪"中有 9 条规定，凡违反国家有关环境保护的规定，应负有相应的刑事责任。

（三）环境保护基本法

环境保护基本法指《中华人民共和国环境保护法》，它是环境保护领域的基本法律，是环境保护专项法的基本依据，它是由全国人大常务委员会批准颁布的。

（四）环境保护专项法

是针对特定的污染防治领域和特定的资源保护对象而制订的单项法律。目前已颁布了《大气污染防治法》、《水污染防治法》、《固体废弃物污染环境防治法》、《海洋环境保护法》、《环境噪声污染防治法》、《环境影响评价法》等 6 项，是由全国人大常委会批准颁布的。

（五）环境保护资源法和相关法

自然资源是人类赖以生存发展的条件，为了合理地开发、利用和保护自然资源，特制定了《森林法》、《草原法》、《煤炭法》、《矿产资源法》、《渔业法》、《土地管理法》、《水法》、《水土保持法》和《野生动物保护法》等多部环境保护资源法；相关法指《城乡规划法》、《文物保护法》及《卫生防疫法》等与环境保护工作密切相关的法律。

（六）环境保护行政法规

由国务院组织制定并批准公布的，为实施环境保护法律或规范环境监督管理制度及程度而颁布的"条例"、"实施细则"，如《水污染防治法实施细则》、《建设项目环境保护管理条例》等等，目前已有 19 项。

（七）环境保护部门规章

是由国务院有关部门为加强环境保护工作而颁布的环境保护规范性文件，如国家环境保护部颁布的《建设项目环境影响评价文件分级审批规定》、《建设项目竣工环境保护验收管理办法》、《环境保护行政处罚办法》等等。

（八）环境保护地方性法规和地方政府规章

是指有立法权的地方权力机关——人民代表大会及其常委会和地方政府制定的环境保护规范性文件，是对国家环境保护法律、法规的补充和完善，它以解决本地区某一特定的环境问题为目标，具有较强的针对性和可操作性。

（九）环境标准

我国环境法规体系中的一个重要组成部分，也是环境法制管理的基础和重要依据。环境标准包括主要环境质量标准、污染物排放标准、基础标准、方法标准等，其中环境质量标准和污染物排放标准为强制性标准。

（十）国际环境保护公约

是中国政府为保护全球环境而签订的国际条约和议定书，是中国承担全球环保义务的承诺，根据《环境保护法》规定，国内环保法律与国际条约有不同规定时，应优先采用国际条约的规定（除我国保留条件的条款外）。

（十一）其他要求

其他要求指的是产业实施规范、与政府机构的协定、非法规性指南、污染物控制、国家关于重点治理三河（淮河、海河、辽河）、三湖（太湖、巢湖、滇池）和酸雨控制区、二氧化硫控制区、城市综合整治定量考核要求，以及旅游度假区、风景区、名胜古迹、文物保护区要求等。

第二节　我国的环境保护基本法及专项法

一、《中华人民共和国环境保护法》

1979 年，我国正式颁布了《中华人民共和国环境保护法》（试行），试行法使用了十年，对我国的环境保护工作起到了很大推动作用。1989 年，随着我国经济体制的改革步伐，为了适应新形势的需要，对《试行法》进行了修订，并于 1989 年 12 月颁布了《中华人民共和国环境保护法》（以下简称《环境保护法》）。该法共分 6 章 47 条，内容涉及我国环保工作的各个方面，内容广泛。这里，将主要内容概括如下：

1. 规定了我国环境保护的管理体制。在环保法中明确规定了国务院环境保护行政主管部门，国家海洋行政主管部门、港务监督、渔政、渔港监督、军队环境保护部门，土地、矿产、林业、农业、水利行政主管部门，各级公安、交通、铁道、民航管理部门，县以上人民政府以及环境保护行政主管部门，对保护和改善环境应负的责任和权力。

2. 环境的监督管理工作。在环保法中，把我国多年来行之有效的几项环境保护工作制度，以及近几年正在逐步推广实施的部分制度放到了环境保护监督管理工作的重要位置，这些制度主要有：

建设项目和资源开发项目实行的环境影响报告审批制度；在新建、扩建和改建工程中，防治污染的工程设施与主体工程同时设计、同时施工、同时投入使用的"三同时"制度；对排放污染超标的单位，征收排污费制度；污染物排放申报登记制度；对在重点保护区排放污染物超标的单位和对环境造成严重污染的单位限期治理的制度。此外，在环保法中还对环境保护的宣传教育、科研、规划、监测、污染事故报告等各项监督管理工作做了原则规定。

3. 对违反环保法，造成环境污染和生态破坏者所应负的民事、刑事、行政责任做了规定。

4. 对制定环境标准做了规定。在环保法中明确由国务院行政主管部门制定国家环境质量标准，对国家环境质量标准中未做规定的项目，可以制定地方环境质量标准。国家应根据环境质量标准和国家经济、技术条件制定国家污染物排放标准。对于国家污染物排放标准中未作规定的项目，可以制定地方污染物排放标准，已作规定的项目，可以制定严于国家污染物排放标准的地方污染物排放标准。地方污染物排放标准须报国务院行政主管部门备案。

5. 对保护自然环境与资源的法律规定。《环境保护法》第 17 条规定："各级人民政府对具有代表性的各种类型的自然生态区域，珍稀、濒危的野生动植物自然区域，重要的水源涵养区域，具有重大科学文化价值的地质构造，著名溶洞和化石分布区、冰川、火山、温泉等自然遗迹，以及人文遗迹、古树名木，应当采取措施加以保护。"第 18 条规定，在国务院及有关主管部门和省、自治区、直辖市人民政府划定的风景名胜区、自然保护区和其他需要特别保护的区域内，不得建设污染环境的工业生产设施，建设其他设施，其污染排放不得超过规定的排放标准。已建成的设施，其污染物排放超过规定标准的，应限期治理。第 19 条规定："开发利用自然资源，必须采取措施保护生态环境。"

6. 保护农业环境的法律规定。《环境保护法》第 20 条规定："各级人民政府应当加强对农业生态环境的保护，防止土壤污染，土地沙化、盐渍化、贫瘠化、沼泽化、地面沉降和防治植被破坏、水土流失、水源枯竭、种源灭绝以及其他生态失调现象的发生和发展，推广植物病虫害的综合防治，合理使用化肥、农药及植物生长激素。"

二、《中华人民共和国水污染防治法》

1996 年八届十五次全国人大常委会对 1984 年公布的《中华人民共和国水污染防治法》（以下简称《水污染防治法》）做了修改，修改后的《水污染防治法》共七章 60 条。

（一）水环境的监督管理

《水污染防治法》第三章第 9 条至 26 条对水环境的监督管理规定如下：

1. 国务院有关部门和地方人民政府，调度水资源的时候，应当统筹兼顾，维持江、湖的合理流量和湖泊、水库及地下水体的合理水位，维护水体的自然净化能力。

2. 防止水污染，应当按流域或者区域进行统一规划，经批准的水污染防治规划，是防治水污染的基本依据。县级以上地方人民政府应当根据依法批准的流域水污染防治规则，制定本行政区域的水污染防治规划并纳入本行政区域的国民经济和社会发展中长期计划和年度计划。

3. 国务院有关部门和地方人民政府应当合理规划工业布局，对造成水污染的企业进行整顿和改造，采取综合防治措施，提高水的重复利用率，合理利用资源，减少废水和污染物的排放量。

4. 县以上人民政府可以对风景名胜区水体，重要渔业水体和其他具有特殊经济文化价值的水体划定保护区，并采取措施，保证保护区的水质符合规定用途的水质标准。

5. 国家确定的重要江河流域的水资源保护工作机构，负责监测其所在流域的省市水体的水环境质量状况，并将监测结果及时报国务院环境保护部门和水利部门。

6. 城市污水应当进行集中处理与重复利用。国务院有关部门和各地方人民政府必须把保护城市水源和防治城市水污染纳入城市建设规划，建设和完善城市排水管网，有计划地建设城市污染水集中处理设施，加强城市水环境的综合整治。污水集中处理设施实行有偿服务，收取污水处理费，交污水处理费的不再缴纳排污费。

7. 省级以上人民政府可依法规定生活饮用水源保护区，保护区可分一级保护区和其他等级保护区。禁止向一级保护区水体排入污水；禁止在一级保护区内从事旅游、游泳和可能污染水源的活动；禁止在一级保护区内新建、扩建与供水设施和与保护水源无关的建设项目；在一级保护区已设置的排污口，由当地政府限期拆除或限期治理。

8. 在生活饮用水源遭受严重污染，威胁供水的紧急的情况下，经同级政府批准，环保部门可采取强制性应急措施，包括责令排除污染物。

9. 国家禁止新建无水污染防治设施的小型化学制浆、印染、染料、电镀、炼油、农药以及其他严重污染水环境的企业。

（二）防止地表水污染

《水污染防治法》第四章第 27 条至 40 条对防止地表水污染做了规定，概述如下：

1. 禁止向水体排放油类、酸液、碱液或者剧毒废液。

2. 禁止在水体清洗装贮过油类或有毒污染物的车辆和容器。

3. 禁止将含有汞、镉、砷、铬、氢化物、黄磷等可渗性剧毒废渣向水体排放，倾倒或直接埋入地下。存放上述废渣的场所，必须采取防水、防渗、防流失措施。

4. 禁止向水体排放，倾倒工业废渣，城市垃圾和其他废弃物。

5. 禁止在江河、湖泊、运河、渠道、水库最高水位线以下滩地和岸坡堆放，存贮固体废物和其他污染物。

6. 禁止向水体排放、倾倒放射性固体废物或含有高、中放射性物质的废水，排放低放射性废水必须达标。

7. 向水体排放热水，要保证水体水温符合水环境质量标准；排放含病原菌体废水应消毒达标后排放。

8. 农田灌溉渠道排放污水，应保证其下游最近灌溉取水点水质符合农灌标准，并防止土壤、地下水、农产品污染。

9. 要科学、合理地施用化肥、农药、防止过量使用，储运、处置农药要加强管理，防止造成水污染。

10. 船舶排放的含油废水、生活污水，必须达到船舶污染物排放标准，禁止向水体倾倒船舶垃圾。船舶储运油类或毒物，必须有防溢液，防渗流措施。

（三）防止地下水污染

《水污染防治法》第五章第41条至45条对防止地下水污染做了规定，概述如下：

1. 禁止企业利用渗坑、渗井、裂隙和溶洞倾倒含有毒物质的废水，含病原菌废水和其他废弃物。

2. 禁止企业在无良好隔渗地层，使用无防渗措施的沟渠，坑塘输送或存贮含毒废水、含病原体废水。

3. 对已受污染的潜水和承压水不得混合开采地下水。

4. 地下工程应采取防护性措施，防止地下水污染。

5. 人工回灌补给地下水，不得恶化地下水质。

三、《中华人民共和国固体废物污染环境防治法》

《中华人民共和国固体废物污染环境防治法》（以下简称《固体废物污染环境防治法》）由第十届全国人民代表大会常务委员会第十三次会议于2004年12月29日修订通过，修订后的《固体废物污染环境防治法》共包括6章91条。新的《固体废物污染环境防治法》确立了国家对固体废物污染环境防治实行污染者依法负责的原则。产品的生产者、销售者、进口者、使用者对其产生的固体废物依法承担污染防治责任。

（一）固体废物污染环境的防治

1. 产生固体废物的单位和个人，应当采取措施，防止或者减少固体废物对环境的污染。

2. 收集、贮存、运输、利用、处置固体废物的单位和个人，必须采取防扬散、防流失、防渗漏或者其他防止污染环境的措施；不得擅自倾倒、堆放、丢弃、遗撒固体废物。禁止任何单位或者个人向江河、湖泊、运河、渠道、水库及其最高水位线以下的滩地和岸坡等法律、法规规定禁止倾倒、堆放废弃物的地点倾倒、堆放固体废物。

3. 产品和包装物的设计、制造，应当遵守国家有关清洁生产的规定。国务院标准化行政主管部门应当根据国家经济和技术条件、固体废物污染环境防治状况以及产品的技术要求，组织制定有关标准，防止过度包装造成环境污染。

生产、销售、进口依法被列入强制回收目录的产品和包装物的企业，必须按照国家有关规定对该产品和包装物进行回收。

4．使用农用薄膜的单位和个人，应当采取回收利用等措施，防止或者减少农用薄膜对环境的污染。

5．从事畜禽规模养殖应当按照国家有关规定收集、贮存、利用或者处置养殖过程中产生的畜禽粪便，防止污染环境。

禁止在人口集中地区、机场周围、交通干线附近以及当地人民政府划定的区域露天焚烧秸秆。

6．对收集、贮存、运输、处置固体废物的设施、设备和场所，应当加强管理和维护，保证其正常运行和使用。

7．在国务院和国务院有关主管部门及省、自治区、直辖市人民政府划定的自然保护区、风景名胜区、饮用水水源保护区、基本农田保护区和其他需要特别保护的区域内，禁止建设工业固体废物集中贮存、处置的设施、场所和生活垃圾填埋场。

8．转移固体废物出省、自治区、直辖市行政区域贮存、处置的，应当向固体废物移出地的省、自治区、直辖市人民政府环境保护行政主管部门提出申请。移出地的省、自治区、直辖市人民政府环境保护行政主管部门应当商经接受地的省、自治区、直辖市人民政府环境保护行政主管部门同意后，方可批准转移该固体废物出省、自治区、直辖市行政区域。未经批准的，不得转移。

9．禁止中华人民共和国境外的固体废物进境倾倒、堆放、处置。

10．禁止进口不能用作原料或者不能以无害化方式利用的固体废物；对可以用作原料的固体废物实行限制进口和自动许可进口分类管理。

11．产生工业固体废物的单位应当建立、健全污染环境防治责任制度，采取防治工业固体废物污染环境的措施。

12．企业事业单位应当合理选择和利用原材料、能源和其他资源，采用先进的生产工艺和设备，减少工业固体废物产生量，降低工业固体废物的危害性。

13．国家实行工业固体废物申报登记制度。

产生工业固体废物的单位必须按照国务院环境保护行政主管部门的规定，向所在地县级以上地方人民政府环境保护行政主管部门提供工业固体废物的种类、产生量、流向、贮存、处置等有关资料。

14．企业事业单位应当根据经济、技术条件对其产生的工业固体废物加以利用；对暂时不利用或者不能利用的，必须按照国务院环境保护行政主管部门的规定建设贮存设施、场所，安全分类存放，或者采取无害化处置措施。

建设工业固体废物贮存、处置的设施、场所，必须符合国家环境保护标准。

15．禁止擅自关闭、闲置或者拆除工业固体废物污染环境防治设施、场所；确有必要关闭、闲置或者拆除的，必须经所在地县级以上地方人民政府环境保护行政主管部门核准，并采取措施，防止污染环境。

16．产生工业固体废物的单位需要终止的，应当事先对工业固体废物的贮存、处置的设施、场所采取污染防治措施,并对未处置的工业固体废物作出妥善处置,防止。

17. 矿山企业应当采取科学的开采方法和选矿工艺,减少尾矿、矸石、废石等矿业固体废物的产生量和贮存量。

尾矿、矸石、废石等矿业固体废物贮存设施停止使用后,矿山企业应当按照国家有关环境保护规定进行封场,防止造成环境污染和生态破坏。

18. 拆解、利用、处置废弃电器产品和废弃机动车船,应当遵守有关法律、法规的规定,采取措施,防止污染环境。

19. 对城市生活垃圾应当按照环境卫生行政主管部门的规定,在指定的地点放置,不得随意倾倒、抛撒或者堆放。

20. 清扫、收集、运输、处置城市生活垃圾,应当遵守国家有关环境保护和环境卫生管理的规定,防止污染环境。

21. 工程施工单位应当及时清运工程施工过程中产生的固体废物,并按照环境卫生行政主管部门的规定进行利用或者处置。

22. 从事城市新区开发、旧区改建和住宅小区开发建设的单位,以及机场、码头、车站、公园、商店等公共设施、场所的经营管理单位,应当按照国家有关环境卫生的规定,配套建设生活垃圾收集设施。

(二)危险废物污染防治

1. 对危险废物的容器和包装物以及收集、贮存、运输、处置危险废物的设施、场所,必须设置危险废物识别标志。

2. 以填埋方式处置危险废物不符合国务院环境保护行政主管部门规定的,应当缴纳危险废物排污费。危险废物排污费征收的具体办法由国务院规定。

危险废物排污费用于污染环境的防治,不得挪作他用。

3. 收集、贮存危险废物,必须按照危险废物特性分类进行。禁止混合收集、贮存、运输、处置性质不相容而未经安全性处置的危险废物。

贮存危险废物必须采取符合国家环境保护标准的防护措施,并不得超过一年;确需延长期限的,必须报经原批准经营许可证的环境保护行政主管部门批准;法律、行政法规另有规定的除外。

4. 运输危险废物,必须采取防止污染环境的措施,并遵守国家有关危险货物运输管理的规定。

禁止将危险废物与旅客在同一运输工具上载运。

5. 收集、贮存、运输、处置危险废物的场所、设施、设备和容器、包装物及其他物品转作他用时,必须经过消除污染的处理,方可使用。

6. 禁止经中华人民共和国过境转移危险废物。

四、《中华人民共和国环境噪声污染防治法》

《中华人民共和国环境噪声污染防治法》(以下简称《环境噪声污染防治法》)于1996年10月29日全国人大八届二十二次常委会通过,共八章84条。主要内容包括:

(一)工业与建筑施工噪声污染防治

《环境噪声污染防治法》第22条到30条对防治工业建筑施工噪声污染做了规定,概述如下:

1. 在城市范围内向周围生活环境排入工业与建筑施工噪声的,应当符合国家规定的工业企业厂界和建筑施工场界环境噪声排放标准。

2. 产生环境噪声污染的工业企业,应当采取有效措施,减轻噪声对周围生活的影响。

3. 国务院有关部门要对产生噪声污染的工业设备,根据噪声环境保护要求和技术经济条件,逐步在产品的国家标准和行业标准中规定噪声限值。

4. 在城市市区范围内,建筑施工过程可能产生噪声污染,施工单位须在开工15日以前向所在地县以上环境行政主管部门申报该工程采取的环境噪声污染防治情况。

5. 在城市市区噪声敏感区域内,禁止夜间进行产生噪声污染的施工作业,但个别情况除外者,必须公告附近居民。

(二)交通运输噪声污染防治

《环境噪声污染防治法》第31条到40条对防治交通运输噪声污染做了规定。

1. 禁止制造、销售或者进口超过规定的噪声限值的汽车。

2. 在市区范围内行驶的机动车的消声器和喇叭必须符合国家规定的要求,必须使用喇叭的,应控制音量。

3. 机动车和机动船在市内航道行驶,铁路机动车驶经或者进入市区、疗养区,必须按规定使用声响装置。

4. 城市公安机关可根据声环需要,划定禁止机动车行驶和禁鸣喇叭路段。

5. 民用航空器除起飞降落一般不得飞越城市上空。

(三)社会生活噪声污染防治

《环境噪声污染防治法》第41条到第47条对防治社会生活噪声污染做了规定。

1. 商业活动造成噪声污染,必须向县以上环保行政主管部门申报防治噪声污染设施情况,禁用高音喇叭招揽顾客。

2. 文化娱乐场所的边界噪声必须符合国家规定的标准,不符合规定的不发许可和营业执照。

3. 禁止单位和个人在噪声敏感区使用高音量广播。

4. 使用家用电器、乐器,应控制音量,避免对周围造成噪声污染。

第三节 建设项目环境保护制度

一、建设项目环境影响评价制度

环境影响评价,是指对规划和建设项目实施后可能造成的环境影响进行分析、预测和评估,提出预防或者减轻不良环境影响的对策和措施,进行跟踪监测的方法与制度。2002年10月28日全国人民代表大会常务委员会发布了《中华人民共和国环境影响评价法》,以法律的形式确立了规划和建设项目的环境影响评价制度。关于建设项目的环境影响评价制度,该法主要规定了如下内容:

(一)对建设项目的环境影响评价实行分类管理

建设单位应当按照下列规定组织编制环境影响报告书、环境影响报告表或者填报环境影响登记表(以下统称环境影响评价文件):

1. 可能造成重大环境影响的,应当编制环境影响报告书,对产生的环境影响进行全面评价；

2. 可能造成轻度环境影响的，应当编制环境影响报告表，对产生的环境影响进行分析或者专项评价；

3. 对环境影响很小、不需要进行环境影响评价的，应当填报环境影响登记表。

（二）环境影响报告书的基本内容

建设项目的环境影响报告书应当包括下列内容：

1. 建设项目概况；
2. 建设项目周围环境现状；
3. 建设项目对环境可能造成影响的分析、预测和评估；
4. 建设项目环境保护措施及其技术、经济论证；
5. 建设项目对环境影响的经济损益分析；
6. 对建设项目实施环境监测的建议；
7. 环境影响评价的结论。

涉及水土保持的建设项目，还必须有经水行政主管部门审查同意的水土保持方案。

（三）建设项目环境影响评价机构

接受委托为建设项目环境影响评价提供技术服务的机构，应当经国务院环境保护行政主管部门考核审查合格后，颁发资质证书，按照资质证书规定的等级和评价范围，从事环境影响评价服务，并对评价结论负责。为建设项目环境影响评价提供技术服务的机构的资质条件和管理办法，由国务院环境保护行政主管部门制定。

国务院环境保护行政主管部门对已取得资质证书的为建设项目环境影响评价提供技术服务的机构的名单，应当予以公布。

为建设项目环境影响评价提供技术服务的机构，不得与负责审批建设项目环境影响评价文件的环境保护行政主管部门或者其他有关审批部门存在任何利益关系。

环境影响评价文件中的环境影响报告书或者环境影响报告表，应当由具有相应环境影响评价资质的机构编制。任何单位和个人不得为建设单位指定对其建设项目进行环境影响评价的机构。

（四）建设环境影响评价文件的审批管理

建设项目的环境影响评价文件，由建设单位按照国务院的规定报有审批权的环境保护行政主管部门审批；建设项目有行业主管部门的，其环境影响报告书或者环境影响报告表应当经行业主管部门预审后，报有审批权的环境保护行政主管部门审批。

审批部门应当自收到环境影响报告书之日起六十日内，收到环境影响报告表之日起三十日内，收到环境影响登记表之日起十五日内，分别作出审批决定并书面通知建设单位。

建设项目的环境影响评价文件经批准后，建设项目的性质、规模、地点、采用的生产工艺或者防治污染、防止生态破坏的措施发生重大变动的，建设单位应当重新报批建设项目的环境影响评价文件。

建设项目的环境影响评价文件自批准之日起超过五年，方决定该项目开工建设的，其环境影响评价文件应当报原审批部门重新审核；原审批部门应当自收到建设项目环境影响评价文件之日起十日内，将审核意见书面通知建设单位。

建设项目的环境影响评价文件未经法律规定的审批部门审查或者审查后未予批准的，

该项目审批部门不得批准其建设,建设单位不得开工建设。建设项目建设过程中,建设单位应当同时实施环境影响报告书、环境影响报告表以及环境影响评价文件审批部门审批意见中提出的环境保护对策措施。

(五)环境影响的后评价和跟踪管理

在项目建设、运行过程中产生不符合经审批的环境影响评价文件的情形的,建设单位应当组织环境影响的后评价,采取改进措施,并报原环境影响评价文件审批部门和建设项目审批部门备案;原环境影响评价文件审批部门也可以责成建设单位进行环境影响的后评价,采取改进措施。

环境保护行政主管部门应当对建设项目投入生产或者使用后所产生的环境影响进行跟踪检查,对造成严重环境污染或者生态破坏的,应当查清原因、查明责任。对属于为建设项目环境影响评价提供技术服务的机构编制不实的环境影响评价文件的,或者属于审批部门工作人员失职、渎职,对依法不应批准的建设项目环境影响评价文件予以批准的,依法追究其法律责任。

二、"三同时"制度

所谓"三同时"制度,是指建设项目需要配套建设的环境保护设施,必须与主体工程同时设计、同时施工、同时投产使用。《建设项目环境保护管理条例》在"第三章环境保护设施建设"中,对"三同时"制度进行了规定。主要内容有:

1. 建设项目的初步设计,应当按照环境保护设计规范的要求,编制环境保护篇章,并依据经批准的建设项目环境影响报告书或者环境影响报告表,在环境保护篇章中落实防治环境污染和生态破坏的措施以及环境保护设施投资概算。

2. 建设项目的主体工程完工后,需要进行试生产的,其配套建设的环境保护设施必须与主体工程同时投入试运行。

3. 建设项目试生产期间,建设单位应当对环境保护设施运行情况和建设项目对环境的影响进行监测。

4. 建设项目竣工后,建设单位应当向审批该建设项目环境影响报告书、环境影响报告表或者环境影响登记表的环境保护行政主管部门,申请该建设项目需要配套建设的环境保护设施竣工验收。

5. 环境保护设施竣工验收,应当与主体工程竣工验收同时进行。需要进行试生产的建设项目,建设单位应当自建设项目投入试生产之日起 3 个月内,向审批该建设项目环境影响报告书、环境影响报告表或者环境影响登记表的环境保护行政主管部门,申请该建设项目需要配套建设的环境保护设施竣工验收。

6. 分期建设、分期投入生产或者使用的建设项目,其相应的环境保护设施应当分期验收。

7. 环境保护行政主管部门应当自收到环境保护设施竣工验收申请之日起 30 日内,完成验收。

8. 建设项目需要配套建设的环境保护设施经验收合格,该建设项目方可正式投入生产或者使用。

三、在建筑施工企业大力推行实施 ISO 14000 环境管理体系认证制度

ISO 14000 是 ISO 推出的第二个管理性系列标准。目前成员国 80 个,中国也是成员

国之一。ISO/TC 207 是国际标准化组织于 1993 年 6 月成立的一个技术委员会，专门负责制定管理的国际标准及 ISO 14000 系列标准。ISO 14000 环境管理体系是一体化国际标准，旨在减少人类活动对环境造成的污染和破坏，实现可持续发展。ISO 14000 系列标准已有六个标准分别于 1996 年 9 月、10 月和 1997 年 6 月由国际标准化组织正式颁布。

环境管理体系是一个组织内全面管理体系的组成部分，它包括制定、实施、实现、评审和保持环境方针、目标等管理方面的内容。

环境管理体系是一项内部管理工具，旨在帮助组织实现自身设定的环境表现水平，并不断地改进环境行为，不断达到更新更高的高度。

ISO 14000 包括五大部分、17 个要素，五大部分是指：

1. 环境方针；
2. 规划；
3. 实施与运行；
4. 检查与纠正措施；
5. 管理评审。

这一环境管理体系模式遵循了传统的 PDCA 管理模式：规划（PLAN）、实施（DO）、检查（CHECK）、改进（ACTION），即规划出管理活动要达到的目的和遵循的原则；检查和发现问题，及时采取纠正措施，保证实施与实现过程不会偏离原有目标和原则，实现过程与结果的改进提高。环境管理体系特别强调持续改进，因此这一循环过程不是封闭的，是一个开环系统，不能在原有的水平上循环往复，停滞不前，应通过管理评审等手段提出新一轮要求与目标，实现环境绩效的改进与提高。

实施 ISO 14001 要求企业必须首先自觉遵守法律法规和其他要求、主动守法。因此，通过推广实施 ISO 14001，可使企业体提高自主守法意识，变被动守法为主动守法。如，防止污染、达标排放、环境影响评价、三同时、排污登记、排污收费、总量控制、目标责任制等。

第四节 工程建设环境保护法律制度案例

案例 1

原告：王某　被告：××市××投资公司（以下简称投资公司）
被告：××市公路发展有限公司（以下简称发展公司）

一、基本案情

1992 年 11 月，王某与拆迁人投资公司签订拆迁安置协议，约定安置其到××区 10 号院 7 号楼居住。1994 年 5 月，王某入住后发现该楼邻近××高速公路，噪声污染十分严重，日常生活和学习受到严重干扰。王某多次要求解决噪声污染问题，均没有结果。为此，王某于 2000 年 8 月向法院提起诉讼，请求判令投资公司、公路局、发展公司限期采取减轻噪声污染的措施，将住房内噪声值降低到标准值以下，赔偿从入住以来的噪声扰民补偿费每月 60 元，总计 4500 元。

1997 年 11 月 3 日晚 22 时，××区环境保护监测站对 10 号院 7 号楼进行噪声监测，噪声值分别为 78.4dB、77.3dB、69.2dB。该区域适用国家《城市区域环境噪声标准》的 4 类标准，环境噪声最高限值昼间为 70dB、夜间为 55dB。

被告投资公司辩称，10 号院的规划、设计、施工均履行了法定手续。房屋竣工后，经过了××区建设工程质量监督站的验收，符合交付使用条件。建设期间（1992~1993年）××高速公路已通车，当时的设计已考虑了高速公路的影响。但随着发展，××高速公路的车流量增加了很多，而且××市实行的交通管制又使大型载重汽车只能在夜间进城，这是规划设计时无法预见的。

被告发展公司辩称，原告住房的噪声污染问题完全是由于投资公司的过错造成的。理由是：一、根据收费站的统计，××高速公路的现流量还远未达到设计流量，并且公路局和我公司管理××高速公路时也没有由于未尽管理义务而导致交通噪声加大的情形，对噪声污染的损害结果没有任何过错。二、投资公司在已有的城市交通干线的一侧过近的地方建设噪声敏感建筑物，应当预见而未能预见可能给居民带来的噪声污染，未能采取有效措施防止噪声污染，应当承担本案的全部责任。

二、案件审理

法院审理后认为，投资公司在开发建设 7 号楼时，××高速公路已通车数年，该公司有关建楼规划手续虽符合当时规定，但并不能免除该公司对噪声污染进行治理的责任，故投资公司在治理和改善住户居住条件的问题上应承担主要责任。发展公司是目前京石高速公路的经营管理人和受益人，且此次纠纷所争议的噪声污染源主要来自于××高速公路，故发展公司在经营管理过程中有义务承担起治理和改善环境的责任。判决如下：

1. 投资公司在 2 个月内为原告居住的住房南侧大间、门厅及阳台安装隔声窗（双层），将住房的室内噪声降到昼间 60dB 以下，夜间 45dB 以下；

2. 投资公司、发展公司赔偿王某所受噪声污染损每月 60 元，其中，投资公司负担 50 元，发展公司负担 10 元，自 1994 年 5 月起到住房安装隔声窗之月止。

三、案例评析

环境污染致人损害民事责任是一种特殊侵权行为的民事责任，适用无过错责任原则，即无论行为人有没有过错，只要法律规定应当承担民事责任，行为人即应对其行为造成的损害承担责任。尽管无过错责任是解决环境污染问题的一般原则，但对于错综复杂的环境污染案件来说，单一的无过错责任原则是远远不足的，因为加害主体和因果关系的复杂性使每一对法律关系各具其特殊性，这就有必要适用不同的归责原则。

第一被告投资公司。投资公司作为拆迁人，其与原告有基于拆迁安置合同为原告安排好适合居住的合格房屋义务，所以，原告可追究投资公司的违约责任或侵权责任。尽管合同条款一般不会涉及噪声指标，可基于投资公司在投资开发建设该楼房时没有做环境影响评价、没有充分考虑该楼因距离高速公路过近给住户带来的噪声污染危害、没有采取减轻和避免交通噪声影响的措施等事实，认定投资公司应为某些法律义务而不为，其主观过错是明显的。况且适用过错责任原则，还可根据其过错程度加大其应当承担的责任。

第二被告发展公司。发展公司是××高速公路的经营单位。作为噪声的制造者，其应按无过错责任原则承担侵权责任，并不能以主观上无过错为由进行抗辩。

案例 2

原告：庞某

被告：××露天煤矿建设国道指挥部。

一、基本案情

1983 年，××露天煤矿的建设确定为"七五"期间的重点工程项目。1985 年 6 月，××煤矿设计院编制出《××露天矿可行性研究报告》，肯定该露天煤矿爆破引起的噪声和震动会对周围自然环境产生影响，但对如何采取预防措施未加论述。1988 年，××矿务局成立露天建设管理委员会，1990 年更名为××露天煤矿建设国道指挥部（下称国道指挥部），1991 年该矿开始建设。在国道指挥部计划建设露天煤矿期间，××煤矿劳动服务公司在该露天煤矿东南界线的边缘建立养鸡场。1991 年 4 月，劳动服务公司将该养鸡场发包给本案原告庞某，承包期为 4 年。1992 年 2 至 6 月，庞某分 4 次购进雏鸡 6970 只，饲养在鸡场。同年 8 至 10 月，这些鸡先后进入产蛋期。与此同期，国道指挥部在露天煤矿进行土层剥离爆破施工，其震动和噪声惊扰养鸡场的鸡群，鸡的产蛋率突然大幅度下降，并有部分鸡死亡。同年 12 月底和 1993 年初，庞某将成鸡全部淘汰。经计算，庞某因蛋鸡产蛋率下降而提前淘汰减少利润收益 120411.78 元。

××畜牧科学院兽医研究所对庞某承包的养鸡场的活、死鸡进行抽样诊断、检验，结论为：因长期放炮施工的震动和噪声造成鸡群"应激产蛋下降综合症"。

另外，国道指挥部在露天煤矿爆破施工的震动、噪声，致使附近居民的房屋墙壁出现裂损和正常的生活秩序受到影响，引起一些居民不满，政府有关部门曾拨专款给予补偿。

1993 年 2 月，国道指挥部委托地震局、环保局，对露天煤矿爆破施工的震动和噪声进行监测，结论是震动速度和噪声均没超出国家规定的标准。

原告庞某向人民法院起诉称：国道指挥部开矿爆破造成蛋鸡产蛋率由原来的 90％以上下降到 10％左右，并出现部分鸡死亡的现象，要求被告赔偿损失 402418.42 元。

被告国道指挥部辩称：我部开矿爆破经国家有关部门批准，没有违法，不构成侵权，不应承担赔偿责任。

二、案件审理

一审法院经审理认为：露天煤矿开始施工建设时，养鸡场已经建成并投入生产，养鸡场的建立没有违反有关规定。国道指挥部长期开矿爆破施工，其震动和噪声惊扰庞某养鸡场的鸡群，造成该鸡群"应激产蛋下降综合症"，应该承担赔偿责任。该院根据《民法通则》第 124 条之规定，于 1993 年 4 月 28 日判决如下：国道指挥部赔偿庞某的经济损失 120411.78 元。

国道指挥部对判决不服，以原诉答辩理由提起上诉。二审法院在审理中，对地震、环保部门的监测结论进行了核实，认为：这种事后委托有关部门作出的监测结论，因用作监测的对象与当时的客观情况不相一致，放炮点也发生了变化，加之养鸡场的鸡不复存在，故该监测结论不能作为推翻兽医研究所诊断结论的证据。二审法院还就鸡群"应激产蛋下降综合症"的问题听取了有关专家的咨询意见。专家认为：根据兽医学的理论研究，包括鸡在内的各种动物都对外界环境的变化有一定本能的反应，当这种反应超过其本身的适应能力时，就会给其生理和心理造成不良的影响，这种"反应"就是"应激"。庞某养鸡场的鸡群，属于对周围环境要求较高、适应环境能力较低的鸡种，这种鸡好静，长期爆破产生的震动和噪声完全改变了它生长的环境，给鸡群的生理和心理造成了不良的影响，以致产蛋率下降。据此，排除了庞某养鸡场的鸡群产蛋率下降是由于患病所致的因素。

二审法院经重新核算，庞某所受到的经济损失为131000元。

二审法院在进一步查明事实和分清是非、责任的基础上进行调解。经调解，双方于1994年2月2日自愿达成如下协议：

1. 国道指挥部赔偿庞某的经济损失131000元；
2. 国道指挥部于1994年2月20日付给庞某65500元，剩余部分于2月底全部付清，否则加倍支付迟延履行期间的利息。

三、案例评析

本案被告国道指挥部在其露天煤矿爆破施工，造成原告养鸡场鸡群的产蛋率大幅度下降，属于环境污染致人损害，法院适用《民法通则》第124条的规定处理本案的实体问题，是正确的。

环境污染一般是指由于生产、科研、生活及其他活动而向人类生存环境排放废水、废渣、粉尘、垃圾、放射性物质、有毒物质等有害物及产生噪声、震动、恶臭等有害于人类生存环境的行为。这些污染源进入人类环境，使人的生命、健康、财产遭受损害及正常的生产、工作、学习、生活受到妨害，即为环境污染致人损害。环境污染致人损害的民事责任属于一种特殊侵权民事责任。《民法通则》第124条规定："违反国家环境防止污染的规定，污染环境造成他人损害的，应当依法承担民事责任。"《环境保护法》第41条规定："造成环境污染危害的，有责任排除危害，并对直接受到损害的单位或个人赔偿损失"。本案被告在其露天煤矿爆破施工产生的震动和噪声，使原告养鸡场的鸡群的安静生活环境受到破坏，引起该鸡场鸡群的产蛋率大幅度下降，这显然属于环境污染致人损害。

案例3

一、基本案情

2001年1月2日江西省环保局收到举报信，反映奉新县某水泥有限公司违法生产，污染严重，对周围居民造成极大影响。1月2日省环境监理总队接到省环保局转来的举报信后，1月3日派人和奉新县环保局共赴现场检查。在检查过程中约见了某水泥公司的总经理许某和投诉人，查明：某水泥有限公司是当地招商企业，由许某等人投资200余万元兴建，2000年5月3日动工，2000年10月23日投产，截止到2001年1月3日未办理环保审批手续，也未办理工商营业执照。奉新县环保局曾于2000年5月18日对该公司下达了停止建设通知书。该公司从事水泥半成品加工，从其他厂家购买水泥熟料进行加工，生产425号硅酸盐水泥。该公司的主要生产设备是一台直径2.2m的球磨，污染防治措施只有一套简易的布袋除尘装置。省环境监理总队建议责令江西瑞达水泥有限公司停止生产，按规定限期补办环保手续。

二、案件处理

江西省环保局认为江西某水泥公司的行为，违反了《中华人民共和国大气污染防治法》第11条的规定。根据《中华人民共和国大气污染防治法》第47条的规定，对某水泥厂作出如下行政处罚：

1. 责令江西某水泥厂立即停止生产;
2. 处2万元罚款。
三、案例分析

《建设项目环境保护管理条例》确立了"三同时"制度,即建设项目需要配套建设的环境保护设施,必须与主体工程同时设计、同时施工、同时投产使用。在本案中,某水泥厂违法该项制度,其结果是违反了《大气污染防治法》的有关规定,依法应当承担法律责任。

第十三章 企业法律制度

第一节 全民所有制工业企业法

一、全民所有制工业企业法概述

（一）全民所有制工业企业法的概念

全民所有制工业企业法，是调整全民所有制工业企业的经济关系的法律规范的总称。

（二）全民所有制工业企业法的基本原则

根据企业法和条例等有关法律、法规的规定，我国全民所有制工业企业法的基本原则有以下几项：

1. 两权分离的原则

企业的财产属于全民所有，国家依照所有权和经营权分离的原则授予企业经营管理权。国家财产所有权与经营权的分离，是指国家在保持其财产所有权的同时，把特定的国家财产的经营权授予全民所有制企业。

2. 政企职责分开的原则

政企职责分开，是指在政府同企业的关系上要按照自主经营、自主管理的原则，将经营管理权下放到企业，由各企业自己管理自己的事情，政府的责任是按照法律、法规的规定为企业提供服务并进行监督。这对于调动企业积极性，提高政府部门的办事效率是十分重要的。

3. 党政明确分工的原则

改善党的领导制度，划清党组织和国家政权的职能，理顺党组织与人民代表大会、政府、司法机关、群众团体、企事业单位和其他各种社会组织之间的关系，做到各司其职，并且逐步走向制度化，这是加强党的建设和领导的一个重要方面。企业法明确规定了党政分工的原则，确定了企业实行厂长负责制，党组织对企业的生产经营管理工作实行保证监督。这不仅解决了企业在生产指挥和管理上无人负责的问题，也加强和改善了党的领导，理顺了企业中的党政关系。

4. 民主管理原则

保证职工能够充分行使民主权利，发挥他们的积极性和创造性，是办好社会主义企业必须坚持的重要原则。

二、企业的设立、变更和终止

（一）企业的设立

根据《企业法》第17条的规定，申请设立全民所有制工业企业必须具备以下各项条件：第一，产品为社会所需要；第二，有能源、原材料、交通运输的必要条件；第三，有自己的名称和生产经营场所；第四，有符合国家规定的资金；第五，有自己的组织机构；第六，有明确的经营范围；第七，法律、法规规定的其他条件。

(二) 企业的变更

根据企业法和条例的有关规定，企业变更的形式有转产、停产整顿、合并、分立和企业其他重要事项的变更。

1. 转产

企业主导产品不符合国家产业政策，或者没有市场销路，积压严重，应当实行转产。企业为获取更大的经济效益，可以根据市场预测和自身条件，主动实行转产。

2. 停产整顿

企业经营性亏损严重的，可以自行申请整顿，政府主管部门也可以责令企业停产整顿。停产整顿期间企业应当停发奖金，要采取有效措施，保护企业财产。停产整顿期间一般不超过1年。

3. 合并（含兼并）

政府可以决定或者批准企业的合并。在全民所有制企业间的合并，可以采取资产无偿划拨的方式进行。合并各方经充分协商，签订合并协议。

企业可以自主决定兼并其他企业。企业兼并是一种有偿的合并形式。经兼并企业与债权人协商，可以订立分期偿还或者减免债务协议，财政部门和银行应给予适当的优惠政策。

4. 分立

经政府批准，企业可以分立，由一个企业分成两个或者两个以上的企业。

5. 企业其他重要事项的变更

是指企业法人改变名称、住所、经营场所、法定代表人、经济性质、经营范围、经营方式、注册资金、经营期限以及增设或者撤销分支机构。

企业的权利、义务不能因企业的变更而消失。在企业变更的情况下，原企业的权利、义务由变更后的企业享有或者承担。企业合并、分立时，必须依法清理债权、债务，合并、分立前企业的债权、债务由合并、分立后的企业享有和承担。

企业变更应依法到登记主管部门办理变更登记。

(三) 企业的终止

根据企业法和条例的规定，企业因下列原因终止：

（1）违反法律、法规被责令撤销；
（2）政府主管部门依照法律、法规的规定决定解散；
（3）依法被宣告破产；
（4）其他原因。

企业解散，由政府主管部门指定的清算组进行清算。企业被宣告破产的，应当由人民法院组织有关机关和有关人员成立清算组进行清算。清算的内容包括两个方面：一是查清企业财产，核实债权、债务，并登记造册；二是受偿债权，清偿债务，依法处理剩余财产。

企业终止，应当向登记主管机关办理注销登记。

三、全民所有制工业企业的权利和义务

(一) 全民所有制工业企业的权利

全民所有制工业企业的权利，从经营权的角度，根据企业法和条例的规定，主要包括下列14项权利：（1）生产经营决策权；（2）产品劳务定价权；（3）产品销售权；（4）物资采购权；（5）进出口权；（6）投资决策权；（7）留用资金支配权；（8）资产处置权；（9）联营、兼并权；（10）劳动用工权；（11）人事管理权；（12）工资、奖金分配权；（13）内部机构设置权；（14）拒绝摊派权。

（二）全民所有制工业企业的义务

1. 企业对国家的义务

企业对国家的义务主要有：第一，遵守法律、法规，坚持社会主义方向；第二，完成指令性计划；第三，降低产品成本，提高劳动生产率；第四，遵守财经纪律，依法缴纳税金、费用、利润；第五，维护生产秩序，保护国家财产。

2. 企业对社会的义务

企业对社会的义务主要有：第一，保证产品质量和服务质量；第二，履行依法订立的合同和协议；第三，防止污染和保护环境。

3. 企业对职工的义务

企业对职工的义务包括：第一，搞好职工教育、提高职工队伍素质；第二，支持职工开展科学技术活动和劳动竞赛；第三，实行安全生产和文明生产。

四、企业的内部领导制度

（一）厂长（经理）负责制

1. 厂长（经理）负责制的概念

厂长（经理）负责制是全民所有制工业企业的生产经营管理工作由厂长（经理）统一领导和全面负责的一种企业内部领导制度。它是一种同企业民主化管理相结合的企业首长负责制。

2. 厂长（经理）的产生

《企业法》第44条规定，除国务院另有规定外，厂长采取两种方式产生：一是政府主管部门委任或者招聘；二是企业职工代表大会选举。政府主管部门委任或者招聘的厂长人选，须征求职工代表的意见；职工代表大会选举的厂长，须报经政府主管部门批准。

3. 厂长的职权和职责

厂长是企业的法定代表人，在企业的生产经营管理工作中，厂长行使下列职权：第一，依照法律和国务院的规定，决定或者报请审查批准企业的各项计划；第二，决定企业行政机构的设置；第三，报请政府主管部门任免或者聘任、解聘副厂级行政领导干部，法律和国务院另有规定的除外；第四，任免或者聘任、解聘企业中层行政领导干部，法律另有规定的除外；第五，提出工资调整方案、奖金分配方案和重要的规章制度，提请职工代表大会审查同意；提出福利基金使用方案和其他有关职工生活福利的重大事项建议，提请职工代表大会审议决定；第六，依法奖惩职工。提请政府主管部门奖惩副厂级行政领导干部。

厂长必须依靠职工群众履行企业法规定的企业的各项义务，支持职工代表大会、工会和其他群众组织的工作，执行职工代表大会依法做出的决定。

（二）企业的民主管理

1. 职工代表大会

职工代表大会是企业实行民主管理的基本形式，是职工行使民主权力的机构。职工代表大会的工作机构是企业的工会委员会,它负责职工代表大会的日常工作。

职工代表大会行使下列职权:第一,企业重大经营决策审议权;第二,企业重要制度的审查同意或者否决权;第三,重大生活福利事项审议决定权;第四,评议、监督企业的各级行政领导干部,提出奖励和任免的建议;第五,选举厂长权,选出的厂长要报政府主管部门批准。

职工代表大会至少每半年召开一次,每次会议必须有 2/3 以上的职工代表出席。职工代表大会进行选举和做出决议,必须经全体职工代表过半数通过。

2. 职工

职工是企业的主人,职工的合法权益受法律保护。根据企业法的规定,职工有下列权利:(1)有参加企业民主管理,对企业的生产和工作提出意见和建议的权利。(2)有依法享受劳动保护、劳动保险、休息、休假的权利。(3)有向国家机关反映真实情况,对企业领导干部提出批评和控告的权利。(4)女职工有按照国家规定,享受特殊劳动保护和劳动保险的权利。

职工在享受上述权利的同时,也应当以国家主人翁的态度从事劳动,遵守纪律和规章制度,完成生产和工作任务。

第二节　集体所有制企业法

一、城镇集体所有制企业法

(一)城镇集体所有制企业的概念

城镇集体所有制企业是在城镇区域内设立的、生产资料归劳动群众集体所有的企业(以下简称城镇集体企业)。城镇集体企业必须在具备法定条件,通过法定程序后,取得法人资格,以其全部财产独立地承担民事责任。

(二)城镇集体企业的设立、变更和终止

1. 企业的设立

申请设立城镇集体企业必须具备以下条件:第一,有企业名称、组织机构和企业章程;第二,有固定的生产经营场所、必要的设施并符合规定的安全卫生条件;第三,有符合国家规定并与其生产经营和服务规模相适应的资金数额和从业人员;第四,有明确的经营范围;第五,能够独立承担财产责任;第六,法律、法规规定的其他条件。

设立城镇集体企业应当经省、自治区、直辖市人民政府规定的审批部门批准,并依法经工商行政管理机关核准登记,领取《企业法人营业执照》,方可开始生产经营活动。

2. 企业的变更

企业的合并、分立、停业、迁移或者主要登记事项的变更,必须符合国家的有关规定,由企业提出申请,报经原审批部门批准,依法向原登记机关办理变更登记。

3. 企业的终止

根据《城镇集体企业条例》第 17 条规定,企业有下列原因之一的,应当予以终止:一是企业无法继续经营而申请解散,经原审批部门批准;二是依法被撤销;三是依法被宣告破产;四是其他原因。

企业终止,应当依法清算企业财产,还必须依法办理注销登记并公告。

（三）城镇集体企业的权利和义务

1. 企业的权利

企业在产供销方面的权利有：生产经营活动自主安排权、物资采购权、产品销售权、制定价格权、联合经营权。企业在人、财、物方面的权利包括：人事劳动管理权、财产所有权、拒绝摊派权、享受法定优惠权。

2. 企业的义务

企业的义务包括：依法缴纳税金的费用、加强财务管理、接受审计监督、保证产品质量和服务质量、依法履行合同、保护环境、维护职工合法权益、尊重职工民主管理权利。

（四）城镇集体企业的内部领导制度

1. 企业职工（代表）大会

职工（代表）大会是城镇集体企业实行民主管理的一种方式。职工（代表）大会行使以下六项权利：第一，制定、修改企业章程；第二，选举、罢免或者聘用、解聘厂长（经理）、副厂长；第三，审议厂长（经理）提交的各项议案，决定企业经营管理的重大问题；第四，审议并决定企业职工工资形式、工资调整方案、奖金和分红方案、职工住宅分配方案和其他有关职工生活福利的重大事项；第五，审议并决定企业职工奖惩办法和其他重要规章制度；第六，法律、法规和企业章程规定的其他职权。

职工（代表）大会代表由职工选举产生。职工（代表）大会依照章程规定定期召开，每年不得少于两次。职工（代表）大会可以设立常设机构，负责职工（代表）大会闭会期间的工作。

2. 企业的厂长（经理）

城镇集体企业实行"厂长（经理）负责制"。厂长（经理）是企业的法定代表人。厂长（经理）由企业职工（代表）大会选举或者招聘产生。由集体企业联合经济组织投资开办的集体企业，其厂长（经理）可以由该联合经济组织任免。投资主体多元化的集体企业，其中国家投资达到一定比例的，其厂长（经理）可以由上级管理部门按照国家有关规定任免。

厂长（经理）在法律规定的范围内行使领导和组织企业日常生产经营和行政工作的职权；履行执行本企业职工（代表）大会的决议；组织职工完成企业生产经营任务等职责。

二、乡镇企业法

（一）乡镇企业的概念

乡镇企业是指以农村集体经济组织或者农民投资为主，在乡镇（包括所辖村）举办的承担支援农业义务的各类企业。所谓农村集体经济组织或者农民投资为主，是指农村集体经济组织或者农民投资超过50%，或者虽不足50%，但能起到控股或者实际支配作用。

乡镇企业在城市设立的分支机构，或者农村集体经济组织在城市开办的并承担支援农业义务的企业，按照乡镇企业对待。

（二）乡镇企业的设立、变更和终止

1. 企业的设立

乡镇企业具备法人资格的，依法人设立条件登记设立，同时，应当向当地乡镇企业行政管理部门办理登记备案手续。

2. 企业的变更和终止

乡镇企业改变名称、住所或者分立、合并、停业、终止等，依法办理变更登记、注销登记，并应当报乡镇企业行政管理部门备案。

（三）乡镇企业的权利和义务

1. 企业的权利

乡镇企业依法实行独立核算、自主经营、自负盈亏。根据乡镇企业法的有关规定，乡镇企业有以下几项权利：

（1）企业财产权。

农村集体经济组织投资设立的乡镇企业，其企业财产权属于设立该企业的全体农民所有；农村集体经济组织与其他企业、组织或者个人共同投资设立的乡镇企业，其企业财产权按照出资份额属于投资者共有；农民合伙或者单独投资设立的乡镇企业，其企业财产权属于投资者所有。乡镇企业的合法财产不受侵犯。

（2）生产经营决策权。

任何组织或者个人不得违反法律、行政法规干预乡镇企业的生产经营。

（3）企业内部管理权。

企业可以决定自己的管理形式。但是在确定企业经营管理制度、企业负责人作出重大经营决策和决定职工工资、生活福利、劳动保护、劳动安全等重大问题时，应当听取职工或者工会的意见，实施情况要定期向职工公布，接受职工监督。

2. 企业的义务

乡镇企业的义务主要有：第一，按照市场经济需要和国家产业政策，合理调整产业结构和产品结构，加强技术改造，不断采用先进的技术、生产工艺和设备，提高企业经营管理水平；第二，严格控制，合理利用和节约使用土地；第三，应当依法合理开发和使用自然资源；第四，依法建立财务会计制度，加强财务管理，并依法建立健全统计制度、税务登记制度等；第五，应当保证产品质量；第六，必须遵守环境保护的法律、法规；第七，必须建立劳动保护和劳动安全的制度，并遵守相应的法规。

第三节　合伙企业法

一、合伙企业法概述

（一）合伙企业法的概念

合伙企业法是调整合伙企业组织及合伙企业行为的法律规范的总称。《中华人民共和国合伙企业法》（以下简称《合伙企业法》）1997年2月23日第八届全国人民代表大会常务委员会第二十四次会议通过，经2006年8月27日第十届全国人民代表大会常务委员会第二十三次会议修订，自2007年6月1日起施行

（二）合伙企业的概念及分类

根据修订后的《合伙企业法》，合伙企业是指自然人、法人和其他组织依照本法在中国境内设立的普通合伙企业和有限合伙企业。

1. 普通合伙企业由普通合伙人组成，合伙人对合伙企业债务承担无限连带责任。本法对普通合伙人承担责任的形式有特别规定的，从其规定。

2. 有限合伙企业由普通合伙人和有限合伙人组成,普通合伙人对合伙企业债务承担无限连带责任,有限合伙人以其认缴的出资额为限对合伙企业债务承担责任。

二、合伙企业的设立

合伙企业的设立条件:

1. 有两个以上的合伙人

普通合伙人人数以二人为最低限度,没有最高限制;有限合伙企业由二个以上五十个以下合伙人设立,但是法律另有规定的除外。自然人作为合伙人应当为具有完全民事行为能力的人。法律、行政法规禁止从事营利性活动的人,如国家公务员不能做合伙人。

需要注意的是,修改后的合伙企业法,删除了现行合伙企业法对合伙人范围的限制,允许所有的市场主体参与设立合伙企业。但是,对一些特定市场主体成为普通合伙人作出了限制性规定,在第三条明确规定:"国有独资公司、国有企业、上市公司以及公益性的事业单位、社会团体不得成为普通合伙人。"按照这一规定,上述组织只能参与设立有限合伙企业成为有限合伙人,而不得成为普通合伙人。

2. 有书面合伙协议。

合伙协议应当载明下列事项:合伙协议应当载明下列事项;第一,合伙企业的名称和主要经营场所的地点;第二,合伙目的和合伙经营范围;第三,合伙人的姓名或者名称、住所;第四,合伙人的出资方式、数额和缴付期限;第五,利润分配、亏损分担方式;第六,合伙事务的执行;第七,入伙与退伙;第八,争议解决办法;第九,合伙企业的解散与清算;第十,违约责任。

此外,有限合伙企业合伙协议中,除符合上述规定外,还应当载明下列事项:第一,普通合伙人和有限合伙人的姓名或者名称、住所;第二,执行事务合伙人应具备的条件和选择程序;第三,执行事务合伙人权限与违约处理办法;第四,执行事务合伙人的除名条件和更换程序;第五,有限合伙人入伙、退伙的条件、程序以及相关责任;第六,有限合伙人和普通合伙人相互转变程序。

合伙协议经全体合伙人签名、盖章后生效。合伙人按照合伙协议享有权利,履行义务。

3. 有合伙人认缴或者实际缴付的出资

合伙人可以用货币、实物、土地使用权、知识产权或者其他财产权利出资;经全体合伙人一致同意,合伙人也可以用劳务出资。对于非货币的出资,是否需要评估,由全体合伙人协商确定。合伙人出资数额的确定只能以实际缴付额为准,认缴而未实际缴付的,不得计入。

4. 有合伙企业的名称和生产经营场所

普通合伙企业名称中应当标明"普通合伙"字样;特殊的普通合伙企业名称中应当标明"特殊普通合伙"字样;有限合伙企业名称中应当标明"有限合伙"字样。

合伙企业进行经常性、持续性的生产经营活动,应当有经营场所。所谓必要条件,就是根据自己从事业务特点和经营范围所需要的设施等物质条件。

5. 法律、行政法规规定的其他条件

三、合伙企业的内部关系

(一)合伙企业的财产

1. 合伙企业财产的构成

合伙人的出资、以合伙企业名义取得的收益和依法取得的其他财产，均为合伙企业的财产。

2. 合伙企业财产的管理

合伙企业的财产，归全体合伙人共同共有，因此，只能由全体合伙人共同管理和使用。在合伙企业存续期间，除非有法定事由，合伙人不得要求分割财产。但是合伙人在合伙企业清算前私自转移或者处分合伙企业财产的，合伙企业不得以此对抗善意第三人。

3. 合伙企业财产的转让

合伙企业存续期间，合伙人向合伙人以外的人转让其在合伙企业中的全部或者部分财产份额时，须经其他合伙人一致同意。合伙人之间转让在合伙企业中的全部或者部分财产份额时，应当通知其他合伙人。合伙人依法转让其财产份额的，在同等条件下，其他合伙人有优先受让的权利。

（二）合伙企业的事务执行

1. 管理参与权与事务授权

按照合伙协议的约定或者经全体合伙人决定，可以委托一个或者数个合伙人对外代表合伙企业，执行合伙事务。

作为合伙人的法人、其他组织执行合伙事务的，由其委派的代表执行。

但是，并非所有的合伙事务都可以由个别合伙人决定，根据《合伙企业法》第31条的规定，除合伙协议另有约定外，合伙企业的下列事项应当经全体合伙人一致同意：第一，改变合伙企业的名称；第二，改变合伙企业的经营范围、主要经营场所的地点；第三，处分合伙企业的不动产；第四，转让或者处分合伙企业的知识产权和其他财产权利；第五，以合伙企业名义为他人提供担保；第六，聘任合伙人以外的人担任合伙企业的经营管理人员。

在委托事务执行人的情况下，其他合伙人不再执行合伙事务。

2. 知情权和监督权

由一个或者数个合伙人执行合伙事务的，执行事务合伙人应当定期向其他合伙人报告事务执行情况以及合伙企业的经营和财务状况，其执行合伙事务所产生的收益归合伙企业，所产生的费用和亏损由合伙企业承担。

合伙人为了解合伙企业的经营状况和财务状况，有权查阅合伙企业会计账簿等财务资料。

3. 异议权和撤销权

合伙人分别执行合伙事务的，执行事务合伙人可以对其他合伙人执行的事务提出异议。提出异议时，应当暂停该项事务的执行。如果发生争议，按照合伙协议约定的表决办法办理。合伙协议未约定或者约定不明确的，实行合伙人一人一票并经全体合伙人过半数通过的表决办法。

受委托执行合伙事务的合伙人不按照合伙协议或者全体合伙人的决定执行事务的，其他合伙人可以决定撤销该委托。

4. 忠实义务

由于合伙企业具有"人合"的性质，信任关系对于合伙企业的存续意义很大，由此派生出一系列被称作"忠实义务"的行为准则。根据我国《合伙企业法》第30条的规定，具体包括以下三项：第一，合伙人不得自营或者同他人合作经营与本合伙企业相竞争的业务；第二，除合伙协议另有约定或者经全体合伙人一致同意外，合伙人不得同本合伙企业进行交易；第三，合伙人不得从事损害本合伙企业利益的活动。但是，除合伙协议另有约定外，有限合伙人可以同本有限合伙企业进行交易；也可以自营或者同他人合作经营与本有限合伙企业相竞争的义务；

（三）合伙企业的分配

合伙企业的利润分配、亏损分担，按照合伙协议的约定办理；合伙协议未约定或者约定不明确的，由合伙人协商决定；协商不成的，由合伙人按照实缴出资比例分配、分担；无法确定出资比例的，由合伙人平均分配、分担。

四、合伙企业的外部关系

（一）合伙企业对外代表权

合伙人对外代表权的内容包括：

1. 合伙企业事务由合伙企业全体合伙人共同执行时，每个合伙人均可对外代表合伙企业。

2. 由合伙协议约定或者全体合伙人决定，委托一名或者数名合伙人执行合伙企业事务时，被委托的合伙人对外代表合伙企业。

3. 合伙企业对合伙人执行合伙企业事务以及对外代表合伙企业权利的限制，不得对抗善意第三人。

（二）合伙企业债务的承担

合伙企业债务，是指合伙企业以自己的名义对他人所负的，能以货币计量，需以资产或劳务偿付的债务。合伙企业对其债务，应先以其全部财产进行清偿。合伙企业不能清偿到期债务的，合伙人承担无限连带责任。

五、入伙和退伙

（一）入伙

入伙是指在合伙企业存续期间，合伙人以外的第三人加入合伙企业并取得合伙人的地位，取得合伙人资格的法律行为。

根据《合伙企业法》的规定。入伙应符合下列条件及程序：

（1）新合伙人入伙，以全体合伙人一致同意为条件；未获一致同意的，不能入伙。

（2）新合伙人入伙，应当订立书面入伙协议；入伙协议应当以原合伙协议为基础，对权利、义务、责任及其他相关事项作出规定；新合伙人入伙时，原合伙人应将合伙企业状况如实告知。

入伙的新合伙人与原合伙人，享有同等权利，承担同等责任。但是，入伙协议另有规定的从其规定。入伙的新合伙人对入伙前合伙企业的债务承担连带责任。

（二）退伙

1. 退伙的概念

退伙是指在合伙企业存续期间，合伙人退出合伙企业，从而丧失合伙人资格的法律行为。

合伙人可因下列情形而退伙：第一，自愿退伙。又称声明退伙，是指合伙人按照自己的意愿退出合伙企业的退伙形式。第二，当然退伙。又称法定退伙，是指基于法律直接规定的事由，而使原合伙人丧失合伙人资格的退伙形式。第三，除名退伙。又称开除退伙，是指被除名人因其他合伙人的一致要求，而被强制退出合伙企业的退伙形式。

2. 退伙的效力

退伙的效力即退伙所引起的法律后果。

合伙人退伙，势必要引起合伙企业财产的清理、计算与退还，这是关系到退伙人与其他合伙人重大财产关系的事项，所以法律做出了严密的规范：

（1）合伙人退伙的，其他合伙人应当与该退伙人对合伙财产进行结算；

（2）其他合伙人与该退伙人应当以退伙时的合伙企业财产状况为准，进行结算；

（3）在结算的基础上，按照合伙协议约定或退伙时由全体合伙人决定，可以退还货币，也可退还实物；

（4）退伙时有未了结的合伙企业事务的，待了结后进行结算。

退伙人对其退伙前已发生的合伙企业债务，与其他合伙人共同承担连带责任。合伙人退伙时，合伙企业财产少于合伙企业债务的，退伙人应当按照合伙协议约定的比例分担合伙企业的亏损；合伙协议未约定或者约定不明确的，由合伙人协商决定；协商不成的，由合伙人按照实缴出资比例分配、分担；无法确定出资比例的，由合伙人平均分配、分担。

第四节　个人独资企业法

一、个人独资企业法概述

（一）个人独资企业的概念

个人独资企业是指依照个人独资企业法在中国境内设立的，由一个自然人投资，财产为投资人个人所有，投资人以其个人财产对企业债务承担无限责任的经营实体。

（二）个人独资企业法的概念

个人独资企业法是调整个人独资企业经济关系的法律规范的总称。1999年8月30日，第九届全国人民代表大会常务委员会第十一次会议通过了《中华人民共和国个人独资企业法》（以下简称《个人独资企业法》），自2000年1月1日起施行。

二、个人独资企业的设立

（一）个人独资企业的设立条件

设立个人独资企业，应当具备下列条件：

（1）投资人为一个自然人，且只能是中国公民。投资人应当具有完全民事行为能力。

（2）有合法的企业名称。

（3）有投资人申报的出资。

（4）有固定的生产经营场所和必要的生产经营条件

（5）有必要的从业人员。

（二）个人独资企业的设立程序

申请设立个人独资企业，应当由投资人或者其委托的代理人向个人独资企业所在地的登记机关提出设立申请。登记机关应当在收到设立申请文件之日起15日内，对符合个人独资企业法规定条件的予以登记，发给营业执照；不符合个人独资企业法规定条件的，不予登记，并发给企业登记驳回通知书。个人独资企业的营业执照签发日期，为个人独资企业成立日期。

三、个人独资企业的事务管理

个人独资企业投资人可以自行管理企业事务，也可以委托或者聘用其他具有民事行为能力的人负责企业的事务管理。投资人委托或者聘用他人管理个人独资企业的事务，应当与受托人或者被聘用的人签订书面合同，合同应注明委托的具体内容、授予的权利范围等。受托人或者被聘用的人员应当履行诚信、勤勉的义务，按照与投资人签订的合同负责个人独资企业的事务管理。投资人对受托人或者被聘用的人员职权的限制，不得对抗善意第三人。受托人或者被聘用的人员超出投资人的限制与善意第三人的有关业务交往应为有效。

四、个人独资企业的权利和义务

个人独资企业可以依法申请贷款，取得土地使用权，并享有法律、行政法规规定的其他权利。任何单位和个人不得违反法律、行政法规的规定，以任何方式强制个人独资企业提供财力、物力、人力；对于违法强制提供财力、物力、人力的行为，个人独资企业有权拒绝。

个人独资企业应当依法设置会计账簿，进行会计核算。个人独资企业招用职工的，应当依法与职工签订劳动合同，保障职工的劳动安全，按时、足额发放职工工资。个人独资企业应当按照国家规定参加社会保险，为职工缴纳社会保险费。

第五节 公　司　法

一、公司法概述

（一）公司的概念

公司是依照公司法在中国境内设立的、以营利为目的的企业法人。它是适应市场经济社会化大生产的需要而形成的一种企业组织形式。

（二）公司的种类

公司可以从不同角度划分其类型。我国《公司法》仅规定了有限责任公司和股份有限公司两种形式。

此外，我国《公司法》根据一公司对另一公司的控制与依附关系不同，将公司分为母公司和子公司；根据公司的管辖系统不同，将公司分为总公司和分公司。

（三）公司法的概念

公司法是指规定各种公司的设立、组织、活动和解散以及其对内对外关系的法律规范的总称。

公司法有广义和狭义之分。狭义的公司法，是指经国家立法机关制定、并以公司法名称命名的单项法律，如1993年12月29日第八届全国人民代表大会常务委员会第五次会议通过，经2005年10月27日第十届全国人民代表大会常务委员会第十八次会议修订，自2006年1月1日起施行的《中华人民共和国公司法》（以下简称《公司法》）。广义的公司法是指除《公司法》之外，还包括其他法律、法规中有关公司的法律规定。

二、有限责任公司

（一）有限责任公司的概念

有限责任公司又称有限公司，是指股东以其认缴的出资额为限对公司承担责任，公司以其全部资产对其债务承担责任的公司。

（二）有限责任公司的设立

有限责任公司的设立，应当具备下列条件：

1. 股东符合法定人数

有限责任公司由五十个以下股东出资设立。此外，新修订的《公司法》还确立了关于一人有限责任公司和国有独资公司的特别规定。

2. 股东出资达到法定最低限额

新的《公司法》在股东出资的问题上，从三个方面进行了修订：一是取消了按照公司经营内容区分最低注册资本额的规定；二是允许公司按照规定的比例在 2 年内分期缴清出资，其中，投资公司可以在 5 年内缴足，但是公司全体股东的首次出资额不得低于注册资本的百分之二十，也不得低于法定的注册资本最低限额；三是考虑到各方面的意见和建议，以及各地方近年来的一些实际做法和要求，将有限责任公司的最低注册资本额降至人民币 3 万元。

3. 股东共同制订公司章程

有限责任公司设立时，由全体股东共同制订公司章程，并在章程上签名、盖章。公司章程应当载明：

（1）公司名称和住所；

（2）公司经营范围；

（3）公司注册资本；

（4）股东的姓名或者名称；

（5）股东的出资方式、出资额和出资时间；

（6）公司的机构及其产生办法、职权、议事规则；

（7）公司法定代表人；

（8）股东会会议认为需要规定的其他事项。

4. 有公司名称，建立符合有限责任公司要求的组织机构

依法设立的有限责任公司，必须在公司名称中标明有限责任公司或者有限公司字样。公司须建立与法律规定相一致的组织机构。

5 有公司住所

公司要有符合法律、法规规定的生产经营场所和与生产经营规模相适应的生产经营设备、设施及从业人员。

（三）有限责任公司的组织机构

1. 股东会

（1）股东会的性质和职权

有限责任公司的股东会由全体股东组成。股东会是公司的权力机构。它行使下列职权：第一，决定公司的经营方针和投资计划；第二，选举和更换非由职工代表担任的

董事、监事，决定有关董事、监事的报酬事项；第三，审议批准董事会的报告；第四，审议批准监事会或者监事的报告；第五，审议批准公司的年度财务预算方案、决算方案；第六，审议批准公司的利润分配方案和弥补亏损方案；第七，对公司增加或者减少注册资本作出决议；第八，对发行公司债券作出决议；第九，对公司合并、分立、解散、清算或者变更公司形式作出决议；第十，修改公司章程；第十一，公司章程规定的其他职权。

（2）股东会会议和议事规则

股东会会议分为定期会议和临时会议。

定期会议应当依照公司章程的规定按时召开。代表十分之一以上表决权的股东、三分之一以上的董事、监事会或者不设监事会的公司的监事提议召开临时会议的，应当召开临时会议。股东会的首次会议由出资最多的股东召集和主持。除首次会议外，有限责任公司设立董事会的，股东会会议由董事会召集，董事长主持；董事长不能履行职务或者不履行职务的，由副董事长主持；副董事长不能履行职务或者不履行职务的，由半数以上董事共同推举一名董事主持。

有限责任公司不设董事会的，股东会会议由执行董事召集和主持。

董事会或者执行董事不能履行或者不履行召集股东会会议职责的，由监事会或者不设监事会的公司的监事召集和主持；监事会或者监事不召集和主持的，代表十分之一以上表决权的股东可以自行召集和主持。股东会会议由股东按照出资比例行使表决权；但是，公司章程另有规定的除外。股东会会议作出修改公司章程、增加或者减少注册资本的决议，以及公司合并、分立、解散或者变更公司形式的决议，必须经代表三分之二以上表决权的股东通过。

2. 董事会、执行董事和经理

（1）董事会的性质和组成

董事会是由股东会选举产生的董事组成的业务执行机关，其成员为三人至十三人。两个以上的国有企业或者其他两个以上的国有投资主体投资设立的有限责任公司，其董事会成员中应当有公司职工代表；其他有限责任公司董事会成员中也可以有公司职工代表。董事会中的职工代表由公司职工通过职工代表大会、职工大会或者其他形式民主选举产生。

董事会设董事长一人，可以设副董事长。董事长、副董事长的产生办法由公司章程规定。

（2）董事会的职权和董事的任期

法律规定，董事会对股东会负责，行使下列职权：第一，召集股东会会议，并向股东会报告工作；第二，执行股东会的决议；第三，决定公司的经营计划和投资方案；第四，制订公司的年度财务预算方案、决算方案；第五，制订公司的利润分配方案和弥补亏损方案；第六，制订公司增加或者减少注册资本以及发行公司债券的方案；第七，制订公司合并、分立、解散或者变更公司形式的方案；第八，决定公司内部管理机构的设置；第九，决定聘任或者解聘公司经理及其报酬事项，并根据经理的提名决定聘任或者解聘公司副经理、财务负责人及其报酬事项；第十，制定公司的基本管理制度；第十一，公司章程规定的其他职权。

董事任期由公司章程规定，但每届任期不得超过 3 年。董事任期届满，连选可以连任。

（3）董事会会议

董事会会议由董事长召集和主持；董事长不能履行职务或者不履行职务的，由副董事长召集和主持；副董事长不能履行职务或者不履行职务的，由半数以上董事共同推举一名董事召集和主持。

（4）执行董事和经理

股东人数较少或者规模较小的有限责任公司，可以设一名执行董事，不设董事会。执行董事可以兼任公司经理。执行董事的职权由公司章程规定。

经理由董事会聘任或者解聘，对董事会负责，并列席董事会会议。经理依法行使下列职权：第一，主持公司的生产经营管理工作，组织实施董事会决议；第二，组织实施公司年度经营计划和投资方案；第三，拟订公司内部管理机构设置方案；第四，拟订公司的基本管理制度；第五，制定公司的具体规章；第六，提请聘任或者解聘公司副经理、财务负责人；第七，决定聘任或者解聘除应由董事会决定聘任或者解聘以外的负责管理人员；第八，董事会授予的其他职权。

3. 有限责任公司的监事会或监事

（1）监事会或监事的设立和监事会的组成

有限责任公司设监事会，其成员不得少于三人。股东人数较少或者规模较小的有限责任公司，可以设一至二名监事，不设监事会。

监事会应当包括股东代表和适当比例的公司职工代表，其中职工代表的比例不得低于三分之一，具体比例由公司章程规定。监事会中的职工代表由公司职工通过职工代表大会、职工大会或者其他形式民主选举产生。

监事会设主席一人，由全体监事过半数选举产生。监事会主席召集和主持监事会会议；监事会主席不能履行职务或者不履行职务的，由半数以上监事共同推举一名监事召集和主持监事会会议。

董事、高级管理人员不得兼任监事。

（2）监事会或监事的职权和监事的任期

监事会、不设监事会的公司的监事行使下列职权：第一，检查公司财务；第二，对董事、高级管理人员执行公司职务的行为进行监督，对违反法律、行政法规、公司章程或者股东会决议的董事、高级管理人员提出罢免的建议；第三，当董事、高级管理人员的行为损害公司的利益时，要求董事、高级管理人员予以纠正；第四，提议召开临时股东会会议，在董事会不履行本法规定的召集和主持股东会会议职责时召集和主持股东会会议；第五，向股东会会议提出提案；第六，依照本法第一百五十二条的规定，对董事、高级管理人员提起诉讼；第七，公司章程规定的其他职权。监事可以列席董事会会议。监事的任期每届为三年。监事任期届满，连选可以连任。监事任期届满未及时改选，或者监事在任期内辞职导致监事会成员低于法定人数的，在改选出的监事就任前，原监事仍应当依照法律、行政法规和公司章程的规定，履行监事职务。

4. 董事、监事、经理的任职资格和义务

（1）董事、监事、经理任职资格的限制

公司的董事、监事、经理均是公司机构的主要人员，有必要对这些人员的任职资格加以限制。为此，公司法规定，下列人员不得担任公司的董事、监事和经理：

有下列情形之一的，不得担任公司的董事、监事、高级管理人员：①无民事行为能力或者限制民事行为能力；②因贪污、贿赂、侵占财产、挪用财产或者破坏社会主义市场经济秩序，被判处刑罚，执行期满未逾五年，或者因犯罪被剥夺政治权利，执行期满未逾五年；③担任破产清算的公司、企业的董事或者厂长、经理，对该公司、企业的破产负有个人责任的，自该公司、企业破产清算完结之日起未逾三年；④担任因违法被吊销营业执照、责令关闭的公司、企业的法定代表人，并负有个人责任的，自该公司、企业被吊销营业执照之日起未逾三年；⑤个人所负数额较大的债务到期未清偿。

公司违反前款规定选举、委派董事、监事或者聘任高级管理人员的，该选举、委派或者聘任无效。

董事、监事、高级管理人员在任职期间出现本条第一款所列情形的，公司应当解除其职务。除此之外，法律还规定国家公务员不得兼任公司的董事、监事、经理。

(2) 董事、监事、经理的义务

董事、监事、高级管理人员应当遵守法律、行政法规和公司章程，对公司负有忠实义务和勤勉义务。

董事、监事、高级管理人员不得利用职权收受贿赂或者其他非法收入，不得侵占公司的财产。董事、高级管理人员不得有下列行为：①挪用公司资金；②将公司资金以其个人名义或者以其他个人名义开立账户存储；③违反公司章程的规定，未经股东会、股东大会或者董事会同意，将公司资金借贷给他人或者以公司财产为他人提供担保；④违反公司章程的规定或者未经股东会、股东大会同意，与本公司订立合同或者进行交易；⑤未经股东会或者股东大会同意，利用职务便利为自己或者他人谋取属于公司的商业机会，自营或者为他人经营与所任职公司同类的业务；⑥接受他人与公司交易的佣金归己有；⑦擅自披露公司秘密；⑧违反对公司忠实义务的其他行为。

董事、高级管理人员违反前款规定所得的收入应当归公司所有。

(四) 一人有限责任公司的特别规定

1. 一人有限责任公司的概念

一人有限责任公司，是指只有一个自然人股东或者一个法人股东的有限责任公司。

2. 关于一人有限责任公司的特别规定

①一人有限责任公司的注册资本最低限额为人民币十万元。股东应当一次足额缴纳公司章程规定的出资额。

②一个自然人只能投资设立一个一人有限责任公司。该一人有限责任公司不能投资设立新的一人有限责任公司。

③一人有限责任公司应当在公司登记中注明自然人独资或者法人独资，并在公司营业执照中载明。

④一人有限责任公司章程由股东制定。

⑤一人有限责任公司不设股东会。股东作出本法第三十八条第一款所列决定时，应当采用书面形式，并由股东签名后置备于公司。

⑥一人有限责任公司应当在每一会计年度终了时编制财务会计报告，并经会计师事务

所审计。

⑦一人有限责任公司的股东不能证明公司财产独立于股东自己的财产的，应当对公司债务承担连带责任。

（五）国有独资公司的特别规定

1. 国有独资公司的概念

国有独资公司，是指国家单独出资、由国务院或者地方人民政府授权本级人民政府国有资产监督管理机构履行出资人职责的有限责任公司。

2. 国有独资公司的组织机构

国有独资公司不设股东会，由国有资产监督管理机构行使股东会职权。国有资产监督管理机构可以授权公司董事会行使股东会的部分职权，决定公司的重大事项，但公司的合并、分立、解散、增加或者减少注册资本和发行公司债券，必须由国有资产监督管理机构决定；其中，重要的国有独资公司合并、分立、解散、申请破产的，应当由国有资产监督管理机构审核后，报本级人民政府批准。

国有独资公司设董事会，董事每届任期不得超过三年。董事会成员中应当有公司职工代表。

董事会成员由国有资产监督管理机构委派；但是，董事会成员中的职工代表由公司职工代表大会选举产生。

董事会设董事长一人，可以设副董事长。董事长、副董事长由国有资产监督管理机构从董事会成员中指定。

国有独资公司设经理，由董事会聘任或者解聘。经国有资产监督管理机构同意，董事会成员可以兼任经理。

国有独资公司的董事长、副董事长、董事、高级管理人员，未经国有资产监督管理机构同意，不得在其他有限责任公司、股份有限公司或者其他经济组织兼职。

国有独资公司监事会成员不得少于五人，其中职工代表的比例不得低于三分之一，具体比例由公司章程规定。

监事会成员由国有资产监督管理机构委派；但是，监事会成员中的职工代表由公司职工代表大会选举产生。监事会主席由国有资产监督管理机构从监事会成员中指定。监事会行使《公司法》第五十四条第（一）项至第（三）项规定的职权和国务院规定的其他职权。

三、股份有限公司

（一）股份有限公司的概念

股份有限公司，是指由一定人数的股东组成，公司全部资本分为等额股份，股东以其所认购股份为限对公司承担责任，公司以其全部资产对公司债务承担责任的公司。

（二）股份有限公司的设立

1. 设立的概念

股份有限公司的设立，可以采取发起设立或者募集设立的方式。

发起设立，是指由发起人认购公司应发行的全部股份而设立公司。

募集设立，是指由发起人认购公司应发行股份的一部分，其余股份向社会公开募集或者向特定对象募集而设立公司。

2. 设立的条件

股份有限公司的设立应当具备下列条件:

(1) 发起人符合法定人数

设立股份有限公司,应当有二人以上二百人以下为发起人,其中须有半数以上的发起人在中国境内有住所。

(2) 发起人认购和募集的股本达到法定资本最低限额

股份有限公司采取发起设立方式设立的,注册资本为在公司登记机关登记的全体发起人认购的股本总额。公司全体发起人的首次出资额不得低于注册资本的百分之二十,其余部分由发起人自公司成立之日起两年内缴足;其中,投资公司可以在五年内缴足。在缴足前,不得向他人募集股份。

股份有限公司采取募集方式设立的,注册资本为在公司登记机关登记的实收股本总额。股份有限公司注册资本的最低限额为人民币五百万元。法律、行政法规对股份有限公司注册资本的最低限额有较高规定的,从其规定。

(3) 股份发行、筹办事项符合法律规定

发起人向社会公开募集股份,必须公告招股说明书,并制作认股书,并应当由依法设立的证券公司承销,签订承销协议。

(4) 发起人制订公司章程,采用募集方式设立的经创立大会通过

发行股份的股款缴足后,必须经依法设立的验资机构验资并出具证明。发起人应当自股款缴足之日起三十日内主持召开公司创立大会。创立大会由发起人、认股人组成。

(5) 有公司名称,建立符合股份有限公司要求的组织机构

依法设立的股份有限公司,必须在公司名称中标明股份有限公司或者股份公司字样。

(6) 有公司住所

公司以其主要办事机构所在地为住所

(三) 股份有限公司的组织机构

1. 股东大会

(1) 股东大会的性质和职权

股份有限公司股东大会由全体股东组成。股东大会是公司的权力机构,依法行使职权。

(2) 股东大会会议和议事规则

股东大会应当每年召开一次年会。有下列情形之一的,应当在两个月内召开临时股东大会:①董事人数不足本法规定人数或者公司章程所定人数的三分之二时;②公司未弥补的亏损达实收股本总额三分之一时;③单独或者合计持有公司百分之十以上股份的股东请求时;④董事会认为必要时;⑤监事会提议召开时;⑥公司章程规定的其他情形。

股东大会会议由董事会召集,董事长主持;董事长不能履行职务或者不履行职务的,由副董事长主持;副董事长不能履行职务或者不履行职务的,由半数以上董事共同推举一名董事主持。股东出席股东大会会议,所持每一股份有一表决权。但是,公司持有的本公司股份没有表决权。

股东大会作出决议,必须经出席会议的股东所持表决权过半数通过。但是,股东大会作出修改公司章程、增加或者减少注册资本的决议,以及公司合并、分立、解散或者变更

公司形式的决议，必须经出席会议的股东所持表决权的三分之二以上通过。

2. 董事会和经理

（1）董事会的性质和组成

股份有限公司设董事会，董事会为公司经营决策和业务执行机构，其成员为五人至十九人。

董事会成员中可以有公司职工代表。董事会中的职工代表由公司职工通过职工代表大会、职工大会或者其他形式民主选举产生。

董事会设董事长一人，可以设副董事长。董事长和副董事长由董事会以全体董事的过半数选举产生。

（2）董事会、董事长的职权和董事的任期

董事会对股东大会负责，依《公司法》第47条的规定行使职权。

董事长召集和主持董事会会议，检查董事会决议的实施情况。副董事长协助董事长工作，董事长不能履行职务或者不履行职务的，由副董事长履行职务；副董事长不能履行职务或者不履行职务的，由半数以上董事共同推举一名董事履行职务。

董事任期由公司章程规定，但每届任期不得超过3年。董事任期届满，连选可以连任。

（3）董事会会议

董事会每年度至少召开两次会议，每次会议应当于会议召开十日前通知全体董事和监事。

代表十分之一以上表决权的股东、三分之一以上董事或者监事会，可以提议召开董事会临时会议。董事长应当自接到提议后十日内，召集和主持董事会会议。

董事会召开临时会议，可以另定召集董事会的通知方式和通知时限。董事会会议应有过半数的董事出席方可举行。董事会作出决议，必须经全体董事的过半数通过。

董事会决议的表决，实行一人一票。董事会应当对会议所议事项的决定作成会议记录，出席会议的董事应当在会议记录上签名。

（4）经理

股份有限公司设经理，由董事会决定聘任或者解聘。《公司法》中关于有限责任公司经理职权的规定，适用于股份有限公司经理。

公司董事会可以决定由董事会成员兼任经理。

3. 监事会

（1）监事会的性质和组成

股份有限公司设监事会，其成员不得少于三人。

监事会应当包括股东代表和适当比例的公司职工代表，其中职工代表的比例不得低于三分之一，具体比例由公司章程规定。监事会中的职工代表由公司职工通过职工代表大会、职工大会或者其他形式民主选举产生。

监事会设主席一人，可以设副主席。监事会主席和副主席由全体监事过半数选举产生。董事、高级管理人员不得兼任监事。

（2）监事会的职权及监事的任期

《公司法》53条关于有限责任公司监事任期的规定，适用于股份有限公司监事；《公司法》第 54 条、第 55 条关于有限责任公司监事会职权的规定,适用于股份有限公司监事会。

(四)上市公司组织机构的特别规定

上市公司是指其股票在证券交易所上市交易的股份有限公司,修订后的《公司法》增加了关于上市公司组织机构的特别规定,包括:

1. 上市公司在一年内购买、出售重大资产或者担保金额超过公司资产总额百分之三十的,应当由股东大会作出决议,并经出席会议的股东所持表决权的三分之二以上通过。

2. 上市公司设立独立董事,具体办法由国务院规定。

3. 上市公司设董事会秘书,负责公司股东大会和董事会会议的筹备、文件保管以及公司股东资料的管理,办理信息披露事务等事宜。

4. 上市公司董事与董事会会议决议事项所涉及的企业有关联关系的,不得对该项决议行使表决权,也不得代理其他董事行使表决权。该董事会会议由过半数的无关联关系董事出席即可举行,董事会会议所作决议须经无关联关系董事过半数通过。出席董事会的无关联关系董事人数不足三人的,应将该事项提交上市公司股东大会审议。

(五)股份有限公司的股份发行和转让

1. 股份发行

股份有限公司的股份是以股票形式表现的、体现股东权利和义务的、公司资本的组成部分。股票是股份有限公司签发的,证明股东所持股份的凭证。

股份的发行是指股份有限公司或者设立中的股份有限公司为了筹集公司资本,出售和分配股份的法律行为。它分为设立发行和新股发行。股份的发行,实行公平、公正的原则,同种类的每一股份应当具有同等权利。

同次发行的同种类股票,每股的发行条件和价格应当相同。

股票的发行价格可以按票面金额,也可以超过票面金额,但不得低于票面金额。股票的发行形式,采用纸面形式或者国务院证券管理部门规定的其他形式。公司发行的股票,可以为记名股票,也可以为无记名股票。公司向发起人、法人发行的股票,应当为记名股票,并应当记载该发起人、法人的名称或者姓名,不得另立户名或者以代表人姓名记名。

修订后的《公司法》并未对公开发行新股的条件作出规定,该等规定体现在新修订的《证券法》中,公司公开发行新股,应当符合下列条件:

(1)具备健全且运行良好的组织机构;

(2)具有持续盈利能力,财务状况良好;

(3)最近三年财务会计文件无虚假记载,无其他重大违法行为;

(4)经国务院批准的国务院证券监督管理机构规定的其他条件。

2. 股份的转让

股份转让是指股份有限公司的股份持有人依法自愿将自己的股份转让给他人,使他人取得股份成为股东的法律行为。股东转让其股份,应当在依法设立的证券交易场所进行或者按照国务院规定的其他方式进行。记名股票由股东以背书方式或者法律、行政法规规定的方式进行转让,转让后由公司将受让人的姓名或名称及住所记载于股东名册。无记名股票的转让由股东在依法设立的证券交易场所将股票交付给受让人后即发生转让的效力。

发起人持有的本公司股份,自公司成立之日起一年内不得转让。公司公开发行股份前已发行的股份,自公司股票在证券交易所上市交易之日起一年内不得转让。

公司董事、监事、高级管理人员应当向公司申报所持有的本公司的股份及其变动情况,在任职期间每年转让的股份不得超过其所持有本公司股份总数的百分之二十五;所持本公司股份自公司股票上市交易之日起一年内不得转让。上述人员离职后半年内,不得转让其所持有的本公司股份。公司章程可以对公司董事、监事、高级管理人员转让其所持有的本公司股份作出其他限制性规定。

(六) 上市公司

1. 上市公司含义

上市公司是指所发行的股票经国务院或者国务院授权的证券管理部门批准在证券交易所上市交易的股份有限公司。

2. 申请公司股票上市的条件

股份有限公司申请股票上市,应当符合下列条件:

(1) 股票经国务院证券监督管理机构核准已公开发行;

(2) 公司股本总额不少于人民币三千万元;

(3) 公开发行的股份达到公司股份总数的百分之二十五以上;公司股本总额超过人民币四亿元的,公开发行股份的比例为百分之十以上;

(4) 公司最近三年无重大违法行为,财务会计报告无虚假记载。

四、公司债券与公司财务、会计

(一) 公司债券

1. 公司债券的概念和特征

公司债券,是指公司依照法定程序发行、约定在一定期限还本付息的有价证券。它具有如下法律特征:

(1) 公司债券是公司依法向不特定主体发行的。

(2) 公司债券是一种有价证券。

(3) 公司债券在约定期限内还本付息。

2. 公司债券的种类

以公司债券上是否载明公司债券持有人的姓名或名称为标准,可将其分为记名公司债券和无记名公司债券。以公司债券是否可转换成股票为批准,将其分为可转换公司债券和不可转换公司债券。

3. 发行公司债券的条件与限制

公开发行公司债券,应当符合下列条件:

(1) 股份有限公司的净资产不低于人民币三千万元,有限责任公司的净资产不低于人民币六千万元;

(2) 累计债券余额不超过公司净资产的百分之四十;

(3) 最近三年平均可分配利润足以支付公司债券一年的利息;

(4) 筹集的资金投向符合国家产业政策;

(5) 债券的利率不超过国务院限定的利率水平;

(6) 国务院规定的其他条件。

公开发行公司债券筹集的资金，必须用于核准的用途，不得用于弥补亏损和非生产性支出。《证券法》同时规定，公司有下列情形之一的，不得再次发行公司债券：

(1) 前一次公开发行的公司债券尚未募足；

(2) 对已公开发行的公司债券或者其他债务有违约或者延迟支付本息的事实，仍处于继续状态；

(3) 违反证券法规定，改变公开发行公司债券所募资金的用途。

(二) 公司财务、会计

1. 公司财务会计报告

公司的财务会计报告，是指由公司的业务执行部门按照国家规定，在每一法定期间内制作的、反映公司财务会计状况和经营成果的书面文件。它主要有资产负债表、损益表、财务状况变动表和附属明细表等组成，并由公司的业务执行部门在每一个会计年度终了时进行制作。

2. 公司的公积金、公益金及股利分配

(1) 公积金

公积金是指公司为了增强自身的财产能力，扩大公司的经营规模和经营范围，弥补公司将来的亏损，依照法律、公司章程和股东大会或股东会的决议，从公司的营业利润或者其他收入中提取的一种储备金。公积金分为法定公积金与任意公积金。

《公司法》第167条规定："公司分配当年税后利润时，应当提取利润的10%列入公司法定公积金。公司法定公积金累计额为公司注册资本的50%以上的，可以不再提取。"

修订后的《公司法》取消了对公司提取公益金的强制性要求

(2) 股利分配

股利是指依照法律或公司章程的规定，以一定的数额和方式分配给股东的盈余。法律规定，公司弥补亏损和提取公积金后，才能向股东分配股利。

五、公司的合并、分立、终止

(一) 公司的合并与分立

1. 公司的合并与分立的概念和种类

公司的合并，是指依法定程序将两个以上的公司变为一个公司的法律行为。它分为吸收合并和新设合并两种。吸收合并指公司接纳一个以上的公司加入本公司，加入方解散，接纳方存续的合并形式。新设合并指两个以上的公司合并生成一个新公司，原合并各方解散的合并形式。

公司的分立，是指一个公司将其全部财产和经营业务分别归两个以上公司的法律行为。它分为新设分立和派生分立。新设分立是指原公司不存在，其全部财产和经营业务分别归属于两个以上新设公司的分立形式。派生分立是指原公司存在，在原公司的基础上，以其公司的部分财产和经营业务归属于另一新设公司的分立形式。

2. 公司的合并与分立的程序

公司的合并与分立主要有以下步骤：

(1) 股东会或者股东大会做出决议，并经国务院授权的部门或省级人民政府批准；

(2) 签订合并协议，编制资产负债表及财产清单；

(3) 通知并公告债权人，清偿债务或提供相应担保；
(4) 进行合并与分立登记。

3. 公司的合并与分立的效力

公司合并时，合并各方的债权、债务，应当由合并后存续的公司或者新设的公司承继；公司分立前的债务由分立后的公司承担连带责任。但是，公司在分立前与债权人就债务清偿达成的书面协议另有约定的除外。

(二) 公司组织形式变更

公司组织形式变更是指不中断公司的经营，将某种类型的公司变为他种类型公司的行为。法律规定，有限责任公司可以变为股份有限公司。有限责任公司依法变为股份有限公司的，原有限责任公司的债权、债务由变更后的股份有限公司承继。

(三) 公司的终止

公司的终止是指公司法人的消灭。它表现为公司的破产或解散。除了公司合并与分立的解散外，其他原因引起的公司终止都需要经过清算程序。

1. 公司的破产

公司的破产是指公司不能清偿到期债务的一种事实上和法律上的状态。

2. 公司的解散

公司的解散是指对成立的公司，因公司章程或法律规定的事由出现，依法使公司法人资格消灭的法律行为。

公司具有下列情形之一，可以解散：

(1) 公司章程规定的营业期限届满或者公司章程规定的其他解散事由出现；
(2) 股东会或者股东大会决议解散；
(3) 因公司合并或者分立需要解散；
(4) 依法被吊销营业执照、责令关闭或者被撤销；
(5) 人民法院依照《公司法》183条的规定予以解散，即公司经营管理发生严重困难，继续存续会使股东利益受到重大损失，通过其他途径不能解决的，持有公司全部股东表决权百分之十以上的股东，可以请求人民法院解散公司。

3. 公司的清算

公司的清算是指终结解散公司法律关系、消灭解散公司法人资格的程序。我国《公司法》只对一般性清算做了规定，其主要内容是：

(1) 成立清算组。公司因解散事由 (1)、(2)、(4)、(5) 项规定而解散的，应当在解散事由出现之日起十五日内成立清算组，开始清算。

(2) 公告、通知债权人。清算组应当自成立之日起十日内通知债权人，并于六十日内在报纸上公告。债权人应当自接到通知书之日起三十日内，未接到通知书的自公告之日起四十五日内，向清算组申报其债权。

(3) 清理债权债务，分配公司财产；

(4) 制作清算文件，注销登记并公告。清算结束后，清算组应当制作清算报告等文件，经公司股东大会或股东会或主管机关确认后，报送登记机关，申请注销公司登记，并公告公司终止。

第六节　企业法律制度案例

案例 1

一、基本案情

1996年10月，某市汽车运输公司与该市某水泥厂经协商一致，决定由双方出资50万元，共同发起设立某市君山商品混凝土有限责任公司（以下简称君山公司）。运输公司与水泥厂作为发起人签订了一份发起人协议，协议规定：（1）水泥厂出资30万元，运输公司出资20万元；（2）公司设立股东会、董事会，董事会作为公司决策和业务执行机构；（3）出资双方按投资比例分享利润、分担风险；（4）公司筹备过程中的具体事宜及公司的登记注册均由水泥厂负责。同年11月，运输公司按协议规定将20万元投资款汇入水泥厂账户。之后，运输公司与水泥厂共同制定了君山公司的公司章程，确定了董事会人选，并举行了两次董事会议，制定了生产经营计划。此后，君山公司迟迟没有开展业务活动，运输公司经查问，才知君山公司尚未办理公司注册登记。运输公司向水泥厂催办数次，一直没有办理注册登记。1997年4月，运输公司以君山公司没有进行注册并开展业务活动为由，要求水泥厂退还其全部投资款20万元并赔偿损失。水泥厂则认为，双方已签订协议，缴纳出资，制定章程，成立董事会，至今已逾半年，虽然没有办理注册登记手续，但事实上公司已经成立，故运输公司不能抽回出资。如运输公司要求退还投资款，则属于违约行为，应承担违约责任。

二、案例评析

本案涉及的法律问题是在公司设立过程中发起人是否可以抽回出资，而这一问题又与公司法关于有限公司成立的规定相关。首先，应当确认君山公司是否已经成立。关于公司成立，各国法律规定中有自由成立主义、特许成立主义、核准成立主义和登记准则主义。一般而言，我国公司法对股份有限公司和有限责任公司的成立分别采取核准成立主义和登记准则主义。故应以此原则并根据《公司法》的相关规定来确认君山公司是否成立。其次，如果君山公司尚未成立，那么运输公司与水泥厂作为发起人仍处于公司成立过程之中。按照《公司法》的规定，公司成立后严禁发起人抽回出资，而在公司尚未成立时，发起人可否抽回出资呢？对此，《公司法》未作禁止性规定，又按公司法理论，发起人协议是被视为合伙协议的，而合伙人的退伙是法律所允许的，基于上述理由，应当认为运输公司在君山公司成立前是可以抽回出资的。本案可适用的法律规定：《公司法》第27条的第3款："公司营业执照签发日期，为有限责任公司成立日期"。《公司法》第34条："股东在公司登记后，不得抽回出资"。

案例 2

一、基本案情

王某是某市建材股份有限公司（以下简称股份公司）的董事兼总经理。1997年11月，王某以某建材商城的名义从国外进口了一批高级装修材料，总计价值为380万元，后王某又将该批装修材料全部销售给某建材销售中心（以下简称销售中心）。股份公司董事会获悉上述情况后,认为王某身为本公司董事兼总经理,经营与本公司同类的业务,王某的行为违反了《公司法》关于董事、经理竞业禁止的规定,属于无效行为,并作出决议,责成王某取消该销售合同,将这批建材改由股份公司经营销售。销售中心则认为,这批建材的购销合同是在其与建材商城之间签订的,与股份公司没有任何关系,而该销售合同系双方共同协商一致达成,合同内容也不违反法律,因此,这是一份已经生效的合同,双方当事人应按合同约定履行各自的义务。至于王某作为股份公司的董事兼总经理而以建材商城的名义经营同类业务,这是股份公司的内部事务,与建材商城及销售中心无关。

二、案例评析

本案所涉及法律问题主要是关于公司董事责任、公司董事或经理违反"竞业禁止义务"以及与第三人的关系等。

首先应注意《公司法》对公司董事责任的规定,这些规定主要指《公司法》第59条至第63条、第123、第214条和第215条。其次,公司董事、经理违反"竞业禁止义务"而在经营过程中与他人所签订的合同是否有效?这正是本案的焦点。王某以建材商城的名义与销售中心签订的购销合同应被认为是建材商城与销售中心的合同,其意思表示真实、主体和合同内容均合法,故该合同应为有效合同。应当认为销售中心的观点符合法律规定。

另外,公司法对董事、经理违反"竞业禁止义务"所应承担的法律责任有具体规定。参见《公司法》第123条、第61条和第215条,主要可归纳为:由此所得的收入归公司所有,由公司给予处分,公司并可由此要求赔偿损失。

第十四章 劳动法律制度

第一节 劳动法概述

一、劳动法概念及调整对象

劳动法的概念是调整一定范围的劳动关系和与其有密切联系的其他关系的法律规范总和。除了包括第八届全国人民代表大会第八次会议于 1994 年 7 月 5 日通过的《劳动法》中的法律规范之外,还包括其他各种规范性文件中有关调整一定范围的劳动关系和与其有密切联系的其他关系的法律规范。主要有第十届全国人民代表大会常务委员会第二十八次会议于 2007 年 6 月 29 日通过的《劳动合同法》,自 2008 年 1 月 1 日起施行;第十届全国人民代表大会常务委员会第二十九次会议于 2007 年 8 月 30 日通过的《就业促进法》,自 2008 年 1 月 1 日起施行;第十届全国人民代表大会常务委员会第三十一次会议于 2007 年 12 月 29 日通过的《劳动争议调解仲裁法》,自 2008 年 5 月 1 日起施行。上述三部法律被称为保护劳动者利益、推动劳动保障改革和发展的三驾马车,与劳动法共同构建起了适应我国国情的劳动法律体系。

劳动法的调整对象是一定范围的劳动关系和与其有密切联系的其他关系。劳动法调整的劳动关系是指劳动者与用人单位之间在实现劳动过程中发生的社会关系。劳动关系是基于劳动合同,在实现劳动过程中发生的既具有人身关系、经济关系,又具有平等性和从属性的社会关系。与劳动关系密切联系的其他社会关系表现为因管理劳动力、执行社会保险、组织工会和工作活动、处理劳动争议以及监督劳动法律法规的执行等而发生的社会关系。

二、劳动法的适用范围

《劳动法》第 2 条规定:"在中华人民共和国境内的企业、个体经济组织(以下统称用人单位)和与之形成劳动关系的劳动者,适用本法。国家机关、事业组织、社会团体和与之建立劳动合同关系的劳动者,依照本法执行。"但国家机关、事业单位、社会团体和劳动者之间不是建立劳动合同,而是通过其他形式形成劳动关系的,不适用劳动法调整。

三、劳动法的作用

建立劳动法的目的总的来说是:"保护劳动者的合法权益,调整劳动关系,建立和维护适应社会主义市场经济的劳动制度,促进经济发展和社会进步。"我国《劳动法》第 1 条明确指出了这一点。

劳动法的作用主要体现在如下几个方面:

(一)劳动法保障劳动者的合法权益

在社会主义制度下,劳动者是国家的主人,劳动者享有广泛的权利。如劳动者有劳动的权利、休息的权利、获得物质帮助的权利,有按照劳动的数量和质量取得劳动报酬的权利,享有劳动保护的权利,以及参加民主管理和组织工会的权利等等。这些都是劳动者的切身利益，直接关系到劳动者的物质和文化生活水平的提高。我国宪法对于保护劳动者的劳动权益作了大量规定，劳动法建立起保护劳动者合法权益的完善的法律机制，使党和国家的劳动政策具体化。通过劳动法的贯彻，能够切实保证劳动者这些合法权益不受侵犯。

（二）调整劳动关系

劳动关系包括全民所有制劳动关系、集体所有制劳动关系、私营企业的劳动关系、外商投资企业劳动关系、个体经营组织劳动关系和联营单位的劳动关系等等，而其中非社会主义性质的劳动关系又具有雇佣劳动的性质。劳动法调整用人单位和劳动者之间的权利义务关系，使用人单位和劳动者自行协调或利用一系列法律协调机制协调劳动关系，形成稳定、和谐的劳动关系。

（三）加强现代企业制度的建立，促进生产力的发展

社会主义市场经济要求现代企业有合格的劳动者并节约使用劳动力，增强市场竞争能力。企业劳动组织要最佳结合劳动力与生产资料。劳动法的规定保护了用人单位的劳动权利。例如，劳动法规定："劳动者应当完成劳动任务，提高职业技能，执行劳动安全卫生规程，遵守劳动纪律和职业道德。"此外，用人单位还有自主用人权、工资分配自主权和非过失性裁减职工等项权利。这些制度对于完善企业劳动组织，不断提高劳动生产率和经济效益有着重要作用，并积极地促进生产力的发展。

（四）促进社会安定团结

在各项生产和经济活动中，领导和群众之间、企业行政和职工之间，难免发生这样或那样的矛盾和隔阂。劳动者和用人单位之间一旦发生劳动权利和劳动义务争执，劳动法中有关处理劳动争议程序的规定，能够保障劳动争议获得正确、及时地解决，增强企业内部以及整个社会的安定团结，为社会主义现代化建设创造良好的环境。

四、劳动法的基本原则

劳动法的基本原则是指贯穿、体现在劳动法制度和法律规范之中的指导思想和基本准则。我国劳动法的基本原则如下：

（一）促进就业的原则

根据我国宪法的规定，国家促进就业被确立为劳动法的一项基本原则，劳动法必须认真贯彻实施这一原则。《劳动法》进一步对宪法作了明确、具体的规定："国家通过促进经济发展，创造就业条件，扩大就业机会"，"国家鼓励企业、事业组织、社会团体在法律、行政法规规定的范围内兴办产业或者拓展经营，增加就业。国家支持劳动者自愿组织起来就业和从事个体经营实现就业"，"地方各级人民政府应当采取措施，发展多种类型的职业介绍机构，提供就业服务"等等。《就业促进法》更是提出了"国家把扩大就业放在经济社会发展的突出位置，实施积极的就业政策，坚持劳动者自主择业、市场调节就业、政府促进就业"的方针。

（二）公民享有平等的就业机会权和选择职业的自主权的原则

劳动权是公民的一项最基本的权利，我国宪法明确规定"公民有劳动的权利"。劳动权分为就业权和择业权。劳动法基本原则之一就是体现公民享有平等的就业机会权和选择职业的自主权的原则。劳动者就业，不因民族、种族、性别、宗教信仰等不同而受歧视。

在社会主义市场经济条件下，公民与用人单位是劳动市场中平等的两个主体，双方在相互选择、协商一致的基础上，订立劳动合同产生劳动关系。就公民来说具有平等的就业

机会权,选择职业的自主权;劳动者有续订或不续订劳动合同权和再次选择职业的自主权。

(三)保护劳动者合法权益的原则。

《劳动法》中明确规定:"劳动者享有平等就业和选择职业的权利、取得劳动报酬的权利、休息休假的权利、获得劳动安全卫生保护的权利、接受职业技能培训的权利、享受社会保险和福利的权利、提请劳动争议处理的权利以及法律规定的其他劳动权利。"《劳动法》从政治、经济、文化和人身的各方面内容保护劳动者权益,涉及劳动者从求职、就业、失业、转业,直到退休的全过程;涉及对劳动者的职业训练、劳动报酬、社会保险、劳动安全卫生保护等诸多环节。

第二节 劳 动 合 同

一、劳动合同的概念

劳动合同又称劳动契约,是指劳动者与用人单位之间为确立劳动关系,依法协商达成的双方权利和义务的书面协议。劳动法规定:建立劳动关系应当订立劳动合同,并应当遵循平等自愿、协商一致的原则,不得违反法律、行政法规的规定。第十届全国人民代表大会常务委员会第二十八次会议于2007年6月29日通过的《劳动合同法》,自2008年1月1日起施行,这是我国劳动立法上的一件大事,对于维护劳动者和用人单位的合法权益,建立和谐稳定的劳动关系都具有重要意义。

关于《劳动合同法》的适用范围,根据该法第2条规定:"中华人民共和国境内的企业、个体经济组织、民办非企业单位等组织(以下称用人单位)与劳动者建立劳动关系,订立、履行、变更、解除或者终止劳动合同,适用本法。国家机关、事业单位、社会团体和与其建立劳动关系的劳动者,订立、履行、变更、解除或者终止劳动合同,依照本法执行。"

二、劳动合同的订立

(一)劳动合同订立的涵义

劳动合同的订立,是指劳动者与用人单位之间为建立劳动关系,依法就双方的权利义务协商一致,设立劳动合同关系的法律行为。

(二)劳动合同订立的原则

订立劳动合同,应当遵循合法、公平、平等自愿、协商一致、诚实信用的原则。

1. 合法的原则

依法订立劳动合同,必须符合三项要求:

(1) 当事人必须具备合法的资格;

(2) 劳动合同内容合法;

(3) 订立劳动合同的程序和形式,必须符合法律、法规的规定。

2. 公平原则

公平原则源于合同法的基本原则。我国《合同法》第5条规定"当事人应当遵循公平原则确定各方的权利和义务"。公平原则是对契约自由原则的完善和补充,遵循公平原则,兼顾各方的利益。劳动合同是劳动关系双方当事人就明确各自的劳动权利和劳动义务关系达成的协议，直接涉及劳动者与用人单位之间利益的协调与平衡问题，因此应当把公平作为劳动合同法的基本原则。

3. 平等自愿原则

平等，是指当事人双方的法律地位平等，双方当事人都以平等的身份订立劳动合同；自愿，是指订立劳动合同完全出于当事人自己的意志，任何一方不得将自己的意志强加给对方，也不允许第三者进行非法干预。

4. 协商一致原则

协商一致，是指当事人双方在充分表达自己意思的基础上，经过平等协商，取得一致意见，签订劳动合同。劳动合同是双方合同，只有双方当事人对合同的内容有着一致见解并且有共同建立劳动合同关系的意愿后才能成立生效。

5. 诚实信用的原则

诚实信用原则是道德规范在法律上的表现。在劳动合同的订立与履行中，要求双方诚实守信地订立和履行劳动合同，例如用人单位招用劳动者时，应当如实告知劳动者工作内容、工作条件、工作地点、职业危害、安全生产状况、劳动报酬，以及劳动者要求了解的其他情况；用人单位有权了解劳动者与劳动合同直接相关的基本情况，劳动者应当如实说明。

（三）订立劳动合同的要求

订立劳动合同一般应符合下列要求：

1. 当事人具有合法的资格。首先，用人单位必须是中国境内的企业、个体经济组织、民办非企业单位、国家机关、事业单位、社会团体等符合《劳动合同法》要求的主体。其次，劳动者也必须是具备劳动合同法当事人资格的自然人。

2. 劳动合同内容合法。劳动合同的内容，是指劳动合同双方当事人协商达成的劳动权利义务的具体规定。它表现为合同条款，各项条款必须符合法律、行政法规的规定。《劳动合同法》第 17 条规定，劳动合同应当具备以下条款：（1）用人单位的名称、住所和法定代表人或者主要负责人；（2）劳动者的姓名、住址和居民身份证或者其他有效身份证件号码；（3）劳动合同期限；（4）工作内容和工作地点；（5）工作时间和休息休假；（6）劳动报酬；（7）社会保险；（8）劳动保护、劳动条件和职业危害防护；（9）法律、法规规定应当纳入劳动合同的其他事项。劳动合同除前款规定的必备条款外，用人单位与劳动者可以约定试用期、培训、保守秘密、补充保险和福利待遇等其他事项。

3. 劳动合同形式和程序应该合法。劳动合同形式，是指订立劳动合同的方式。劳动合同的形式分为书面和口头两种。根据《劳动合同法》的相关规定，除非全日制用工可以订立口头劳动协议外，劳动合同的形式依法应当采用书面形式订立。劳动合同的签订程序必须符合法律规定。

（四）劳动合同的效力

1. 劳动合同的成立和生效

建立劳动关系，应当订立书面劳动合同。劳动关系是用人单位与劳动者之间关于劳动权利和义务的法律关系，这种劳动关系的建立，是双方意思表示一致的结果。通常来说，用人单位与劳动者之间建立劳动关系应当签订书面的劳动合同，以证明双方建立劳动关系的事实以及双方的权利、义务的具体内容。然而，现实中很多用人单位并不愿意与劳动者签订书面的劳动合同。在《劳动合同法》中，为保障劳动者的权益，特别规定了用人单位与劳动者之间在实际用工之日就建立受劳动法保护的劳动关系。已建立劳动关系，未同时订立书面劳动合同的，应当自用工之日起一个月内订立书面劳动合同。用人单位与劳动者在用工前订立劳动合同的，劳动关系自用工之日起建立。

劳动合同由用人单位与劳动者协商一致，并经用人单位与劳动者在劳动合同文本上签字或者盖章生效。

2. 劳动合同的分类

以劳动合同期限为依据，劳动合同分为固定期限劳动合同、无固定期限劳动合同和以完成一定工作任务为期限的劳动合同。

（1）固定期限劳动合同，是指用人单位与劳动者约定合同终止时间的劳动合同。

（2）无固定期限劳动合同，是指用人单位与劳动者约定无确定终止时间的劳动合同。用人单位与劳动者协商一致，可以订立无固定期限劳动合同。有下列情形之一，劳动者提出或者同意续订、订立劳动合同的，除劳动者提出订立固定期限劳动合同外，应当订立无固定期限劳动合同：①劳动者在该用人单位连续工作满十年的；②用人单位初次实行劳动合同制度或者国有企业改制重新订立劳动合同时，劳动者在该用人单位连续工作满十年且距法定退休年龄不足十年的；③连续订立二次固定期限劳动合同，且劳动者没有《劳动合同法》关于用人单位依法解除劳动合同情形，续订劳动合同的。用人单位自用工之日起满一年不与劳动者订立书面劳动合同的，视为用人单位与劳动者已订立无固定期限劳动合同。

（3）以完成一定工作任务为期限的劳动合同，是指用人单位与劳动者约定以某项工作的完成为合同期限的劳动合同。

3. 劳动合同的无效

无效的劳动合同，是指当事人违反法律、行政法规的规定，订立的不具有法律效力的劳动合同。《劳动合同法》规定下列劳动合同无效或者部分无效：（1）以欺诈、胁迫的手段或者乘人之危，使对方在违背真实意思的情况下订立或者变更劳动合同的；（2）用人单位免除自己的法定责任、排除劳动者权利的；（3）违反法律、行政法规强制性规定的。

对劳动合同的无效或者部分无效有争议的，由劳动争议仲裁机构或者人民法院确认。劳动合同部分无效，不影响其他部分效力的，其他部分仍然有效。劳动合同被确认无效，劳动者已付出劳动的，用人单位应当向劳动者支付劳动报酬。劳动报酬的数额，参照本单位相同或者相近岗位劳动者的劳动报酬确定。

（五）劳动合同鉴证

劳动合同鉴证，是指劳动行政部门依法审查、证明劳动合同真实性、合法性的一项行政监督、服务措施。实行劳动合同鉴证制度，对于纠正无效和违法合同，加强劳动合同管理，保证合同严格履行，维护劳动合同当事人双方的合法权益，都有重要作用。劳动行政部门是劳动合同的鉴证机关。劳动合同鉴证的具体工作由合同签订地或履行地的劳动行政部门承办。

三、劳动合同的履行

（一）劳动合同履行的涵义

劳动合同履行，是指双方当事人按照劳动合同规定的条件，履行自己所应承担义务的行为。《劳动法》第17条第2款规定："劳动合同依法订立即具有法律约束力,当事人必须履行劳动合同规定的义务。"《劳动合同法》第29条同样规定："用人单位与劳动者应当按照劳动合同的约定,全面履行各自的义务"。劳动合同的履行,并不是当事人一方所能完成的,必须由当事人双方共同完成。只有当事人双方各自履行自己所应承担的义务,才能保证劳动合同履行。

(二)履行劳动合同的原则

根据劳动法律关系的特点,履行劳动合同应当遵循以下几项原则:

1. 亲自履行的原则。亲自履行,是指劳动合同当事人自己履行劳动合同规定的义务的行为。劳动法律关系是劳动者与用人单位依法形成的权利义务关系。劳动者提供劳动力,用人单位使用劳动者提供的劳动力,劳动者与用人单位提供的生产资料相结合,这就决定了劳动合同双方当事人享有的权利必须亲自行使而不得转让,义务必须亲自履行而不得代行或转移。因此,劳动合同双方当事人必须亲自履行劳动合同规定的义务。

2. 权利义务相统一的原则。劳动合同双方当事人互为权利、义务主体,其权利义务是在劳动过程中实现。这就决定当事人权利、义务具有不可分割的统一性。不能只享受权利而不履行义务,也不能只尽义务而不享受权利。劳动合同当事人双方互有请求权,以保证劳动合同规定的双方权利义务得以实现。因此,当事人双方必须按照权利义务相统一的原则履行劳动合同。

3. 全面履行的原则。劳动合同规定的各项条款,是有其内在联系的、不能割裂的统一整体。当事人任何一方不得分割履行某些条款规定的义务或者不按合同约定履行。当事人双方必须按合同约定的时间、地点和方式,全面履行劳动合同规定的各项义务。只有当事人双方全面履行自己的义务,才能保证劳动合同得以全部履行。

4. 协作履行的原则。协作履行,是指当事人双方相互协作,共同完成劳动合同规定的任务。协作履行原则是根据劳动合同客体特征提出的。劳动法律关系客体是劳动行为,而劳动行为是在运用劳动能力、实现劳动过程中发生的行为,只有当事人双方协作才能完成劳动合同规定的任务。因此,协作履行是履行劳动合同的必然要求。

(三)劳动合同的履行的相关规定

1. 用人单位应当按照劳动合同约定和国家规定,向劳动者及时足额支付劳动报酬。用人单位拖欠或者未足额支付劳动报酬的,劳动者可以依法向当地人民法院申请支付令,人民法院应当依法发出支付令。

2. 用人单位应当严格执行劳动定额标准,不得强迫或者变相强迫劳动者加班。用人单位安排加班的,应当按照国家有关规定向劳动者支付加班费。

3. 劳动者拒绝用人单位管理人员违章指挥、强令冒险作业的,不视为违反劳动合同。劳动者对危害生命安全和身体健康的劳动条件,有权对用人单位提出批评、检举和控告。

四、劳动合同的变更

劳动合同的变更,是指劳动关系双方当事人就已订立的劳动合同的部分条款达成修改、补充或者废止协定的法律行为。

劳动合同的变更,是因发生一定的法律事实而对依法成立的劳动合同,在劳动法律、法规允许的范围内变更。根据《劳动合同法》的规定:"用人单位与劳动者协商一致,可以变更劳动合同约定的内容。变更劳动合同,应当采用书面形式"。

1. 用人单位变更名称、法定代表人、主要负责人或者投资人等事项，不影响劳动合同的履行。

2. 用人单位发生合并或者分立等情况，原劳动合同继续有效，劳动合同由承继其权利和义务的用人单位继续履行。

变更后的劳动合同文本由用人单位和劳动者各执一份。

五、劳动合同的解除

（一）劳动合同解除的涵义

劳动合同的解除，是指当事人双方提前终止劳动合同的法律效力，解除双方的权利义务关系。它是在劳动合同订立后，尚未全部履行以前，由于某种原因导致劳动合同一方或双方当事人提前消灭劳动关系的法律行为。

（二）劳动合同解除的分类

劳动合同解除分为法定解除和协商解除两种。法定解除，是指因发生法律、法规或劳动合同规定的情况，提前终止劳动合同后的法律效力。协商解除，是指当事人双方因某种原因，协商同意提前终止劳动合同的法律效力。《劳动合同法》中关于合同解除的规定主要有：

1. 用人单位与劳动者协商一致，可以解除劳动合同。

2. 劳动者提前三十日以书面形式通知用人单位，可以解除劳动合同。劳动者在试用期内提前三日通知用人单位，可以解除劳动合同。

3. 用人单位有下列情形之一的，劳动者可以解除劳动合同：（1）未按照劳动合同约定提供劳动保护或者劳动条件的；（2）未及时足额支付劳动报酬的；（3）未依法为劳动者缴纳社会保险费的；（4）用人单位的规章制度违反法律、法规的规定，损害劳动者权益的；（5）以欺诈、胁迫的手段或者乘人之危，使对方在违背真实意思的情况下订立或者变更劳动合同致使劳动合同无效的；（6）法律、行政法规规定劳动者可以解除劳动合同的其他情形。

用人单位以暴力、威胁或者非法限制人身自由的手段强迫劳动者劳动的，或者用人单位违章指挥、强令冒险作业危及劳动者人身安全的，劳动者可以立即解除劳动合同，不需事先告知用人单位。

4. 劳动者有下列情形之一的，用人单位可以解除劳动合同：（1）在试用期间被证明不符合录用条件的；（2）严重违反用人单位的规章制度的；（3）严重失职，营私舞弊，给用人单位造成重大损害的；（4）劳动者同时与其他用人单位建立劳动关系，对完成本单位的工作任务造成严重影响，或者经用人单位提出，拒不改正的；（5）以欺诈、胁迫的手段或者乘人之危，使对方在违背真实意思的情况下订立或者变更劳动合同致使劳动合同无效的；（6）被依法追究刑事责任的。

5. 有下列情形之一的，用人单位提前三十日以书面形式通知劳动者本人或者额外支付劳动者一个月工资后，可以解除劳动合同：（1）劳动者患病或者非因工负伤，在规定的医疗期满后不能从事原工作，也不能从事由用人单位另行安排的工作的；（2）劳动者不能胜任工作，经过培训或者调整工作岗位，仍不能胜任工作的；（3）劳动合同订立时所依据的客观情况发生重大变化，致使劳动合同无法履行，经用人单位与劳动者协商，未能就变更劳动合同内容达成协议的。

6. 劳动者有下列情形之一的，用人单位不得解除劳动合同：（1）从事接触职业病危害作业的劳动者未进行离岗前职业健康检查，或者疑似职业病病人在诊断或者医学观察期间的；（2）在本单位患职业病或者因工负伤并被确认丧失或者部分丧失劳动能力的；（3）患病或者非因工负伤，在规定的医疗期内的；（4）女职工在孕期、产期、哺乳期的；（5）在本单位连续工作满十五年，且距法定退休年龄不足五年的；（6）法律、行政法规规定的其他情形。

用人单位单方解除劳动合同，应当事先将理由通知工会。用人单位违反法律、行政法规规定或者劳动合同约定的，工会有权要求用人单位纠正。用人单位应当研究工会的意见，并将处理结果书面通知工会。

（三）劳动合同解除与劳动合同订立和变更的关系

劳动合同解除与劳动合同的订立或变更不同。订立或变更劳动合同是当事人双方的法律行为，必须经双方协商一致才能成立；劳动合同解除可以是双方的法律行为，也可以是单方的法律行为，即可以由当事人双方协商一致而解除劳动合同，也可以由当事人一方依法提出解除劳动合同。

六、劳动合同的终止

劳动合同终止，是指终止劳动合同的法律效力。劳动合同订立后，双方当事人不得随意终止劳动合同。只有法律规定或当事人约定的情况出现，当事人才能终止劳动合同。凡有下列情形之一的，劳动合同终止。

1. 劳动合同期满的；
2. 劳动者开始依法享受基本养老保险待遇的；
3. 劳动者死亡，或者被人民法院宣告死亡或者宣告失踪的；
4. 用人单位被依法宣告破产的；
5. 用人单位被吊销营业执照、责令关闭、撤销或者用人单位决定提前解散的；
6. 法律、行政法规规定的其他情形。

七、《劳动合同法》关于劳动合同的特别规定

《劳动合同法》第五章对一些特殊劳动合同作出了规定，其中与建设工程关系较为密切的条文包括：

（一）集体合同

企业职工一方与用人单位通过平等协商，可以就劳动报酬、工作时间、休息休假、劳动安全卫生、保险福利等事项订立集体合同。集体合同草案应当提交职工代表大会或者全体职工讨论通过。

在县级以下区域内，建筑业、采矿业、餐饮服务业等行业可以由工会与企业方面代表订立行业性集体合同，或者订立区域性集体合同。

依法订立的集体合同对用人单位和劳动者具有约束力。行业性、区域性集体合同对当地本行业、本区域的用人单位和劳动者具有约束力。集体合同中劳动报酬和劳动条件等标准不得低于当地人民政府规定的最低标准；用人单位与劳动者订立的劳动合同中劳动报酬和劳动条件等标准不得低于集体合同规定的标准。

（二）劳务派遣

劳务派遣单位应当依照公司法的有关规定设立，注册资本不得少于五十万元。劳务派

遣单位应当履行用人单位对劳动者的义务。劳务派遣单位与被派遣劳动者订立的劳动合同，应当载明被派遣劳动者的用工单位以及派遣期限、工作岗位等情况。

劳务派遣单位应当与被派遣劳动者订立二年以上的固定期限劳动合同，按月支付劳动报酬；被派遣劳动者在无工作期间，劳务派遣单位应当按照所在地人民政府规定的最低工资标准，向其按月支付报酬。

劳务派遣单位派遣劳动者应当与接受以劳务派遣形式用工的单位（以下称用工单位）订立劳务派遣协议。劳务派遣协议应当约定派遣岗位和人员数量、派遣期限、劳动报酬和社会保险费的数额与支付方式以及违反协议的责任。用工单位应当根据工作岗位的实际需要与劳务派遣单位确定派遣期限，不得将连续用工期限分割订立数个短期劳务派遣协议。

劳务派遣单位应当将劳务派遣协议的内容告知被派遣劳动者。劳务派遣单位不得克扣用工单位按照劳务派遣协议支付给被派遣劳动者的劳动报酬。劳务派遣单位和用工单位不得向被派遣劳动者收取费用。劳务派遣单位跨地区派遣劳动者的，被派遣劳动者享有的劳动报酬和劳动条件，按照用工单位所在地的标准执行。

用工单位应当履行下列义务：（1）执行国家劳动标准，提供相应的劳动条件和劳动保护；（2）告知被派遣劳动者的工作要求和劳动报酬；（3）支付加班费、绩效奖金，提供与工作岗位相关的福利待遇；（4）对在岗被派遣劳动者进行工作岗位所必需的培训；（5）连续用工的，实行正常的工资调整机制。

用工单位不得将被派遣劳动者再派遣到其他用人单位。

八、违反劳动合同的责任

违反劳动合同的责任，是指当事人由于自己的过错造成劳动合同的不履行或不适当履行所应承担相应的经济的、行政的或刑事的责任。追究当事人违反劳动合同的责任，必须同时具备有因果关系的两项必要条件：一是当事人有不履行或不适当履行劳动合同的行为；二是当事人本身有过错。当事人不履行或不适当履行劳动合同，是由于自己的过错造成的。如果当事人有不履行或不适当履行劳动合同的行为，但不是由于自己的过错造成的，则不应追究当事人违反劳动合同的责任。追究当事人违反劳动合同的责任，应当根据其过错情节轻重、后果严重程度和责任大小以及态度好坏，确定当事人所应承担的相应责任。

（一）用人单位承担的责任

1. 有下列情形之一的，用人单位应当向劳动者支付经济补偿：（1）劳动者依照《劳动合同法》第38条规定解除劳动合同的；（2）用人单位依照《劳动合同法》第36条规定向劳动者提出解除劳动合同并与劳动者协商一致解除劳动合同的；（3）用人单位依照《劳动合同法》第40条规定解除劳动合同的；（4）用人单位依照《劳动合同法》第41条第1款规定解除劳动合同的；（5）除用人单位维持或者提高劳动合同约定条件续订劳动合同，劳动者不同意续订的情形外，依照《劳动合同法》第44条第1项规定终止固定期限劳动合同的；（6）依照《劳动合同法》第44条第4项、第5项规定终止劳动合同的；（7）法律、行政法规规定的其他情形。

2. 经济补偿按劳动者在本单位工作的年限，每满一年支付一个月工资的标准向劳动者支付。六个月以上不满一年的，按一年计算；不满六个月的，向劳动者支付半个月工资的经济补偿。

3. 用人单位违反《劳动合同法》规定解除或者终止劳动合同，劳动者要求继续履行劳动合同的，用人单位应当继续履行；劳动者不要求继续履行劳动合同或者劳动合同已经不能继续履行的，用人单位应当依照《劳动合同法》第 87 条规定支付赔偿金。

（二）劳动者承担的责任

1. 劳动者违反《劳动法》规定的条件解除劳动合同或者明反劳动合同中约定的保密事项，给用人单位造成经济损失的，当依法承担赔偿责任。

2. 对于违反劳动纪律达到一定程度的，应当分别情况给予行政处分或经济处罚。

3. 违法行为情节严重，触犯刑律的，由司法机关依法追究刑事责任。

第三节 劳 动 保 护

一、劳动保护的概念

劳动保护是国家为了劳动者在生产过程中的安全与健康而采取的各项保护措施，是保证职工肌体不受伤害，保持和提高劳动者持久的劳动能力的组织和技术措施的总称。我国劳动立法的劳动保护内容主要包括有关劳动保护的防护措施（生产安全和卫生方面的技术性措施）和有关劳动保护的行政性管理措施。

二、劳动保护的主要内容

（一）安全及劳动卫生规程

安全技术规程是国家为了防止和消除在生产过程中的伤亡事故，保障劳动者安全和减轻繁重的体力劳动而规定的各种法律规范。它不仅指技术措施，还包括组织措施。不同行业的生产单位，由于生产特点、劳动条件不同，需要解决的安全技术问题也不相同。国家制定的安全技术规程，只能对一些比较突出，带有普遍性的问题，作出基本要求。

劳动卫生规程指国家为了改善劳动条件，保护职工在生产过程中的健康，防止、消除职业病和职业中毒而规定的各种法律规范。它包括技术、组织和医疗预防措施的规定，我国《工厂安全卫生规程》就有关安全卫生方面的问题提出了一般要求，但由于工厂安全卫生方面的问题很多，以后又针对某些特殊的工业卫生问题，陆续制定了一些专门的法规。如《关于防止沥青中毒的办法》、《关于防止厂矿企业中矽尘危害的决定》、《工业企业噪声卫生标准》、《工业企业工人照明标准》、《工业企业设计卫生标准》、《关于加强防尘防毒工作的决定》等等。

安全及劳动卫生规程主要内容如下：

1. 用人单位必须建立、健全劳动安全卫生制度，严格执行国家劳动安全卫生规程和标准，对劳动者进行劳动安全卫生教育，防止劳动过程中的事故，减少职业危害。

2. 劳动安全卫生设施必须符合国家规定的标准。新建、改建、扩建工程的劳动安全卫生设施必须与主体工程同时设计、同时施工、同时投入生产和使用。

3. 用人单位必须为劳动者提供符合国家规定的劳动安全卫生条件和必要的劳动防护用品，对从事有职业危害作业的劳动者应当定期进行健康检查。

4. 从事特种作业的劳动者必须经过专门培训并取得特种作业资格。

5. 劳动者在劳动过程中必须严格遵守安全操作规程。劳动者对用人单位管理人员违章指挥、强令冒险作业，有权拒绝执行；对危害生命安全和身体健康的行为，有权提出批评、检举和控告。

6. 国家建立伤亡事故和职业病统计报告和处理制度。县级以上各级人民政府劳动行政部门、有关部门和用人单位应当依法对劳动者在劳动过程中发生的伤亡事故和劳动者的职业病状况，进行统计、报告和处理。

（二）女工和未成年工特殊保护

女工与未成年工的特殊保护在各国劳动法及劳动保护工作中是一个重要的组成部分。

对女工与未成年工的劳动给予特殊保护的主要原因，是由女工和未成年工本身特点所决定的。妇女在生理上与男子有不同的特点和差别，妇女有月经、怀孕、生育、哺乳等生理特点。如果在劳动中对妇女的这些特点不研究、不保护，使其从事劳动强度过大或有毒害劳动，就会损伤女工的生理机能，不仅会影响女职工本身的安全和健康，而且还会影响到下一代的正常发育。未成年工是我国劳动法律制度规定的年满16周岁、但未满18周岁的工人。由于他们正在长身体，发育尚未完全定型，因此，在劳动过程中也必须给予特殊保护。在我国对女工和未成年工实行特殊保护，是我国劳动立法的一项重要内容，充分体现了社会主义制度的优越性。

女工和未成年工特殊保护主要内容如下：

1. 根据妇女生理特点组织劳动就业，实行男女同工同酬。
2. 禁止安排女职工从事矿山井下、国家规定的第四级体力劳动强度的劳动和其他禁忌从事的劳动。
3. 不得安排女职工在经期从事高处、低温、冷水作业和国家规定的第三级体力劳动强度的劳动。
4. 不得安排女职工在怀孕期间从事国家规定的第三级体力劳动强度的劳动和孕期禁忌从事的劳动。对怀孕七个月以上的女职工，不得安排其延长工作时间和夜班劳动。
5. 女职工生育享受不少于90天的产假。
6. 不得安排女职工在哺乳未满一周岁的婴儿期间从事国家规定的第三级体力劳动强度的劳动和哺乳期禁忌从事的其他劳动，不得安排其延长工作时间和夜班劳动。
7. 不得安排未成年工从事矿山井下、有毒有害、国家规定的第四级体力劳动强度的劳动和其他禁忌从事的劳动。
8. 用人单位应当对未成年工定期进行健康检查。

第四节 劳 动 纪 律

一、劳动纪律的概念

劳动纪律是劳动者在共同劳动中所必须遵守的劳动规则，是企业组织集体劳动保证生产秩序和工作秩序正常进行的必要条件，是组织和发扬职工群众劳动积极性和生产主动性的最有力武器。

二、劳动纪律的作用

社会主义劳动纪律反映了社会主义文明生产和科学管理的要求，体现了国家、集体和劳动者个人的根本利益的一致性，对于建设社会主义物质文明和精神文明都有重要作用。

(一)稳定社会秩序,巩固国家政权

劳动纪律是维护正常的生产经营秩序和工作秩序的重要保证。同时也是关系到国家的长治久安,关系到社会主义现代化建设的进程以及最终实现的大问题。

(二)提高劳动生产率的必要条件

劳动纪律要求每个劳动者在生产和工作中能够自觉地服从组织的分配和调动,遵守劳动时间,充分利用工时,节约单位产品的劳动消耗,保证产品质量,提高产品的合格率,严格遵守和执行各项劳动法规,保证安全生产和文明生产,同时爱护保护机器设备,降低原材料和能源消耗和产品的成本。劳动者都能够自觉地遵守劳动纪律,就能保证上述要求的实现,就能够提高工作和生产效率。

(三)劳动纪律是加强企业科学管理、实现文明生产的重要保证

现代化大生产分工细密、专业化强、技术性高、连续生产、协作环节多、劳动风险大,需要加强科学管理,要求每个劳动者严格遵守劳动纪律。劳动纪律是现代化大生产客观规律的要求和反映。实行现代企业制度,加强企业科学管理,就是要按照客观规律办事,严格劳动纪律,使现代化大生产有组织、有计划地进行。同时,严格劳动纪律也是实现文明生产的重要保证。我国社会主义企业文明生产的重要标志是,具有现代文化、技术、修养的劳动者在良好的劳动环境中有组织、有秩序、安全地进行生产。社会主义劳动纪律体现了文明生产的精神和要求。严明的劳动纪律,有助于提高职工队伍素质,实现文明生产。

(四)正确指导职工进行生产,调动劳动积极性的有力武器

执行劳动纪律,能激发起职工群众劳动热情,促进生产的发展。工业企业要通过不断地整顿劳动纪律,教育广大职工加强遵纪守法观念,人人争做遵守劳动纪律的模范,把职工的积极性主动性充分调动起来。

三、劳动纪律的奖惩制度

(一)奖励制度

奖励制度是对劳动者在劳动过程中的优秀职业行为给予精神褒奖和物质鼓励的一种劳动法律制度。劳动者有如下表现的,应当给予奖励:

1. 在完成生产任务或工作任务、提高产品质量节约国家资财和能源等方面,做出显著成绩的;

2. 在生产、科研、工艺设计、产品设计、改善劳动条件等方面,在发明、技术改进或者提出合理化建议,取得重大成果或者显著成绩的;

3. 在改进企业经营管理,提高经济效益方面做出显著成绩;对国家贡献较大的;

4. 保护公共财产,防止或者挽救事故有功,使国家和人民利益免受重大损失的;

5. 同坏人坏事作斗争,对维护正常的生产秩序和工作秩序,维护社会治安,有显著功绩的;

6. 维护财经纪律,抵制歪风邪气,事迹突出的;

7. 一贯忠于职守,积极负责,廉洁奉公,舍己为人,事迹突出的;

8. 其他应当给予奖励的。

(二)惩罚制度

惩罚制度是对劳动者在劳动过程中的违纪、违法行为实行惩戒的一种劳动法律制度。

有如下违反劳动纪律情节的人,根据其所犯错误的情节轻重给予批评、教育或者处罚。

(1) 根据《企业职工奖惩条例》的规定,有下列行为之一的职工应分别情况给予批评教育和处分:

①违反劳动纪律,经常迟到、早退、旷工、消极怠工、没有完成生产任务或者工作任务的;

②无正当理由不服从工作分配和调动、指挥,或者无理取闹,聚众闹事,打架斗殴,影响生产秩序、工作秩序和社会秩序的;

③玩忽职守,违反技术操作规程和安全规程,或者违章指挥,造成事故,使人民生命、财产遭受损失的;

④工作不负责任,经常产生废品,损坏设备工具,浪费原材料、能源,造成经济损失的;

⑤滥用职权,违反政策法令,违反财经纪律;偷税漏税,截留上缴利润,滥发奖金,挥霍国家资财,损公肥私,使国家和企业在经济上遭受损失的;

⑥有贪污盗窃、投机倒把、走私贩私、行贿受贿、敲诈勒索以及其他违法乱纪行为的;

⑦犯有其他严重错误的。

(2) 惩罚方式。对违法、违纪行为的惩罚方式有三种:

①行政处分,又称纪律处分或纪律制裁。它是指用人单位或有关国家机关按照行政隶属关系,对所属劳动者的违纪、违法行为所给予的纪律制裁。行政处分包括:警告、记过、记大过、降级、撤职、留用察看、开除。

②经济处罚。它是对违反劳动纪律的劳动者给予的经济制裁。采用经济处罚手段,强制受处分者付出一定的现金或减少其经济收入,可以促使其从关心个人经济利益方面接受教训,改正错误,有利于加强劳动纪律。

③刑事制裁。劳动者违纪、违法行为情节严重,使人民生命和国家、用人单位财产遭受重大损失,构成犯罪,应负刑事责任,由司法机关依据我国刑法规定对其进行惩处。

第五节 劳动法律制度案例

案例 1

一、基本案情

在某石化公司工作已满 12 年的高级工程师裴某与公司签订的劳动合同到期,续订劳动合同时,裴某听说无固定期限的劳动合同对劳动者更有利,遂与公司签订了无固定期限的劳动合同。双方订立的该无固定期限的劳动合同中并没有附加终止劳动合同的条款。后来,裴某因在工作中严重失职导致事故,给公司生产造成了 75 万元的重大经济损失。1个月后,事故基本查清,裴某被认定为应当此次事故承担全部责任,公司决定与裴某解除劳动合同。裴某对公司解除其劳动合同的决定不服,认定自己与公司签订的是无固定期限的劳动合同,并且没有附加解除条款,是不能解除的,而且公司也没有提前 30 天通知他解除劳动合同，遂向其所在地的劳动争议仲裁委员会提出申诉，请求撤销公司解除与其劳动合同的决定。

二、案件处理

劳动争议仲裁委员会受理此案后，经调查，裴某在工作中未按照规定的操作程序控制生产设备，工作严重失误，情况属实，遂驳回裴某的申诉请求。订立无固定期限的劳动合同后，只要不出法律、法规规定的或者当事人双方约定的可以解除劳动的条件（除期限外的其他条件），这种劳动合同便可以一直存续下去。但是，只要出现了法律、法规规定的或者当事人双方约定的可以解除劳动合同的条件，一方当事人便可以行使解除权单方解除劳动合同，或者有双方当事人协商解除劳动合同。综上所述，裴某在工作中严重失职，给单位利益造成重大损害，该公司解除其劳动合同，在法律的程序要件和实质要件上都有充分的根据，劳动争议仲裁委员会依法驳回裴某申诉请求的裁决是符合法律规定的。

三、案例分析

劳动者在同一用人单位连续工作满10年，双方同意延续劳动合同的，如劳动者本人提出要签订无固定期限的劳动合同，这时用人单位是不能坚持与其签订固定期限或以工作为期限的劳动合同的，而只能签订无固定期限的劳动合同。本案中，裴某在化工公司工作了12年，要求公司与其签订了无固定期限劳动合同是符合法律规定的。本案例中裴某有重大失职的过错，属于劳动者严重失职，营私舞弊，给用人单位利益造成重大损害的法定解除情形，单位未提前30天通知裴某便于其解除劳动关系的做法并不违反法律规定。

案例 2

一、基本案情

恒阳建筑安装有限责任公司在与外来民工签订劳动合同时，都要求劳动者先交3000元的入厂押金。张某跟该企业签订了为期三年的劳动合同，也把入厂押金交齐了。可过了1年，张某觉得，在这个企业工作自己不会有更好的发展，于是向企业提出提前解除劳动合同的书面申请，企业同意了他的申请，但告知其3000元押金要被没收。张某不服，向当地劳动争议仲裁委员会申诉，要求恒阳建筑安装有限责任公司退还他所交的押金。

二、案例分析

我国《劳动合同法》规定，用人单位在招用劳动者时，不得要求劳动者提供担保或者以其他名义向劳动者收取财务。本案例中，恒阳建筑安装有限责任公司收取劳动者3000元押金的行为是违法行为，应于裁决生效当日如数退还张某所交的3000元押金，并给予该公司罚款处罚。

案例 3

一、基本案情

某培训中心于某年3月成立，成立之时，共有15名具有中级职称的老师被聘请为中心的合同制教师，聘用期为5年，月工资1800元。按照培训中心的安排，这15名教师分别担任法律、英语、贸易、会计等专业的任课教师，由于学生多、班次多、老师有限，每科只有一位老师上课。该年9月1日，培训中心讲法律的老师在上课时突发心脏病死亡。当时正值国家司法资格考试前夕，学员的任务十分繁重，不能耽误课时，而培训中心又无人可代讲。为此，培训中心紧急招聘 1 名教师。张某前去应聘，双方经过面谈，该培训中心觉得张某符合条件，于是培训中心同知张某，希望他能够立即上岗，张某也一口答应。由于事情匆忙，而张某又是短时期任课，培训中心没有与张某签订劳动合同，但与张某约定工资为每月 2200 元，并且安排了其课程。该年 10 月 15 日，培训中心发放工资，按照其他 14 位教师的 1800 元的月薪标准给张某发了 2700，但是张某提出了自己在学校紧急缺人的情况下进行授课，为学校做了很大的贡献，而且当初约定的是 2200 元的月薪。双方发生了劳动争议，培训中心向劳动争议仲裁委员会提出了仲裁申请。

二、案例分析

劳动争议仲裁委员会审查后认为，双方没有签订书面的劳动合同，导致培训中心与张某之间约定工资数额不明，无法证明张某与该培训中心约定的月薪 2200 元的事实。按照《劳动合同法》规定，此时首先按照集体合同约定的标准给付工资。其次，没有集体合同或者集体合同未规定的，实行同工同酬。本案中不存在集体合同规定的工资标准，培训中心发放给张某的工资应该按照本单位其他同工种、同岗位的老师的工资标准，即每月 1800 元。

第十五章　工程建设其他法律制度

第一节　税收法律制度

一、税收法律制度概述

1. 税收的概念与特征。税收是国家为了实现其职能的需要，凭借政治权力，依照法律规定的程序对满足法定课税要件的人所征收的货币或实物。税收具有三个基本特征：法定性；强制性；无偿性。

2. 税法的概念与体系。税法是调整税收关系的法律规范的总称。税法由税收体制法、税收征纳实体法、税收征纳程序法等子部门法所组成。其中，税收征纳实体法主要包括商品税法、所得税法、财产税法和行为税法。商品税法主要包括增值税法、消费税法、营业税法和关税法等。所得税法主要包括企业所得税法、个人所得税法等。财产税主要包括资源税法、房产税法、土地税法、契税法和车船税法等。

行为税法主要包括印花税法、筵席税法和屠宰税法等。另外，根据全国人民代表大会常务委员会关于废止《中华人民共和国农业税条例》的决定，自2006年1月1日起，停止征收农业税。

二、税收法律制度的基本内容

（一）增值税法

增值税是以商品和劳务在流通各环节的增加值为征税对象的一种税。其特点是税源广、税收中性和避免重复征税。增值税法的基本内容包括以下几点：

1. 增值税的纳税人。增值税的纳税人为在中华人民共和国境内销售货物或者提供加工、修理修配劳务以及进口货物的单位和个人。增值税的纳税人分为一般纳税人和小规模纳税人。

2. 增值税的征税对象。增值税征税对象为纳税人在中国境内销售的货物或者提供的加工、修理修配劳务以及进口的货物。

3. 增值税的税基。增值税税基为销售货物或者提供加工、修理修配劳务以及进口货物的增值额。

4. 增值税的税率。增值税一般纳税人税率分为基本税率（17%）、低税率（13%）和零税率（0%）。

纳税人销售或者进口货物，除适用低税率的以外，税率为17%。

纳税人销售或者进口下列货物，税率为13%：（1）粮食、食用植物油；（2）自来水、暖气、冷气、热水、煤气、石油液化气、天然气、沼气、居民用煤炭制品；（3）图书、报纸、杂志；（4）饲料、化肥、农药、农机、农膜；（5）国务院规定的其他货物。

纳税人出口货物，税率为0%；但是，国务院另有规定的除外。

纳税人提供加工、修理修配劳务，税率为17%。

增值税小规模纳税人销售货物或提供应税劳务，适用6％的征收率。从1998年7月1日起，商业企业小规模纳税人增值税的征收率由6％调减为4％。

5. 增值税的税收减免。下列项目免征增值税：农业生产者销售的自产农业产品；避孕药品和用具；古旧图书；直接用于科学研究、科学试验和教学的进口仪器、设备；外国政府、国际组织无偿援助的进口物资和设备；来料加工、来件装配和补偿贸易所需进口的设备；由残疾人组织直接进口供残疾人专用的物品。

纳税人销售额未达到财政部规定的增值税起征点的，免征增值税。

（二）消费税法

消费税是以特定消费品的流转额为征税对象的一种税。消费税法的基本内容包括以下几点：

1. 消费税的纳税人。消费税的纳税人为在中国境内生产、委托加工和进口法律规定的消费品的单位和个人。

2. 消费税的征税对象。消费税的征税对象为应税消费品，具体包括：烟；酒及酒精；化妆品；护肤护发品；贵重首饰；鞭炮、焰火；汽油；柴油；汽车轮胎；摩托车；小汽车。

3. 消费税的税基。消费税的税基为销售额或销售数量。销售额为纳税人销售应税消费品向购买方收取的全部价款和价外费用。

4. 消费税的税率。消费税实行从价定率或者从量定额的办法计算应纳税额，按不同消费品分别采用比例税率和定额税率。

纳税人兼营不同税率的应税消费品，应当分别核算不同税率应税消费品的销售额、销售数量。未分别核算销售额、销售数量，或者将不同税率的应税消费品组成成套消费品销售的，从高适用税率。

5. 消费税的税收减免。对纳税人出口应税消费品，免征消费税；国务院另有规定的除外。

（三）营业税法

营业税是以从事工商营利事业和服务业所取得的收入为征税对象的一种税。营业税法的基本内容包括以下几点：

1. 营业税的纳税人。营业税的纳税人为在中国境内提供应税劳务、转让无形资产或出售不动产的单位和个人。

2. 营业税的征税对象。营业税的征税对象为应税劳务、转让无形资产或者销售不动产，具体包括：交通运输业；建筑业；金融保险业；邮电通信业；文化体育业；娱乐业；服务业；转让无形资产；销售不动产。

3. 营业税的税基。营业税的税基为营业额，营业额为其提供应税劳务、转让无形资产或者销售不动产向对方收取的全部价款和价外费用。

4. 营业税的税率。营业税除娱乐业实行幅度比例税率外，其他税目均实行固定比例税率。其具体税率为：交通运输业，3％；建筑业，3％；金融保险业，8％；邮电通信业，3％；文化体育业，3％；娱乐业，5％～20％；服务业，5％；转让无形资产，5％；销售不动产，5％。自2001年1月1日起，3年内金融保险业的营业税税率逐年降低1％，以后将稳定在5％。自2001年5月1日起，夜总会、歌厅、舞厅、射击、狩猎、跑马、游戏、高尔夫、保龄球、台球等营业税税率统一定为20%。

5. 营业税的税收减免。下列项目免征营业税：托儿所、幼儿园、养老院、残疾人福利机构提供的育养服务，婚姻介绍，殡葬服务；残疾人员个人提供的劳务；医院、诊所和其他医疗机构提供的医疗服务；学校和其他教育机构提供的教育劳务，学生勤工俭学提供的劳务；农业机耕、排灌、病虫害防治、植保、农牧保险以及相关技术培训业务，家禽、牲畜、水生动物的配种和疾病防治；纪念馆、博物馆、文化馆、美术馆、展览馆、书画院、图书馆、文物保护单位举办文化活动的门票收入，宗教场所举办文化、宗教活动的门票收入。

纳税人营业额未达到财政部规定的营业税起征点的，免征营业税。

（四）企业所得税法

企业所得税是以企业在一定期间内的纯所得为征税对象的一种税。2007年3月16日第十届人民代表大会第五次会议通过，自2008年1月1日起施行的《中华人民共和国企业所得税法》结束了我国企业所得税按内资、外资企业分别立法的局面，体现了"四个统一"：内资、外资企业适用统一的企业所得税法；统一并适当降低企业所得税税率；统一和规范税前扣除办法和标准；统一税收优惠政策，实行"产业优惠为主、区域优惠为辅"的新税收优惠体系。企业所得税的基本内容包括以下几点：

1. 企业所得税的纳税人。在中华人民共和国境内，企业和其他取得收入的组织为企业所得税的纳税人，依法缴纳企业所得税。

企业分为居民企业和非居民企业。

居民企业，是指依法在中国境内成立，或者依照外国（地区）法律成立但实际管理机构在中国境内的企业。

非居民企业，是指依照外国（地区）法律成立且实际管理机构不在中国境内，但在中国境内设立机构、场所的，或者在中国境内未设立机构、场所，但有来源于中国境内所得的企业。

2. 企业所得税的征税对象。企业以货币形式和非货币形式从各种来源取得的收入，为收入总额。包括：销售货物收入；提供劳务收入；转让财产收入；股息、红利等权益性投资收益；利息收入；租金收入；特许权使用费收入；接受捐赠收入；其他收入。

3. 企业所得税的税基。企业每一纳税年度的收入总额，减除不征税收入、免税收入、各项扣除以及允许弥补的以前年度亏损后的余额，为应纳税所得额。

4. 企业所得税的税率。企业所得税的税率为25%。

非居民企业在中国境内未设立机构、场所的，或者虽设立机构、场所但取得的所得与其所设机构、场所没有实际联系的，应当就其来源于中国境内的所得缴纳企业所得税，适用税率为20%。

5. 企业所得税的税收减免。

（1）国家对重点扶持和鼓励发展的产业和项目，给予企业所得税优惠。

（2）企业的下列收入为免税收入：国债利息收入；符合条件的居民企业之间的股息、红利等权益性投资收益；在中国境内设立机构、场所的非居民企业从居民企业取得与该机构、场所有实际联系的股息、红利等权益性投资收益；符合条件的非营利组织的收入。

（3）企业的下列所得，可以免征、减征企业所得税：从事农、林、牧、渔业项目的所得；从事国家重点扶持的公共基础设施项目投资经营的所得；从事符合条件的环境保护、节能节水项目的所得；符合条件的技术转让所得；非居民企业在中国境内未设立机构、场所的，或者虽设立机构、场所但取得的所得与其所设机构、场所没有实际联系的，就其来源于中国境内的所得。

（五）个人所得税法

个人所得税是以个人的所得为征税对象的一种税。

个人所得税法的基本内容包括以下几点：

1. 个人所得税的纳税人。个人所得税的纳税人为在中国境内有住所，或者无住所而在中国境内居住满1年的个人（居民纳税人），以及在中国境内无住所又不居住或者在境内居住不满1年但有来源于中国境内所得的个人（非居民纳税人）。

2. 个人所得税的征税对象。个人所得税的征税对象为应税所得，具体包括：工资、薪金所得；个体工商户的生产、经营所得；对企事业单位的承包经营、承租经营所得；劳务报酬所得；稿酬所得；特许权使用费所得；利息、股息、红利所得；财产租赁所得；财产转让所得；偶然所得；经国务院财政部门确定征税的其他所得。

3. 个人所得税的税基。个人所得税的税基为应纳税所得额。应纳税所得额的计算方法如下：工资、薪金所得，以每月收入额减除费用1600元后的余额，为应纳税所得额；个体工商户的生产、经营所得，以每一纳税年度的收入总额，减除成本、费用以及损失后的余额，为应纳税所得额；对企事业单位的承包经营、承租经营所得，以每一纳税年度的收入总额，减除必要费用后的余额，为应纳税所得额；劳务报酬所得、稿酬所得、特许权使用费所得、财产租赁所得，每次收入不超过4000元的，减除费用800元；4000元以上的，减除20%的费用，其余额为应纳税所得额；财产转让所得，以转让财产的收入额减除财产原值和合理费用后的余额，为应纳税所得额；利息、股息、红利所得，偶然所得和其他所得，以每次收入额为应纳税所得额。

4. 个人所得税的税率。个人所得税根据不同的税目适用不同的税率：工资、薪金所得，适用超额累进税率，税率为5%～45%；个体工商户的生产、经营所得和对企事业单位的承包经营、承租经营所得，适用5%～35%的超额累进税率；稿酬所得，适用比例税率，税率为20%，并按应纳税额减征30%；劳务报酬所得，适用比例税率，税率为20%；对劳务报酬所得一次收入畸高的，可以实行加成征收，具体办法由国务院规定；特许权使用费所得，利息、股息、红利所得，财产租赁所得，财产转让所得，偶然所得和其他所得，适用比例税率，税率为20%。

5. 个人所得税的税收减免。下列各项个人所得，免纳个人所得税：省级人民政府、国务院部委和中国人民解放军以上单位，以及外国组织、国际组织颁发的科学、教育、技术、文化、卫生、体育、环境保护等方面的奖金；国债和国家发行的金融债券利息；按照国家统一规定发给的补贴、津贴；福利费、抚恤金、救济金；保险赔款；军人的转业费、复员费；按照国家统一规定发给干部、职工的安家费、退职费、退休工资、离休工资、离休生活补助费；依照我国有关法律规定应予免税的各国驻华使馆、领事馆的外交代表、领事官员和其他人员的所得；中国政府参加的国际公约、签订的协议中规定免税的所得；经国务院财政部门批准免税的所得。

6. 有下列情形之一的，经批准可以减征个人所得税：残疾、孤老人员和烈属的所得；

因严重自然灾害造成重大损失的;其他经国务院财政部门批准减税的。

7. 纳税人从中国境外取得的所得,准予其在应纳税额中扣除已在境外缴纳的个人所得税税额。但扣除额不得超过该纳税人境外所得依照我国法律规定计算的应纳税额。

三、税收法律责任

法律责任是税收法律关系的主体因违反税收法律规范所应承担的不利法律后果。税收法律责任制度包括法律责任的主体、违法行为类型和法律责任的形式等制度。

（一）税收法律责任的主体

税收法律责任的主体包括税收法律关系中的所有主体,主要包括纳税人、扣缴义务人、征税机关及其工作人员、其他具有法定义务的主体。

（二）税收法律责任的违法行为类型

1. 纳税人的违法行为类型。纳税人的税收违法行为主要包括违反税收征收管理制度的行为、偷税行为、欠税行为、抗税行为、骗取出口退税行为和其他违法行为。

2. 纳税人伪造、编造、隐匿、擅自销毁账簿、记账凭证,或者在账簿上多列支出或者不列、少列收入,或者经税务机关通知申报而拒不申报或者进行虚假的纳税申报,不缴或者少缴应纳税款的,是偷税。以暴力、威胁方法拒不缴纳税款的,是抗税。纳税人、扣缴义务人在规定期限内不缴或者少缴应纳或者应解缴的税款的,是欠税。

3. 扣缴义务人的违法行为类型。扣缴义务人的违法行为类型主要包括违反税收征收管理制度的行为、偷税行为、欠税行为和其他违法行为。

4. 征税机关及其工作人员的税收违法行为。征税机关及其工作人员的税收违法行为主要包括违反税收征收管理制度的行为、徇私舞弊行为、渎职行为、滥用职权行为等。

5. 其他主体的违法行为。其他主体的违法行为如纳税人、扣缴义务人的开户银行或者其他金融机构拒绝接受税务机关依法检查纳税人、扣缴义务人存款账户,或者拒绝执行税务机关作出的冻结存款或者扣缴税款的决定,或者在接到税务机关的书面通知后帮助纳税人、扣缴义务人转移存款。

6. 法律责任的形式。法律责任的形式一般包括经济责任、行政责任和刑事责任。经济责任主要包括加收滞纳金和赔偿损失。行政责任主要包括行政处罚和行政处分。前者主要是针对纳税人和扣缴义务人的,主要包括责令限期改正,责令缴纳税款;采取税收保全措施和税收强制执行措施;罚款;吊销税务登记证,收回税务机关发给的票证,吊销营业执照等。行政处分是针对税务机关的工作人员的,主要包括警告、记过、记大过、降级、撤职和开除。

刑事责任形式主要包括罚金、拘役、有期徒刑、无期徒刑和死刑。

（三）主要违法行为的法律责任

纳税人未按照规定期限缴纳税款的,扣缴义务人未按照规定期限解缴税款的,税务机关除责令限期缴纳外,从滞纳税款之日起,按日加收滞纳税款万分之五的滞纳金。

纳税人有下列行为之一的,由税务机关责令限期改正,可以处 2000 元以下的罚款,情节严重的,处 2000 元以上 1 万元以下的罚款:未按照规定的期限申报办理税务登记、变更或者注销登记的;未按照规定设置、保管账簿或者保管记账凭证和有关资料的;未按照规定将财务、会计制度或者财务、会计处理办法和会计核算软件报送税务机关备查的;未按照规定将其全部银行账号向税务机关报告的;未按照规定安装、使用税控装置,或者损毁或者擅自改动税控装置的。

对纳税人偷税的,由税务机关追缴其不缴或者少缴的税款、滞纳金,并处不缴或者少缴的税款50%以上5倍以下的罚款;偷税数额占应纳税额的10%以上不满30%,并且偷税数额在1万元以上不满10万元的,或者因偷税被税务机关给予二次行政处罚又偷税的,处3年以下有期徒刑或者拘役,并处偷税数额1倍以上5倍以下罚金;偷税数额占应纳税额的30%以上并且偷税数额在10万元以上的,处3年以上7年以下有期徒刑,并处偷税数额1倍以上5倍以下罚金。

纳税人欠缴应纳税款,采取转移或者隐匿财产的手段,妨碍税务机关追缴欠缴的税款的,由税务机关追缴欠缴的税款、滞纳金,并处欠缴税款50%以上5倍以下的罚款;欠缴税款数额在1万元以上不满10万元的,处3年以下有期徒刑或者拘役,并处或者单处欠缴税款1倍以上5倍以下罚金;数额在10万元以上的,处3年以上7年以下有期徒刑,并处欠缴税款1倍以上5倍以下罚金。

以暴力、威胁方法拒不缴纳税款的,除由税务机关追缴其拒缴的税款、滞纳金外,处3年以下有期徒刑或者拘役,并处拒缴税款1倍以上5倍以下罚金;情节严重的,处3年以上7年以下有期徒刑,并处拒缴税款1倍以上5倍以下罚金。情节轻微,未构成犯罪的,由税务机关追缴其拒缴的税款、滞纳金,并处拒缴税款1倍以上5倍以下罚款。

纳税人、扣缴义务人的开户银行或者其他金融机构拒绝接受税务机关依法检查纳税人、扣缴义务人存款账户,或者拒绝执行税务机关作出的冻结存款或者扣缴税款的决定,或者在接到税务机关的书面通知后帮助纳税人、扣缴义务人转移存款,造成税款流失的,由税务机关处10万元以上50万元以下的罚款,对直接负责的主管人员和其他直接责任人员处1000元以上1万元以下的罚款。

税务机关违反规定擅自改变税收征收管理范围和税款入库预算级次的,责令限期改正,对直接负责的主管人员和其他直接责任人员依法给予降级或者撤职的行政处分。

未经税务机关依法委托征收税款的,责令退还收取的财物,依法给予行政处分或行政处罚;致使他人合法权益受到损失的,依法承担赔偿责任;构成犯罪的,依法追究刑事责任。

税务人员利用职务上的便利,收受或索取纳税人、扣缴义务人财物或者谋取其他不正当利益,构成犯罪的,依法追究刑事责任。不构成犯罪的,依法给予行政处分。

税务人员徇私舞弊或者玩忽职守,不征或者少征应征税款,致使国家税收遭受重大损失,构成犯罪的,依法追究刑事责任;尚不构成犯罪的,依法给予行政处分。

违反法律、行政法规的规定,擅自作主开征、停征或者减税、免税、退税、补税以及其他同税收法律、行政法规相抵触的决定的,除依照本法规定撤销其擅自作出的决定外,补征应征未征税款,退还不应征收而征收的税款,并由上级机关追究直接负责的主管人员和其他直接责任人员的行政责任。构成犯罪的,依法追究刑事责任。

(四)追究法律责任的主体和期限

追究法律责任的主体主要包括征税机关和人民法院。行政处罚,罚款额在2000元以下的,可以由税务所决定。违反税收法律、行政法规应当给予行政处罚行为,在5年内未被发现的,不再给予行政处罚。

第二节 反不正当竞争法律制度

一、反不正当竞争法概述

（一）反不正当竞争法概念

反不正当竞争法是调整在制止不正当竞争行为过程中发生的社会关系的法律规范的总称，包括规定不正当竞争行为的种类、对不正当竞争行为的监督检查以及对不正当竞争行为的法律制裁等等。

（二）反不正当竞争法调整对象

经营者在市场交易中，应当遵循自愿、平等、公平、诚实信用的原则，遵守公认的商业道德。经营者是指从事商品经营或者营利性服务（以下所称商品包括服务）的法人、其他经济组织和个人。

各级人民政府应当采取措施，制止不正当竞争行为，为公平竞争创造良好的环境和条件。县级以上人民政府工商行政管理部门对不正当竞争行为进行监督检查；法律、行政法规规定由其他部门监督检查的依照其规定。

国家鼓励、支持和保护一切组织和个人对不正当竞争行为进行社会监督。国家机关工作人员不得支持、包庇不正当竞争行为。

二、不正当竞争行为的种类

1. 经营者不得采用下列不正当手段从事市场交易，损害竞争对手：

（1）假冒他人的注册商标；

（2）擅自使用知名商品特有的名称、包装、装潢，或者使用与知名商品近似的名称、包装、装潢，造成和他人的知名商品相混淆，使购买者误认为是该知名商品；

（3）擅自使用他人的企业名称或者姓名，使人误认为是他人的商品；

（4）在商品上伪造或者冒用认证标志、名优标志等质量标志，伪造产地，对商品质量作引人误解的虚假表示。

2. 公用企业或者其他依法具有独占地位的经营者，不得限定他人购买其指定的经营者的商品，以排挤其他经营者的公平竞争。

3. 政府及其所属部门不得滥用行政权力，限定他人购买其指定的经营者的商品，限制其他经营者正当的经营活动。政府及其所属部门不得滥用行政权力，限制外地商品进入本地市场，或者本地商品流向外地市场。

4. 经营者不得采用财物或者其他手段进行贿赂以销售或者购买商品。在账外暗中给予对方单位或者个人回扣的，以行贿论处；对方单位或者个人在账外暗中收受回扣的，以受贿论处。

经营者销售或者购买商品，可以以明示方式给对方折扣，可以给中间人佣金。经营者给对方折扣、给中间人佣金的，必须如实入账。接受折扣、佣金的经营者必须如实入账。

5. 经营者不得利用广告或者其他方法，对商品的质量、制作成分、性能、用途、生产者、有效期限、产地等作引人误解的虚假宣传。广告的经营者不得在明知或者应知的情况下，代理、设计、制作、发布虚假广告。

6. 经营者不得采用下列手段侵犯商业秘密：

(1) 偷窃、利诱、胁迫或者其他不正当手段获取权利人的商业秘密；

(2) 披露、使用或者允许他人使用以前项手段获取权利人的商业秘密；

(3) 违反约定或者违反权利人有关保守商业秘密的要求，披露、使用或者允许他人使用其所掌握的商业秘密。第三人明知或者应知前款所列违法行为，获取、使用或者披露他人的商业秘密，视为侵犯商业秘密。

7. 经营者不得以排挤对手为目的，以低于成本的价格销售商品。有下列情形之一的，不属于不正当行为：

(1) 销售鲜活商品；

(2) 处理有效期限即将到期的商品或者其他积压的商品；

(3) 季节性降价；

(4) 因清偿债务、转产、歇业降价销售商品。

8. 经营者销售商品，不得违背购买者的意愿搭售商品或者附加其他不合理的条件。

9. 经营者不得从事下列有奖销售：

(1) 采用谎称有奖或者故意让内定人员中奖的欺骗方式进行有奖销售；

(2) 利用有奖销售的手段推销质次价高的商品；

(3) 抽奖式的有奖销售，最高奖的金额不超过 5000 元。

10. 经营者不得捏造、散布虚伪事实，损害竞争对手的商业信誉、商品声誉。

11. 投标者不得串通投标，抬高标价或者压低标价。投标者和招标者不得相互勾结，以排挤竞争对手的公平竞争。

三、对不正当竞争行为的监督检查

1. 县级以上监督检查部门对不正当竞争行为，可以进行监督检查。

2. 监督检查部门在监督检查不正当竞争行为时，有权行使下列职权：

(1) 按照规定程序询问被检查的经营者、利害关系人、证明人，并要求提供证明材料或者与不正当竞争行为有关的其他资料；

(2) 查询、复制与不正当竞争行为有关的协议、账册、单据、文件、记录、业务函电和其他资料；

(3) 检查与不正当竞争行为有关的财物，必要时可以责令被检查的经营者说明该商品的来源和数量，暂停销售，听候检查，不得转移、隐匿、销毁财物。

3. 监督检查部门工作人员监督检查不正当竞争行为时，应当出示检查证件。

4. 监督检查部门在监督检查不正当竞争行为时，被检查的经营者、利害关系人和证明人，应当如实提供有关资料或者情况。

四、法律责任

1. 经营者违反规定，给被侵害的经营者造成损害的，应当承担损害赔偿责任。被侵害的经营者的损失难以计算的，赔偿额为侵权期间因侵权所获得的利润，并应当承担被侵害的经营者因调查该经营者侵害其合法权益的不正当竞争行为所支付的合理费用。被侵害的经营者的合法权益受到不正当竞争行为损害的，可以向人民法院提起诉讼。

2. 经营者假冒他人的注册商标，擅自使用他人的企业名称或者姓名，伪造或者冒用认证标志、名优标志等质量标志，伪造产地，对商品质量作引人误解的虚假表示的，依照《中华人民共和国商标法》、《中华人民共和国产品质量法》的规定处罚。经营者擅自使用知名商品特有的名称、包装、装潢，或者使用与知名商品近似的名称、包装、装潢，造成和他人的知名商品相混淆，使购买者误认为是该知名商品的，监督检查部门应当责令停止违法行为，没收违法所得，可以根据情节处以违法所得一倍以上三倍以下罚款；情节严重的，可以吊销营业执照；销售伪劣商品，构成犯罪的，依法追究刑事责任。

3. 经营者采用财物或者其他手段进行贿赂以销售或者购买商品，构成犯罪的，依法追究刑事责任；不构成犯罪的，监督检查部门可以根据情节处以1万元以上20万元以下的罚款，有违法所得的，予以没收。

4. 公用企业或者其他具有独占地位的经营者限定他人购买其指定的经营者的商品，以排挤其他经营者的公平竞争的，省级或者设区的市的监督检查部门应当责令停止违法行为，可以根据情节处以5万元以上20万元以下的罚款。被指定的经营者借此销售质次价高商品或者滥收费用的，监督检查部应当没收违法所得，可以根据情节处以违法所得一倍以上三倍以下的罚款。

5. 经营者利用广告或者其他方法，对商品作引人误解的虚假宣传的，监督检查部门应当责令停止违法行为，消除影响，可以根据情节处以1万元以上20万元以下的罚款。广告的经营者，在明知或者应知的情况下，代理、设计、制作、发布虚假广告的，监督检查部门应当责令停止违法行为，没收违法所得，并依法处以罚款。

6. 侵犯商业秘密的，监督检查部门应当责令停止违法行为，可以根据情节处以1万元以上20万元以下的罚款。

7. 经营者违反规定进行有奖销售的，监督检查部门应当责令停止违法行为，可以根据情节处以1万元以上10万元以下的罚款。

8. 投标者串通投标，抬高标价或者压低标价；投标者和招标者相互勾结，以排挤竞争对手的公平竞争的，其中标无效。监督检查部门可以根据情节处以1万元以上20万元以下的罚款。

9. 经营者有违反被责令暂停销售，转移、隐匿、销毁与不正当竞争行为有关的财物的行为的，监督检查部门可以根据情节处以被销售、转移、隐匿、销毁财物的价款的一倍以上三倍以下的罚款。

10. 当事人对监督检查部门作出的处罚决定不服的，可以自收到处罚决定之日起15日内向上一级主管机关申请复议；对复议决定不服的，可以自收到复议决定书之日起15日内向人民法院提起诉讼；也可以直接向人民法院提起诉讼。

11. 政府及其所属部门违反规定，限定他人购买其指定的经营者的商品，限制其他经营者正当的经营活动，或者限制商品在地区之间正常流通的，由上级机关责令其改正；情节严重的，由同级或者上级机关对直接责任人员给予行政处分。被指定的经营者借此销售质次价高商品或者滥收费用的，监督检查部门应当没收违法所得，可以根据情节处以违法所得一倍以上三倍以下的罚款。

12. 监督检查不正当竞争行为的国家机关工作人员滥用职权、玩忽职守，构成犯罪的，依法追究刑事责任；不构成犯罪的，给予行政处分。

13. 监督检查不正当竞争行为的国家机关工作人员徇私舞弊，对明知有违反本法规定构成犯罪的经营者故意包庇不使他受追诉的，依法追究刑事责任。

第三节 消费者权益保护法律制度

一、消费者权益保护法调整对象

消费者为生活消费需要购买、使用商品或者接受服务,其权益受《消费者权益保护法》(以下简称本法)保护;本法未作规定的,受其他有关法律、法规保护。

经营者为消费者提供其生产、销售的商品或者提供服务,应当遵守本法;本法未作规定的,应当遵守其他有关法律、法规。

经营者与消费者进行交易,应当遵循自愿、平等、公平、诚实信用的原则。

国家保护消费者的合法权益不受侵害。国家采取措施,保障消费者依法行使权利,维护消费者的合法权益。

保护消费者的合法权益是全社会的共同责任。国家鼓励、支持一切组织和个人对损害消费者合法权益的行为进行社会监督。大众传播媒介应当做好维护消费者合法权益的宣传,对损害消费者合法权益的行为进行舆论监督。

二、消费者的权利

1. 消费者在购买、使用商品和接受服务时享有人身、财产安全不受损害的权利。消费者有权要求经营者提供的商品和服务,符合保障人身、财产安全的要求。

2. 消费者享有知悉其购买、使用的商品或者接受的服务的真实情况的权利。消费者有权根据商品或者服务的不同情况,要求经营者提供商品的价格、产地、生产者、用途、性能、规格、等级、主要成份、生产日期、有效期限、检验合格证明、使用方法说明书、售后服务,或者服务的内容、规格、费用等有关情况。

3. 消费者享有自主选择商品或者服务的权利。消费者有权自主选择提供商品或者服务的经营者,自主选择商品品种或者服务方式,自主决定购买或者不购买任何一种商品、接受或者不接受任何一项服务。消费者在自主选择商品或者服务时,有权进行比较、鉴别和挑选。

4. 消费者享有公平交易的权利。消费者在购买商品或者接受服务时,有权获得质量保障、价格合理、计量正确等公平交易条件,有权拒绝经营者的强制交易行为。

5. 消费者因购买、使用商品或者接受服务受到人身、财产损害的,享有依法获得赔偿的权利。

6. 消费者享有依法成立维护自身合法权益的社会团体的权利。

7. 消费者享有获得有关消费和消费者权益保护方面的知识的权利。消费者应当努力掌握所需商品或者服务的知识和使用技能,正确使用商品,提高自我保护意识。

8. 消费者在购买、使用商品和接受服务时,享有其人格尊严、民族风俗习惯得到尊重的权利。

9. 消费者享有对商品和服务以及保护消费者权益工作进行监督的权利。

消费者有权检举、控告侵害消费者权益的行为和国家机关及其工作人员在保护消费者权益工作中的违法失职行为,有权对保护消费者权益工作提出批评、建议。

三、经营者的义务

1. 经营者向消费者提供商品或者服务,应当依照《中华人民共和国产品质量法》和其他有关法律、法规的规定履行义务。经营者和消费者有约定的，应当按照约定履行义务，但双方的约定不得违背法律、法规的规定。

2. 经营者应当听取消费者对其提供的商品或者服务的意见，接受消费者的监督。

3. 经营者应当保证其提供的商品或者服务符合保障人身、财产安全的要求。对可能危及人身、财产安全的商品和服务，应当向消费者作出真实的说明和明确的警示，并说明和标明正确使用商品或者接受服务的方法以及防止危害发生的方法。

经营者发现其提供的商品或者服务存在严重缺陷，即使正确使用商品或者接受服务仍然可能对人身、财产安全造成危害的，应当立即向有关行政部门报告和告知消费者，并采取防止危害发生的措施。

4. 经营者应当向消费者提供有关商品或者服务的真实信息，不得作引人误解的虚假宣传。经营者对消费者就其提供的商品或者服务的质量和使用方法等问题提出的询问，应当作出真实、明确的答复。商店提供商品应当明码标价。

5. 经营者应当标明其真实名称和标记。租赁他人柜台或者场地的经营者，应当标明其真实名称和标记。

6. 经营者提供商品或者服务，应当按照国家有关规定或者商业惯例向消费者出具购货凭证或者服务单据；消费者索要购货凭证或者服务单据的，经营者必须出具。

7. 经营者应当保证在正常使用商品或者接受服务的情况下其提供的商品或者服务应当具有的质量、性能、用途和有效期限；但消费者在购买该商品或者接受该服务前已经知道其存在瑕疵的除外。经营者以广告、产品说明、实物样品或者其他方式表明商品或者服务的质量状况的，应当保证其提供的商品或者服务的实际质量与表明的质量状况相符。

8. 经营者提供商品或者服务，按照国家规定或者与消费者的约定，承担包修、包换、包退或者其他责任的，应当按照国家规定或者约定履行，不得故意拖延或者无理拒绝。

9. 经营者不得以格式合同、通知、声明、店堂告示等方式作出对消费者不公平、不合理的规定，或者减轻、免除其损害消费者合法权益应当承担的民事责任。格式合同、通知、声明、店堂告示等含有前款所列内容的，其内容无效。

10. 经营者不得对消费者进行侮辱、诽谤，不得搜查消费者的身体及其携带的物品，不得侵犯消费者的人身自由。

四、国家对消费者合法权益的保护

1. 国家制定有关消费者权益的法律、法规和政策时，应当听取消费者的意见和要求。

2. 各级人民政府应当加强领导，组织、协调、督促有关行政部门做好保护消费者合法权益的工作。各级人民政府应当加强监督，预防危害消费者人身、财产安全行为的发生，及时制止危害消费者人身、财产安全的行为。

3. 各级人民政府工商行政管理部门和其他有关行政部门应当依照法律、法规的规定，在各自的职责范围内，采取措施，保护消费者的合法权益。有关行政部门应当听取消费者及其社会团体对经营者交易行为、商品和服务质量问题的意见，及时调查处理。

4. 有关国家机关应当依照法律、法规的规定，惩处经营者在提供商品和服务中侵害消费者合法权益的违法犯罪行为。

5. 人民法院应当采取措施，方便消费者提起诉讼。对符合《中华人民共和国民事诉讼法》起诉条件的消费者权益争议，必须受理，及时审理。

五、消费者组织

1. 消费者协会和其他消费者组织是依法成立的对商品和服务进行社会监督的保护消费者合法权益的社会团体。

2. 消费者协会履行下列职能：

（1）向消费者提供消费信息和咨询服务；

（2）参与有关行政部门对商品和服务的监督、检查；

（3）就有关消费者合法权益的问题，向有关行政部门反映、查询，提出建议；

（4）受理消费者的投诉，并对投诉事项进行调查、调解；

（5）投诉事项涉及商品和服务质量问题的，可以提请鉴定部门鉴定，鉴定部门应当告知鉴定结论；

（6）就损害消费者合法权益的行为，支持受损害的消费者提起诉讼；

（7）对损害消费者合法权益的行为，通过大众传播媒介予以揭露、批评。各级人民政府对消费者协会履行职能应当予以支持。

3. 消费者组织不得从事商品经营和营利性服务，不得以牟利为目的向社会推荐商品和服务。

六、争议的解决

1. 消费者和经营者发生消费者权益争议的，可以通过下列途径解决：

（1）与经营者协商和解；

（2）请求消费者协会调解；

（3）向有关行政部门申诉；

（4）根据与经营者达成的仲裁协议提请仲裁机构仲裁；

（5）向人民法院提起诉讼。

2. 消费者在购买、使用商品时，其合法权益受到损害的，可以向销售者要求赔偿。销售者赔偿后，属于生产者的责任或者属于向销售者提供商品的其他销售者的责任的，销售者有权向生产者或者其他销售者追偿。消费者或者其他受害人因商品缺陷造成人身、财产损害的，可以向销售者要求赔偿，也可以向生产者要求赔偿。属于生产者责任的，销售者赔偿后，有权向生产者追偿。属于销售者责任的，生产者赔偿后，有权向销售者追偿。消费者在接受服务时，其合法权益受到损害的，可以向服务者要求赔偿。

3. 消费者在购买、使用商品或者接受服务时，其合法权益受到损害，因原企业分立、合并的，可以向变更后承受其权利义务的企业要求赔偿。

4. 使用他人营业执照的违法经营者提供商品或者服务，损害消费者合法权益的，消费者可以向其要求赔偿，也可以向营业执照的持有人要求赔偿。

5. 消费者在展销会、租赁柜台购买商品或者接受服务，其合法权益受到损害的，可以向销售者或者服务者要求赔偿。展销会结束或者柜台租赁期满后，也可以向展销会的举办者、柜台的出租者要求赔偿。展销会的举办者、柜台的出租者赔偿后，有权向销售者或者服务者追偿。

6. 消费者因经营者利用虚假广告提供商品或者服务，其合法权益受到损害的，可以向经营者要求赔偿。广告的经营者发布虚假广告的，消费者可以请求行政主管部门予以惩处。广告的经营者不能提供经营者的真实名称、地址的，应当承担赔偿责任。

七、法律责任

1. 经营者提供商品或者服务有下列情形之一的,除本法另有规定外,应当依照《中华人民共和国产品质量法》和其他有关法律、法规的规定,承担民事责任:

(1) 商品存在缺陷的;

(2) 不具备商品应当具备的使用性能而出售时未作说明的;

(3) 不符合在商品或者其包装上注明采用的商品标准的;

(4) 不符合商品说明、实物样品等方式表明的质量状况的;

(5) 生产国家明令淘汰的商品或者销售失效、变质的商品的;

(6) 销售的商品数量不足的;

(7) 服务的内容和费用违反约定的;

(8) 对消费者提出的修理、重作、更换、退货、补足商品数量、退还货款和服务费用或者赔偿损失的要求,故意拖延或者无理拒绝的;

(9) 法律、法规规定的其他损害消费者权益的情形。

2. 经营者提供商品或者服务,造成消费者或者其他受害人人身伤害的,应当支付医疗费、治疗期间的护理费、因误工减少的收入等费用,造成残疾的,还应当支付残疾者生活自助费、生活补助费、残疾赔偿金以及由其扶养的人所必需的生活费等费用;构成犯罪的,依法追究刑事责任。

3. 经营者提供商品或者服务,造成消费者或者其他受害人死亡的,应当支付丧葬费、死亡赔偿金以及由死者生前扶养的人所必需的生活费等费用;构成犯罪的,依法追究刑事责任。

4. 经营者违反规定,侵害消费者的人格尊严或者侵犯消费者人身自由的,应当停止侵害、恢复名誉、消除影响、赔礼道歉,并赔偿损失。

5. 经营者提供商品或者服务,造成消费者财产损害的,应当按照消费者的要求,以修理、重作、更换、退货、补足商品数量、退还货款和服务费用或者赔偿损失等方式承担民事责任。消费者与经营者另有约定的,按照约定履行。

6. 对国家规定或者经营者与消费者约定包修、包换、包退的商品,经营者应当负责修理、更换或者退货。在保修期内两次修理仍不能正常使用的,经营者应当负责更换或者退货。对包修、包换、包退的大件商品,消费者要求经营者修理、更换、退货的,经营者应当承担运输等合理费用。

7. 经营者以邮购方式提供商品的,应当按照约定提供。未按照约定提供的,应当按照消费者的要求履行约定或者退回货款;并应当承担消费者必须支付的合理费用。

8. 经营者以预收款方式提供商品或者服务的,应当按照约定提供。未按照约定提供的,应当按照消费者的要求履行约定或者退回预付款;并应当承担预付款的利息、消费者必须支付的合理费用。

9. 依法经有关行政部门认定为不合格的商品,消费者要求退货的,经营者应当负责退货。

10. 经营者提供商品或者服务有欺诈行为的,应当按照消费者的要求增加赔偿其受到的损失,增加赔偿的金额为消费者购买商品的价款或者接受服务的费用的一倍。

11. 经营者有下列情形之一,《中华人民共和国产品质量法》和其他有关法律、法规对处罚机关和处罚方式有规定的，依照法律、法规的规定执行；法律、法规未作规定的，由工商行政管理部门责令改正，可以根据情节单处或者并处警告、没收违法所得、处以违法所得一倍以上五倍以下的罚款，没有违法所得的，处以1万元以下的罚款；情节严重的，责令停业整顿、吊销营业执照：

(1) 生产、销售的商品不符合保障人身、财产安全要求的；

(2) 在商品中掺杂、掺假，以假充真，以次充好，或者以不合格商品冒充合格商品的；

(3) 生产国家明令淘汰的商品或者销售失效、变质的商品的；

(4) 伪造商品的产地，伪造或者冒用他人的厂名、厂址，伪造或者冒用认证标志、名优标志等质量标志的；

(5) 销售的商品应当检验、检疫而未检验、检疫或者伪造检验、检疫结果的；

(6) 对商品或者服务作引人误解的虚假宣传的；

(7) 对消费者提出的修理、重作、更换、退货、补足商品数量、退还货款和服务费用或者赔偿损失的要求，故意拖延或者无理拒绝的；

(8) 侵害消费者人格尊严或者侵犯消费者人身自由的；

(9) 法律、法规规定的对损害消费者权益应当予以处罚的其他情形。

12. 经营者对行政处罚决定不服的，可以自收到处罚决定之日起15日内向上一级机关申请复议，对复议决定不服的，可以自收到复议决定书之日起15日内向人民法院提起诉讼；也可以直接向人民法院提起诉讼。

13. 以暴力、威胁等方法阻碍有关行政部门工作人员依法执行职务的，依法追究刑事责任；拒绝、阻碍有关行政部门工作人员依法执行职务，未使用暴力、威胁方法的，由公安机关依照《中华人民共和国治安管理处罚条例》的规定处罚。

14. 国家机关工作人员玩忽职守或者包庇经营者侵害消费者合法权益的行为的，由其所在单位或者上级机关给予行政处分；情节严重，构成犯罪的，依法追究刑事责任。

八、其他规定

农民购买、使用直接用于农业生产的生产资料，参照本法执行。

第四节　城市房地产管理法

一、房地产开发的概念

房地产开发，一般是对土地和地上建筑物进行的投资开发建设活动。在我国，依照《中华人民共和国城市房地产管理法》的规定，房地产开发是指在依法取得土地使用权的国有土地上进行基础设施、房屋建设的行为。

二、房地产开发项目管理

城市房地产管理法对此作出以下几方面规定：

1. 执行城市规划

房地产开发必须严格执行城市规划。按照经济效益、社会效益、环境效益相统一的原则，实行全面规划、合理布局、综合开发、配套建设。我国的城市规划分为总体规划和详细规划，其中详细规划又分为控制性详细规划和修建性详细规划。对房地产开发项目产生直接法律约束力的是详细规划。

2. 房地产开发的用途与期限

以出让方式取得土地使用权进行房地产开发的，必须按照土地使用权出让合同约定的土地用途、动工开发期限开发土地。超过出让合同约定的动工开发日期满1年未动工开发的，可以征收相当于土地使用权出让金20%以下的土地闲置费；满2年未动工开发的，可以无偿收回土地使用权。但是，因不可抗力或者政府、政府有关部门的行为或者动工开发必需的前期工作造成动工开发迟延的除外。

上述立法的目的有两个：一为禁止出让土地使用权人在房地产开发中擅自改变土地用途，侵犯国家利益，扰乱房地产市场秩序；二为禁止或限制出让土地使用权人闲置土地，造成土地资源的浪费。

此外，《物权法》规定：为了公共利益的需要，依照法律规定的权限和程序可以征收集体所有的土地和单位、个人的房屋及其他不动产。为配合这一条文的实施，2007年8月30日第十届全国人民代表大会常务委员会对《城市房地产管理法》进行了相应的修订，规定："为了公共利益的需要，国家可以征收国有土地上单位和个人的房屋，并依法给予拆迁补偿，维护被征收人的合法权益；征收个人住宅的，还应当保障被征收人的居住条件。具体办法由国务院规定。"

3. 房地产开发的安全性要求

房地产开发项目的设计、施工，必须符合国家的有关标准和规范；房地产开发项目竣工，经验收合格后，方可交付使用。上述立法的目的系为保障房地产开发过程及产品的安全性，使房地产开发企业在追求经济效益的同时，兼顾社会效益和环境效益。取得竣工验收合格证亦是申请取得房屋所有权的一个重要条件。

4. 房地产开发中的联建

依法取得的土地使用权，可以将其作价入股，与他人合资合作开发房地产。这在实践中往往被称为"联建"。在我国，联建涉及的法律问题较为复杂，特别是合作开发房地产，常易引发纠纷。

三、房地产开发企业管理

房地产开发企业也即房地产开发商或发展商，按照城市房地产管理法的规定，是以营利为目的，从事房地产开发和经营的企业。

1. 房地产开发企业的分类

按房地产开发业务在企业经营范围中地位的不同，可将房地产开发企业分为房地产开发专营企业、兼营企业和项目公司。

2. 房地产开发企业的设立条件

设立房地产开发企业，应当具备下列条件：

（1）有自己的名称和组织机构。
（2）有固定的经营场所。
（3）有符合国务院规定的注册资本。
（4）有足够的专业技术人员。
（5）法律、行政法规规定的其他条件。

3. 房地产开发企业的设立程序

设立房地产开发企业应经过以下程序:

(1) 应当向工商行政管理部门申请设立登记,工商行政管理部门对不符合上述条件的,不予登记。

(2) 房地产开发企业在领取营业执照后的1个月内,应当到登记所在地的县级以上地方人民政府规定的部门备案。

上述规定主要为协调企业设立中一般行政管理(工商行政管理)与特殊行政管理(房地产开发行业管理)的关系。

4. 房地产开发企业的注册资本与投资总额

房地产开发是一项需要巨额资金投入的经营活动,如果房地产开发企业的注册资本过低而投资总额过大,势必造成其投资风险巨大,给投资者、其他经营者及消费者带来巨大风险隐患。因此,城市房地产管理法规定:房地产开发企业的注册资本与投资总额的比例应当符合国家有关规定。

5. 房地产开发的分期投资额与项目规模

有些房地产开发项目由房地产开发企业分期开发,这时若分期投资额过小而分期项目规模过大,也将给其自身和他人带来巨大风险隐患,往往不能保证开发项目顺利完成。因此,城市房地产管理法规定:房地产开发企业分期开发房地产的,分期投资额应当与项目规模相适应,并按照土地使用权出让合同的约定,按期投入资金,用于项目建设。

第五节 工程建设其他法律制度案例

案例1

一、基本案情

北京某装饰工程有限公司成立于1993年5月,注册资金1250万元,职工人数130人;经营范围包括各类建筑(包括车、船、飞机)的室内、室外装饰装修工程的施工,销售装饰材料、五金交电、家具。

该单位1999年取得工程结算收入9402万元,计算缴纳营业税124万元,利润总额198万元,企业所得税在国税局缴纳;2000年取得工程结算收入11780万元,计算缴纳营业税958万元,利润总额121万元;2001年取得工程结算收入13830万元,计算缴纳营业税220万元,利润总额255万元。

该单位所承包的工程分为两部分,一部分是从其他单位分包的工程,营业税由总承包人缴纳,另一部分是直接从建设单位承包的工程,自行计算缴纳营业税。

该单位在计算营业税时,根据北京市(96)概算取费表,按照不同工程类别、不同建筑物高度,以直接费用为基数,按照规定比例计算税金,1999~2001年共计算缴纳营业税4995335.69元。

该单位1999年应纳营业税1256609.94元,已纳营业税1243151.15元,应补营业税13458.79元、城建税942.12元、教育费附加403.76元;2000年应纳营业税1574036.43元,实际已纳营业税1555727.27元,应补营业税18309.16元、城建税1281.64元、教育费附加549.28元;2001年应纳营业税2265208.32元,已纳营业税2196457.27元,应补营业税 68751.05 元、城建税 4812.57 元、教育费附加 2062.53 元。1999～2001 年合计应补营业税 100519 元、城建税 70363.33 元、教育费附加 3015.57 元。

应交营业税滞纳金：
1999 年 13458.79×820 天×0.5‰＝5552.13
2000 年 18309.15×455 天×0.5‰＝4165.33
2001 年 68751.05×89 天×0.5‰＝3059.42
应交城建税滞纳金：1999 年 942.12×820 天×0.5‰＝386.27
2000 年 1281.64×455 天×0.5‰＝291.57
2001 年 4812.57×89 天×0.5‰＝214.16
应补教育费附加＝100519×3‰＝3015.57

该单位 1999～2001 年度部分月份发放奖金未代扣个人所得税；发放项目嘉奖未并入工资计算个人所得税，而是用发放金额直接找税率计算个人所得税；一个月内发放两次年终奖未合并计算个人所得税。1999 年共发放各种奖金 896361.45 元，未足额缴纳个人所得税；2000 年发放各种奖金 971048 元，未足额缴纳个人所得税；2001 年共发放各种奖金 1474100 元，未足额缴纳个人所得税。

以上问题经计算应补个人所得税 170457.85 元。

应交滞纳金：1999 年 1 月：2545.75×1157 天×0.5‰＝1472.72
2 月：10643.06×1129 天×0.5‰＝6008.01
3 月：2498.25×1098 天×0.5‰＝1371.54
9 月：15881.26×915 天×0.5‰＝7265.68
11 月：12907.23×854 天×0.5‰＝5511.39
12 月：18526.57×823 天×0.5‰＝7623.68
2000 年 1 月：19362.66×792 天×0.5‰＝7667.61
4 月：9411.22×702 天×0.5‰＝3303.34
5 月：5121.15×671 天×0.5‰＝1718.15
6 月：7064.29×641 天×0.5‰＝2264.10
9 月：9288.35×549 天×0.5‰＝2549.65
10 月：6271.55×519 天×0.5‰＝1627.47
2001 年 1 月：8364.89×426 天×0.5‰＝1781.72
印花税、车船使用税经检查暂未发现问题。

二、案件处理

北京某装饰工程有限公司 1999～2001 年未足额缴纳营业税及附加，经查应分别补缴营业税 13458.79 元、18309.16 元、68751.05 元；城建税 942.12 元、1281.64 元、4812.57 元；教育费附加 403.76 元、549.28 元、2062.53 元。

1999～2001 年支付个人奖励未并入工资总额计算，应分别补缴个人所得税 6302.12 元、56519.22 元、8364.89 元，2001 年 5 月 12 月应扣未扣个人所得税 42571.12 元。

根据《中华人民共和国营业税暂行条例》第 2 条、第 3 条、第 4 条的规定，应补缴营业税 100519 元。

根据《中华人民共和国城市维护建设税暂行条例》第 3 条、第 4 条的规定，应补缴城建税 7036.33 元；

根据《征收教育费附的暂行规定》第 2 条、第 3 条的有关规定，应补教育费附加 3015.57 元。

根据《中华人民共和国个人所得税法》第 1 条、第 2 条、第 3 条的规定，应补缴个人所得税 127886.73 元。

根据《中华人民共和国税收征收管理法》第 69 条的规定，对应扣未扣个人所得税 42571.12 元处以一倍的罚款 42571.12 元。

根据《中华人民共和国税收征收管理法》第 32 条的规定，补缴税款按日加收滞纳金共计 63833.94 元。

案例 2

一、基本案情

北京某房地产开发有限公司成立于 2000 年 5 月 22 日，注册资金 2000 万元，核算类型：房地产开发企业会计制度；经济类型：有限责任公司；职工人数 36 人。

该企业企业所得税在地税缴纳，实行全额征收，无减免，申报税种：营业税、城市维护建设税、教育费附加、个人所得税、企业所得税、印花税、土地使用税。

该公司 2000 年收入为 0 元，销售成本 14868859.34 元，经营费用 2473691.06 元，管理费用 1288418.8 元，财务费用－44745.38 元，营业利润－18586223.82 元，已纳个人所得税 20083.4 元，印花税 10000 元。

2001 年销售收入 139938783 元，销售费用 4632654.72 元，经营税金及附加 7696633.06 元，销售利润－12329287.78 元，管理费用 4319727.16 元，财务费用 287907.8 元，利润－19702979.74 元。已纳营业税 6996939.15 元，城市维护建设税 489785.74 元，教育费附加 209908.17 元，土地使用税 11700 元（根据土地使用证交纳），个人所得税 86289.66 元，印花税 188908 元。

在实施检查过程中，税务局采用顺查法对该公司的财务报表、会计账簿及相关会计核算资料进行了审核，根据调查取证的结果，查实问题如下：

（一）营业税：该单位 2001 年度预收售房款 169936031 元，结转收入 139938783 元，未结转收入 29997248 元，补缴营业税 1499862.4 元，城市维护建设税 104990.37 元，教育费附加 44995.87 元，合计 1649878.64 元。在其他应付款中有预收房屋认购金 1169259.6 元未结转收入，应补缴营业税 58462.98 元，城市维护建设税 4092.41 元，教育费附加 1753.89 元，合计 64309.28 元。

（二）企业所得税：在管理费用中，工资支出中在职人员每月 36 人，按照计税标准应列支 414720 元，实际发放 1196235.11 元，调增应纳税所得额 781515.11 元；业务招待费应列支 543315.87 元，实际列支 557652.19 元，应调增应纳税所得额 14336.32 元；在其他业务支出中，规划局罚款 1547600 元应调增应纳税所得额，付给销售人员的佣金 918457.09 元应列入工资薪金所得，调增应纳税所得额。

2001 年底未进行企业所得税汇算清缴，由于房屋未售完，根据收入、销售面积、开发成本配比的原则，预征企业所得税：收入总额 171105290.6 元，对已交税金及附加 7696633.06 元，补缴的税金及附加 1714157.89 元，应调减应纳税所得额；会计核算各项费用合计 23209834.95 元（含已缴的税费其他明细见附页），调减应纳税所得额；开发成本总额 21311.98 万元，已售面积（34800 m²）占总面积（56549.74 m²）的比例为 61.54%，当期应列支的开发成本为 213119800×61.54% = 131153924.92 元。应纳税所得额为：

171105290.6 − 131153924.92 − 23209834.95 − 1714157.89 + 1547600 + 14336.32 + 781515.11 + 918457.09 = 18289281.36 元，补缴企业所得税 18289281.36 × 33% = 6035462.85 元。

（三）个人所得税：销售房屋的业务员补贴和佣金提成未缴个人所得税，金额为 918457 元，税率 10% 的 103 人次，应纳税额 2575 元；税率 15% 的 15 人次，应纳税额 3015 元；税率 20% 的 62 人次，应纳税额 115790.82 元；税率 25% 的 9 人次，应纳税额 35643.5 元；税率 30% 的 3 人次，应纳税额 29956.2 元。其中 2001 年 1～4 月应补缴 46931.02 元，并按日加收税款滞纳金；对 2001 年 5～12 月应补缴的 140049.5 元给予 50% 的罚款。

（四）滞纳金：截至 2002 年 5 月 17 日

营业税：自 2001 年 12 月 11 日起 127 天，滞纳金 123107.7 元；城市维护建设税：自 2001 年 12 月 11 日起 127 天，滞纳金 8617.54 元；企业所得税：自 2002 年 5 月 1 日起 17 天，滞纳金 46304.26 元；个人所得税自 2001 年 1 月 8 日起 495 天，税款 5391.72 元，滞纳金 1334.45 元；自 2001 年 2 月 8 日起 464 天，税款 13031.25 元，滞纳金 3023.25 元；自 2001 年 3 月 8 日起 436 天，税款 28508.05 元，滞纳金 6214.75 元。

二、案件审理

经审理认定，该房地产开发有限公司 2001 年预收售房款未结转收入 29997248 元，预收房屋认购金 1169259.6 元未结转收入，均未缴纳营业税，应按销售不动产税目税率补缴营业税金及附加。2001 年超标列支工资 781515.11 元，超标列支业务招待费 14336.32 元，罚款 1547600 元，未列入工资薪金所得的佣金 918457.09 元，均应调增应纳税所得额补缴企业所得税。2001 年支付给个人的补贴和佣金提成 918.457 元，未扣缴个人所得税，应按工资薪金税目税率代扣代缴 2001 年 1～4 月个人所得税。

根据《中华人民共和国营业税暂行条例》第 2 条、第 3 条、第 4 条的规定，应补缴营业税 1558325.38 元。

根据《中华人民共和国城市维护建设税暂行条例》第 2 条的规定，应补缴城市维护建设税 109082.78 元。

根据《征收教育费附加的暂行规定》第 2 条的规定，应补缴教育费附加 46749.76 元。

根据《中华人民共和国企业所得税暂行条例》第 5 条、第 6 条的规定，应补缴企业所得税 6035462.85 元。

根据《中华人民共和国个人所得税法》第 2 条、第 3 条的规定，应补缴个人所得税 46931.02 元。

根据《中华人民共和国税收征收管理法》第 69 条的规定，对应扣未扣个人所得税 140049.5 元处以一倍的罚款 140049.50 元。

根据《中华人民共和国税收征收管理法》第 32 条的规定，补缴税款按日加收滞纳金共计 193599.12 元。

第十六章 工程建设争议解决制度

第一节 主张权利的基本制度

一、工程建设保护权利的基本方式

（一）工程建设权利的存在形式

在工程建设活动中，其权利可以归结为以下三大类：

1. 基于工程建设活动本身而形成的权利

这些权利包括：工程建设主体的独立经营权，即依法独立享有的物资采购权、产品销售权、产品定价权、劳动用工权等；经营中的承包发包权，即依法将其所属部门或项目采取承包经营的权利；工程建设主体资产处分权，即依法在保证资产保值、增值的基础上处分其资产的权利；工程建设从业人员的基本权利，即劳动权、休息权、获取报酬权、履行职责不受干涉的权利等。

2. 基于市场而形成的权利

这些权利包括：在采购和销售过程中形成的合同权利；在生产经营过程中形成的工业产权；在市场竞争中形成的反不正当竞争权；在联营过程中形成的其他权利。

3. 国家管理过程中形成的权利

这些权利包括：拒绝摊派的权利；要求国家机关保护合法权利不受非法侵犯的权利；对国家公职人员违法犯罪行为控告的权利；对国家行政机关、司法机关的处分、处罚申诉、上诉的权利。

（二）工程建设保护权利的基本方法

针对以上权利的存在形式，工程建设保护自身权利的方式也是多种多样的。一般地，当依法经营时，其权利也能顺利地实现，但在许多时候，权利受到了侵犯，这就带来了如何保护自身合法权益的问题了。

当一个工程建设主体的自身权利受到侵犯时，保护权利的基本方式有：调解、协商、仲裁、诉讼等。

二、工程建设权利保护的非诉讼方式

（一）和解

和解是指建设工程争议当事人在自愿友好的基础上，互相沟通、互相谅解，从而解决争议的一种方式。

建设工程发生争议时，当事人为了维护自身的利益，应首先考虑通过和解方式解决争议。事实上，在工程建设过程中，绝大多数争议都可以通过和解解决。建设工程争议和解方式有以下特点：

1. 简便易行，能经济、及时地解决争议。
2. 争议的解决依靠当事人的妥协与让步，没有第三方的介入，有利于维护合同双方

的友好合作关系，使合同能更好地得到履行。

3. 和解协议不具有强制执行的效力，和解协议的执行依靠当事人的自觉履行。

（二）调解

调解，是指建设工程当事人对法律规定或者合同约定的权利、义务发生争议，第三人依据一定的道德和法律规范，通过摆事实、讲道理，促使双方互相作出适当的让步，平息争端，自愿达成协议，以求解决建设工程争议的方法。这里讲的调解是狭义的调解，不包括诉讼和仲裁程序中在审判庭和仲裁庭主持下的调解。

建设工程争议调解方式有以下特点：

1. 有第三者介入作为调解人，调解人的身份没有限制，但以双方都信任者为佳。
2. 它能够较经济、较及时地解决争议。
3. 有利于消除合同当事人的对立情绪，维护双方的长期合作关系。
4. 调解协议不具有强制执行的效力，和解协议的执行依靠当事人的自觉履行。

（三）仲裁

仲裁，亦称"公断"，是当事人双方在争议发生前或争议发生后达成协议，自愿将争议交给第三者，由第三者在事实上作出判断，在权利义务上作出裁决的一种解决争议的方式。这种争议解决方式必须是自愿的，因此必须有仲裁协议。如果当事人之间有仲裁协议，争议发生后又无法通过和解和调解解决，则应及时将争议提交仲裁机构仲裁。

建设工程争议仲裁解决方式有以下特点：

1. 体现当事人的意思自治。这种意思自治不仅体现在仲裁的受理应当以仲裁协议为前提，还体现在仲裁的整个过程，许多内容都可以由当事人自主确定。
2. 专业性。由于各仲裁机构的仲裁员都是由各方面的专业人士组成，当事人完全可以选择熟悉争议领域的专业人士担任仲裁员。
3. 保密性。保密和不公开审理是仲裁制度的重要特点，除当事人、代理人，以及需要时的证人和鉴定人外，其他人员不得出席和旁听仲裁开庭审理，仲裁庭和当事人不得向外界透露案件的任何实体及程序问题。
4. 裁决的终局性。仲裁裁决作出后是终局的，对当事人具有约束力。
5. 执行的强制性。仲裁裁决具有强制执行的法律效力，当事人可以向人民法院申请强制执行。由于中国是《承认及执行外国仲裁裁决公约》的缔约国，中国的涉外仲裁裁决可以在世界上 100 多个公约成员国得到承认和执行。

三、工程建设权利保护的诉讼方式

（一）诉讼的概念

诉讼，是指建设工程当事人依法请求人民法院行使审判权，审理双方之间发生的争议，作出有国家强制保证实现其合法权益、从而解决争议的审判活动。合同双方当事人如果未约定仲裁协议，则只能以诉讼作为解决争议的最终方式。

（二）诉讼的特点

建设工程争议诉讼解决方式有以下特点：

1. 程序和实体判决严格依法。与其他解决争议的方式相比，诉讼的程序和实体判决都应当严格依法进行。
2. 当事人在诉讼中对抗的平等性。诉讼当事人在实体和程序上的地位平等。原告起诉，被告可以反诉；原告提出诉讼请求，被告可以反驳诉讼请求。

3. 二审终审制。建设工程争议当事人如果不服第一审人民法院判决，可以上诉至第二审人民法院。建设工程争议经过两级人民法院审理，即告终结。

4. 执行的强制性。诉讼判决具有强制执行的法律效力，当事人可以向人民法院申请强制执行。

四、与诉讼相关联的制度

（一）诉讼参加人制度

在民事诉讼、经济诉讼和行政诉讼中，诉讼参加人是指因形成权利义务关系争议，诉讼结果与其产生利害关系的参加人。它包括：

1. 原告和被告。也称当事人，是指民事或行政上的权利义务关系发生争议，以自己的名义进行诉讼，并受人民法院裁判拘束的利害关系人。其中，原告是指认为自己权利受到侵犯而向人民法院提出诉讼请求的当事人；被告是指受到原告指控侵犯其合法权益，而被人民法院通知应诉的当事人。当事人可以是公民、法人、组织和国家机关。在行政诉讼中，被告只能是国家行政机关或组织。

2. 共同诉讼人。是指当事人一方或双方为二人以上的诉讼。如原告方为二人以上的，称为共同原告；如被告方为二人以上的，称为共同被告。共同诉讼分为必要的共同诉讼和普通的共同诉讼两种。必要的共同诉讼是指当事人一方或双方为二人以上，有共同的诉讼标的或者因作出同一具体行政行为而产生的共同诉讼。普通的共同诉讼是指当事人一方或双方为二人以上，因诉讼标的属于同一种类或因同样具体行政行为而形成的诉讼。

3. 第三人。是指对他人之间的诉讼标的享有请求权或者案件处理结果与其有直接利害关系，因而参加到他人已开始的诉讼中，以维护自己的合法权益的人。

除此之外，共同诉讼的代表人、诉讼代理人也属于诉讼参加人。

（二）诉讼代理制度

在我国的诉讼制度中，诉讼代理制度是一个重要的制度，刑事诉讼中的自诉人、被害人、附带民事诉讼的原告人、被告人，以及民事诉讼和行政诉讼中的当事人、第三人都可以委托代理人参加诉讼，维护自身的合法权益。我们重点介绍两种特殊的代理。

1. 诉讼代表人

（1）诉讼代表人的概念。诉讼代表人是指在群体诉讼中，代表众多的当事人进行诉讼的人。群体诉讼的主要特点：一是一方或双方当事人人数众多，一般都在10人以上，因此不可能使每个成员都参加诉讼，而只能由其中的一人或数人作为代表参加诉讼；二是诉讼群体成员之间有着共同的诉讼利益，代表人能够代表其他人进行诉讼；三是法院判决不仅对代表人发生法律效力，而且对未参加诉讼的群体成员也发生效力。所以说，诉讼代表人是一种特殊的代理人，他一方面代表着整个诉讼群体实施诉讼行为，另一方面诉讼结果不仅影响被代表的其他人的利益。从实践看，群体诉讼多发生于职工与企业之间、企业与国家行政机关之间，房地产开发企业与动迁户之间的争议中。

（2）诉讼代表人的种类

根据《中华人民共和国民事诉讼法》的规定，群体诉讼代表人可分为人数确定的代表人和人数不确定的代表人。

1）人数确定的代表人。是指在诉讼时，诉讼群体的人数已经明确，由该群体推选出的诉讼代表人。这类代表人的人数一般应为2~5人，每位代表人还可以委托代理人1~2人。人数确定的代表人可以由全部当事人共同推选，也可以由部分当事人自己推选自己的代表人。当代表人产生后，由其代表当事人全体，行使诉讼权利，履行诉讼义务，其所实施的诉讼行为视为全体当事人的诉讼行为，对所代表的全体当事人发生法律效力。但是，代表人变更、放弃诉讼请求，或者承认对方当事人的诉讼请求，进行和解等，必须经被代表的当事人同意。

2）人数不确定的代表人。是指在起诉时，当事人群体的人数尚未确定时而选出的代表人。这类代表人的产生可以由已在人民法院登记的群体当事人中推选产生，也可以由人民法院与参加登记的群体当事人一起商定代表人。协商不成的，由人民法院在登记的当事人中指定代表人。人数不确定的代表人的其他权利义务与人数确定的代表人相同。

2. 律师代理诉讼制度

律师代理诉讼制度是指在民事、经济、刑事诉讼中，律师接受委托担任代理人或辩护人，在代理权限内代理诉讼，以维护委托人的合法权益，保证国家法律正确实施的诉讼制度。律师代理制度主要由《中华人民共和国律师法》等有关法律、法规组成。律师代理诉讼的范围主要是民事、经济和行政诉讼的一审、二审和再审程序，他们可以是法人（包括中国法人和外国法人）、自然人（包括中国公民、外国人和无国籍人）以及具有诉讼主体资格的其他组织。委托可以是当事人（诉讼中的原告和被告）、第三人、共同诉讼人、诉讼代表人、法定代理人、法定代表人或其他组织的负责人。

律师代理之所以是一种特殊的代理，就在于律师在诉讼活动中享有普通代理人没有的权利，即查阅案件、调查案情和搜集证据。但是，律师在作为行政诉讼被告人的代理人时，因行政诉讼的特殊性，律师的权利受到了法律的限制：一是没有起诉权和反诉权，因为行政诉讼的被告只能是行政机关，而且行政行为在起诉前已经执行。所以，作为行政机关的代理人，律师无权起诉和反诉原告；二是搜集证据的权利受到限制，因为行政机关作出决定本身就必须依据事实和法律。如果行政决定缺乏证据或证据不足，进入行政诉讼后，行政机关和律师不得自行向原告和证人搜集证据；三是没有和解权，在行政诉讼中，当事人对行政法律关系的权利和义务是基于法律、法规形成的，因而当事人无权自由处分，双方都不得随意放弃权利或相互免除义务。

在律师代理诉讼中，需要注意的是委托人的授权范围。根据授权内容的不同，律师代理权可以分为一般授权和特别授权。一般授权主要包括代理起诉、应诉，提供有关证据，发表综合性代理词，参加法院与当事人的谈话、调解的诉讼活动，进行一般性辩论等。特别授权是指必须由委托人明确表态，授权代理人可以对委托的实体权利作出决定的授权。特别授权包括承认、放弃或变更诉讼请求，进行和解，提起反诉或者上诉等。

此外，律师在代理过程中，经委托人同意，律师还可以将委托事项转委托给其他律师代理，或者根据案情需要经与委托人协商变更代理事项。

（三）合议制度

我国诉讼中审判组织主要采取独任制和合议制。

1. 独任制

独任制是指由审判员一人审理案件的制度。这只适用于第一审的刑事诉讼和民事诉讼的简易程序。对于行政诉讼、二审和发回重审程序以及依照审判监督程序提起的再审均不能适用独任制，而必须适用合议制度。

2. 合议制

合议制是指由数名审判员和陪审员集体审判的制度。基层人民法院和中级人民法院在审判第一审案件时由审判员3人或者由审判员和人民陪审员共3人组成合议庭进行。高级人民法院和最高人民法院审理第一审案件时由审判员3～7人或者由审判员和人民陪审员3～7人组成合议庭进行。人民法院在审理二审案件时只能由审判员3～5人组成合议庭。合议庭人数必须是单数。

合议庭的组成人员只能是经过合法程序任命的本法院审判员、助理审判员和人民陪审员。合议庭由人民法院院长或者庭长指定审判员一人担任审判长。院长或者庭长参加审判案件时，自己担任审判长。

合议庭在庭审结束后，应当对案件进行评议，并制作评议笔录。评议时合议庭每个成员都有平等的发言权，最终按多数人的意见作出决定。遇有疑难、复杂、重大的案件，合议庭认为难以作出决定的，可提交院长决定提交审判委员会讨论决定。

（四）回避制度

回避制度是指在诉讼过程中，同案件有某种利害关系的审判人员及其他人员不得参与本案审理等活动的诉讼制度。回避制度的核心目的就是为了保证案件的公正审理。

回避主要适用的对象是法庭的组成人员、鉴定人、翻译人、勘验人以及刑事诉讼中的检察人员和侦察人员。

回避的理由：一是本案的当事人或当事人、诉讼代理人的近亲属；二是与本案的处理结果有利害关系；三是与本案的当事人有其他关系，可能影响案件的公正审理。如与案件的当事人有特殊的亲密或仇隙；担任过本案的证人、鉴定人、辩护人或代理人；曾违反规定会见当事人及其代理人或者接受过当事人及其委托的人请客送礼的等等。

回避的提出应当在法庭开始审理时。应当回避的人员自己主动提出回避要求的是自行回避；由当事人或其代理人对有关人员提出回避要求的为申请回避。回避申请提出后，应当由人民法院院长、人民检察院检察长或公安机关负责人决定应否回避。对该决定，申请回避的可以在接到决定时申请复议一次。

被申请回避的人员在人民法院作出是否回避的决定前，应暂停参与本案的工作，但遇有紧急需要的除外。对于法院驳回回避申请，当事人要求复议的，复议期间，被申请回避的人员不得停止参与本案的工作。

（五）期间制度

1. 期间的概念

期间是指司法机关、诉讼当事人及其他参与人进行或完成某种诉讼行为的期限。法律规定期间的意义就在于有利于诉讼活动的顺利进行，保证当事人和其他诉讼参与人行使诉讼权利，维护法律的严肃性和权威性。

2. 期间的种类

（1）法定期间。是指由法律明确规定的期间，法定期间内实施的诉讼行为具有法律效力。司法机关不得依当事人的申请或依职权予以变更。如民事判决必须在送达后15日内可以提出上诉，15日内不提出上诉的，判决方可生效。

（2）指定期间。是指司法机关根据审理案件的具体情况和需要，依职权决定当事人及其他诉讼参与人实施某种诉讼行为的期间。指定期间可以根据具体情况撤销原决定的期间而重新指定，也可以作适当的延长或缩短。

3. 期间的计算

期间以时、日、月、年计算。在计算期间时应注意：一是期间开始的时和日不计算在期间内，以日计算的各种期间均从次日起计算；二是期间届满的最后一日是节假日的，以节假日后的第一日为期间届满日期；三是期间不包括邮件在路途上的时间，诉讼文书在期满前交邮的，不算过期；四是当事人在法定期间内因正当事由未能完成诉讼行为时，可以在障碍消除后10日内向人民法院申请期间顺延，把当事人因障碍而耽误的期间补足。

（六）送达制度

1. 送达的概念

送达是指司法机关依照法定的方式和程序将诉讼文书送交给当事人和其他诉讼参与人的行为。

2. 送达的方式

《中华人民共和国民事诉讼法》规定了六种送达方式：

（1）直接送达。是指人民法院直接将法律文书送交当事人的送达方式。这是最常见的送达方式。直接送达时，受送达人是公民的，由本人签收；本人不在的，交与其同住的成年家属签收。受送达人是法人或其他组织的，由法定代表人或组织负责人或负责收件的人签收。受送达人有诉讼代理人的，也可以由诉讼代理人签收；受送达人已向司法机关指定代收人的，应送交代收人签收。在送达回证上签收的日期为送达日期。

（2）留置送达。是指受送达人拒绝签收送达文书时，送达人依法将送达文书留在受送达人住所的送达方式。需要注意的两点：一是留置送达时需要有关见证人签字盖章，并记载拒收事由和日期。如果见证人不愿签名盖章的，应当记明情况；二是留置送达不适用于民事、经济调解书。

（3）委托送达。是指司法机关送达法律文书有困难时而委托其他有关司法机关代为送达的方式。办理委托送达应当有委托单位出具的委托函。送达日期为受送达人在送达回证上的签字日期。

（4）邮寄送达。是指司法机关直接送达有困难的情况下，通过邮局将诉讼文书用挂号信邮寄给送达人的送达方式。邮寄送达以挂号信回执上的日期为送达日期。

（5）转交送达。是指司法机关将诉讼文书交受送达人所在机关、单位代收后转交受送达人的送达方式。这种方式只适用于三种情况：一是受送达人是军人的，通过其所在部队团以上单位的政治机关转交；二是受送达人是被监禁的，通过其所在的监所或劳改单位转交；三是受送达人是被劳动教养的，通过其劳动教养单位转交。

（6）公告送达。是指司法机关在受送达人下落不明或采取其他方式无法送达时，采取的一种以公告形式送达的方式。公告送达可以在法院的公告栏、受送达人原所在地张贴公告，也可以在报纸上刊登公告。公告在发出10日后即视为送达。

3. 送达产生的法律后果

送达后产生的法律后果，在程序上视为诉讼行为已经实施。如，经传票传唤，当事人无正当理由拒不到庭的，是原告，按撤诉处理；是被告，则法院可以缺席判决。在实体上，则可以实现权利。如判决书送达后，当事人不上诉的，则应当执行判决。

（七）管辖制度

管辖是指司法机关在直接受理案件方面和在审判第一审案件方面的职权分工。在民事诉讼和行政诉讼中即指审判管辖。审判管辖中又包括级别管辖和地域管辖。

1. 级别管辖

级别管辖是指各级人民法院在审判第一审案件上的职责分工。详细规定见表16-1。

各级人民法院审判第一审案件级别管辖表　　　　　表16-1

	民　事　案　件	行　政　案　件
基层法院	普通的民事案件	普通的行政案件
中级法院	1. 重大涉外案件； 2. 在本辖区有重大影响的案件； 3. 最高人民法院确定由中级人民法院管辖的案件	1. 确认发明专利权案件；海关处理的案件； 2. 对国务院各部门或省级人民政府作出的具体行政行为提起诉讼的案件； 3. 本辖区内重大、复杂的案件
高级法院	本辖区有重大影响的案件	本辖区内重大、复杂的案件
最高法院	1. 在全国有重大影响的案件； 2. 认为应由本院审理的案件	全国范围内重大、复杂的案件

2. 地域管辖

地域管辖是指同级人民法院在审判第一审案件时的职责分工。

（1）民事、经济案件的地域管辖民事案件的地域管辖分为普通地域管辖和特殊地域管辖两类。

1）普通地域管辖。普通的民事案件采取原告就被告的原则确定管辖，即由被告所在地法院管辖。所谓被告所在地是指公民的户籍所在地，经常居住地，法人的住所地、主要营业地或主要办事机构所在地、注册登记地等。

2）特殊管辖。我国民事诉讼法及其相关法规规定了民事、经济诉讼的特殊管辖。

①关于合同争议案件的管辖。a. 因合同争议提起的诉讼由被告住所地或者合同履行地法院管辖。b. 因保险合同争议提起的诉讼，由被告住所地或者保险标的物所在地法院管辖。c. 因票据争议提起的诉讼，由票据支付地法院管辖。d. 因运输合同争议提起的诉讼，由运输的始发地、目的地和被告人所在地法院管辖。

②关于侵权案件的管辖。a. 因侵权行为提起的诉讼，由侵权行为地或被告住所地法院管辖。b. 因产品质量造成的损害赔偿诉讼，由产品制造地、销售地、侵权行为地和被告住所地法院管辖。c. 侵犯名誉权的案件，由侵权行为地和被告住所地法院管辖。d. 因运输事故发生的损害赔偿诉讼，由事故发生地、运输工具最先到达地或被告住所地法院管辖。

③关于专利侵权案件的管辖。a. 未经专利权许可而以生产经营为目的制造、使用、销售专利产品的，由该产品的制造地法院管辖；制造地不明的，由该专利产品的使用地或销售地法院管辖。b. 未经专利权人许可而以生产经营目的使用专利方法的，由该专利方法使用人所在地法院管辖。c. 未经专利权人授权而许可或委托他人实施专利的，由许可

方或委托方法院管辖；如果被许可方或受委托方实施了专利，从而双方构成共同侵权的，由被许可方或受委托方所在地法院管辖。d. 专利共有人未经他人同意而许可他人实施专利或越权转让专利的，由许可方或转让方所在地法院管辖；如果被许可方实施了专利或受转让方受让了专利，从而构成共同侵权的，由被许可方或受让方所在地的法院管辖。e. 假冒他人专利，造成损害的，由假冒行为地或损害结果发生地法院管辖。

④协议管辖。是指合同双方当事人在争议发生前或发生后，采用书面的形式选择解决争议的管辖法院。在适用协议管辖时应注意：一是协议管辖只能确定一审法院，而且只能确定一个法院；二是协议管辖只能涉及合同争议和涉外财产争议，而且不能变更专属管辖；三是协议管辖仅限于选择原告或被告所在地、合同签订地、履行地、标的物所在地的法院，对于选择与合同没有关系法院的协议是无效的；四是管辖协议虽然可以在事前签订也可以在事后达成，但均必须采取书面形式达成协议。

（2）行政案件的地域管辖

我国行政诉讼法规定，行政诉讼案件，由最初作出具体行政行为的行政机关所在地法院管辖；经复议的案件，复议机关改变原具体行政行为的，也可以由复议机关所在地法院管辖。对限制人身自由的行政强制措施不服提起的诉讼，由被告所在地或者原告所在地法院管辖。

（3）专属管辖

1) 专属管辖的概念

专属管辖是指法律规定的某些案件必须由特定的法院管辖，其他法院无权管辖，当事人也不得协议变更专属管辖。

2) 专属管辖的情形

①与铁路运输有关的合同争议和侵权争议，由铁路运输法院管辖。因水上运输合同争议和海事损害争议提起的诉讼，我国有管辖权的，由海事法院管辖。

②法律规定的其他专属管辖还有：a. 因不动产争议提起的诉讼，由不动产争议所在地法院管辖；b. 因港口作业中发生争议提起的诉讼，由港口所在地法院管辖。

（4）管辖中特殊情况的处理

1) 共同管辖

共同管辖是指两个以上法院都有管辖权的管辖。此时，由最先立案的法院管辖。

2) 指定管辖

指定管辖是指上级法院依照法律规定，指定其辖区内的下级法院对某一具体案件行使管辖权。这主要包括三种情况：

①有管辖权的法院因特殊原因不能行使管辖权的；

②两个均有管辖权的法院发生争议而协商不成的；

③接受移送的法院认为移送的案件依法不属于本院管辖的。

3) 移送管辖

①案件的移送。是指人民法院受理案件后，发现本院对该案没有管辖权，而将案件移送给有管辖权的法院受理。

②管辖区的转移。是指由上级人民法院决定或者同意，把案件的管辖权由下级法院转移给上级法院，或者由上级法院转移给下级法院审理。

（八）两审终审制度

两审终审制度是指人民法院的一审判决送达后，不能立即生效，而必须给被告人、当事人上诉的期限，在上诉期内，被告人、当事人不上诉，检察机关也未抗诉的，一审判决方可生效。一旦被告人、当事人上诉，或者检察机关抗诉，则一审判决不能生效，而必须由作出一审判决的上级人民法院进行二审。二审判决一经作出后立即生效。

需要注意的是：一是被告人、当事人对一审判决上诉理由不论是否正确，只要是在上诉期间内提出的，都必须进入二审程序。二是上诉期间有严格的规定，在刑事诉讼中，对法院判决不服的上诉期为送达后十日，对裁定不服上诉期为送达后五日，检察机关对刑事判决或裁定提出抗诉的为送达后的五日。在民事、经济和行政诉讼中，对法院判决不服的为送达后十五日，对法院裁定不服的为送达后十日。三是被告人、当事人的上诉状即可以交给一审法院，也可以交给有管辖权的二审法院。但在民事、经济诉讼中，上诉时必须缴纳上诉费。四是上诉时，应当提交上诉状。

二审法院对上诉或抗诉案件必须组成合议庭进行审理，对一审判决正确的，应裁定驳回上诉或抗诉，维持原判；对一审判决错误的，应当依法改判；对一审判决认定事实不清、证据不足的，应当裁定撤销原判决，发回重审，或者查清事实后直接改判。

此外，对已生效的判决，被告人或当事人仍可向作出判决的人民法院或其上级人民法院提出申诉，依法请求对案件重新审理，即进行再审。只是再审时必须提出足够的理由，而且不影响已生效判决的执行。

（九）公开审判制度

公开审判制度是指人民法院在审理各类案件时应当向当事人和社会公开。它包括，向当事人公开定案的证据，允许公民旁听审理情况，判决向社会公开。但是，涉及个人隐私的案件、涉及国家及有关组织秘密的案件和未成年人犯罪的刑事案件不能公开审理。对于不公开审理的案件也应当公开宣判。

（十）或裁或审制度

或裁或审制度是指在处理与合同相当的争议过程中所使用的一种特殊的制度。"审"即指人民法院的审判活动；"裁"即指仲裁机构的仲裁活动。所以，"或裁或审"的完整含义是指，在处理合同争议时，当事人有权按照自己的意志选择审判方式或选择仲裁方式来解决问题。但是，不论选择哪一种方式，只能选择其一，不可全选。

仲裁方式具有快速、简捷、一裁终局，便于采用的特点。国际上对于合同争议一般都通过仲裁方式解决。我国《民事诉讼法》和《仲裁法》也将这一在实践中行之有效的制度规范下来。

在运用或裁或审制度中需要注意：

1. 使用仲裁方式必须具有一定的前提条件，即合同双方当事人具有仲裁协议，如果双方当事人没有仲裁协议，则不能使用仲裁方式；

2. 仲裁要求一裁终局，即裁决后发生法律效力，当事人之间没有上诉、申诉、复议的权利；

3. 裁决可以通过人民法院予以撤销。当仲裁协议无效或仲裁活动违反《仲裁法》的有关规定时，一方面当事人可以向人民法院申请撤销裁决，并可直接向人民法院起诉。

第二节　工程建设主张权利适用的基本程序法

一、民事诉讼法

（一）民事诉讼法概念

1. 民事诉讼的概念

民事诉讼是指人民法院和一切诉讼参与人，在审理民事案件过程中所进行的各种诉讼活动，以及由此产生的各种诉讼关系的总和。诉讼参与人，包括原告，被告，第三人，证人，鉴定人，勘验人等。

2. 民事诉讼法的概念

民事诉讼法就是规定人民法院和一切诉讼参与人，在审理民事案件过程中所进行的各种诉讼活动，以及由此产生的各种诉讼关系的法律规范的总和。它的适用范围包括：

（1）地域效力。即在中国领域内，包括我国的领土、领水和领空，以及领土的延伸范围内进行民事诉讼活动，均应遵从本法。

（2）对人的效力。包括中国公民、法人和其他组织；居住在中国领域内的外国人、无国籍人，以及外国企业和组织；申请在我国进行民事诉讼的外国人、无国籍人以及外国企业和组织。

（3）时间效力。《中华人民共和国民事诉讼法》（以下简称《民事诉讼法》）于1991年4月9日生效，《中华人民共和国民事诉讼法（试行）》同时废止。《中华人民共和国民事诉讼法》没有溯及力。

（二）民事诉讼法特有的原则

1. 当事人诉讼权利平等原则

我国《民事诉讼法》第8条规定"民事诉讼当事人有平等的诉讼权利。人民法院审理民事案件，应当保障和便利当事人行使诉讼权利，对当事人在适用法律上一律平等"。该法第5条款又规定："外国人、无国籍人、外国企业和组织在人民法院起诉、应诉，同中华人民共和国公民、法人和其他组织有同等的诉讼权利、义务"。这就表明，该项原则，既适用于中国人，也适用外国人。当然，如果外国法院对中国公民的民事诉讼权利加以限制的，人民法院对该国公民实行对等原则，同样加以限制。

2. 调解原则

人民法院审理民事案件，对于能够调解的案件，应采用调解方式结案；调解应当自愿、合法；调解贯穿于审判过程的始终；对于调解不成的，不能只调不决，应当及时判决。

3. 辩论原则

辩论原则是指双方当事人可以采取书面或口头的形式，提出有利于自己的事实和理由，相互辩驳，以维护自己的民事实体权利的原则。该原则是民诉活动的一项重要民主原则，认真贯彻该原则，对保护当事人的诉讼权利，准确认定案情，都是十分重要的。

4. 处分原则

《民事诉讼法》第13条规定："当事人在法律规定的范围内处分自己的民事权利和诉讼权利"。根据这一原则，当事人对自己享有的民事权利和诉讼权利，可以行使，也可放弃；诉讼当事人可以委托代理人，也可以不委托代理人；可以对法院的判决提出上诉，也可以不上诉。但当事人在处分这些权利时，不能违背法律的规定。这种有限制的处分权，对保护当事人处分的自由和防止某些人滥用处分权，损害国家、集体和他人的合法权益都很有必要。

5. 人民检察院对民事审判活动实行法律监督

《民事诉讼法》第 14 条规定："人民检察院有权对民事审判活动实行法律监督"。根据这一规定，人民检察院有权对民事审判活动进行监督。其监督的方式，为对法院已经生效的判决、裁定，如有认定事实的主要证据不足的，适用法律有错误的等情况，按审判监督程序提出抗诉。

6. 支持起诉的原则

《民事诉讼法》第 15 条规定："机关、社会团体、企业事业单位对损害国家、集体或个人民事权益的行为，可以支持受损害的单位或个人向人民法院起诉"。根据这一规定，只要当事人的行为侵犯了国家、社会、团体、企事业单位都可以支持起诉，但个人无权支持起诉。这种支持起诉的规定可以调动社会力量，同违法行为作斗争，促进社会的精神文明建设。

（三）民事诉讼的受案范围

《民事诉讼法》第 3 条规定："人民法院受理公民之间、法人之间、其他组织之间以及它们相互之间因财产关系和人身关系提起的民事诉讼，适用本法的规定"。根据这一规定，人民法院对民事案件的主管范围只能是财产关系发生争议的案件和人身关系发生争议的案件，具体来说主要有三种：

1. 民法、婚姻法、继承法等民事实体法调整的财产关系和人身关系发生争议的案件。

2. 经济法调整的财产关系与发生争议的案件，广义上也属于民事案件，也适用《民事诉讼法》的程序。

3. 劳动法调整的劳动关系所产生的，并且依照劳动法的规定，由人民法院依照民事诉讼法规定的程序审理的案件。

（四）起诉与答辩

1. 起诉

（1）起诉的概念

起诉是指原告向人民法院提起诉讼，请求司法保护的诉讼行为。

（2）起诉的条件

1）原告是与本案有直接利害关系的公民、法人和其他组织；

2）有明确的被告；

3）有具体的诉讼请求、事实和理由；

4）属于人民法院受理民事诉讼的范围和受诉人民法院管辖。

（3）起诉的方式

1）书面形式。《民事诉讼法》第 109 条 1 款规定，起诉应向人民法院递交起诉状。由此可见，我国《民事诉讼法》规定的起诉形式是以书面为原则的。

2）口头形式。虽然起诉以书面为原则，但当事人书写起诉状有困难的，也可口头起诉，由人民法院记入笔录，并告知对方当事人。可见，我国起诉的形式是以书面起诉为主，口头形式为例外。

（4）起诉书的内容

根据《民事诉讼法》第 110 条规定，起诉状应当记明下列事项：

1）当事人的姓名、性别、年龄、民族、职业、工作单位和住所，法人或其他经济组织的名称、住所和法定代表人或主要负责人的姓名、职务；

2）诉讼请求和所根据的事实与理由；

3）证据和证据来源，证人姓名和住所。

2. 答辩

人民法院对原告的起诉情况进行审查后，认为符合条件的，即立案，并于立案之日起 5 日内将起诉状副本发送到被告，被告在收到之日起 15 日内提出答辩状。被告不提出答辩状的，不影响人民法院的审理。

（1）答辩的概念

答辩是针对原告的起诉状而对其予以承认、辩驳、拒绝的诉讼行为。

（2）答辩的形式

1）书面形式。即以书面形式向法院提交的答辩状。

2）口头形式。答辩人在开庭前未以书面形式提交答辩状，开庭时以口头方式进行的答辩。

（3）答辩状的内容

针对原告、上诉人诉状中的主张和理由进行辩解，并阐明自己对案件的主张和理由。即揭示对方当事人法律行为的错误之处，对方诉状中陈述的事实和依据中的不实之处；提出相反的事实和证据说明自己法律行为的合法性；列举有关法律规定，论证自己主张的正确性，以便请求人民法院予以司法保护。

（五）财产保全与先予执行

1. 财产保全

财产保全，是指人民法院在案件受理前或诉讼过程中对当事人的财产或争议的标的物所采取的一种强制措施。财产保全有如下几种：

（1）诉前财产保全

是指在起诉前人民法院根据利害关系人的申请，对被申请人的有关财产采取的强制措施。采取诉前保全，须符合下列条件：

1）必须是紧急情况，不立即采取财产保全将会使申请人的合法权益受到难以弥补的损害。

2）必须由利害关系人向财产所在地的人民法院提出申请，法院可依职权主动采取财产保全措施。

3）申请人必须提供担保，否则，法院驳回申请。

（2）诉讼财产保全

是指人民法院在诉讼过程中，为保证将来生效判决的顺利执行，对当事人的财产或争议的标的物采取的强制措施。采取诉讼财产保全应符合下列条件：

1）案件须具有给付内容的。

2）必须是由当事人一方的行为（如出卖、转移、隐匿标的物的行为）或其他行为，使判决不能执行或难以执行。

在诉讼过程中提出申请。必要时，法院也可依权作出。

申请人提供担保。

财产保全的对象及范围，仅限于请求的范围或与本案有关的财物，而不能对当事人的人身采取措施。限于请求的范围，是指保全财产的价值与诉讼请求的数额基本相同。与本案有关的财物，是指本案的标的物或与本案标的物有关联的其他财物。

财产保全的措施有查封、扣押、冻结或法律规定的其他方法。法院规定的其他方法，按最高人民法院的有关司法解释，应当包括：对债务人到期应得的收益，可以采取财产保全措施，限制其支取，通知有关单位协助执行。债务人的财产不能满足保全请求，但对第三人有到期债权的，人民法院可以依债权人的申请裁定该第三人不得对本债务人清偿；该第三人要求偿付的，由法院提存财物或价款。

财产保全无论是诉讼前的还是诉讼财产保全，都应作出书面裁定。财产保全裁定，具有如下效力：

（1）时间效力。裁定送达当事人立即发生效力，当事人必须按照裁定的内容执行。当事人对裁定内容不服的，可以申请复议一次，但复议期间，不停止财产保全裁定的执行。作出生效判决前，执行完毕就失去效力。诉前财产保全裁定，利害关系人在法定时间（15日内）不起诉，人民法院决定撤销保全时，财产保全裁定即失去效力。

（2）对当事人和利害关系人的拘束力。当事人和利害关系人在接到人民法院的财产保全裁定后，就必须依照裁定的内容执行，并根据民事诉讼法决定，提供担保。利害关系人申请人在法定期间内提起诉讼。

（3）对有关单位和个人的拘束力。财产保全裁定虽不是终审裁定，但法律效力与终审裁定一样，对有关单位和个人都有同等的效力。有关单位或个人在接到财产保全裁定的协助执行通知书后，必须及时按裁定中指定的保全措施协助执行。

（4）对人民法院的效力。人民法院作出财产保全裁定后即开始执行。诉前财产保全裁定执行后，申请人在法定期间不起诉的。人民法院应当撤销保全，将财产恢复到保全前的状态，保存变卖价款的，交还被申请人；被申请人或被执行人提供担保的，撤销对物品的查封、扣押等措施，解冻银行存款。

2. 先予执行

先予执行是指人民法院对某些民事案件作出判决前，为了解决权利人的生活或生产经营急需，裁定义务人履行一定义务的诉讼措施。

（1）先予执行的条件

1）当事人之间权利义务关系明确，不先予执行将严重影响申请人的生活或生产经营。

2）申请人有履行能力。

3）人民法院应当在受理案件后中审判决作出前采取。

（2）适用先予执行的范围

根据《民事诉讼法》的规定，对下列三类案件可以书面裁定先予执行：

1）追索赡养费、抚养费、抚育费、抚恤金、医疗费用的案件；

2）追索劳动报酬的案件；

3）因情况紧急需要先予执行的案件。

（3）先予执行的程序

1）申请。先予执行根据当事人的申请而开始，人民法院不能主动采取先予执行措施。

2）责令提供担保。人民法院应据案件具体情况来决定是否要求申请人提供担保。如果认为有必要让申请人提供担保，可以责令其提供；不提供的，驳回申请。

3）裁定。人民法院对当事人先予执行的申请，经审查认为符合法定条件的，应当及时作出先予执行的裁定。裁定一经送达当事人，即发生法律效力，当事人不服的，可申请复议。

4）错误的补救。人民法院裁定先予执行后，经过审理，判决申请人败诉的，申请人应返还因先予执行所取得的利益。拒不返还的，由法院强制执行，被申请人因先予执行遭受损失的，还应赔偿被申请人的损失。

（六）强制措施

1. 强制措施的概念

强制措施是对妨碍民事诉讼的强制措施的简称，它是指人民法院在民事诉讼中，对有妨害民事诉讼行为的人采用的一种强制措施。

2. 妨害民事诉讼的行为

（1）必须到庭的被告，经过两次传票传唤，无正当理由拒不到庭的。

（2）诉讼参与人或其他人在诉讼中有下列行为：

1）伪造、隐藏、毁灭证据。

2）以暴力，威胁，贿买方法阻止证人作证或指使、贿买、胁迫他人作伪证。

3）隐藏、转移、变卖、毁损已被查封、扣押的财产或已被清点并责令其保管的财产，转移已被冻结的财产的。

4）拒不履行人民法院已经发生法律效力的判决裁定的。

5）对司法人员、诉讼参与人、证人、翻译人员、鉴定人、勘验人、协助执行的人进行侮辱、诽谤诬陷、殴打或打击报复的。

6）以暴力威胁或其他方法阻碍司法工作人员执行职务的。

（3）有义务协助执行的单位和个人有下列之一的，人民法院可以以处罚、拘留：

1）银行、信用合作社和其他有储蓄业务的单位接到人民法院协助执行通知书后，拒不协助查询、冻结或划拨存款的。

2）有关单位接到人民法院协助执行通知书后，拒不协助扣留被执行人的收入，办理有关证照转移手续、转交有关的票证、证照或其他财产。

3）当事人以外的人不按照人民法院通知交出有关物资或票证的。

4）其他拒绝协助执行的。

3. 强制措施的种类

（1）拘留

拘留是对法律规定必须到庭听审的被告人，所采取的一种特别的传讯方法，其目的在于强制被告人到庭参加诉讼。

（2）训诫

训诫是指人民法院对妨碍民事诉讼行为较为轻微的人，以国家名义对其进行公开的谴责。这种强制方式主要以批评、警告为形式，指出当事人违法的事实和错误，教育其不得再作出妨碍民事诉讼的行为。

（3）责令退出法庭

责令退出法庭是指人民法院对违反法庭规则，妨碍民事诉讼但情节较轻的人，责令他们退出法庭，反思自己的错误。

（4）罚款

罚款是指人民法院对于妨害民事诉讼的人，在一定条件下，强令其按照法律规定，限期缴纳一定数额的罚款。罚款的数额因个人和法人、非法人单位不同而不同。对个人的罚款金额为人民币 1000 元以下，对法人、非法人单位的罚款金额为人民币 1000 元以上 30000 元以下。

（5）拘留

拘留是人民法院为了制止严重妨碍和扰乱民事诉讼程序的人继续进行违法活动，在紧急情况下，限制其人身自由的一种强制性手段。期限为 15 天以下。拘留和罚款可并用。

（七）民事诉讼的主要程序

1. 普通程序

（1）普通程序的概念

普通程序是指人民法院审理第一审民事案件通常适用的程序。

普通程序是第一审程序中最基本的程序，是整个民事审判程序的基础。

（2）起诉与受理（见本章有关内容）

（3）审理前的准备

1）向当事人发送起诉状、答辩状副本。人民法院应于立案后 5 日内将起诉状副本发送被告，被告在收到起诉状副本之日起 15 日内提出答辩，人民法院应于收到答辩状之日起 5 日内将答辩状副本发送原告。

2）告知当事人的诉讼权利和义务。当事人享有的诉讼权利有：委托诉讼代理人，申请回避，收集提出证据，进行辩论，请求调解，提起上诉，申请执行。当事人可以查阅本案的有关资料，并可以复制本案的有关资料和法律文书。双方当事人可以自行和解。原告可以放弃或变更诉讼请求，被告人可以承认或反驳诉讼请求，有权提起反诉等。当事人应承担的诉讼义务有：当事人必须依法行使诉讼权利，遵守诉讼程序，履行发生法律效力的判决裁定和调解协议。

3）审阅诉讼材料，调查搜集证据。人民法院受案后，应由承办人员认真审阅诉讼材料，进一步了解案情。同时受诉人民法院既可以派人直接调查搜集证据，也可以委托外地人民法院调查，两者具有同等的效力。当然，进行调查研究，搜集证据工作，应以直接调查为原则，委托调查为补充。

4）更换和追加当事人。人民法院受案后，如发现起诉人或应诉人不合格，应将不合格的当事人更换成合格的当事人。在审理前的准备阶段，人民法院如发现必须共同进行诉讼的当事人没有参加诉讼，应通知其参加诉讼。当事人也可以向人民法院申请追加。

（4）开庭审理

开庭审理是指人民法院在当事人和其他诉讼参与人参加下，对案件进行实体审理的诉讼活动过程。主要有以下几个步骤：

1）准备开庭。即由书记员查明当事人和其他诉讼参与人是否到庭，宣布法庭纪律，由审判长核对当事人，宣布开庭并公布法庭组成人员。

2）法庭调查阶段。其顺序为：①当事人陈述。②证人出庭作证。③出示书证、物证和视听资料。④宣读鉴定结论。⑤宣读勘验笔录，在法庭调查阶段，当事人可以在法庭上提出新的证据，也可以要求法庭重新调查证据。如审判员认为案情已经查清，即可终结法庭调查，转入法庭辩论阶段。

3）法庭辩论。其顺序为：①原告及其诉讼代理人发言。②被告及其诉讼代理人答辩。③第三人及其诉讼代理人发言或答辩。④相互辩论。法庭辩论终结后，由审判长按原告、被告、第三人的先后顺序征得各方面最后意见。

4）法庭调解。法庭辩论终结后，应依法作出判决。但判决前能够调解的，还可进行调解。

5）合议庭评论。法庭辩论结束后，调解又没达成协议的，合议庭成员退庭进行评议。评议是秘密进行的。

6）宣判。合议庭评议完毕后应制作判决书，宣告判决公开进行。宣告判决时，须告知当事人上诉的权利、上诉期限和上诉法庭。

人民法院适用普通程序审理的案件，应在立案之日起 6 个月内审结，有特殊情况需延长的，由本院院长批准，可延长 6 个月；还需要延长的，报请上级人民法院批准。

2. 第二审程序

（1）第二审程序的概念

第二审程序又叫终审程序，是指民事诉讼当事人不服地方各级人民法院未生效的第一审裁判，在法定期限内向上级人民法院提起上诉，上一级人民法院对案件进行审理所适用的程序。

（2）上诉的提起和受理

1）上诉的条件。①主体。即是第一审程序中的原告、被告、共同诉讼人、诉讼代表人、有无独立请求的第三人。②客体。即上诉的对象，即为依法上诉的判决和裁定。③上诉期限。即须在法定的上诉期限内提起。对判决不服，提起上诉的时间为 15 天；对裁定不服，提起上诉的期限为 10 天。④要递交上诉状上诉应提交上诉状，当事人口头表示上诉的，也应在上诉期补交上诉状。上诉状的内容包括：当事人的姓名；法人的名称及其法定代表人的姓名，或其他组织的名称及其他主要负责人的姓名；原审人民法院名称、案件的编号和案由；上诉的请求和理由。

2）上诉的受理。上级人民法院接到上诉状后，认为符合法定条件的，应当立案审理。人民法院受理上诉案件的程序是：①当事人向原审人民法院提起上诉的，上诉状由原审人民法院审查。原审人民法院收到上诉状，在 5 日内将上诉状副本送达对方当事人，对方当事人应在收到之日起 15 日内提出答辩状。人民法院应在收到答辩状之日起 5 日内，将副本送达上诉人。对方当事人不提出答辩状的，不影响人民法院审理。原审人民法院收到上诉状、答辩状，应在 5 日内连同全部卷宗和证据，报送第二审人民法院。②当事人直接向第二审人民法院上诉的，第二审人民法院应在 5 日内将上诉状移交原审人民法院。原审人民法院接到上级人民法院移交当事人的上诉状，应认真审查上诉，积极作好准备工作，尽快按上诉程序报送上级人民法院审理。③上诉的撤回。上诉人在第二审人民法院受理上诉后，到第二审作出终审判决以前，认为上诉理由不充分，或接受了第一审人民法院的裁判,而向第二审人民法院申请,要求撤回上诉,这种行为,称为上诉的撤回。可见,上诉撤回的时间,须在第二审人民法院宣判以前。如在宣判以后,终审裁判发生法律效力,上诉人的撤回权利消失,不再允许撤回上诉。

(3) 对上诉案件的裁判

1) 维持原判。即原判认定事实清楚,适用法律正确的,判决驳回上诉,维持原判。

2) 改判。如原判决适用法律错误的,依法改判;或原判决认定事实错误或原判决认定事实不清,证据不足,裁定撤销原判,发回原审人民法院重审,或查清事实后改判。

3) 发回重审。即原判决违反法定程序,可能影响案件正确判决的,裁定撤销原判决,发回原审人民法院重审。

3. 审判监督程序

(1) 审判监督程序的概念

审判监督程序即再审程序,是指由有审判监督权的法定机关和人员提起,或由当事人申请,由人民法院对发生法律效力的判决、裁定、调解书再次审理的程序。

(2) 审判监督程序的提起

1) 人民法院提起再审的程序。人民法院提起再审,须为判决、裁定已经发生法律效力,必须是判决裁定确有错误。其程序为:①各级人民法院院长对本院作出的已生效的判决、裁定确有错误,认为需要再审的,应当裁定中止原判决、裁定的执行。②最高人民法院对地方各级人民法院已生效的判决、裁定,上级人民法院对下级人民法院已生效的判决、裁定,发现确有错误的,有权提审或指令下级人民法院再审。再审的裁定中同时写明中止原判决、裁定的执行。

2) 当事人申请再审。当事人申请不一定导致审判监督程序,只有在同时符合下列条件的前提下,才由人民法院依法决定再审:①只有当事人才有提出申请的权利。如果当事人为无诉讼行为能力的人,可由其法定代理人代为申请。②只能向作出生效判决、裁定、调解书的人民法院或它的上一级人民法院申请。③当事人的申请,应在判决、裁定、调解书发生法律效力之日起两年内提出。④有新的证据,足以推翻原判决、裁定的;或原判决、裁定认定事实的主要证据不足的;或原判决、裁定适用法律确有错误的;或人民法院违反法定程序,可能影响案件正确判决、裁定的;或审判人员在审理该案件时有贪污受贿、徇私舞弊,枉法裁判行为的。当事人的申请应以书面形式提出,指明判决、裁定、调解书中的错误,并提供申请理由和证据事实。人民法院经对当事人的申请审查后,认为不符合申请条件的,驳回申请;确认符合申请条件的,由院长提交审判委员会决定是否再审;确认需要补正或补充判决的,由原审人民法院依法进行补正判决或补充判决。

3) 人民检察院抗诉。是指人民检察院对人民法院发生法律效力的判决、裁定,发现有提起抗诉的法定情形,提请人民法院对案件重新审理。最高人民检察院对各级人民法院已经发生法律效力的判决、裁定,发现有下列情形之一的,应当按照审判监督程序提出抗诉:①原判决裁定认定事实的主要证据不足的;②原判决、裁定适用法律确有错误的;③人民法院违反法定程序,可能影响案件正确判决、裁定的;④审判人员在审理该案件时有贪污受贿、徇私舞弊、枉法裁判行为的。

4. 执行程序

(1) 执行程序的概念

执行程序，是指保证具有执行效力的法律文书得以实施的程序。
（2）执行根据

执行根据是当事人申请执行，人民法院移交执行以及人民法院采取强制措施的依据。执行根据是执行程序发生的基础，没有执行根据，当事人不能向人民法院申请执行，人民法院也不得采取强制措施，执行根据主要有：

1）人民法院作出的民事判决书和调解书。

2）人民法院作出的先予执行的裁定、执行回转的裁定以及承认并协助执行外国判决、裁定或裁决的裁定。

3）人民法院作出的要求债务人履行债务的支付命令。

4）人民法院作出的具有给付内容的刑事判决、裁定书。

5）仲裁机关作出的裁决和调解书。

6）公证机关作出的依法赋予强制执行效力的公证债权文书。

7）我国行政机关作出的法律明确规定由人民法院执行的行政决定。

（3）执行案件的管辖

1）人民法院制作的具有财产内容的民事判决、裁定、调解书和刑事判决、裁定中的财产部分，由第一审人民法院执行。

2）法律规定由人民法院执行的其他法律文书，由被执行人住所地或被执行的财产所在地人民法院执行。

3）法律规定两个以上人民法院都有执行管辖权的，由最先接受申请的人民法院执行。

（4）执行程序的发生

1）申请执行。人民法院作出的判决、裁定等法律文书，当事人必须履行。如果不履行，另一方可向有管辖权的人民法院申请执行。申请执行应提交申请执行书，并附作为执行根据的法律文书。申请执行，还须遵守民诉法规的申请执行期限。即双方或一方当事人是个人的为一年，双方是法人或其他组织的为六个月，从法律文书规定履行期限的最后一日起计算，如是分期履行的，从规定的每次履行期限的最后一日起计算本次应履行的义务的申请执行期限。

2）移交执行。即人民法院的裁判生效后，由审判该案的审判人员将案件直接交付执行人员，随即开始执行程序。提交执行的案件有三类：①判决、裁定具有交付赡养费、抚养费、医药费等内容的案件；②具有财产执行内容的刑事判决书；③审判人员认为涉及国家、集体或公民重大利益的案件。

3）委托执行。指有管辖权的人民法院遇到特殊情况，依法将应由本院执行的案件送交有关的人民法院代为执行。我国《民事诉讼法》210条规定，被执行人或执行的财产在外地的，负责执行的人民法院可以委托当地人民法院代为执行，也可以直接到当地执行。直接到当地执行的，负责执行的人民法院可以要求当地人民法院协助执行，当地人民法院应当根据要求协助执行。

（5）执行措施

1）查封、冻结、划拨被执行人的存款；

2）扣留、提取被执行人的收入；

3）查封、扣押、拍卖、变卖被执行人的财产；

4) 对被执行人及其住所或财产隐匿地进行搜查;
5) 强制被执行人交付法律文书指定的财物或票证;
6) 强制被执行人迁出房屋或退出土地;
7) 强制被执行人履行法律文书指定的行为;
8) 办理财产权证照转移手续;
9) 强制被执行人支付迟延履行期间的债务利息或迟延履行金;
10) 债权人可以随时请求人民法院执行。

除此之外,还有三种执行措施:

1) 申请参与分配。被执行人为公民或其他组织,在执行程序开始后,被执行人的其他已经取得执行根据或已经起诉的债权人发现被执行人的财产不能清偿所有债权的,可以向法院申请参与分配。

2) 执行第三人到期债权。被执行人不能清偿债务,但第三人享有到期债权的,人民法院可以依申请执行人的申请,通知该第三人向申请执行人履行债务,该第三人对债务没有异议但又在通知指定的期限内不履行的,人民法院可以强制执行。

3) 通过公告、登报等方式为对方恢复名誉、消除影响。

(6) 执行中止和终结

1) 执行中止。即在执行过程中,因发生特殊情况,需要暂时停止执行程序。有下列情况之一的,人民法院应裁定中止执行。①申请人表示可以延期执行的。②案外人对执行标的提出确有理由的异议的。③作为一方当事人的公民死亡,需要等待继承人继承权利或承担义务的。④作为一方当事人的法人或其他组织终止,尚未确定权利义务承受人的。⑤人民法院认为应当中止执行的其他情形。中止的情形消失后,恢复执行。

2) 执行终结。即在执行过程中,由于出现某些特殊情况,执行工作无法继续进行或没有必要继续进行时,结束执行程序。有下列情况之一的,人民法院应当裁定终结执行。①申请人撤销申请的。②据以执行的法律文书被撤销的。③作为被执行人的公民死亡,无遗产可供执行,又无义务承担人的。④追索赡养费、抚养费、抚育费案件的权利人死亡的。⑤作为被执行人的公民因生活困难无力偿还借款,无收入来源,又丧失劳动能力的。⑥人民法院认为应当终结执行的其他情形。

(八) 几个特殊的民事程序

1. 督促程序

(1) 督促程序的概念

督促程序是指人民法院根据债权人要求债务人给付金钱或有价证券的申请,向债务人发出有条件的支付命令,若债务人逾期不履行,人民法院则可强制执行所适用的程序。

(2) 适用督促程序的要件

1) 债权人必须提出请求,且申请内容只能是关于给付金钱或有价证券;
2) 债权人与债务人没有其他债务争议;
3) 支付令能够送达债务人的。

在具备上述条件后,债权人可以向有管辖权的人民法院提出申请。否则人民法院不予受理。

(3) 支付令申请的受理

1)债权人提出申请后,人民法院应在5日内通知债权人是否受理;

2)对申请的审查和发布支付令。人民法院受理申请后,经审查债权人提供的事实、证据,对债权、债务关系明确、合法的,应在受理之日起15日内向债务人发出支付令;申请不成立的,裁定予以驳回。该裁定不得上诉。

(4)支付令的异议和效力

支付令异议,是指债务人对人民法院发出的支付声明不服。支付令异议应由债务人自收到支付令之日起15日内提出,人民法院收到债务人提出的书面异议后,应当裁定终结督促程序,支付令自行失效,债权人可以起诉。

如果债务人自收到支付令之日起15日内不提出异议又不履行支付令的,债权人可以申请人民法院予以执行。支付令与生效的判决具有同等法律效力。

2. 公示催告程序

(1)公示催告程序的概念

公示催告程序,是指人民法院根据当事人的申请,以公示的方式催告不明的利害关系人,在法定期间内申报债权,逾期无人申报,就作出除权判决所适用的诉讼程序。

(2)适用公示催告程序的要件

1)申请公告催告的,必须是可以背书转让的票据或法律规定的其他事项;

2)申请人必须依法拥有申请权;

3)必须是因票据遗失、被盗或灭失,相对人无法确定的;

4)申请人必须向人民法院提交申请书。

(3)对公示催告申请的受理和处理

1)申请的受理。当事人申请公示催告时,须向人民法院提交申请书。申请书应写明票面金额、发票人、持票人、背书人等票据主要内容及申请的理由和根据的事实。人民法院在接到申请后,经审查,认为符合条件的,应作出受理的裁定,如决定不予受理,就以裁定的形式驳回,并说明理由。

2)公示催告。人民法院决定受理申请,应同时通知支付人停止支付,并在三日内发出公告,催促利害关系人申报权利。公示催告期间,由人民法院根据情况决定,但不得少于两个月。支付人收到人民法院停止支付的通知,应当停止支付,至公示催告程序终结。在公示催告期间,转让票据权利的行为无效。

3)公示催告程序的终结。①利害关系人应在公示催告期间向人民法院申报。人民法院收到利害关系人的申报后,应裁定终结公告催告程序,并通知申请人和支付人。②如果在法定期间内没有人申报的,申请人应享有票据上的权利。人民法院应判决票据无效,并予以公告,公示催告程序终结。

(4)提起诉讼

1)利害关系人在公示催告期间向人民法院申报权利,申请人或申报人可以向人民法院起诉。

2)利害关系人因正当理由不能在判决前向人民法院申报的,自知道或应当知道判决公告之日起一年内,可向作出判决的人民法院提起诉讼。

二、行政诉讼法

(一)行政诉讼

1. 行政诉讼的概念

行政诉讼是指公民、法人或其他组织认为行政机关的具体行政行为侵犯其合法权益，在法定期限内，依法向人民法院起诉，并由人民法院依法审理裁决的活动。行政诉讼包含五个要件：

1）原告是行政管理相对人，即公民、法人和其他组织；
2）被告是行使国家管理职权的行政机关即做出具体行政行为的行政机关；
3）原告起诉的原因是其认为行政机关的具体行政行为侵犯了自己的合法权益；
4）必须是法律、法规明文规定当事人可以向人民法院起诉的行政案件；
5）必须在法定的期限内向有管辖权的人民法院起诉。

2. 行政诉讼法的概念

行政诉讼法是指调整人民法院、当事人和其他诉讼参与人在审理案件过程中所发生的行政诉讼关系的法律规范的总称。《中华人民共和国行政诉讼法》（以下简称《行政诉讼法》）于1990年10月1日生效。

(二) 行政诉讼的受案范围

1. 人民法院受理的案件

《行政诉讼法》第11条规定，人民法院受理公民、法人和其他组织对下列具体行政行为不服提起的诉讼：

(1) 对拘留、罚款、吊销许可证和执照、责令停产停业、没收财物等行政处罚不服的；
(2) 对限制人身自由或对财产的查封、扣押、冻结等行政强制措施不服的；
(3) 认为行政机关侵犯法律规定的经营自主权的；
(4) 认为符合法定条件申请行政机关颁发许可证和执照，行政机关拒绝颁发或不予答复的；
(5) 申请行政机关履行保护人身权、财产权的法定职责，行政机关拒绝履行或不予答复的；
(6) 认为行政机关没有依法发给抚恤金的；
(7) 认为行政机关违法要求履行义务的；
(8) 认为行政机关侵犯其他人身权、财产权的。

除前款规定外，人民法院受理法律、法规规定可以提起诉讼的其他行政案件。

2. 人民法院不受理的案件

《行政诉讼法》第12条规定，人民法院不受理公民、法人或其他组织对下列事项提起的诉讼：

(1) 国防、外交等国家行为；
(2) 行政法规、规章或行政机关制定、发布的具有普遍约束力的决定、命令；
(3) 行政机关对行政机关工作人员的奖惩、任免等决定；
(4) 法律规定由行政机关最终裁决的具体行政行为。

(三) 行政诉讼的起诉与受理

1. 起诉

(1) 起诉的条件

《行政诉讼法》第 41 条规定，提起诉讼应当符合下列条件：
1) 原告是认为具体行政行为侵犯其合法权益的公民、法人或其他组织；
2) 有明确的被告；
3) 有明确的诉讼请求和事实根据；
4) 属于人民法院受案范围和受诉人民法院管辖。

（2）起诉的期限

行政诉讼必须在法定期限内提起，这也是提起行政诉讼的条件之一。我国《行政诉讼法》在第 38 条、第 39 条及《行政复议法》第 31 条对此做出了明确规定。

1) 公民、法人或其他经济组织向行政机关申请复议的，复议机关应在收到申请书之日起 60 日内做出决定，法律规定少于 60 日的除外。申请人不服复议决定的，可以在收到复议决定书之日起 15 日内向人民法院提起诉讼。复议机关逾期不做出决定的，申请人可以在复议期满之日起 15 日内向人民法院提起诉讼。法律另有规定的除外。

2) 公民、法人或其他经济组织直接向人民法院提起诉讼，应当在知道做出具体行政行为之日起三个月内提出。法律另有规定的除外。

2. 受理

受理是人民法院对原告的起诉进行审查，认为符合规定条件的，决定立案审理的诉讼行为。我国《行政诉讼法》第 42 条规定，人民法院接到起诉状，经审查，应当在 7 日内立案或做出裁定不予受理。原告对裁定不服的，可以提起上诉。

（四）行政诉讼的主要程序

1. 第一审程序

（1）人民法院应当在立案之日起 5 日内，将起诉状副本发送被告。被告应当在收到起诉状副本之日起 10 日内向人民法院提交做出具体行政行为的有关材料，并提出答辩状。人民法院应当在收到答辩状之日起 5 日内，将答辩状副本发送原告。被告不提出答辩状的，不影响人民法院审理。

（2）诉讼期间不停止具体行政行为的执行。但有下列情形之一的，停止具体行政行为的执行。①被告认为需要停止执行的；②原告申请停止执行，人民法院认为该具体行政行为的执行会造成难以弥补的损失，并且停止执行不损害社会公共利益，裁定停止执行；③法律、法规规定停止执行的。

（3）人民法院审理行政案件，不适用调解，行政赔偿案件除外。

（4）人民法院对行政案件宣告判决或裁定前，原告申请撤诉的，或被告改变其所作的具体行政行为，原告同意并申请撤诉的，是否准许，由人民法院裁定。人民法院裁定准许原告撤诉，原告再起诉的，人民法院不予受理。

（5）一审的审限为 3 个月。有特殊情况需要延长的，由高级人民法院批准，高级人民法院审理第一审案件需要延长的，由最高人民法院批准。

2. 第二审程序

（1）行政机关在第二审程序中不得改变其原具体行政行为。如果对方当事人因行政机关改变其具体行政行为而申请撤诉的，人民法院不予批准。

（2）二审审限为二个月，自收到上诉状之日起算。如有特殊情况需要延长的，由高级人民法院批准。高级人民法院审理上诉案件需要延长的，由最高人民法院批准。

(3) 人民法院对上诉案件的处理。《行政诉讼法》第 61 条规定，人民法院审理上诉案件，按照下列情形，分别处理：①原判决认定事实清楚，适用法律、法规正确的，判决驳回上诉，维持原判；②原判决认定事实清楚，但适用法律、法规错误的，依法改判；③原判决认定事实不清楚，证据不足，或由于违反法定程序可能影响案件正确判决的，裁定撤销原判，发回原人民法院重审，也可查清事实后改判。当事人对重审案件的判决、裁定，可以上诉。

3. 审判监督程序

（1）当事人对已经发生法律效力的判决、裁定，认为确有错误的，可以向原审人民法院或上一级人民法院提出申诉，但判决、裁定不停止执行。

（2）人民法院院长对本院已经发生法律效力的判决、裁定，发现违反法律、法规规定认为需要再审的，应提交审判委员会决定是否再审。上级人民法院对下级人民法院已经发生法律效力的判决、裁定，发现违反法律、法规规定的，有权提审或指定下级人民法院再审。

三、仲裁法

（一）仲裁

1. 仲裁的概念

仲裁是争议双方在争议发生前或争议发生后达成协议，自愿将争议交给第三者作出裁决，双方有义务执行的一种解决争议的办法。

首先，仲裁的发生是以双方当事人自愿为前提。这种自愿，体现在仲裁协议中。仲裁协议，可以在争议发生前达成，也可以在争议发生后达成。

其次，仲裁的客体是当事人之间发生的一定范围的争议。这些争议大体包括：经济争议、劳动争议、对外经贸争议、海事争议等。

再次，仲裁须有三方活动主体。即双方当事人和第三方（仲裁组织）。仲裁组织以当事人双方自愿为基础进行裁决。

第四，裁决具有强制性。当事人一旦选择了仲裁解决争议，仲裁者所作的裁决对双方都有约束力，双方都要认真履行，否则，权利人可以向法院申请强制执行。

2. 仲裁的种类

（1）国内仲裁和涉外仲裁

这是根据当事人是否具有涉外因素划分的。国内仲裁一般只涉及国内经贸方面的争议。涉外仲裁是指具有涉外因素的仲裁。

（2）普通仲裁和特殊仲裁

这是根据仲裁机构和争议的性质不同划分的。普通仲裁是指由非官方仲裁机构对民事、商事争议所进行的仲裁。包括大多数国家的国内民商事仲裁和国际贸易与海事仲裁。特殊仲裁则是指由官方机构依据行政权力而不是依据仲裁协议所进行的仲裁，它是由国家行政机关所实施的仲裁，如我国过去的经济合同仲裁法。

3. 仲裁法

（1）仲裁法的概念

仲裁法是国家制定和确认的关于仲裁制度的法律规范的总和。其基本内容包括仲裁协议、仲裁组织、仲裁程序、仲裁裁决及执行等。

(2) 仲裁法的适用范围

1) 对人的效力。仲裁法对平等主体的公民、法人和其他组织之间适用。

2) 空间效力。仲裁法适用于中国领域内的平等主体之间发生的合同争议和其他财产权益争议。

3) 时间效力。《中华人民共和国仲裁法》(以下简称《仲裁法》于1995年9月1日起施行)。

(二) 仲裁的范围

仲裁的范围是指哪些争议可以申请仲裁,解决可仲裁性的问题。

1. 确定仲裁范围的原则

我国《仲裁法》中对仲裁范围的确定,是基于下列原则制定的:

(1) 发生争议的双方应当属于平等主体的当事人;

(2) 仲裁的事项,应是当事人有权处分的;

(3) 从我国法律规定和国际做法看,仲裁范围主要是合同争议,也包括一些非合同的经济争议。

因此,我国《仲裁法》在第2条规定:"平等主体的公民、法人和其他组织之间发生的合同争议和其他财产权益争议,可以仲裁。"

2. 不能仲裁的情形

根据我国《仲裁法》第3条的规定,下列争议不能仲裁:

(1) 婚姻、收养、监护、抚养、继承争议;

(2) 依法应当由行政机关处理的行政争议。

3. 关于仲裁范围的几点说明

(1) 劳动争议仲裁和农业承包合同争议仲裁的问题

由于劳动争议不同于一般经济争议,劳动争议的仲裁有自己的特点,因此,劳动争议仲裁由法律另行规定。农业承包合同争议面广量大,涉及广大农民的切身利益,在仲裁机构设立、仲裁程序上有其特点,因此,依照《仲裁法》第22条规定,农业承包合同争议的仲裁另行规定。

(2) 企业承包合同仲裁问题

1988年国务院颁布了《全民所有制工业企业承包经营责任制暂行条例》,其中对企业承包合同争议规定了由工商行政管理局的经济合同仲裁委员会仲裁。《仲裁法》中没有明确规定企业承包合同争议的仲裁问题。

(三) 仲裁协议

1. 仲裁协议的概念

根据《仲裁法》第16条规定:"仲裁协议包括合同订立的仲裁条款和以其他书面方式在争议发生前或者争议发生后达成的请求仲裁的协议。"从这一规定可以看出,仲裁协议具有以下的特点。

(1) 仲裁协议是合同双方商定的通过仲裁方式解决争议的协议。其内容规定的是关于仲裁的事项。

(2) 仲裁协议必须以书面形式存在,口头形式不能成为仲裁协议。仲裁协议的形式可以有两种:一种是在订立的合同中规定的仲裁条款;另一种是双方另行达成的独立于合同之外的仲裁协议。不论哪一种形式，都具有同样的法律效力。

（3）仲裁协议订立的时间可以在合同争议发生之前，也可以在合同争议发生之后。协议确立的时间与经济合同没有必然的联系，订立时间的先后也不影响仲裁协议的效力。

（4）仲裁协议是双方当事人申请仲裁的前提。没有有效的仲裁协议，仲裁机构不予受理仲裁申请。

2. 仲裁协议的内容

根据《仲裁法》第16条第2款的规定："仲裁协议应包括下列内容：①请求仲裁的意思表示；②仲裁事项；③选定的仲裁委员会。"

3. 仲裁协议的效力

仲裁协议一经作出即发生法律效力。除非双方当事人同意解除仲裁协议，否则必须通过仲裁的方式解决争议，任何一方都不得向人民法院起诉。

但是，仲裁协议同其他合同一样，当其内容违反有关法律规定时，也可以被仲裁机构或人民法院裁定为无效。根据《仲裁法》第17条规定："有下列情形之一的，仲裁协议无效：约定仲裁事项超出法律规定的仲裁范围的；无民事行为能力人或者限制民事行为能力人订立的仲裁协议；一方采取胁迫手段，迫使对方订立仲裁协议的。"

在掌握仲裁协议的效力时，还应当注意以下几个问题：

仲裁协议对仲裁事项或仲裁委员会没有约定或者约定不明确的，当事人可以补充协议；达不成补充协议的，仲裁协议无效。

仲裁协议独立存在，合同的变更、解除终止或者无效，不影响仲裁协议的效力。

当事人对仲裁协议效力提出异议的，可以请求仲裁委员会作出决定或者请求人民法院作出裁定。如对仲裁协议的效力，一方请求仲裁委员会决定，另一方请求人民法院裁定的，则由人民法院裁定。

当事人对仲裁协议的效力提出异议，应当在仲裁庭首次出庭前提出。

（四）仲裁的主要程序

仲裁程序，是指当事人提出仲裁申请直至仲裁庭作出裁决的程序。根据我国《仲裁法》第四章的规定，仲裁程序主要有申请和受理、仲裁庭的组成、开庭和裁决。

1. 申请和受理

（1）申请仲裁的条件

当事人申请仲裁应符合下列条件：

1）有仲裁协议；

2）有具体的仲裁请求和事实、理由；

3）属于仲裁委员会的受理范围。

（2）受理

仲裁委员会收到仲裁申请书之日起5日内，认为符合受理条件的，应当受理，并通知当事人；认为不符合受理条件的，应书面通知当事人不予受理，并说明理由。

（3）送达法律文书

仲裁委员会受理仲裁申请后，应在仲裁规则规定的期限内将仲裁规则和仲裁员名册送达申请人，并将仲裁申请书副本和仲裁规则、仲裁员名册送达被申请人。

被申请人收到仲裁申请书后，应在仲裁规则规定的期限内向仲裁委员会提交答辩书。

仲裁委员会收到答辩书后,应在仲裁规则规定的期限内将答辩书副本送达申请人。被申请人未提交答辩书的,不影响仲裁程序的进行。

(4) 有仲裁协议但一方起诉时的处理

《仲裁法》26 条规定双方当事人有仲裁协议但一方却向法院起诉的情形作了明确规定。即"当事人达成仲裁协议,一方向人民法院起诉未声明有仲裁协议,人民法院受理后,另一方在首次开庭前递交仲裁协议的,人民法院应当驳回起诉,但仲裁协议无效的除外;另一方在首次开庭前未对人民法院受理该案提出异议的,视为放弃仲裁协议,人民法院应当继续审理。"

(5) 财产保全

仲裁中的财产保全,是指法院根据仲裁委员会提交的当事人的申请,就被申请人的财产作出临时性的强制措施,包括查封、扣押、冻结、责令提供担保或法律规定的其他方法,以保障当事人的合法权益不受损失,保证将来作出的裁决能够得到实现。

财产保全因国内仲裁和涉外仲裁不同,因而在选择法院上也有所不同。国内仲裁的财产保全申请,一般提交基层人民法院裁定。涉外仲裁财产保全申请,则应提交被申请人住所地或财产所在地的中级人民法院裁定。

根据《仲裁法》28 条规定,当事人申请财产保全的,仲裁委员会应当将当事人的申请依民事诉讼法的有关规定提交人民法院。申请有错误的,申请人应当赔偿被申请人因财产保全所遭受的损失。

2. 仲裁庭的组成

(1) 仲裁庭的种类

1) 合议仲裁庭。即由 3 名仲裁员组成的仲裁庭。

2) 独任仲裁庭。即由 1 名仲裁员组成的仲裁庭。

(2) 仲裁庭的组成

1) 合议仲裁庭的组成。当事人约定组成合议仲裁庭的,应当各自选定或各自委托仲裁委员会主任指定一名仲裁员,第三名仲裁员由当事人共同选定或共同委托仲裁委员会主任指定。第三名仲裁是首席仲裁员。

2) 独任仲裁庭的组成。当事人约定由一名仲裁员成立的独任仲裁庭的,应当由当事人共同选定或共同委托仲裁委员会主任指定仲裁员。

仲裁庭组成后,仲裁委员会应将仲裁庭的组成情况书面通知当事人。

(3) 仲裁员的回避

1) 仲裁员回避的种类。仲裁员的回避可以有主动回避和申请回避两种情形,如果当事人提出回避申请的,应当说明理由,并在首次开庭前提出。如果回避事由是在首次开庭后知道的,可以在最后一次开庭终结前提出。

2) 仲裁员回避的原因。我国《仲裁法》第 34 条作出明确规定,即仲裁员有下列情形之一的,必须回避,当事人有权提出回避申请:①是本案当事人或当事人、代理人的近亲属;②与本案有利害关系;③与本案当事人、代理人有其他关系,可能影响公正仲裁的;④私自会见当事人、代理人,或接受当事人、代理人的请客送礼的。

3) 仲裁员回避的决定权。仲裁员是否回避,由仲裁委员会主任决定;仲裁委员会主任担任仲裁员时,由仲裁委员会集体决定。

4）仲裁员的重新确定。仲裁员因回避或其他原因不能履行职责的，应依照《仲裁法》的规定重新选定或指定仲裁员；因回避而重新选定或指定仲裁员后，当事人可以请求已进行的仲裁程序重新进行，是否准许，由仲裁庭决定；仲裁庭也可以自行决定已进行的仲裁程序是否重新进行。

3. 开庭和裁决

在开庭和裁决中，仅介绍不公开仲裁、举证责任、和解协议、调解和裁决等四个问题。

（1）不公开仲裁

我国《仲裁法》规定，仲裁应当开庭进行，但不公开进行。当事人协议公开的，可以公开进行，但涉及国家秘密的除外。

所谓仲裁不公开进行，包括申请与受理仲裁的情况不公开报道、仲裁开庭不允许旁听、裁决不向社会公布等等。该项规定，是仲裁制度的一项特点，也是国际商事仲裁的惯例。正是由于其不公开，使得当事人能放心地将争议提交仲裁，一方面尽快将争议了结，另一方面也不影响自己的商业信誉，并尽可能地不损害双方的合作关系，因而人们往往在实践中多选择仲裁而不是诉讼。

（2）举证责任

《仲裁法》第43条1款规定："当事人应当对自己的主张提供证据。"这是因为提供证据是确认当事人权利的前提，也是在仲裁过程中当事人应尽的义务。申请人提出仲裁或请求，那么他就有责任举证加以证明，被申请人提出答辩，反驳申请人的请求，也需要提供证据来证明其反驳是有根据的。因此，仲裁法规定的当事人应当对自己的主张提供证据，贯彻的正是"谁主张，谁举证"的原则。

在强调当事人举证责任的同时，《仲裁法》第43条2款规定："仲裁庭认为有必要收集的证据，可以自行收集。"如某些事实尚不清楚，当事人自己举出的证据又不清楚，仲裁庭则可自行收集证据。这对争议的解决很有必要。

另外，在仲裁时，在证据可能灭失或以后难以取得的情况下，当事人可申请证据保全。

（3）和解协议

和解是指争议的双方当事人以口头或书面的方式直接交涉以解决争议的一种方式，它是在没有仲裁庭介入，由当事人自己协商解决争议的一种方法。

和解达成协议的，当事人既可以请求仲裁庭根据和解协议作出判决书，也可撤回仲裁申请。如果一方或双方达成和解协议撤回了仲裁申请后，又反悔或没有履行和解协议的，可以根据仲裁协议重新申请仲裁。

（4）调解和裁决

《仲裁法》第51条1款规定："仲裁庭在作出裁决前，可以先行调解。当事人自愿调解的，仲裁庭应当调解。调解不成的，应当及时作出裁决。"

1）调解的概念。是指当事人在自愿的基础上，在仲裁庭主持下，查明事实，分清是非，通过仲裁庭的工作，促使双方当事人互谅互让，达成协议解决争议。

2）调解与和解的不同。主要区别在于有无仲裁庭的介入，有无仲裁庭做双方当事人的工作。后者则没有仲裁庭的介入，也无仲裁庭做双方当事人的工作。

3）调解应坚持的原则。自愿原则，即如有一方不同意调解，则应裁决。合法原则，即调解须在查明事实，分清是非、公平合理、实事求是的前提下进行。调解不是裁决前的必经程序。

4）调解书及其效力。如果调解达成协议的，仲裁庭应当制作调解书。调解书应当写明仲裁请求和当事人协议的结果。调解书由仲裁员签名，加盖仲裁委员会印章，送达双方当事人。调解书与裁决书具有同等法律效力。如果当事人在签收调解书前反悔的（调解书经双方当事人签收后生效），仲裁庭应当及时作出裁决。

5）裁决及裁决书。裁决应当按照仲裁员的意见作出，仲裁庭不能形成多数意见时，裁决应当按照首席仲裁员的意见作出。裁决书应当写明仲裁请求、争议事实、裁决理由、裁决结果、仲裁费用的负担和裁决的日期。当事人协议不愿写明争议事实和裁决理由的，可以不写。裁决书由仲裁员签字，加盖仲裁委员会印章。裁决书自作出３日起发生法律效力。

（五）申请撤销裁决

实行或审或裁的制度后，法院对仲裁可能不加以干预，但需要一定的监督。申请撤销裁决便是法院实行监督的一种方法。

1．裁决被撤销的原因

根据《仲裁法》58 条的规定，当事人提出证据证明裁决有下列情形之一的，可以向仲裁委员会所在地的中级人民法院申请撤销裁决：

（1）没有仲裁协议的；

（2）裁决的事项不属于仲裁协议的范围或仲裁委员会无权仲裁的；

（3）仲裁庭的组成或仲裁的程序违反法定程序的；

（4）裁决所根据的证据是伪造的；

（5）对方当事人隐瞒了足以影响公正裁决的证据的；

（6）仲裁员在仲裁该案时有索贿受贿、徇私舞弊、枉法裁决行为的。

人民法院经组成合议庭审查核实裁决有前款规定情形之一的，应当裁定撤销。人民法院认定该裁定违背社会公共利益的，应当裁定撤销。

2．申请撤销裁决的时效

我国《仲裁法》第 59 条规定，当事人申请撤销裁决的，应当自收到裁决书之日起 6 个月内提出。

3．我国《仲裁法》第 60 条规定，人民法院应当在受理撤销裁决申请之日起 2 个月内作出撤销裁决或驳回申请的裁定。

（六）裁决的执行

1．裁决的执行

由于仲裁基本上是基于当事人的意愿进行的，特别是在是否采用仲裁方式解决争议，以及由谁来公断争议这两个关键性问题上都遵循了当事人的约定。因而，在仲裁的调解书和裁决书作出后，绝大多数当事人都能自觉履行义务。但也出现有些当事人不履行义务的情况。如果一方当事人不履行裁决，另一方当事人可以依照民事诉讼法的有关规定向人民法院申请执行，受申请的人民法院应当予以执行。

2．不予执行制度

根据《民事诉讼法》第 217 条规定，被申请人提出证据证明仲裁裁决有下列情形之一的，经人民法院组成合议庭审查核实，裁定不予执行：
  1) 当事人合同中没有订有仲裁条款或事后没有达成书面仲裁协议的；
  2) 裁决的事项不属于仲裁协议的范围或仲裁机构无权仲裁的；
  3) 仲裁庭的组成形式或仲裁的程序违反法定程序的；
  4) 认定事实的主要证据不足的；
  5) 适用法律确有错误的；
  6) 仲裁员在仲裁该案时有贪污受贿、徇私舞弊、枉法裁决行为的。
  3. 涉外仲裁裁决不予执行的规定

《民事诉讼法》第260条规定，对中华人民共和国涉外仲裁机构作出的裁决，被申请人提出证据证明仲裁裁决有下列情形之一的，经人民法院组成合议庭审查核实，裁定不予执行：

（1）当事人在合同中没有订有仲裁条款事后没有达成书面仲裁协议的；
（2）被申请人没有得到指定仲裁员或进行仲裁程序的通知，或由于其他不属于被申请人负责的原因未能陈述意见的；
（3）仲裁庭的组成或仲裁的程序与仲裁规则不符的；
（4）裁决的事项不属于仲裁协议的范围或仲裁机构无权仲裁的。

  4. 不予执行或撤销裁决的后果

法院裁定不予执行或撤销裁决后，当事人之间的争议如何处理？原仲裁协议是否有效？对此，《仲裁法》第9条2款规定："裁决被人民法院依法裁定撤销或者不予执行的，当事人就该争议可以根据双方重新达成的仲裁协议申请仲裁，也可以向人民法院起诉。"由此可见，在裁决不予执行或被撤销后，原仲裁协议失效，当事人不能按照原仲裁协议申请仲裁。但为了解决争议，当事人可以按照重新达成的仲裁协议申请仲裁，也可以向人民法院提起诉讼。

第三节 工程建设活动中的证据

一、证据概述

（一）证据的概念

证据是指能够证明案件事实的一切材料。在工程建设主体维护自身权利的过程中，根本的目的就是要明确对方的责任和自身的权利，减轻自己的责任和减少、甚至消除对方的权利。但这一切都必须依法进行。因为我国的法律都明确规定了哪一种行为应当承担什么样的后果，所以，确定自己和对方实施了什么样的行为，形成一个什么样的案件事实，便成了保护权利的核心问题。不论是在诉讼中，还是在仲裁、调解、谈判中，案件事实都是确定权利和责任的核心问题。然而，一个行为或一项事实要依靠什么来判断其是否存在呢？依靠的就是证据。因此，证据是工程建设主体维护权利的基础。

在实践中，工程建设主体的合法权利不能得到及时、有效的保证和实现，直接的问题就反映在了不能提供充分的、明确自己权利的证据上。

（二）证据的种类

根据我国刑事诉讼法、民事诉讼法和行政诉讼法的规定，可以作为证据使用的材料有以下七种：

1. 书证。是指以其文字或数字记载的内容起证明作用的书面文书和其他载体。如合同文本、财务账册、欠据、收据、往来信函以及确定有关权利的判决书、法律文件等。

2. 物证。是指以其存在、存放的地点、外部特征及物质特性来证明案件事实真相的证据。如购销过程中封存的样品，被损坏的机械、设备，有质量问题的产品等。

3. 证人证言。是指知道、了解事实真相的人所提供的证词，或向司法机关所作的陈诉。

4. 视听材料。是指能够证明案件真实情况的音像资料。如录音带、录像带等。

5. 被告人供述和有关当事人陈诉。它包括：犯罪嫌疑人、被告人向司法机关所作的承认犯罪并交待犯罪事实的陈诉或否认犯罪或具有从轻、减轻、免除处罚的辩解、申诉。被害人、当事人就案件事实向司法机关所作的陈述。

6. 鉴定结论。是指专业人员就案件有关情况向司法机关提供的专门性的书面鉴定意见。如，损伤鉴定、痕迹鉴定、质量责任鉴定，等等。

7. 勘验、检验笔录。是指司法人员或行政执法人员对与案件有关的现场、物品、人身等进行勘察、试验、实验或检查的文字记载。这项证据也具有专门性。

（三）证据的特点

作为可以证明案件事实的证据，必须具备三个特点：

1. 真实性。即证据必须符合客观实际情况，能够用来证明真实情况。虚假的材料是不能用来作为证据使用的。

2. 联系性。也称相关性，是指各个证据之间相互能够印证，共同证明事实。它一方面要求每一个证据都与整个事实或其中的一部分有密切的联系，可以反映事实的内容；另一方面还要求各个证据之间相互衔接、相互印证，形成完整的证据体系。比如甲乙方各自所持两个合同文本，其内容不同时，则任何一个合同文本都不能直接作为证据使用。只有在用其他证据排除其中一个合同文本后，另一个合同文本才能作为证据使用。

3. 合法性。只有依据合法的形式和手段取得的材料才能作为证据使用。采用非法的手段，如刑讯逼供、欺诈等形式取得的证据都是无效的证据。

二、工程建设活动中证据的特殊性

工程建设主体的权利主要产生在工程建设活动中，所以在工程建设活动中如何维护自身的权利至关重要，充分地认识建设活动中的证据则也显得尤为突出了。在工程建设活动中，也存在着诉讼中常使用的七种证据，只是工程建设活动中的证据，有它自己的特点。

（一）体系庞杂

由于工程建设活动本身是一个庞大的系统工程，环节较多，涉及的权利在各个方面都存在着，所以需要的证据也是一个庞杂的体系。如有以合同、签证、财务账目为代表的书证，以建筑原材料为代表的物证，以管理人员、中介人员、监督人员为代表的证人证言，以技术鉴定为代表的鉴定结论，以现场调查为代表的勘验检查笔录，以现场录像、照相为代表的视听证据等等。

（二）内容繁多

由于建设工程涉及方方面面的问题，这就决定了工程建设活动中的证据所反映的内容也是繁杂的，它包括：工程承发包方面的证据，施工组织与管理方面的证据，原材料采购方面的证据，涉及国家行政监督方面的证据，工程结算证据等等。

（三）证据易逝、难以获取

由于施工中隐蔽工程多、工期长等原因，往往造成了其中的证据被湮没，获取证据的难度明显增加。

（四）专业性强

工程建设专业是一个独立的专业，其中又涉及多方面的专业知识，加之现场复杂、环节多变等因素，对于工程建设活动中的证据往往靠普通的勘查检验或技术鉴定难以得出真实的结论。这就需要组织较强的专业技术人员进行收集证据的活动。

除此之外，就我国而言，涉及工程建设活动的法律法规繁多且易变化，这也带来了工程建设活动中证据收集时目的不易明确、证据运用时矛盾较多等困难。

三、证据的收集和保全

（一）证据的收集和保全的含义

从狭义上讲，证据的收集单指司法机关在办案过程中，围绕案件事实收集证据的活动。但民事诉讼法把举证责任归为主张权利的当事人以后，证据的收集就不仅仅是司法机关的工作了，它还包括当事人自己在具体工作中为维护自身的合法权益而收集的有关证明材料。这就是广义的证据收集。

在现实的生活中，有许多证据是不易收集的。或者由于其自身的因素，或者由于人为的因素，这些证据往往一闪即逝，不注意保管证据，在真正需要它的时候，便后悔莫及了。从广义上讲，证据保全就是司法机关即企事业单位和公民个人，为了维护合法权益、查明案件事实，对容易灭失或难以取得的证据所采取的固定、保护措施。它包括对书证的拍照、复制，对物证的勘验、绘图、拍照、录像和保存。对证人证言的笔录、文书、录音等措施，等等。

（二）工程建设主体收集和保全证据的原则

就工程建设主体而言，在收集和保全证据过程中，必须明确一个指导思想，即其在生产经营过程中收集和保全证据不仅仅是为了打官司。因为工程建设主体的权利涉及了诸多方面的行为，收集和保全各种证据的核心目的就是要维护自身的合法权益。不论是通过谈判、调解，还是通过仲裁、诉讼，都要依靠事实和法律来处理问题。所以收集和保全证据，如同协商、诉讼一样，仅仅是维护自身权益、实现权利的手段而已。在实践中，许多工程建设主体为了强调合作，往往碍于情面或因为其他的人为因素，对该索取的证据不予索取，对该保全的不予保全，结果让对方钻了空子，造成不该赔偿的赔偿，应该实现的权利没有实现。

（三）工程建设主体收集和保全证据的方法

在工程建设活动中，收集和保全证据的最佳方法就是加强管理，建立、健全文书流转制度，及时、全面、准确记载有关情况。最重要的有：

1. 加强以合同为代表的文书档案管理

（1）要加强合同文本管理。在合同订立中坚持签订合法有效的合同，对无效的合同既不能签订也不能执行；合同订立时不仅要明确合同的主要内容，对具体操作细节也应当予以明确；对难以确定的内容，应当在合同中载明以双方代表临时确认的签字为依据。

(2) 要在执行合同过程中,对变更的内容也应坚持依法变更,全面细腻的原则。

(3) 要注意保存与业务相关的往来信函、电报、文书,不能业务刚刚结束,就将其销毁、扔掉。

(4) 要建立业务档案,将涉及具体业务的相关资料集中分类归档,定期销毁。

(5) 对采取以合同方式授权代理的合同,一定要在合同标的或项目名称中详细载明标的内容及授权范围;或者在合同中注明该合同在使用中必须以授权方式或含有授权内容的介绍信同时使用方能生效。

(6) 要加强单位公章、法定代表人名章和合同专用章的管理,不能乱扔、乱放,随便授之以人。

2. 加强以收支票据为代表的财务管理

对于每一项收支必须要有完整的账目记录,详细记载资金来源及使用目的,资金取向及用途,并附之以有关票据,特别是对于暂付、暂借等款项,绝不能简单地凭所谓的信誉或感情用事而不是收据或欠据。

3. 加强施工中的证据固定工作

对施工的进度情况、停工原因、租赁设备的使用情况,应当坚持日记制度,而且每一项日记都应坚持甲乙双方代表签字。对施工中发现的质量问题应当及时进行现场拍照,必要时可及时聘请有关技术监督部门迅速作出技术鉴定和勘验检查笔录,或者将有关情况详细记录在日记中,并由甲乙双方签字。

(四) 工程建设主体在收集和保全证据时需要注意的几个问题

1. 对重要的文件、书证,要注意留有备份,以防止遗失。

2. 对遗失的有关文件、书证要根据情况分别处理:对可能涉及对方不承认的情况时,要注意保密,防止对方篡改有关证据或否认事实而侵犯自身的权利;在可能的情况下,应从对方重新复制、索取有关文件,或找到有关知情人及时回忆,形成书面证言予以保留;对涉及隐蔽工程,现场已遭破坏等情况时,应及时聘请有关专业人员重新勘验,确定原因。

3. 对涉及的重要知情人,要记载清楚其下落、联系方式,以便随时请其出证。

4. 在开始诉讼时,对于那些对自己有利而对方不愿提供的证据,要及时请求法院采取强制性的证据保全措施。

四、证据的运用

(一) 证据的运用的概念

证据的运用就是为了要形成事实以用来维护自身的权利。运用证据在各种保护权利的方式中,都可能碰到。由于运用证据的方式是相同的,在此我们完整地介绍诉讼中的运用证据。

(二) 举证责任

举证责任是指司法机关、行政机关及当事人为证明案件事实而向人民法院提供的责任。我国法律规定,负有举证责任的人不能提供足够证据来证明案件事实时,则其所阐述的事实不能被法庭所认可,当然其权利也不可能得到保护了。

在刑事诉讼中,检察机关负有举证责任。它负责对犯罪嫌疑人的犯罪事实提供证据。对犯罪嫌疑人的辩解,它必须提出肯定或否定的证据。

在民事和经济诉讼中，主张权利者负有举证责任。原告人在起诉时必须提供其权利受到侵犯的证据；被告人在答辩时或提出反诉时也必须提供自己不应承担责任或对方应当承担责任的证据。

在行政诉讼中，作为被告人的行政机关负有举证责任。它必须提供作出具体行政行为时所依据的事实和法律文件等有关证据。

（三）运用证据的基本原则

工程建设主体在运用证据时，首先要注意的是，案件事实与客观事实往往存在着一定的误差。这主要是由于法律规定得较为笼统，客观事实又较为复杂等原因造成的。所以，运用证据的核心目的就是排除或削减对方的权利，形成对自己有利的案件事实。这样，在运用证据时，就必须结合具体案情和涉及该案的有关法律，充分地利用各种证据对案件定性提出意见。

在使用证据时，必须仅仅围绕着证据的三个特点进行，即提供的证据应当是真实的，不能提供伪证；提供的证据应当全面，能够互相印证，而不是相互矛盾；提供的证据必须是经合法手段取得的。其中，证据的联系性尤为重要。

具体使用证据时，则应提供出涉及案件客观事实的证据，事实与对方的关系，事实与自己的关系等证据，将其组合成一个证据体系来证明事实，明确责任。比如，若要起诉对方产品质量不合格给乙方造成损失而请求赔偿时，则首先应提供购货证据，如购销合同、协议、付款凭证，以证明产品从对方处购买或系对方生产的。其次应提供产品质量瑕疵的证据，如产品和损坏部位的照片、录像带，被封存的损坏的产品，关于质量问题的技术鉴定结论等；第三，应提供造成损失情况的证据，如产品的购价证明、对现场破坏情况的照片、录像带，恢复原状时的支付明细，对造成人身伤亡时的医疗证明，延误工期的施工日记，等等。

（四）运用证据时需要注意的几个问题

由于在民事、经济和行政诉讼中，往往要互相质证，各自提供有利于自己的证据，因此经常出现双方之间证据的矛盾，此时需要注意以下几点问题：

1. 要设法否定对方的证据效力，使对方的证据不能够作为证据使用。一是注意对方的证据是否是伪证；二是注意对方所提供的证据之间是否存在矛盾，相互间能否印证；三是注意对方的主要证据能否证明完整的事实，对于各具体情节间的联系，是否存在着漏洞；四是注意对方所提供的证据是否是通过合法手段取得的，有无法律效力。

2. 证人证言带有较大的主观性，视听证据具有模糊、不准确的一面，鉴定结论、勘查记录也有疏漏的时候。针对这些情况，结合具体案情，当发现自己的权利因错误的证据而受到侵犯时，可以采取请证人出庭，当庭质证，对视听证据请求鉴定真伪，要求重新鉴定或重新勘验等。

3. 在认定事实时，应将双方的证据同时考虑，以去伪存真，特别是要注意对方提供的对自己有利的证据，将其结合到自己的证据体系中。

4. 与此按相关的他案事实，或有关政策、法规往往也可以成为此案的证据。如因甲方违约造成了乙方对丙方的违约，则丙方向乙方主张权利的诉讼文书就成为了乙方向甲方索赔的证据之一。再如，国家有关具体法规和政策的调整，也可以成为违约方免责的证据。

第四节 工程建设争议解决制度案例

案例 1

申请人：××建筑集团公司
被申请人：××跨国集团

一、基本案情

××跨国集团作为业主与作为承包商××建筑集团公司订立了一份施工总承包合同，就业主投资的某室内装修工程作了约定。该室内装修工程总承包面积9954m^2，以原报价单为基础，双方确认合同总价款为6771435美元。在施工过程中发生设计变更所引起的工程费用在工程决算中予以调整。装修工程完工后，承包商应提前通知业主并与业主指定的设计师及管理人员进行验收，经验收合格后由业主委任的设计师、管理人员签发验收证明书。如验收中发现施工安装质量部分未全达到合同规定的技术要求但又不影响使用的，由承包商提出书面承诺在保修期内按合同规定的技术要求加以改善后，业主发给承包商工程验收证明书。业主在合同生效后两个星期内付给承包商合同总价30%作预付款。半年保修期满后，业主付还承包商合同总价5%的工程保修金。合同签订后，乙方开始装修工程的施工。但装修完成后，双方因拖欠装修工程款的争议协商未果，乙方遂依合同约定争议条款向中国国际经济贸易仲裁委员会深圳分会申请仲裁，请求裁决甲方偿付工程尾款110000万美元、工程保修金283777万美元及两项欠款利息。

在仲裁庭审理期间，被申请人的主要答辩意见是：由于工程质量问题，双方曾口头协商不再付给申请人5%保修金，此外的工程款早已全部支付。装修工程进行到最后，经双方协商确定最后付款额为5651443美元。因被申请人通过申请人将43044077美元转交香港某公司用来购买装修材料，而该香港公司的法定代表人与申请人的法定代表人都是同一个人，被申请人有理由认为，该笔款项实际上是由申请人收取了，故应冲抵工程款，且余额应返还被申请人。对于申请人提交的工程竣工验收证书，被申请人提出没有其公章、未经总经理签字，是申请人单方面制造的。

二、案件审理

仲裁庭审理查明：关于工程总价款问题，双方认可曾共同签字确认合同总价款由原来6771435美元降为5610099美元，申请人交给被申请人的工程预（结）算表中，就增加工程及签证分项列价，标明新增工程价为56636美元。被申请人代表对部分单价做修改，并注明"实际数量及价格合理，应按我们改后之单价结算，实际为52057美元"。仲裁庭由此认定工程总价款为5662156美元。

关于工程验收问题，申请人在装修工程完工后，即会同被申请人指定的设计师及管理人员进行验收，并且设计师及管理人员向申请人签发了"工程竣工验收证书"。由此仲裁庭认为被申请人有关验收证书异议不成立。

关于5%保修金问题，在工程竣工后的保修期内，申请人按照被申请人在验收证书中所列的保修项目做了全面整改，被申请人对整改项目也有签字认可。仲裁庭认为，被申请人主张无事实依据，应按合同约定支付申请人5%保修金及利息。关于工程尾款问题，根据被申请人已付数额，认定尚欠尾款为110000美元。对于多支付的430440美元，被申请人称双方均同意转交给某香港公司作为被申请人装修酒店购买装修材料的定金，被申请人同时承认申请人已将该定金汇给某香港公司。仲裁庭认为，香港公司和申请人是两个不同法人，被申请人不能以该两公司的法定代表人系同一人为由，而认为是申请人收取了定金，也不能以香港公司未履约为由，认为定金抵偿了工程款。最后仲裁委员会裁决被申请人偿付申请人工程尾款110000美元、保修金283777美元及两款相应利息。

三、案例评析

诉讼与仲裁，是解决合同争议的两个基本法律途径。仲裁一般以不公开审理为原则，有着很好的保密性，对当事人今后的商业机会影响较小。同时仲裁实行一裁终局制、有利于迅速解决纠纷，并且由于时间上的快捷性，费用相应节省，又无需多级审级收费，故仲裁收费总体来说要比诉讼低一些。相对诉讼而言，建筑企业可优先考虑通过仲裁解决拖欠工程款等工程合同纠纷。此外，由于仲裁员通常是具有行业背景的专家，在解决复杂的专业问题上更有权威，因此仲裁结果更能符合实际。

选择仲裁解决工程合同纠纷，应在合同中事先约定或在发生争议后各方对通过仲裁解决达成一致，这是仲裁协议成立的法律要件之一。我国一些直辖市、省、自治区人民政府所在地及其他设区的市设有仲裁委员会，受理国内仲裁案件。中国国际经济贸易仲裁委员会和中国海事仲裁委员会是我国两个常设涉外仲裁机构，前者受理涉及中国法人、自然人、其他经济组织利用外国的、国际组织的或香港、澳门特别行政区、台湾地区的资金、技术或服务进行项目融资、招标投标、工程建设等活动的争议以及其他涉外争议，后者受理的是涉外海事争议。

案例2

原告：陆某
被告：珠海市某建设有限公司
共同被告：南京市某工程公司

一、基本案情

南京市六合区陆老汉在六合区雄州镇从事养鸭业已有5年多的时间。自2004年10月起，由于珠海市某建设有限公司和南京市某工程公司两家公司，在他养殖鸭子的附近承建公路和给排水工程，两公司昼夜施工，施工车辆造成强烈的光污染和噪声污染，导致他饲养的800只鸭子死亡，给他带来较大的经济损失。因此他将这两家公司告上法院，要求他们赔偿因800只鸭子死亡而造成的经济损失计人民币2.3万余元，并赔偿本案的诉讼费。

法庭上，原告先拿出了与六合区龙池乡政府签订的养鸭承包合同，证明自己是合法的养鸭经营户。接着，为了证明光污染、噪声污染对自己鸭子的直接损害行为的确存在，他又拿出南京市畜牧兽医站出具的检疫报告和2004年11月1日六合区兽医站及2004年11月21日六合龙池派出所出具的书证个1份。建议报告称："在取送检鸭子心、肺、肝、脾脏镜检中，未见细菌，结果为该送检鸭为受刺激引起应激反应，打堆挤压受伤死亡。"在兽医站和派出所的书证中，证明麻鸭死亡是施工噪音及光污染造成。

原告认为：施工工地在10月29日开始组织十几台大拖车夜间施工，这时的施工震动、噪声、夜间强光和汽车鸣笛声最严重的时候，第二天（10月30日）自家的麻鸭就出现大批死亡。凭着他多年的养鸭经验，这绝不是偶然。

被告珠海和南京两家工程公司在庭审中认为：他们的施工是合法行为，且远离住户，施工中机械和灯光是必须使用的。更何况，他们早在2004年8月份就开始施工，而陆老汉是10月份养的鸭子，施工在前，养殖在后。两被告还认为原告对鸭子的死亡也负有责任。他们表示，鸭子的饲养与鸭苗、饲养条件、气候条件、管理条件等有密切关系，原告本可采取避让、协商等方式减少甚至避免损害的发生，却怠于采取，加之南京市畜牧兽医站的检验报告明确讲道，鸭子被挤压受伤死亡，说明养殖管理有问题。

二、案件审理

为了进一步查清鸭子死亡原因，六合区人民法院审理法官来到了位于六合开发区牛巴沟西侧的陆老汉家鸭架现场。测出鸭架距河面12米，距东边二被告施工现场最近处为17余米，距施工路面49米多。2006年1月份，南京市六合区法院作出一审判决，要求珠海某建设有限公司和南京市某工程公司两工程施工单位对因施工光污染、噪声污染而导致小麻鸭死亡的养鸭农民陆老汉赔偿1.3万余元。

三、案例分析

在此案中，施工单位因在施工过程中未能遵守环境保护的法律规定，而给他人造成财产损害，应承担侵权的事责任。由于本案是施工噪声、光污染引起的赔偿诉讼，最高人民法院《关于民事诉讼证据的若干规定》明确因环境污染引起的损害赔偿诉讼举证责任倒置，由加害人就法律规定的免责事由及其行为与损害结果之间不存在因果关系承担举证责任；但因珠海、南京两工程公司在诉讼中对此未能提出充分证据加以证明，而陆老汉所提供的证据经过庭审质证，能够相互印证，具有一定的真实性，故认定陆老汉饲养的鸭子死亡是两公司施工噪声、光污染造成是正确的。

案例3

原告：××建筑公司

被告：××房地产公司

一、基本案情

1997年原告与被告签订建筑安装工程施工合同，约定由原告承包被告某项目一期和二期工程。一期工程如期于1998年9月竣工并交付使用。工程质量经建筑工程质量监督站评定为优良等级，后又经省建设厅评定为省优良样板工程。而此项工程，被告欠工程尾款75万元。二期工程由原告施工，工程进度按合同约定进行，至收尾阶段，被告欠工程尾款560万元。另按合同约定，被告还应付两项工程逾期付款违约金46万元，逾期付款利息100万元。被告拖欠巨额工程款，原告为维护企业的合法权益，在多次与被告交涉未果的情况下，于1999年诉至人民法院。

二、案件审理

法院审理过程中，被告对原告诉指无异议，但对一期工程延误20天的工期，要求原告承担违约责任。法院在审理中查明，原告施工期间，市防汛国道指挥部于1998年8月1日发布冻结全市所有建筑施工单位的砂石建筑材料，以备统一调用的6号令，直到8月28日此令才得以解除。延误工期20天系不可抗力造成，原告不承担责任。

1999年12月法院对此案作出判决，就一期工程欠款判决被告偿付原告75万元，并付给原告垫付的案件受理费 49300 元。然而，判决下达后，被告既未在法定时限内提出上诉，判决生效后又不履行法律文书确定的还款义务。2000 年 11 月，法院裁定将被告二期工程 1~8 层和地下室拍卖。

当法院下达 194 号《民事裁定书》后，某保险公司于 12 月 15 日向法院提出执行异议，声明二期工程由该公司全额出资兴建，拥有产权，并出示了一份实际上并未履行的所谓"联合开发"的合同，希图否定被告作为开发单位的身份。可是，在同年 12 月 12 日给原告的复函中则称该公司"已按合同向被告付款"，表明被告是开发单位。原来被告将未竣工在建项目二期卖给了保险公司，保险公司则在四层以上安排了员工居住。依据《建筑法》，未验收工程是不准使用的。处于此种情况下，保险公司想为自身一辩。但是，法院在 2001 年 4 月 12 日明确通知该公司："你公司提出的执行异议不成立，现予以驳回。你公司应按我院 194 号裁定书履行。"

三、案例分析

业主的不规范行为是造成建筑市场混乱的一个主要原因。在本案中，房地产开发商一方面拖欠巨额工程款，另一方面又将在建工程卖给他人，这种不规范行为应当受到法律的制裁。我国《建筑法》及《建设工程质量管理条例》均明确规定，建设工程未经竣工验收合格，不得交付使用。违反了这一强制性规定的交易行为是违法的。本案中，案外人某保险公司在无完备竣工验收手续的情况下购买楼盘，这种行为是不受法律保护的。法院根据《建筑法》的有关规定驳回保险公司的异议是正确的。

第十七章 建设法律责任

第一节 法律责任概述

一、法律责任的概念

（一）法律责任的概念

法律责任也称违法责任，是指自然人、法人或国家公职人员因违反法律而应依照法律承担的法律后果。

（二）法律责任的特征

1. 法律责任具有法定性

法律责任的法定性主要表现了法律的强制性，即违反法律时就必然要受到法律的制裁，它是国家强制力在法律规范中的一个具体体现。

2. 引起法律责任的原因是法律关系的主体违反了法律

法律关系主体违反法律不仅包括没有履行法定义务，而且还包括超越法定权利。任何违反法定的义务或超越法定权利的行为，都是对法律秩序的破坏，因而必然要受到国家强制力的修正或制裁。

3. 法律责任的大小同违反法律义务的程度相适应

违反法律义务的内容多、程度深，法律责任就大，相反，违反法律义务少、程度浅，法律责任就小。

4. 法律责任须由专门的国家机关和部门来认定

法律责任是根据法律的规定而让违法者承担一定的责任，是法律适用的一个组成部分。因此，它必须由专门的国家机关或部门来认定，无权的单位和个人是不能确定法律责任的。

二、法律责任的构成要件

通常，有违法行为就要承担法律责任，受到法律制裁。但是，并不是每一个违法行为都能引起法律责任，只有符合一定条件的违法行为才能引起法律责任。这种能够引起法律责任的各种条件的总和称之为法律责任的构成要件。法律责任的构成要件有两种：一类是一般构成要件，即只要具备了这些条件就可以引起法律责任，法律无需明确规定这些条件；另一类是特殊要件，即只有具备法律规定的要件时，才能构成法律责任。特殊要件必须有法律的明确规定。

（一）一般构成要件

法律责任的一般构成要件由以下四个条件构成，它们之间互为联系、互为作用，缺一不可。

1. 有损害事实发生

损害事实就是违法行为对法律所保护的社会关系和社会秩序造成的侵害。这种损害事实首先具有客观性，即已经存在，没有存在损害事实，则不构成法律责任。其次，损害事实不同于损害结果。损害结果是违法行为对行为指向的对象所造成的实际损害。由此可见，有些违法行为尽管没有损害结果，但是已经侵犯了一定的社会关系或社会秩序，因而也要承担法律责任，如犯罪的预备、未遂、中止等。

2. 存在违法行为

法律规范中规定法律责任的目的就在于让国家的政治生活和社会生活符合统治阶级的意志，以国家强制力来树立法律的威严，制裁违法，减少犯罪。如果没有违法行为，就无需承担法律责任，而且合法的行为还要受到法律的保护。所以，只要行为没有违法，尽管造成了一定的损害结果，也不承担法律责任。如正当防卫、紧急避险和执行职务的行为，就不承担法律责任。

3. 违法行为与损害事实之间有因果关系

违法行为与损害事实之间的因果关系，指的是违法行为与损害事实之间存在着客观的、必然的因果关系。就是说，一定损害事实是该违法行为所引起的必然结果，该违法行为正是引起损害事实的原因。

4. 违法者主观上有过错

所谓过错，是指行为人对其行为及由此引起的损害事实所抱的主观态度，包括故意和过失。如果行为在主观上既没有故意也没有过失，则行为人对损害结果不必承担法律责任。如企业在施工中遇到严重的暴风雨，造成停工，从而延误了工期，在这种情况下，停工行为和延误工期造成损失的结果并非出自施工者的故意和过失，而属于不可抗力，因而不应承担法律责任。

（二）特殊构成要件

特殊构成要件是指由法律特殊规定的法律责任的构成要件，它们不是有机地结合在一起的，而是分别同一般要件构成法律责任。

1. 特殊主体

在一般构成要件中对违法者即承担责任的主体没有特殊规定，只有具备了相应的行为能力即可成为责任主体。而特殊主体则不同。它是指法律规定违法者必须具备一定的身份和职务时才能承担法律责任。主要指刑事责任中的职务犯罪，如贪污、受贿等，以及行政责任中的职务违法，如徇私舞弊、以权谋私等。不具备这一条件时，则不承担这类责任。

2. 特殊结果

在一般构成要件中，只要有损害事实的发生就要承担相应的法律责任，而在特殊结果中则要求后果严重、损失重大，否则不能构成法律责任。如质量监督人员对工程的质量监督工作粗心大意、不负责任，致使应当发现的隐患而没有发现，造成严重的质量事故，那么他就要承担玩忽职守的法律责任。

3. 无过错责任

一般构成要件都要求违法者主观上必须有过错，但许多民事责任的构成要件则不要求行为者主观上是否有过错，只要有损害事实的发生，那么，受益人就要承担一定的法律责任。这种责任，主要反映了法律责任的补偿性，而不具有法律制裁意义。

4. 转承责任

一般构成要件都是要求实施违法行为者承担法律责任，但在民法和行政法中，有些法律责任则要求与违法者有一定关系的第三人来承担。如未成年人将他人打伤的侵权赔偿责任，应由未成年人的监护人来承担。

三、法律责任的种类

依照行为违法的不同和违法者承担法律责任的方式的不同，法律责任可分为民事责任、行政责任、经济责任、刑事责任和违宪责任。这里，仅介绍前四种。

1. 民事责任

民事责任是指按照民法规定，民事主体违反民事义务时所应承担的法律责任。以产生责任的法律基础为标准，民事责任可分为违约责任和侵权责任。违约责任是指行为人不履行合同义务而承担的责任。侵权责任是指行为人侵犯国家、集体和公民的财产权利以及侵犯法人名称权和自然人的人身权时所应承担的责任。承担民事责任的方式有：停止侵害、排除妨碍、消除危险、返还财产、恢复原状、修理、更换、重作、赔偿损失、支付违约金、消除影响、恢复名誉、赔礼道歉等。

2. 行政责任

行政责任是指因违反法律和法规而必须承担的法律责任。它包括两种情况：一种是公民和法人因违反行政管理法律、法规的行为而应承担的行政责任；另一种一是国家工作人员因违反政纪或在执行职务时违反行政法规的行为。与此相适应的行政责任的承担方式分为两类：一类是行政处罚，即由国家行政机关或授权的企事业单位、社会团体，对公民和法人违反行政管理法律和法规的行为所实施的制裁，主要有警告、罚款、拘留、没收、停止营业等。另一类是行政处分，即由国家机关、企事业单位对其工作人员违反行政法规或政纪的行为所实施的制裁，主要有警告、记过、记大过、降职、降薪、撤职、留用察看、开除等。

3. 经济责任

经济责任是指经济法律关系主体因违反经济法律和法规而应承担的法律责任。由于经济法律关系包含了行政、民事法律关系的内容，因此，其法律责任的承担方式主要是行政责任和民事责任的承担方式，如果违反经济法律关系的行为触犯了刑法的规定，那么，必须承担刑事责任。

4. 刑事责任

刑事责任是指犯罪主体因违反刑法的规定，实施了犯罪行为时所应承担的法律责任。刑事责任是法律责任中最强烈的一种，其承担方式是刑事处罚。刑事处罚有两种：一种是主刑，包括管制、拘役、有期徒刑、无期徒刑和死刑。另一种是附加刑，包括罚金、没收财产和剥夺政治权利。有些刑事责任可以根据犯罪的具体情况而免除刑事处罚。对免除刑事处罚的罪犯，有关部门可以根据法律的规定使其承担其他种类法律责任，如对贪污犯可以给予开除公职的行政处分等。

第二节　工程建设常见法律责任

一、工程建设民事责任

1. 民事责任概念

民事责任是指按照民法规定，民事主体违反民事义务时所应承担的法律责任。

2. 民事责任分类

(1) 违约责任是指行为人不履行合同义务而承担的责任。

(2) 侵权责任是指行为人侵犯国家、集体和公民的财产权利以及侵犯法人名称权和自然人的人身权时所应承担的责任。

3. 承担民事责任的方式

(1) 停止侵害

当侵权行为人实施的侵权行为仍然处于继续状态时,受害人可以依法要求法院责令加害人停止侵害人身或财产权的行为。停止侵害可以及时制止侵权行为,防止侵害后果的继续扩大。

(2) 排除妨碍

当侵权行为人实施的侵权行为使受害人的财产权利、人身权利无法正常行驶时,受害人有权请求排除妨碍。

(3) 消除危险

当行为人的行为对他人的人身财产安全造成了威胁,或存在对他人人身、财产造成损害的危险时,处于危险中的人有权要求行为人采取措施消除危险。

(4) 返还财产

当侵权行为人没有合法依据,将他人财产据为己有时,受害人有权要求其返还财产。返还财产是物的追及权的表现形式,根据民法理论,无论物权标的物辗转于何人之手,其所有人均可要求物的占有人进行返还。

(5) 恢复原状

恢复原状是指侵权行为致使他人的财产遭到损坏或形状改变,受害人有权要求加害人对受损财产进行修复或采取其他措施,使其回复到原来状态。

(6) 赔偿损失

当侵权行为人给他人造成财产或人身损害时,应当给予赔偿。所谓赔偿,就是以金钱方式对受害人遭受的损失进行弥补。一般而言包括对财产损失的赔偿,对人身损害的赔偿以及精神损害的赔偿。

1) 对财产损失的赔偿。侵权行为人侵犯他人财产权的,首先应返还原物,原物如果损坏但能修复的要尽量修复,修复后导致价值减少的应给予经济补偿,如果既不能返还原物,又不能恢复原状的,就应考虑进行赔偿损失。

2) 对人身损害的赔偿。侵害公民身体造成伤害的,应当赔偿医疗费、因误工减少收入、残废者生活补助费等费用;造成死亡的,并应当支付丧葬费、死者生前抚养的人必要的生活费等费用。

3) 精神损害的赔偿。所谓精神损害,是指民事主体依法享有的人格权和身份权受到不法侵害,遭受到的精神上的痛苦。对精神损害以金钱的方式给予赔偿可以对受害者以经济上的补偿、精神上的抚慰。精神损害赔偿的内容除要求侵权人承担停止侵害、恢复名誉、消除影响、赔礼道歉等民事责任外,受害人还可要求侵权人赔偿相应的精神损害抚慰金。精神抚慰金的方式包括:致人残疾的,为残疾赔偿金;致人死亡的,为死亡赔偿金;以及其他损害情形的精神抚慰金。

(7) 消除影响、恢复名誉

1) 公民的姓名权、肖像权、名誉权、荣誉权受到侵害的,有权要求恢复名誉,消除影响。

2) 法人的名称权、名誉权、荣誉权受到侵害的,也可要求恢复名誉、消除影响。

3) 消除影响,是指行为人因为其侵权行为在一定范围内对受害人的人格权造成了不良影响,应该予以消除。

4) 恢复名誉,是指侵权行为人因其侵权行为导致被害人人格评价降低的,应该使受害人的人格利益恢复至未受侵害前的状态。

(8) 赔礼道歉

1) 赔礼道歉是指侵权行为人通过向受害人承认错误、表达歉意、请求原谅的方式以弥补受害人心理上的创伤。

2) 赔礼道歉适用于对公民的姓名权、肖像权、名誉权、荣誉权的侵害及对法人的名称权、名誉权、荣誉权的侵害。

4. 违反建筑市场管理法律、法规责任认定与处理

(1) 连带责任

建筑施工企业转让,出借资质证书或者以其他方式允许他人以本企业的名义承揽工程的,对承揽工程不符合规定的质量标准造成的损失、建筑施工企业与使用本企业名义的单位或者个人承担连带赔偿责任。

(2) 损害赔偿责任

涉及主体或承重结构变动的装修工程擅自施工的,给他人造成损失的,应当承担补偿损失的责任。

(3) 因相邻关系引起的民事责任

1) 施工现场对毗邻建筑物、构筑物和特殊环境可能造成损害的,建筑施工企业应当采取安全防护措施。否则,对方有权要求排除危险,由此造成损失的,建筑施工单位应当赔偿。

2) 建筑施工企业应当保护施工现场的地下管线。否则有关方面有权要求停止侵害;造成损失的,建筑施工单位应当赔偿。

3) 施工现场因噪声,振动等妨碍周围邻人生产、生活的,他人有权要求建筑施工单位采取控制措施。对由此造成损害的,建筑施工单位应当赔偿。

(4) 职务侵权责任

负责颁发建筑工程施工许可证的部门及其工作人员,对不符合施工条件的建筑工程颁发许可证的,负责工程质量监督检查或竣工验收部门及其工作人员,对不合格的建筑工程出具合格文件或按合格工程验收的。如造成损失,由该部门承担相应的赔偿责任。

5. 违反建设工程质量管理法律、法规责任认定与处理

(1) 连带责任

1) 承包单位转包工程或者违法分包,造成工程不符合工程质量标准的损失由承包单位与接受转包和分包的单位承担连带赔偿责任。

2) 工程监理单位与建设单位或施工企业串通,弄虚作假,降低工程质量造成损失,由工程监理单位、建设单位或施工企业承担连带赔偿责任。

(2) 损害赔偿责任

1) 建筑设计单位不按照建筑工程质量、安全标准进行设计，造成损失的，承担赔偿责任。

2) 建筑企业在施工中偷工减料的，使用不合格建筑材料、建筑构配件和设备的，或者不按工程设计图纸或施工技术标准施工的行为，造成工程质量不符合规定的质量标准的，首先是返工、修理，如果造成损失的，还应当赔偿因此造成的损失。

(3) 质量责任

1) 在建筑物的合理使用寿命内，因建筑质量不合格受到损害、受害方有权依据实际情况向施工单位、设计单位、建设单位、监理单位要求赔偿。

2) 在建设工程保修期内出现屋顶、墙面渗漏、开裂等质量问题，有关方面应当承担维修和赔偿责任。但因意外事件而出现的问题，有关方面不承担责任。

二、工程建设行政责任

1. 行政责任概念

行政责任是指因违反法律和法规而必须承担的法律责任。

2. 行政责任分类

(1) 公民和法人因违反行政管理法律、法规的行为而应承担的行政责任；

(2) 国家工作人员因违反政纪或在执行职务时违反行政法规的行为。

3. 行政责任的承担方式

(1) 行政处罚。即由国家行政机关或授权的企事业单位、社会团体，对公民和法人违反行政管理法律和法规的行为所实施的制裁，主要有警告、罚款、拘留、没收、停止营业等。

(2) 行政处分。即由国家机关、企事业单位对其工作人员违反行政法规或政纪的行为所实施的制裁，主要有警告、记过、记大过、降职、降薪、撤职、留用察看、开除等。

4. 违反建筑市场管理法律、法规责任认定与处理

(1) 建设单位未取得施工许可证或者开工报告未经批准擅自施工的，责令停止施工，限期改正，处工程合同价款百分之一以上百分之二以下罚款。

(2) 建设单位将工程发包给不具有相应资质条件的承包单位的，或者将建筑工程肢解分包的，责令改正，处以 50 万以上 100 万以下的罚款，超越本单位资质等级承揽工程的，责令停止违法行为，处以罚款，可以责令停业整顿，降低资质等级；情节严重的。吊销资质证书；有违法所得的，予以没收。未取得资质证书的，予以取缔，并处罚款；有违法所得的，予以没收。以欺骗手段取得资质证书的，吊销资质证书，处以罚款。

(3) 勘察、设计、施工、监理单位超越本单位资质等级承揽工程的，责令停止违法行为，对勘察、设计、施工、监理单位处以合同约定的勘察费、设计费或者监理酬金 1 倍以上 2 倍以下的罚款。对施工单位处以工程合同价款 2% 以上 4% 以下的罚款，可以责令停业，降低资质等级；情节严重的，吊销资质证书；有违法所得的，予以没收。未取得资质证书承揽工程的，予以取缔，处以罚款；以欺骗手段取得资质证书承揽工程的，吊销资质证书，处以罚款。

(4) 勘察、设计、施工、工程单位允许其他单位或个人以本单位名义承揽工程的，责令改正，没收违法所得，对勘察、设计单位和工程监理单位处合同约定的勘察费、设计费和监理酬金 1 倍以上 2 倍以下的罚款；对施工单位处工程合同价款 2% 以上 4% 以下的罚

款；可以责令停业整顿，降低资质等级；情节严重的，吊销资质证书。

（5）承包单位将承包的工程转包的，或者违反法律规定进行分包的，责令改正，没收违法所得，并处罚款，对勘察设计单位，处合同约定的勘察费、设计费25%以上50%以下的罚款；对施工单位处工程合同价款0.5%以上1%以下的罚款；可以责令停业整顿，降低资质等级；情节严重的，吊销资质证书。

（6）在工程发包与承包中索贿、受贿、行贿构成犯罪的，分别处以罚款，没收贿赂的财物，对直接负责的主管人员和其他直接责任人员给予处分。对行贿的单位除依照上述的规定处罚外，可以责令停业整顿，降低资质等级或者吊销资质证书。

（7）违反法律规定，涉及建筑主体或者承重结构变动的装修工程擅自施工的，责令改正，处以罚款。

5. 违反建设工程质量管理法律、法规责任认定与处理

（1）勘察单位为按照工程建设强制性标准进行勘察的；设计单位未根据勘察成果文件进行工程设计的；设计单位指定建筑材料、建筑构配件的生产厂、供应商的；设计单位未按照工程建设强制性标准进行设计的，责令其改正，并处10万元以上30万元以下罚款，造成工程质量事故的，责令停止整顿，降低资质等级；情节严重的，吊销资质证书。

（2）工程监理单位与建设单位或者建筑施工企业串通，弄虚作假、降低工程质量的；或者将不合格的建设工程、建筑材料、建筑构配件和设备按照合格签字的，责令改正，处50万以上100万以下的罚款，降低资质等级或者吊销资质证书；有违法所得的，予以没收。工程监理单位转让监理业务的，责令改正，没收违法所得，可以责令停止整顿，降低资质等级；情节严重的，吊销资质证书。工程监理单位与监理工程的施工承包单位以及建筑材料、建筑构配件和设备供应单位有隶属关系或者其他利害关系而承担该项建设工程的监理业务的，责令改正，处5万元以上10万元以下的罚款，降低资质等级或者吊销资质证书；有违法所得的，予以没收。

（3）建设单位违反规定，要求建筑设计单位或者建筑施工企业违反建筑工程质量、安全标准，降低工程质量的，责令改正，可以处20万以上50万以下的罚款。

（4）施工单位在施工中偷工减料的，使用不合格的建筑材料、建筑构配件和设备的，或者有其他不按照工程设计图纸或者施工技术标准施工的行为的，责令改正，处以合同价款2%以上4%以下的罚款；情节严重的，责令停业整顿，降低资质等级或者吊销资质证书。施工单位未对建筑材料、建筑构配件、设备和商品混凝土进行检验，或者未对设计结构安全的试块、试件以及有关材料取样监测的，责令改正，处10万元以上20万元以下的罚款，情节严重的，则令停业整顿，降低资质等级或者吊销资质证书。

（5）建筑施工企业违反规定，不履行保修义务或者拖延履行保修义务的，责令改正，可以处以10万以上20万以下的罚款。

（6）设计建筑主体或承重结构变动的装修工程，没有设计方案擅自施工的，责令改正，处50万元以上100万元以下的罚款；房屋建筑使用者在装修过程中擅自变动房屋建筑主体和承重结构的，责令改正，处5万元以上10万元以下的罚款。

（7）发生重大质量事故隐瞒不报、谎报或者拖延报告期限的，对直接负责的主管人员和其他责任人员依法给予行政处分。

（8）注册建筑师、注册结构工程师、监理工程师等注册执业人员因过错造成质量事故

的,责令停止执业1年;造成重大质量事故的,吊销执业资格证书,5年以内不予注册,情节特别恶劣的,终身不予注册。

(9)建设、勘察、设计、施工、工程监理单位的工作人员因调动工作、退休等原因离开该单位后,被发现在该单位工作期间违反国家有关建设工程质量管理规定,造成重大工程质量事故的,仍应当依法追究法律责任。

6. 违反建设工程安全管理法律、法规责任认定与处理

(1)对造成重大事故承担直接责任的建设单位,由其上级主管部门或当地建设行政主管部门,根据调查组的建议,令其限期改善工程建设技术安全措施,并依据有关法规予以处罚。

(2)建筑设计单位不按照建筑工程质量、安全标准进行设计的,责令改正,处以罚款;造成工程质量事故的,责令停业整顿,降低资质等级或者吊销资质证书,没收违法所得,并处罚款;造成损失的,承担赔偿责任。

(3)建筑施工企业安全生产规章制度不落实或者违章指挥、违章作业的;不按照建筑安全生产技术标准施工或者构配件生产,存在着严重事故隐患或者发生伤亡事故的;不按照规定提取和使用安全技术措施费,安全技术措施不落实,连续发生伤亡事故的;连续发生同类伤亡事故或者伤亡事故连年超标,或者发生重大死亡事故的;对发生重大伤亡事故抢救不力,致使伤亡人数增多的;对于伤亡事故隐匿不报或者故意拖延不报的,由县级以上人民政府建设行政主管部门分别给予警告、通报批评、责令限期改正、限期不准承包工程或者停产整顿、降低企业资质等级的处罚。

(4)负责行政审批的政府部门或者机构对不符合法律、法规和规章规定的安全条件予以批准的,不对取得批准的单位和个人实施严格监督检查,或者发现其不再具备安全条件而不立即撤销原批准的,对发现或者举报的未依法取得批准而擅自从事有关活动的,不予查封、取缔、不依法给予行政处罚,工商行政管理部门不予吊销营业执照的,对部门或者机构的正职负责人,根据情节轻重,给予降级、撤职直至开除公职的行政处分。

(5)市(地、州)、县(市、区)人民政府依照规定应当履行职责而未履行,或者未按照规定的职责和程序履行,本地区发生特大安全事故的,对政府主要领导人,根据情节轻重,给予降级或者撤职的行政处分。

(6)发生特大安全事故,社会影响特别恶劣或者性质特别严重的,由国务院对负有领导责任的省长、自治区主席、直辖市市长和国务院有关部门正职负责人给予行政处分。

三、工程建设刑事责任

1. 刑事责任概念

刑事责任是指犯罪主体因违反刑法的规定,实施了犯罪行为时所应承担的法律责任。

2. 刑事责任的承担方式

(1)刑事责任的承担方式是刑事处罚。刑事处罚有两种:

1)主刑,包括管制、拘役、有期徒刑、无期徒刑和死刑。

2)附加刑,包括罚金、没收财产和剥夺政治权利。

(2)有些刑事责任可以根据犯罪的具体情况而免除刑事处罚。对免除刑事处罚的罪犯,有关部门可以根据法律的规定使其承担其他种类法律责任,如对贪污犯可以给予开除公职的行政处分等。

3. 在城乡规划实施过程中引起刑事责任的行为

（1）由于违法建设行为而造成严重危害，威胁居民生命安全，使国家财产遭受重大损失，情节严重，已经构成违法的。

（2）以暴力、威胁方法阻挠城市规划管理人员依法执行公务，造成城乡规划实施受到严重影响，国家财产受到重大损失的直接责任人员，情节严重，已经构成犯罪的。

（3）由于城市规划行政主管部门的工作人员玩忽职守、滥用职权、徇私舞弊使国家、集体和公民个人财产遭受重大损失，情节严重，构成犯罪的。

（4）在城市规划实施过程中，由于违法建设行为而造成严重危害，威胁居民生命安全，使国家财产遭受重大损失，已经构成犯罪的，对于有关责任人员要追究刑事责任。

4. 违反建筑市场管理法律、法规责任认定与处理

（1）在工程发包与承包中索贿、受贿、行贿，情节严重的，分别依照《刑法》第163条、第164条、第385条、第386条和第390条的规定追究受贿罪和行贿罪的刑事责任，可以判处5年以下有期徒刑或者拘役；数额巨大或特别巨大的，可以处5年以上有期徒刑直至死刑，并可没收财产。

（2）对不具备相应资质等级条件的单位颁发该等级资质证书的；对不符合施工条件的建筑工程颁发施工许可证的；对不合格的建筑工程出具质量合格文件或者按合格工程验收的；政府及其所属部门的工作人员指定发包单位将招标发包的工程发包给指定的承包单位的，依照《刑法》第397条追究滥用职权罪、玩忽职守罪或者徇私舞弊罪的刑事责任。其中，滥用职权或者玩忽职守致使公共财产、国家和人民利益遭受重大损失的，处3年以下有期徒刑或者拘役；情节特别严重的，处3年以上7年下有期徒刑。徇私舞弊致使公共财产、国家和人民利益遭受重大损失的，处5年以上10年以下有期徒刑。

5. 违反建设工程质量管理法律、法规责任认定与处理

工程监理单位与建设单位、施工单位串通，弄虚作假、降低工程质量的；建设单位要求建筑设计单位或施工企业违反建筑工程质量、安全标准，降低工程质量；建筑设计单位不按照建筑质量、安全标准进行设计的；建筑施工企业在施工中偷工减料、使用不合格的建筑材料、建筑构配件和设备的，或者其他不按工程设计图纸或者施工技术标准施工的；涉及建筑主体或承重结构变动的装修工程擅自施工的；用欺骗手段取得资质证书的，发生重大质量、安全事故的，追究其建筑工程安全事故罪的刑事责任，依照《刑法》第137条的规定："对直接责任人员处五年以下有期徒刑或者拘役，并处罚金；后果特制严重的，处5年以上10年以下有期徒刑，并处罚金"。

6. 违反建设工程安全管理法律、法规责任认定与处理

（1）工程设计单位不按照建筑工程质量、安全标准进行设计的，构成犯罪的，依法追究刑事责任。

（2）工程施工企业对事故隐患不采取措施，致使发生重大事故，造成劳动者生命和财产损失的，追究刑事责任；工程施工企业强令劳动者违章冒险作业，发生重大伤亡事故，造成严重后果的，对责任人员依法追究刑事责任；工程施工企业安全生产规章制度不落实或者违章指挥、违章作业的；不按照建筑安全生产技术标准施工或者构配件生产，存在着严重事故隐患或者发生伤亡事故的；不按照规定提取和使用安全技术措施费，安全技术措施不落实，连续发生伤亡事故的；连续发生同类伤亡事故或者伤亡事故连年超标，或者发

生重大死亡事故的；对发生重大伤亡事故抢救不力，致使伤亡人数增多的；对于伤亡事故隐匿不报或者故意拖延不报的，构成犯罪的，由司法机关依法追究刑事责任。

(3) 负责行政审批的政府部门或者机构与当事人勾结串通的，构成受贿罪、玩忽职守罪或者其他罪的，依法追究刑事责任。负责行政审批的政府部门或者机构、负责安全监督管理的政府有关部门，未依照规定履行职责，发生特大安全事故的，对部门或者机构的正职负责人，根据情节轻重，给予撤职或者开除公职的行政处分；构成玩忽职守罪或者其他罪的，依法追究刑事责任。

(4) 市（地、州）、县（市、区）人民政府依照规定应当履行职责而未履行，或者未按照规定的职责和程序履行，本地区发生特大安全事故的，对政府主要领导人，构成玩忽职守罪的，依法追究刑事责任。

7. 工程建设活动中常见的刑事犯罪

(1) 重大责任事故罪

1) 重大责任事故罪是指工厂、矿山、林场、建筑企业或其他企业、事业单位的职工，由于不服管理，违反规章制度，或者强令工人违章冒险作业，因而发生重大伤亡事故或者造成其他严重后果，危害公共安全的行为。

2) 重大责任事故罪属过失犯罪，犯本罪的，处3年以下有期徒刑或者拘役；情节特别恶劣的，处3年以上7年以下有期徒刑。

(2) 重大劳动安全事故罪

1) 重大劳动安全事故罪是指工厂、矿山、林场、建筑企业或其他企业、事业单位的劳动安全设施不符合国家规定，经有关部门或者单位职工提出后，其直接责任人员对事故隐患仍不采取措施，因而发生重大伤亡事故或者造成其他严重后果，危害公共安全的行为。

2) 重大劳动安全事故罪属过失犯罪，犯本罪的，处3年以下有期徒刑或者拘役；情节特别恶劣的，处3年以上7年以下有期徒刑。

(3) 工程重大安全事故罪

1) 工程重大安全事故罪是指建设单位、设计单位、施工单位、工程监理单位违反国家规定，降低工程质量标准，造成重大安全事故，危害公共安全行为。

2) 犯本罪的，处5年以下有期徒刑或者拘役，并处罚金；后果特别严重的，处5年以上10年以下有期徒刑，并处罚金。

(4) 公司、企业人员受贿罪

1) 公司、企业人员受贿罪是指公司、企业的工作人员利用职务上的便利，索取他人财物或者非法收受他人财物，为他人谋取利益，数额较大的行为。

2) 公司、企业人员受贿罪是故意犯罪，犯本罪，数额较大（5000元至2万元以上）的，处5年以下有期徒刑或者拘役；数额巨大（10万元以上）的，处5年以上有期徒刑，可以并处没收财产。

(5) 向公司、企业人员行贿罪

1) 向公司、企业人员行贿罪是指为谋取不正当利益，给予公司、企业的工作人员以财物，数额较大的行为。

2) 向公司、企业人员行贿罪是故意犯罪，犯本罪，数额较大（5000元至2万元以上）的，处 3 年以下有期徒刑或者拘役；数额巨大（10 万元以上）的，处 3 年以上 10 年以下有期徒刑，可以并处罚金。单位犯本罪的，实行双罚制，即对单位判处罚金，并对其直接负责的主管人员或其他责任人员作出相应处罚。

(6) 贪污罪

1) 贪污罪是指国家工作人员利用职务上的便利，侵吞、窃取、骗取或者以其他手段非法占有公共财物的行为。

2) 贪污罪是故意犯罪，犯本罪，数额较大（5000 元至 2 万元以上）的，处 5 年以下有期徒刑或者拘役；数额巨大（10 万元以上）的，处 5 年以上有期徒刑，可以并处没收财产。

(7) 介绍贿赂罪

1) 介绍贿赂罪，是指向国家工作人员介绍贿赂，情节严重的行为。

2) 介绍贿赂罪是故意犯罪，犯本罪的，处 3 年以下有期徒刑或者拘役。介绍贿赂人在被追诉前主动交待介绍贿赂行为的，可以减轻处罚或者免除处罚。

(8) 单位行贿罪

1) 单位行贿罪，是指公司、企业、事业单位、机关、团体为谋取不正当利益而行贿，或者违反国家规定，给予国家工作人员以回扣、手续费，情节严重的行为。

2) 单位行贿罪是故意犯罪，犯本罪的，对单位判处罚金，并对其直接负责的主管人员和其他直接责任人员，处 5 年以下有期徒刑或者拘役。

(9) 签订、履行合同失职罪

1) 国家机关工作人员签订、履行合同失职被骗罪，是指国家机关工作人员在签订、履行合同过程中，因严重不负责任被诈骗，致使国家利益遭受重大损失的行为。

2) 国家机关工作人员签订、履行合同失职被骗罪是过失犯罪，犯本罪的，处 3 年以下有期徒刑或者拘役；致使国家利益遭受特别巨大损失的，处 3 年以上 7 年以下有期徒刑。

(10) 非法低价出让国有土地使用权罪

1) 非法低价出让国有土地使用权罪，是指国家机关工作人员徇私舞弊，违反土地管理法规，非法低价出让国有土地使用权，情节严重的行为。

2) 非法低价出让国有土地使用权是故意犯罪，犯本罪的，处 3 年以下有期徒刑或者拘役；致使国家或者集体利益遭受特别重大损失的．处 3 年以上 7 年以下有期徒刑。

(11) 强迫职工劳动罪

1) 强迫职工劳动罪，是指用人单位违反劳动管理法规，以限制人身自由方法强迫职工劳动，情节严重的。

2) 强迫职工劳动罪是故意犯罪，犯本罪的，实行单罚制，即对用人单位的直接责任人员，处 3 年以下有期徒刑或者拘役；并处或单处罚金。

(12) 挪用公款罪

1) 挪用公款罪，是指国家工作人员利用职务上的便利，挪用公款归个人使用，进行非法活动的，或者挪用公款数额较大、进行营利活动的，或者挪用公款数额较大、超过 3 个月未还的行为。

2) 挪用公款罪是故意犯罪，犯本罪的，处 5 年以下有期徒刑或者拘役；情节严重的，处 5 年以上有期徒刑；挪用公款数额巨大不退还的，处 10 年以上有期徒刑或者无期徒刑。

(13) 重大环境污染事故罪

1) 是指违反国家规定，向土地、水体、大气排放、倾倒或者处置有放射性的废物、含传染病病原体的废物、有毒物质或者其他危险废物，造成重大环境污染事故，致使公共财产遭受重大损失或者人身伤亡的严重后果的行为。

2) 重大环境污染事故罪是过失犯罪，犯本罪的，处 3 年以下有期徒刑或者拘役，并处或者单处罚金；后果特别严重的，处 3 年以上 7 年以下有期徒刑，并处罚金。单位犯本罪的，对单位判处罚金，对其直接负责的主管人员和其他直接责任人员依照上述规定处罚。

第三节 工程建设法律责任的认定与处理

一、违反《城乡规划法》的法律责任

1. 在城市规划区内，未取得建设用地规划许可证而取得建设用地批准文件、占用土地的，批准文件无效，占用的土地由县级以上人民政府责令退回。

2. 在城市规划区内，未取得建设工程规划许可证件或者违反建设工程规划许可证的规定进行建设，严重影响城市规划的，由县级以上人民政府城市规划行政主管部门责令停止建设，限期拆除或者没收违法建筑物、构筑物或者其他设施；影响城市规划，尚可采取改正措施的，由县级以上地方人民政府城市规划行政主管部门责令限期改正，并处罚款。

3. 对未取得建设工程规划许可证件或者违反建设工程规划许可证件的规定进行建设的单位的有关责任人员，可以由其所在单位或者上级主管机关给予行政处分。

4. 当事人对行政处罚决定不服的，可以在接到处罚通知之日起 15 日内，向作出处罚决定的机关的上一级机关申请复议；对复议决定不服的，可以在接到复议决定之日起 15 日内，向人民法院起诉。当事人也可以在接到处罚通知之日起 15 日内，直接向人民法院起诉。当事人逾期不申请复议、也不向人民法院起诉、又不履行处罚决定的，由作出处罚决定的机关申请人民法院强制执行。

5. 城市规划行政主管部门工作人员玩忽职守、滥用职权徇私舞弊的，由其所在单位或者上级主管机关给予行政处分；构成犯罪的，依法追究刑事责任。

二、违反《招标投标法》的法律责任

1. 应该招标而未招标的法律责任

必须进行招标的项目而不招标的，将必须进行招标的项目化整为零或者以其他任何方式规避招标的，责令限期改正，可以处项目合同金额千分之五以上千分之十以下的罚款；对全部或者部分使用国有资金的项目，可以暂停项目执行或者暂停资金拨付；对单位直接负责的主管人员和其他直接责任人员依法给予处分。

2. 招标代理机构法律责任

招标代理机构违反本法规定，泄露应当保密的与招标投标活动有关的情况和资料的，或者与招标人、投标人串通损害国家利益、社会公共利益或者他人合法权益的，处 5 万元以上 25 万元以下的罚款，对单位直接负责的主管人员和其他直接责任人员处单位罚款数

额 5%以上 10%以下的罚款；有违法所得的，并处没收违法所得；情节严重的，暂停直至取消招标代理资格；构成犯罪的，依法追究刑事责任。给他人造成损失的，依法承担赔偿责任。上述所列行为影响中标结果的，中标无效。

3. 招标人法律责任

（1）招标人以不合理的条件限制或者排斥潜在投标人的，对潜在投标人实行歧视待遇的，强制要求投标人组成联合体共同投标的，或者限制投标人之间竞争的，责令改正，可以处 1 万元以上 5 万元以下的罚款。

（2）依法必须进行招标的项目的招标人向他人透露已获取招标文件的潜在投标人的名称、数量或者可能影响公平竞争的有关招标投标的其他情况的，或者泄露标底的，给予警告，可以并处 1 万元以上 10 万元以下的罚款；对单位直接负责的主管人员和其他直接责任人员依法给予处分；构成犯罪的，依法追究刑事责任。上述所列行为影响中标结果的，中标无效。

（3）依法必须进行招标的项目，招标人违反本法规定，与投标人就投标价格、投标方案等实质性内容进行谈判的，给予警告，对单位直接负责的主管人员和其他直接责任人员依法给予处分。上述所列行为影响中标结果的，中标无效。

（4）招标人在评标委员会依法推荐的中标候选人以外确定中标人的，依法必须进行招标的项目在所有投标被评标委员会否决后自行确定中标人的，中标无效。责令改正，可以处中标项目金额 0.5%以上 1%以下的罚款；对单位直接负责的主管人员和其他直接责任人员依法给予处分。

4. 投标人法律责任

（1）投标人相互串通投标或者与招标人串通投标的，投标人以向招标人或者评标委员会成员行贿的手段谋取中标的，中标无效，处中标项目金额 0.5%以上 1%以下的罚款，对单位直接负责的主管人员和其他直接责任人员处单位罚款数额 5%以上 10%以下的罚款；有违法所得的，并处没收违法所得；情节严重的，取消其 1 年至 2 年内参加依法必须进行招标的项目的投标资格并予以公告，直至由工商行政管理机关吊销营业执照；构成犯罪的，依法追究刑事责任。给他人造成损失的，依法承担赔偿责任。

（2）投标人以他人名义投标或者以其他方式弄虚作假，骗取中标的，中标无效，给招标人造成损失的，依法承担赔偿责任；构成犯罪的，依法追究刑事责任。

依法必须进行招标的项目的投标人有上述所列行为尚未构成犯罪的，处中标项目金额 0.5%以上 1%以下的罚款，对单位直接负责的主管人员和其他直接责任人员处单位罚款数额 5%以上 10%以下的罚款；有违法所得的，并处没收违法所得；情节严重的，取消其 1～3 年内参加依法必须进行招标的项目的投标资格并予以公告，直至由工商行政管理机关吊销营业执照。

5. 评标委员会法律责任

评标委员会成员收受投标人的财物或者其他好处的，评标委员会成员或者参加评标的有关工作人员向他人透露对投标文件的评审和比较、中标候选人的推荐以及与评标有关的其他情况的，给予警告，没收收受的财物，可以并处 3000 元以上 5 万元以下的罚款，对有所列违法行为的评标委员会成员取消担任评标委员会成员的资格，不得再参加任何依法必须进行招标的项目的评标；构成犯罪的，依法追究刑事责任。

6. 中标人法律责任

(1) 中标人将中标项目转让给他人的，将中标项目肢解后分别转让给他人的，违反本法规定将中标项目的部分主体、关键性工作分包给他人的，或者分包人再次分包的，转让、分包无效，处转让、分包项目金额0.5％以上1％以下的罚款；有违法所得的，并处没收违法所得；可以责令停业整顿；情节严重的，由工商行政管理机关吊销营业执照。

(2) 中标人不履行与招标人订立的合同的，履约保证金不予退还，给招标人造成的损失超过履约保证金数额的，还应当对超过部分予以赔偿；没有提交履约保证金的，应当对招标人的损失承担赔偿责任。

(3) 中标人不按照与招标人订立的合同履行义务，情节严重的，取消其二年至五年内参加依法必须进行招标的项目的投标资格并予以公告，直至由工商行政管理机关吊销营业执照。

7. 行政处罚

(1) 招标人与中标人不按照招标文件和中标人的投标文件订立合同的，或者招标人、中标人订立背离合同实质性内容的协议的，责令改正；可以处中标项目金额0.5％以上1％以下的罚款。

(2) 本章规定的行政处罚，由国务院规定的有关行政监督部门决定。本法已对实施行政处罚的机关作出规定的除外。

8. 行政监督机关法律责任

对招标投标活动依法负有职责的国家机关工作人员徇私舞弊、滥用职权或者玩忽职守，构成犯罪的，依法追究刑事责任；不构成犯罪的，依法给予行政处分。

三、违反《建筑法》的法律责任

1. 建设施工企业法律责任

(1) 未取得施工许可证或者开工报告未经批准擅自施工的，责令改正，对不符合开工条件的责令停止施工，可以处以罚款。

(2) 超越本单位资质等级承揽工程的，责令停止违法行为，处以罚款，可以责令停业整顿，降低资质等级；情节严重的，吊销资质证书；有违法所得的，予以没收。未取得资质证书承揽工程的，予以取缔，并处罚款；有违法所得的，予以没收。以欺骗手段取得资质证书的，吊销资质证书，处以罚款；构成犯罪的，依法追究刑事责任。

(3) 建筑施工企业转让、出借资质证书或者以其他方式允许他人以本企业的名义承揽工程的，责令改正，没收违法所得，并处罚款，可以责令停业整顿，降低资质等级；情节严重的，吊销资质证书。对因该项承揽工程不符合规定的质量标准造成的损失，建筑施工企业与使用本企业名义的单位或者个人承担连带赔偿责任。

2. 工程承包单位法律责任

(1) 承包单位将承包的工程转包的，或者违反本法规定进行分包的，责令改正，没收违法所得，并处罚款，可以责令停业整顿，降低资质等级；情节严重的，吊销资质证书。

承包单位有前款规定的违法行为的，对因转包工程或者违法包的工程不符合规定的质量标准造成的损失，与接受转包或者分包的单位承担连带赔偿责任。

(2) 在工程发包与承包中索贿、受贿、行贿，构成犯罪的，依法追究刑事责任；不构成犯罪的，分别处以罚款、没收贿赂的财物、对直接负责的主管人员和其他直接责任人员给予处分。

对在工程承包中行贿的承包单位，除依照前款规定处罚外，可以责令停业整顿，降低资质等级或者吊销资质证书。

3. 工程监理单位法律责任

工程监理单位与建设单位或者建筑施工企业串通，弄虚作假、降低工程质量的，责令改正，处以罚款，降低资质等级或者吊销资质证书；有违法所得的，予以没收；造成损失的，承担连带赔偿责任；构成犯罪的，依法追究刑事责任。

工程监理单位转让监理业务的，责令改正，没收违法所得，可以责令停业整顿，降低资质等级；情节严重的，吊销资质证书。

4. 建筑施工、设计单位法律责任

（1）违反本法规定，涉及建筑主体或者承重结构变动的装修工程擅自施工的，责令改正，处以罚款；造成损失的，承担赔偿责任；构成犯罪的，依法追究刑事责任。

（2）建筑施工企业违反本法规定，对建筑安全事故隐患不采取措施予以消除的，责令改正，可以处以罚款；情节严重的，责令停业整顿，降低资质等级或者吊销资质证书；构成犯罪的，依法追究刑事责任。

建筑施工企业的管理人员违章指挥、强令职工冒险作业，因而发生重大伤亡事故或者造成其他严重后果的，依法追究刑事责任。

（3）建设单位违反本法规定，要求建筑设计单位或者建筑施工企业违反建筑工程质量、安全标准，降低工程质量的，责令改正，可以处以罚款；构成犯罪的，依法追究刑事责任。

（4）建筑设计单位不按照建筑工程质量、安全标准进行设计的，责令改正，处以罚款；造成工程质量事故的，责令停业整顿，降低资质等级或者吊销资质证书，没收违法所得，并处罚款；造成损失的，承担赔偿责任；构成犯罪的，依法追究刑事责任。

（5）建筑施工企业在施工中偷工减料的，使用不合格的建筑材料、建筑构配件和设备的，或者有其他不按照工程设计图纸或者施工技术标准施工的行为的，责令改正，处以罚款；情节严重的，责令停业整顿，降低资质等级或者吊销资质证书；造成建筑工程质量不符合规定的质量标准的，负责返工、修理，并赔偿因此造成的损失；构成犯罪的，依法追究刑事责任。

（6）建筑施工企业违反本规定，不履行保修义务或者拖延履行保修义务的，责令改正，可以处以罚款，并对在保修期内因屋顶、墙面渗漏、开裂等质量缺陷造成的损失，承担赔偿责任。

5. 处罚

（1）责令停业整顿、降低资质等级和吊销资质证书的行政处罚，由颁发资质证书的机关决定；其他行政处罚，由建设行政主管部门或者有关部门依照法律和国务院规定的职权范围决定。依照本法规定被吊销资质证书的，由工商行政管理部门吊销其营业执照。

（2）对不具备相应资质等级条件的单位颁发该等级资质证书的，由其上级机关责令收回所发的资质证书，对直接负责的主管人员和其他直接人员给予行政处分；构成犯罪的，依法追究刑事责任。

6. 主管部门法律责任

（1）政府及其所属部门的工作人员违反本法规定，限定发包单位将招标发包的工程发包给指定的承包单位的，由上级机关责令改正；构成犯罪的，依法追究刑事责任。

（2）负责颁发建筑工程施工许可证的部门及其工作人员对不符合施工条件的建筑工程颁发施工许可证的，负责工程质量监督检查或者竣工验收的部门及其工作人员对不合格的建筑工程出具质量合格文件或者按合格工程验收的，由上级机关责令改正，对责任人员给予行政处分；构成犯罪的，依法追究刑事责任；造成损失的，由该部门承担相应的赔偿责任。

四、违反《安全生产法》的法律责任

1. 安全生产监督管理部门相关法律责任

（1）负有安全生产监督管理职责的部门的工作人员，有下列行为之一的，给予降级或者撤职的行政处分；构成犯罪的，依照刑法有关规定追究刑事责任：

1）对不符合法定安全生产条件的涉及安全生产的事项予以批准或者验收通过的；

2）发现未依法取得批准、验收的单位擅自从事有关活动或者接到举报后不予取缔或者不依法予以处理的；

3）对已经依法取得批准的单位不履行监督管理职责，发现其不再具备安全生产条件而不撤销原批准或者发现安全生产违法行为不予查处的。

（2）负有安全生产监督管理职责的部门，要求被审查、验收的单位购买其指定的安全设备、器材或者其他产品的，在对安全生产事项的审查、验收中收取费用的，由其上级机关或者监察机关责令改正，责令退还收取的费用；情节严重的，对直接负责的主管人员和其他直接责任人员依法给予行政处分。

（3）承担安全评价、认证、检测、检验工作的机构，出具虚假证明，构成犯罪的，依照刑法有关规定追究刑事责任；尚不够刑事处罚的，没收违法所得，违法所得在5千元以上的，并处违法所得2倍以上5倍以下的罚款，没有违法所得或者违法所得不足5千元的，单处或者并处5千元以上2万元以下的罚款，对其直接负责的主管人员和其他直接责任人员处5千元以上5万元以下的罚款；给他人造成损害的，与生产经营单位承担连带赔偿责任。对有上述违法行为的机构，撤销其相应资格。

2. 生产经营单位相关法律责任

（1）生产经营单位的决策机构、主要负责人、个人经营的投资人不依照本法规定保证安全生产所必需的资金投入，致使生产经营单位不具备安全生产条件的，责令限期改正，提供必需的资金；逾期未改正的，责令生产经营单位停产停业整顿。

有上述违法行为，导致发生生产安全事故，构成犯罪的，依照刑法有关规定追究刑事责任；尚不够刑事处罚的，对生产经营单位的主要负责人给予撤职处分，对个人经营的投资人处2万元以上20万元以下的罚款。

（2）生产经营单位的主要负责人未履行本法规定的安全生产管理职责的，责令限期改正；逾期未改正的，责令生产经营单位停产停业整顿。

生产经营单位的主要负责人有上述违法行为，导致发生生产安全事故，构成犯罪的，依照刑法有关规定追究刑事责任；尚不够刑事处罚的，给予撤职处分或处2万元以上20万元以下的罚款。

生产经营单位的主要负责人依照上述规定受刑事处罚或者撤职处分的,自刑罚执行完毕或者受处分之日起,5年内不得担任任何生产经营单位的主要负责人。

(3) 生产经营单位有下列行为之一的,责令限期改正;逾期未改正的,责令停产停业整顿,可以并处2万元以下的罚款:

1) 未按照规定设立安全生产管理机构或者配备安全生产管理人员的;

2) 危险物品的生产、经营、储存单位以及矿山、建筑施工单位的主要负责人和安全生产管理人员未按照规定经考核合格的;

3) 未按照本法第21条、第22条的规定对从业人员进行安全生产教育和培训,或者未按照本法第36条的规定如实告知从业人员有关的安全生产事项的;

4) 特种作业人员未按照规定经专门的安全作业培训并取得特种作业操作资格证书,上岗作业的。

(4) 生产经营单位有下列行为之一的,责令限期改正;逾期未改正的,责令停止建设或者停产停业整顿,可以并处5万元以下的罚款;造成严重后果,构成犯罪的,依照刑法有关规定追究刑事责任:

1) 矿山建设项目或者用于生产、储存危险物品的建设项目没有安全设施设计或者安全设施设计未按照规定报经有关部门审查同意的;

2) 矿山建设项目或者用于生产、储存危险物品的建设项目的施工单位未按照批准的安全设施设计施工的;

3) 矿山建设项目或者用于生产、储存危险物品的建设项目竣工投入生产或者使用前,安全设施未经验收合格的;

4) 未在有较大危险因素的生产经营场所和有关设施、设备上设置明显的安全警示标志的;

5) 安全设备的安装、使用、检测、改造和报废不符合国家标准或者行业标准的;

6) 未对安全设备进行经常性维护、保养和定期检测的;

7) 未为从业人员提供符合国家标准或者行业标准的劳动防护用品的;

8) 特种设备以及危险物品的容器、运输工具未经取得专业资质的机构检测、检验合格,取得安全使用证或者安全标志,投入使用的;

9) 使用国家明令淘汰、禁止使用的危及生产安全的工艺、设备的。

(5) 未经依法批准,擅自生产、经营、储存危险物品的,责令停止违法行为或者予以关闭,没收违法所得,违法所得10万元以上的,并处违法所得1倍以上5倍以下的罚款,没有违法所得或者违法所得不足10万元的,单处或者并处2万元以上10万元以下的罚款;造成严重后果,构成犯罪的,依照刑法有关规定追究刑事责任。

(6) 生产经营单位有下列行为之一的,责令限期改正;逾期未改正的,责令停产停业整顿,可以并处2万元以上10万元以下的罚款;造成严重后果,构成犯罪的,依照刑法有关规定追究刑事责任:

1) 生产、经营、储存、使用危险物品,未建立专门安全管理制度、未采取可靠的安全措施或者不接受有关主管部门依法实施的监督管理的;

2) 对重大危险源未登记建档,或者未进行评估、监控,或者未制订应急预案的;

3) 进行爆破、吊装等危险作业,未安排专门管理人员进行现场安全管理的。

(7) 生产经营单位将生产经营项目、场所、设备发包或者出租给不具备安全生产条件或者相应资质的单位或者个人的，责令限期改正，没收违法所得；违法所得5万元以上的，并处违法所得1倍以上5倍以下的罚款；没有违法所得或者违法所得不足5万元的，单处或者并处1万元以上5万元以下的罚款；导致发生生产安全事故给他人造成损害的，与承包方、承租方承担连带赔偿责任。

生产经营单位未与承包单位、承租单位签订专门的安全生产管理协议或者未在承包合同、租赁合同中明确各自的安全生产管理职责，或者未对承包单位、承租单位的安全生产统一协调、管理的，责令限期改正；逾期未改正的，责令停产停业整顿。

(8) 两个以上生产经营单位在同一作业区域内进行可能危及对方安全生产的生产经营活动，未签订安全生产管理协议或者未指定专职安全生产管理人员进行安全检查与协调的，责令限期改正；逾期未改正的，责令停产停业。

(9) 生产经营单位有下列行为之一的，责令限期改正；逾期未改正的，责令停产停业整顿；造成严重后果，构成犯罪的，依照刑法有关规定追究刑事责任：

1) 生产、经营、储存、使用危险物品的车间、商店、仓库与员工宿舍在同一座建筑内，或者与员工宿舍的距离不符合安全要求的；

2) 生产经营场所和员工宿舍未设有符合紧急疏散需要、标志明显、保持畅通的出口，或者封闭、堵塞生产经营场所或者员工宿舍出口的。

(10) 生产经营单位与从业人员订立协议，免除或者减轻其对从业人员因生产安全事故伤亡依法应承担的责任的，该协议无效；对生产经营单位的主要负责人、个人经营的投资人处2万元以上10万元以下的罚款。

(11) 生产经营单位的从业人员不服从管理，违反安全生产规章制度或者操作规程的，由生产经营单位给予批评教育，依照有关规章制度给予处分；造成重大事故，构成犯罪的，依照刑法有关规定追究刑事责任。

(12) 生产经营单位主要负责人在本单位发生重大生产安全事故时，不立即组织抢救或者在事故调查处理期间擅离职守或者逃匿的，给予降职、撤职的处分，对逃匿的处15日以下拘留；构成犯罪的，依照刑法有关规定追究刑事责任。

生产经营单位主要负责人对生产安全事故隐瞒不报、谎报或者拖延不报的，依照上述规定处罚。

(13) 有关地方人民政府、负有安全生产监督管理职责的部门，对生产安全事故隐瞒不报、谎报或者拖延不报的，对直接负责的主管人员和其他直接责任人员依法给予行政处分；构成犯罪的，依照刑法有关规定追究刑事责任。

(14) 生产经营单位不具备本法和其他有关法律、行政法规和国家标准或者行业标准规定的安全生产条件，经停产停业整顿仍不具备安全生产条件的，予以关闭；有关部门应当依法吊销其有关证照。

(15) 本法规定的行政处罚，由负责安全生产监督管理的部门决定；予以关闭的行政处罚由负责安全生产监督管理的部门报请县级以上人民政府按照国务院规定的权限决定；给予拘留的行政处罚由公安机关依照治安管理处罚条例的规定决定。有关法律、行政法规对行政处罚的决定机关另有规定的，依照其规定。

(16) 生产经营单位发生生产安全事故造成人员伤亡、他人财产损失的，应当依法承担赔偿责任；拒不承担或者其负责人逃匿的，由人民法院依法强制执行。

生产安全事故的责任人未依法承担赔偿责任，经人民法院依法采取执行措施后，仍不能对受害人给予足额赔偿的，应当继续履行赔偿义务；受害人发现责任人有其他财产的，可以随时请求人民法院执行。

五、违反《质量管理条例》的法律责任

1. 建设单位法律责任

（1）建设单位将建设工程发包给不具有相应资质等级的勘察、设计、施工单位或者委托给不具有相应资质等级的工程监理单位的，责令改正，处50万元以上100万元以下的罚款。

（2）建设单位将建设工程肢解发包的，责令改正，处工程合同价款0.5%以上1%以下的罚款；对全部或者部分使用国有资金的项目，并可以暂停项目执行或者暂停资金拨付。

（3）建设单位有下列行为之一的，责令改正，处20万元以上50万元以下的罚款：

1）迫使承包方以低于成本的价格竞标的；
2）任意压缩合理工期的；
3）明示或者暗示设计单位或者施工单位违反工程建设强制性标准，降低工程质量的；
4）施工图设计文件未经审查或者审查不合格，擅自施工的；
5）建设项目必须实行工程监理而未实行工程监理的；
6）未按照国家规定办理工程质量监督手续的；
7）明示或者暗示施工单位使用不合格的建筑材料、建筑构配件和设备的；
8）未按照国家规定将竣工验收报告、有关认可文件或者准许使用文件报送备案的。

（4）建设单位未取得施工许可证或者开工报告未经批准，擅自施工的，责令停止施工，限期改正，处工程合同价款1%以上2%以下的罚款。

（5）建设单位有下列行为之一的，责令改正，处工程合同价款2%以上4%以下的罚款；造成损失的，依法承担赔偿责任：

1）未组织竣工验收，擅自交付使用的；
2）验收不合格，擅自交付使用的；
3）对不合格的建设工程按照合格工程验收的。

2. 勘察、设计、施工、工程监理单位法律责任

（1）勘察、设计、施工、工程监理单位超越本单位资质等级承揽工程的，责令停止违法行为，对勘察、设计单位或者工程监理单位处合同约定的勘察费、设计费或者监理酬金1倍以上2倍以下的罚款；对施工单位处工程合同价款2%以上4%以下的罚款，可以责令停业整顿，降低资质等级；情节严重的，吊销资质证书；有违法所得的，予以没收。

未取得资质证书承揽工程的，予以取缔，依照上述规定处以罚款；有违法所得的，予以没收。

以欺骗手段取得资质证书承揽工程的，吊销资质证书，依照本条第一款规定处以罚款；有违法所得的，予以没收。

（2）勘察、设计、施工、工程监理单位允许其他单位或者个人以本单位名义承揽工程

的，责令改正，没收违法所得，对勘察、设计单位和工程监理单位处合同约定的勘察费、设计费和监理酬金1倍以上2倍以下的罚款；对施工单位处工程合同价款2%以上4%以下的罚款；可以责令停业整顿，降低资质等级；情节严重的，吊销资质证书。

（3）承包单位将承包的工程转包或者违法分包的，责令改正，没收违法所得，对勘察、设计单位处合同约定的勘察费、设计费25%以上50%以下的罚款；对施工单位处工程合同价款0.5%以上1%以下的罚款；可以责令停业整顿，降低资质等级；情节严重的，吊销资质证书。

工程监理单位转让工程监理业务的，责令改正，没收违法所得，处合同约定的监理酬金25%以上50%以下的罚款；可以责令停业整顿，降低资质等级；情节严重的，吊销资质证书。

（4）违反本条例规定，有下列行为之一的，责令改正，处10万元以上30万元以下的罚款：

1）勘察单位未按照工程建设强制性标准进行勘察的；
2）设计单位未根据勘察成果文件进行工程设计的；
3）设计单位指定建筑材料、建筑构配件的生产厂、供应商的；
4）设计单位未按照工程建设强制性标准进行设计的。

有上述所列行为，造成重大工程质量事故的，责令停业整顿，降低资质等级；情节严重的，吊销资质证书；造成损失的，依法承担赔偿责任。

（5）施工单位在施工中偷工减料的，使用不合格的建筑材料、建筑构配件和设备的，或者有不按照工程设计图纸或者施工技术标准施工的其他行为的，责令改正，处工程合同价款2%以上4%以下的罚款；造成建设工程质量不符合规定的质量标准的，负责返工、修理，并赔偿因此造成的损失；情节严重的，责令停业整顿，降低资质等级或者吊销资质证书。

（6）施工单位未对建筑材料、建筑构配件、设备和商品混凝土进行检验，或者未对涉及结构安全的试块、试件以及有关材料取样检测的，责令改正，处10万元以上20万元以下的罚款；情节严重的，责令停业整顿，降低资质等级或者吊销资质证书；造成损失的，依法承担赔偿责任。

（7）施工单位不履行保修义务或者拖延履行保修义务的，责令改正，处10万元以上20万元以下的罚款，并对在保修期内因质量缺陷造成的损失承担赔偿责任。

（8）工程监理单位有下列行为之一的，责令改正，处50万元以上100万元以下的罚款，降低资质等级或者吊销资质证，有违法所得的，予以没收；造成损失的，承担连带赔偿责任：

1）与建设单位或者施工单位串通，弄虚作假、降低工程质量的；
2）将不合格的建设工程、建筑材料、建筑构配件和设备按照合格签字的。

（9）工程监理单位与被监理工程的施工承包单位以及建筑材料、建筑构配件和设备供应单位有隶属关系或者其他利害关系承担该项建设工程的监理业务的，责令改正，处5万元以上10万元以下的罚款，降低资质等级或者吊销资质证书；有违法所得的，予以没收。

（10）违反本条例规定，涉及建筑主体或者承重结构变动的装修工程，没有设计方案擅自施工的，责令改正，处50万元以上100万元以下的罚款；房屋建筑使用者在装修过程中擅自变动房屋建筑主体和承重结构的,责令改正,处5万元以上10万元以下的罚款。有上述所列行为,造成损失的,依法承担赔偿责任。

3. 其他相关部门人员法律责任

(1) 发生重大工程质量事故隐瞒不报、谎报或者拖延报告期限的,对直接负责的主管人员和其他责任人员依法给予行政处分。

(2) 供水、供电、供气、公安消防等部门或者单位明示或者暗示建设单位或者施工单位购买其指定的生产供应单位的建筑材料、建筑构配件和设备的,责令改正。

(3) 注册建筑师、注册结构工程师、监理工程师等注册执业人员因过错造成质量事故的,责令停止执业1年;造成重大质量事故的,吊销执业资格证书,5年以内不予注册;情节特别恶劣的,终身不予注册。

(4) 建设单位、设计单位、施工单位、工程监理单位违反国家规定,降低工程质量标准,造成重大安全事故,构成犯罪的,对直接责任人员依法追究刑事责任。

(5) 国家机关工作人员在建设工程质量监督管理工作中玩忽职守、滥用职权、徇私舞弊,构成犯罪的,依法追究刑事责任;尚不构成犯罪的,依法给予行政处分。

(6) 建设、勘察、设计、施工、工程监理单位的工作人员因调动工作、退休等原因离开该单位后,被发现在该单位工作期间违反国家有关建设工程质量管理规定,造成重大工程质量事故的,仍应当依法追究法律责任。

六、违反《勘察设计管理条例》的法律责任

1. 建设单位的违法责任

发包方将工程建设勘察、设计业务发包给不具有相应资质等级的工程建设勘察、设计单位的,责令改正,处以50万元以上100万元以下的罚款。

2. 勘察、设计单位的违法责任

(1) 非法承揽业务的责任

工程建设勘察、设计单位未取得资质证书承揽工程的,予以取缔;以欺骗手段取得资质证书承揽工程的,吊销其资质证书;对于超越资质等级许可的范围,或以其他勘察、设计单位的名义承揽勘察、设计业务或者允许其他单位或个人以本单位的名义承揽工程建设勘察、设计业务的工程建设勘察、设计单位,可责令其停业整顿,降低资质等级,情节严重的,吊销其资质证书。

对于有上述各种行为的勘察设计单位,还应处合同约定的勘察费、设计费2倍以上5倍以下的罚款,并没收其违法所得。

(2) 非法转包的责任

工程建设勘察设计单位将所承揽的工程进行转包的,责令改正,没收违法所得,处合同约定的勘察费、设计费25%以上50%以下的罚款,还可责令其停业整顿、降低其资质等级,情节严重的,吊销其资质证书。

(3) 不按规定进行设计的责任

对于不按工程建设强制性标准进行勘察、设计的勘察、设计单位;不按勘察成果文件进行设计、或指定建筑材料、建筑构配件生产厂、供应商的设计单位,责令其改正,并处10万元以上30万元以下的罚款。因上述行为造成工程事故的,责令停业整顿,降低资质等级。情节严重的,吊销资质证书;造成损失的,依法承担赔偿损失。

3. 勘察、设计执业人员的违法责任

未经注册、擅自以注册工程建设勘察、设计人员的名义从事工程建设勘察、设计活动的,责令停止违法行为;已经注册的执业人员和其他专业技术人员,但未受聘于一个工程建设勘察设计单位或同时受聘于两个以上工程建设勘察设计单位从事有关业务活动的,可责令停止执行业务或吊销资格证书。对于上述人员,还要没收其违法所得,处违法所得2倍以上5倍以下的罚款,给他人造成损失的,依法承担赔偿责任。

4. 国家机关工作人员的违法责任

国家机关工作人员在工程建设勘察、设计的监督管理工作中玩忽职守、滥用职权、徇私舞弊的,责令改正,并处以20万元以上50万元以下的罚款:

(1) 明示或者暗示施工单位使用不合格的建筑材料、建筑构配件和设备的;

(2) 明示或者暗示设计单位或者施工单位违反工程建设强制性标准,降低工程质量的。

5. 勘察、设计单位法律责任

勘察、设计单位违反工程建设强制性标准进行勘察、设计的,责令改正,并处以10万元以上30万元以下的罚款。

有上述行为,造成工程质量事故的,责令停业整顿,降低资质等级;情节严重的,吊销资质证书;造成损失的,依法承担赔偿责任。

6. 施工单位法律责任

施工单位违反工程建设强制性标准的,责令改正,处工程合同价款2%以上4%以下的罚款;造成建设工程质量不符合规定的质量标准的,负责返工、修理,并赔偿因此造成的损失;情节严重的,责令停业整顿,降低资质等级或者吊销资质证书。

7. 工程监理单位法律责任

工程监理单位违反强制性标准规定,将不合格的建设工程以及建筑材料、建筑构配件和设备按照合格签字的,责令改正,处50万元以上100万元以下的罚款,降低资质等级或者吊销资质证书;有违法所得的,予以没收;造成损失的,承担连带赔偿责任。

8. 处罚规定

(1) 违反工程建设强制性标准造成工程质量、安全隐患或者工程事故的,按照《建设工程质量管理条例》有关规定,对事故责任单位和责任人进行处罚。

(2) 有关责令停业整顿、降低资质等级和吊销资质证书的行政处罚,由颁发资质证书的机关决定;其他行政处罚,由建设行政主管部门或者有关部门依照法定职权决定。

9. 主管部门法律责任

建设行政主管部门和有关行政主管部门工作人员,玩忽职守、滥用职权。徇私舞弊的,给予行政处分;构成犯罪的,依法追究刑事责任。

第四节 行政处罚程序

一、行政处罚的实施主体

行政处罚的实施主体是指享有行政处罚权,进行行政处罚行为的组织。行政处罚权作为一项重要的行政管理职权,必须对其实施主体作出严格的规定。根据《中华人民共和国行政处罚法》,行政处罚的实施主体包括以下几类:

(一)行政机关

《行政处罚法》第15条规定:"行政处罚由具有行政处罚权的行政机关在法定职权范围内实施。"行政机关是行政处罚实施主体中最重要的一类,行政处罚权作为行政管理的重要手段,应当由行政机关行使,但并不是任何行政机关都可以行使处罚权,只有法律、法规和规章明确授权,即依法取得行政处罚权的行政机关才能行使。如《建筑法》第76条规定:"本法规定的责令停业整顿、降低资质等级和吊销资质证书的行政处罚,由颁发证书的机关决定;其他行政处罚,由建设行政主管部门或者有关部门依照法律和国务院规定的职权范围决定。依照本法规定被吊销资质证书的,由工商行政管理部门吊销其营业执照。"这一规定,将建设管理的行政处罚权赋予了建设行政主管部门及其他有关部门,建设行政主管部门成为实施建设管理处罚的重要主体。

除了由单一的行政机关实施处罚外,《行政处罚法》还规定了有关综合执法机关实施行政处罚的问题。综合执法就是将原来由几个行政机关分别行使管理权力的管理领域统一由一个行政机关合并进行管理,其目的是为了便于精简机构、提高效率、减少职权纠纷。在决定合并的处罚事项上,只要经过国务院或者经国务院授权的省、自治区、直辖市人民政府决定,有关行政机关就取得了独立的行政处罚主体的地位,它可以以自己的名义实施处罚,并独立承担法律后果。

(二)法律、法规授权的组织

根据《行政处罚法》第17条的规定:"法律、法规授权的具有管理公共事务职能的组织可以在法定授权范围内实施行政处罚。"所以,除行政机关拥有行政处罚权外,经法律、法规授权的组织也可以行使行政处罚权。但是,这些组织要成为实施行政处罚的主体,必须具备一定条件,即必须有法律、法规的明确授权,该组织必须是具有管理公共事务职能的组织。如《中华人民共和国注册建筑师条例》第29条规定:"以不正当手段取得注册建筑师考试合格资格或者注册建筑师证书的,由全国注册建筑师管理委员会或者省、自治区、直辖市注册建筑师管理委员会取消考试合格资格或者吊销注册建筑师证书;对负有直接责任的主管人员和其他直接责任人员,依法给予行政处分。"在这里,注册建筑师管理委员就是一种由行政法规授权的组织。

(三)受行政机关委托的组织

基于公共管理的需要,行政机关还可以依法将自己拥有的行政处罚权委托给非行政机关组织行使。但受行政机关委托的组织必须具备法定的条件:(1)该组织应属依法成立的管理公共事务的事业组织;(2)具有熟悉有关法律、法规、规章和业务的工作人员;(3)对违法行为需要进行技术检查或者技术鉴定的。

与法律、法规授权的组织不同,受行政机关委托的组织不具有行政主体的地位。其在委托的范围内,不能以自己的名义,而是以委托行政机关名义实施行政处罚,而且不得再委托其他任何组织或者个人实施行政处罚;其实施行政处罚的行为受到委托机关的监督,并由该机关对其行为的后果承担法律责任。

《建设工程质量管理条例》第46条规定:"建设工程质量监督管理,可以由建设行政主管部门或者其他有关部门委托的建设工程质量监督机构具体实施。"在这里,工程质量监督机构就是受建设行政主管部门委托的组织。

二、行政处罚的管辖和适用

(一) 行政处罚的管辖

行政处罚的实施主体解决了行政处罚权由谁行使的问题，但对于一个具体的行政处罚案件应由谁作出处理，是行政处罚管辖所要解决的问题。行政处罚的管辖就是确定对某个行政违法行为由哪一个享有处罚权的主体实施处罚，它解决的是处罚实施的权限分工。

《行政处罚法》第20条规定："行政处罚由违法行为发生地的县级以上地方人民政府具有行政处罚权的行政机关管辖。法律、行政法规另有规定的除外。"这一规定确定了行政处罚的管辖原则，明确了有关行政处罚的地域管辖、级别管辖等问题。

1. 地域管辖

在地域管辖上，以由违法行为发生地的行政机关管辖为一般原则，即违法行为发生在何处，就由当地有行政处罚权的行政机关管辖。如果违法行为的发生地与发现地不在同一个地域，或者违法行为发生地与行为人的住所地不在同一个地域，则都应由违法行为发生地的行政机关管辖。

2. 级别管辖

在级别管辖上，由县级以上地方人民政府具有行政处罚权的行政机关管辖，县以下的行政机关无权实施行政处罚。在我国，行政机关的各职能部门的设置大多在县一级，县一级是我国按区域实行管理较为基层的单位，由县一级的职能部门实施行政处罚符合我国的国情。但是，如果法律、行政法规对级别管辖有特别规定的，应按特别规定进行管辖。如《中华人民共和国注册建筑师条例》第32条规定："因建筑设计质量不合格发生重大责任事故，造成重大损失的，对该建筑设计负有直接责任的注册建筑师，由县级以上人民政府建设行政主管部门责令停止执行业务；情节严重的，由全国注册建筑师管理委员会或者省、自治区、直辖市注册建筑师管理委员会吊销注册建筑师证书。"

3. 指定管辖

《行政处罚法》还规定了指定管辖，指定管辖主要是针对共同管辖的。共同管辖是指两个或两个以上行政机关对同一违法行为均享有行政处罚权。共同管辖的处理规则一般是由行政机关相互协商或按惯例等方式解决；但当异议无法消除，行政机关就管辖权发生争议时，应当报请它们共同的上一级政府机关来确定管辖。

(二) 行政处罚的适用

行政处罚的适用，是行政处罚实施主体对违法案件具体运用行政处罚法规范实施处罚的活动。

1. 应受处罚的构成要件

应受处罚的构成要件，是指某种行为受到行政处罚所必须具备的条件。具体的构成要件是：

(1) 必须已经实施了违法行为，违法事实已经客观存在，不能将行为人主观想象或者计划设想当违法行为。

(2) 违法行为属于违反行政法律规范的行为，这区别于其他违法行为。

(3) 具有责任能力的行政管理相对人。受到行政处罚的相对人是公民、法人和其他组织，其中法人和其他组织应是具有责任能力的责任主体，公民必须达到责任年龄并具备责任能力。

(4) 依法应当受到处罚。尽管相对人有违法行为的存在，但因有些违法行为可能尚未达到受处罚的程度，或者因法律有特别规定而不应给予处罚的，行政机关不能对其实施行政处罚。

2. 不予处罚的规定

不予处罚是指行为人虽然实施了违法行为，但由于具有特定的情形，而不给予处罚。《行政处罚法》规定有下列情形之一的不予处罚：

(1) 不满14周岁的人有违法行为的，不予行政处罚；

(2) 精神病人在不能辨认或者不能控制自己行为时有违法行为的，不予行政处罚；

(3) 违法行为轻微并及时纠正，没有造成危害后果的，不予行政处罚。

3. 从轻或减轻处罚

从轻处罚，是指在行政处罚的法定种类和法定幅度内，使用较轻的种类或者处罚的下限给予处罚，但不能低于法定处罚幅度的最低限度。减轻处罚，是指在法定处罚幅度的最低限以下给予处罚。根据《行政处罚法》的规定，下列几种情况适用从轻或减轻处罚：

(1) 已满14周岁不满18周岁的人有违法行为的；

(2) 主动消除或者减轻违法行为危害后果的；

(3) 受他人胁迫有违法行为的；

(4) 配合行政机关查处违法行为有立功表现的；

(5) 其他依法从轻或者减轻行政处罚的。

4. 行政处罚的追诉时效

所谓行政处罚的追诉时效，是指对违法行为人追究责任，给予行政处罚的有效期限。如果超出这个期限，就不再实施行政处罚。

行政处罚的追诉时效为2年。在违法行为发生后2年内，未被行政机关发现，在2年后，无论何时发现这一违法行为，都不能给予行政处罚。时效的计算，是从违法行为发生之日起计算；如果违法行为有连续或者继续状态的，则从行为终了之日起计算。追诉时效为2年，属一般规定，如果法律有特别规定的，依照特别规定。

三、行政处罚决定

为保障和监督建设行政执法机关有效实施行政管理，保护公民、法人和其他组织的合法权益，促进建设行政执法工作程序化、规范化，建设部根据《行政处罚法》发布实施了《建设行政处罚程序暂行规定》（1999年月3日建设部令第66号发布）。结合《行政处罚法》和《建设行政处罚程序暂行规定》的有关规定，建设行政处罚程序应遵守如下规定：

(一) 一般程序

1. 立案

执法机关依据职权，或者依据当事人的申诉、控告等途径发现违法行为。执法机关对于发现的违法行为，认为应当给予行政处罚的，应当立案，但适用简易程序的除外。立案应填写立案审批表，附上相关材料，报主管领导批准。

2. 调查取证

立案后，执法人员应及时进行调查，收集证据。执法人员调查案件，不得少于二人，并应当出示执法身份证件。执法人员对案件进行调查，应当收集以下证据：书证、物证、证人证言、视听资料、当事人陈述、鉴定结论、勘验笔录和现场笔录。只有查证属实的证据，才能作为处罚的依据。

执法人员询问当事人及证明人，应当个别进行。询问应当制作笔录，笔录经被询问人核对无误后，由被询问人逐页在笔录上签名或盖章。如有差错、遗漏，应当允许补正。

执法人员应当收集、调取与案件有关的原始凭证作为书证。调取原始凭证有困难的，可以复制，但复制件应当标明"经核对与原件无误"，并由出具书证人签名或盖章。调查取证应当有当事人在场，对所提取的物证要开具物品清单，由执法人员和当事人签名或盖章，各执一份。对违法嫌疑物品进行检查时，应当制作现场笔录，并有当事人在场。当事人拒绝到场的，应当在现场笔录中注明。

执法机关查处违法行为过程中，在证据可能灭失或者难以取得的情况下，可以对证据先行登记保存。先行登记保存证据，必须当场清点，开具清单，清单由执法人员和当事人签名或盖章，各执一份。

案件调查终结，执法人员应当出具书面案件调查终结报告。调查终结报告的内容包括：当事人的基本情况、违法事实、处罚依据、处罚建议等。

3. 案件核审

调查终结报告连同案件材料，由执法人员提交执法机关的法制工作机构，由法制工作机构会同有关单位进行书面核审。执法机关的法制工作机构接到执法人员提交的审核材料后，应当登记，并指定具体人员负责核审。案件核审的主要内容包括：

（1）对案件是否具有管辖权；
（2）当事人的基本情况是否清楚；
（3）案件事实是否清楚，证据是否充分；
（4）定性是否准确；
（5）适用法律、法规、规章是否正确；
（6）处罚是否适当；
（7）程序是否合法。

执法机关的法制工作机构对案件核审后，应提出以下书面意见：

（1）对事实清楚、证据充分、定性准确、程序合法、处理适当的案件，同意执法人员意见；
（2）对定性不准、适用法律不当、处罚不当的案件，建议执法人员修改；
（3）对事实不清、证据不足的案件，建议执法人员补正；
（4）对程序不合法的案件，建议执法人员纠正；
（5）对超出管辖权的案件，按有关规定移送。

对执法机关法制工作机构提出的意见，执法人员应予采纳。执法机关法制工作机构与执法人员就有关问题达不成一致意见时，给予较轻处罚的，报请本机关分管负责人决定；给予较重处罚的，报请本机关负责人集体讨论决定或本机关分管负责人召集的办公会议讨论决定。

4. 做出处罚决定

执法机关对当事人作出行政处罚，必须制作行政处罚决定书。行政处罚决定书的内容包括：

（1）当事人的名称或者姓名、地址；

(2) 违法的事实和证据；
(3) 行政处罚的种类和依据；
(4) 行政处罚的履行方式和期限；
(5) 不服行政处罚决定，申请行政复议或提起行政诉讼的途径和期限；
(6) 作出处罚决定的机关和日期。

行政处罚决定书必须盖有作出处罚机关的印章。行政处罚决定生效后，任何人不得擅自变更或解除。处罚决定确有错误需要变更或修改的，应由原执法机关撤销原处罚决定，重新作出处罚决定。

（二）听证程序

执法机关在作出吊销资质证书、执业资格证书、责令停业整顿（包括属于停业整顿性质的、责令在规定的时限内不得承接新的业务）、责令停止执业业务、没收违法建筑物、构筑物和其他设施以及处以较大数额罚款等行政处罚决定之前，应当告知当事人有要求举行听证的权利。当事人不承担执法机关组织听证的费用。听证规则可以由省、自治区、直辖市建设行政主管部门依据《行政处罚法》的规定制定，但必须遵守如下规定：

(1) 当事人要求听证的，应当在执法机关告知后3日内提出；
(2) 执法机关应当在听证的7日前，通知当事人举行听证的时间、地点；
(3) 除涉及国家秘密、商业秘密或者个人隐私外，听证公开举行；
(4) 听证由执法机关指定的非本案调查人员主持；当事人认为主持人与本案有直接利害关系的，有权申请回避；
(5) 当事人可以亲自参加听证，也可以委托1～2人代理；
(6) 举行听证时，调查人员提出当事人违法的事实、证据和行政处罚建议；当事人进行申辩和质证；
(7) 听证应当制作笔录；笔录应当交当事人审核无误后签字或者盖章。

（三）简易程序

违法事实清楚、证据确凿，对公民处以50元以下、对法人或者其他组织处以1000元以下罚款或者警告的行政处罚，可以当场作出处罚决定。当场作出处罚决定，执法人员应当向当事人出示执法证件，填写预定格式、编有号码的处罚决定书并当场交付当事人。当场作出的行政处罚决定书应当载明当事人的违法行为、处罚依据、罚款数额、时间、地点、执法机关名称，并由执法人员签名或盖章。执法人员当场作出的行政处罚决定，必须报所属行政机关备案。

（四）送达

(1) 执法机关送达行政处罚决定书或有关文书，应直接送受送达人。送达必须有送达回执。受送达人应在送达回执上签名或盖章，并注明签收日期。签收日期为送达日期。受送达人拒绝接受行政处罚决定书或有关文书的，送达人应当邀请有关基层组织的代表或其他人到场见证，在送达回执上注明拒收事由和日期，由送达人、见证人签名或盖章，把行政处罚决定书或有关文书留在受送达人处，即视为送达。

(2) 不能直接送达或直接送达有困难的，按下列规定送达：受送达人不在的，交其同住的成年家属签收；送达人已向执法机关指定代收人的，由代收人签收；邮寄送达的，以挂号回执上注明的收件日期为送达日期；送达人下落不明的，以公告送达，自公告发布之日起三个月即视为送达。

四、行政处罚的执行

行政处罚执行程序,是指确保行政处罚决定所确定的内容得以实现的程序。行政处罚决定一旦作出,就具有法律效力,当事人应当在行政处罚决定的期限内予以履行。公民、法人或者其他组织对行政机关作出的行政处罚,有权申诉或者检举;行政机关应当认真审查,发现行政处罚有错误的,应当主动改正。当事人对行政处罚决定不服申请行政复议或者提起行政诉讼的,行政处罚不停止执行,法律另有规定的除外。《行政处罚法》关于处罚执行程序的规定,有三项重要内容:

(一)作出罚款决定的行政机关应当与收缴罚款的机构分离

除依照《行政处罚法》的规定可当场收缴的罚款以外,作出行政处罚决定的行政机关及其执法人员不得自行收缴罚款。当事人应当自收到行政处罚决定书之日起15日内,到指定的银行缴纳罚款。银行应当收受罚款,并将罚款直接上缴国库。但下列情形之一的,执法人员可以当场收缴罚款:

(1) 依法给予20元以下的罚款的;

(2) 不当场收缴事后难以执行的;

(3) 在边远、水上、交通不便地区,执法机关及其执法人员依照《行政处罚法》作出罚款决定后,当事人向指定的银行缴纳罚款确有困难,经当事人提出,执法机关及其执法人员可以当场收缴罚款。

执法机关及其执法人员当场收缴罚款的,必须向当事人出具省、自治区、直辖市财政部门统一制发的罚款收据;不出具财政部门统一制发的罚款收据的,当事人有权拒绝缴纳罚款。

(二)严格实行收支两条线

罚款必须全部上缴财政。执法人员当场收缴的罚款,应当自收缴罚款之日起2日内,交至执法机关;在水上当场收缴的罚款,应当自抵岸之日起2日内交至执法机关;执法机关应当在2日内将罚款缴付指定的银行。

执法机关实施罚款、没收违法所得或者没收非法财物拍卖的款项,必须全部上缴国库,任何行政机关或者个人不得以任何形式截留、私分或者变相私分;财政部门不得以任何形式向作出行政处罚决定的行政机关返还罚款、没收的违法所得或者返还没收非法财物的拍卖款项。

(三)行政处罚的强制执行

当事人逾期不履行行政处罚决定的,作出行政处罚决定的行政机关可以采取下列措施:

(1) 到期不缴纳罚款的,每日按罚款数额的3%加处罚款;

(2) 根据法律规定,将查封、扣押的财物拍卖或者将冻结的存款划拨抵缴罚款;

(3) 申请人民法院强制执行。

当事人确有经济困难,需要延期或者分期缴纳罚款的,经当事人申请和行政机关批准,可以暂缓或者分期缴纳。

五、行政处罚的监督管理

《行政处罚法》第24条规定:"行政机关应当建立健全对行政处罚的监督制度。县级以上人民政府应当加强对行政处罚的监督检查。"据此,《建设行政处罚程序暂行规定》第33条规定:"执法机关从事行政执法活动,应当自觉接受地方人民政府法制工作部门和上级执法机关法制工作机构的监督管理。"

行政处罚终结后,执法人员应当及时将立案登记表、案件处理批件、证据材料、行政处罚决定书和执行情况记录等材料立卷归档。上级交办的行政处罚案件办理终结后,承办单位应当及时将案件的处理结果向交办单位报告。

执法机关及其执法人员应在法定职权范围内、依法定程序从事执法活动;超越职权范围、违反法定程序所作出的行政处罚无效。

对当场作出的处罚决定,执法人员应当定期将当场处罚决定书向所属执法机关的法制工作机构或指定机构备案;执法机关作出属于听证范围的行政处罚决定之日起7日内,应当向上级建设行政主管部门的法制工作机构或有关部门备案。各级建设行政主管部门,要对本行政区域内的执法机关作出的处罚决定的案件进行逐月统计。省、自治区、直辖市建设行政主管部门,应在每年的2月底以前,向国务院建设行政主管部门的法制工作机构报送上一年度的执法统计报表和执法工作总结。

上级执法机关发现下级执法机关作出的处罚决定确有错误,可责令其限期纠正。对拒不纠正的,上级机关可以依据职权,作出变更或撤销行政处罚的决定。执法人员玩忽职守、滥用职权、徇私舞弊的,由所在单位或上级机关给予行政处分。

对于无理阻挠、拒绝执法人员依法行使职权,打击报复执法人员的单位或个人,由建设行政主管部门或有关部门视情节轻重,根据有关法律、法规的规定依法追究其责任。

第五节 建设法律责任案例

案例1

一、基本案情

陕西省子洲县子洲中学教学楼工程由榆林市榆阳区规划设计院设计(项目负责人宋××),延安市建筑工程总公司施工(项目经理杜××),于1998年7月6日开工,1999年10月31日竣工验收,2000年4月4日正式投入使用。该工程为5层外廊式砖混结构,建筑面积3535平方米,楼层为预应力多孔板混凝土梁结构。6月5日,校方发现部分大梁及五层多功能厅、阶梯挑梁出现不同程度的裂缝,最宽处达1.5mm左右。经省质量安全监督总站组织省设计院、省检测中心专家对事故进行全面分析鉴定,并经建设部建筑管理司质量技术处、勘察设计司技术质量处负责同志现场察看,一致认为,造成质量事故的主要原因是:施工图设计文件未严格按该地区6度抗震设防的规定进行设计,结构体系不合理,整体性差,构造措施不符合要求;施工单位施工的混凝土梁不能满足设计混凝土强度等级的要求,梁的质量不均匀,离差太大。

二、事故处理

事故发生后,陕西省建设厅、榆林地区建设局、子洲县建设局等有关部门非常重视,采取了一系列有效措施保证师生的安全,并对事故进行了认真的调查处理。2001年8月3日,陕西省建设厅就这起事故的处理情况发出了《关于子洲中学教学楼质量事故的通报》,

对有关责任单位和责任人做出了严肃处理。

根据《中华人民共和国建筑法》、国务院《建设工程质量管理条例》以及陕西省建筑市场、建设工程质量管理的有关规定，对子洲中学教学楼质量事故有关责任单位和责任人处理如下：

1. 对事故主要责任方榆林市榆阳区规划设计院责令停业整顿，整顿经榆林市建设局验收合格后，方可承接新的设计任务。收回该项目设计负责人宋××二级注册建筑师资格证书，五年内不得承担设计任务。

2. 对事故次要责任方延安市建筑工程总公司黄牌警告，收回项目经理杜××三级项目经理资格证书，一年内不得担任施工项目经理。

3. 对未认真履行建设单位职责、向延安市建筑工程总公司介绍不符合条件的联营单位，并对事故负有一定责任的子洲中学，由子洲县委、县政府调查处理。

4. 对既无施工企业资质、又无企业法人营业执照的子洲县东关建筑队，由子洲县政府依法处理。

5. 对在质量监督过程中把关不严的子洲县质监站予以通报批评。

6. 事故造成的经济损失，待加固结束后由榆林市建设局根据各方责任大小另行处理。

三、案例评析

建设行政管理部门及有关部门应当从这次质量事故中认真吸取教训，本着对国家、对人民生命财产高度负责的精神，认真贯彻《建设工程质量管理条例》，加强建筑市场管理，落实建筑市场主体各方质量责任制，严格执行工程建设强制性标准，依法查处工程质量事故，防止重大质量事故的发生。

案例 2

一、基本案情

奉贤县贝港桥，位于奉贤县南桥镇新建西路的贝港河上，该桥东西方向共三孔，两个边孔跨径各为 16m，采用非预应力预制梁，中孔跨径为 20m，采用预应力预制梁，全长 52.54m，桥宽 16m。该工程 1995 年 5 月 4 日开工，同年 10 月 16 日桥梁部分竣工，因桥接坡未完成，在桥梁坍塌时，尚未验收使用。1995 年 12 月 26 日下午 4 时 15 分，贝港桥两个桥墩突然下沉，致使整个桥面中间部位下沉后呈 V 字形。经过调查，事故原因查明，造成这起桥梁下沉坍塌事故的主要原因是两个桥墩的钻孔灌注桩施工质量低劣，桩身质量差，长度不足，桩尖没有达到设计要求的持力层，由于承载力不足，造成桥梁突然下沉。

二、事故责任及处理

1. 古华市政建设工程公司按工程承包合同承担桥梁下部结构施工，该公司承接任务后，转包给陈某私人承包施工。施工时偷工减料弄虚作假、施工质量低劣。在施工过程中，施工单位未按规定桩基施工完成后应及时报质监站核验桩基质量，直至桥基和下盖梁完成后即 1995 年 8 月 10 日，才通知奉贤县质监站核验检查质量，奉贤县质监站于 8 月 11 日到位检查时指出了贝港桥存在的包括钻孔灌注桩成桩后无质量检查报告等五个问题，并要求弄清情况后，再进行下一步施工。施工单位对质监站指出的质量问题，既未进行检测，也未予答复而继续施工。同时该公司为市政三级资质企业，按规定仅能承担跨度为 15m 以下的桥梁，却未办报批手续，属擅自越级施工。因此，该施工企业应对这起事故负主要责任。为此对其作出降低一级资质，赔偿事故直接经济损失80%的决定。

2. 奉贤县市政管理所是该工程的建设单位，在工程开工前，将本工程的桥基进行了设计修改，其修改设计未提交原设计单位同意，却转给了无桥梁设计资质的奉贤建筑设计所出图；在发包工程时，未对施工企业进行资质审核；违反规定，将工程发包给不具备相应资质的施工单位施工。在施工中现场管理形同虚设，质量管理严重失控，对质监站提出的整改意见，没有督促施工单位落实，而让其继续施工，因此对这起事故负重要责任。对该单位给予通报批评，赔偿事故直接经济损失20%。

3. 古华市政建设公司法定代表人管理不严，违反规定擅自越级承包施工，将工程交给公司以外私人承包施工，负有领导责任，给予行政撤职处分。该公司技术负责人质量管理不严，未落实桩基质量验收措施，负有技术把关不严之责，给予行政记过处分。该工程承包方陈某，在施工中偷工减料，弄虚作假，致使工程质量低劣，对酿成这起重大事故应负直接责任，由司法部门立案侦查，追究刑事责任。县市政管理所法人代表管理不严，违反规定，将工程发包给无桥梁设计资质的非桥梁设计单位修改设计，将工程发包给无相应资质企业施工，对现场管理人员缺乏教育，质量管理失控，负有领导之责，给予行政撤职处分。现场项目负责人对施工企业监督检查不严，质量管理失控，工作失职，给予留用察看一年处分。

三、案例评析

本案中，施工单位古华市政建设公司和建设单位奉贤县市政管理所违反了多项法律禁止性规定。具体有：

1.《建设工程质量管理条例》第7条第1款规定："建设单位应当将工程发包给具有相应资质等级的单位。"第54条规定："违反本条例规定，建设单位将建设工程发包给不具有相应资质等级的勘察、设计、施工单位或者委托给不具有相应资质等级的工程监理单位的，责令改正，处50万元以上100万元以下的罚款。"

2.《建设工程质量管理条例》第25条规定："施工单位应当依法取得相应等级的资质证书，并在其资质等级许可的范围内承揽工程。禁止施工单位超越本单位资质等级许可的业务范围或者以其他施工单位的名义承揽工程。禁止施工单位允许其他单位或者个人以本单位的名义承揽工程。施工单位不得转包或者违法分包工程。"该条例第60条第1款规定："违反本条例规定，勘察、设计、施工、工程监理单位超越本单位资质等级承揽工程的，责令停止违法行为，对勘察、设计单位或者工程监理单位处合同约定的勘察费、设计费或者监理酬金1倍以上2倍以下的罚款；对施工单位处工程合同价款2%以上4%以下的罚款，可以责令停业整顿，降低资质等级；情节严重的，吊销资质证书；有违法所得的，予以没收。"第62条规定："违反本条例规定，承包单位将承包的工程转包或者违法分包的，责令改正，没收违法所得，对勘察、设计单位处合同约定的勘察费、设计费25%以上50%以下的罚款；对施工单位处工程合同价款0.5%以上1%以下的罚款；可以责令停业整顿，降低资质等级；情节严重的，吊销资质证书。"

案例 3

被告人陈××，男，34岁，原系上海市奉贤县南桥镇新建西路贝港桥工地负责人

被告人乌××，男，29岁，原系上海市奉贤县市政工程管理所施工一科科长兼该所驻贝港桥工程施工管理员

被告人虞××，男，31岁，原系上海市奉贤县新建西路贝港桥工地技术负责人兼质量检查员（聘员）

公诉人：上海市奉贤县人民检察院

一、基本案情

1995年3月至10月，上海古华市政建设工程公司和浙江萧山市市政工程公司分别与奉贤县市政工程管理所签订了承建奉贤县南桥镇新建西路贝港桥的合同，两份合同总造价191万元。被告人陈××作为两个承包单位在贝港桥工地的负责人，全面负责建造贝港桥。在桥梁施工过程中，陈××不尽职守，对工作严重不负责任，违反《上海市建设工程质量监督管理办法》等有关规定，聘用无证人员上岗，又未按图纸要求施工，偷工减料，粗制滥造。该桥两个桥墩的钻孔灌注桩施工质量严重低劣，桩身质量差，长度不足，桩身混凝土没有达到设计持力层—26m，承载能力严重不足，致使贝港桥刚竣工尚未通行，便于1995年12月26日下午4时15分下沉坍塌，造成直接经济损失75万余元。

1995年3月至10月，被告人乌××受奉贤县市政工程管理所指派，在担任本县南桥镇新建西路贝港桥工程施工管理员期间，不正确履行管理职责，在钻孔灌注桩施工过程中，违反市政工程及验收的有关规定，未对钻孔灌注桩的孔径、孔深、混凝土质量、用量等进行检查和计算，并盲目在有关施工质量验收单及施工记录上签字。由于被告人乌××玩忽职守，建桥施工人员偷工减料，使贝港桥施工质量严重低劣。被告人乌××对该桥事故的发生负有直接责任。

被告人虞××，于1995年3月7日由其妻兄陈××聘为奉贤县南桥镇新建西路贝港桥工地的技术员和质检员。在贝港桥的建造过程中，虞××违反上海市政工程管理局《市政工程施工及验收技术规程》等规章制度，未对钻孔灌注桩混凝土抗压强度、孔径、孔深等进行检验，并且伪造了钻孔桩钻孔终孔后灌浇混凝土前检查记录、钻孔桩记录（回转钻进）、水下混凝土灌注记录表等原始记录，从而掩盖了桩身混凝土存在的严重质量问题，导致了贝港桥的坍塌。

上海市奉贤县人民检察院分别于1996年5月29日，以玩忽职守罪对陈××、乌××立案侦查；6月1日，以重大责任事故罪对虞××立案侦查。经侦查认为，被告人陈××、乌××在贝港桥的施工中有章不循，不正确履行自己的职责，致使国家遭受重大损失，其行为已构成玩忽职守罪；被告人虞××在贝港桥施工中不负责任，违反规章制度，伪造原始记录，致使国家遭受重大损失，其行为已构成重大责任事故。奉贤县人民检察院根据《中华人民共和国刑事诉讼法》第100条之规定，分别于1996年10月24日、11月15日向奉贤县人民法院提起公诉。

二、案件审理

1996年12月6日，上海市奉贤县人民法院经公开审理，依照《中华人民共和国刑法》第187条、第67条之规定，以玩忽职守罪判处被告人陈××有期徒刑二年，判处被告人乌××有期徒刑一年，缓刑一年；以重大责任事故罪判处虞××有期徒刑一年，缓刑一年。

三、案例评析

本案中，法院根据旧刑法第67条判处被告虞××犯有重大责任事故罪。关于重大责任事故罪，新《刑法》第137条的规定："建设单位、设计单位、施工单位、工程监理单位违反国家规定,降低工程质量标准,造成重大安全事故的,对直接责任人员,处五年以下有期徒刑或者拘役,并处罚金;后果特别严重的,处五年以上十年以下有期徒刑,并处罚金。"

法院根据旧刑法判处被告人陈××、乌××犯有玩忽职守罪。关于玩忽职守罪,新刑法第 397 条规定:"国家机关工作人员滥用职权或者玩忽职守,致使公共财产、国家和人民利益遭受重大损失的,处三年以下有期徒刑或者拘役;情节特别严重的,处三年以上七年以下有期徒刑。本法另有规定的,依照规定。"

附 录

(具体内容详见中国政府网法律法规：http://www.gov.cn/flfg/index.htm，住房和城乡建设部网站http://www.cin.gov.cn/及其他相关网站)

一、法律

中华人民共和国刑法
中华人民共和国仲裁法
中华人民共和国铁路法
中华人民共和国消防法
中华人民共和国审计法
中华人民共和国劳动法
中华人民共和国建筑法
中华人民共和国公司法
中华人民共和国合同法
中华人民共和国担保法
中华人民共和国测绘法
中华人民共和国保险法
中华人民共和国标准化法
中华人民共和国民法通则
中华人民共和国合伙企业法
中华人民共和国民事诉讼法
中华人民共和国招标投标法
中华人民共和国行政许可法
中华人民共和国土地管理法
中华人民共和国行政监察法
中华人民共和国行政处罚法
中华人民共和国城市规划法
中华人民共和国水土保持法
中华人民共和国安全生产法
中华人民共和国环境保护法
中华人民共和国防震减灾法
中华人民共和国水污染防治法
中华人民共和国个人所得税法
中华人民共和国大气污染防治法
中华人民共和国反不正当竞争法

中华人民共和国个人独资企业法
中华人民共和国环境影响评价法
中华人民共和国税收征收管理法
中华人民共和国城市房地产管理法
中华人民共和国消费者权益保护法
中华人民共和国环境噪声污染防治法
中华人民共和国公路法（1999年修正）
中华人民共和国全民所有制工业企业法
中华人民共和国固体废物污染环境防治法
中华人民共和国劳动合同法
中华人民共和国企业所得税法
中华人民共和国物权法
中华人民共和国企业破产法
中华人民共和国证券法（修订）
中华人民共和国治安管理处罚法
中华人民共和国公证法
中华人民共和国可再生能源法
中华人民共和国固体废物污染环境防治法（修订）
全国人民代表大会常务委员会关于修改《中华人民共和国土地管理法》的决定　附：第二次修正本
全国人民代表大会常务委员会关于修改《中华人民共和国拍卖法》的决定　附：修正本中华人民共和国城乡规划法
中华人民共和国节约能源法法

二、行政法规

工伤保险条例
水库大坝安全管理条例
建设工程质量管理条例
特种设备安全监察条例
地震安全性评价管理条例
建设工程安全生产管理条例
建设项目环境保护管理条例
建筑安装工程安全技术规程
建设工程勘察设计管理条例
中华人民共和国消费税暂行条例
中华人民共和国营业税暂行条例
中华人民共和国增值税暂行条例
中华人民共和国注册建筑师条例
特别重大事故调查程序暂行规定
企业职工伤亡事故报告和处理规定

中华人民共和国标准化法实施条例
使用有毒物品作业场所劳动保护条例
中华人民共和国企业所得税暂行条例
中华人民共和国民用爆炸物品管理条例
中华人民共和国民用核设施安全监督管理条例
国务院关于特大安全事故行政责任追究的规定
中华人民共和国防治海岸工程建设项目污染损害海洋环境管理条例

三、部门规章

招标公告发布暂行办法
造价工程师注册管理办法
房地产估价师注册管理办法
工程建设项目施工招标投标办法
工程建设项目自行招标试行办法
评标委员会和评标方法暂行规定
实施工程建设强制性标准监督规定
监理工程师资格考试和注册试行办法
评标专家和评标专家库管理暂行办法
工程建设项目招标范围和规模标准规定
工程建设项目招标代理机构资格认定办法
中华人民共和国注册建筑师条例实施细则
房屋建筑和市政基础设施工程施工招标投标管理办法
工程监理企业资质管理规定
建设工程勘察设计资质管理规定
建筑业企业资质管理规定

四、规范性文件

建设工程监理规范
中国建筑工程鲁班奖
建设工程项目管理规范
家庭装饰工程质量规范
造价工程师注册管理办法
建造师执业资格制度暂行规定
商品住宅装修一次到位实施细则
小城镇（乡）环境规划编制导则
关于房地产中介服务收费的通知
关于加强城乡规划监督管理的通知
关于整顿和规范招标投标收费的通知
关于发布工程定额编制管理费的通知
关于加强工程建设标准定额工作的意见
关于加强建设项目工程质量管理的通知

关于加强住宅工程质量管理的若干意见
司法部企业承包经营合同公证程序细则
注册结构工程师执业资格制度暂行规定
关于开展建设工程项目执法监察的意见
关于印发《国土规划编制办法》的通知
关于加强建筑装饰设计市场管理的意见
关于加强基础设施工程质量管理的通知
关于发布工程建设监理费有关规定的通知
关于工程设计与工程监理有关问题的通知
关于统一印发建设项目选址意见书的通知
关于加强建筑意外伤害保险工作的指导意见
关于加强省域城镇体系规划实施工作的通知
关于印发《中介服务收费管理办法》的通知
关于严格禁止在工程建设中带资承包的通知
关于加强建筑工程施工许可管理工作的通知
家用燃气快速热水器安装验收规程 CJJ 12—86
关于进一步加强勘察设计质量管理的紧急通知
关于工程勘察设计单位改建为企业问题的批复
关于健全和规范有形建筑市场若干意见的通知
关于发布工程勘察和工程设计收费标准的通知
关于民事、行政诉讼中司法赔偿若干问题的解释
关于工程勘察设计单位体制改革若干意见的通知
关于调整建筑安装工程费用项目组成的若干规定
工程勘察设计单位组织业余设计有关问题的规定
关于加强建筑工程室内环境质量管理的若干意见
关于加强外商投资建设项目环境保护管理的通知
关于发布《村镇规划编制办法》（试行）的通知
关于印发《城市规划编制办法实施细则》的通知
关于印发《建造师执业资格制度暂行规定》的通知
关于加强国有土地使用权出让规划管理工作的通知
国家基本建设大中型项目实行招标投标的暂行规定
关于重申严格执行基本建设程序和审批规定的通知
关于城镇土地使用税若干具体问题的解释和暂行规定
关于企业房地产开发与交易若干财务处理问题的通知
关于《环境保护法》第三十六条规定有关问题的复函
关于印发《建设工程设备监理管理暂行规定》的通知
关于印发《关于控制建设工程造价的若干规定》的通知
关于禁止在工程建设中垄断市场和肢解发包工程的通知
关于印发《小城镇环境规划编制导则（试行）》的通知

关于长江流域河道管理范围内建设项目审查权限的通知
关于批准建设部《城市总体规划审查工作规划》的通知
关于印发《全面深化建筑市场体制改革的意见》的通知
关于做好城市规划工作促进住宅和基础设施建设的通知
《关于进一步整顿和规范建筑市场秩序的意见》的通知
关于印发《土地利用规划实施管理工作若干意见》的通知
关于印发《县域城镇体系规划编制要点》（试行）的通知
关于进一步做好基层公共文化设施规划和建设工作的通知
关于工程勘察设计单位分支机构资格证书有关问题的通知
关于中央所属工程勘察设计单位体制改革实施方案的通知
关于培育发展工程总承包和工程项目管理企业的指导意见
关于西部大开发中加强建设项目环境保护管理的若干意见
发布《关于勘察设计企业执行新财务制度若干问题的通知》
关于印发《注册结构工程师执业资格制度暂行规定》的通知
关于加强中小型建设项目环境保护管理工作有关问题的通知
关于律师从事基本建设大中型项目招标投标法律业务的通知
关于印发《〈造价工程师注册管理办法〉的实施意见》的通知
关于建设项目环境保护设施竣工验收监测管理有关问题的通知
关于深化工程勘察设计体制改革和加强管理的几点意见的通知
关于统一实行建设用地规划许可证和建设工程规划许可证的通知
关于发布《国家重点风景名胜区规划编制审批管理办法》的通知
关于加强建设项目工程预（结）算竣工决算审查管理工作的通知
关于印发《工程总承包企业资质管理暂行规定》（试行）的通知
关于公布《建设项目环境保护分类管理名录》（第一批）的通知
国家安全生产监督管理局关于印发《安全验收评价导则》的通知
关于加强国家重点建设项目及大型建设项目招标投标管理的通知
关于印发"贯彻实施《建筑业企业资质管理规定》的意见"的通知
民航、铁路、交通、水利、电力五行业划拨用地项目目录（试行）
关于下发《对外承包工程项目投标（议标）许可暂行办法》的通知
关于贯彻执行建筑工程勘察设计及施工质量验收规范若干问题的通知
关于颁发《全国工程勘察、设计单位资格认证管理暂行办法》的通知
关于印发《关于改进建筑安装工程费用项目划分的若干规定》的通知
关于转发国家发展计划委员会《国家重大建设项目稽察办法》的通知
关于印发《提高住宅设计质量和加强住宅设计管理的若干意见》的通知
关于印发《中央直属水库移民遗留问题处理规划实施管理办法》的通知
关于中央级大、中型基本建设项目竣工财务决算签署审核意见问题的函
关于转发深圳市建设局、规划国土局《关于制止不正当压价竞争的通知》
关于印发《关于改进工程建设概预算定额管理工作的若干规定》等的通知
关于认真贯彻《建筑装饰装修管理规定》做好原有房屋安全管理工作的通知

关于建筑企业项目经理资质管理制度向建造师执业资格制度过渡问题的通知
关于颁发《建设项目（工程）职业安全卫生设施和技术措施验收办法》的通知
关于对航空、航天、船舶工业总公司所属军工企业免征土地使用税的若干规定
关于《近期建设规划工作暂行办法》、《城市规划强制性内容暂行规定》的通知
关于《轻型房屋钢结构、建筑幕墙工程设计专项资质管理暂行办法》的补充通知
关于加强和改进政府性基金年度财务决算和中央大中型基建设目竣工财务决算审批的通知
国务院办公厅转发建设部等部门关于进一步解决建设领域拖欠工程款问题意见的通知
国务院办公厅转发建设部等部门关于调整住房供应结构稳定住房价格意见的通知
建设部、财政部《建设工程质量保证金管理暂行办法》
国务院办公厅转发建设部关于加强城市总体规划工作意见的通知
建设部、保监会关于推进工程质量保险工作的意见

五、管理规范

建设工程监理规范
城市规划收费工日定额
工程质量监督工作导则
建设工程项目管理规范
房屋建筑工程和市政基础设施工程实行见证取样和送检的规定

六、建设工程合同示范文本

测绘合同
建筑施工物资租赁合同
房屋建筑工程质量保修书
国有土地使用权出让合同
建设工程施工合同示范文本
家庭居室装饰装修工程施工合同
水利水电土建工程施工合同条件
建设工程委托监理合同示范文本
建设工程造价咨询合同示范文本
业主/咨询工程师标准服务协议书
建设工程勘察合同示范文本（一）
建设工程勘察合同示范文本（二）
建设工程设计合同示范文本（一）
建设工程设计合同示范文本（二）
建设工程施工劳务分包合同示范文本
建设工程施工专业分包合同示范文本

七、司法解释

最高人民法院《关于审理建设工程施工合同纠纷案件适用法律问题的解释》
最高人民法院《关于建设工程价款优先受偿权问题的批复》

主要参考文献

[1] 建设部政策法规司．建设法律法规．北京：中国建筑工业出版社，2002．
[2] 建设部政策法规司，人事教育司．建设行政管理人员法律知识读本．北京：中国建筑工业出版社，2001．
[3] 何佰洲．建设工程合同实务指南．北京：知识产权出版社，2002．
[4] 何佰洲．建设工程行政管理人员法律知识读本使用指南．北京：中国建筑工业出版社，2002．
[5] 雷胜强．建设工程招标投标实务与法规、惯例全书．北京：中国建筑工业出版社，2000．
[6] 司法部国家司法考试中心．国家司法考试辅导用书．北京：法律出版社，2003．
[7] 雷胜强．国际工程风险管理与保险．北京：中国建筑工业出版社，2002．
[8] 何红锋．工程建设中的合同法与招标投标法．北京：中国计划出版社，2002．
[9] 孔祥俊．担保法例解与适用．北京：人民法院出版社，2000．
[10] 何佰洲．建设法律概论．北京：中国建筑工业出版社，1999．
[11] 建设部．建设法规教程．北京：中国建筑工业出版社，2002．
[12] 卫明．建筑工程施工强制性条文．北京：中国建筑工业出版社，2002．
[13] 建设部标准定额司．工程建设标准强制性条文辅导教材．北京：中国计划出版社，2001．
[14] 贲立义，林清高．经济法概论．大连：东北财经大学出版社，2002．
[15] 何红锋．建设工程合同签订与风险控制．北京：人民法院出版社，2007．
[16] 李欣宇，隋平．《中华人民共和国劳动合同法》精解．北京：中国政法大学出版社，2007．
[17] 林镥海．建设工程施工合同施法解释操作指南．北京：法律出版社，2005．

尊敬的读者：

感谢您选购我社图书！建工版图书按图书销售分类在卖场上架，共设22个一级分类及43个二级分类，根据图书销售分类选购建筑类图书会节省您的大量时间。现将建工版图书销售分类及与我社联系方式介绍给您，欢迎随时与我们联系。

★ 建工版图书销售分类表（详见下表）。

★ 欢迎登陆中国建筑工业出版社网站www.cabp.com.cn，本网站为您提供建工版图书信息查询，网上留言、购书服务，并邀请您加入网上读者俱乐部。

★ 中国建筑工业出版社总编室　　电　话：010—58934845
　　　　　　　　　　　　　　　传　真：010—68321361

★ 中国建筑工业出版社发行部　　电　话：010—58933865
　　　　　　　　　　　　　　　传　真：010—68325420
　　　　　　　　　　　　　　　E-mail：hbw@cabp.com.cn

建工版图书销售分类表

一级分类名称（代码）	二级分类名称（代码）	一级分类名称（代码）	二级分类名称（代码）
建筑学（A）	建筑历史与理论（A10）	园林景观（G）	园林史与园林景观理论（G10）
	建筑设计（A20）		园林景观规划与设计（G20）
	建筑技术（A30）		环境艺术设计（G30）
	建筑表现·建筑制图（A40）		园林景观施工（G40）
	建筑艺术（A50）		园林植物与应用（G50）
建筑设备·建筑材料（F）	暖通空调（F10）	城乡建设·市政工程·环境工程（B）	城镇与乡（村）建设（B10）
	建筑给水排水（F20）		道路桥梁工程（B20）
	建筑电气与建筑智能化技术（F30）		市政给水排水工程（B30）
	建筑节能·建筑防火（F40）		市政供热、供燃气工程（B40）
	建筑材料（F50）		环境工程（B50）
城市规划·城市设计（P）	城市史与城市规划理论（P10）	建筑结构与岩土工程（S）	建筑结构（S10）
	城市规划与城市设计（P20）		岩土工程（S20）
室内设计·装饰装修（D）	室内设计与表现（D10）	建筑施工·设备安装技术（C）	施工技术（C10）
	家具与装饰（D20）		设备安装技术（C20）
	装修材料与施工（D30）		工程质量与安全（C30）
建筑工程经济与管理（M）	施工管理（M10）	房地产开发管理（E）	房地产开发与经营（E10）
	工程管理（M20）		物业管理（E20）
	工程监理（M30）	辞典·连续出版物（Z）	辞典（Z10）
	工程经济与造价（M40）		连续出版物（Z20）
艺术·设计（K）	艺术（K10）	旅游·其他（Q）	旅游（Q10）
	工业设计（K20）		其他（Q20）
	平面设计（K30）	土木建筑计算机应用系列（J）	
执业资格考试用书（R）		法律法规与标准规范单行本（T）	
高校教材（V）		法律法规与标准规范汇编/大全（U）	
高职高专教材（X）		培训教材（Y）	
中职中专教材（W）		电子出版物（H）	

注：建工版图书销售分类已标注于图书封底。